本书系广州市属高校羊城学者青年学术骨干培养项目"基于广州市的职业教育人才培养目标分类研究"（12A024D）、广州市高等学校第四批教育教学改革重点课题"中高职人才培养目标衔接研究——基于广州市的研究"（穗教高〔2012〕25号）成果

职业教育人才培养目标的理论与实证研究

查吉德 ◎ 著

ZHIYE JIAOYU
RENCAI PEIYANG MUBIAO DE
LILUN YU SHIZHENG YANJIU

暨南大学出版社
JINAN UNIVERSITY PRESS

中国·广州

图书在版编目（CIP）数据

职业教育人才培养目标的理论与实证研究/查吉德著. —广州：暨南大学出版社，2015.1
ISBN 978 - 7 - 5668 - 1106 - 6

Ⅰ.①职⋯　Ⅱ.①查⋯　Ⅲ.①职业教育—人才培养—研究—中国　Ⅳ.①G719

中国版本图书馆 CIP 数据核字（2014）第 186478 号

出版发行：暨南大学出版社

地　　址：中国广州暨南大学
电　　话：总编室（8620）85221601
　　　　　营销部（8620）85225284　85228291　85228292（邮购）
传　　真：（8620）85221583（办公室）　85223774（营销部）
邮　　编：510630
网　　址：http：//www. jnupress. com　http：//press. jnu. edu. cn

排　　版：广州市天河星辰文化发展部照排中心
印　　刷：深圳市新联美术印刷有限公司

开　　本：787mm×1092mm　1/16
印　　张：25.75
字　　数：630 千
版　　次：2015 年 1 月第 1 版
印　　次：2015 年 1 月第 1 次

定　　价：72.00 元

（暨大版图书如有印装质量问题，请与出版社总编室联系调换）

序

职业教育人才培养目标是职业教育的基本理论问题，也是构建现代职业教育体系的逻辑起点，更是职业院校人才培养工作的行动指南。然而，我国职业教育人才培养目标定位始终不是十分清晰，不仅不同层次职业教育人才培养目标定位及其衔接不是十分明确，而且同一层次职业教育的人才培养目标及其规格也不是特别清楚。据《国家教育事业发展第十二个五年规划》，我国将职业教育人才培养目标定位为技术技能人才。由此引发了一系列思考：将职业教育的人才培养目标定位为技术技能人才合理吗？其依据是什么？如果是合理的，那什么样的人才算得上是技术技能人才，即技术技能人才应该具备什么样的知识、能力和素质？中职、高职以及正在发展中的应用型本科是不是都应培养技术技能人才？如果是，那在定位上又该如何进行区别和衔接？另外，《国家中长期教育改革和发展规划纲要（2010—2020年）》明确要求，"到2020年，形成适应发展方式转变和经济结构调整要求、体现终身教育理念、中等和高等职业教育协调发展的现代职业教育体系"。构建现代职业教育体系显然也绕不开培养目标问题，包括各级各类职业教育的人才培养目标定位及其衔接问题。因此，对职业教育人才培养目标问题进行深入系统的研究具有重要的理论意义与现实意义。

查吉德博士的这本新书针对职业教育人才培养目标的理论、培养目标衔接、培养目标及规格分类等问题进行了理论与实证研究，很好地回应了上述问题，丰富了我国职业教育理论体系，对职业教育实践具有极强的指导作用。

理论方面，该书对职业教育的概念、逻辑、目的，以及职业教育人才培养目标的概念、要素等问题进行了研究，提出了颇具新意的理论观点。如，作者认为，人的生存发展需要与经济社会发展需要间的矛盾关系构成了职业教育的生成逻辑，"职业"是职业教育的实践逻辑，是职业教育区别于以纯粹的知识、学术为目的的自由教育的根本所在，也是职业教育区别于企业培训的根本所在；职业教育培养目标是价值命题、教育命题、经济命题和技术命题的统一，应符合利益相关者的需求，符合教育规律和经济发展规律，职业教育培养目标应包括人才类型、人才层次、人才岗位和人才规格四个要素；中高职人才培养目标衔接包括纵向提升、横向拓展以及纵横延伸三种模式，应视学校及专业特点、招生情况、学制安排、学生需求等多种因素选择合理的衔接模式。

实证方面，作者对中职生、高职生的成才需求以及企业的人才需求进行了调查研究，收集了大量第一手数据资料，并对数据进行了严密的统计处理，对调查结果进行了深入分析，得出了许多非常有价值的调查结论。如中职生普遍希望成为管理人才、营销人才和技术型人才，高职生普遍希望成为管理人才、技术型人才和工程型人才，且60%左右的中高职生希望提升学历；企业销售岗位、生产岗位和中、基层管理岗位迫切需要本、专科层次的营销人才、技能型人才和管理人才；企业基层管理岗位、销售岗位是中职生、高职生和本科生共同的主要就业岗位；企业最看重员工的社会能力，且企业对员工职业能力满意度与员工学历呈正相关关系；中高职生的成才需求受学校发展水平等多种因素影响，国有企业与民营企业的人才需求有较大差异，等等。根据调查结果，作者认为，职业教育人才培养目标定位应突破线性思维，职业教育致力于培养单一类型人才既有片面性，也不符合学生及企业的多样化需求，中职、高职、本科的人才培养目标不应过于强调类型、岗位的差异，而应强调服务对象的差异、人才规格的差异以及人才培养的优势和特色。另外，作者根据调查结果，对职业教育人才培养目标及培养规格进行了分类研究。在培养目标体系方面，作者认为当前中职学校应重点面向民营企业的生产、销售和基层管理岗位，同时面向部分国有企业的生产岗位，旨在培养中初级的应用型人才，主要包括基层管理人才、营销人才、技术型人才和技能型人才；高职院校应着重面向民营企业的销售、生产和中、基层管理岗位，同时适当面向部分国有企业的生产、销售和基层管理岗位，致力于为这些岗位培养中、高级应用型人才，主要包括营销人才、管理人才、技术型人才、技能型人才和工程型人才；本科层次的职业教育着重面向民营企业的中、高级管理岗位，国有企业的基层管理岗位、销售岗位和生产岗位，致力于培养高级应用型人才，具体包括管理人才、工程型人才、营销人才、技术型人才和技能型人才等。在培养规格方面，作者根据教育目标分类学理论，从领域和水平两个维度构建了由 4 个一级能力指标和 17 个二级能力指标组成的培养规格框架，包括中职人才培养规格、高职人才培养规格以及应用本科人才培养规格。

　　总之，本书内容十分丰富，资料数据翔实，文笔流畅，逻辑严密，观点鲜明，相信对职业教育理论与实践工作者均有重要的借鉴和参考价值，我非常乐意推荐此书。

　　是为序。

俞启定

2014 年 11 月

（俞启定，北京师范大学教育学部教授，博士生导师）

目录
CONTENTS

第一章

问题陈述

人才培养目标是各级各类学校依据教育目的的总体要求和不同类型教育的性质任务，对受教育者提出的特定的规格标准。它不仅决定了一类教育的性质，也决定了该类教育改革与发展的方向。职业教育作为一种教育类型已被社会广泛认可，其类型属性的决定因素就是人才培养目标，而不是教育内容、教育形式、教育条件或其他方面。人才培养目标是一切职业教育实践活动的行动指南，也是一切职业教育改革的逻辑起点，更是检验职业教育质量的重要指标。人才培养目标除了在实践层面上对职业教育发展具有重要意义之外，在职业教育理论研究层面上，也是一个不容忽视的重要课题。

第一节　研究背景①

一、发展：职业教育的时代主题

进入 21 世纪以来，为满足人民群众的教育需求及经济社会发展对技能型人才的迫切需要，党和政府作出了大力发展职业教育的战略部署。2002 年、2005 年和 2014 年先后三次召开全国职业教育工作会议，提出要大力发展职业教育，并赋予职业教育重大历史使命。在党和国家的重大决策和相关文件中，反复强调职业教育在社会主义现代化建设中的基础作用和战略地位，要求采取强有力的措施，推动职业教育又好又快地发展。另外，改革开放以来，我国经济保持着平稳较快的发展，据国家统计局公布的数据显示，2003—2011 年，我国经济实际年均增长 10.7%，2011 年人均 GDP 达 5 432 美元。② 经济的快速发展为职业教育的发展提供了坚实的经济基础和强大的动力。

良好的政策环境和经济环境共同推动了我国职业教育的快速发展。2001—2012 年，各类中等职业技术教育学校的招生人数由 398 万人增至 761 万人，增长 91.21%，年均增长 8.29%，在校生由 1 164 万人增至 2 120.3 万人，增长 82.16%，年均增长 7.47%；普通高校高职高专招生人数由 130.1 万人增至 314.78 万人，增长 141.95%，年均增长 12.90%，在校生人数由 294.69 万人增至 964.23 万，增长 227.2%，年均增长 20.65%。③ 可见，

① 参见：黎荷芳，查吉德. 关于职业教育教学改革的思考［J］. 职教论坛，2012（10）：82～83，86.
② 数据来源：http://www.xinjiangnet.com.cn/top/gn/201208/t20120816_ 2772634.shtml.
③ 据国家统计局网站 http://data.stats.gov.cn/公布的数据整理。

2001 年以来，中等职业教育与高等职业教育在办学规模上均实现了跨越式发展。发展已成为 21 世纪我国职业教育的时代主题之一。

二、改革：一股全国性的浪潮

随着职业教育规模的快速扩张，职业教育的质量令人担忧，职业教育面临着价值认同度高与吸引力不足的矛盾。因此，为提高职业教育的质量，提升职业教育的吸引力，办人民满意的职业教育，我国政府大力推进职业教育教学改革。一方面，实施了一系列教育教学质量工程，如专业建设工程、精品课程建设工程、名师工程、中职教师素质提高计划、国家示范校建设工程、技能型紧缺人才培养培训工程等。另一方面，推行了一系列改革举措，如中职生免费教育、中高职衔接、专业标准开发、专业服务产业、中高职考试招生制度改革等。

改革已成为 21 世纪职业教育发展的又一时代主题。在政府政策的推动下，我国职业院校掀起了教育教学改革的热潮，包括办学模式改革、人才培养模式改革、课程改革、教学模式改革、体制机制改革等。职业教育教学改革对我国职业教育发展产生了巨大的影响。一方面，职业教育教学改革是一次教育思想观念的解放。通过改革实践，职业院校对职业教育的认识更加清晰，取得了许多共识。如"以服务为宗旨，以就业为导向，走产学研结合之路"已成为职业院校共同遵循的办学理念，"校企合作、工学结合"已成为人才培养的基本理念，"学习领域课程、项目课程、一体化课程"已成为课程建设与改革的主流方向。另一方面，职业教育教学改革取得了大量的实践成果，积累了许多成功的发展经验。如资助建设了 100 所国家示范性高等职业院校和 100 所国家骨干院校；建设了数百个国家示范性高职高专专业；建设了上千门国家级高职高专精品课程；评选了数十名国家级高职高专教学名师；形成了许多具有院校和专业特色的人才培养模式；构建了约 700 个职业教育集团；开发了 18 个大类 410 个专业的《高等职业学校专业教学标准（试行）》；开发了 233 种中职改革创新示范教材，[①] 等等。

三、目标：被忽视的改革命题

职业教育改革既是一个实践论命题，也是一个认识论命题。必须对为什么改革、改革是为了谁的利益、职业教育应该走向何方等基本价值命题进行思考，并在价值判断的基础上进行实践，如此，改革才有生命力。否则，职业教育实践可能是盲目的，难以达到预期效果。然而，从我国职业教育的改革实践来看，普遍缺乏对认识论问题的思考，多数改革追求的只是改革后带来的"名望"，"重形式，轻实质"的现象比较严重。

职业教育是以培养职业人才为主的一种教育类型，为经济社会发展培养高质量的职业人才是职业教育安身立命之本，是发展职业教育的价值所在。培养人才首先必须明确人才培养目标。人才培养目标对于职业教育具有方向性作用，是一切职业教育教学改革的逻辑起点，即一切职业教育教学改革都应有助于人才培养目标的实现，一切改革都应该围绕人才培养目标展开。然而，人才培养目标在实践中却常常被忽视，人们在改革时更关注改革

的内容与手段，却忽视改革的目标，尤其是人才培养目标。

人才培养目标始终是一个似是而非的命题。虽然上到国家政策层面，下到职业院校具体专业，都对职业教育人才培养目标进行了相应的规定，但若进一步追问，我们会发现人才培养目标并不十分明确。如近年来，国家将高职人才培养目标定位为"高技能人才"，那什么是"高技能人才"呢？"高技能人才"的标准是什么？如何检验高职院校是否达到了"高技能人才"培养目标的要求？高技能人才的培养应遵循什么规律？又如我国正在构建现代职业教育体系，而现代职业教育体系的逻辑起点即职业教育人才培养目标体系，那么我国各级各类职业教育人才培养目标是否明确？中职与高职在人才培养目标方面如何定位？如何衔接？这些问题都不清晰。受此影响，一些改革指向的往往不是人才培养目标，而是为了改革而改革，从而陷入了形式化、工程化误区。

四、学生：被漠视的改革群体

学生既是教育教学改革的承受对象，也是改革的利益主体。任何改革最终都应落实到学生身上，即能更有效地帮助学生成才。学生成才是目的，改革只是手段。因此，职业教育教学改革必须深入研究职业院校学生的身心发展规律、价值选择与利益需要，并在此基础上进行相应的改革设计。然而，当下的一些改革在一定程度上忽视了学生的主体性，改革的逻辑起点不是学生的需要，而是市场用人单位的需要。以课程改革为例，一般的改革思路是：基于职业市场调查，确立专业对应岗位（或职业）需要的知识、能力和素质，再将相应的知识、能力和素质转化为课程。这种课程围绕"职业岗位"进行课程设计，打破了传统的以"学科知识"为中心的课程设计，更符合市场用人单位的需求，突出体现了职业教育的"职业性"。但这种以用人单位需求为导向的课程并不一定符合学生的需要，也不一定符合学生的身心发展规律，在激发学生的主体意识、调动学生的学习积极性方面的作用有限。因此，虽然这种职业本位课程较好地克服了传统的学科本位课程的缺陷，但由于没有充分考虑学生的需要及身心发展规律，在实践中很难取得预期效果。事实上，随着经济社会的发展，学生在职业教育中的主体地位越来越突出。

一方面，随着我国高中阶段教育的普及化和高等教育大众化的推进，"职业教育作为面向人人的教育"正在成为现实，职业院校的生源越来越多样化，入学方式也日趋多元，学生的成才基础与成长动机均存在较大差异。以广州某职业技术学院为例，该校仅全日制在校生就多达五类，包括中职毕业生、普通高中毕业生、退伍军人、社会人士（插班生）以及大学毕业生（大学毕业后的"回炉生"）。学生的入学方式也各不相同，包括普通高考、"3+证书"、普高单招、中高职对口单招、高职对口中职"三二"分段、政策安排（如退伍军人、新疆班）、自主入学（如社会插班生）。因此，职业院校在教育教学改革中，必须正视学生的多样性与差异性，有针对性地进行改革探索，从而使改革适应不同学生的需要。唯有如此，才能激发不同学生的主观能动性，保证改革的效果。

另一方面，随着职业教育供需矛盾的逐步缓解，职业教育正在由"卖方市场"向"买方市场"转变，学生的教育选择机会越来越多，选择空间也越来越大。随之，学生对职业教育提出了更高要求，不再满足于"获得受教育的机会"，也不再满足于"通过接受职业教育获得一份工作"，而是希望能受到优质的职业教育，并通过接受职业教育获得一份体面的工作。因此，出于市场竞争的考虑，职业院校在职业教育教学改革中，不应仅考虑"出口"——用人单位的需要，还应考虑"入口"——学生的需要。如制造企业一直希望职业院校能为其培养生产一线的技能型人才，但学生尤其是家庭经济条件较好的学生并不愿意从事这类工作。如果仅以企业的需求为导向进行人才培养工作改革，不仅难以激发学生的成才动机，也会因毕业生不愿意去既定的生产岗位就业而造成技术人才的浪费。

因此，在职业教育教学改革中，不仅应考虑用人单位的需要，也要考虑学生的需要，以激发学生的学习积极性，促进学生自我成才。相反，改革若淡漠了学生的需要，不仅难以调动学生学习的主观能动性，影响改革的成效，而且也会降低职业教育的吸引力，影响职业教育的可持续发展。

五、目标研究：一种必然的选择

人才培养目标本身也是职业教育教学改革的重要内容。正如前文所述，当前改革忽视了学生的利益要求，忽视了学生的主体性。学生的利益要求必须在人才培养目标中反映出来，人才培养目标必须反映学生的自我成才需要。因此，从这个意义上说，必须深入研究职业教育人才培养目标，使得人才培养目标能够反映多元利益主体的需求，包括政府的政治需要、用人单位的人才需要、学生的自我成才需要。虽然，各利益主体追逐的目标有所不同，但也必然存在着带有根本性的相同要求。这些相同的要求，就构成了职业教育人才培养的基本目标框架。

另外，当下职业教育教学改革更关注内容与手段、而忽视人才培养目标的原因，与人才培养目标自身存在的诸多问题不无关系。首先，人才培养目标一直被认为是由国家教育行政部门决定的，职业院校只是执行国家政策，缺乏对人才培养目标进行科学定位的自觉行为；其次，人才培养目标过于笼统，缺乏可操作性，对实践的指导作用有限；再次，国家政策层面规定的人才培养目标不够清晰，尤其是中职与高职人才培养目标重复，缺乏有效衔接。人才培养目标自身存在的诸多问题，造成职业教育教学改革实践或主动或被动地忽视人才培养目标的现象。

因此，研究思考职业教育人才培养目标应是职业教育教学改革的一种必然选择。

第二节　研究目的与内容

基于以上研究背景分析，在我国职业教育大改革大发展之际，本书对职业教育人才培养目标进行系统研究，构建满足经济社会发展需求、符合学生学业基础和成才需要的职业教育人才培养目标体系，以解决当前中高职人才培养目标定位不清晰、中高职人才培养目标依存度不高、缺乏有效衔接等问题，为构建现代职业教育体系奠定基础。为达此目的，本书共包括理论研究、现状研究、调查研究、分类研究四个部分的内容。

第一部分为理论研究，即本书的第二章。理论研究部分主要是对职业教育人才培养目标的相关基本理论问题进行梳理，包括职业教育的概念分析、职业教育的逻辑分析、职业教育的目的分析、职业教育培养目标的概念分析、职业教育培养目标的构成要素分析。通过理论研究，为职业教育培养目标体系构建与分类提供理论依据。

第二部分为职业教育培养目标定位现状研究，即本书的第三章。本部分从政策、院校、学者三个维度分析了职业教育培养目标定位的现状，包括政策对职业教育培养目标的定位，即"政策目标"；职业院校对职业教育培养目标的定位，即"院校目标"；研究人员对职业教育培养目标的定位，即"学者目标"。通过现状研究，为职业教育培养目标体系构建与分类提供政策依据、事实依据和学术依据。

第三部分为职业教育培养目标调查研究，即本书的第四章、第五章、第六章和第七章。该部分是本书的重点，通过对职业院校在校生成才需求调查和企业用人单位的人才需求调查，深入了解影响职业教育"进口"——招生与"出口"——就业的两大利益主体的利益诉求。通过调查研究，为职业教育培养目标体系构建与分类提供科学依据。

第四部分为职业教育培养目标分类，即本书的第八章。本部分在以上研究的基础上对我国职业教育培养目标进行了分类研究，包括职业教育培养目标体系分类、职业教育人才培养规格分类以及中高职培养目标衔接。

第三节　研究意义

本书不论是在职业教育发展与人才培养实践方面，还是在职业教育理论方面，都具有积极的意义。

一、为构建现代职业教育体系提供重要的理论依据

《国家中长期教育改革和发展规划纲要（2010—2020年）》明确要求："到2020年，形成适应发展方式转变和经济结构调整要求、体现终身教育理念、中等和高等职业教育协调发展的现代职业教育体系。"现代职业教育体系的逻辑起点是人才培养目标体系，即只有先明确经济社会发展到底需要职业教育培养什么人（包括人才层次、规格），才能据此完善并最终建立适应经济社会发展要求的现代职业教育体系。本书深入研究职业教育人才培养目标，并最终构建了职业教育人才培养目标体系，希望能为我国构建现代职业教育体系提供理论支持。

二、为职业院校人才培养目标定位提供参考

众所周知，由于历史的原因，我国职业教育的结构比较复杂。在中等职业教育方面，既有行业背景比较突出的中等专业学校，也有人力资源与社会保障部门主办的技工类学校，还有教育部门主办的职业高中；从生源来看，既有初中毕业生，也有高中毕业生；从学制来看，既有一年制、二年制，也有三年制、四年制。就高职教育而言，随着国家对职业教育政策的调整，其生源日趋多样化，既有初中毕业生、高中毕业生，也有来自不同类型中职学校的毕业生，还有退伍军人、社会人士；招生形式也比较丰富，既有普通高考、"3＋证书"，也有普高单招、中高职三二分段，还有中高职对口单招；学制上，既有二年制，也有三年制，还有四年制和五年制。另外，不同行业、企业发展水平、生产组织方式

有较大差异，对职业人才的需求不同。面对如此复杂的职业教育局面，不论是中职还是高职，对于影响职业教育人才培养的诸多因素都缺乏综合考虑，尤其是未能综合经济社会发展水平、学校特点、专业、学制、生源等诸多因素，全面系统地设计人才培养目标体系，从而影响了职业教育的人才培养质量，影响了职业教育整体功能的发挥。本书对职业教育人才培养目标的分类，包括中、高职人才培养目标分类及衔接研究，能为不同类型、不同层次的职业院校人才培养目标定位提供参考。

三、有助于丰富我国职业教育理论体系

人才培养目标是一个影响职业教育发展的基本理论问题，但从已有的研究来看，对此问题的研究虽然比较丰富，但缺乏系统性，尚未有从构建现代职业教育体系的角度全面系统地对职业教育人才培养目标进行分类研究，并构建起职业教育人才培养目标体系。本书对职业教育人才培养目标的概念、影响因素、分类、中高职人才培养目标衔接等一系理论问题的研究，在一定程度上丰富了我国职业教育的理论体系。

第二章

职业教育培养目标理论研究

任何一项研究都是在一定的理论框架下进行的，本书也不例外。为明确本书的研究范围、目标指向、基本假设和理论框架，本章拟对与职业教育培养目标相关的基础理论问题进行探讨，包括职业教育的概念分析、职业教育的逻辑分析、职业教育的目的分析、职业教育培养目标的概念分析、职业教育培养目标的构成要素分析。

第一节　职业教育的概念分析

任何一门学科的理论建设，都是通过揭示概念来总结该门学科的科学认识成果，并在这些基本概念的基础上确定事物的本质、规定理论的范畴、反映事物的规律、作出相应的结论，从而建立起理论体系大厦。① "职业教育" 这个概念是职业教育理论体系中的一个最基础的概念，是职业教育理论框架得以建立的核心。② 因此，研究职业教育人才培养目标，必须对 "职业教育" 这个概念进行界定。

一、职业教育名称之争

对于职业教育的名称，存在多种不同的表述，主要包括："职业教育"（如德国）、"职业技术教育"（如苏联）、技术和职业教育（如中国台湾）、"职业和技术教育与培训"、"技术和职业教育与培训"、"生涯教育"（Career Education，如美国）。1974 年，联合国教科文组织第 18 届会议通过的《关于技术和职业教育的建议》中，建议将 "技术和职业教育" 作为一类教育的综合性术语。1999 年 4 月，在联合国教科文组织召开的第二届国际技术和职业教育大会上，将这一称谓改为 "技术和职业教育与培训"（Technical and Vocational Education and Training, TVET）。近年来，联合国教科文组织、国际劳工组织、世界银行、亚洲开发银行等国际机构越来越普遍地采用了这一表述，即以 "技术和职业教育与培训（TVET）" 替代传统的职业技术教育或职业教育。③

在我国不同历史时期，对于职业教育的名称也有多种不同的表述：①西艺教育，即西方技艺教育，泛指洋务运动初期的技术教育。②实业教育，即以教授工、农、商必需的知

---

① 谢兰荣. 试论 "教育" 概念的界定及其方法论问题 [J]. 教育理论与实践, 1994 (5): 1~5.
② 陈拥贤. 对职业教育概念的探讨 [J]. 职教论坛, 2004 (31): 11~14.
③ 和震. 论现代职业教育的内涵与特征 [J]. 中国高教研究, 2008 (10): 65~67.

识、技能为目的的教育，指清朝末期和民国初期的实业学堂（校）。③实利主义教育，1912 年 1 月，蔡元培任南京临时政府教育总长时，发表《对于新教育之意见》，提出公民道德教育、实利主义教育、军国民教育、世界观教育及美感教育"五育"并重、和谐发展的教育方针。① ④职业教育，1904 年时任山西农林学堂总办的姚文栋首用"职业教育"一词，1917 年中华职业教育社成立，用的也是"职业教育"，1922 年颁布的"壬戌学制"中正式称为"职业教育"。⑤技术教育，1949 年《共同纲领》中称为"技术教育"。⑥职业技术教育，1958 年在《中共中央国务院关于教育工作的指示》中，用"职业（技术）教育"这一名称，1980 年国务院批转教育部、国家劳动总局《关于中等教育结构改革的报告》中，第一次用"职业技术教育"的名称。② 此后，直到 1994 年之前，我国正式文件中多用"职业技术教育"，如 1985 年的《中共中央关于教育体制改革的决定》中有十多处使用"职业技术教育"，但党的十二大、十四大报告和 1982 年修订的《宪法》中都用"职业教育"。③ 1994 年，《国务院关于〈中国教育改革与发展纲要〉的实施意见》中重新启用"职业教育"这一表述。1996 年国家《职业教育法》的颁布实施，标志着"职业教育"作为一种规范性表述具有法律效力，是法定称谓，但"职业技术教育"这个概念也经常被使用。换句话说，1994 年后，我国对于"职业教育"与"职业技术教育"这两种表述经常是混合使用的，甚至围绕"职业教育"与"职业技术教育"的表述形成了所谓南派、北派两种不同的观点，即南派学者主张使用"职业技术教育"，北派学者主张使用"职业教育"。如当年"北派"的代表北京师范大学的高奇教授如此回顾那场争论："'体系研究'的课题是华东师大的黄克孝等同志搞的，他们提出，职业技术教育包括两个部分，一个是职业教育……另一个是技术教育……我看了觉得不妥；中央教科所的同志也不赞同。我们认为和高等教育、普通教育相对应的这个教育类型就是职业教育……至于技术教育，它完全是另一码事……这场官司打得很凶，中华职业教育社在全国政协会上发言，要求为职业教育正名。后来一直打到全国人大常委会副委员长孙起孟那里，孙老也坚持叫职业教育。职教法出台时，就变成'职业教育'了。"④ 坚持"职业技术教育"名称的学者对将"职业技术教育"改名为"职业教育"依然不认同。如原国家教委职业技术教育司首任司长孟广平先生生前曾提到："我国的人才结构不合理，技术型人才比例太小，问题由来已久，至今未得到根本解决，技术教育的发展自然也不顺利。在'职业技术教育'改称'职业教育'之后带来更多的不顺利……"⑤

　　进入 21 世纪以来，一些学者主张"大职教观"、"广义职业教育论"。如吕育康（2001）从界定职业教育概念切入，认为无论何种性质、何种层次的专门教育（专业教育）实质上都是一种为受教育者从事某种职业而进行的职业准备教育或职后教育；任何专

---

① 彭干梓，夏金星．"职业教育"概念与功能的历史观［J］．河南职业技术师范学院学报（职业教育版），2004（5）：5~9.

② 李蔺田，王萍．中国职业技术教育史［M］．北京：高等教育出版社，1994.19，360，562.

③ 杨金土．给本刊负责人的来信［J］．职教通讯，2007（6）：5~6

④ 《职业技术教育》特别采访组．道可道——关于职业技术教育理论建设的话题［J］．职业技术教育，1999（11）：4~9.

⑤ 严雪怡．发展技术教育：20 世纪的重大创举［J］．职业技术教育（教科版），2005（13）：15.

门教育都是职业性质的教育；一切非普通教育的高等或中等专业教育，都具有"职业倾向性"，都应按照广义的职业教育原理来制定培养目标与课程体系，以职业性对普通教育、职业教育、成人教育进行整合。① 石伟平（2001）认为，应把职业教育理解为"职业和技术的教育与训练"，包括以在校生为主要对象的职业准备教育，其中有普通学校的"职业基础教育"与职业学校的"职业教育和培训"；以在职人员为主要对象的岗位培训；以失业人员为主要对象的再就业培训。他指出，从职业教育形式来看，包括学校本位的职业教育模式、企业本位的职业教育模式、社会本位的职业教育模式以及"学校—企业"综合模式；职业教育是贯穿个人职业发展全过程的一种教育：职业准备教育—就业培训—岗位培训—晋级/转业/再就业培训。② 可见，大职教观视野中的职业教育内涵非常丰富，既包括学校职业教育、技术教育，也包括职业培训，甚至"一切非普通教育的高等或中等专业教育都是职业教育"。

二、职业教育概念之辨

关于职业教育名称争议的背后是对职业教育的概念及其内涵的不同理解。关于职业教育的概念，与其名称一样，学术界也是莫衷一是。正如杨金土先生所说，对职业教育概念的探讨"像是老生常谈，可是'常谈'却并未解决，所以这样的'常谈'还有继续的必要"。③ 归纳起来，已有研究中关于职业教育的概念主要可以分为四类：

一是本质属性说，即从职业教育的本质属性切入定义职业教育。因关于职业教育的本质属性是"仁者见仁，智者见智"的，所以从职业教育的本质属性上给职业教育所下的定义自然也是林林总总。①"社会性、生产性和职业性"是职业教育的本质属性（这"三性"也习惯被当成"老三性"）。如有学者从职业教育的职业性的角度进行定义，职业教育就是职业定向教育，是为适应职业而进行的教育。②"适应性、中介性和产业性"是职业教育的本质属性（这"三性"习惯被称为"新三性"）。持此观点的学者从职业教育适应性的角度进行思考，认为职业教育促进人的个性发展和社会进步，不是"普遍性"或者是"特殊对象性"的，而是直接对应于社会需要和个人生存的，是促进科学精神与人文精神的结合，是促进社会发展需要的个性素质的提高，是使人的个性更适应社会直接需要的发展、提高和更新的中介加工，是其间最基本的桥梁。④ ③"多样性"是职业教育的本质属性，认为职业教育是一种在教育层次、培养目标、办学主体、教育形式等方面提供多种选择，满足多种学习和发展需要的教育。⑤ ④初始职业化是职业教育的本质属性。如申家龙（2003）认为职业教育有广义与狭义之分，"广义的职业教育是指在一定的基础教育上，能促使一个人初始职业化完成的各种教育和活动。它包含学校正规专业教育、短期技术培训以及从学校到初始职业化完成过程的各个环节。狭义的职业教育是指完成一个人某特定岗位初始职业化所需的、不可或缺的和独有的知识、技术、技能、程序、方法和认识的教育与活动。它包含能完成初始职业化的学校正规专业教育、虽不能完成初始职业化却

---

① 董仁忠. 大职教观视野中的职业教育制度变革研究 [D]. 华东师范大学博士学位论文, 2008.
② 董仁忠. 大职教观视野中的职业教育制度变革研究 [D]. 华东师范大学博士学位论文, 2008.
③ 杨金土. 给本刊负责人的来信 [J]. 职教通讯, 2007（6）：5~6.
④ 周明星. 现代职业教育本质属性探析 [J]. 教育与职业, 2003（1）：27~28.
⑤ 杨金土. 多样性是职业技术教育的本质属性 [J]. 职业技术教育, 2001（22）：5~7.

是某岗位初始职业化所必需的学校正规专业教育的部分环节、技术培训以及从学校到初始职业化完成过程中的各个环节"①。⑤"一般职业"导向性是职业教育的本质属性,认为职业教育中的职业是一般职业(Vocation),而不是专门职业(Profession),职业教育是以学生在"一般职业"中就业并且能够在"一般职业"中得到发展为主要目标、教学内容以"一般职业"为导向、教学环境强调与"一般职业"真实情景有相似性的教育。②⑥职业导向性是职业教育的本质属性,认为职业导向性并不规定职业教育是面向"一般职业"还是专门职业,职业导向性主要是指:职业教育以形成学生的职业能力为培养目标;课程开发以典型的职业活动为核心;教学内容以技术知识和工作过程知识为主体;教学方式强调行动导向;教学环境强调职业世界的真实性。③⑦技术技能职业性是职业教育的本质属性,认为职业教育的本质是帮助人们获得技术技能职业的能力和资格。④

二是目标说,即从人才培养目标的角度定义职业教育。如顾明远、梁忠义在其主编的《世界教育大系——职业教育》中指出,"职业教育就是为了培养职业人的,以传授某种特定职业所需的知识、技能和职业意识的教育"。董仁忠(2008)认为,"职业教育是指注重提升个体职业素质的教育,具有鲜明的职业针对性,主要以职业知识、职业技能和职业态度为教育内容"⑤。世界银行(1993)对职业教育的界定是:职业教育是在学校中为技术工人做准备的,部分课程是专门职业的理论和实践。

三是职业定向说,即从职业定向的角度理解职业教育。如《国际教育标准分类法》(1997)对职业教育的定义是:主要为引导学生掌握在某一特定的职业或行业或某类职业或行业中从业所需的实际技能、知识和认识而设计的教育。⑥欧阳河认为,职业教育旨在帮助人们获得技术技能职业的能力和资格。⑦刘育锋认为,职业教育面向的是"一般职业",旨在让学生获得"一般职业"的能力和资格。⑧

四是活动说,即将职业教育视为一种教育活动。如张家祥、钱景舫(2001)在其主编的《职业技术教育学》中认为,狭义的职业技术教育指教育者有目的、有计划地对受教育者传授技术知识和技能的活动,主要指职业技术学校教育和各种形式的职业培训。周明星(2002)认为,从狭义的角度来说,职业教育是在基础教育之上,人们为影响自身职业生活能力发展及其运用所进行的一种不间断的活动。⑨刘春生、徐长发在他们主编的《职业教育学》中也认为,从广义上说,职业教育泛指一切增进人们的职业知识和技能、培养人们的职业态度、使人们能顺利从事某种职业的教育活动;从狭义上说,它是指学校职业教育,即学校对学生进行一种有目的、有计划、有组织的教育活动,使学生获得一定的职业知识、技能和态度,以便为学生将来从事某种职业做准备。

可见,关于职业教育的概念可谓众说纷纭,既有本质属性说、目标说,也有职业定向

① 申家龙. 社会学视野下的职业教育——内涵与特征 [J]. 职业技术教育(教科版), 2003 (16):15~18.
② 刘育锋. 论职业教育本质属性 [J]. 职教论坛, 2004 (10):13~17.
③ 徐涵. 论职业教育的本质属性 [J]. 职业技术教育, 2007 (1):12~17.
④ 欧阳河等. 职业教育基本问题研究 [M]. 北京:教育科学出版社, 2006.12.
⑤ 董仁忠. "大职教观"视野中的职业教育制度变革研究 [D]. 华东师范大学博士学位论文, 2008.
⑥ 欧阳河. 试论职业教育的概念和内涵 [J]. 教育与职业, 2003 (1):24~26.
⑦ 欧阳河等. 职业教育基本问题研究 [M]. 北京:教育科学出版社, 2006.12.
⑧ 刘育锋. 论职业教育本质属性 [J]. 职教论坛, 2004 (10):13~17.
⑨ 周勇. 对职业教育概念的回顾与思考 [J]. 职教论坛, 2003 (9):12~16.

说、活动说；既有广义的概念，也有狭义的概念。另外，职业教育概念是一个发展性命题，随着经济社会、教育学理论以及相关学科的发展，职业教育概念还在不断变化调整。

三、职业教育概念之界

基于以上阐述，并结合本书的研究任务，本书的职业教育定位为狭义的职业教育，即学校职业技术教育，主要包括中等职业技术学校教育（中职）和高等职业技术学校教育（高职）。这种学校职业技术教育是"为了职业的教育"，而不是"与职业有关的教育"，是学校有目的、有计划、有组织地培养基层职业人才的专业教育，它具备三个基本特征：①职业性，即职业教育是指向职业的，求学者接受职业教育的目的是为了就业或转岗再就业，以此区别于以学历为目标的教育，如在职学历继续教育或培训均不属于职业教育，因为求学者的动机直接是为了学历文凭；②专业性，即职业教育是专业教育，以此区别于普通教育，如基础教育中渗透的职业课程内容不应是职业教育，因为它并没有明显的专业定向；③基层性，指培养目标是面向基层的，旨在为生产、建设、管理、服务一线培养职业人才，以此与同样指向职业，且都是专业教育的大学与研究生教育区分开来。这一点非常重要，因为当前理论界对于职业教育的边界往往比较模糊，有些学者认为职业教育就是以职业为目标的教育或者是就业教育，那所有的以职业为目标或以就业为追求的教育都应是职业教育，由此大学教育、研究生教育，特别是师范教育、临床医学教育、专业学位教育等都应是职业教育。如此一来，职业教育的边界将无以穷尽，职业教育研究也就缺乏基本的立足点和焦点，由此也影响了职业教育理论的发展。因此，笔者认为以职业性、专业性、基层性三个基本特性来解析职业教育概念是合理的，既能清晰地概括职业教育的内涵，也能清楚地找到职业教育的外延和边界。① 从范围来看，职业教育包括高中阶段职业教育②、高中后职业教育、专科层次职业教育和本科层次职业教育，③ 但不论是哪个层次的职业教育，都始终应该面向生产、建设、管理、服务一线，培养基层职业人才。当然，从职业发展的角度来看，职业院校毕业生也可以晋升到较高层次的职业岗位，但对于学校而言，其培养的是入门性的职业人才，其落脚点应面向生产、建设、管理、服务一线岗位。

第二节　职业教育的逻辑分析④

职业教育何以产生？职业教育应遵循什么样的逻辑规律？对这些问题的探讨将有助于进一步理解"什么是职业教育"这一基本问题。

---

① 查吉德. 高职姓"高"还是姓"职"辨析［J］. 广东技术师范学院学报（职业教育），2009（2）：60～62.

② 理论上职业教育体系应包括初等职业教育，但考虑到过早分流不利于学生职业发展以及当前初等职业教育已逐步失去存在的实践基础，因此，本书所指的职业教育不含初等职业教育。

③ 至于部分学者提倡的研究生层次的职业教育或是硕士、博士专业学位教育，笔者认为这类教育可以与职业教育相互衔接，但不宜纳入职业教育范畴，而且构建现代职业教育体系不应追求学历的完整，建立一种与普通教育体系并行的另一套学历教育体系。

④ 参见：查吉德. 论职业教育的逻辑［J］. 职业技术教育，2010（1）：5～10.

一、职业教育的生成逻辑

1. 人的生存发展需要与经济社会发展需要的矛盾关系构成了职业教育的生成逻辑

马克思主义认为："需要"是人类的一种本性，是人类一切活动的出发点和归宿。[①]"需要"也是职业教育的出发点和归宿。正是人类社会对于职业教育有某种特定的需要，且这种需要是普通教育（或自由教育）[②] 无法满足的，在此"需要"的推动下，职业教育得以产生并发展。在满足不同主体的不同需要时，职业教育面临着不同的价值选择，价值选择体现了不同主体的职业教育目的观，满足不同主体需要的矛盾关系构成了职业教育的生成逻辑。在众多矛盾关系中，人的生存发展需要与经济社会的发展需要始终是一组最基本的矛盾关系。正如扈中平教授所言："在人类教育历史的实践中，始终面临着一组基本的矛盾关系，即人的发展与社会发展的矛盾。满足人的发展需要和社会发展需要的矛盾关系构成了教育目的的逻辑起点。"[③] 但相比普通教育，职业教育不仅要满足人的发展需要，更要满足人的生存需要，强调培养学生的谋生技能；在社会发展方面，职业教育不仅要为增进社会文明与和谐、提高人口素质服务，更要为经济发展服务，强调为经济发展培养职业人才。因此，在这个意义上，人的生存发展需要与经济社会发展需要的矛盾关系构成了职业教育的生成逻辑。虽然人的生存发展需要与经济社会的发展需要在本质上是殊途同归的，即人的生存发展可以促进经济社会的发展，经济社会的发展最终要保证人的生存，促进人的发展。然而，在职业教育实践中，两者始终处于矛盾运动中，局部还存在着激烈的冲突。如当前，我国发展职业教育是为了满足经济社会发展对高素质的技术技能人才的需要，因此将职业教育定位为"就业教育"，而作为学生及其家长，则希望职业教育不仅能为其提供就业安全网，更希望职业教育能为其提供进一步发展（升学）的机会。正是由于经济社会发展需要与人的生存发展需要的矛盾，导致职业教育办学实践的困惑，使得职业教育在就业与升学方面摇摆或者干脆两条腿走路，一面开展以升学为目的的职业教育[④]，一面开展以就业为目的的职业教育。这种就业与升学并行的职业教育，一直是政界、理论界批评的焦点，但职业院校为了生存，又不得不平衡经济社会发展需要与人的生存发展需要的矛盾。

2. 职业教育只能有限满足人的生存发展和经济社会发展的需要

职业教育对个人生存发展与经济社会发展的作用不是万能的，而是有限度的。然而，在满足经济社会发展需要方面，社会给予了职业教育过高的期望和使命。如 2005 年国务

---

① 梁忠义，李守福. 世界教育大系·职业教育 [M]. 长春：吉林教育出版社，2000. 4~5.

② 自由教育源于古希腊，而古希腊的自由教育思想植根于其哲学思想。古希腊哲学家认为，知识有助于理性（Mind）的发展，理性越发达，个体越自由，为此古希腊提倡以追求纯粹的知识为目的自由教育，并将"七艺"作为自由教育的内容。自由教育有三个基本特点：一是自由教育是基于事实，而不是基于不确定的观念、信念或者当前的价值；二是知识本身是人特有的品质，自由教育对人的价值在于充分实现人的理性（Mind），这种价值与功利主义或职业目的无关；三是知识对于形成人的美好生活的意义是一个整体，因此自由教育重要的是让人理解他应该如何生活，包括个体生活和社会生活。参见：Paul H. Hirst. Liberal Education and the Nature of Knowledge [A]. Paul H. Hirst and Patricia White. *Philosophy of Education* [M]. London & NewYork：Routledge Press，1998. 247.

③ 扈中平. 教育目的论（修订版）[M]. 武汉：湖北教育出版社，2004. 2.

④ 事实上，此"职业教育"已不能称为职业教育。

院《关于大力发展职业教育的决定》（国发〔2005〕35 号）要求：职业教育要为我国走新型工业化道路，调整经济结构和转变增长方式服务；职业教育要为农村劳动力转移服务；职业教育要为建设社会主义新农村服务；职业教育要为提高劳动者素质特别是职业能力服务。的确，职业教育对于经济社会发展有着不可替代的作用，也理应在经济社会发展中发挥其突出的建设性作用。然而，在国家政策的鼓舞下，社会（包括职业院校自身）在一定程度上有种夸大职业教育的经济社会作用的倾向，如要求职业教育不仅适应社会发展的需要，为经济转型和发展服务，甚至要求职业教育能引领区域经济发展。显然，对职业教育给予如此高的期待是不现实的，事实上，过分夸大职业教育的经济社会作用，并不利于职业教育的发展，"可能引发教育的急功近利、可能导致人们忽视对教育社会功能实现的社会条件的改造……而把社会发展的实现过多地、不切实际地寄希望于教育，使教育不堪重负……过分夸大教育的社会作用还可能导致动辄就把社会中所出现的某些政治问题、经济问题和文化问题以及教育自身的某些问题的根本原因和责任归咎于学校和教育工作者，此时，教育万能的期望瞬间就可能变成教育无能的指责，这既不利于社会的发展，也不利于教育的健康发展"[①]。考虑学校所承担的责任，不仅仅要着眼于"应该"与"不应该"，还必须着眼于"能够"与"不能够"。需要区分四种不同层次的责任：第一种是学校能够也必须履行的基本责任；第二种是学校能够部分履行也是应当履行的基本责任；第三种是学校能够履行但又没有必要履行的责任；第四种是学校无法直接承担的责任。[②] 因此，职业教育在满足人的生存发展需要和经济社会发展需要方面，必须考虑到"应该"与"可能"之间的现实矛盾，否则，希望越大，失望也就越大，这不仅影响了职业教育内部自身的能力建设，也恶化了职业教育外部的发展环境，不利于职业教育的健康持续发展。

二、职业教育的实践逻辑

职业教育是一个相对概念，是相对于普通教育而发生并存在着的。职业教育是为了职业的教育，其所有的教育活动都是围绕着"职业"展开的。根据系统论的自我指涉理论（Self-reference），职业教育是运用职业范畴将个人、社会和经济问题转化为职业教育自身的系统逻辑。因此，"职业"是职业教育的实践逻辑，是职业教育区别于以纯粹的知识、学术为目的的普通教育的根本所在，也是职业教育区别于指向岗位的企业培训的根本所在。因此，职业教育实践的基本前提是正确地理解"职业"。

1. 什么是职业

职业在不同语境中的意义不同。在汉语里，"职"是指执掌之事，中国古代所谓"六卿分职"。"业"是古代记事的方法，把要做的事在木棒上刻成锯齿状，有多少件事就刻多少个齿，做完一件就削去一个齿，叫做"修业"，所以"业"的含义是"事"。"职业"即分内应做的事。[③]《辞海》将"职业"定义为"个人在社会中所从事的作为主要生活来源的工作"。在英语里，"Vocation"、"Profession"、"Occupation"、"Employment"、"Career"

① 扈中平. 教育目的论（修订版）[M]. 武汉：湖北教育出版社，2004. 21.
② 夏正江. 教育理论哲学基础的反思——关于"人"的问题 [M]. 上海：上海教育出版社，2002. 134～135.
③ 国家教委职业技术教育中心研究所. 职业技术教育原理 [M]. 北京：经济科学出版社，1998. 1.

都有职业的意思，其中，"Vocation"是指从事脑力劳动与体力劳动的各种特定工作；"Profession"是指学习、技艺，或科学领域内需要特殊训练的职业，指知识性专门职业；"Occupation"有占有工作岗位的意思；"Employment"有受雇用的意思；"Career"指人的职业生涯，即一生的工作。[①] 虽然我国一般将职业教育译为"Vocational Education"，但实际上，现代职业教育中的"职业"同时具备以上五种含义，不仅为人们获得各种体力劳动与脑力劳动的工作做准备，也为人们获得专门性的知识工作做准备，同时还得关注学生就业、工作岗位和职业生涯的发展。

职业既具有社会意义，也具有个体意义。"从社会分工的角度论，职业是指在业人口（从事社会劳动并取得劳动报酬或经营收入的人口）从事工作的种类。职业作为社会分工的产物，有丰富的社会内涵，包括：职业的种类（类别）反映着社会生产力发展的水平和社会分工的水平；职业的层次结构反映着基本的生产关系、社会组织结构和社会权益分配；职业的社会构成反映了社会产业结构、人力资源的配置、构成关系与比例；职业活动反映了社会运转的运作方式；职业反映着不同行业所形成的不同职业群体所特有的社会地位、群体利益和特征。"另外，"对个人而言，职业一般指人们在社会生活中所从事的，作为自己主要生活来源的，在社会分工中具有专门职能的工作。职业可以满足人们的多种需求，包括：个人通过职业实现生存需要；职业使人获得对社会、对集体、对行业、对单位的归属感，提供一个最经常的社交场所，满足人们对归属和爱的需要；择业的成功和职业上的成就，能够满足人们实现个人的社会价值的需要；职业可以满足人们展示个性的需要，人们可以通过对职业的选择，发挥自己的特长，满足自己的兴趣、爱好，实现自己的理想"。[②]

当然，职业教育中的"职业"尤指个体意义上的"职业"。"是参与社会分工，利用专门的知识和技能，为社会创造物质财富和精神财富，获取合理报酬，作为物质生活来源，并满足精神需求的工作。"[③] 职业具有专门性、经济性、发展性特点。其中，"专门性"是指从事某种职业需要有专门的知识和技能，强调职业资格；"经济性"是指职业是从业者物质生活的主要来源，满足从业者的经济需求；"发展性"是指职业不仅要满足从业者的物质需求，而且还要满足从业者的精神需求，是从业者自我价值实现的载体，强调职业发展。因此，"职业"并不等于"工作"，更不同于"岗位"。"工作"是从业者通过出卖劳动力以获得一定经济报酬的岗位或具体任务，工作虽具有经济性特点，但不一定具有发展性和专门性特点，它可以只是人的职业生涯中某一个时点的谋生手段，有些工作也可以不需要专门的知识和技能，只需要简单的劳动力；"岗位"是组织要求个体完成的一项或多项责任以及为此赋予个体的权力的总和，泛指职位，有些岗位可以不具有经济性、发展性和专门性特点。

2. "职业性"非职业教育的本质属性

当前，有不少学者认为"职业性"是职业教育的本质属性，在职业教育实践中，更是

① 刘重明. "职业教育"与"职业技术教育"[J]. 教育与职业，1990（6）：26～27.

② 国家教委职业技术教育中心研究所. 职业技术教育原理 [M]. 北京：经济科学出版社，1998.2～4.

③ 百度百科. http://baike.baidu.com/subview/58824/5033091.htm? fr = aladdin.

将"职业性"视为职业教育的根本，事实上是将职业教育理解为"有关职业的教育"而非"为了职业的教育"。所谓"本质"是指一事物区别于他事物的根本属性，具有明显的排他性。"职业性"显然不是职业教育的专利，企业培训具有职业性自不待言，即使是自由教育亦有职业性，如柏拉图所主张的，通过自由教育培养的"哲学王"显然也是一种"职业"，所以也脱不了职业性干系。正因为如此，有部分学者认为所有的教育都具有职业性，纯粹的没有职业性的教育是不存在的。如美国教育家孟禄认为，"照一种意义讲，什么教育都是职业教育，为什么呢？因为它的目的都在准备使人能够在各种事业上有格外有效和满意的作为。照一种意义讲，自由教育也可以叫它职业教育，因为它的目的也在造成政治家，替公家服务的人才，或牧师生活的缘故。就是初步教育，在从前历史时期里头，是某种高等教育的准备，也是职业教育"[1]。美国学者施乃登（David Snedden）博士亦认为，"凡是有预备生利的功效的教育，都可叫它职业教育"[2]。可见，若将职业性视为职业教育的本质属性，会使职业教育的概念变得泛化，使得职业教育的边界模糊不清，在实践中，也不利于职业教育的发展。

20世纪30年代以来，以泰勒主义为实践哲学基础的职业教育，为了突出"职业性"，提高"效率"，特别强调岗位技能的训练，最典型的就是流行于英国、加拿大、澳大利亚等英语国家的CBE模式（Competency-based Education），这种职业教育理论及其课程开发技术，只强调人对某一岗位的适应，不利于人的全面发展和可持续发展。随着后福特主义的兴起，人们开始意识到基于泰勒主义的职业教育实际上将职业教育等同于企业培训，以德国为代表的欧洲大陆的职业教育专家开始对此进行反思，并试图构建新的职业教育理论框架及课程模式。如德国的职业教育专家于20世纪80年代提出了设计导向的职业教育思想，突出工作的人道化过程，强调职业教育培养的人才不仅要具有技术适应能力，而且更重要的是应对能力，本着对社会、经济和环境负责的态度，参与设计和创造未来的技术和劳动世界；[3] 20世纪90年代，德国开始探索构建基于"工作过程系统化"的职业教育学习领域课程模式，克服CBE模式的缺陷，让学生经历完整的工作过程，适应不同岗位的工作需要，造就全面发展的现代产业工人。近年来，德国的职业教育理论及其实践经验受到了国内学者的广泛关注，学习领域课程模式已成为我国职业院校课程改革的主旋律，职业能力作为职业院校的人才培养目标也被普遍接受。然而，在实践层面，由于岗位技能训练显得更直接、更易操作、也更易体现职业性，不少职业院校在人才培养中往往倾向于岗位技能训练，事实上是将"职业"与"岗位"相混淆，将"岗位技能"等同于"职业能力"。

另外，由于误将"职业性"作为职业教育的本质属性，在实践中很容易犯机械唯物主义错误，往往是唯"职业性"是从；而其他的"非职业性"探索则被认为是"去职业化"，是职业教育立场不坚定、办学定位不清晰的表现。这种认识极大地限制了职业教育理论与实践的创新，限制了职业院校探索多种途径发展职业教育的改革热情。事实上，衡

① 潘文安．职业教育 ABC［M］．上海：世界书局，1929. 10.
② 潘文安．职业教育 ABC［M］．上海：世界书局，1929. 12 ~ 13.
③ 赵志群，王伟波．德国职业教育设计导向的教育思想研究［A］．姜大源．当代德国职业教育主流教学思想研究［M］．北京：清华大学出版社，2008. 80 ~ 83.

量一种教育性质的标准在于其教育目的，而不是教育的内容、方法和手段。西方有句古话："条条大路通罗马"，中国改革开放的总设计师邓小平同志也曾形象地比喻："不管白猫黑猫，抓到老鼠就是好猫"，说的都是方法论问题，即为达到同一目的，可以采用不同的方法。职业教育的本质是"为了职业的教育"，只要是为了职业的，就是职业教育。正如梁忠义、李守福先生所言："衡量职业教育的标准，不仅要看教育的内容，还必须考虑到培养的目标。从这个意义上讲，职业教育是以传授某一种职业所需要的知识、技术、态度等为主要内容的，以培养职业人为目的的教育。因此，虽然是传授有关农业、工业、商业等知识、技术、态度等的教育，倘若不是以就职为目的，就不是本来意义上的职业教育。相反，即使讲授农业、工业、商业以外的普通学科的教育，如果它是从事某种职业必需的，其目的又是为从事某种职业的，则也应称之为职业教育。"① 可见，判断一种教育性质的标准应看其"目的"，而非视其方法和手段。在这方面，美国的经验十分值得学习。1862 年，美国颁布实施了《莫里尔法案》，根据该法案，美国建立了一批以培养工农业实用人才为目标的赠地学院。以我们今天的高职教育标准去衡量，赠地学院应属于高等职业教育，但美国政府并没有给这些学校贴上"职业性"标签，而是提供土地、资金等外部条件，支持其"自由"发展。正如美国教育学者考利（W. H. Cowley）所指出的："莫里尔法案最有意义之处在于它在资助创建农业、机械或其他实用学科的高等院校时，并没有规定这些院校不能教授其他自然科学或古典学科，从而导致了美国高等院校中最有影响的学校——综合大学的产生。"② 事实上，正是这种不唯"职业性"的"自由"，使这一政策产生了意想不到的效果，赠地学院不仅满足了美国工农业生产对实用技术人才的需求，而且大大丰富了美国高等教育的结构，促进了美国不同类型大学间的合作竞争，形成了有利于大学自身独立发展的生存环境。③

3. "职业"不能离开特定的职业文化

职业与文化是密不可分的，文化背景不同，职业的内涵也不相同，因此，"为了职业"的职业教育实践亦不相同。如德国"双元制"职业教育就是以职业作为实践逻辑的，其成功与德国特定的职业文化（Industrial Culture）密切相关。

首先，在德国，技能性工作（Skill Labour）的组织原则是相对扁平化，技工和技术员的工作有很强的独立性，因此培养技工的职业教育，必须适应这种独立性工作的要求。为此，自 20 世纪 90 年代以来，德国职业教育专家开始探索"基于工作过程系统化的学习领域课程改革"，旨在培养学生的综合职业能力（包括专业能力、方法能力与社会能力），而非某一具体的岗位技能，使学生具备独立工作的能力和职业可持续发展的能力。可见，学习领域课程改革模式是为适应德国特定的企业组织模式对技术工人的要求而开展的，它并不一定能适应仍以工位、岗位为主要组织单元的企业用工要求。

其次，德国的职业教育体制反映了一种强烈的产品驱动的经济模式，体现了产品主义劳工观（Productionist Uderstanding of Labour），在这种劳工观下，服务经济并没有被纳入

---

① 梁忠义，李守福. 世界教育大系·职业教育 ［M］. 长春：吉林教育出版社，2000.9～10.
② G. Kerry Smith. *Twenty Five Years*：1945—1970 ［M］. San Francisco：Jossey－Bass Inc. Publishers，1970. 转引自：杨光富，张宏菊. 赠地学院对美国高等教育的影响 ［J］. 河北师范大学学报（教育科学版），2008（10）：8～11.
③ 石娟. 美国赠地学院运动的历史意义及其启示 ［EB/OL］. http：//www. docin. com/p－4675616. html.

经济范畴，工业和其他技能型职业构成了德国劳动力市场的基础。另外，德国商会（Trade Unions）①在考虑他们的组织和战略时，会与职业或技术工作原则相配合，但由于其成员主要来自重工业，因此往往是基于重工业的需要参与职业教育改革，影响职业教育的理论与实践探索。因此，德国的职业教育理论与实践更多的是基于工业界开展的，尤其是重工业，并不一定适应服务行业的人才培养要求。

再次，德国的职业教育体制不仅反映了德国的新产品主义的职业文化，而且反映了德国的劳动法律文化，如德国的个体劳动法（Individual Labour Law）明确以职业为框架，集体劳动法（Collective Labour Law）则间接地将职业作为劳资双方的联结纽带。这种模式与德国社会性保障体系的传统也有密切联系，德国保障体系的出发点就是要求在一个给定的职业内长期服务，在不同的劳动力市场之间流动受一系列的被广泛接受的职业资格证书控制。因此，德国的产业工人一般只能在行业内流动，很难在行业间流动，这不仅有助于提高行业企业参与本行业专业人才培养的积极性，也有利于提高职业教育的效率，较好地避免了毕业生因不在所学专业领域就业而导致的技术浪费，也使得职业教育更易于围绕"职业"进行长期规划设计，而不是局限于某一个或一类"岗位"进行就业设计。

最后，作为明确的工业主义社会身份的基础，基于职业的技能性工作为教育、就业、生涯发展提供了类似的标准化路径，特别是对学生有直接影响，包括对他们生活方式的形成，精神和道德的发展都具有直接的重要影响。德国体制很少将职业教育对应的就业岗位定位为金字塔的底层，确保将职业教育作为年轻人的主流教育，不像其他国家，在中等教育阶段，将接受职业教育视为一种失败。因此，在德国文化中，工人对他们的职业具有高度的认同感，并与其他职业有明确区分。②这种认同感，保证了职业教育的社会吸引力，为职业教育的发展营造了良好的社会环境。

当然，随着德国产业的变化，德国双元制职业教育模式受到越来越多的挑战，如服务业持续进步，工业特别是制造业逐步衰退，传统的职业要领和内容正在发生变化，职业与职业之间的边界越来越模糊，职业资格证书越来越赶不上职业的变化。但由于职业具有不可替代性，因此德国职业教育的方法论依然集中在源于现实的职业理论。③职业依然是德国职业教育的实践逻辑。

综上所述，职业教育的发生与发展源于需要，人的生存发展需要与经济社会的发展需要之间的矛盾关系构成了职业教育的生成逻辑，因此，职业教育首先必须考虑利益主体的需要，并从"应该"与"能够"两个维度思考职业教育的使命，绝不应盲目拔高职业教育的作用，避免职业教育万能论倾向。另外，职业是职业教育的实践逻辑，职业教育的本质是"为了职业的教育"，但"为了职业的教育"并不等于"与职业有关的教育"，职业

① 19世纪，作为手工业者和技工的利益团体发展起来的。
② Wolf－Dietrich Greinert. *The German Philosophy of Vocational Education* ［A］. Translated by Fraser. Linda Clarke and Christopher Winch. Vocational Education：International Approaches，Developments and Systems ［C］. London and New York：Routledge Talor & Francis Group，2007. 49－59.
③ Wolf－Dietrich Greinert. *The German Philosophy of Vocational Education* ［A］. Translated by Fraser. Linda Clarke and Christopher Winch. Vocational Education：International Approaches，Developments and Systems ［C］. London and New York：Routledge Talor & Francis Group，2007. 49－59.

性并不是职业教育的本质属性。职业与特定的职业文化密不可分，以职业为实践逻辑的职业教育也离不开特定的职业文化。如德国"双元制"职业教育模式就是基于其特定的职业文化的，文化的差异也成为其他国家采取德国职业教育模式的一大障碍。① 因此，我们在学习借鉴国外职业教育理论与实践成果时，必须充分考虑到我国特定的职业文化，否则，我们的改革将是无本之木，无源之水，难以取得预期效果。

第三节　职业教育的目的分析②

职业教育培养目标是职业教育目的的具体体现，构建职业教育培养目标，必须先确立职业教育目的观。职业教育目的之于培养目标具有导向性功能，影响培养目标的价值选择与利益取向。从职业教育实践来看，不论是政策制定者，还是职业院校自身在确立职业教育培养目标时，往往对其上位概念——职业教育目的缺乏深入思考，导致培养目标在价值选择上的偏颇，进而使职业教育陷入困境。因此，本节对中外历史上的职业教育目的观进行梳理，从中揭示职业教育目的的矛盾关系。

正如圣托马斯所言，在某种程度上，"为什么"要比"如何"更重要。教育目的指向的就是"教育为什么"的问题。围绕"教育为什么"这一基本理论命题，在教育发展史上形成了多样化的教育目的观。职业教育也如此，虽然关于职业教育目的的研究远没有教育目的方面的研究丰富而深刻，但学者们对教育目的的研究对于职业教育目的及其实践仍有深刻的启迪作用。这些不同的职业教育目的观或教育目的观不仅反映了其提出者和拥护者的价值取向，而且揭示了职业教育目的的两难矛盾，即社会本位与个人本位的矛盾、职业本位与生活本位的矛盾、专门性与通识性的矛盾、永恒性与动态性的矛盾。

一、社会本位与个人本位的矛盾

"在人类教育历史的实践中，始终面临着一组基本的矛盾关系，即人的发展与社会发展的矛盾。满足人的发展需要和社会发展需要的矛盾关系构成了教育目的的逻辑起点。"③围绕这组矛盾关系，形成了两种矛盾对立的职业教育目的观，即社会本位的目的观与个人本位的目的观。

社会本位的目的观主张教育目的应以社会为本位，强调根据社会发展需要制定教育目的和构建教育活动。这种思想可以追溯到古希腊的柏拉图。④ 代表性人物有孔德（A. Comte）、涂尔干（E. Durkeim）、凯兴斯泰纳（G. Kerschensteiner）、巴洛夫（Thomas Balogh）、朱元善等。如19世纪国民教育的主要倡导者、德国教育家凯兴斯泰纳提出，劳

① Wolf－Dietrich Greinert. *The German Philosophy of Vocational Education* ［A］. Translated by Fraser. Linda Clarke and Christopher Winch. Vocational Education: International Approaches, Developments and Systems ［C］. London and New York: Routledge Talor & Francis Group, 2007. 49－59.

② 参见：查吉德. 教育目的的矛盾关系——中外职业教育目的观述评［J］. 职业技术教育，2013（16）：5～10

③ 扈中平. 教育目的论（修订版）［M］. 武汉：湖北教育出版社，2004. 2.

④ 顾明远. 教育大辞典［Z］. 上海：上海教育出版社，1990. 107.

作学校的目的是培养具备心智技能和劳作技能的有用的国家公民。国家公民应具备三个条件：一是应该有能力而且愿意承担这个国家里的任何职务，或者说，有能力从事任何职业活动，并因此而直接或间接地促使国家目标的实现；二是将其职业视为一种职责习惯，这一职责的履行，不仅仅应该以维持自己的生活和伦理的自我标榜为准则，而且应该以经过整顿了的国家利益为准绳；三是具备国家所要求的完善的人格价值，获得自我伦理自由，以便为实现伦理集团的理想目标服务。在他看来，"只有国家才能确保个人获得至高无上的、内在伦理财富，才能成为具有真正觉悟的、伦理的自由人。个人正是在国家实现某一时期的崇高理想中，不仅找到了理想而又受尊敬的工作，同时也找到了从伦理上完善自己的宝贵良机。"① 我国近现代职业教育学者朱元善从"适者生存"的生物进化理论出发，对当时脱离社会生活的主知主义、个人主义教育进行了批评，认为教育应顺应社会发展要求，将学生培养成能理解社会的本质、具备为社会尽瘁的意志与能力的社会有用之人，主张教育应当注重学生意志品质的锻炼和养成、培养学生实践动手的习惯以及国家意识与情感，并通过共同劳动完成社会生活教育。因此，他提出职业教育的目的"在于发达农、工、商业初步之基础的智能，其在女子则增进母及主妇的职务之智能，更进而图职业道德之陶冶。"② 20 世纪 60 年代，英国经济学家、非洲教育问题专家巴洛夫以"发展经济学"、"人力资源说"为基础，将促进经济发展作为职业教育的目的，建议非洲等发展中国家和地区应通过发展学校形态的职业教育和在普通学校课程中渗透职教内容的战略来发展经济。③ 可见，社会本位的职业教育就是使个人适应职业或社会生活，成为对社会有用的国家公民，促进经济社会发展。

个人本位的目的观主张教育目的应以个人为本位，强调根据个人自身完善和发展的需要来制定教育目的和构建教育活动。④ 这种思想可以上溯到古希腊的智者派，主要代表人物有卢梭（J. Rousseau）、福禄倍尔（F. Froebel）、裴斯泰洛齐（J. Pestalozzi）、仓内史郎等。如瑞士教育家裴斯泰洛齐曾批评他那个时代（18 世纪末 19 世纪初）的学校："世间有方法学校、书写学校、海德堡学校，可就是没有人的学校。"⑤ 他主张教育应促进人的和谐发展，培养完善的人。在他看来，只有当每个人的一切潜在的可能性和真正人的力量激发起来并且加强起来时，才可能解决迫切的社会问题，获得根本的社会改造。而人的教育与发展的最重要的手段是劳动，劳动不仅能发展体力，而且能发展智力，并形成人的道德。劳动教会人蔑视那些跟事实脱节的语言，帮助人形成精确、诚实等品质，有助于形成儿童跟成人之间和儿童之间的合理的相互关系。因此，他非常重视职业教育，将教学与手工业、农业生产相结合作为重要的教学原则，将劳动作为培养人的一种手段，设法在劳动时"使儿童的情绪热烈，并且要发展儿童的智慧"。他曾说："我的发出点是：把学习和劳动，把教学与工厂相结合，使二者互相融合起来。同时，我认为这种劳动并不是为了收

---

① 郑惠卿. 凯兴斯泰纳教育论著选 [C]. 北京：人民教育出版社，2003. 7，15 ~ 16.
② 朱元善. 职业教育真义 [A]. 米靖. 二十世纪中国职业教育学名著选编 [C]. 北京：教育科学出版社，2012. 8 ~ 9，12.
③ 石伟平. 比较职业技术教育学 [M]. 上海：华东师范大学出版社，2001. 239 ~ 240.
④ 顾明远. 教育大辞典 [Z]. 上海：上海教育出版社，1990. 46.
⑤ [日] 小原国芳. 完人教育 [A]. 瞿葆奎. 教育学文集：教育目的 [C]. 北京：人民教育出版社，1989. 302.

获劳动的一些成果，而是通过体力的练习，学到劳动和收获劳动成果的能力。"① 20 世纪
70 年代，日本职业教育学者仓内史郎认为，职业教育应摆脱以实业为基础的教育观，确
立起与新时代相适应的新思想——以人为主的职业教育。在他看来，根据传统的职业适应
性理论，把职业和人的关系以一对一的形式固定下来的设想是错误的。它容易使人陷入把
职业需要的性格特点作为固定的尺度，以这一尺度测定人的适应性，进而陷入把人塞到某
一职业中去的错误逻辑。他发现适才（适于某职业的人才）的目的主要是适应生产合理化
的要求，是要按照生产的要求选择人，而与尊重个性的本来目的背道而驰。另外，他认
为，近代以来的职业教育，通过把知识技术的传授同人格培养分开进行的方式，谋求提高
职业教育效率。这一方式虽与近代生产追求经济合理性相适应，但却造成把职业教育同人
的教育分开进行的恶果，致使职业教育陷入单纯技术观点。因而，它不是根据人的需要进
行职业教育，相反，却让人适应它的需要。这样一来，必然使职业教育走向绝境。因此，
他主张：职业教育的奋斗目标应以人的整个职业生活为内容，以人格的形成和发展为中
心，促进人的成才。② 可见，个人本位的职业教育始终将个人的发展作为基本价值取向，
将职业教育作为促进个人就业及发展的重要手段。

二、职业本位与生活本位的矛盾

职业教育的最初形态——学徒制就是典型的"职业本位"教育，其目的是培养某个行
业或领域的"匠人"或"艺人"，满足社会底层人员的生计需要。这种出于生计目的的
"职业本位"教育传统一直沿续至今，并成为职业教育的主流思想。如德国的格雷纳特
（Wolf-Dietrich Greinert）分析认为，德国的职业教育是为了职业（Beruf）的教育，职业是
德国职业教育的实践逻辑。③ 在我国，职业教育的方针是："以就业为导向，以服务为宗
旨，走产学研结合之路。"职业院校在贯彻此教育方针时，有时会将"职业"等同于"就
业"，将"以就业为导向"当成"以就业为宗旨"，将"以服务为宗旨"当成"以为用人
单位服务为宗旨"。由此，"职业本位"又演变成"就业本位"。长期以来，"职业本位"
的职业教育目的观及其实践广受批评。如我国近代出版家邹韬奋认为，"职业生活仅是人
生活的一方面，职业责任仅是人承担的诸多责任中的一种，在进行职业教育时往往只着重
了个人职业效率和社会经济的需要，在传授职业知识技能时往往忽略人的生活、人的精神
世界的非职业的其他方面。事实上，割裂了人们生活的多方面联系，人的精神生活单一
化，人会变成机械、怪物，也就不成为人了。普通教育、自由教育与职业教育有共同的价
值存在，都要培养学生求真知识的能力、巩固的意志、优美的情感，将来能以之应用于职
业而谋生活，同时能进而协助社会国家之幸福，最终成为完全有用之人物。"美国学者希

---

　　① 徐汝玲. 裴斯泰洛齐生平、教育思想及其代表作之一《林哈德和葛笃德》［A］.［瑞士］裴斯泰洛齐. 林哈德
和葛笃德［M］. 北京编译社译. 北京：人民教育出版社，2005. 1～18.
　　② ［日］宫地诚哉，仓内史郎. 职业教育［M］. 河北大学日本研究所教育研究室译. 天津：天津人民出版社，
1981：4～29.
　　③ Wolf-Dietrich Greinert. *The German Philosophy of Vocational Education* ［A］. Translated by Fraser. Linda Clarke and
Christopher Winch. Vocational Education：International Approaches，Developments and Systems ［C］. London and New York：
Routledge Talor & Francis Group，2007. 49－59.

尔（David Spencer Hill）认为："职业教育就狭义而言，乃专事训练具有社会价值的种种职业。然此外尚须养成其自身求知识的能力，强固的意志，优美的情感，进而协助社会，使成为健全的优良分子，盖一方面注重职业训练，同时并须照顾到受教育者乃国家之一公民，人类之一分子。"美国教育家孟禄（More）认为，职业教育在培养工人职业技能，提高生产效率的同时，又不能忽视对工人进行陶冶，"务使成为公民及人类之一分子"，否则工人虽有工作效率，却会成为机械奴隶。① 可见，这些学者主张职业教育不仅培养学生的职业技能，还应培养学生作为社会成员、国家公民的素质。

与"职业本位"相对的是"生活本位"的教育目的观，即主张教育为生活做准备或教育本身就是生活。如英国教育家斯宾塞（Herbert Spencer）认为，"教育的目的是为完满生活做准备。"美国教育家杜威（John Dewey）主张"教育即生活。"美国教育哲学家怀特海（Alfred North Whitehead）认为，"教育的唯一主题就是五彩缤纷的生活。"② 日本职业教育学者仓内史郎认为，职业教育的奋斗目标应以人的整个职业生活为内容，促进人的成长。这种职业生活不只是物质生产的经济活动，而且还包括极其丰富的精神生活。③ 我国近现代教育家陶行知认为，"教育这一社会现象起源于生活，生活是教育的中心，教育应为社会生活服务"。他主张"生活即教育、社会即学校、教学做合一"。④ 我国近代职业教育学者朱元善认为，适应生活的教育与职业教育二者不能分离，不能实施孤立的职业教育，而应实施复杂国家的职业生活教育。⑤ 近年来，受现象学大师胡赛尔的"回归生活世界"的思想影响，一些学者主张"教育回归生活"，并认为"回归现实生活世界"是教育走出困境的可能道路。⑥ 在职业教育中，"回归生活"虽然没有成为职业教育的主流思想，但"关照生活"已成为一种趋势。如20世纪90年代以来，为弥补"职业本位"的职业教育忽视"社会生活"的问题，德国等一些国家对"职业能力"赋予新的内涵，强调综合职业能力，要求在职业教育中不仅培养学生的专业能力，而且培养功能外的跨职业的"人性能力"（Human Competency），包括方法能力和社会能力。其中，社会能力是劳动者在一个开放的社会生活中必须具备的基本素质，强调对社会的适应性、行为的规范性以及积极的人生态度。⑦

三、专门性与通识性的矛盾

相对于通识性的普通教育，职业教育更强调专门性、职业针对性。如怀特海认为，具体化是技术教育的力量所在，通过专门化的学习与研究，形成一种最朴素的心理品质——

① 刘三林，刘桂林. 邹韬奋论职业教育的目的 [J]. 教育与职业，1996（2）：42～44.
② ［英］怀特海. 教育的目的 [M]. 徐汝舟译. 北京：生活·读书·新知三联书店，2002. 15.
③ ［日］宫地诚哉，仓内史郎. 职业教育 [M]. 河北大学日本研究所教育研究室译. 天津：天津人民出版社，1981. 10.
④ 徐春霞. 陶行知生活教育思想探微 [J]. 教育探索，2004（10）：34～36
⑤ 朱元善. 职业教育真义 [A]. 米靖. 二十世纪中国职业教育学名著选编 [C]. 北京：教育科学出版社，2012. 8～9.
⑥ 潘斌. 论教育回归生活世界 [J]. 高等教育研究，2006（5）：7～12
⑦ 赵志群. 职业教育与培训学习新概念 [M]. 北京：科学出版社，2003：20～23

风格。"风格总是专门研究的产物，是专门化对于文化的独特贡献。"① 有了风格才是某个领域的专家，而不只是业余爱好者。所以，职业教育是专门化的教育，培养的是具有独立风格的专门人才，而非业余爱好者。

当然，职业教育强调专门性，并不排斥通识性。如怀特海认为："把一切学校分成两种或三种严格的类型，各种类型又必须采取一种僵硬的课程，那么这对教育来说将是致命的。……为了某种目的把学校分类是必要的。但绝不应该允许有绝对僵硬的、未经学校教师修改过的课程。" 教育的目的应当是"造就既有文化、又有某个特殊方面专门知识的人。他们的专门知识，将给他们以起步的基础；他们的文化，将引导他们如何哲学般地深邃、艺术般地高雅。" 在他看来，"技术教育与自由教育之间的对立是错误的。没有一种充分的技术教育不是自由的，也没一种自由教育不是技术的。即没有一种教育不是既传授技能又给予智力远见的。换句话说，教育应该培养学生充分了解，同时又能善于行动"。"每一种教育形式，都应该给学生一种技能、一门科学、一批普通概念以及一种美的欣赏"。"技术教育不应该过于专门化。工场的加工技术及其窍门，如果只适合于一个特殊的工作，应该在商业性的工场中教授，而不应该构成学校课程的基本内容。一个受过适当训练的工人很快就会掌握这些东西。如果我们把技术教育看作是一种抓住儿童，并给他们高度专业化的手工技能的制度的话，技术教育注定要失败"。② 因此，怀特海主张在技术教育中融入自由教育精神和内容。他认为："无论是雇主还是一般人，都必须以一种自由精神来看待技术教育或工艺教育。应该给工作注入智力和道德的见解，由此工作就变为一种乐趣，战胜了疲乏和痛苦。技术教育应该造就喜爱其工作的工人。"为此，在技术教育中必须融入文学、科学和艺术的内容。一方面，技术教育基本上是一种利用知识进行物质产品生产的技能方面的训练。这种训练强调手工技能，手和眼的协调活动，以及在控制生产过程中的判断能力。但是判断能力需要有那些自然过程的知识，即科学知识。另一方面，通过文学和艺术帮助人们获得创造性的享受，获得创造的快乐（有成就的努力的结果）。因为文学与艺术是真正的创造，它们所唤起的想象使我们身临其境。它们是一种消遣，能给予任何职业在工作时间必须压抑的其他方面发挥的机会。如此，才能造就"精力充沛"而不是"无精打采"的工人。③

实际上，教育过于专门化一直广受诟病，一些学者认为过于专门化的教育忽视了人之为人的本性，不利于人的全面发展。如法国经济学家萨伊（Say Jean Baptiste）曾说："我们不得不沮丧地承认，一个人只能永远承担一枚顶针的第十八道工序；我们真难以想象一个人一辈子只拿着一把铁锉和一把铁锤，究竟是谁用此方法损害了人的天性。一个人在其现有处境里，应该把他最聪颖的天资发挥出来的。"④ 新托马斯主义者也认为，高度专门化的科学和技术成就可能是成为个人发挥其才能的障碍，会导致马利坦所说的"人类心理的一种渐进的动物化"，我们在一个越来越狭窄的领域里训练专家们的最重要的能力，使

① ［英］怀特海. 教育目的［M］. 吴志宏译. 台北：桂冠图书股份有限公司，1994. 1~16.
② ［英］怀特海. 教育目的［M］. 吴志宏译. 台北：桂冠图书股份有限公司，1994. 53~70.
③ ［英］怀特海. 教育目的［M］. 吴志宏译. 台北：桂冠图书股份有限公司，1994. 53~70.
④ ［法］埃米尔. 涂尔干. 社会分工［M］. 渠东译. 北京：生活·读书·新知三联书店，2008. 6.

得他们失去对任何超越自己能力的东西做出明达判断的可能性。……有失去人性生活的危险。①

随着技术更新速度的加快，经济领域要求职业教育能培养出适应技术更新要求的新型产业工人。因此，职业教育的"普通化"趋势越来越明显。如 OECD 人力资源处处长 J. P. 毕利亚德（J. P. Pilliard）指出，"从职业教育来看，根据经济和技术的需要，要求培养出能适应职业生活条件不断变化的工人。为此，职业教育不可过于专门化。所以，职业教育的内容和方法正在朝着一般化方向发展。这样一来，以往体力劳动者与脑力劳动者之间的长期对立，将随着绝大多数人文化与科技水平的提高而日趋结合，就这一点来说，是达到了辩证的统一。"② 法国职业教育专家 M. 罗吉·格列戈尔（M. Roger Gregoire）认为，随着工作的逐渐"知性化"（Intellectualisation），使人们必须在任何情况下，学习更多的其他能力，而不仅仅是技术的精通及"职业的诀窍"而已。职业教育为了经济本身的利益必须是全面性的教育。职业教育目的必须是经济的，同时也是文化的，而且是社会的，体现在三个方面：一是对经济发展的贡献；二是提高人民的文化水平；三是帮助个人完全的和成功的发展。③ 可见，职业教育的目的与普通教育的目的有内在一致性。

四、永恒性与动态性的矛盾

在教育思想史上，关于教育应该追求永恒的目的还是动态发展的目的，存在两种矛盾对立的观点。

一种观点认为，教育应该追求永恒的目的，典型代表如永恒主义教育。永恒主义认为，人性是不变的，控制宇宙的永恒法则也是独立于时间和空间的，所以对教育的需求是不变的，而且所需要的教育也是不变的，教育的根本目的是发展人的本性，把人塑造成人。永恒主义代表赫钦斯在《教育上的冲突》中曾对"适应环境"、"满足直接需要"以及"社会改造"这三种教育目的理论进行了批评，认为，"教育不是为了使青年一代适应环境，而应该鼓励他们改善环境。教育需要考虑学生的直接需要，然而，相对于比较长远的、更为重要的真、善、美的需要来说，它应该放在次要地位，而且要由前者来控制后者。教育不可推卸地要承担社会改革的功能，然而，改造社会不能作为教育的目的，社会改造目的的实现乃是真正教育的必然的结果，人们无须刻意追求它。"④ 在他看来，发展人的理性的教育是最好的教育，它是获得幸福的最好手段，是培养公民的最好办法，它甚至是最好的职业教育。

另一种观点认为教育目的是现实的、动态的，不存在永恒的绝对的目的，典型代表如实用主义教育。实用主义代表杜威认为，制定正确的教育目的有三条标准："一是必须是现行条件的产物，必须以现已发生的事情为基础，必须考虑有关处境的种种资源和困难；

---

① ［英］贝克. 新托马斯主义的教育目的［A］. 瞿葆奎. 教育学文集·教育目的［C］. 北京：人民教育出版社，1993. 548.

② ［日］宫地诚哉，仓内史郎. 职业教育［M］. 河北大学日本研究所教育研究室译. 天津：天津人民出版社，1981. 24~25.

③ ［法］罗吉. 格列戈尔. 职业教育：就业与训练［M］. 王作荣译. 台北：正中书局，1980. 119~120，165.

④ 陆有铨. 现代西方教育哲学［M］. 郑州：河南教育出版社，1993. 83~85.

二是必须有灵活性，能够作出修改以满足各种条件，能够用来改变条件，它是实验性的，能够不断发展，并在活动中得到检验；三是必须始终体现一种活动的自由，即这个目的是一种期待的目标，是某个过程的终结。"可见，在杜威看来，正确的教育目的是动态发展的，它不仅必须以现实的条件为基础，具有适应性，而且还要具有灵活性、可检验性，并有可预期的阶段性目标结果。因此，杜威认为，教育目的是专门的、直接的，而不是普遍适应的、最终的。企图建立总的教育目的总不能成功，任何最终的目的都不能把所有较次要的目的隶属于它之下。因为教育目的是现实的社会需要的产物，就像法律一样，要在实践中发生变化。①

职业教育目的的永恒性与动态性是辩证统一的。职业教育既难以简单遵从永恒性目的观，也不应一味遵照动态性目的观。实际上，即使是持永恒性目的观的学者，也不排斥动态性目的。如永恒主义者马利坦认为，在教育主要目的之外，存在第二位的教育目的，这类目的必须适应各个历史时期的变化中的情况。② 即使是持动态性目的观的学者，也或直接或间接肯定永恒性目的。如杜威虽然认为教育的目的就是教育过程本身，似乎意味着没有永恒的目的，但在杜威的整个教育哲学中始终有一点不容忽视——民主社会，只有在民主社会，人才是自由的，才具有自我发展性，教育的终极目的就是实现民主社会。

五、思考与建议

职业教育目的是一个非常复杂的价值命题，并不是一个非此即彼的线性逻辑命题。以上列举的矛盾关系并不都是二元对立的，各组矛盾关系内部以及各组矛盾关系之间相互渗透、错综复杂。但通过这些矛盾关系的梳理，可以让我们更清楚地把握职业教育目的的主要矛盾，在确定、分析职业教育目的时能有一个比较清晰的框架，避免顾此失彼。同时，以上职业教育目的的矛盾关系对当下职业教育实践提供了诸多启示。

（一）职业教育应将人的生存发展需要与经济社会发展需要有机结合

人的生存发展需要与经济社会发展需要的矛盾构成了职业教育的主要矛盾，也是职业教育的生成逻辑。职业教育正是在满足个体生存发展需要以及经济社会发展需要中发生并发展的③。因此，坚持单一的"社会本位"目的观或"个人本位"目的观都不利于职业教育的可持续发展。"社会本位"的职业教育目的观虽然符合经济社会发展要求，但却有违教育的本体价值——培养人，且忽视了教育主体——学生的利益诉求。学生主体性被忽视的结果是，学生的学习动力不足，难以激发其主观能动性，进而影响人才培养目标的实现和人才培养质量。若坚持个人本位的职业教育目的观虽然符合教育的本体价值，但却偏离了职业教育的初衷——为经济社会发展服务，也不利于职业教育与普通教育的错位发展。

因此，职业教育必须协调好"社会本位"与"个人本位"的矛盾，在社会价值与个体价值间找到平衡点。在这方面，我国近现代职业教育家黄炎培关于职业教育目的的论述

---

① ［美］霍恩. 杜威的教育目的论述评（上、下）［A］. 瞿葆奎. 教育学文集·教育目的［C］. 北京：人民教育出版社，1993. 558～591.

② 陆有铨. 现代西方教育哲学［M］. 郑州：河南教育出版社，1993：83～85

③ 查吉德. 论职业教育的逻辑［J］. 职业技术教育，2010（1）：5～10

值得借鉴。他认为，职业教育目的有四：一是谋个性之发展；二是个人谋生之准备；三是个人服务社会之准备；四是世界、国家增进生产力之准备①。此目的观将人的生存发展需要与经济社会发展需要有机结合起来，在当下依然有重要的指导意义。

（二）职业教育应由为"职业"做准备转向为"职业生活"做准备

职业教育主要是为学生的职业或职业资格做准备，其一切活动都围绕"职业"展开，"职业"被视为职业教育的实践逻辑②。然而，在实践中，"职业"往往被狭隘化，被等同于"就业"甚至是"岗位"。由此，"职业本位"教育常常被曲解为"就业本位"甚至是"岗位本位"的教育。一切教育活动都只是为学生的就业服务，旨在培养学生胜任某一岗位的职业技能。如此教育其实是将结果当成了目的，使职业教育陷入工具主义误区。实际上，使学生胜任某一岗位的工作及顺利就业只是职业教育的一种外在结果，并不是职业教育的目的。职业教育作为一种教育人的活动，其目的是以职业能力培养为手段，以就业为载体，使学生过上完满的幸福生活。职业只是手段，生活才是目的。因此，职业教育应由"为'职业或职业资格'做准备"向"为'学生未来生活'做准备"转变，起码应转向"为学生的'职业生活'做准备"。职业生活不只是物质生产的经济活动，还包括极其丰富的彰显人性的精神生活。

当然，如果将"职业"丰富化、生活化，使其不仅仅是一种谋生手段，而是具有丰富内涵的职业生活，那么，也可以说"职业"就是职业教育的目的。因此，职业教育作为为了"职业"的教育实际上是为了"职业生活"的教育。为了达到生活化的职业教育目的，职业教育应遵循已生活化的"职业"的逻辑，一切教育教学活动均应围绕已生活化的"职业"展开。

（三）专门性的职业教育也应融入通识教育的理念和内容

职业教育与普通教育的目的具有内在一致性，最终都是为了人性的解放和自由。且随着经济社会的发展，技术更新不断加快，职业教育的普通化与普通教育的职业化趋势越来越明显。在高等教育阶段，高等职业教育的学术漂移与传统大学教育的职业漂移也已成为一种国际趋势。但在我国，职业院校为了突出职业特色，过于强调专业教育，重视培养学生的"一技之长"，却忽视学生通识能力的培养。然而，在现代社会，只有"一技之长"不仅不能适应现代社会生活，也不能适应现代职业生活。现代企业不仅要求其员工具备"一技之长"，还须具备学习能力、创新能力等通识能力。因此，专门性的职业教育中应融入通识教育的理念和内容，不仅培养学生的"一技之长"，还应培养其通识能力。

因此，即使是为专门职业领域培养专门人才的职业教育，也不能完全与普通教育隔离，必须在专门性与通识性之间寻找平衡点，既根据职业岗位（群）要求，传授专业知识，训练专门的职业技能，为学生就业做准备，又要传授现代人所应具备的通识性知识、培养通识能力，为学生未来发展和适应现代生活要求奠定基础，避免使职业教育陷入"工具主义"误区，异化为只见"技术"不见"人"的"非人"教育。

① 田正平，李笑贤. 黄炎培教育论著选 [M]. 北京：人民教育出版社，1993. 270
② 查吉德. 论职业教育的逻辑 [J]. 职业技术教育，2010 (1)：5~10

（四）以市场需求为导向的职业教育也有永恒的价值追求

"以市场需求为导向"是职业教育普遍遵循的基本原则。同时，职业教育旨在为职业或职业资格做准备。不论是市场需求，还是职业及其资格均具有动态性、发展性特征。另外，目的在某种程度上是一种需要的反映，职业教育不断地满足需要的过程也就是不断地设定和调整目的的过程。或者如杜威所说，目标与手段的关系，当一个目标实现了，它将会成为下一个目标的手段。因此，从这个意义上而言，职业教育目的具有动态性、发展性特点。但强调以市场需求为导向，并不意味着职业教育没有永恒的目的。实际上，过于追求动态性目的，忽视永恒价值，容易使职业教育在动态的改革实践中迷失方向。作为人类有组织、有计划、有目的的重要活动，任何一种教育都应有彼岸追求、终极关怀。这种对彼岸世界的追求和终极关怀就构成了教育的永恒目的。

对于职业教育而言，其永恒的目的有二：一是追求有永恒价值的知识。因为人的理性是有限的，应在有限的学习时间内给予学生最有价值的知识。因此，我国职业教育界普遍认同"理论够用为度"。在这方面，怀特海的观点值得借鉴。他认为，在教育中应担心"无活力的概念"（Inert Idea），即那些仅仅被吸收而没有被利用、检验或重新组合的概念，这种概念不仅是无用的，而且是有害的。这种"无活力的概念"只是一些知识的堆积物，与其他知识缺乏内在的联系，与学生的生活无关或基本无关。相反，职业教育应该给学生少而精的"有活力的概念"①，这种"有活力的概念"是所学学科（专业）的基本概念，它们可以置于任何一种可能的知识组合之中，并且与学生的生活密切相关，学生理解这些概念此时此地在他实际生活情景中的运用。② 这种"有活力的概念"就是职业教育所说的"够用的理论"，也是职业教育追求的永恒目的之一。二是追求人性的解放。促进人的发展是职业教育之谓教育的终极使命，不论是为学生的职业或职业资格做准备，还是为经济社会发展提供智力支持，这一切的最终目的都是为了人类自身的福祉，为了人性的解放。

总之，职业教育在价值选择时，必须在诸多矛盾关系中找到平衡点，不能顾此失彼，不应为了职业特色而忽视教育的基本规律和要求。如不应只强调职业教育对经济社会发展的价值，而忽视职业教育对促进个体发展的使命，否则，不利于培养"人"；不应只强调为学生职业甚至就业做准备，却忽视学生作为社会公民的生活旨趣，否则，职业教育会陷入"工具主义"误区；不应只强调知识、技能的专门性，而忽视通识性知识和能力，否则，不利于学生的可持续发展；不应只强调以市场需求为导向、只关注动性目的，而忽视人类永恒的价值追求，否则，职业教育容易在动态的改革实践中迷失方向。

---

① 怀特海并没有提出"有活力的概念"而是"有用的概念"。本文在此提出的"有活力的概念"是对其提出的"有用的概念"的演绎。

② ［英］怀特海. 教育目的［M］. 吴志宏译. 台北：桂冠图书股份有限公司，1994. 1～16.

第四节　职业教育培养目标的概念分析

职业教育培养目标是各级各类职业教育机构培养人才的总体要求，是职业教育类型属性的集中体现，反映了各层次职业教育"质"的规定性，以及各层次职业教育之间、职业教育与其他教育类型之间的差异和内在联系。培养目标也是职业教育实践的行动指南，具有统摄意义，决定了人才培养要素的配置、培养过程及培养结果。职业教育培养目标受政治、经济、文化、教育自身等多种因素的影响。在不同历史时期，职业教育的培养目标不同，不同国家和地区的职业教育培养目标也有较大差异，甚至同一国家不同区域的培养目标也会因经济发展水平等方面的原因而有所不同。另外，培养目标还受到人们关于教育的价值选择的影响，不同的教育价值观会对培养目标有不同的理解。此外，培养目标还与目标制定方法、目标制定主体对培养目标概念的理解等因素有关。因此，职业教育培养目标不仅仅是一个教育命题，而且还是一个价值命题、经济命题和技术命题。

一、培养目标是价值命题，应符合利益相关者的利益诉求

正如前文所述，职业教育的生成逻辑是人的生存发展需求与经济社会发展需要的矛盾。人的生存发展需要以及经济社会发展需要具体表现为不同利益相关者的利益诉求。职业教育的生命力就在于有效满足利益相关者的利益诉求，否则，它将因缺乏资源而枯竭，因缺乏吸引力而被抛弃。职业教育满足利益相关者的利益诉求集中表现在职业教育的培养目标上。因此，从这个意义上讲，职业教育培养目标首先应是一个价值命题，应符合利益相关者的利益诉求，包括政府、用人单位以及学生的利益诉求。换句话说，培养目标既是国家的，也是社会的，同时还是个人的。

首先，职业教育培养目标应体现政府的需要，包括政府的政治需要，这是由教育的阶级性决定的。政府的需要集中体现在教育目的上。《国家中长期教育改革和发展规划纲要（2010—2020 年）》将我国的教育目的确立为：教育必须为社会主义现代化建设服务，为人民服务，必须与生产劳动相结合，与社会实践相结合，培养德智体美劳全面发展的社会主义的建设者和接班人。这是对所有教育机构提出的育人要求。职业教育也不例外，也应为社会主义现代化建设服务，为人民服务，培养的是社会主义的建设者与接班人。

其次，职业教育培养目标应反映用人单位的用人需要，这是由职业教育的职业性和市场竞争决定的[①]。职业性表现为人才培养瞄准的是职业或职业资格要求并为之做准备，而职业或职业资格要求则集中体现了用人单位的价值选择。从这个意义上讲，职业教育必须坚持以就业为导向，准确反映和适应职业对人才的要求，适应劳动力市场即用人单位的需求，为经济社会发展培养合格的现代职业人。另外，就市场竞争的角度而言，"出口"往往影响甚至决定"进口"。因此，满足用人单位的需要，确保毕业生就业，是提高职业教育竞争力和吸引力的关键。

---

① 参见：查吉德. 关于高职人才培养目标的思考［J］. 河北师范大学学报（教育科学版），2011（3）：68～71.

　　再次，职业教育培养目标要满足学生的成才需要，这是由学生的主体性决定的。学生是一切教育的主体，任何教育都必须关注学生的利益诉求。人才培养目标直接指向受教育者——学生，学生的需要应受到充分的尊重。杜威在谈到教育目的时曾指出，一个好的教育目的都有三个特点：①它们建立在学生的活动和需要的基础上；②它们有助于学生的相互合作；③它们是专门的、直接的，而不是"普遍适用的、最终的"。① 美国学者 V.C. 莫里斯曾指出，"学校并不只是一种社会制度，它也是一种'个人的'制度，即一种为个人而设立的制度"②。不论是莫里斯关于学校制度的观点，还是杜威关于教育目的的论述，都有一个基本的共识，那就是不能忽视教育主体——学生的需要。当前我国职业教育之所以陷入困境在很大程度上就是因为忽视了学生的利益诉求，忽视了学生的主体性。忽视学生主体性的教育制度很难发挥学生的主体意识的作用，在实践中的教育教学效果也就不可能会很好，正所谓"教育者用心也良苦，学习者学习也茫然"。如我国在相当长一段时期将职业教育人才培养目标定位为培养生产、建设、管理、服务一线需要的技能型人才，但从笔者的调查来看，技能型人才并不是学生最乐意的选择。据调查，在问及学生在中职学习阶段的成才目标时，选择最多的是"为升学做准备"（24.69%），其次是"管理人才"（20.22%），只有 7.8% 的中职生将"技能型人才"作为自己的首选成才目标。高职的学生的成才目标需要与中职基本类似，但选择频率最高的是"管理人才"（占 29.05%），其次是"技术型人才"（27.24%），只有 7.54% 的高职生将"技能型人才"作为首选成才目标。③ 据笔者对广州市番禺区制造业用工难问题的专项调查结果，当前企业普遍缺乏生产线上的普工与技工，究其原因主要是"80 后"、"90 后"劳动者的劳动观念使然，这些新生代劳动者相比其父辈，家庭经济环境相对更好，不愿意在条件相对艰苦的生产岗位工作，往往希望在条件相对较舒适、更体面的管理岗位工作，即使生产岗位的工资待遇高于管理岗位，他们也愿意选择管理岗位，而不是生产岗位，有些年轻人找不到更舒适体面的工作，宁愿在家"啃老"，也不愿意到生产一线就业。因此，企业缺工是一种典型的结构性短缺。④ 另外，以某高职院校某专业为例，该专业的人才培养目标是为某类生产企业培养生产一线的技能型人才，其教学资源，如课程设置、实训条件等均是围绕该目标建设的，学生在校内花了大量的时间训练生产技能，然而据对该专业毕业生就业岗位统计，其 90% 以上的毕业生并没有在生产岗位就业，绝大多数毕业生在公司做"文员"。据与部分毕业生的交谈，发现"文员"一类的管理岗位是他们基于自身条件的一种主动选择，因为在他们看来，相对于生产岗位，"文员"类管理岗位的工作环境相对更舒适，地位也相对更高些，更体面些。当然，也有少数毕业生反映，从事"文员"类工作是一种被动的选择，因为他们在学校掌握的生产技能达不到企业生产要求，如果从事生产工作，则需要从学徒做起。作为大学生，一方面他们在心理上往往难以接受做学徒；另一方面认为不具备做学徒的优势，若从学徒做起，自己甚至不如初中毕业生，这等于说大学（高职）白念了；再者，做学徒需要较长时间，他们普遍认为在接受了三年高职教育后，难以忍受漫长

① 瞿葆奎. 教育学文集·教育目的［C］. 北京：人民教育出版社，1989.563.
② 瞿葆奎. 教育学文集·教育目的［C］. 北京：人民教育出版社，1989.507.
③ 详见本书第四章和第五章。
④ 查吉德，苏海燕. 广州市番禺区制造业缺工状况的调查研究［J］. 中国职业技术教育，2010（24）：56～60.

的学徒生涯。可见，虽然我们花费了大量的教育资源旨在将学生培养成我们认为理想的"高技能人才"，但学生并不这么认为，与我们假定的就业与成才路径相去甚远。这不仅是一种技术和教育资源的浪费，而且也不利于国家、社会目标的实现。事实上，相比计划经济环境中成长的职校生，在市场经济环境中成长的当代职校生，其独立意识更强、思想更活跃，往往不愿意接受"计划"安排，他们的未来往往愿意自己做主。因此，职业教育在确立人才培养目标、制定人才培养方案时，必须充分考虑到当代职校生的特点及利益诉求，尊重学生的需要。否则，职业教育虽有一幅美好的蓝图，但蓝图终归只是蓝图，很难变成现实。

二、培养目标是教育命题，应符合教育发展规律①

1. 尊重学生的身心发展规律和特点

职业教育培养目标必须尊重学生的身心发展规律，综合考虑学生的生源地、学制、性别、学习基础、家庭经济状况、入学动机等多种因素。如据调查，珠三角中职学校四成以上的学生来自农村，六成多是女生，九成多来自中低收入家庭，两成多的学生是因为"学习成绩不好"入读中职，八成多的学生入学成绩一般或差；珠三角高职生七成多来自农村，五成多是女生，近九成毕业于普通高中，九成以上的学生来自中低收入家庭，三成多的学生是因为学习成绩不好入读高职，近八成的学生入学成绩一般或差。统计结果表明，性别、生源地、学习基础、家庭经济水平、入学原因等因素对中职生和高职生的成才目标的选择均有显著性影响；性别、学习基础、家庭经济水平等因素对中职生、高职生的学历需求均有显著性影响；性别、学习基础、入学原因等因素对中职生、高职生的职业能力需求均有显著性影响。② 可见，这些因素对学生的成才需求有显著性影响。因此，基于学生的成才需求，职业教育人才培养目标必须综合考虑学生的特点。另外，职业院校的学生的年龄一般在 15～21 岁之间，正处于青春期，这个阶段的学生的生理、心理发展都有其特定的规律性特征，如生理发育迅速成熟，心理发育相对迟缓，智力发展迅猛活跃，个性发展可变可塑，自我发展突出高涨等。因此，在人才培养目标定位方面必须尊重该年龄阶段的学生的身心发展规律。

2. 对技术理性主导下的职业教育实践进行反思

职业教育的培养目标应根据学生的身心发展规律要求，对有悖规律的教育实践进行反思，并在反思中不断得到完善。当下尤其要对技术理性统摄下的职业教育实践进行反思。

自文艺复兴以来，随着人们对科学技术与理性的推崇，技术理性逐步成为近现代社会的核心。法兰克福学派代表马尔库塞认为，技术理性把世界和理性都理解为工具，注重功能和操作，注重经济利润，注重工作效率，这种理性已经成为社会统治的工具，具有意识形态性。③ 当代社会，技术理性依然处于绝对统治地位，并渗透到了社会的方方面面，职业教育也不例外。技术理性指导下的职业教育虽然具有高效率性，但却背离了教育的基本

---

① 参见：查吉德. 高职人才培养目标定位的新思考 [J]. 中国职业技术教育，2011（18）：13～19.
② 详见本书第四章和第五章。
③ 朱丽. 技术理性与实践智慧：教师发展的两种取向 [J]. 天津市教科院学报，2007（6）：38～40.

方向，不利于人的发展。

首先，技术理性统摄下的职业教育所遵循的技术逻辑，混淆了教育的目的与手段，不利于学生的发展。对于人类社会而言，技术只是一种手段，是为人类服务的工具，但在职业教育实践中却有意无意地将手段当成了目的，强调人对技术的适应性，为技术服务，对人的个性与创造性却视而不见甚至对其进行扼杀。早在 20 世纪 80 年代，此问题便引起了德国职业教育专家的重视，他们提出了设计导向的职业教育思想，突出工作的人道化过程，强调职业教育培养的人才不仅要具有技术适应能力，而且更重要的是要具备应对能力，本着对社会、经济和环境负责的态度，参与设计和创造未来的技术和劳动世界。① 但受制于技术理性强大的统治力，我国当下的职业教育依然在一味地强调人对技术的适应能力，突出培养学生的岗位技能，在人与技术的关系方面，人成了配角，技术反而成了主角。这种教育显然背离了教育的基本价值——促进人的发展。对此，一些专家、职业教育的实践者可能会有不同的看法，他们认为"职业教育培养的人才本来就是面向基层的，是操作者、执行者，'执行'与'服从'是他们应有的基本素质，张扬'个性'不利于这类人才的职业发展，创新是更高端的工程型人才、学术型人才的责任，与技能型人才无关或基本无关"。然而，学校教育总是存在明显的滞后性，但技术的发展可谓日新月异，基于技术理性的职业教育往往只能适应昨天的技术，而不是今天或者明天的技术，只能"为昨天提供教育服务，而不是为现在或未来提供教育服务"。若使职业教育培养的人才适应技术变迁的要求，就必须发挥人的主观能动性和创造性，使人的发展与技术的进步良性互动，即人的发展可以促进技术的进步，同时技术的进步能更好地促进人的发展，而不是让人单纯地适应静态的技术要求。美国学者德克和克丽丝娜的一项研究表明，重视职业教育的经济体与重视普通教育的经济体的经济发展速度存在差异，且差异的大小受技术更新速度的影响。在 20 世纪 60 年代至 70 年代，技术更新较慢，政策上更偏重职业教育的欧洲，其经济发展速度高于重视普通教育的美国，但到了 80 年代至 90 年代，情况发生了改变，随着技术更新速度的加快，重视普通教育的美国经济发展速度超过了重视职业教育的欧洲。② 该研究结论给了我们重要启示，即随着技术更新的速度越来越快，专门化的职业教育将难以适应技术发展要求，必须拓宽人才培养基础，加强通识能力培养以应对技术变化的要求，而人的主观能动性和创造性是最重要的通识能力之一。

其次，在技术理性统摄下的职业教育将"以市场需求为导向"绝对化，有悖于人才培养规律。"以市场需求为导向"是当下职业教育信奉的"真理"，然而，若对市场缺乏理性思考，则会使人才培养工作陷入困境。一是人类理性是有限的，学校只能了解极其有限的市场信息，若对市场信息缺乏理性思考，则容易以偏概全，犯"盲人摸象"的错误。如在确立人才培养目标时，一些学校主要了解的是专业对应的职业岗位信息，甚至只是个别企业对应岗位的信息，但对宏观经济社会环境、行业发展趋势、技术发展要求等均缺乏深入了解与研究，以此为依据设定的人才培养目标及规格要求并不能真实地反映市场需要。

① 姜大源. 当代德国职业教育主流教学思想研究［M］. 北京：清华大学出版社，2008. 80 ~ 83.
② Dirk Krueger, Krishna B. Kumar. Skill – specific rather than General Education：A Reason for US – Europe Growth Differences?［J］. *Journal of Economic Growth*，2004，9（2）：167 – 207.

二是市场提供的信息只是一些"点"、"线"、"面"，还需要学校将之组成有机整体，并创造性地转化为人才培养目标和方案，否则容易陷入"大杂烩"式的人才培养误区。如一些职业院校宣称"市场需要什么，学校就给什么"，根据市场需要设置课程并确立相应的教学内容，课程与课程之间缺乏基本的逻辑联系，并不能构成一个有机整体，成了课程"大杂烩"，每一门课程内容也缺乏基本的逻辑结构，只是知识点的堆砌或罗列。以此为载体开展人才培养工作，并不能为学生奠定成才的基础，学生掌握的只是一些孤立的知识点或技能，并不具备某类人才的基本能力结构。三是以市场需求为导向，容易犯以"应然"代替"实然"的自然主义错误。实际上，在人才培养过程中，学校不仅要考虑"应该"与"不应该"，还必须着眼于"能够"与"不能够"。职业院校应立足于能够且应该履行的责任，同时将这种责任具体化为人才培养目标与规格，并将之整合到课程体系中去。四是市场的需要瞬息万变，职业院校强调的以市场需求为导向其实是以现世的市场需求为导向，即根据现世的市场需要，设计职业教育人才培养目标及相应的知识和能力要求，这种知识和能力往往是标准化的、去情景化的。然而，当学生毕业走向社会时，市场已今非昔比，其所面临的工作问题也不是像学校教育那样事先设计好的、去情景化的、标准化的问题，而往往是具有特定情景的不确定性问题。面对此类问题，需要学生具有处理不确定性问题的能力，而不是标准化能力。因此，以现世市场需求为导向，开展标准化人才培养工作始终不能完全满足市场需要，职业院校还应培养学生以不变应万变的能力，即通识能力，这种能力不仅具有可迁移性，而且还具有增值功能。学生具备了这种能力就可以应对不同的情景问题，即使不能即时处理，也可以通过自身的学习找到解决问题的办法。五是市场是由消费者构成的，对于职业教育而言，其市场除了用人单位以外，学生作为职业教育的消费者也是不可忽视的市场。然而，当前职业院校对于"以市场需求为导向"中的"市场"的理解过于片面，将市场等同于用人单位，对于学生这一市场的关注并不够。如当前在职业院校开展的人才培养模式改革普遍忽视了学生的需要，学生作为"弱势"群体，在改革中缺乏基本的话语权。如此改革，看似热闹，但在没有学生这一市场主体参与的情况下，往往事与愿违。虽然学校为了满足用人单位的需要，力图培养高素质的技能型人才，但有相当一部分学生并不这么想，缺乏成为技能型人才的主观能动性。受此影响，改革往往显得非常被动，虽然学校、教师花费了大量的精力，想出各种办法力图将学生培养成为行业企业需要的技能型人才，然而，学生对此并不买账，面对改革无动于衷。对此，学校或教师往往会有种"恨铁不成钢"的无奈，面对社会的批评也会觉得很委屈、很无辜，认为"不是学校或教师不努力，而是现在的学生实在是没法教"。当然，不可否认，在基础教育改革尚不能适应职业教育发展要求的情况下，职业院校的生源质量确实不容乐观，除了学生自身的问题以外，我们的人才培养工作忽视了学生的需要也是一个很重要的原因。如在人才培养目标方面，片面强调学生对学校目标的适应，忽视了学生的目标选择；在教学方面，强调的是学生适应教师，而不是教师适应学生。淡漠学生主体需要的后果就是无法激发学生的成才动机，也无法激发其学习的主观能动性，也就难以实现既定的人才培养目标。因此，在职业教育人才培养工作中，应树立大市场观念，不仅考虑行业企业用人单位的需要，还应考虑学生的需要，摒弃单一的技术理性思维，确实尊重学生的个性化发展要求。

3. 综合考虑专业、学制、学校特点与水平等教育因素

据教育部 2010 年公布新修订的《中等职业学校专业目录》，中职专业包括农林牧渔类、资源环境类、能源与新能源类、土木水利类、加工制造类、石油化工类、轻纺食品类、交通运输类、信息技术类、医药卫生类、休闲保健类、财经商贸类、旅游服务类、文化艺术类、体育与健身类、教育类、司法服务类、公共管理与服务类和其他类共 19 个大类；另据教育部 2012 年公布的《高职高专（专科）专业目录》，高职高专的专业也分为 19 个大类，包括农林牧渔类、交通运输类、生化与药品类、资源开发与测绘类、材料与能源类、土建类、水利类、制造类、电子信息类、环保及气象与安全类、轻纺食品类、财经类、医药卫生类、旅游类、公共事业类、文化教育类、艺术设计传媒类、公安类、法律类。中、高职 19 个大类的专业的人才培养目标显然不一样。另外，我国各类职业院校的学制存在一定差异，有两年制、三年制、四年制和五年制（如中、高职五年一贯制），不同学制的人才培养目标显然也不同。此外，各学校的发展水平、办学特点不同，尤其是实现人才培养目标的必要条件不同，也会在一定程度上影响培养目标定位。据统计，院校水平、院校类型、专业类别和入学年限对中、高职生的成才目标的选择与学历需求均有显著性影响，院校水平、专业类别和入学年限对学生的职业能力需求也有显著性影响。[①] 因此，基于学生成才需求，职业教育人才培养目标定位应综合考虑多因素影响。

4. 关注宏观教育背景和形势

职业教育的发展离不开特定的宏观教育背景，职业教育的培养目标亦然。不同时代对职业教育的人才培养提出了不同的要求。如在新中国历史上，职业教育曾作为精英教育而存在，其培养的是职业精英甚至是国家干部；在民主教育思想盛行的年代，美国的职业教育甚至被视为一种教育手段或方法，即用职业的方法来培养人。因此，在不同时代，职业教育面临的宏观教育背景不同，相应的培养目标应适应宏观教育背景的要求。当前，作为职业教育，尤其是高等职业教育，必须充分考虑大众化高等教育背景对培养目标定位的影响。

长期以来，高等教育始终是作为精英教育而存在的，人们对于高等教育总是寄予厚望。家长投资高等教育，希望自己的孩子能够成"龙"成"凤"，成为社会的精英；学生接受高等教育，希望能获得体面的工作，拥有较高的社会地位和经济地位；国家、社会视高等教育为国家核心竞争力，希望高校能培养社会精英、国家栋梁。同样，作为高等教育的一种类型，人们对高职教育也给予了厚望，当下希望高职教育能培养出经济社会发展需要的技能型人才精英。这种技能型人才具有非常高超的技艺，堪称技术或工艺大师，是企业生产不可或缺的。然而，大众化的高职教育现实与人们精英主义的教育理想之间存在巨大差距。学生及其家长投资高职教育，并没有获得预期的回报，大量的高职毕业生所从事的工作与培养目标相去甚远；国家和社会投资高职教育也没有获得预期的回报，高职教育的快速发展并没有从根本上缓解高素质技能型人才短缺的矛盾，不少企业仍然是求贤若渴，愿意支付高薪却仍然招聘不到高技能人才。因此，高职人才培养质量成为社会批评与关注的焦点。为提高人才培养质量，政府和高职院校自身均在积极寻求对策，并掀起了一

---

① 详见本书第四章和第五章的相关内容。

场以人才培养模式改革为核心的教育教学改革热潮。然而，改革必须正本清源，深入思考影响改革的基本问题。对于人才培养模式改革而言，人才培养目标是必须思考的基本问题，它直接决定了改革的方向与手段。笔者认为，当前应摒弃传统的精英主义思维模式，将高职人才培养目标置于大众化高等教育背景中进行重新思考。大众化高等教育背景下，高职教育已不再是面向少数精英的稀缺教育资源，而是一种面向人人的教育。《国家中长期教育改革和发展规划纲要（2010—2020 年）》明确提出，改革考试招生制度，探索高等职业学校自主考试或根据学业水平考试成绩注册入学。随着注册入学制度的实施，高职教育作为一种大众化教育的属性将越发明显，其人才培养目标也应作出相应调整，不应局限于培养技能型人才精英，而应立足于人力资源开发。

首先，在大众化高等教育背景下，高职生源越来越多样化，入学方式也日趋多元，学生的成才基础与成长动机均存在较大差异，单一的精英型技能人才目标不仅不切实际，也不能满足学生多样化成才的需要。高职院校应突出人力资源开发功能，淡化培养技能型人才精英的传统思维。每位学生投资高职教育都是一种人力资本投资，接受高职教育能使其人力资本在原有的基础上获得增量。当然，每个人因基础不同，努力程度不同，其投资的回报也不同，获得的人力资本增量会存在一定的差异。有些学生通过接受高职教育可能仅仅获得了一项谋生的技能，也有些学生通过接受高职教育不仅获得了谋生的技能，而且还为未来的职业发展奠定了基础，还有些学生甚至成了技能型人才精英。由此，我们可以认为受过高职教育的人不一定能成为技能型人才精英，社会也不应以此苛求高职院校，但受过高职教育的人能获得起码的人力资本增量。这一人力资本增量足以成为受教育者谋生的资本，使其在劳动力市场上不至于只能单纯出卖体力，而是通过出卖知识与技能获得经济回报。受过高职教育的人不再被行业企业视为成本，而是资本，他们对于行业企业的发展具有不可替代的重要作用。

其次，虽然我国高等教育已进入大众化发展阶段，但基础教育依然沿用传统精英教育思维，基础教育改革滞后于高等教育发展，不足以为高职教育提供优质生源。当前，从规模上看，高职教育与普通高等教育已形成了并驾齐驱之势。然而，相比普通高等教育，高职教育只是精英教育分流的产物，还不足以成为一种选择性的成才通道。进入高职的学生基本上都是中学阶段（有些是初中分流进入中职后再入高职，有些是高中分流进入高职）精英教育选拔淘汰者。这些"被淘汰者"在中学基本上被学校和教师所忽视，他们的教育问题往往是基础教育改革的盲点。多年来，高举提高教育质量大旗的基础教育改革始终受"升学率"[①] 这一指挥棒所左右，实际上是"以提高质量为名，行提高升学率之实"。在残酷的"升学"竞争面前，中学教育面向的不是每一名学生，而是少数成绩优异的"精英"，基础教育改革不是为了全面提高基础教育质量，而是为了提高升学率。受此影响，经过层层选拔淘汰，有些进入高职的学生已到了"孺子不可教"的地步，有些学生连基本的读写算都有困难，这样的学生怎能将其培养成为经济社会发展迫切需要的技能型人才精

---

① 在高中阶段教育普及化、高等教育大众化的背景下，初中在计算和比较升学率时，强调的是升入重点高中或普通高中的比例，在计算升学率时一般不将升入中职的学生计算在内。同样，普通高中在计算升学率时，一般不将升入高职的学生计算在内。因此，职业院校的学生并不是以升学率为目标的基础教育改革的受众群体。

英？随着普通本科教育的扩招、适龄人口的减少以及高职自身的扩招，高职的生源素质还将进一步恶化。以山东省为例，2010 年该省高考人数比 2008 年减少了 15 万人左右。高职院校的录取分数线最低为 190 分（总分为 750 分）。① 由此，似乎可以得出一个基本的结论，即随着高等教育大众化的推进，高职生源质量恶化是不可避免的（这是一种必然趋势，也是学术界和社会的普遍共识）。其实不然，高等教育大众化与高职生源质量恶化并不是一对孪生兄弟，关键在于基础教育的改革与发展必须适应高等教育大众化的要求。高等教育大众化的推进之所以导致高职生源质量恶化，主要原因在于基础教育的改革与发展依然固守传统的精英教育思维，学校的工作依然以"升学率"为中心，忽视了全体学生的教育，忽视了基础教育质量的全面提升。然而，这种局面将难以改变并会长期存在。因此，在基础教育改革与发展还不能适应高等教育大众化发展要求的情况下，高职教育应避免过于理想化的人才培养目标设计，应该立足于人力资源开发，而非局限于培养技能型人才精英。

三、培养目标是经济命题，应符合经济发展规律

对于职业教育而言，其重要功能就是满足经济社会发展对职业人才的需求。从这个意义上讲，职业教育培养目标是个经济命题。

1. 知识经济和产业转型升级的宏观经济背景

职业教育的发展总是离不开特定的宏观经济背景，当前主要考虑知识经济这一时代背景和我国产业转型升级的特定历史背景。

首先，职业教育培养目标定位应考虑世界所处的时代背景——知识经济。1991 年，美国用于购买工业时代的商品（例如用于农业、采矿业、建造业、生产业、交通、发电等方面的发动机和机器）的总金额，有史以来第一次低于花在信息和通信技术（如计算机、服务器、打印机、软件、电话、网络设备和系统等）上的总费用，即"知识时代"产品的消费超过"工业时代"消费支出的数额。这标志着以信息、知识和革新为特点的新时代即知识经济时代的来临。② 在知识经济时代，"知识"的角色发生了很大的变化，知识成了经济最基本的资源和生产最核心的要素，"成为被生产和交易的商品"，"一个国家可以生产及交易的有用知识越多，这个国家在经济上获得成功的机会越大"③。因此，职业教育必须为知识的生产与应用服务，从而为国家和社会作出更大贡献。另据世界经合组织（OECD）副总干事 Berglind Asgeirsdottir 的观点，知识经济有四大支柱：第一个支柱是创新；第二个支柱是新科技；第三个支柱是人力资本——有知识、技能和能力的工人；第四个支柱是企业动态。一个国家公司动态变化的周期（停业和开业）反映了其扩大经济活动范围的能力、改变资源及调整生产结构以满足消费者不断变化的需求。这四个方面都离不

① 李剑平. 高职遭生源萎缩困境，教育部将试点职教"立交桥". [EB/OL]. http：//edu. iqilu. com/news/20110131/407730. html. 2011 - 01 - 31.

② [美]伯尼·特里林，查尔斯·菲德尔. 21 世纪技能：为我们所生存的时代而学习 [M]. 洪友译. 天津：天津社会科学出版社，2011. 3.

③ [英]大卫·约翰逊. 知识经济和新职业主义：高等教育大众化对国际和国家的挑战 [J]. UNESCO - UNE-VOC 公报（中文版），2006（5）.

开职业教育的参与。人力资本开发自不待言，科学技术与创新、企业的动态转型升级也需要职业教育提供知识、人才和技术支持，尤其是科学技术与创新，正如 Berglind Asgeirs-dottir 所言，知识经济的前两个因素——创新和新科技——在没有受过培训的合格工人的情况下是无效的。因此，从这个意义上讲，知识经济赋予了职业教育新的时代使命，并对人才培养目标提出了新要求。据美国学者伯尼·特里林和查尔斯·菲德尔的研究，不同经济时代的教育目标存在较大差异（见表 2 - 1），教育实践也在发生革命性变化（见表 2 - 2）。这种变化要求职业教育作出有效的调整与变革以适应新时代的发展要求。如在知识经济时代，职业教育主要是培养知识型劳动者，使学生快速掌握某一专业领域的核心内容并精通工作和生活所必需的范围广阔的关键性学习、革新、技术和职业的技能。知识型劳动者不仅应具备生活和职业技能，还应具备学习与创新技能以及数字化素养技能（理解信息、熟练运用媒介和数字手段的能力）。①

表 2 - 1　各时代的教育目标

教育的目标	农耕时代	工业时代	知识时代
为工作和社会作贡献	为家庭和别人种植食物；制造工具、开发手艺以满足基本需求；参与当地的小农经济	通过专门职业为社会服务；运用工程和科学知识为工业化发展作贡献；在生产和销售链中的某个环节有所作为	为全球信息和知识劳动作贡献；推出新服务以满足需求和解决问题；参与全球经济
锻炼和培养个人才能	在条件允许时学习基本的"3R"（即读、写、算）；学习农耕和手艺技能；用工具创造出有用的人工制品	尽量让人们达到基本的识字水平和计数能力；让大部分人学习工厂、行业和工业岗位的技能；处于社会顶层的小部分人学习管理和经营技能、工程和科学知识	运用以技术武装起来的知识和生产力工具以促进个人发展；随着中产阶级人数的增加，运用遍布全球的机遇来从事知识劳动和创办企业；运用知识工具和技术实现持续学习，并终生展现才华
履行公民职责	帮助邻里；为当地乡村的需求作贡献；支持至关重要的当地业务和社区庆典活动	参与社会组织和民营组织以帮助社区；参加有组织的劳动和政治活动；通过志愿行为和慈善事业，为当地和地区的社会进步作贡献	在线或亲身参与社区的决策和活动；通过在线社团和社交网络来参与世界大事；利用通信和社交网络工具，将时间和资源奉献给地区和全球事业

---

① ［美］伯尼·特里林，查尔斯·菲德尔 . 21 世纪技能：为我们所生存的时代而学习［M］. 洪友译 . 天津：天津社会科学出版社，2011.12 ~ 14，35，41 ~ 79.

（续上表）

教育的目标	农耕时代	工业时代	知识时代
弘扬传统和价值	将农耕知识和传统传承给下一代；在父母和祖先形成的种族、宗教和文化传统中养育孩子	学习行业、手艺或职业领域的已有知识，并将其传授给下一代；在多种传统共融的城市生活中保持自身的文化和价值；随着通信和运输手段的不断发展，与其他文化和地域建立联系	迅速掌握某一领域的传统知识，并将其原则运用于其他领域，以创造新知识、提出新举措；在五花八门的文化和传统面前保持特色并体现宽容；学习多样化传统和多文化经验；将传统和地球公民身份融入新的传统和价值，并代代相传

表 2 - 2　知识经济时代教育实践的变化

传统教育	现代教育
以老师为中心	以学生为中心
知识	技能
内容	过程
基本技能	应用技能
事实和原理	疑问和难题
理论	实践
课程	项目
根据时间来安排	根据需要来安排
"万金油"	个性化
竞争型	协作型
教室	全球性团体
基于课本	基于网络
综合测验	格式化评估
为学校而学	为生活而学

其次，职业教育培养目标应考虑我国经济所处的发展阶段——转型升级。经过 30 多年的经济快速发展，我国已经成为世界第二大经济体，人均 GDP 也已达到中等收入国家水平，但我国经济发展质量依然不容乐观，是一种高消耗、高污染、低附加值的粗放型经济发展方式。这种发展方式急需转变，否则，很可能出现资源、能源难以支撑，生态环境难以为继，需求疲软，投资动力不足，经济发展停滞，社会矛盾凸显等问题，陷入"中等收入陷阱"。[①] 因此，党和政府明确提出以科学发展观为指导，转变经济增长方式，促进

---

① 闵维方．教育在转变经济增长方式中的作用［J］．北京大学教育评论，2013（2）：17～26.

产业转型升级，实现全面、协调、可持续发展。其中，产业转型升级是转变经济增长方式的重要内容。"转型升级"既包括由传统产业向现代产业转型，也包括传统产业的升级改造。不论是由传统产业向现代产业转型，还是传统产业的升级改造，都离不开智力支持，没有一支高素质的技术技能人才队伍，没有劳动者素质的提高，产业转型升级的目标将难以实现。培养产业转型升级需要的技术技能人才、提高劳动者素质主要依赖于职业教育。正因为如此，近年来，我国将职业教育摆在了突出的、重要的位置，实施大力发展职业教育战略；一些地方政府甚至将职业教育纳入本区域经济发展规划中进行统筹考虑；一些企业在选择投资地域时，也会将当地职业教育发展状况作为投资的重要参考指标。面对我国产业转型升级的特定历史背景，职业教育的人才培养目标定位更加复杂。既要考虑转型升级中的企业人才需求，也要考虑转型升级后的人才需求，还要考虑尚未完成转型升级的企业人才需求；既要适应当下的企业人才需求，还要适应企业转型升级后未来一段时间的人才需求。

2. 企业的生产组织方式变迁的微观经济背景①

职业教育培养的人才必须符合职业岗位（群）的要求，但职业岗位（群）对人才的需求并不是孤立的，它深受企业生产组织方式的影响。这恰恰是职业院校在确定人才培养目标时所忽视的。20世纪以来，企业的生产组织方式经历了由福特制到丰田制再到温特制的演变过程。生产组织方式直接影响了企业的人才需要，进而影响学校的人才培养目标。

首先，面向福特制企业，职业院校应培养专门型技术技能人才。第二次产业革命建立了现代大工业，此后以美国为代表的西方企业实行了福特制生产方式，将世界经济推向了新的增长阶段。福特制生产方式是以福特公司为代表的建立在流水线分工基础上的劳动组织方式和大批量生产方式，其基本特征包括以下几点：一是产业技术的专门化，即每个产业均有自身专门的、独特的技术，且技术的使用者是独特的，技术的更新较慢；二是脑力劳动和体力劳动分工绝对明确：设计人员负责设计，管理人员负责监督，工人只需要完成简单动作；三是采用流水线作业方式，利用泰勒制，将流水线上的分工专业化到最细微的地步，保证每个工人都可以用最简单的方法完成工作；② 四是一切都是标准化的，不论是生产技术、产品和服务还是员工的岗位技能与工作规范都是标准化的。在我国改革开放初期，各种产品极度匮乏，迫切需要提高劳动生产率以满足人民群众的物质需求。为此，福特制生产组织方式以其高效率性受到企业的普遍青睐。因此，我国的许多企业，尤其是传统制造业，普遍采用的是福特制生产组织方式。为适应这种企业对一线人才的需要，职业院校普遍强调学生岗位技能培养，旨在培养生产流水线上的岗位技术技能能手（可以称为专门型技术技能人才）。如为达到此目标，在20世纪90年代，能力本位的CBE模块课程受到我国职业院校的追捧，即根据专业对应的职业岗位要求选修课程模块，从而提高教育的针对性和效率。这种生产流水线上的专门型技术技能人才的基本特点包括：一是从事的工作较单一，一般只能从事某一特定岗位工作，流动性较差，缺乏岗位变动能力和职业可

① 参见：查吉德. 高职人才培养目标定位的新思考 [J]. 中国职业技术教育，2011（18）：13～19.
② 黄卫平，朱文晖. 温特制：美国新经济与全球产业重组的微观基础 [J]. 美国研究，2004，18（2）：7～24.

持续发展能力；二是从事的工作多数是简单重复的劳动，缺乏挑战性，有些甚至是体力劳动，技能要求较低；三是单独作业，一般不需要与团队进行协作；四是工作内容与技术、技能要求标准化，不需要甚至不允许自由发挥和创新；五是工作的可替代性强。

其次，面向丰田制企业，高职院校应培养复合型技术技能人才。随着工业化的推进，福特制越来越不能适应技术更新与市场多样化的需要。20 世纪 60 年代，以丰田公司为首的日本制造业根据日本的文化传统和日本企业的特点，将福特模式与弹性生产方式有机结合起来，改组为丰田制生产方式（也称为精益生产方式）。80 年代丰田制成为欧美发达国家的主流生产运行模式。丰田制的基本特征包括以下几点：一是打破了福特制的生产流水线和金字塔式的分层管理模式和绝对分工，把参与一件产品的开发、生产、销售以及售后服务的所有步骤的员工融合在一些合作基本单元中，负责某些产品的开发、生产和销售，从而消除机构臃肿脱节、市场反应迟钝、严重束缚人的创造力和分配不公的弊端；二是以小组合作生产的办法替代生产流水线，把传统的大批量小批次的生产变成小批量大批次的生产，使企业可以根据市场变化进行快速调整，在市场竞争中表现出极大的灵活性；三是为节约劳动成本，将大量的低技能的简单重复的工作交由自动化机器设备处理，把人从这些工作中解放出来以从事技术与知识含量更高的工作。① 可见，相对于福特制企业，丰田制企业对员工的知识与技能具有更高要求：一是因低技能、简单的重复劳动大多数由机器完成，人所从事的工作往往是一些复杂劳动，要求员工了解从产品生产到销售的所有环节的知识与技能；二是要求每一名员工，不论是高级员工，还是一线的普通员工都必须具有创新精神与创新能力；三是因采用小组合作生产模式，要求员工具备良好的沟通能力与团队协作能力。受此影响，职业院校的人才培养目标也应作出相应调整，应由传统适应某一岗位要求的专门型技术技能人才向复合型技术技能人才转变。为此，90 年代，德国开始探索构建"基于工作过程系统化"的职业教育学习领域课程模式，克服 CBE 模式的缺陷，让学生经历完整的工作过程，适应不同岗位的工作需要，造就全面发展的现代产业工人。这种适应丰田制企业的复合型技术技能人才的特点包括以下几点：一是一专多能，即不仅具备一技之长，而且对整个生产环节均有所了解，可以胜任多个岗位的任务要求；二是具有良好的沟通能力和团队协作能力；三是具有一定的创新能力。

再次，面向温特制企业，高职院校应培养知识型技术技能人才。20 世纪 90 年代，随着信息技术的发展和经济全球化的推进，以信息技术产业为代表的美国企业开始采用温特制生产组织方式。温特制企业以高新科技为基础，利用自己掌握的强大信息网络，以产品标准和全新的商业游戏规则为核心，整合并控制了全球的资源，使得产品在其最能被有效生产出来的地方生产，并以模块方式进行组合。这一生产架构中，标准和游戏规则的制定权被掌握在极少数国家手中，而大多数生产者则以模块生产的形式，实现和落实着这些标准。② 我国绝大多数企业在全球经济中，仍然扮演着"代工"角色，即为标准与游戏规则制定企业"代工"，承担部分生产模块任务，如在个人电脑业务中，承担鼠标、机箱、键盘等生产任务，而核心技术，如芯片、操作系统则分别由英特尔公司和微软公司控制。所

---

① 毕宝庆. 现代管理科学热点——浅析精益生产方式 [J]. 运筹与管理，1996，5（4）：95～99.
② 黄卫平，朱文晖. 温特制：美国新经济与全球产业重组的微观基础 [J]. 美国研究，2004，18（2）：7～24.

以，在整个产业中，中国的企业处于价值链的低端，只是依靠廉价的劳动力获取微薄的利润。为打破发达国家对技术标准与游戏规则的垄断，我国提出由"中国制造"向"中国创造"转变，并加大了技术研发力度。一些拥有自己核心技术的高新技术企业正在发展壮大并开始采用温特制生产组织方式，围绕自身的核心技术建立产业链，以模块化、大规模定制的方式组织生产，将产品中的一些零部件生产环节外包，并集中精力做研发、做技术。对于地方来说，一些沿海发达地区开始实施总部经济战略。总部经济战略与温特制有异曲同工之处，即将低附加值、高污染的生产环节从本地转移出去，进而集中精力开展技术研发，制定技术标准与游戏规则，以标准和游戏规则控制整条产业链，锁定顾客，并获得高额的经济回报。温特制的兴起与发展对高职人才培养工作提出了新的挑战，特别是对应高新技术产业的专业，如信息技术类专业。一是技术的更新将越来越快，相对滞后的学校教育根本无法跟上技术发展的步伐，单纯以岗位工作任务为依据培养技能型人才，将不能真正满足企业要求，因为随着技术的进步，岗位工作任务也将发生变化。因此，作为学校，一方面应让学生掌握"元"技术，即技术开发平台，从而为学习运用新技术奠定理论基础，另一方面应加强学生通用能力的培养（如学习能力），为学生的可持续发展奠定基础。二是我国要由中国制造向中国创造转变，就必须重视创新，必须有强大的人才支持，不仅包括专门的研发人才，也包括一线的技术技能人才。一线技术技能人才不仅可以成为我国技术创新的重要力量，而且也是技术创新成果得以运用的重要保证。因此，旨在培养一线技术技能人才的高职院校在人才培养中必须适应我国技术进步与更新的要求，切实培养学生的创新精神与创新能力。具体来说，为满足温特制企业的人才需要，高职院校应培养知识型技术技能人才，这种知识型技术技能人才可以理解为彼得·德鲁克眼中的技术人员。技术人员是美国社区学院的培养目标。在彼得·德鲁克看来，社区学院培养的技术人员是"美国经济能有强大生产力，拥有独特能力，能迅速地创造新的、不同的产业的真正秘诀"，并认为，"始于19世纪30年代德国的学徒制度是德国成为世界领先制造重镇的主要原因之一。但是它一向并且仍然注重操作技巧，而相对轻视了理论方面的知识，因此它很有可能很快会过时了"。彼得·德鲁克得出上述结论正是基于企业生产组织方式的变迁作出的。那么，什么是知识型技术技能人才呢？根据彼得·德鲁克的研究，这类人才的特点包括：一是作为知识工作者，他们必须对自己的贡献负责，必须自己管理自己的生产率并具有自主性，必须不断创新，不断学习；二是他们被企业视为资本而不是成本，他们出卖的是知识，而不是体力，知识是他们的生产工具；三是他们不仅掌握了生产需要的技术，而且了解技术背后的理论，因此可以适应岗位与技术更新要求。①

综上，从世界趋势来看，企业的生产组织方式经历了由福特制向丰田制再向温特制转变的过程。但在我国，由于各地经济与产业的发展极不平衡，既存在大量的福特制企业（如传统制造业），也有丰田制企业，还有一些温特制企业。不同的企业组织方式对人才提出了不同的要求：福特制企业强调员工的岗位技能，要求员工按既定的技术标准作业；丰田制企业在适当分工的基础上强调员工间的协作，员工不仅要熟悉本岗位的工作，而且要了解其他岗位的工作；对于温特制企业而言，要求员工具备突出的技术研发能力和创新能

---

① ［美］彼得·德鲁克. 21世纪的管理挑战［M］. 北京：生活·读书·新知三联书店，2003. 184～197.

力,具备良好的自我学习能力,适应技术进步的要求。高职院校应根据企业的生产组织方式,做好人才培养目标定位,即为哪类企业培养哪类人才,是仅仅面向传统的福特制企业,还是面向丰田制企业,抑或面向温特制企业?是培养专门型技术技能人才,还是培养复合型技术技能人才或知识型技术技能人才?在人才培养目标定位中,既要考虑地方经济发展水平,也要考虑专业对应的产业特点。若本地企业或专业对应的产业仍以传统福特制企业为主,采用的是流水线式的大批量生产组织方式,那可以将学校或相应专业的人才培养目标定位为专门型技术技能人才,并采用 CBE 课程模式;若本地企业或专业对应的产业是以丰田制企业为主,采用的是小组合作式小批量大批次的生产组织方式,那可以将学校或相应专业的人才培养目标定位为复合型技术技能人才,并采用基于工作过程的学习领域课程模式;若本地企业或专业对应的产业是以温特制企业为主,那可以将学校或相应专业的人才培养目标定位为知识型技术技能人才,并适当拓宽专业基础,加强通识性课程建设,提高学生的理论水平。

四、培养目标是个技术命题,应坚持科学实证与哲学演绎相结合①

要使以上职业教育培养目标的理念具有现实性和可操作性,符合价值规律以及经济规律、教育规律,必须采取正确的方法,使职业教育培养目标得以实现。从这个意义上讲,职业教育培养目标也是个技术命题。

1. "政策目标"须具体化为"院校目标"和"专业目标"

我国《教育法》第十七条规定:"学制系统内的学校和其他教育机构的设置、教育形式、修业年限、招生对象、培养目标等,由国务院或者由国务院授权的教育行政部门规定。"因此,国务院或国务院授权的教育行政部门对各级各类教育培养目标的规定具有法律效力,学校必须严格遵守,但国家对职业教育人才培养目标的规定只是一种原则性意见。如据《国家教育事业发展第十二个五年规划》的要求,当前职业教育的培养目标是"技术技能人才",但何谓"技术技能人才",这类人才应具备哪些知识、能力、素质等规格要求,国家政策并没有作出严格限定,而是给人才培养目标的细化留有足够的空间。因为一方面我国各地经济发展水平存在较大差异,对技术技能人才的规格要求存在较大差异,另一方面各职业院校的办学条件、生源质量均存在较大差异,生源质量、办学条件显然可以影响人才培养目标定位。此外,职业院校不同专业对应的职业岗位存在巨大差异,不同职业岗位对人才的规格要求差异也非常大。因此,需要职业院校根据国家的目标要求,结合当地经济社会发展水平、学校的办学条件及专业特点,将国家政策规定的培养目标,即"政策目标"细化为更具体的、可操作的且有自身特色的学校培养目标及规格和专业培养目标及规格。

当前职业院校在贯彻国家教育政策方针时普遍将原则性意见当作具体规定,没有结合自身实际对国家的目标要求作进一步的具体化、细化工作,导致在人才培养过程中存在盲目性,不能做到有的放矢、有据可循。最典型的表现是,对于人才培养质量缺乏检验标准。所谓人才培养质量就是人才培养目标的实现程度,因此人才培养目标是检验人才培养

① 参见:查吉德. 关于高职人才培养目标的思考 [J]. 河北师范大学学报 (教育科学版),2011 (3):68~71.

质量的重要依据，泛化的人才培养目标在检验人才培养质量时显然不具有现实操作性。如当前虽然高职院校普遍标榜自己培养的是高技能人才，但我们的毕业生果真如他们标榜的那样是高技能人才吗？如果答案是肯定的，那我们凭什么下此结论？事实上，由于在实践中高职院校没有对高技能人才的知识、能力和素质等规格要求作进一步的目标细化，因此根本无法检验毕业生是否真的达到了"高技能人才"的目标要求。

判断一种教育的性质，关键在于人才培养目标。如高职院校声称高职教育是一种高等教育类型的理由就在于高职人才培养目标与本科教育、中职教育不同，并认为高职毕业生技能强过本科生、理论强过中职生。然而，在没有检验标准的情况下，高职培养的人才并没有与其预想的一样与本科生、中职生相比存在比较明显的优势。高职毕业生往往被淹没在茫茫人才大海中，他们经常与农民工、中职生为伍，有时也与本科生为伍，并没有突显出应有的类型特征，并没有在某类岗位中表现出不可或缺性，他们的工作岗位往往能被中职生、本科生替代，甚至可以被农民工替代。可以想见，如果突出强调自身类型特征的高职教育，其培养的人才并没有体现出其类型特征，也没有不可或缺性，那么这类教育至少在定位上、在人才培养目标方面需要重新思考，否则，这类教育将不可能持续健康发展。因此，政府规定的原则性目标要求还需要职业院校根据自身的情况进一步细化为具体的人才培养标准（规格），并以此标准检验人才培养质量，使得每一个毕业生都是合格的、都达到了目标要求。只有如此，在不久的将来，在经济领域中也会有一类或几类岗位是职校生（或高职生）的舞台，有明显的职教标志。到那时，我们才能理直气壮地说，职业教育（或高职教育）是一种教育类型，是经济社会发展不可或缺的重要组成部分，具有不可替代性。

2. 科学实证与哲学演绎相结合

正如前文所述，政府确立的目标只是一种原则性、指导性的目标，这种目标还需要各院校将之具体化，将之转化为具体的人才培养标准。那么，如何才能科学合理地确立人才培养标准呢？夏正江博士曾将教育目的的确立方式归为三种①：一是以规范哲学的方式确立教育目的，包括以思辨的形而上学方式、以自然主义方式和以试验主义方式确立教育目的。以自然主义方式为例，如博比特（Bobitt，F）、查特斯（Charters，N）主张根据社会需要确立教育目的，主张从对人性的和人类事务活动的分析中去发现当代人类社会所需要的特定能力、态度、习惯、鉴赏力和知识形式。二是以分析哲学的方式确立教育目的，如分析哲学家彼德斯提出"教育"概念逻辑分析的两条途径：分析什么样的人才算得上是"受过教育"的人；分析教育活动必须服从的标准。三是以科学实证的方式研究教育目的，如美国课程专家泰勒认为确立学校教育目标有三个基本来源：对学生的研究；对当代社会生活的研究；听取学科专家的意见。

以上三种确立教育目的的方式从一个侧面而言均具有合理性，但也存在一定的缺陷，一种方式的某种缺陷正是其他两种方式出现或存在的理由。当然，在此无意对三种方式的优劣作一评析，但从中我们可以得到诸多启示。首先，目标是有价值的，人们愿意获得

---

① 夏正江. 教育理论哲学基础的反思——关于"人"的问题［M］. 上海：上海教育出版社，2002. 99～147.

它，它便能使学习者付出作为达成该项目标责任制所需要的力量。① 制定教育目标要把生活现实同已确立的和理想的价值联系起来。人才培养目标不仅要考虑国家、社会的价值诉求，还应兼顾学生个体的价值诉求。基于国家、社会与学生个体的价值诉求，我们需要对人才培养目标进行哲学思辨，思考"什么样的人才算是受过职业教育的人"这样一个基本的哲学命题；其次，"实然"固然重要，但不能以"实然"替代"应然"，否则将容易犯"自然主义错误"。正如哲学家布鲁巴克所言，"从社会观点出发来选择教育目标，犯了一种错误。他们不能摆脱现状的困扰。他们很会描述现代社会所崇奉的价值，但现代社会的价值观是否应永远如此延续下去，或应该有所改变，甚或完全取而代之，则茫然不知。社会学和历史学都是寻找事实的学问。他们只能告诉人实际追求了什么，但不能指给人什么是可以追求的，换言之，什么是应该追求的。连应该追求的也求诸历史与科学，那无疑是让将来为现在与过去而服务"②。再次，"应然"必须基于"实然"，否则教育将失去生命力。教育的发展正是在于其满足了人类社会的某种需要，而这种需要是具体的、现实的。教育中的一个基本观点是"教育要适度超前发展"。"适度超前"并不等于"天马行空"、"不切实际"。作为与经济社会联系非常密切的职业教育，更应基于社会实际，在人才培养目标的细化方面，必须切实反映社会的需要。具体而言，可以采用职业分析法，即首先调查和研究社会背景中的人类生活，确定人类生活的基本经验领域，把反映当今成人社会生活的职业性活动列成一览表，然后分析它们的组成要素，把人类经验的主要领域进一步分析为一些更为具体的活动和行为单位，接下来确定和陈述有效完成这些具体活动所必需的具体技能、习惯、知识、态度和情绪反应，最后选择与学校相关且能达到的具体目标，并按其重要性程度排序，被选择出来的目标便可作为学校的人才培养目标的内容。③ 当前，虽然在确立人才培养目标时，不少学校都强调要基于经济社会发展的需要，但事实上并没有深入进行市场调查并进行相关职业分析，因此得出的目标要求比较笼统、不细致，缺乏可操作性，并没有真正反映用人单位的需求。

笔者认为，在确立职业教育人才培养目标时可以走一条中间路线，将哲学演绎与科学实证的方法相结合。一方面承认事物的可变性，遵循进化论的观点，以科学实证的方法深入分析职业教育对应岗位的职业要求，并在此基础上制定更加明细的人才培养规格，以使职业人才培养更符合现世的经济社会发展需要。另一方面，变化的不确定性，往往会使职业教育变得无所适从，因为知识经济时代，变化的速度在不断加快，对未来的不可预期性逐步加大，职业教育在瞬息万变的现代化浪潮中往往不知何去何从，因此，必须以哲学演绎法切实思考职业教育的价值，包括国家、社会及学生的价值诉求，确立一种永恒的价值追求。

---

① 瞿葆奎. 教育学文集·教育目的［C］. 北京：人民教育出版社，1989. 319.
② 瞿葆奎. 教育学文集·教育目的［C］. 北京：人民教育出版社，1989. 319.
③ 施良方. 泰勒的《课程与教学的基本原理》：兼述美国课程理论的兴起与发展［J］. 华东师范大学学报（教科版），1992（4）：1～24.

第五节 职业教育培养目标的构成要素分析①

人才培养目标是各级各类教育对人才培养的总体要求，是教育类型与层次质的规定性的反映，也是教育实践的行动指南。具体而言，它应包括培养的人才类型、层次、规格和就业岗位等方面的有效信息。人才类型定位，有助于职业教育与其他教育类型相区别，体现了职业教育在教育体系中的分工和使命；人才层次定位，有助于职业教育体系内部合理分工，避免各层次职业教育的交叉重复；人才规格定位，是对培养目标的具体化，增强培养目标的可操作性；人才岗位定位，是指培养的人才主要面向哪些服务对象（用人单位）的哪些岗位。

一、培养的人才类型

职业教育与普通教育乃至其他专业教育的区别，集中表现在培养的人才类型上。对于职业教育培养的人才类型，"政策目标"、"院校目标"和"学者目标"②均给予了普遍关注，但在具体的人才类型定位方面存在一定差异。归纳起来，主要包括专门人才、应用型人才、实用型人才、技能型人才、技术应用型人才、技术技能人才等不同观点。这些不同的观点或表述，与人才分类密切相关。因此，在进行职业教育培养目标定位时，必须对人才类型进行层次分解、细化，并明确各类人才的内涵，由此才能准确定位。

首先，职业教育培养的是专门人才。专门人才是指受过专门教育或通过有效自学，具有一定的专业知识，能够胜任某种专业工作的人。在我国，专门人才尤指经过中专以上学校教育，获得相应文凭，以及具有技术员或相当于技术员以上职称的人。③ 职业教育作为一种专业教育，旨在为专门的职业领域培养人才。因此，其培养的人才是典型的专门人才。

其次，职业教育培养的是应用型人才。虽然将职业教育培养的人才类型定位为"专门人才"能较好地将职业教育与基础教育相区别，但并不能完全反映职业教育的类型属性，尤其是无法将其与普通高等教育相区别。因此，对于专门人才仍需要进一步划分。马克思主义认为，人类活动主要包括两类，即认识世界的活动和改造世界的活动。因此，专门人才亦分两类，即认识世界的人才和改造世界的人才。前者属于理论型（也称为科学型或学术型）人才，旨在发现规律，以更好地认识世界；后者属于应用型人才，旨在运用规律改造世界；前者注重思想，后者注重工作。从教育的角度看，普通教育旨在培养发现规律、认识世界的理论型人才，职业教育则主要是培养运用规律、改造世界的应用型人才。

再次，职业教育培养的主要是技能型人才和技术型人才。将职业教育培养目标定位为"应用型人才"虽然突出了职业教育的专门性、应用性特点，但并不能将之与应用型普通

---

① 本节参见：黎荷芳，查吉德. 职业教育培养目标三要素 ［J］. 中国职业技术教育，2013（9）：20～23，27.

② "政策目标"是指政策文件对职业教育人才培养目标的定位；"院校目标"是指职业院校的人才培养目标定位；"学者目标"是指研究者对职业教育人才培养目标的定位。

③ 王通讯等. 人才学基本名词注释 ［J］. 中国人才，1988（6）：26，29～32.

高等教育（如工程教育）相区别，仍没有明确职业教育应该且能够培养的人才范围。因此，应用型人才依然很宽泛，需要进一步细分。当前，对应用型人才的划分主要存在两种观点：一种观点认为，工程型人才、技术型人才和技能型人才均归为应用型人才，并认为这三类人才都应成为职业教育的培养目标。① 另一种观点认为，技术型和技能型人才属于应用型人才，而工程型人才不属于严格意义上的应用型人才。因为工程型人才的任务是把科学原理演变成设计、规划、决策以及新技术的研究与开发，其主要任务不是技术应用和现场实施，而技术型人才主要从事技术的应用与运用，他们和技能型人才的任务都是实施已完成的设计、规划和决策并转化成产品，都在生产第一线上工作，都需要具备一定的理论技术和经验技术、智力技能和动作技能。为此，将职业教育培养目标定为技能型人才和技术型人才，② 或将两类人才综合表述为"技术技能人才"，以此作为职业教育的主要培养目标。从我国各时期的政策来看，关于职业教育培养目标，经历了由"技能型人才"和"技术型人才"并举，到单提"技能型人才"，再到重提"技能型人才"和"技术型人才"这样一个变化过程。如20世纪80年代，一些政策文件普遍将职业教育培养目标定位为"技术员、管理人员和技工"。其中，技术员属于技术型人才，而技工则属于技能型人才。20世纪90年代末至21世纪初，开始将"技能型人才"作为职业教育的主要培养目标。2012年，《国家教育事业发展第十二个五年规划》将职业教育的主要培养目标定位为"技术技能人才"。③ 可见，工程型人才并没有成为职业教育的"政策目标"。其实，工程型人才也没有成为"学者目标"和"院校目标"的主流，其更多地被认为是工程教育的培养目标。如20世纪90年代中后期，杨金土、孟广平等人基于人才分类，将教育分为四类，即学术型人才—学术教育、工程型人才—工程教育、技术型人才—技术教育、技能型人才—职业教育。他们认为，我国并没有完整的技术教育体系，职业教育具有"职业教育"与"技术教育"的双重内涵。④ 1994年，国务院《关于〈中国教育改革和发展纲要〉的实施意见》重新使用"职业教育"这一表述，而不是原先的"职业技术教育"。自此，在国家政策文本中，开始普遍使用"职业教育"这一表述。虽然"职业技术教育"改称为"职业教育"，但其内涵并没有改变，依然包括职业教育和技术教育。可见，将职业教育培养目标定位为"技术型人才"和"技能型人才"不仅体现了职业教育的特性，也是教育体系内部分工的客观要求。当然，将技术型人才和技能型人才作为职业教育的主要人才培养目标，并不排斥职业教育可以培养工程型人才。专科层次的职业教育，尤其是未来可能发展的本科层次的职业教育的少数专业，也可根据专业特点和要求，将工程型人才作为培养目标。事实上，我国的专科教育为新中国社会主义现代化建设培养了大批优秀的工程型人才。

二、培养的人才层次

职业教育培养目标定位除了指出培养的人才类型以外，还须明确培养的人才层次。进

① 雷正光. 现代职教培养目标定位研究 [J]. 职教论坛，2003 (9)：6～9.
② 欧阳河等. 职业教育基本问题研究 [M]. 北京：教育科学出版社，2006.65.
③ 查吉德. 改革开放30年来职业教育培养目标的政策分析 [J]. 中国职业技术教育，2013 (3)：20～24.
④ 杨金土等. 对发展高等职业教育几个重要问题的基本认识 [J]. 教育研究，1995 (6)：7～15.

行人才类型定位，目的在于将职业教育与其他教育类型相区别；进行人才层次定位，则是为了明确职业教育体系内部分工，突出职业教育内部的层次差异。事实上，人才培养目标的层次定位是当前我国正在构建的现代职业教育体系的逻辑起点，即只有明确经济社会发展对技术技能人才的层次要求，构建技术技能人才培养目标体系，才能据此构建相应的职业教育体系。

关于职业教育培养的人才层次定位，一直以来都不是特别明确，突出表现为中职与高职的人才培养目标交叉重复，缺乏有效衔接。如20世纪90年代末以来，"高素质技能型人才"成为中职和高职共同的培养目标。正因为如此，教育部明确提出中职和高职应在十个方面做好衔接，其中，人才培养目标衔接被置于首位。[1] 就学术的角度而言，对于职业教育培养目标的层次定位存在两种比较典型的观点：一是认为技能型人才和技术型人才不仅有类型的区别，还有层次的差异，并提出中等职业教育主要培养技能型人才，而高等职业教育主要培养技术型人才。如李华认为，"应用型人才内部有三个层次：工程型人才、技术型人才、技能型人才，分别由高等工程教育、高职教育、中职教育承担培养任务"[2]。二是基于职业教育层次确立培养目标层次，认为初等职业教育主要培养初级人才、中等职业教育主要培养中级人才、高等职业教育主要培养高级或高端人才。如匡瑛、石伟平尝试构建我国职业教育体系框架，并提出了相应层次职业教育的培养目标，即初等职业教育培养初级工；中等职业教育培养中高级技工；专科层次的职业教育属于技术教育和高技能教育，培养技术员和技师；本科层次的职业教育属于高等技术教育范畴，培养高级技术员和技师。[3]

这两种观点都能比较清楚地区分各层次职业教育的差异，但过于刚性，并不完全符合职业教育实际和人才结构特征。一是职业教育培养目标受制于多种因素的影响，包括学制、专业、地方经济发展水平、学校的办学水平等。以学制为例，我国中等职业教育不仅有初中毕业三年制、四年制和五年制，还有高中毕业二年制和三年制。学制不同，相应的培养目标也应有所差异，不能简单以学校层次来判断教育层次及相应的培养目标。二是在实际工作中，技能型人才与技术型人才存在一定程度上的重复，且技能型人才和技术型人才在实际职业岗位中，会逐渐发生变化，如有些职业岗位可能一开始属于技能型人才，但随着经济社会的发展可能变为技术型人才。基于此，有学者认为，"不能排除高职教育的部分培养目标是技能型人才，但在目前情况下，也不能把培养高级技能型人才的任务笼统也归入高职教育，而应该对高级技能型人才作具体分析"。"技术型人才也不一定都要通过高职教育培养，由中等职业教育培养的中、初级技术型人才在我国的现阶段仍有广泛的适用性"。[4]

鉴于技术型人才与技能型人才在实际工作中难以区分且交叉重复的客观现实，以及中等职业教育结构的复杂性和高等职业教育体系不完善等特点，《国家教育事业发展第十二

① 教育部. 国家教育事业发展第十二个五年规划 [Z]. 2012.6
② 李华. 当代中国高职人才培养目标的研究 [D]. 湖南师范大学硕士学位论文, 2004.
③ 匡瑛, 石伟平. 高职人才培养目标的转换——从"技术应用性人才"到"高技能人才" [J]. 职业技术教育（文科版）, 2006（22）: 21～23.
④ 杨金土等. 对技术、技术型人才和技术教育的再认识 [J]. 职业技术教育（教科版）, 2002（22）: 5～10.

个五年规划》将职业教育的培养目标综合表述为"技术技能人才",并提出"构建现代职业教育体系,系统培养初级、中级和高级技术技能人才"。"中等职业教育重点培养现代农业、工业、服务业和民族传统工艺振兴需要的一线技术技能人才;高等职业教育重点培养产业转型升级和企业技术创新需要的发展型、复合型和创新型的技术技能人才。完善高等职业教育层次,建立高级技术技能人才和专家级技术技能人才培养制度。"可见,就层次而言,职业教育的培养目标被分为四个层次,即初级、中级、高级和专家级。其中,中等职业教育主要培养一线的中初级技术技能人才,专科层次的职业教育主要培养中高级技术技能人才,未来本科层次的职业教育主要培养高级技术技能人才,研究生层次的职业教育则培养专家级的技术技能人才。

三、培养的人才规格

职业教育培养规格是培养目标的具体化,也可称为操作性目标,它对所培养的人才应具备的知识、能力和素质提出了具体要求,阐明了相应的人才类型和层次的基本特征,是检验人才培养质量的重要标准。当前,在职业教育培养规格定位方面主要存在四个方面的问题:

一是培养规格缺位,影响培养目标的操作性。一些"政策目标"和"学者目标"只是关注职业教育的人才培养类型或层次,却极少涉及更具体的培养规格。培养规格缺位,直接影响了培养目标的操作性,导致"学者目标"缺乏实践指导价值,"政策目标"难以贯彻落实。如2011年,我国部分政策文本将高职教育的培养目标定位为"高端技能型人才",但对于高端技能型人才的规格,政策上并没有作出解释。受此影响,职业院校只能按自己的理解去解释"高端技能型人才",有些学校甚至不加思考,只是作名词替换,即用"高端技能型人才"取代原来的人才定位(如"高技能人才"),至于"高端技能型人才"具有哪些特征,对课程等人才培养要素提出了哪些新要求,在人才培养过程上应作哪些相应的调整并无太多思考。如此,显然会影响政策执行,影响职业教育人才培养质量。

二是培养规格虚化,不能有效反映职业岗位(群)要求。职业教育培养规格与职业岗位密切相关,即只有明确了所培养的人才的主要职业岗位才能由此确立胜任该职业岗位(群)的知识、能力和素质标准。因此,职业分析法一直是制定职业教育培养目标的重要方法。但对于职业分析,不论是政策的制定者,还是研究者,抑或是职业教育的实践者,普遍做得不够。受此影响,所确立的培养规格并不能真实反映职业岗位(群)的要求,虚化、泛化现象比较突出。如一些学者或政策文本提出的职业教育培养规格,只是笼统地对所培养的人才在知识、技能、思想政治素质、身体素质等方面提出一些空泛的要求,既不能体现职业教育所培养的人才类型和层次特征,也不能反映职业岗位(群)的要求。

三是培养规格理想化,忽视了"入门性"资格与"发展性"资格的区别。受调研条件的制约,在进行职业调查时,调查对象多为成熟的从业者,由此推演出来的培养规格能比较准确地反映出成熟从业者的职业岗位要求,但往往比较理想化,在职业教育实践中难以实现。实际上,职业有一个由低级到高级、由"入门"到成熟的发展过程。因此,职业资格一般包括"入门性"资格和"发展性"资格。"入门性"资格是一种准入资格,规定了从事某职业必须具备的最基本的知识、能力和素质要求;"发展性"资格则是在基本准入条件以外，设定一个更高的目标条件并给予相应更高的回报，以满足有更高追求的从业者的需求，促进职业发展。① 作为学校职业教育，受学校教育本身的滞后性、生产性实训设备不足、教师专业实践能力弱、生源素质不理想等客观因素的制约，一般只能给予学生从事某种职业最基本的知识、能力和素质，更多职业经验和职业技能需要学生在工作岗位上去习得。因此，在进行培养规格定位时，宜主要以"入门性"资格为参照系，而不应以"发展性"资格为参照系。

四是培养规格现实化，容易以"实然"代替"应然"。培养规格不仅是一个科学命题，也是一个价值命题，不仅要回答"是什么"的问题，还要回答"应该是什么"的问题。当前，在职业教育实践中，在制定人才培养规格时，多数职校只采用职业分析等科学实证的方法，寻求与现实的职业岗位（群）相匹配的培养规格，而忽视了价值思考。"实然"固然重要，但不能以"实然"替代"应然"，否则将会犯"自然主义错误"。② 因此，在进行职业教育培养规格定位时，我们必须坚持科学实证与哲学演绎相结合，既要形而下，也要形而上，不仅要作职业分析，还应作价值思考，思考"什么样的人才算是受过现代职业教育的人"、"现代社会乃至未来社会的职业人应该追求什么"等哲学命题。

四、培养的人才岗位

职业教育培养目标除了对培养的人才类型、层次和规格进行说明之外，还应对培养的人才的主要服务对象和就业岗位进行说明，即培养的人才主要面向哪些用人单位或哪些行业，主要就业岗位包括哪些。如主要面向国有企业还是民营企业；主要面向大型企业还是中小型企业；主要面向行业，还是立足区域；主要面向生产、建设一线，还是管理、服务一线；主要在生产岗位、销售岗位就业，还是在管理岗位、技术研发岗位就业；等等。总之，职业教育人才培养目标应对培养的人才的主要服务对象和就业岗位进行必要说明，一方面增强人才培养工作的针对性，另一方面为广大学生及其家长在报考院校和专业时提供有用信息，学生可以结合自我职业理想选择合适的院校和专业，同时根据目标要求提升自身的职业能力，增强自我成才的针对性。

① 查吉德. 职业教育教师资格制度研究：制度有效性的视角 [M]. 广州：暨南大学出版社，2011. 52.
② 查吉德. 关于高职人才培养目标的思考 [J]. 河北师范大学学报（教育科学版），2011（3）：68~71.

第三章

职业教育培养目标定位现状研究

对于职业教育培养目标的定位，可谓"仁者见仁，智者见智"。若从目标定位主体来划分，总体上可分为三类：一是"政策目标"，即国家政策文本规定的职业教育培养目标；二是"院校目标"，即职业院校在实践中确立的培养目标；三是"学者目标"，即研究者从学术的视角提出的职业教育培养目标。本章通过对"政策目标"、"院校目标"和"学者目标"的分析，全面梳理职业教育培养目标的定位现状。

第一节　职业教育"政策目标"分析[①]

我国《教育法》第十七条规定："学制系统内的学校和其他教育机构的设置、教育形式、修业年限、招生对象、培养目标等，由国务院或者由国务院授权教育行政部门规定。"可见，国务院或国务院授权的教育行政部门对各级各类教育培养目标的规定具有法律效力，学校必须严格遵守。从这个意义上说，"政策目标"对职业教育实践具有重要的指导意义，是职业院校人才培养目标定位的基础。因此，本节拟梳理、分析我国改革开放30年来各时期政策文件对职业教育人才培养目标的定位，以期更好地把握"政策目标"的变迁。

一、职业教育"政策目标"的历史演进

职业教育培养目标是经济社会发展对人才需求的集中反映，它会随着经济社会的发展而不断调整变化。改革开放30多年来，我国职业教育培养目标大致经历了五种变化：

一是20世纪80年代，"技术人员、管理人员和技工"是职业教育的主要培养目标。如1985年，《中共中央关于教育体制改革的决定》提出："社会主义现代化建设不但需要高级科学技术专家，而且迫切需要千百万受过良好职业技术教育的中初级技术人员、管理人员、技工和其他受过良好职业培训的城乡劳动者。"1986年，国家教委职教司草拟的《关于职业技术学校学制的暂行规定》（讨论稿）对各级各类职业学校的培养目标作了分类说明。其中，职业初级中学培养"具有某种初步的职业基础知识和一定的职业技能的工人、农民和其他从业人员"；中等职业技术学校（包括三年制中专和职业高中）培养"中初级技术管理人员、技术工人和其他从业人员"；技工学校培养"中级技术工人"；中等专业学校（四年制中专）培养"中级技术、管理人员"；职业技术专科学校（含职业大

---

① 本节参见：查吉德. 改革开放30年来职业教育培养目标的政策分析 [J]. 中国职业技术教育，2013（3）：20～24.

学）培养"较高级技术员和相应层次的技术、管理人员"。①

二是 20 世纪 90 年代至 21 世纪初，部分政策文件将职业教育培养目标定位为"实用人才"。如 1994 年，国务院《关于〈中国教育改革和发展纲要〉的实施意见》提出："职业教育的培养目标应以培养社会大量需要的具有一定专业技能的熟练劳动者和各种实用人才为主。" 1999 年，国务院批转教育部《面向 21 世纪教育振兴行动计划》提出："高等职业教育必须面向地区经济建设和社会发展，适应就业市场的实际需要，培养生产、服务、管理第一线需要的实用人才。" 2002 年，国务院《关于大力推进职业教育改革与发展的决定》提出，职业教育应"培养一大批生产、服务第一线的高素质劳动者和实用人才"。

三是 20 世纪 90 年代至 21 世纪初，另有部分政策文件将职业教育培养目标定位为"应用型人才"。如 1991 年，国家教委《关于加强普通高等专科教育工作的意见》提出："普通高等专科教育是在普通高中教育基础上进行的专业教育，培养能够坚持社会主义道路、适应基层部门和企事业单位生产工作第一线需要的、德智体诸方面都得到发展的高等应用性专门人才。" 1998 年，国家教委印发的《面向二十一世纪深化职业教育教学改革的原则意见》提出："职业教育要培养同二十一世纪我国社会主义现代化建设要求相适应的、具备综合职业能力和全面素质的，直接在生产、建设、技术和管理第一线工作的应用型人才。" 2000 年，教育部《关于加强高职高专教育人才培养工作的意见》提出："高职高专教育培养拥护党的基本路线，适应生产、建设、管理、服务第一线需要的，德、智、体、美等方面全面发展的高等技术应用性专门人才。"

四是 20 世纪 90 年代末至 21 世纪初，"技能型人才"成为职业教育的主要培养目标。如 1999 年，教育部、国家计委印发的《试行按新的管理模式和运行机制举办高等职业技术教育的实施意见》提出，按新的管理模式和运行机制举办高等职业技术教育的目的之一是："……加快培养面向基层，面向生产、服务和管理第一线职业岗位的实用型、技能型专门人才的速度……" 2003 年，教育部《2003—2007 年教育振兴行动计划》提出："大力发展职业教育，大量培养高素质的技能型人才特别是高技能人才。" 2011 年，《教育部关于推进中等和高等职业教育协调发展的指导意见》提出，中等职业教育重点培养技能型人才，高等职业教育重点培养高端技能型人才。

五是培养"技术技能人才"。2012 年，《国家教育事业发展第十二个五年规划》提出："系统培养初级、中级和高级技术技能人才。中等职业教育重点培养现代农业、工业、服务业和民族传统工艺振兴需要的一线技术技能人才；高等职业教育重点培养产业转型升级和企业技术创新需要的发展型、复合型和创新型技术技能人才。完善高等职业教育层次，建立高级技术技能人才和专家级技术技能人才培养制度。"由此，职业教育培养目标完成由"技能型人才"向"技术技能人才"的转变。2014 年，《国务院关于加快发展现代职业教育的决定》（国发〔2014〕19 号）进一步明确了"技术技能人才"的目标定位。虽然 2004 年教育部等七部委《关于进一步加强职业教育工作的若干意见》提出培养"技术技能型人才、复合技能型人才和知识技能型人才"，但这只是将技能型人才进行了分类，实质依然是技能型人才，而 2012 年提出的"技术技能人才"则可被视为两类人才，即技术型人才和技能型人才。

---

① 刘英杰. 中国教育大事典（1949—1990）〔Z〕. 杭州：浙江教育出版社，1993.1685.

可见，近 30 多年来，我国职业教育培养目标经历了由"技术员、管理人员、技工"、"实用人才"、"应用型人才"到"技能型人才"、"技术技能人才"的演变。其中，20 世纪 90 年代，一度存在"实用人才"、"应用型人才"、"技能型人才"等多种目标定位交叉共存的情况。

二、职业教育"政策目标"的表述方式

纵观 30 多年来我国相关政策文件，可以发现，对职业教育培养目标的表述方式主要有四种：

一是类型说，即将职业教育培养目标定位为某类人才，主要包括"应用型人才"、"实用型人才"、"技能型人才"和"技术技能人才"四种表述。这四类人才虽然均有应用性、专门性特征，但从人才类型来看，属于不同范畴。目前，专门人才按照类型一般可分为学术型人才、工程型人才、技术型人才和技能型人才。其中，学术型人才的任务是研究和发现客观规律并将其成果表现为科学原理；工程型人才的任务是把科学原理演变成设计、规划、决策以及新技术的研究与开发，主要任务不是技术应用和现场实施；技术型人才主要从事技术的应用与运用，他们和技能型人才的任务都是实施已完成的设计、规划和决策并转化成产品。① 可见，技术型人才和技能型人才都属于应用型人才。因此，2012 年国家将职业教育培养目标定位为"技术技能人才"可谓是"应用型人才"定位的具体化。另外，"实用型人才"虽然与"应用型人才"一字之差，但其内涵却不同，两者不能画等号。在汉语里，"应用"是指一种技术、系统或产品的使用；"实用"则指有实际使用价值。因此，实用型人才很难称其为一类人才，不论是学术型、工程型人才，还是技术型、技能型人才都具有使用价值，都是党和国家需要的有用之才。但政策上有时也将"实用型人才"作为职业教育培养目标之一。如 1999 年，《试行按新的管理模式和运行机制举办高职职业技术教育的实施意见》将"实用型人才"和"技能型人才"并用，且并没有对"实用型人才"和"技能型人才"的内涵或特征作出具体解释。如此定位，在职业教育人才培养实践中很难把握。

二是岗位说，即对于职业教育培养的人才的职业岗位进行定位。在此方面，主要有四种提法：①面向"生产、服务、技术、管理第一线"。如 1998 年，国家教委《面向二十一世纪深化职业教育教学改革的原则意见》提出，职业教育培养"直接在生产、服务、技术和管理第一线工作的应用型人才"。2000 年，教育部《关于全面推进素质教育，深化中等职业教育教学改革的意见》提出，培养"在生产、服务、技术和管理第一线工作的高素质劳动者和中初级专门人才"。②面向"生产、服务、管理第一线"。如 1999 年，国务院批转的《面向 21 世纪教育振兴行动计划》提出，培养"生产、服务、管理第一线的实用人才"。2010 年，教育部印发的《中等职业学校管理规程》提出，培养"在生产、管理、服务第一线工作的高素质劳动者和技能型专门人才"。③面向"产生、建设、管理、服务第一线"。如 1999 年，中共中央国务院《关于深化教育改革，全面推进素质教育的决定》提出，培养"生产、建设、管理、服务第一线和农村急需的专门人才"；2004 年，教育部《关于以就业为导向深化高等职业教育改革的若干意见》亦提出，"培养生产、建设、管

---

① 欧阳河等. 职业教育基本问题研究 [M]. 北京：教育科学出版社，2006. 65.

理、服务第一线需要的'下得去、留得住、用得上'的高技能人才"。④面向"产生、服务第一线"。如2002年，国务院《关于大力推进职业教育改革与发展的决定》提出，"培养一大批生产、服务第一线的高素质劳动者和实用人才"。可见，就职业岗位而言，职业教育旨在为"基层一线岗位"培养人才，但面向哪些领域的一线岗位，尤其是"技术"和"建设"一线岗位，不同政策文件似乎有不同看法，要么没有"技术"，要么没有"建设"，要么两者都没有，还有个别文件只强调为"生产"和"服务"一线培养人才。

三是特征说，即对职业教育培养的人才的基本特征或人才培养工作给出原则性要求。如1986年，原劳动人事部、原国家教委联合颁发的《技工学校工作条例》对技工学校的培养目标进行了具体规定："思想政治方面：培养学生爱祖国、爱人民、爱劳动、爱科学、爱社会主义，讲文明、懂礼貌、守纪律，有良好的职业道德，有为国家富强和人民富裕而艰苦奋斗的献身精神。操作技术方面：培养学生熟练地掌握本工种（专业）的基本操作技能，完成本工种（专业）中级技术水平的作业，养成遵守操作规程和安全生产、文明生产的习惯。文化技术知识方面：培养学生扎实地掌握理论基础知识，具有一定的分析和问题解决能力。身体方面：重视体育锻炼，使学生具有健康的身体。"① 又如2006年，教育部《关于全面提高职业教育教学质量的若干意见》对高职教育人才培养工作提出了原则性要求："重视培养学生的诚信品质、敬业精神和责任意识，遵纪守法意识。培养学生的适应性，教育学生树立终身学习理念，提高学习能力，学会交流沟通和团队协作，提高学生的实践能力、创造能力、就业能力和创业能力。"

四是综合说，即对职业教育培养的人才类型、职业岗位、人才特征等均作了规定。如2000年，教育部《关于加强高职高专教育人才培养工作的意见》明确提出："高职高专教育培养拥护党的基本路线，适应生产、建设、管理、服务第一线需要的，德、智、体、美等方面全面发展的高等技术应用性专门人才；学生应在具有必备的基础理论知识和专门知识的基础上，重点掌握从事本专业领域实际工作的基本能力和基本技能，具有良好的职业道德和敬业精神。"

三、职业教育"政策目标"的问题分析

根据《中华人民共和国教育法》第十七条的规定，国务院或国务院授权的教育行政部门对各级各类教育培养目标的规定具有法律效力。然而，在实践中，我们发现，政策规定的职业教育培养目标未能得到有效执行，不少职业院校及其教师对人才培养目标缺乏清晰的认识，或者结合学校与专业特点的培养目标与国家政策规定的目标存在较大偏差。造成政策执行低效的原因，除了政策实施机制不完善以外，很大程度上缘于政策本身的质量不高。② 透过各时期相关政策文本，可以发现，在职业教育培养目标定位方面主要存在四个方面的问题：

一是目标内涵不明晰。职业教育培养目标是对职业院校人才培养的总体要求，应反映经济社会发展和人的生存发展要求，包括人才类型、职业岗位、规格与层次等信息。但从一些政策文件来看，并不能获得这些有效信息。如在人才类型上，没有基于经济社会发展

① 刘英杰.中国教育大事典（1949—1990）［Z］.杭州：浙江教育出版社，1993.1787.
② 查吉德.职业教育教师资格制度研究：制度有效性的视角［M］.广州：暨南大学出版社，2011.139.

要求，对人才类型进行科学分类，并提出职业教育应该且能够培养的人才类型，有时只是提出一种模糊的"人才"概念，如"实用人才"、"专门人才"、"劳动者"、"技能型人才"等，并没有对这些"人才"的具体内涵作进一步说明。另外，在市场经济条件下，任何专业教育已然具备了一定的职业性，并为一定的职业领域培养人才。因此，在阐述职业教育培养目标时，应对职业教育培养的人才的职业岗位、层次与规格进行必要的说明，否则不能凸显职业教育与其他教育之间的类型差异。但从部分政策文本来看，这方面的信息并不充分。受此影响，职业教育培养目标在实践中缺乏操作性，且不能客观有效地反映经济社会发展和人的生存发展需求。

二是目标变动太频繁。围绕一定培养目标的人才培养工作是一项复杂的系统工程，包括相应的人才培养要素、人才培养模式、教学模式等方方面面，可谓是"牵一发而动全身"。因此，职业教育培养目标既要适应经济社会发展对人才需要的变化，也要保持相对稳定性。况且，在一定的经济发展阶段或周期内，企业对人才的基本要求会相对稳定。因此，作为具有法律效力的国家政策层面的职业教育培养目标在表述上应更加严谨，并保持相对稳定性。但从各时期政策文件来看，近30多年，尤其是20世纪90年代，我国职业教育培养目标调整过于频繁，有时甚至同一年的不同文件对职业教育培养目标的表述也不完全相同。目标变动太频繁不仅给职业教育实践带来了困扰，而且会在一定程度上削弱政策的严谨性和权威性。如受培养目标变动过于频繁的影响，一些职业院校在根据政策要求调整培养目标时，往往只是对目标表述进行了"文字"替换，并没有真正领会目标调整背后的社会与经济动因，导致人才培养工作不能有效反映经济社会发展的要求，进而影响人才培养质量和职业教育效能。

三是目标分类不明确。在整个教育体系中，不仅要对人才培养目标进行横向分类，规定各类教育的人才培养要求，而且要在各类教育内部进行纵向分类，规定该类教育各层次的人才培养要求。对于职业教育而言，亦是如此。不仅要明确作为一种教育类型的职业教育，其人才培养的总体要求，而且要明确职业教育体系内部不同层次职业教育的目标定位，当前尤其要对中等职业教育和高等职业教育的人才培养目标进行明确定位。但部分政策文件并没有充分关注不同层次职业教育的差异，中等职业教育与高等职业教育目标分类并不明确，两者的差异并不明显，尤其是《2003—2007年教育振兴行动计划》颁布实施以来，中职和高职的主要培养目标都被定位为"技能型人才"。如2005年，国务院《关于大力发展职业教育的决定》提出，"重点建设高水平的培养高素质技能型人才的1 000所示范性中等职业学校和100所示范性高等职业院校"。可见，中等与高等职业院校培养的都将是"高素质技能型人才"。因政策上没能对中职和高职的培养目标进行明确区分，导致中职和高职教育的培养目标在实践中缺乏有效衔接且交叉重复的问题比较突出。另外，除了中、高职培养目标分类不明晰以外，对介于中职与高职之间的职业教育的培养目标，政策没有充分关注。据联合国1997年发布的教育分类标准，高职教育属于5B教育，中职教育属于3B教育，此外，还有介于中职教育与高职教育之间的4B教育，即高等的中学后教育。我国虽然没有明显的4B教育体系，但在实践中不乏此类探索。如一些中职学校面向高中毕业生实施的2年制和3年制的职业教育，或面向初中毕业生实施的4年制的职业教育，这类教育既不能简单归为中职教育，也难以纳入高等教育范畴，是典型的4B教育。对于此类教育的培养目标，国家相关政策并没有给出明确的规定。

四、思考与建议

改革开放 30 多年来，我国职业教育实践领域进行了一系列改革探索，这些改革探索对推动职业教育的发展起到了重要作用，但不可否认，改革的成效与预期仍有较大差距，尤其是人才培养质量并不能完全适应经济社会发展要求。要想提高职业教育培养质量，仅仅关注教师、课程、专业、实训基地等方面并不够，一个更深层次的问题，即职业教育培养目标问题更值得思考。科学合理的人才培养目标是保证人才培养质量的前提，也是检验人才培养质量的重要标准。① 然而，各时期的职业教育改革似乎更关注实践论问题，对于人才培养目标这一认识论问题并不关心。这从各类政策文本对职业教育培养目标的表述中可见一斑。受此影响，职业教育改革往往是"只顾埋头走路，而不抬头看路"，存在一定的盲目性，容易陷入工程化、形式化误区。本节对职业教育的"政策目标""咬文嚼字"般的分析，目的就在于通过政策分析，更好地理解职业教育培养目标对于职业教育的价值意义。同时，研究培养目标的历史演进，能让我们更好地把握我国职业教育发展的历史规律和趋势。

基于职业教育培养目标定位方面存在的问题，提出以下三点建议：一是采取科学实证与哲学演绎相结合的方法，深入研究新时期职业教育的培养目标，力求职业教育培养目标既能反映经济社会发展的现实需求，又能体现教育促进人的发展方面的永恒价值。② 二是对不同类型、不同层次、不同学制职业教育的培养目标进行分类处理，构建职业教育培养目标分类体系，明确各级各类职业教育培养的人才类型、职业岗位、规格和层次，增强培养目标的可操作性。三是职业教育培养目标应反映经济社会发展的阶段性要求，保持相对稳定性，真正成为一定时期职业教育实践的行动指南。

第二节　职业教育"院校目标"分析

除了"政策目标"以外，职业院校在办学实践中也会制定学校的人才培养目标（简称"院校目标"）。这些"院校目标"往往各具特色，不仅反映了政府的"政策目标"要求，也反映了办学者对人才培养的价值取向，同时在一定程度上体现了学校的办学特色。另外，学校各专业也会结合专业特点制定专业人才培养目标（简称"专业目标"）。本节以珠三角部分职业院校为例，对院校人才培养目标定位和专业人才培养目标定位进行分析。

一、职业教育"院校目标"特点

从笔者梳理的 22 所高职院校和 25 所中职学校的人才培养目标定位来看，职业院校人才培养目标定位具有以下几个特点：

1. 人才类型定位基本符合国家"政策目标"要求

高职院校对培养的人才类型定位主要有三种：一是"高素质技能型人才"或"高技

① 查吉德. 关于高职人才培养目标的思考 [J]. 河北师范大学学报（教育科学版），2010（3）：68~71.
② 查吉德. 关于高职人才培养目标的思考 [J]. 河北师范大学学报（教育科学版），2010（3）：68~71.

能人才"；二是"高端技能型人才"；三是"技术技能人才"或"高级技术技能人才"。（见表3-1）由此可见，高职院校在培养的人才类型定位上基本遵照了"政策目标"要求。根据本章第一节对"政策目标"的梳理，进入21世纪以来，国家有关政策文件将高职院校的人才培养目标定位为"高技能人才"，到2011年又定位为"高端技能型人才"，2012年又提出"技术技能人才"的目标定位。当然，也有个别学校没有采用近几年国家"政策目标"的表述，而是沿用过去的"技能型人才"或"实用型技术人才"的提法。总体来说，在人才类型定位上，高职院校遵照了国家政策要求，只是有些学校"与时俱进"，及时根据国家"政策目标"的调整而作了相应的调整，而有些学校则坚持一贯的人才培养目标定位。

中等职业学校的情况与高职院校的情况类似。从笔者梳理的珠三角25所中等职业学校的人才培养目标定位情况来看，多数中职学校将培养的人才类型定位为"技能型人才"。"技能型人才"目标定位是符合国家"政策目标"要求的，培养"技能型人才"是近年来国家赋予中等职业学校的重要使命。另外，有些学校将培养的人才类型定位为"技术人才"、"实用型或应用型人才"、"适应性人才"等。（见表3-2）

表3-1　珠三角部分高职院校人才培养目标定位分析

学校	培养目标定位	人才类型定位	目标表述的特点
GZ1	培养"一技之长＋综合素质"的高技能人才	高技能人才	突出培养规格，强调技能与素质并重
GZ2	培养中国民航高技能人才	高技能人才	突出服务对象，强调为民航培养人才
GZ3	培养完整人格、迁移能力强、可持续发展的高级技能型专门人才	高技能人才	突出培养规格，强调学生的人格完整和可持续发展
GZ4	培养社会需要的高素质高技能人才	高技能人才	突出社会需求
GZ5	培养经济社会发展所需要的高技能型人才	高技能人才	突出社会需求
GZ6	培养"德业并进、学思并举、脑手并用"的复合式创新型高素质高技能人才	高技能人才	突出培养规格，强调全面素质
GZ7	培养拥护党的基本路线，生产、建设、管理、服务第一线需要的，德、智、体、美全面发展的高素质技能型专门人才	高技能人才	突出岗位和培养规格，强调为基层岗位培养人才，强调学生的全面发展
GZ8	培养面向生产、建设、管理、服务第一线的实践能力强、具有良好职业道德的高端技能型人才	高端技能型人才	突出岗位和培养规格，强调为基层岗位培养人才，强调学生的实践能力和职业道德
GZ9	培养适应区域产业转型升级需要的高端技能型人才	高端技能型人才	突出社会需求，强调产业转型升级的需要

（续上表）

学校	培养目标定位	人才类型定位	目标表述的特点
GZ10	培养适应广东区域经济和社会经济发展需要的生产、建设、管理、服务第一线需要的高素质高端技能型专门人才	高端技能型人才	突出社会需要和岗位，强调为基层岗位培养人才
GZ11	适应现代化生产、建设、管理、服务一线需要的高素质技术技能人才	技术技能人才	突出岗位，强调为基层岗位培养人才
GZ12	培养高素质技术技能型女性人才	技术技能人才	突出教育对象，强调培养女性人才
GZ13	培养具有创新精神、创新意识和创新能力的高端技术技能人才	技术技能人才	突出培养规格，强调创新
GZ14	培养生产、建设、管理、服务第一线的高级技术技能人才	技术技能人才	突出岗位，强调为基层岗位培养人才
GZ15	培养具有娴熟的职业技能，良好品德与和谐人格的高级技术技能人才	技术技能人才	突出培养规格，强调技能、品德和人格
GZ16	培养产业转型升级和企业技术创新需要的发展型、复合型和创新型的技术技能人才	技术技能人才	突出服务对象，强调企业转型升级和技术创新需要
GZ17	培养生产、建设、管理、服务第一线的发展型、复合型和创新型的技术技能人才	技术技能人才	突出岗位，强调为基层岗位培养人才
GZ18	为区域经济和社会发展培养"踏实做事、诚信做人、人格健全"的技术技能人才	技术技能人才	突出培养规格，强调品行
GZ19	培养有一技之长、具备良好综合素质、适应产业转型升级和企业技术创新需要的发展型、复合型和创新型的技术技能人才	技术技能人才	技能与素质并重，强调企业转型升级和技术创新需要
GZ20	培养既具有很强的专业技能，又具有一定技术创新和技术应用能力的技术技能型人才	技术技能人才	突出培养规格，强调技能、技术创新与技术应用
GZ21	培养具有现代竞争意识和综合职业能力、素质全面，能适应21世纪经济发展需要的实用型技术人才	实用型技术人才	突出培养规格，强调综合职业能力
GZ22	培养具备"双核结构"（职业核心能力和专业核心能力）的技能型人才	技能型人才	突出培养规格，专业核心能力与职业核心能力并重

资料来源：有关学校官方网站。

表 3 - 2　珠三角部分中职学校人才培养目标定位分析

学校	培养目标定位	人才类型定位	目标表述特点
ZZ1	为电网企业和社会培养和输送"德技双馨"的电力专业技能型人才	技能型人才	突出服务对象和培养规格，强调为电网企业培养人才，强调道德与技艺并重
ZZ2	培养"一技在身，多证在手"的技能型人才	技能型人才	突出培养规格，强调一技之长和多证书
ZZ3	为区域经济建设和社会发展输送高素质技能型人才	技能型人才	突出服务面向，强调为区域社会经济服务
ZZ4	培育具有爱国心、责任心、创新精神和社会竞争力的技能人才	技能型人才	突出培养规格，强调综合素质
ZZ5	为社会培养品行端正、技术过硬的技能型人才	技能型人才	突出培养规格，强调品行和技术并重
ZZ6	为社会培养具有良好的职业道德素养、实用的文化理论知识、扎实的专业技术基础和精湛的专业操作技能的初、中级技能人才，同时也为高等职业技术院校输送大批合格新生	技能型人才	突出培养规格和人才层次，强调知识、能力、素质并重，着重培养初、中级人才，同时注重学生升学，强调为高职院校输送合格生源
ZZ7	为深圳经济社会发展培养高素质的技能人才	技能型人才	突出服务面向
ZZ8	培养社会需要的高素质技能型人才	技能型人才	突出社会需要
ZZ9	培养现代服务业初中级实用型技能型人才	技能型人才	突出服务面向和人才层次，强调为服务行业培养初中级人才
ZZ10	培养高素质的劳动者和专业技能人才	劳动者和技能人才	强调"高素质"
ZZ11	培养具有"一技之长"的高技能人才	高技能人才	强调"一技之长"
ZZ12	培养德智体全面发展，一专多能的应用型学生	应用型人才	突出培养规格，强调全面发展和一专多能
ZZ13	既发展学生的全面素质，又重视学生的职业技能，培养德才兼备的应用型人才	应用型人才	突出培养规格，强调全面素质和职业技能
ZZ14	培养实用型技术人才	实用型技术人才	只强调培养的人才类型

（续上表）

学校	培养目标定位	人才类型定位	目标表述特点
ZZ15	培养复合型、实用型人才	复合型、实用型人才	只强调培养的人才类型
ZZ16	培养具有"一技之长"、"一专多能"的实用人才	实用人才	强调培养规格"一专多能"
ZZ17	培养综合素质好、具有个性特长的中等技术专业人才	技术人才	突出培养规格和层次，旨在培养综合素质和个性特长并重的中级人才
ZZ18	为社会培养具有较高文化素质和专业技术特长的各类技术人才，并为高校输送具有扎实文化基础和专业技能的各类人才	技术人才	突出培养规格，强调文化素质和专业特长，同时注重学生升学，强调为高校输送合格生源
ZZ19	培养具有创新精神、良好职业道德、突出专业技能和较高文化素质的复合型中等技术人才	复合型技术人才	突出培养规格和层次，强调综合素质和专业技能，着重培养中等技术人才
ZZ20	培养中级技术人才和中级服务管理人才	技术人才、服务管理人才	突出人才层次，着重培养中级人才
ZZ21	培养建筑类的技术骨干和管理人才	技术骨干和管理人才	突出服务对象，强调为建筑行业服务
ZZ22	培养"崇德尚礼、敬业乐学"的适应性人才	适应性人才	突出培养规格，强调综合素质
ZZ23	致力于培养具有"国际视野、民族情怀、特区气派、华强风格"的"基础宽、技能精、创新强、素质优"的现代职业人	现代职业人	突出培养规格，强调综合素质和人才特色
ZZ24	高素质高技能的 IT 人才	IT 人才	突出培养规格，强调高素质、高技能
ZZ25	"升学有希望、就业有优势、创业有能力、发展有基础"		强调学生发展，升学与就业并重

数据来源：有关学校官方网站。

2. 职业院校人才培养目标定位的侧重点不同

从梳理的 47 所中高职院校的人才培养目标来看，每所学校在人才培养目标定位上的侧重点有所不同，既有学校突出培养规格，也有学校突出服务对象，既有学校强调岗位定位，也有学校强调人才层次，还有些学校两方面或多方面兼顾。不过，总体而言，多数学校比较突出培养规格。当然，在培养规格方面，各学校的侧重点也有所不同，有些学校突出学生的综合素质，也有些学校突出专业技能，还有些学校素质与技能升重。在综合素质的具体内容方面，学校间的差异也比较明显。如有些学校强调学生的职业道德，而有些学校则突出学生的创新能力，还有些学校强调强学生的可持续发展能力，等等。（见表3-1和表3-2）

3. 部分职业院校不重视学校人才培养目标的定位

为了分析"院校目标"，笔者作了广泛调研。一是查阅了部分中高职学校的网站的学校简介；二是通过多种途径获取学校的有关材料，如人才培养质量报告、示范性院校建设方案，招生简章等；三是对部分职业院校的领导、老师进行访谈。从网站素材、纸质材料及访谈结果的分析来看，部分职业院校比较重视学校的人才培养目标定位，制定了具有学校特色的人才培养目标，但也有些学校不太重视学校的人才培养目标定位，主要体现在三个方面：①部分职业院校，尤其是中职学校的简介或招生简章过于注重学校的办学条件与办学荣誉，不太注重人才培养目标等办学理念的介绍，有些学校虽然介绍了学校的办学理念，但忽视了人才培养目标；②不少学校的各种涉及学校介绍的材料要么没有人才培养目标的表述，要么虽然有专门的人才培养目标的表述，但在不同场合表述不同，如可能是培养高技能人才，也可能是培养应用型人才或技术技能人才等，这说明学校对人才培养目标的定位没有进行专门的深入研究；③从访谈的结果来看，有些学校领导、教师并不熟悉自己学校的人才培养目标，甚至非常怀疑学校是否有专门的人才培养目标定位，也有个别学校领导认为人才培养目标是国家规定的，用国家规定的目标就好了，没必要制定学校的人才培养目标。

以上现象说明，学校人才培养目标定位并没有受到职业院校的普遍重视，在一些学校看来，人才培养目标是可有可无的一种形式，并不会去深究学校到底应该培养什么人才，培养的人才应该具备哪些知识、能力和素质，为了达到培养目标应该提供哪些条件，如何达到。正因为对培养目标的淡漠，职业院校在人才培养工作中不论是在资源要素的配置方面，还是在制度、条件保障方面，抑或是在考核激励方面都不是以人才培养目标为基本的逻辑起点或中心。如以教师的教学为例，教师在教学中考虑最多的是教学内容，而不是教学目标或这门课在人才培养目标中所起的作用，也不会深入研究以教学目标达成度为依据的考核标准与办法，考试或考核的重点是看学生有没有掌握所教的内容，而不是考查学生是否达到了教学目标要求。

二、职业教育"专业目标"特点

为了分析职业院校专业人才培养目标定位情况，笔者收集了数十所职业院校的专业人才培养方案（教学计划），以此为据对专业人才培养目标进行梳理分析，并以珠三角6所中职学校和6所高职院校计算机网络技术专业、5所中职学校和5所高职院校会计电算化专业为例，对这两个专业的人才培养目标定位进行重点分析，从中发现职业院校专业人才培养目标定位有以下几个特点：

1. 职业院校的专业人才培养目标的表述普遍比较规范

多数专业对本专业的人才培养类型、就业岗位、培养规格及对应的课程设置及课程标均有比较详细的描述。以计算机网络技术专业为例，6所中职学校的计算机网络技术业普遍将培养的人才类型定位为技能型人才，6所高职院校的计算机网络技术专业普遍将培养的人才类型定位为高素质或高端技能型人才，中职与高职院校将培养规格普遍定位为网络设计、网络安装与施工、网络维护与管理方面的知识和技能，将就业岗位普遍定位为网络设计、建设、维护与管理方面的工作岗位。（见表3-3、表3-4）又如会计电算化专业，从表3-5可见，5所中职学校会计电算化专业将培养的人才类型定位为应用（实用）型人才或中等专业技术人才，就业岗位则普遍定位为企事业单位一线会计、出纳、收银员、仓管员、营销员、统计员等岗位，培养规格则普遍包括从事以上这些岗位工作的相关知识和技能，尤其是会计专业知识与技能及计算机使用基础知识与应用技能。从表3-6可见，5所高职院校会计电算化专业则主要是培养从事会计及相关工作的高素质技能型人才，或财务（会计）管理人才，就业岗位则普遍定位为企事业单位会计、出纳、审计、基层财务管理等岗位，相应的培养规格则主要包括会计、审计及账务管理方面的相关知识与技能。

相对而言，高职院校在专业人才培养目标的表述方面比中职学校更规范。多数高职院校的专业教学团队已具备一定的课程开发能力，能够基于用人单位的人才需求和学生发展要求确立专业人才培养目标，并基于具体的就业岗位（群）任务要求确立专业人才培养规格，并根据专业人才培养规格设置课程并确立相应的课程教学目标。中职学校的专业人才培养目标虽然对培养的人才类型、培养规格、就业岗位等人才培养目标的基本要素进行了较好描述，但对人才培养规格普遍没有作进一步的深入分析，同时在课程设置上，专业核心课程的地位不突出，专业基础课程的比重过大。

2. 职业院校的专业人才培养目标具有一定的院校特色

虽然多数学校对同一专业的人才培养目标的定位具有明显的共性特征，包括培养的人才类型基本一致、培养规格及就业岗位基本一致，但在共性之外，也存在一定的差异性。这种差异体现了学校在专业人才培养目标定位方面的特色。以计算机网络技术专业为例，从表3-3和表3-4可见，有些学校的计算机网络技术专业在培养规格上，除强调计算机网络设计、施工、维护与管理能力之外，还突出软件开发和程序设计能力，有些学校则强调中小型网络的设计、施工、维护与管理能力；在就业岗位方面，除共性的网络设计、施工、维护与管理岗位之外，有些学校还强调培养网络产品的销售与服务人员，有些学校还突出培养物联网的建设与管理人员；在证书方面，有些学校只强调一般的计算机证书，有些学校突出知名网络企业认证，有些学校要求高级证书，有些学校还强调国际认证；专业课程设置方面，职业院校之间也有一定差异，除一般的计算机网络技术课程之外，有些学校突出常用计算机办公软件的应用课程，有些学校强调多媒体制作技术课程，也有些学校突出软件类课程（如强调程序语言课程），淡化硬件课程（如不开设综合布线课程）。又如中职会计电算化专业，在培养规格上，有些学校除强调会计知识与技能及综合素质之外，还强调学生的职业生涯可持续发展能力；在就业岗位方面，有些学校除面向会计、出纳类岗位之外，还面向基层行政管理岗位，如仓管、统计员、文员、营销员、跟单员；在专业课程设置方面，有些学校除开设会计类课程之外，还开设市场营销和财经法规课程；在资格证书方面，有些学校除要求学生考取会计从业证和会计资格证之外，还要求学生考取统计上岗证、计算机办公应用中级证等其他文员类岗位的技能证书。就高职会计电算化专业而言，在培养的人才类型方面，有些学校不但要培养从事会计及相关工作的技能型人才，而且还侧重于培养财务管理人才；在服务面向上，有些学校突出为中小企业服务，旨在为中小企业培养会计及相关岗位需要的人才；在培养规格方面，有些学校除强调会计知识、技能及综合素质之外，还强调学生自我持续发展能力；在就业岗位方面，有些学校不仅面向会计类岗位，还面向审计类岗位，有些学校除为一般的会计、审计类操作型岗位培养人才之外，还面向会计系统的开发与维护岗位；在专业课程设置方面，有些学校不仅开设会计类课程，还开设了审计课程。（见表3-5、表3-6）

3. 中职与高职的专业人才培养目标的差异并不明显

在一些专业人才培养目标定位方面，中职与高职不论是人才培养类型定位，还是就业岗位、培养规格、课程设置、职业资格证书要求均无明显差异。以计算机网络技术专业为例，中职与高职学校普遍将该专业的人才培养类型定位为"技能型人才"，只是高职院校更突出高素质或高端技能型人才培养；在培养规格方面，中职与高职均要求学生具备网络设计、网络安装与施工、网络维护与管理方面的知识和技能；就业岗位均定位为网络设计、建设、维护与管理方面的工作岗位；课程方面，中职与高职开设的多门专业课程是一致的，如综合布线、网络安全、网络设备配置与管理等。（见表3-3、表3-4）又如会计电算化专业，在就业岗位定位方面，中职与高职均培养企事业单位一线的会计、出纳、收银员、办税员、仓管员，所不同的是高职还面向审计、基层财务管理岗位；在课程设置方面，中职与高职专业课的一致性非常高，均包括会计基础、财务会计、成本会计、会计电算化等；在职业资格证书方面，中职与高职获取的均是会计从业资格证、会计电算化中级或初级证。（见表3-5、表3-6）

4. 中职与高职的专业人才培养目标定位没有充分考虑生源差异

随着我国现代职业教育体系的逐步建立，中职与高职的生源、学制变得越来越多样化，要求专业人才培养目标应结合生源、学制差异作出相应的调整。但从笔者收集的部分中、高职院校的专业人才培养方案来看，学校在专业人才培养目标定位上对学制、生源因素的考虑并不充分。如以中高职"三二"分段①为例，"三二"分段是为了有效促进中职与高职人才培养工作的衔接，因此，不论是对于中职而言，还是高职而言，"三二"分段生均有其特殊性。对于中职而言，虽然从生源来看，"三二"分段生也是初中起点的学生，但这部分学生与其他初中起点的学生又有所不同，其他初中起点的学生按计划并不会对口升高职，只是部分有升学意愿的学生会参加各种形式的"升学"考试进入高职（如广东省实施的高职对口中职自主招生考试、"3+证书"考试），而"三二"分段生则按计划在中职学习三年后，通过转段考试或考核进入对口高职院校同一专业接受专科教育。对于高职而言，"三二"分段生与其他生源的学生显然有一定差异，尤其是与普通高中起点的学生存在较大差异。因此，不论是中职，还是高职，应结合这部分学生的特点，确立中高职相互衔接的人才培养目标。但从收集到的部分职业院校的人才培养方案来看，有些中职学校并没有针对"三二"分段生的特点制定专门的人才培养方案，有些学校虽然制定了专门

---

① 中高职"三二"分段是广东省实施的中高职衔接的一种模式，学生在中职读三年，通过转段考试进入高职学习二年。

的人才培养方案，但与其他生源的专业人才培养方案相比只是在几门课程上有所变化（如开设了几门中高职衔接课程），在教学计划安排上有所改变（如将其他初中起点学生第六学期的顶岗实习前置到第五学期），而专业人才培养目标及培养规格均没有实质性的差异，甚至没任何差异，有些学校只是在培养目标中增加了"升入对口高职院校"的目标要求。对于高职而言也是如此，有些学校虽然制定了专门针对"三二"分段生的专业人才培养方案，但这种针对性也仅限于课程安排上，而在人才培养目标上并没有多少体现，尤其是没能确立中高职相互衔接的人才培养目标及培养规格。

表3-3　珠三角中职学校计算机网络技术专业人才培养目标分析

学校	培养目标	专业核心课程	就业岗位	技能证书	特色
ZZ1	培养掌握计算机及网络的基本知识和原理，具有较强的实际操作能力，能熟练进行网络设计、安装、维护与管理，具有一定的硬件应用、软件开发能力和网页制作及编程能力的应用型技术人才	计算机网络技术基础、网络操作系统、局域网组网工程、综合布线设计与施工、数据库、Dreamweaver网页制作、动态网页制作、网站建设与维护、Flash/Photoshop图形图像处理、Illustrator设计与制作、实用多媒体制作、CorelDRAW绘图与排版	从事网络系统的方案设计、安装、维护与管理；计算机和信息产品的安装、维护、应用以及营销；网站建设与维护；中小型应用软件开发与程序设计等工作	办公软件中级证、网络管理员中级证、全国英语一级证、全国计算机一级证	规格：除共性的网络设计、施工、维护与管理能力之外，还强调软件开发与程序设计能力；课程：除常见的网络技术方面的课程之外，突出多媒体技术课程
ZZ2	培养学生具有必备的基本素质和文化基础知识，掌握专业基础理论和应用技能，能适应网络管理员、网络工程施工员、网络平面设计员、网页设计与网站建设员、网络数据库维护人员等工作岗位，从事网络管理、网络工程施工、网络平面设计、网页设计与网站建设、网络数据库维护等工作，成为适应社会发展变化和岗位需要的技能型人才	网络设备配置与管理、网络工程施工与设计、网页制作、网站建设与维护、综合布线、动态网页设计、图形图像处理	网络管理员、网络工程施工员、网络平面设计员、网页设计与网站建设员、网络数据库维护人员	全国计算机信息高新技术认证、国家信息化计算机认证	岗位：除常规的网络设计、施工、建设与管理岗位之外，还强调培养网络数据库维护人员

（续上表）

学校	培养目标	专业核心课程	就业岗位	技能证书	特色
ZZ3	培养适应社会主义现代化建设需要，具有相应的计算机基本知识，掌握计算机网络技术专业基础知识、基本技能，能够从事中小型网络建设与管理、网站运维和网络产品销售等工作，具有职业生涯发展基础的中等应用型技能人才	综合布线、局域网组建、网络服务器配置与管理、网络设备配置与维护、网络安全	网络操作系统的安装与维护；网络安全与防范；网站的建立、发布、维护与管理等；IT产品营销	网络管理员（中级）、网络设备调试员（中级）	规格：突出中小型网络建设与管理；岗位：除常规的网络设计、施工、建设与管理岗位之外，还强调IT产品营销与网络安全管理
ZZ4	培养适应现代社会信息化建设需要的，掌握一定的计算机基础理论和计算机网络基础知识，掌握数据通信及各类网络的基本知识和技术，能胜任中小型网络的施工、配置、维护和管理工作，掌握网站建设和维护的技能型专业人员	计算机组装与维护、计算机网络技术、网络操作系统、局域网建立与管理、综合布线与工程、网络安全与应用、工程制图、图像图形处理、Photoshop、动画制作Flash、网页设计	计算机网络技术员、网络管理、网页制作与维护、网吧网管	计算机网络管理员、全国计算机等级证（NCRE）、思科网络工程师、锐捷网络工程师	规格：突出中小型网络的施工、配置、维护与管理；课程：除常见的网络技术方面的课程之外，还专门设置了网络安全与应用课程；证书：强调企业证书
ZZ5	培养掌握现代网络技术，具有灵活设计企业网络结构、熟练管理网络设备与网络服务器、熟练组建与维护企业网络、网络综合布线施工、网络设备管理与维护等专业能力；具备一定的网页制作、网站管理能力及能熟练地进行PC机组装与维护、计算机办公应用；可以构建美观、实用的企业宣传网站，熟练地从事网站服务器管理等能力的专业技术人才	网络设备配置与管理、局域网与网络操作系统、Linux用户基础、网页动画设计、网页语言、网络基础与综合布线、计算机应用基础、图形图像处理、网页制作、计算机组装与维护	IT运维、网络管理、网站管理、办公自动化和计算机修理维护	锐捷网络管理员（RCAM）、局域网管理员（中级）、全国计算机等级（一级）证书、全国英语等级（一级）证书、图形图像应用处理制作员（中级）、计算机系统操作工（中级）	岗位：除常规的网络运维与管理之外，还突出办公自动化和计算机修理与维护；证书：除一般证书以外，强调企业证书、图形图像处理证书

（续上表）

学校	培养目标	专业核心课程	就业岗位	技能证书	特色
ZZ6	熟练的计算机网络管理员和高级管理员；掌握网络规划、网络综合布线、国际互联网等相关知识；熟悉计算机网络的安装、维护、调试，具有较强的中、小型计算机网络管理、开发、维护及使用能力；具备从事计算机网络技术专业所必需的专业知识和操作技能	计算机应用基础、微机组装与维修、VB 程序设计、JavaScript 脚本语言、Internet 技术应用、图形图像 Photoshop、CorelDRAW 图形设计、办公软件、Flash 动画设计、网页制作、动态网页设计、计算机网络技术、局域网组建与维护、Windows2000 服务器管理、数据库 Access	从事计算机网络规划、综合布线、安装、维护、管理人员，公司专业网页制作、Web 站点设计、维护人员	全国计算机信息高新技术考试之微机组装与维修（中级）、办公软件应用（中级）、图形图像 Photoshop（中级）	课程：无综合布线课程，突出计算机程序语言和常用计算机软件应用；证书：无计算机网络证书要求，突出计算机基础类证书，如组装与维修、办公软件、图形图像处理

表 3 – 4　珠三角高职院校计算机网络技术专业人才培养目标分析

学校	培养目标	专业核心课程	就业岗位	技能证书	特色
GZ1	培养熟练掌握计算机软硬件系统、网络技术及物联网的基本知识、基本技能，熟悉计算机网络工程的组建、管理和维护等技术，熟练掌握常用的网络开发工具，能够从事计算机网络工程、物联网工程建设、管理和应用、网站建设与管理等专业方向的高素质技能型人才	计算机组成及维护、计算机网络基础、计算机组网技术及工程、综合布线技术及工程、网络安全与防火墙技术、IPV6技术与应用	物联网构建技术员、物联网应用系统管理员、网络工程建设和维护员、计算机系统管理员、网站建设与维护技术员、数据库管理员	高等学校英语应用能力 A 级或 B 级证书；全国计算机等级一级或二级证书；思科、锐捷网络、远望谷等知名企业的认证证书；综合布线认证工程师证书；全国计算机技术与软件资格与水平考试网络工程师证书（或同级）；工业与信息化部计算机相关工种职业资格证书	岗位：除互联网相关岗位之外，还突出物联网的构建与管理；证书：突出企业证书，强调工程师证书

（续上表）

学校	培养目标	专业核心课程	就业岗位	技能证书	特色
GZ2	本专业培养拥护党的基本路线，德、智、体、美等全面发展，适应地方经济建设和社会发展需要，面向企事业单位、产品开发公司、企业培训机构、网络安全公司、证券、银行等单位从事计算机网络方案设计实施、网络管理及网络技术产品的营销及技术支持岗位，具有良好职业道德、职业素质及心理素质，具有扎实的、系统的软件安装、调试和维护、网页和网站维护、网络安全管理与维护、网络方案设计、实施能力的高端技能型专门人才	网络互联技术、综合布线、服务器配置与管理、网络设计与系统集成	网络工程的项目设计与实施人员；企事业单位信息部门的设备管理人员与维护人员；网络设备检测与维护人员；网络产品营销与技术支持人员	H3CSE（H3C认证路由交换网络高级工程师）；CCNP（思科认证网络工程师）；H3CNE（H3C认证网络工程师）；网络工程师（中级）；CCNA（思科网络工程师）；网络管理员（初级）	岗位：除一般的互联网相关岗位之外，还强调网络设备检测和网络产品营销；证书：强调网络工程师（高级工程师）认证
GZ3	本专业面向IT企业，培养掌握计算机网络基本理论和基本技能，具有计算机网络硬件组网与调试，网络系统安装与维护，网络安全管理，以及网络编程的能力；具有规划与设计网络、组建网络、配置网络服务器、检测并排除网络故障、网络系统安全防护、开发与管理动态网站的能力；具有良好的沟通、合作能力与语言表达能力的高素质技能型人才	网络互联设备、服务器技术与应用（I）：Windows系统、网络安全技术、数据备份与灾难恢复、网络数据库、网页编程技术（JavaScript/Ajax）、Web程序设计（I）：ASP.NET技术	网络管理员、网络信息安全管理员、网站开发工程师	CCNA国际认证、全国计算机等级3级（网络管理员）证书或Office高级证书	规格：除网络设计、安装、维护与管理能力之外，强调网络编程、开发能力；课程：突出数据库和编程技术类课程；证书：强调国际网络工程师认证

（续上表）

学校	培养目标	专业核心课程	就业岗位	技能证书	特色
GZ4	培养德、智、体、美全面发展的，具备扎实的计算机软硬件和网络系统知识，能熟练进行网络规划设计、管理与维护、网络设备安装与调试和网站开发与维护的高素质技能型专门人才	网络规划与设计、局域网技术与组网工程、综合布线与网络测试、网络安全与防范、网站规划与网页设计、Web技术及应用	从事计算机网络规划设计、管理与维护，网站开发与维护、网络软、硬件产品的销售与服务等工作	全国英语应用能力B级证书、1个中级以上的计算机专业资格证书	岗位：除网络设计、管理、维护、开发岗位之外，还强调网络产品的销售与服务；证书：对本专业证书无具体要求，强调一般计算机类证书
GZ5	面向生产第一线，培养具有中小型Intranet网络集成与规划能力、网络工程施工能力、网络故障检测与测试能力、网站开发与维护能力、网络设备选型能力、配置交换机和路由器能力、网络服务管理与安全维护能力、网络数据库安装与安全维护能力、网络设备安全管理与维护能力、网络服务器安全管理与维护能力，适应珠三角网络技能人才发展需要的，面向下一代网络建设、网络应用和管理第一线的，既会做事、又会做人，具有健全人格的高端技能型人才	PHP网站开发、网络服务器构建、网页设计与制作、企业网站开发与维护	网络系统集成、网络系统配置与优化人员/PHP网站建设、管理与安全维护等人员/网络设备售前、售后服务人员/网页美工与设计人员/网络服务器构建与管理人员/.net网络应用软件开发人员	全国英语应用能力B级（或A级）证书；网络管理员（三级/高级）职业资格证书；网络工程师；网页设计师；CCNA高级证书；红帽子高级证书	规格：不仅强调互联网方面的能力，还强调物联网的集成与规划能力；课程：突出网站设计与开发类课程；岗位：主要面向网络技术与管理岗位

（续上表）

学校	培养目标	专业核心课程	就业岗位	技能证书	特色
GZ6	本专业培养拥护党的基本方针路线，适应地方经济建设和社会发展需要，面向信息技术企业以及企事业单位信息部门，从事网络建设、网络管理、网络应用等领域岗位的工作，具有良好的职业道德，掌握计算机网络基本理论与知识，具有计算机网络设计、实施、管理和运维能力，具有一定的 Web 应用开发能力，具备"一技之长 + 综合素质"的德、智、体、美等方面全面发展的高素质技能型人才	综合布线实施与管理、网络互联设备配置、服务器技术与应用、网络安全、中小型网络设计与集成、网络运维管理	系统集成工程师；网络管理员；网络技术支持工程师；IT 运维工程师；Web 开发工程师；IT 销售工程师	高等学校英语应用能力 B 级证书；"网络管理员"技术资格证书（初级）、RCNA 网络工程师技术资格证书、CCNA 网络工程师技术资格证书、Linux 系统管理员职业资格证书、RHCE 技术资格证书、网页设计师技术资格证书	岗位：突出工程技术类岗位；证书：重视企业技术资格证书

表 3 – 5 　珠三角中职学校会计电算化专业人才培养目标分析

学校	培养目标	专业核心课程	就业岗位	技能证书	特色
ZZ1	培养适应社会主义市场经济需要，面向企、事业单位和服务第一线；牢固掌握会计所需的基础理论和专业技能，能从事会计核算、会计实务管理、会计电算化工作的应用型专业人才	基础会计、企业会计、纳税实务、会计电算化、会计基本技能（手工账）	各行业会计员、出纳员、收银员、办税员、仓管员、统计员、文员、营销员、跟单员等	会计从业资格证、统计上岗证、珠算等级证、会计电算化中级证、英语等级证（一级 B 或以上）、计算机办公应用中级证等	岗位：除会计、出纳类岗位之外，还面向基层行政管理，如仓管、统计员、文员、营销员、跟单；证书：除会计从业证和资格证之外，还要求学生考取统计上岗证、计算机办公应用中级证等其他相关岗位的技能证书

（续上表）

学校	培养目标	专业核心课程	就业岗位	技能证书	特色
ZZ2	主要面向中小型企业，培养德、智、体、美全面发展，具有必要的文化基础知识、良好的职业道德和职业素养，掌握企业经营管理第一线会计、出纳、仓管员、收银员、营销员等岗位的职业能力，熟悉岗位操作流程，掌握操作技能，具有职业生涯发展基础的应用型人才	市场营销、会计基础、企业会计岗位实训、成本核算实务、财经法规、会计电算化、涉税业务办理、出纳及收银实训、会计模拟实习	会计、出纳、银行柜台、仓管、收银、营销员等	会计电算化中级证、珠算等级证、全国英语一级证、办公软件中级证、会计从业资格证	规格：强调学生的职业生涯发展基础；课程：除会计类课程之外，还开设市场营销和财经法规课程；证书：除会计从业证和资格证之外，还要求学生考取办公软件中级证
ZZ3	培养德、智、体、美全面发展，具有良好职业道德和思想品质，掌握会计专业的基本理论知识、操作技能，熟悉税收法律等相关基础知识，能熟练运用计算机从事中小企业会计工作，具有较强的实际工作能力和一定创新能力的应用型人才	基础会计、财务会计、成本会计、会计电算化、财经法规、市场营销、税收基础、企业管理、点钞、计算技术	—	—	—
ZZ4	培养具有系统的会计专业知识，并能熟练运用计算机从事基层会计核算、会计分析和会计事务管理等工作的中等专业技术人才	会计基础与实训、企业财务会计、会计电算化、报税实务	行业企业的会计、出纳、文员等岗位，以及代理记账、税务代理等中介机构的相关专业工作岗位	会计从业资格证、高职会计技能证书、计算机操作员证书、英语及计算机全国等级证书	岗位：除一般会计、出纳、文员类岗位之外，还面向中介机构的代理记账、税务代理岗位；证书：除会计从业证之外，还要求学生获得升入高职需要的会计技能证

（续上表）

学校	培养目标	专业核心课程	就业岗位	技能证书	特色
ZZ5	培养能适应各类企事业单位要求，具有良好的职业道德和创新精神，熟悉会计基本理论及相关经济知识，掌握岗位操作技能的综合职业能力强、有职业生涯发展基础的高技能实用型人才	基础会计、企业财务会计、财经法规与会计职业道德考证、会计基础考证、初级会计电算化考证、收银员考证、税收基础、电子报税、市场营销基础、商务应用文写作、企业会计模拟实习、小企业会计实训、ERP会计信息化系统、会计综合实训、营业员岗位实训	企事业单位的会计、出纳、收银员、仓库管理员、营销员、办公室文员、银行柜台、基层财税所协调员	会计从业资格证、全国计算机等级一级证书、全国公共英语等级一级证书、收银员（中级）证书	规格：强调学生职业生涯发展基础和高技能；课程：强调考证课程岗位：除会计、出纳、文员、柜台之类岗位外，还可面向财税所协调员岗位；证书：除会计从业证、一般的计算机和外语证书外，还要求学生考取收银员中级证书

表3-6　珠三角高职院校会计电算化专业人才培养目标分析表

学校	培养目标	专业核心课程	就业岗位	技能证书	特色
GZ1	立足广州，辐射珠三角地区，面向中小企业，培养适应社会发展和经济建设需要的德、智、体、美全面发展，具有良好的职业道德，能熟练掌握国家有关的财经法律法规，具有扎实的会计基本理论知识和较强的会计核算、分析、检查能力，并能熟练运用财务软件进行相关会计核算工作，能胜任出纳、会计核算和审计等岗位的财会人才	基础会计、财务会计、成本会计、税务会计、会计电算化、财务软件应用、会计模拟实训、审计实务	出纳、会计核算、审计	高校英语应用能力A级或B级证书、全国计算机等级一级或二级证书、会计从业资格证书、初级会计师证书、会计电算化初级、中级，全国管理信息化工程师（财务管理模块）	服务面向：强调服务中小企业；就业岗位：除会计、出纳、核算类岗位之外，还面向审计岗位；课程：除会计类专业课程之外，还开设审计实务课程；证书：除会计从业证及外语、计算机证书外，还鼓励学生获得初级会计师、全国管理信息化工程师证书

（续上表）

学校	培养目标	专业核心课程	就业岗位	技能证书	特色
GZ2	培养拥护党的基本路线，德、智、体、美等全面发展，适应地方经济建设和社会发展需要，面向中小企业财务、会计、审计岗位，具有良好的职业道德和职业素质，具有扎实、系统的财务管理、会计核算、审计监督、计算机技术等专业应用知识，具有熟练的现代工商企业理财、财务管理控制、财务决策分析和审计查证等职业能力的高端技能型财务管理专门人才	基础会计A、财务会计实务、成本会计实务、财务审计实务、税务会计实务	核心岗位包括：财务管理人员、出纳、内部或助理审计人员、会计	会计从业资格证、初级会计资格证	培养类型：旨在培养财务管理人才；就业岗位：除一般会计或财务管理岗位之外，还面向内部或助理审计岗位；课程：除会计类课程之外，还开设财务审计实务课程
GZ3	培养德、智、体、美全面发展，适应社会主义市场经济需要，具有良好的职业道德，具备经济、管理、财会等方面的专业基础知识，掌握会计基本理论和操作技能，精通会计电算化，具有较强的动手能力，较强的综合应用多种知识和技能解决实际问题的能力，能在生产、经营、管理和服务第一线从事出纳、会计、银行柜员、会计信息系统开发、应用与维护等工作的高素质技能型人才	会计基础、财务会计、成本管理会计、税制与税务会计、会计电算化、审计基础与实务、财务管理、数据库及应用	企事业单位的出纳；企事业单位的总账会计；企业的成本会计；企事业单位的往来账会计；企事业单位的管理会计；企事业单位的会计信息系统开发人员；企事业单位的会计信息系统维护人员；企事业单位的内部审计人员；商业银行的柜员	全国高等学校英语应用能力A级、会计从业资格证书、会计电算化初级证书	岗位：除一般的会计、审计类操作型岗位之外，还面向会计系统的开发与维护岗位

（续上表）

学校	培养目标	专业核心课程	就业岗位	技能证书	特色
GZ4	培养德、智、体全面发展，具有良好的综合素质，掌握会计核算、财务管理、审计监督的基本理论和方法，具备一定的职业判断能力，掌握企业财务会计核算、财务控制和审计查证业务的基本技能，熟悉通用的财务软件、管理软件和微机系统维护技术，能运用企业信息系统熟练处理会计业务，能快速成长为企业的中级会计人员，具备自我持续发展能力的应用型会计管理人才	实用会计基础、财务会计实务、成本会计实务、理财实务、综合业务实训	企事业单位的记账员、出纳、会计或财务管理人员；企事业单位的仓库管理员、报税人员；企事业单位的内部审计人员；政府审计部门的初级审计人员；会计师事务所的助理审计人员	CEAC办公信息化应用专家证书、CEAC办公软件应用专家证书、会计从业资格证书、全国信息化工程师ERP应用资格认证、金碟K/3ERP财务管理师	培养类型：强调培养会计管理人才；培养规格：强调学生自我持续发展能力；就业岗位：除会计类岗位之外，还面向各类初级审计类岗位
GZ5	培养面向中国特色社会主义建设，适应财务管理、会计中介等领域第一线需要，具有良好的职业道德，掌握国家财经法规和经济政策，掌握会计、税法、成本核算、财务管理、金融企业会计、审计等专业知识，具有较强的账务处理能力，具备"一技之长＋综合素质"的德、智、体、美全面发展的高端技能型人才	会计、审计、财务成本管理、税法、财务软件应用	出纳、会计、财务主管、会计中介代理、会计中介机构审计	会计从业资格证；学校财经技能达标证	培养类型：高端技能型人才；就业岗位：除一般会计、出纳之外，还面向工商企业的财务主管、会计中介机构的审计岗位；证书：开发了学校的专业技能达标证书

三、思考与建议

1. 基于经济发展规律、人才培养规律和学生成长规律，构建人才培养目标体系

人才培养目标定位不仅只是对"培养什么人才"的描述，而且是一个体系，包括"政策目标"、"院校目标"、"专业目标"、"课程目标"乃至"课堂教学目标"，这些不同层次的目标是一个有机整体，而不是孤立的个体。然而，从笔者的调查分析来看，职业院校在人才培养目标定位时并没有将之作为一个体系进行系统设计，主要体现在以下几个方面：①直接搬用国家有关政策文件对职业教育人才培养目标的定位，没有结合学校特色将国家"政策目标"转化为具有院校特色的"院校目标"；②对院校人才培养目标定位简单化，只是笼统地描述了培养什么人才，如培养高端技能型人才，但对高端技能型人才的内涵并不清楚，对这类人才的规格、就业岗位缺乏清晰的描述；③"专业目标"与"院校目标"缺乏衔接，有些学校在确立专业人才培养目标时并没有充分考虑学校的人才培养目标，而是彼此独立，"院校目标"只是停留在纸面上，无法在"专业目标"中得以体现，因而也就无法有效贯彻落实；④"课程目标"与"专业目标"也存在一定程度的脱节问题，包括课程本身设置不合理，不能满足有效实现专业人才培养目标的需要，以及课程目标定位不合理，"课程目标"不能有效支撑"专业目标"的实现；⑤人才培养目标缺乏操作性和有针对性的落实措施。针对这些问题，笔者认为应对人才培养目标进行系统思考，系统设计，统筹考虑"政策目标"、"院校目标"、"专业目标"和"课程目标"乃至"课堂教学目标"，构建符合经济发展规律、人才培养规律和学生成才规律，各层级目标有机衔接的人才培养目标体系。

2. 基于人才培养目标，构建人才培养工作体系

人才培养目标不仅是一个包括"政策目标"、"院校目标"、"专业目标"、"课程目标"和"课堂教学目标"在内的目标体系，而且还是整个人才培养目标工作的中心，学校应围绕人才培养目标构建人才培养工作体系：①教育教学资源配置应满足人才培养目标实现的要求，包括教师、实训条件、教学仪器设备等；②学校的教育教学改革应围绕人才培养目标展开，包括课程体系建设与改革、人才培养模式改革等均应围绕人才培养目标展开，即一切教育教学改革均是为了有效实现人才培养目标，真正将学生培养成为预期的人才；③学校的制度安排应有助于人才培养目标的实现，如学校各项教学管理制度、学生管理制度、人事分配制度甚至是后勤管理制度都应协调一致，相互配合并有助于推动人才培养目标的实现，一切不利于学校人才培养目标实现的制度都应予以取缔；④学校的文化，包括物质文化、制度文化、精神文化都应有助于人才培养目标的实现，广大教职工不仅要对学校的人才培养目标充分了解，而且应该充分认同。促进人才培养目标的实现是学校广大教职工共同遵循的基本行为规范，也是学校教职工共同遵循的一种文化认同。

第三节　职业教育"学者目标"分析

学者目标，即研究人员对职业教育人才培养目标的定位。根据收集到的研究文献，关于职业教育人才培养目标主要有四种比较有代表性的观点。

一、培养各级各类应用型人才

对职业教育培养目标定位，不论是中职、高职，还是本科层次的职业教育，多数学者认同将职业教育的培养目标定位为应用型人才，以区别于普通教育的学术型人才培养目标。

1. 中等职业教育培养目标定位

关于中职人才培养目标定位，多数观点主张中等职业教育主要应培养"技能型人才"。

如孙琳认为，"中等职业教育培养目标主要是社会要素、教育要素、职业教育要素共同组成的一个综合表述，反映的是社会意识形态、教育形态、社会发展诸方面对所培养人的综合要求。它回答了将受教育者培养成什么人，这类人今后所从事的职业类型与工作岗位，以及所需要的知识和技能结构及价值观和态度的形成"。她提出，"当前中等职业教育培养的是与我国社会主义现代化建设要求相适应，德智体美等方面全面发展，具有一定的职业能力、创业能力和终身学习能力，在生产、服务、管理第一线工作的实用型技能人才和高素质劳动者"①。黄妙莉、李同道认为，"中等职业教育的人才培养目标应是：具有较高的全面素质和综合能力，能适应岗位变化要求、具有终身学习能力和创新能力的中初级技能型人才、独立商品生产者和经营者"②。徐敏娟认为，中等职业教育应侧重培养技能型人才，而高等职业教育应侧重培养各种技术型人才。③

2. 高等职业教育培养目标定位

虽然多数学者都比较认可将高职的人才培养目标定位为"应用型人才"，但对高职培养的应用型人才包括的具体的人才类型及其培养规格则存在一定差异。

一种观点认为，技术型人才和技能型人才都是高职的培养目标。如王明伦认为，高职培养的是社会主义现代化的建设者，具有开拓、创新精神和社会责任感，德、智、体、美等方面全面发展的技术应用型人才和高技能型人才，并认为这类人才在规格上包括复合知识、综合能力和人格素质三个要素。④ 王质明认为，高职培养的是高等技术应用性人才，这种人才是掌握高级职业技术的人才，是达到高级技术工人职业资格要求的高技能专门人才，在人力资源范畴上是科技人力资源。⑤ 刘春生、马振华对 2003 年以来政策规定的"高技能人才"目标进行了解释，认为高技能人才应该不仅仅是技能型人才中的较高层次，而更多地存在于技术型人才与技能型人才的"重叠带"，是一个具有技术倾向性的技能型人才群体。⑥ 匡瑛、石伟平认为，将高职人才培养目标定位为"高技能人才"值得商榷，这种目标定位忽视了技术型人才的培养，不利于职业教育体系的建设、不利于教育体系的衔接，会导致中、高职就业冲突，因此，他们建议，高职教育的培养目标应定位为高技能人才和各类技术型人才。⑦

另一种观点则认为，高职培养的主要是技术应用型人才。如吕鑫祥认为，我国高职教育的培养目标是在高中文化基础上进行的，为生产第一线和工作现场服务的，承担将设计、规划、决策、规范等转化为现实产品或其他物质形态以及对社会产生具体作用的高级技术型人才，这类人才主要工作岗位有四类：一是专业技术岗位。它们主要分布在第一、第二产业的生产第一线上，如工厂工程师、农艺师、轮船驾驶员等。二是经营管理岗位。在第一、第二、第三产业中，均有此类岗位。如城建项目经理、中小企业负责人、证券公

---

① 孙琳. 对中等职业教育培养目标的再认识 [J]. 职教论坛, 2006 (16)：6~9.

② 黄妙莉, 李同道. 对中等职业教育培养目标的新认识 [J]. 职业技术教育, 2000 (36)：59.

③ 徐敏娟. 职业教育培养目标之"技能"与"技术"辨析 [J]. 职业技术教育, 2011 (19)：38~41.

④ 王明伦. 高等职业教育发展论 [M]. 北京：教育科学出版社, 2004. 138~154.

⑤ 王质明. 从"技术"的角度观察高职教育培养目标 [J]. 职教论坛, 2006 (24)：7~10.

⑥ 刘春生, 马振华. 高技能人才界说 [J]. 职教通讯, 2006 (3)：16~18, 27.

⑦ 匡瑛, 石伟平. 高职人才培养目标的转换——从"技术应用性人才"到"高技能人才" [J]. 职业技术教育, 2006 (22)：21~23.

司经理，以及事业单位中的中、高级公务员等。三是经营业务岗位。这类岗位主要分布在3个产业中，而以第三产业最多。如会计、统计、信贷员、导游、秘书、广告设计、证券交易等。四是高级技能岗位。这类岗位，主要集中于第二产业，如高级技工和技师等。①周念云认为，高等职业教育人才培养目标的内涵是：以"全面性、专业性和创造性"的统一为指导思想，以社会需求和就业为导向，坚持终身教育理念，培养面向大众的，层次上为高等的、专业上为生产、建设、管理、服务的全面发展的一线岗位的高级技术应用型人才。它既不同于普通高等教育培养的理论型、设计型人才，也不同于中等职业教育培养的技能人才。②

3. 本科层次职业教育的培养目标定位

虽然我国并没有严格意义上的本科职教，但依然有些研究者对本科层次职业教育的培养目标进行了一定研究。如杨金土认为我国高等技术教育缺位导致技术型人才培养缺位，建议发展高等技术教育，这类教育可被视为高职教育的更高层次，即本科层次，这种本科层次的高等技术教育应主要培养高等层次的技术应用型人才。③石伟平、徐国庆也呼吁发展技术本科，以满足中国经济对高级技术型人才的需求。④涂向辉认为，本科高职的培养目标应是"培养具有较强技术理论基础、实践技能和应用能力，并服务于生产、建设、管理第一线的高级技术应用型人才，即培养技术工程师或现场工程师"⑤。王玲认为，在现代职业教育体系下，应用本科人才培养目标应该是工程技术型或技术技能型人才这样的复合型应用人才。⑥

二、培养人

"培养人"是一切教育的根本目的，职业教育也不例外。如联合国教科文组织国际教育和价值观教育亚太地区网络编著的《学会做事：在全球化中共同学习与工作的价值观——职业技术教育培训中一体化的价值观教育的整合途径》一书认为，"职业教育和培训中，任何一个全面统一的人力资源开发项目，都应该以培养负责任的、自由的和成熟的个人作为目标。他们所需要掌握的，不仅是一定的技能和对最新技术的了解，同时还需要具备深厚的人类价值观和态度——对自我价值、自我尊重和尊严的认识，具备独立工作和团队工作的能力，诚实正直、守时负责；能够适应变化的形势，知晓和理解困难和问题，创造性地拿出解决方案，和平解决争端，良好掌握世界、自己和他人的现实情况；既有全面的综合知识，又具备某个领域的专门知识，具备在学习型社会继续学习和接受终身教育的能力"。同时，"职业教育和培训中，任何一个全面统一的人力资源开发项目，其首要目标是开发个人的能力和天赋——用于塑造一个完整个人的认知、感情和行为的能力和天赋"。该书对现代职业教育忽视人的价值观和态度的情况进行了批评，认为太过专业化、

① 吕鑫祥. 高等职业教育技术教育研究 [M]. 上海：上海教育出版社，1998. 139～142.
② 周念云. 高等职业教育人才培养目标体系研究 [D]. 广西师范大学硕士学位论文，2006.
③ 杨金土. 我国本科教育层次的职业教育类型问题 [J]. 教育发展研究，2003（1）：5～9.
④ 石伟平，徐国庆. 试论当前中国发展技术本科的意义与策略 [J]. 教育发展研究，2003（12）：57～60.
⑤ 涂向辉. 本科层次高等职业教育培养目标及其内涵探析 [J]. 中国职业技术教育，2012（27）：15～22.
⑥ 王玲. 现代职业教育体系下应用本科人才培养目标定位分析 [J]. 中国职业技术教育，2013（6）：13～17，34.

分类过细、支离破碎的教育没有完全开发出人的能力和天赋，"所培养造就的是一个有知识的人，但可能并不成熟，感情也不稳定；可能是一个聪明有见识的人，具有相当技术能力，但不一定是一名诚实负责的工作人员。因此，需要把负责任的公民的价值观和标准渗透到通用能力、职业道德、技术和创新技能的培训中去"。《联合国教科文组织关于教育培训的修改备忘录（2001）》提出，在设定与职业教育过程相关的目标时，一定要考虑个人的需求和愿望。职业教育与培训应当"允许个性与个人特质的协调发展，培养精神和人类的价值观，培养理解、判断、批判性思考和自我表达的能力；通过开发必要的智力工具，发展技术技能和创业技能以及态度，为个人终身学习做好准备；发展决策能力，积极、明智地参与工作的能力，在工作和社区中进行团队合作和领导的能力；让个人在信息和通信技术的迅速进步中能够及时应对"①。

三、开发人力资本

少数学者从人力资源开发理论出发，认为职业教育的培养目标主要在于人力资本开发，在于使学生获得人才资本增量。如张振元认为，职业教育将"培养人才"作为自己的培养目标是错误的，背离了职业教育的初原和本质属性。他认为，"培养人才"是一种传统的教育理念，注重层次、选拔和知识，而现代人力资源开发理论强调适应。因此，职业教育的培养目标应适应社会需求和个人需求，以术科为导向培养人力资源。②

四、"就业目标"与"升学目标"并重

部分研究者从终身教育思想和学生发展的角度出发，认为职业教育尤其是中等职业教育同时承担着就业和升学双重任务。如郭耀邦认为，中等职业教育"既要为生产、管理和服务的第一线培养实用性人才，又要为高一级学校特别是高等职业学校输送合格的新生"③。

---

① ［菲律宾］卢德斯·R. 奎苏姆宾，［澳大利亚］卓依·德·利奥. 学会做事：在全球化中共同学习与工作的价值观——职业技术教育培训中一体化的价值观教育的整合途径［M］. 余祖光译. 北京：人民教育出版社，2006. 9 ~ 10.
② 张振元. 人力资源新视野下职业教育培养目标新探［J］. 江苏技术师范学院学报，2008（7）：10 ~ 15.
③ 郭耀邦. 中等职业教育培养目标的时代调整［J］. 教育与职业，2001（2）：11 ~ 13.

第四章

中职生成才需求调查研究[①]

"因材施教"是教育的基本原则，职业教育要为经济社会发展培养高素质的职业人才，就必须了解教育对象——学生及其需求，包括学生的群体特征、成才目标、自我成才规格要求等。另外，从利益相关者的角度而言，学生是职业教育的消费者，他们的利益需求应得到足够的重视，否则，不仅不利于调动学生学习的主观能动性，而且会降低职业教育的吸引力。把握职校生的群体特征、成才需求，并以此作为制定人才培养目标的重要依据，有针对性地开展人才培养工作是非常重要的。为此，本研究以珠三角中职学校为例，重点围绕中职生的成才需求进行了问卷调查，并采用SPSS16.0对调查数据进行统计处理。

第一节　调查设计

一、调查目的及内容

本次调查主要是为了了解学生的成才需求及其影响因素，从而为中职人才培养目标定位提供科学依据。成才需求是指学生希望通过某种教育或学习活动达到的目标状态及获得的人力资本增量。基于此，调查主要包括四大内容：学生的成才目标、学历需求、自我成才规格要求、结合自我成才需求对人才培养工作及培养效果进行评价。另外，根据假设，学生的成才需求受多种因素的影响。为此，调查专门考虑了学校发展水平、学校类型、专业、学习基础、入学原因、学习年限、性别、生源地、家庭经济水平9大因素，并通过统计分析推断这些因素对学生的成才需求是否有显著性影响。

二、理论框架

职业教育是能力本位的教育，突出学生职业能力培养是职业教育区别于普通教育的重要方面。要提高人才培养目标的操作性，必须将人才培养目标具体化为人才培养规格，而人才培养规格则应以职业能力标准予以体现或表述。可以说，职业能力标准不仅是职业教育人才培养目标、规格的具体体现，而且是检验职业教育人才培养效果的重要标准。因此，从学生成才需求的角度对职业教育人才培养目标进行调查研究，必须确立职业能力标准框架。这不仅是了解学生成才规格要求的需要，也是调查职业教育人才培养效果的需要。

---

① 部分内容参见：查吉德. 中职生成才目标及其影响因素调查分析［J］. 职业技术教育，2014（3）：16～21.

　　对于职业能力，各国存在不同理解，既有技能本位的职业能力观（如英国），也有知识本位的职业能力观（如法国），还有综合职业能力观（如德国）。随着职业的不断发展，职场中所面临的问题越来越具有不确定性，需要从业者具备综合职业能力以应对或解决不确定性问题。因此，综合职业能力观因更能反映职业发展要求而被广泛认可。鉴于此，本研究采纳综合职业能力观，将职业能力划分为专业能力、社会能力、方法能力三个维度，并根据专业能力、社会能力和方法能力的内涵，① 将此三类能力分为 16 项二级能力指标。其中，专业能力包括 2 项指标，即专业知识和专业技能；方法能力包括 7 项指标，即外语应用能力、计算机使用能力、信息收集处理能力、学习能力、创新能力、问题解决能力和组织管理能力；社会能力包括 7 项指标，即工作态度、团队协作能力、社会责任心、环境适应能力、心理承受能力、应变能力和沟通表达能力。当然，将职业能力划分为专业能力、社会能力、方法能力，并分解为 16 项二级指标，主要是为了方便了解学生、企业对职业能力的具体需求，但在现实中，综合职业能力作为一个整体很难将之分开。为此，调查设置了 1 个综合指标，即"综合职业能力"，以便从整体上了解学生对综合职业能力的需求及培养效果的评价。由此，本研究构建了由 4 个一级指标和 17 个二级指标组成的职业能力标准框架。

三、问卷设计

　　调查问卷除部分题项以外，凡是涉及"程度"的题项（如需求程度、满意程度、评价程度等）均采用 5 点量表进行量分，即设置 5 级选项：1、2、3、4、5，分值越高说明调查对象对此指标需求程度越高（或满意度越高，或评价越高）。若作定性描述，对应满意程度，"1"代表"很不满意"、"2"代表"不满意"、"3"代表"一般"、"4"代表"满意"、"5"代表"很满意"；对应需求程度，"1"代表"很低"、"2"代表"低"、"3"代表"一般"、"4"代表"高"、"5"代表"很高"；对应了解程度，"1"代表"很不了解"、"2"代表"不了解"、"3"代表"一般"、"4"代表"了解"、"5"代表"很了解"；对应职业能力水平或要求，"1"代表"很低"、"2"代表"低"、"3"代表"一般"、"4"代表"高"、"5"代表"很高"；对应人才培养效果，"1"代表"很差"、"2"代表"差"、"3"代表"一般"、"4"代表"好"、"5"代表"很好"。

---

　　① 职业能力从能力涉及的范围来分，可分为专业能力、方法能力和社会能力。方法能力和社会能力属于功能外的跨职业的"人性能力"。其中，专业能力是在特定方法引导下有目的、合理利用专业知识和技能独立解决问题并评价结果的能力，它是职业业务范围内的能力，包括单项技能与知识、综合的技能和知识。专业能力是劳动者胜任职业工作、赖以生存的核心本领，对专业能力的要求是合理的知能结构，强调专业的应用与针对性。方法能力是个人对在家庭、职业和公共生活中的发展机遇、要求和限制作出解释、思考和评判并开发自己的智力、设计发展道路的能力和愿望。它特别指独立学习、获取新知识技能的能力，还包括制订工作计划、工作过程和产品质量的自我控制和管理以及工作评价的能力。方法能力是基本发展能力，它是劳动者在职业生涯中不断获取新的技能和知识、掌握新方法的重要手段，对方法能力的要求是科学思维模式，强调方法的逻辑性、合理性。社会能力是经历和构建社会关系、感受和理解他人的奉献和冲突，并负责任地与他人相处的能力和愿望。它是与他人交往、合作、共同生活和工作的能力，包括工作中的人际交流、公共关系、劳动组织能力、群体意识和社会责任心。社会能力既是基本生存能力，又是基本发展能力，它是劳动者在职业活动中，特别是在一个开放的社会生活中必须具备的基本素质。对社会能力的要求是积极的人生态度，强调对社会的适应性、行为的规范性。参见：赵志群. 职业教育与培训学习新概念 [M]．北京：科学出版社，2003. 20～22.

四、调查方法

本次调查主要采用分层抽样调查法，按纵横两个维度进行抽样。纵向上，按学校发展水平分层，分为国家示范（重点）学校和省级示范（重点）学校；横向上，按学校类型分层，分为中等专业学校、技工类学校和职业高级中学。在纵横分层的基础上，确定了8所中等职业学校作为调查对象，并对8所中职学校的一、二年级的在校生按专业随机抽样，即各专业随机抽取相应比例的样本数构成调查样本。另外，为用个案情况验证抽样调查结果，本研究对广州市某中职学校一、二年级学生进行了全面调查。

五、调查的信度与效度

信度方面，经检验，中职成才需求调查问卷 Cronbach's α 系数高达 0.949。根据吴统雄（1984）的研究，Cronbach's $\alpha \leq 0.3$，不可信；$0.3 < Cronbach's \alpha \leq 0.4$，勉强可信；$0.4 < Cronbach's \alpha \leq 0.5$，可信；$0.5 < Cronbach's \alpha \leq 0.7$，很可信（最常见），$0.7 < Cronbach's \alpha \leq 0.9$，很可信（次常见）；$Cronbach's \alpha > 0.9$，十分可信。[①] 据此判断，本调查具有很高的内在一致性，十分可信。

效度方面，根据设想，本调查主要是了解学生的成才目标、学历需求、职业能力需求及其对学校人才培养工作及培养效果的评价。为检验构想效度，笔者采用 SPSS16.0 进行因素分析，以主成分分析法配合最大变异法进行正交转轴，同时选择 KMO 及 Bartlett's 球形检验法进行因素分析适用性检验。KMO 及 Bartlett's 球形检验结果表明，KMO 取样适当性量数值为 0.952，适合进行因素分析。另外，Bartlett's 球形检验的 χ^2 值为 36 402（自由度为 630）达到显著（$p = 0.000 < 0.001$），代表母群体的相关矩阵间有共同因素存在，适合进行因素分析。因素分析结果显示，调查问卷共有四个公因素。其中，公因素 1 基本对应学生职业能力需求及学历需求；公因素 2 基本对应学生对职业能力培养效果的评价；公因素 3 对应学生对人才培养工作的评价；公因素 4 对应学生的成才目标。（见表4-1）四个公因素的特征值分别为：7.42、6.84、5.76、1.75，其解释变异量分别为 20.62%、19%、16%、7.9%，累积解释变异量为 63.52%。综上表明，调查具有较好的构想效度。

表4-1 中职成才需求问卷调查因素分析*

	coponent			
	公因素 1	公因素 2	公因素 3	公因素 4
3.3.6 应变能力需求	0.862	0.139		
3.3.7 沟通表达能力需求	0.846	0.164		-0.106
3.3.2 团队协作能力需求	0.842	0.191		
3.3.5 心理承受能力需求	0.838	0.164		
3.2.6 问题解决能力需求	0.831	0.147		
3.3.4 环境适应能力需求	0.820	0.197		

① 沈宗奇. 台湾地区网络银行利益区隔与消费者行为之研究 [D]. 国立东华大学企业研究所硕士学位论文，2001.

（续上表）

	coponent			
	公因素 1	公因素 2	公因素 3	公因素 4
3.3.1 工作态度需求	0.816	0.200		
3.3.3 社会责任心需求	0.812	0.183		0.136
3.2.5 创新能力需求	0.795	0.148		
3.2.7 组织管理能力需求	0.791	0.177		
3.2.4 学习能力需求	0.780	0.143		
3.4 综合职业能力需求	0.773	0.209		
3.1.2 专业技能需求	0.749	0.140		−0.103
3.1.1 专业知识需求	0.747	0.116		−0.127
3.2.3 信息收集处理能力需求	0.730			0.190
3.2.2 计算机使用能力需求	0.704			0.227
2.0 学历需求	0.642			−0.179
3.2.1 外语应能力需求	0.623			
5.3.6 应变能力评价	0.177	0.860		
5.3.7 沟通表达能力评价	0.183	0.849	0.110	
5.3.5 心理承受能力评价	0.157	0.841		
5.3.4 适应能力评价	0.166	0.836		
5.3.1 工作态度评价	0.149	0.836	0.191	
5.4 综合职业能力评价	0.176	0.833	0.173	
5.3.2 团队协作能力评价	0.177	0.818	0.174	
5.3.3 社会责任心评价	0.172	0.818	0.160	
5.2.7 组织管理能力评价	0.166	0.813	0.146	
5.1.2 专业技能评价	0.170	0.648	0.350	
5.1.1 专业知识评价	0.155	0.634	0.355	
5.2.1 外语应用能力评价	0.122	0.600	0.182	0.119
4.3 课程设置的合理性评价		0.211	0.789	
4.4 课程内容的适应性评价		0.247	0.742	0.123
4.5 教学条件的满意度评价		0.261	0.720	0.155
4.2 就业岗位了解程度		0.174	0.713	
4.1 培养目标了解程度		0.210	0.690	−0.256
1.0 成才目标				0.869

Extraction Method：Principal Component Analysis.

Rotation Method：Varimax with Kaiser Normalization.

＊Rotation converged in 5 iterations.

六、调查样本

本次调查的有效样本共 2 229 人，具体构成情况如下：

（1）按学校水平分类：国家示范或重点学校（以下简称"Ⅰ类职校"）的学生 847人，占 38.00%；省级示范或重点学校（以下简称"Ⅱ类职校"）的学生 1 382 人，占 62.00%。

表 4-2　调查样本院校水平分布

学校水平	有效样本（人）	有效百分比（%）
国家示范或重点学校（Ⅰ类职校）	847	38.00
省级示范或重点学校（Ⅱ类职校）	1 382	62.00
合计	2 229	100.00

（2）按学校类型分类：中等专业学校的学生 432 人，占 19.38%；技工类学校的学生 96 人，占 4.31%；职业高中的学生 1 701 人，占 76.31%。

表 4-3　调查样本院校类型分布

学校类型	有效样本（人）	有效百分比（%）
中等专业学校	432	19.38
技工类学校	96	4.31
职业高中	1 701	76.31
合计	2 229	100.00

（3）按学校隶属关系分类：来自省属学校的学生 238 人，占 10.68%；来自市属学校的学生 1 435 人，占 64.38%；来自市内区属学校的学生 556 人，占 24.94%。

表 4-4　调查样本按学校隶属关系分布情况

学校	有效样本（人）	有效百分比（%）
省属学校	238	10.68
市属学校	1 435	64.38
区属学校	556	24.94
合计	2 229	100.00

（4）按性别分类：男生 803 人，占 36.19%；女生 1 416 人，占 63.81%。

表 4-5　调查样本性别分布

性别	有效样本（人）	有效百分比（%）
男	803	36.19
女	1 416	63.81
合计	2 219	100.00

（5）按年级划分：一年级学生 640 人，占 29.30%；二年级学生 1 544 人，占 70.70%。①

表 4-6　调查样本年级分布

年级	有效样本（人）	有效百分比（%）
一年级	640	29.30
二年级	1 544	70.70
合计	2 184	100.00

（6）按专业分类：调查共涉及 6 大专业类别，其中，来自财经商贸类专业的学生 1 570 人，占 70.44%；信息技术类专业的学生 107 人，占 4.80%；交通运输类专业的学生 91 人，占 4.08%；农林牧渔类专业的学生 96 人，占 4.31%；文化艺术类专业的学生 294 人，占 13.19%；公共管理与服务类专业的学生 71 人，占 3.19%。②

表 4-7　调查样本专业类别分布

专业类别	有效样本（人）	有效百分比（%）
财经商贸类	1 570	70.44
信息技术类	107	4.80
交通运输类	91	4.08
农林牧渔类	96	4.31
文化艺术类	294	13.19
公共管理与服务类	71	3.19
合计	2 229	100.00

---

① 因三年级学生处于毕业顶岗实习阶段，难以开展集中调查，若进行非集中调查又会影响调查信度，因此，本次调查样本为一、二年级的在校生。另外，相比一年级学生，二年级学生思想更成熟，对学校人才培养工作及自我成才需求的认识更深入，因此，调查样本以二年级在校生为主。

② 计算过程中由于四舍五入取值，有的百分比合计可能不等于 100%，下文同。

第二节 中职生群体特征分析

根据调查，珠三角中职学校城市生源的比例略高于农村生源，多数学生来自中低收入家庭，且多数学生是因自身兴趣入读中职的。另外，珠三角中职生入学成绩和在校学习成绩均一般偏好，对学习的态度整体较好，对所学专业的兴趣水平一般偏上。

一、珠三角中职学校城市生源比例略高于农村生源

随着珠三角城市化进程的不断推进，加之受中职属地招生政策的影响，珠三角中职学校的城市生源比例较高。抽样调查的 8 所中职学校 2 212 名中职生，来自城市的学生占56.78%、来自农村的学生占43.22%。另外，从个别学校来看，情况也如此。为较全面了解中职学校的生源构成情况，本次调查特别对广州市××中职学校一、二年级学生进行了全面调查。调查结果表明，该校88.33%的学生来自城市，来自农村的学生只占11.67%。

表 4-8 中职生生源地构成情况

生源地	有效样本（人）	有效百分比（%）
城市	1 256	56.78
农村	956	43.22
合计	2 212	100.00

二、珠三角中职生主要来自中低收入家庭

据调查，珠三角中职生的家庭经济状况整体呈负偏态分布，17.77%的学生的家庭经济差或很差，73.19%的学生的家庭经济一般，累计90.96%的学生来自中低收入家庭。笔者采用模糊综合评价法，对家庭经济水平进行赋分，"很差"赋1分、"差"赋2分、"一般"赋3分、"好"赋4分、"很好"赋5分。经计算，珠三角中职生家庭经济水平的平均得分为2.84，说明家庭经济水平整体"一般偏差"。另外，广州市××中职学校的全面调查结果也大体如此，该校70.28%的学生家庭经济"一般"，17.38%的学生家庭经济"差"或"很差"，累计87.66%的学生来自中低收入家庭。可见，珠三角中职生主要来自中低收入家庭。

表 4-9 中职生家庭经济状况分布

家庭经济状况	有效样本（人）	有效百分比（%）	累计百分比（%）
很差	187	8.45	8.45
差	206	9.31	17.77
一般	1 619	73.19	90.96

（续上表）

家庭经济状况	有效样本（人）	有效百分比（%）	累计百分比（%）
好	178	8.05	99.01
很好	22	0.99	100.00
合计	2 212	100.00	—

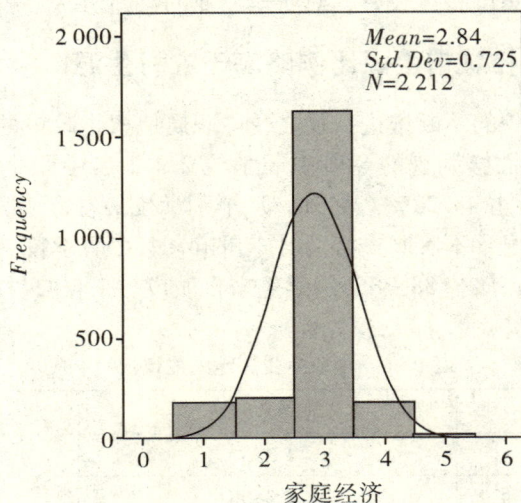

图 4-1　中职生家庭经济状况分布

三、珠三角三成中职生因自身兴趣入读中职

为了解学生入读中职的主要原因，笔者通过相关文献分析，总结归纳出 7 种主要原因，包括"学习成绩不好"、"家庭经济困难"、"自己喜欢"、"父母意愿"、"好就业"、"亲朋推荐"及"其他"。同时，为了解学生入读中职的最主要的原因，在调查中要求被调查者只能选择一个答案。结果表明，30.09% 的学生是因为"自己喜欢"才选择上中职，22.60% 的学生是因为"学习成绩不好"，两者累计占有效样本总数的 52.69%。另有少部分学生是因为"好就业"（9.00%）、"亲朋推荐"（8.45%）、"父母意愿"（7.76%）、"家庭经济困难"（5.01%）等原因选择上中职。

可见，珠三角中职生上中职的原因与我们的一般假设略有差异。一般认为，中职生之所以选择上中职，首要原因是"学习成绩不好"、其次是"家庭经济困难"。基于这一假设，中职学校往往被视为只面向成绩不好的家庭困难生或者说面向的是社会不利群体。但从我们的调查来看，结果并不完全是这样的，多数同学是因自身兴趣才选择中职，另有相当一部分学生是因为成绩不好选择中职，只有少数同学是因为"家庭经济困难"才选择中职。这说明，随着社会经济的发展，人们对学习的选择越来越理性，加之职业教育发展水平的不断提升，越来越多的学生开始基于自身的兴趣主动选择职业教育。

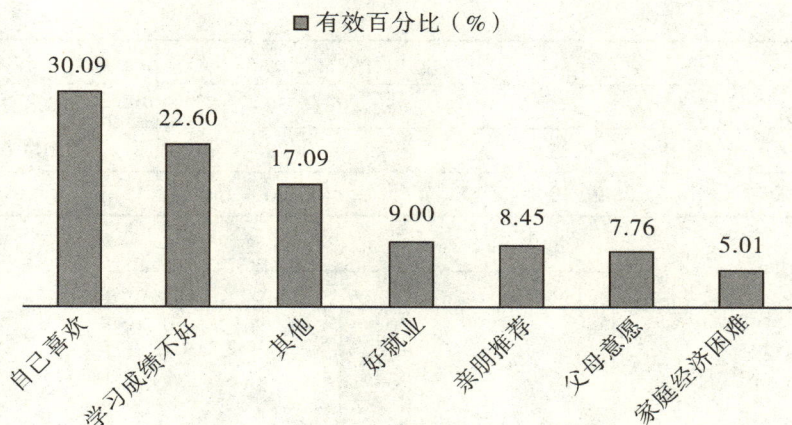

图4-2　中职生入读中职的首要原因分布

四、珠三角中职生的入学成绩一般偏好

据调查，66.16%的学生入学成绩一般、19.78%的学生入学成绩好或很好，另有14.06%的学生入学成绩差或很差。从图4-3可见，中职生入学成绩呈正偏态分布，平均值为3.06，说明入学成绩整体一般。另从广州市××中职学校的全面调查结果来看，情况也如此。该校66.10%的学生入学成绩一般，22.20%的学生入学成绩好或很好，另有11.80%的学生入学成绩差或很差，平均值为3.12。可见，不论是从抽样调查来看，还是从个别学校的全面调查来看，珠三角中职生的入学成绩呈正偏态，即一般偏好。这进一步验证了珠三角中职生选择上中职的最主要的原因不是"学习成绩不好"，而是"自己喜欢"。

其实，随着我国实施大力发展职业教育的战略，职业教育受到前所未有的重视，人们对职业教育的认识也在逐步发生变化，认为职业教育是经济社会发展不可或缺的重要因素。因此，一些学生开始从自身兴趣等方面理性地选择受教育的类型。据一些中职学校校长反映，一些好的中职学校招生分数并不比普通高中低，甚至有不少上了重点高中分数线的学生放弃读重点高中的机会而选择上中职。这种情况在高职同样存在。在广东，部分国家示范校的最低录取线连续多年超过本省二本B线，甚至不少高考成绩超过二本A线的学生也会放弃读二本而选择高职。因此，面对生源的变化，职业院校在人才培养方面应作出相应调整。

表4-10　中职生入学成绩分布

入学成绩	有效样本（人）	有效百分比（%）	累计百分比（%）
很差	90	4.06	4.06
差	222	10.00	14.06
一般	1 468	66.16	80.22

（续上表）

入学成绩	有效样本（人）	有效百分比（％）	累计百分比（％）
好	344	15.50	95.72
很好	95	4.28	100.00
合计	2 219	100.00	—

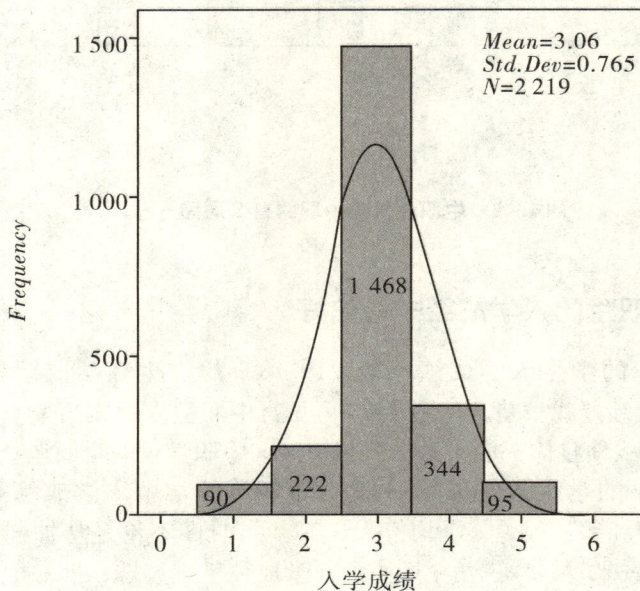

图 4－3　中职生入学成绩分布

五、珠三角中职生在校学习成绩一般偏好

据调查，珠三角中职生 65.70％ 在校学习成绩"一般"、19.64％ 成绩"好"或"很好"、14.65％ 成绩"差"或"很差"。从图 4－4 可见，中职生在校学习成绩呈正偏态分布，平均值为 3.04，表明学习成绩整体上"一般偏好"。另外，广州市××中职学校全面调查结果表明，该校 64.39％ 的学生成绩"一般"、19.86％ 的成绩"好"或"很好"、15.75％ 的成绩"差"或"很差"，呈正偏态分布，平均值为 3.03。可见，不论是从随机抽样调查结果来看，还是从个别学校的全面调查来看，中职生的学习成绩整体一般偏好。

表 4－11　中职生在校学习成绩分布

学习成绩	有效样本（人）	有效百分比（％）	累计百分比（％）
很差	90	4.08	4.08
差	233	10.57	14.65
一般	1 448	65.70	80.35

（续上表）

学习成绩	有效样本（人）	有效百分比（%）	累计百分比（%）
好	360	16.33	96.69
很好	73	3.31	100.00
合计	2 204	100.0	—

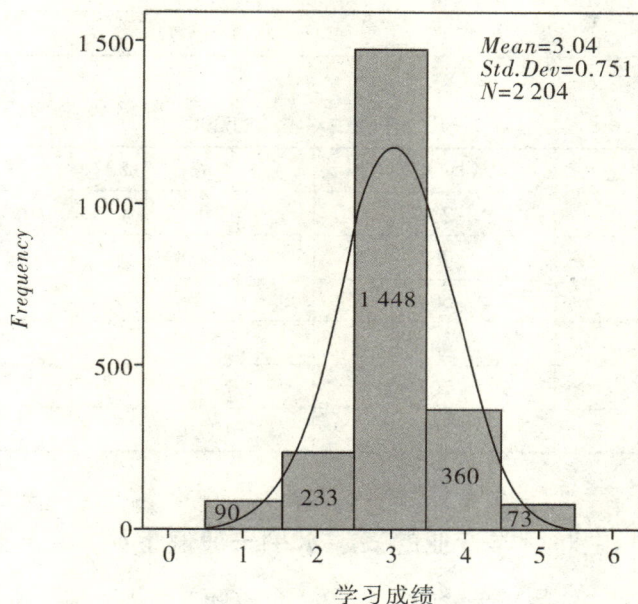

图4-4 中职生学习成绩分布

六、珠三角中职生的学习态度整体较好

为了解学生对学习的态度，调查中专门设计了两个相关题项，包括学生对待学习成绩的态度和对待考试的态度。结果表明，累计56.16%的学生认为学习成绩"重要"或"很重要"，认为"不重要"或"很不重要"的学生只有10.34%；在考试方面，45.39%的学生很少存在考前突击背笔记的情况，但也有31.78%的学生经常通过考前突击背笔记来应付考试。可见，虽然中职生对学习的态度并非十分理想，但整体情况并不像一些研究人员或教师反映的那么糟糕。多数学生认为学习成绩是重要的，对考试的态度是端正的。

表 4 - 12　中职生对学习成绩的态度

对学习成绩的态度	有效样本（人）	有效百分比（%）	累计百分比（%）
很重要	258	11. 65	11. 65
重要	986	44. 51	56. 16
一般	742	33. 50	89. 66
不重要	158	7. 13	96. 79
很不重要	71	3. 21	100. 00
合计	2 215	100. 00	—

表 4 - 13　中职生对考试的态度

考前突击背笔记的情况	有效样本（人）	有效百分比（%）	累计百分比（%）
很少，几乎没有	231	10. 55	10. 55
有，但不经常	763	34. 84	45. 39
一般	500	22. 83	68. 22
经常这样	491	22. 42	90. 64
几乎每门课程都如此	205	9. 36	100. 00
合计	2 190	100. 00	—

七、珠三角中职生对所学专业的兴趣水平一般偏上

调查表明，累计32.2%的学生"喜欢"或"很喜欢"所学专业，54.8%的学生对所学专业的兴趣"一般"，另有12.99%的学生"不喜欢"或"很不喜欢"所学专业。从图4-5可见，学生对所学专业兴趣水平呈正偏态分布，平均值为3.19，这表明中职生对所学专业的兴趣水平"一般偏上"。进一步调查分析发现，学生不喜欢所学专业的原因依次是"没兴趣"（43.12%）、"教师的教学水平差"（15.24%）、"就业前景不好"（14.13%）、"课程内容脱离实际"（8.55%）、"课程设置不合理"（5.95%）、"专业办学条件差"（4.09%）以及"其他"原因（8.92%）。可见，四成多的学生不喜欢所学专业的主要原因是对专业本身没兴趣，另有近五成（47.96%）学生不喜欢所学专业是由教师水平、课程、教学条件、就业等外部因素造成的。（见表4-15）

因此，提高学生专业兴趣水平，一方面要让学生充分了解、认识所学专业，激发其对专业的内在兴趣；另一方面应通过改善师资队伍、课程、教学条件，提高就业质量等措施，从外部提高学生的专业兴趣水平。

表 4 – 14　中职生对所学专业的兴趣水平分布

专业兴趣	有效样本（人）	有效百分比（%）	累计百分比（%）
很喜欢	94	4.26	4.26
喜欢	617	27.94	32.20
一般	1 210	54.80	87.00
不喜欢	186	8.42	95.42
很不喜欢	101	4.57	99.99
合计	2 208	100.00	—

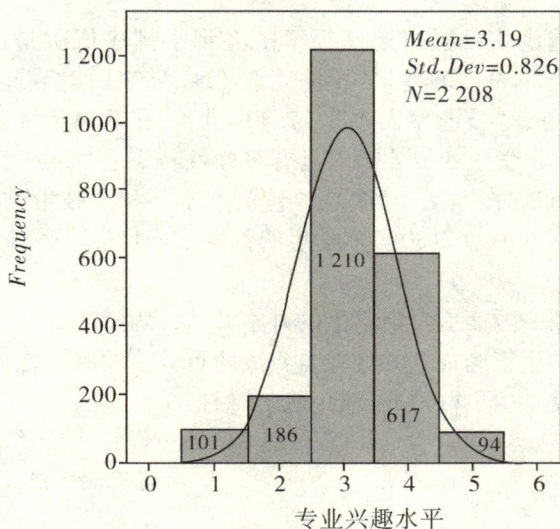

图 4 – 5　中职生对所学专业兴趣水平分布

表 4 – 15　中职生不喜欢所学专业的首要原因分布

不喜欢所学专业的原因	有效样本（人）	有效百分比（%）	累积百分比（%）
教师的教学水平差	41	15.24	15.24
课程设置不合理	16	5.95	21.19
课程内容脱离实际	23	8.55	29.74
专业办学条件差	11	4.09	33.83
就业前景不好	38	14.13	47.96
没兴趣	116	43.12	91.08
其他	24	8.92	100.00
合计	269	100.00	—

第三节　中职生成才目标及其影响因素分析

根据调查，多数中职生的首选成才目标是"为升学做准备"和"管理人才"。"营销人才"和"技术型人才"也是较多学生的首选成才目标，而政府倡导的"技能型人才"并不被多数学生认同，只有极少数同学将"技能型人才"作为首选成才目标。另外，学生的成才目标受多种因素的影响，学校发展水平、学校类型、专业、学习年限、性别、生源地、学习基础、家庭经济环境、入学原因等因素对学生成才目标的选择均有显著性影响。

一、中职生成才目标的总体分析

据调查，中职生首选成才目标按选择频率由大到小排序依次是："为升学做准备"（24.69%）、"管理人才"（20.22%）、"不清楚"（14.41%）、"营销人才"（13.02%）、"技术型人才"（12.82%）、"技能型人才"（7.80%）、"工程型人才"（4.27%）、"研发人才"（2.78%）。[①] 可见，学生的成才需求具有多样性特点。"为升学做准备"和"管理人才"是多数学生的首选成才目标，其次是"营销人才"和"技术型人才"，而政策要求的"技能型人才"只是极少数（7.80%）学生的首选成才目标。另外，有14.41%的学生不清楚自己的成才目标。

因此，中等职业学校一方面应考虑学生的升学诉求，为学生开辟升学通道，另一方面应加强职业指导，指导学生正确规划并选择自我成才目标。同时，在人才培养过程中应尊重学生的成才选择，帮助学生更好地实现自我成才目标。

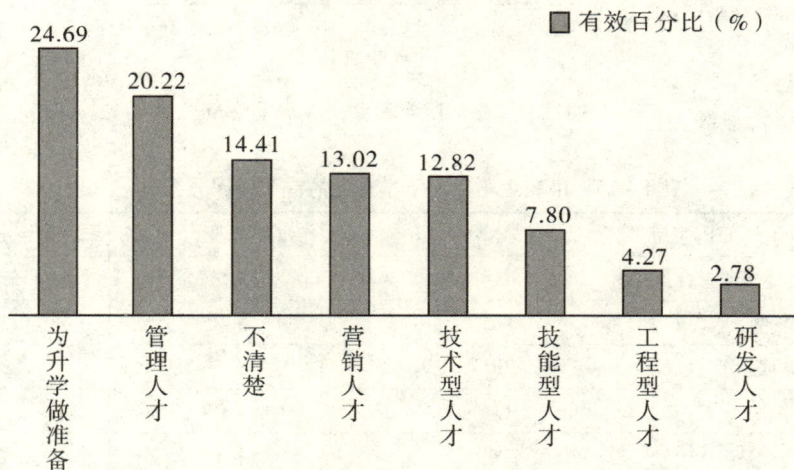

图4-6　中职生自我成才目标分布

---

① 为了方便被调查学生理解，本次调查中的"技能型人才"特别列举了"技工"，"技术型人才"则列举了"技术员"。

二、中职生成才目标的影响因素分析

1. 中职生成才目标存在学校水平差异

Mann-Whitney U 检验结果（$z = -9.473$，$p = 0.000 < 0.001$）表明，[1] Ⅰ类职校（国家示范校、重点职校）与Ⅱ类职校（省级示范校、重点职校）的学生成才目标具有显著性差异，说明学校发展水平对学生成才目标的选择有显著性影响。具体而言，Ⅰ类职校的学生希望成为"技术型人才"、"技能型人才"的比例（累计29.06%）高于Ⅱ类职校（累计15.18%）；Ⅱ类职校的学生更希望通过中职教育"为升学做准备"，31.18%的学生将"为升学做准备"作为中职阶段的首选成才目标，远高于Ⅰ类职校（14.59%）；Ⅱ类职校选"不清楚"自我成才目标的学生比例（16.57%）也高于Ⅰ类职校（11.04%）。

当然，学生成才目标的差异可能是由专业差异引起的。为了消除专业差异的交互影响，笔者以财经商贸类专业为例检验两类学校学生的成才目标差异。*Mann-Whitney U* 检验结果（$z = -3.82$，$p = 0.000 < 0.001$）显示：两类学校学生的成才目标依然有显著性差异。由此推断，发展水平不同的中职学校学生的成才目标的确存在显著性差异。

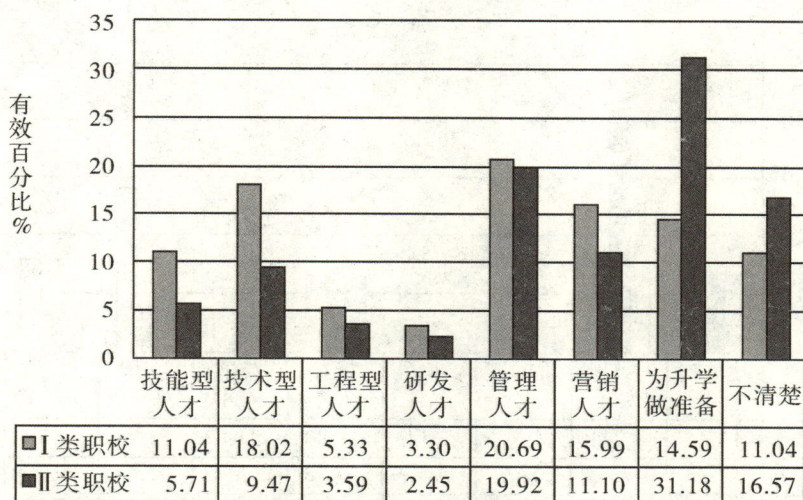

	技能型人才	技术型人才	工程型人才	研发人才	管理人才	营销人才	为升学做准备	不清楚
Ⅰ类职校	11.04	18.02	5.33	3.30	20.69	15.99	14.59	11.04
Ⅱ类职校	5.71	9.47	3.59	2.45	19.92	11.10	31.18	16.57

图4-7　不同水平学校的学生成才目标分布

2. 中职生成才目标存在院校类型差异

为检验不同类型学校学生成才目标是否存在显著性差异，笔者采用 *Kruskal-Wallis H* 检验法进行多组独立样本差异显著性检验，结果（$\chi^2 = 99.281$，$df = 2$，$p = 0.000 < 0.001$）表明，中等专业学校、技工学校、职业高中三类学校学生的成才目标存在显性差异。为进一步确定哪两种类型学校学生的成才目标有显著性差异，笔者采用 *Mann-Whitney U* 检验法进行两组独立样本差异显著性检验，结果表明每两类学校的学生的成才目标均存在显著性

---

① 本研究所有检验的显著性水平均取系统默认值，即0.05。

差异。（见表4-16）从图4-8可见，中专生更倾向于成为"管理人才"（21.83%）和"营销人才"（21.83%）、技校生更倾向于成为"技术型人才"（47.83%）、职高生则更倾向于"为升学做准备"（28.68%）和成为"管理人才"（20.50%）。另外，中专生、技校生希望成为"技能型人才"的比例（分别为13.45%、14.13%）明显高于职高生（5.96%），中专生、职高生希望成为"管理人才"的比例（分别为21.83%、20.50%）远高于技校生（5.13%），职业高中"不清楚"自我成才目标的学生比例（16.18%）高于中专（8.88%）和技校（8.70%）。

表4-16　三校生成才目标差异显著性 U 检验结果

样本	Mann-Whitney U	Z	Asymp. Sig.（2-tailed）
中专与技校	12 833.500	-4.422	0.000
中专与职高	233 733.000	-6.950	0.000
职高与技校	36 924.500	-7.793	0.000

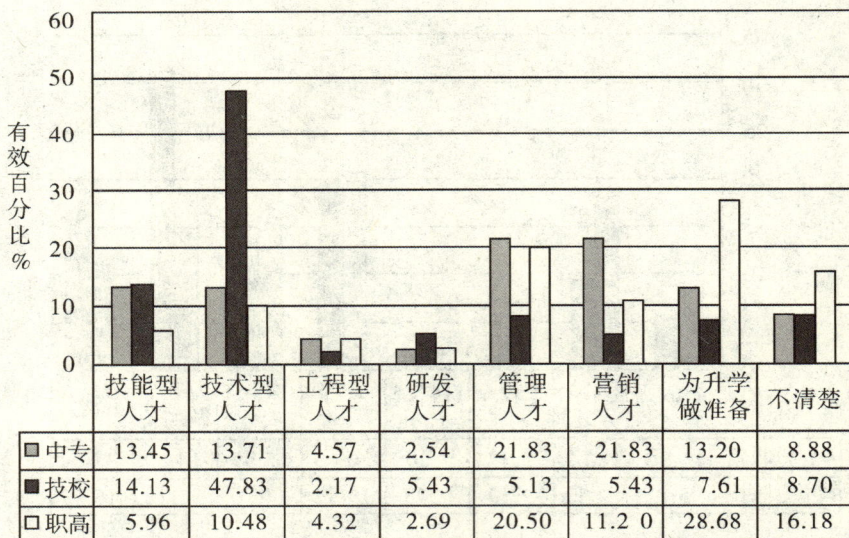

	技能型人才	技术型人才	工程型人才	研发人才	管理人才	营销人才	为升学做准备	不清楚
中专	13.45	13.71	4.57	2.54	21.83	21.83	13.20	8.88
技校	14.13	47.83	2.17	5.43	5.13	5.43	7.61	8.70
职高	5.96	10.48	4.32	2.69	20.50	11.2 0	28.68	16.18

图4-8　三校生成才目标分布

3. 中职生成才目标存在专业类别差异

为验证专业对学生成才目标选择是否有显著性影响，笔者以教育部公布的《中等职业学校专业指导目录（2010）》为依据，将调查的学生所学专业分为6大类，即财经商贸类、信息技术类、交通运输类、农林牧渔类、文化艺术类和公共管理与服务类，并采用 Kruskal-Wallis H 检验法对不同专业类别的学生成才目标的差异进行检验。检验结果（$\chi^2 = 155.3$，$df = 5$，$p = 0.000 < 0.001$）表明，不同专业类别学生的成才目标存在显著性差异，这说明专业对学生成才目标的选择有显著性影响。从表4-17可见，按选择频率排序，财经商贸类专业学生首选成才目标是"为升学做准备"（28.50%），其次是"管理人才"

（22.93%），再次是"营销人才"（15.14%）；信息技术类专业学生首选成才目标是"技术型人才"（31.68%），其次是"工程型人才"（21.78%），再次是"为升学做准备"（12.87%）；交通运输类专业学生首选成才目标是"营销人才"（34.12%），其次是"管理人才"（20.00%）和"技能型人才"（20.00%），再次为"技术型人才"（15.29%）；农林牧渔类专业学生的首选成才目标是"技术型人才"（47.83%），其次是"技能型人才"（14.13%）；文化艺术类专业学生首选成才目标专业是"为升学做准备"（23.97%），其次是"技术型人才"（21.35%）；公共管理与服务类专业学生的首选成才目标是"管理人才"（47.06%），其次是"不清楚"（20.59%）。另外，值得注意的是相对于信息技术、交通运输、农林牧渔等理工农类专业，财经商贸、文化艺术、公共管理与服务等文科类专业的学生"为升学做准备"的愿望更强烈，且更多学生不清楚自己的成才目标。

表 4-17　不同专业类别学生成才目标分布　（单位：%）

	技能型人才	技术型人才	工程型人才	研发人才	管理人才	营销人才	为升学做准备	不清楚	合计
财经商贸类	6.50 (6)	7.79 (5)	2.14 (7)	1.29 (8)	22.93 (2)	15.14 (4)	28.50 (1)	15.71 (3)	100.00
信息技术类	7.92 (5)	31.68 (1)	21.78 (2)	4.95 (7)	5.94 (6)	4.95 (7)	12.87 (3)	9.90 (4)	100.00
交通运输类	20.00 (2)	15.29 (4)	2.35 (7)	3.53 (5)	20.00 (2)	34.12 (1)	3.53 (5)	1.18 (8)	100.00
农林牧渔类	14.13 (2)	47.83 (1)	2.17 (8)	5.43 (6)	8.70 (3)	5.43 (6)	7.61 (5)	8.70 (3)	100.00
文化艺术类	9.74 (5)	21.35 (2)	10.49 (4)	8.61 (6)	8.61 (6)	3.37 (8)	23.97 (1)	13.86 (3)	100.00
公共管理与服务类	2.94 (5)	4.41 (4)	2.94 (5)	2.94 (5)	47.06 (1)	2.94 (5)	16.18 (3)	20.59 (2)	100.00

注：括号内的数据为该类专业的学生按选择频率从大到小的排序。

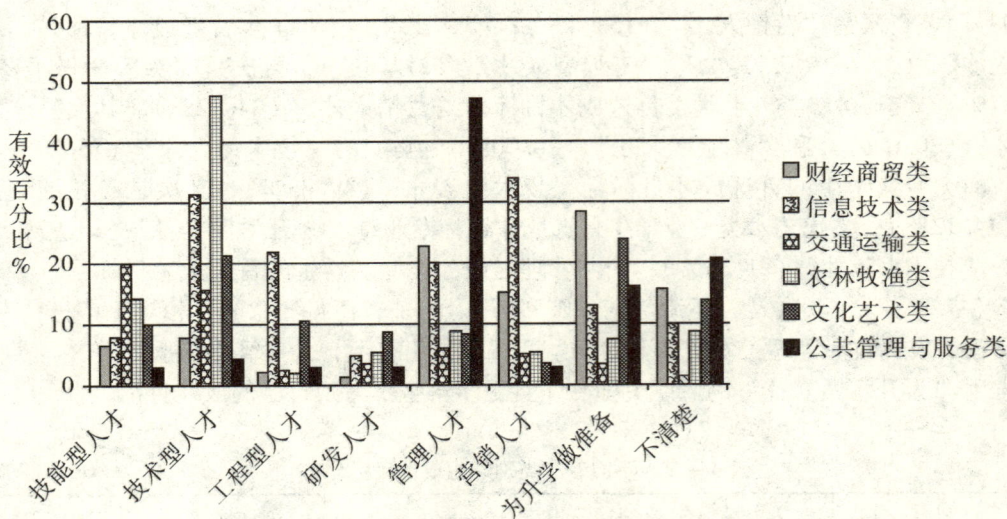

图 4 – 9　不同专业类别学生成才目标分布

4. 中职生成才目标存在年级差异

Mann-Whitney U 检验结果（$z = -2.336$，$p = 0.020 < 0.05$）表明，一年级和二年级学生在成才目标的选择方面存在显著性差异，这说明学生的入学年限、学制对其成才目标的选择有显著性影响。从图 4 – 10 可见，学生的成才目标会随着学习时间发生变化，一年级的学生更愿意将"为升学做准备"作为中职阶段的首选成才目标（29.73%），二年级学生将"为升学做准备"作为首选成才目标的比例有所下降（22.94%）而更愿意成为"管理人才"（21.95%）。中职生入校时的年龄只有 15 岁左右，还未完全形成自己坚定的成才目标。随着学习的深入，学生的心智更加成熟，对专业的了解更深入，接触到的信息，尤其是就业方面的信息更丰富，在这些因素的影响下，学生的成才目标会发生一定变化。换句话说，学制长短会影响学生的成才目标。

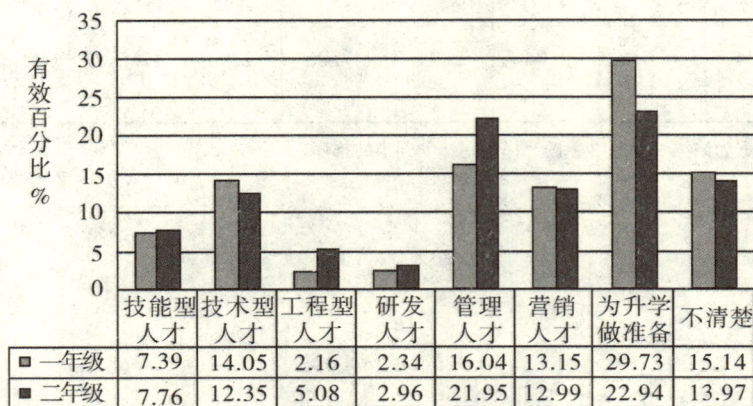

	技能型人才	技术型人才	工程型人才	研发人才	管理人才	营销人才	为升学做准备	不清楚
一年级	7.39	14.05	2.16	2.34	16.04	13.15	29.73	15.14
二年级	7.76	12.35	5.08	2.96	21.95	12.99	22.94	13.97

图 4 – 10　一年级与二年级学生成才目标分布

5. 中职生成才目标存在性别差异

Mann-Whitney U 检验结果（$z = -8.389$，$p = 0.000 < 0.001$）表明，男生与女生在成才目标选择方面存在显著性差异，这说明性别对学生成才目标的选择有显著性影响。从图4-11可见，男生更愿意成为"技术型人才"，将"技术型人才"作为首选成才目标的男生比例达20.47%，远高于女生（8.46%）；女生"为升学做准备"的愿望更强烈，28.92%的女生将"为升学做准备"作为中职阶段的首选成才目标，比男生高出近12个百分点。另外，女生将"管理人才"作为首选成才目标的比例略高于男生，而男生将"技能型人才"、"工程型人才"作为首选成才目标的比例略高于女生。

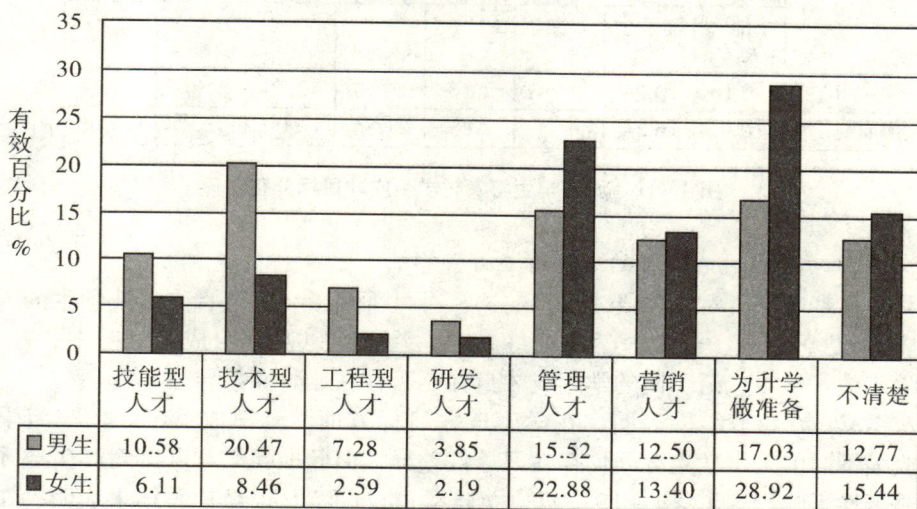

	技能型人才	技术型人才	工程型人才	研发人才	管理人才	营销人才	为升学做准备	不清楚
男生	10.58	20.47	7.28	3.85	15.52	12.50	17.03	12.77
女生	6.11	8.46	2.59	2.19	22.88	13.40	28.92	15.44

图4-11 男生与女生成才目标分布

6. 中职生成才目标存在城乡差异

Mann-Whitney U 检验结果（$z = -8.21$，$p = 0.000 < 0.001$）表明，城市学生与农村学生在成才目标选择方面有显著性差异，说明生源地对学生成才目标的选择有显著性影响。从图4-12可见，城市学生升学的愿望明显强于农村学生，32.98%的城市学生将"为升学做准备"作为中职阶段的首选成才目标，而农村学生选择这一选项的比例仅为13.81%。另外，农村学生将"技能型人才"、"技术型人才"、"营销人才"作为首选成才目标的比例略高于城市学生。

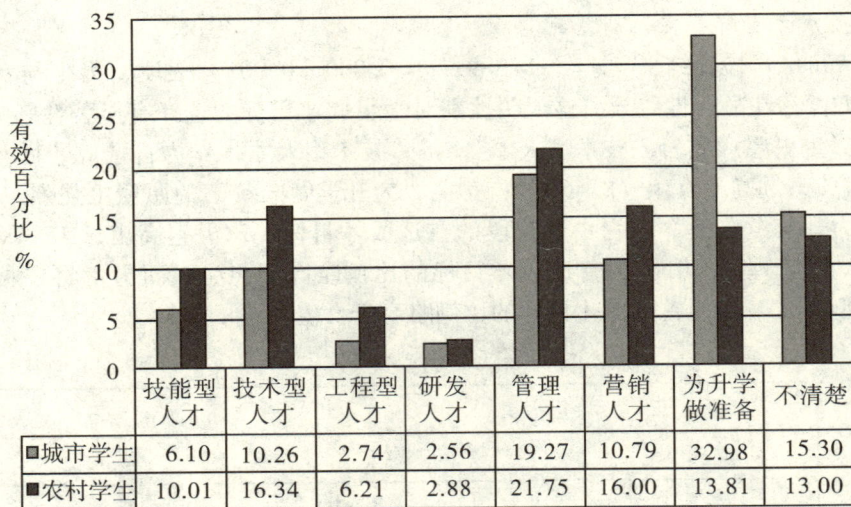

	技能型人才	技术型人才	工程型人才	研发人才	管理人才	营销人才	为升学做准备	不清楚
城市学生	6.10	10.26	2.74	2.56	19.27	10.79	32.98	15.30
农村学生	10.01	16.34	6.21	2.88	21.75	16.00	13.81	13.00

图 4-12　城市学生与农村学生成才目标分布

7. 学习基础对学生成才目标的选择有显著性影响

为检验学习基础是否对学生成才目标的选择有显著性影响，笔者先后按学生的入学成绩、学习成绩①进行分组，分为入学成绩好、中、差三组以及学习成绩好、中、差三组，并检验入学成绩、学习成绩不同的学生成才目标是否存在显著性差异。

Kruskal-Wallis H 检验结果表明，在学生成才目标方面，入学成绩不同的三组学生之间、学习成绩不同的三组学生之间均存在显著性差异，由此推断学习基础对学生成才目标的选择有显著性影响。（见表 4-18）两独立样本 Mann-Whitney U 检验结果表明，在成才目标方面，入学成绩好的学生与入学成绩差、入学成绩中等的学生之间均有显著性差异；学习成绩差的学生与学习成绩好、中等的学生之间有显著性差异。（见表 4-19）从表 4-20 和图 4-13 可见，学生学习基础越好，越可能将"为升学做准备"作为成才目标，入学成绩好、中、差三组学生将"为升学做准备"作为首选成才目标的比例分别为 29.77%、25.43%、14.59%，学习成绩好、中、差三组学生的情况也基本如此，将"为升学做准备"作为首选成才目标的比例分别为 32.46%、24.37%、17.01%；学习基础好或中等的学生更希望成为"管理人才"，入学成绩好和中等的学生将"管理人才"作为首选成才目标的比例均超过 21%，高于入学成绩差的学生（13.88%），学习成绩好和中等的学生将此选项作为首选成才目标的比例也均在 20% 左右，也高于学习成绩差的学生（15.65%）；学习基础越好的学生，自我成长目标越明确，而学习基础越差的学生对成才目标越困惑（如学习成绩差的学生中有 27.55% 不清楚自己的成才目标，这一比例是学习成绩中等的学生的 2 倍，是学习成绩好的学生的 4 倍多）。这说明成才目标可能是影响学生学习成绩的重要因素，学生自我成才目标越明确，目标激励作用越强，学习积极性越

① 为更全面、客观了解学生的学习基础对成才需求的影响，本研究选择了学生入学与当前两个阶段的学习成绩进行分析，即入学成绩和学习成绩。其中，入学成绩指进入中职学习前的成绩，主要指初中学习阶段的成绩；学习成绩指当前在中职学校的学习成绩。

高，学习成绩越好，反之，学生成才目标不明确会影响学习积极性，进而影响学习成绩。

表4-18 学习基础不同的学生成才目标差异显著性 *H* 检验结果

样本	Chi-Square	df	Asymp. Sig. （2-tailed）
入学成绩好、中、差三组学生	9. 361	2	0. 009 * *
学习成绩好、中、差三组学生	10. 009	2	0. 007 * *

表4-19 学习基础不同的学生成才目标差异显著性 *U* 检验结果

样本	Mann-Whitney U	Z	Asymp. Sig. （2-tailed）
入学成绩好·入学成绩差	36 350. 500	- 2. 795	0. 005 * *
入学成绩好·入学成绩中	239 124. 500	- 2. 411	0. 016 *
入学成绩中·入学成绩差	145 601. 000	- 1. 512	0. 131
学习成绩好·学习成绩差	48 269. 500	- 3. 181	0. 001 * *
学习成绩好·学习成绩中	239 477. 500	- 1. 455	0. 146
学习成绩中·学习成绩差	176 356. 500	- 2. 428	0. 015 *

表4-20 学习基础不同的学生成才目标分布 （单位：%）

	技能型人才	技术型人才	工程型人才	研发人才	管理人才	营销人才	为升学做准备	不清楚
入学成绩好	8. 65	10. 18	4. 33	3. 56	21. 37	9. 16	29. 77	12. 98
学习成绩好	7. 33	14. 14	7. 07	2. 88	18. 06	11. 52	32. 46	6. 54
入学成绩中	6. 45	13. 88	4. 20	2. 63	21. 23	13. 43	25. 43	12. 75
学习成绩中	7. 82	12. 68	3. 11	2. 35	21. 94	13. 74	24. 37	13. 97
入学成绩差	13. 17	11. 39	3. 56	2. 49	13. 88	16. 73	14. 59	24. 20
学习成绩差	7. 82	11. 22	4. 42	4. 42	15. 65	11. 90	17. 01	27. 55

注：表格内数据为有效百分比。

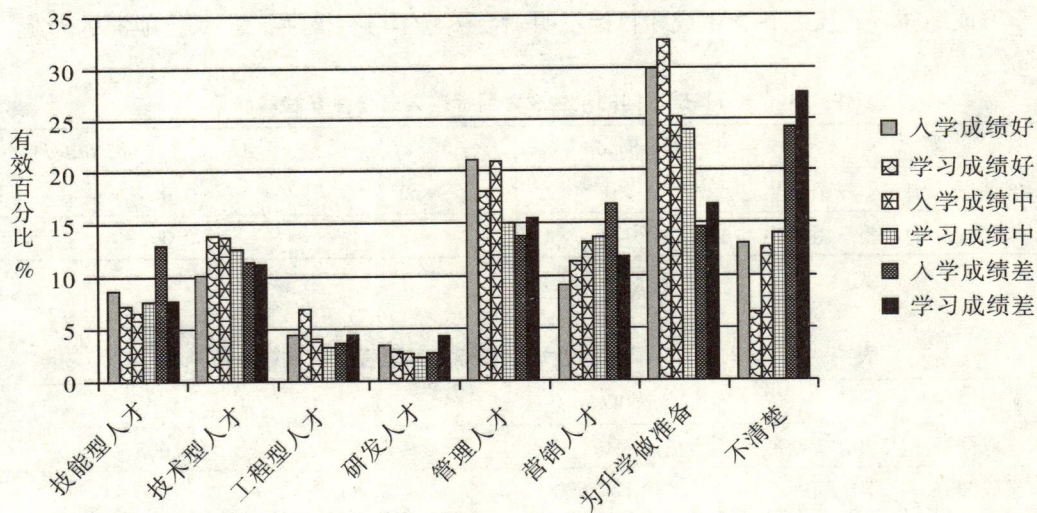

图 4 - 13　学习基础不同的学生成才目标分布

8. 家庭经济环境对学生成才目标的选择有显著性影响

Kruskal-Wallis H 检验结果 ($\chi^2 = 6.901$，$df = 2$，$p = 0.032 < 0.05$) 表明，家庭经济水平不同的学生成才目标存在显著性差异，这说明家庭经济环境对学生成才目标的选择有显著性影响。两独立样本 *Mann-Whitney U* 检验进一步发现：在成才目标方面，家庭经济好的学生与经济差的学生之间存在显著性差异，而家庭经济好的学生与经济一般的学生之间、家庭经济一般的学生与经济差的学生之间均不存在显著性差异。从图 4 - 14 可见，相对家庭经济好的学生，经济差的学生更倾向于成为"技能型人才"（11.24%），而相对于家庭经济差的学生，经济好的学生更倾向于"为升学做准备"（30.17%）。

表 4 - 21　家庭经济水平不同的学生成才目标差异显著性 U 检验结果

样本	*Mann-Whitney U*	*Z*	*Asymp. Sig.*（2-tailed）
经济差的学生与经济好的学生	27 658.50	- 2.527	0.011
经济一般的学生与经济好的学生	121 565.00	- 1.593	0.111
经济差的学生与经济一般的学生	244 259.00	- 1.846	0.065

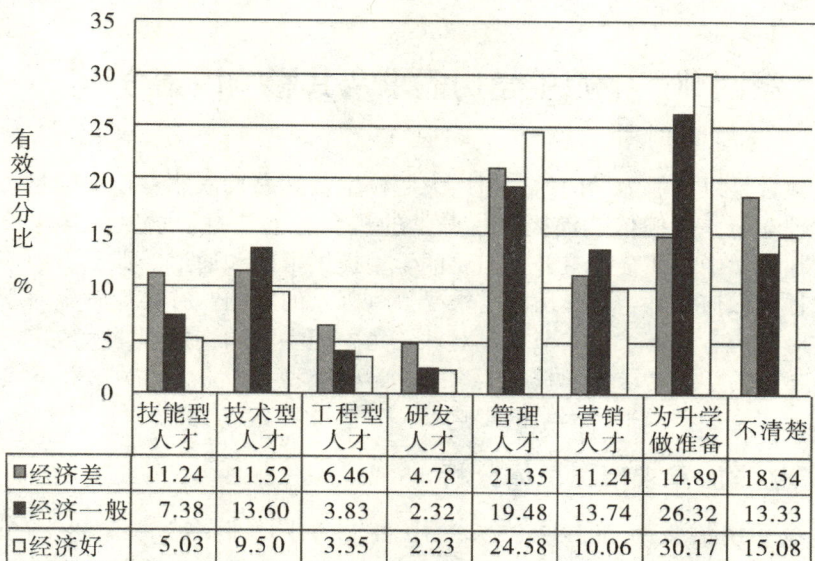

图 4-14　经济水平不同的学生成才目标分布

	技能型人才	技术型人才	工程型人才	研发人才	管理人才	营销人才	为升学做准备	不清楚
经济差	11.24	11.52	6.46	4.78	21.35	11.24	14.89	18.54
经济一般	7.38	13.60	3.83	2.32	19.48	13.74	26.32	13.33
经济好	5.03	9.50	3.35	2.23	24.58	10.06	30.17	15.08

9. 入学原因对学生成才目标的选择有显著性影响

Kruskal-Wallis H 检验结果（$\chi^2 = 77.008$，$df = 6$，$p = 0.000 < 0.001$）表明，入学原因不同的学生成才目标存在显著性差异。从表 4-22 可见，相对而言，因"家庭经济困难"选择中职的学生更倾向于成为"技能型人才"（12.12%），升学意愿更低（11.11%），且对自我成才目标更迷茫，这类学生 23.23% 不清楚自己的成才目标；因"自身兴趣"、"父母意愿"或"亲朋推荐"、"好就业"等原因选择中职的学生更倾向于成为"技术型人才"，升学意愿更强烈；因"好就业"选择中职的学生的自我成才目标更清晰，这类学生只有 7.47% 不清楚自己的成才目标。

表 4-22　入学原因不同的学生成才目标分布　　　　　　（单位:%）

	技能型人才	技术型人才	工程型人才	研发人才	管理人才	营销人才	为升学做准备	不清楚
学习成绩不好	8.76	8.54	3.15	3.37	19.78	11.01	27.64	17.75
家庭经济困难	12.12	8.08	8.08	5.05	24.24	8.08	11.11	23.23
自己喜欢	9.47	16.61	6.64	2.33	21.26	11.63	21.93	10.13
父母意愿	7.38	18.12	4.70	2.01	23.49	11.41	20.13	12.75
好就业	8.05	17.82	2.87	2.30	22.99	19.54	18.97	7.47
亲朋推荐	4.71	14.12	1.18	2.94	17.65	24.71	23.53	11.18
其他	3.50	7.87	2.62	2.62	16.33	11.37	35.86	19.83

注：表格内数据为有效百分比。

第四节　中职生学历需求及其影响因素分析

　　虽然职业教育是以就业为导向的，但广大职校生及其家长依然有很浓的学历情结，纵使进入职业学校学习，他们依然渴望获得升学的机会。正是由于学生及其家长的升学诉求，中职学校在办学中往往会为有升学需要的学生提供帮助和通道。那么，中职生对学历或升学的需求程度如何？学生对学历的需求受哪些因素的影响？有多少学生对学历有高需求？哪些群体对学历有高需求？本节通过对珠三角中职生的调查发现，六成多学生对学历有高需求，且学生的学历需求受学校发展水平、学校类型、专业、性别、生源地、学习年限、学习基础、家庭经济水平等因素的影响。

一、中职生学历需求情况总体分析

　　据调查，在学历需求方面，37.35% 的中职生需求"很高"、25.58% 的学生需求"高"，累计 62.93% 的学生对学历需求"高"或"很高"。另外，从图 4 – 15 可见，中职生对学历的需求呈正偏态分布，需求均值为 3.85，表明整体需求度较高。这一结果与中职生成才目标调查结果是一致的，即多数学生将"为升学做准备"作为中职阶段的首选成才目标。（见图 4 – 6）

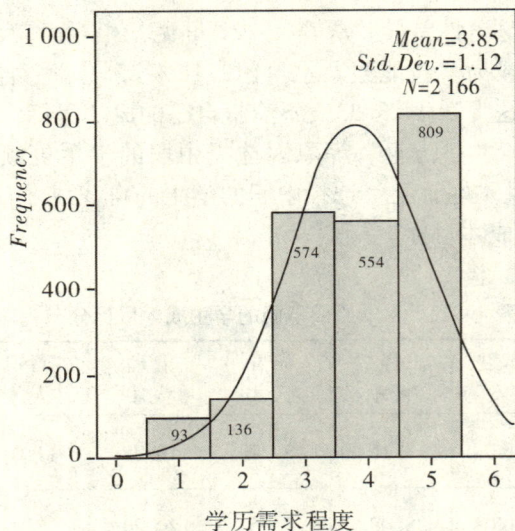

图 4 – 15　中职生学历需求分布

表 4 – 23　中职生学历需求分布

学历需求度	有效样本数（n）	有效百分比（%）	累计百分比（%）
5（很高）	809	37.35	37.35
4（高）	554	25.58	62.93

（续上表）

学历需求度	有效样本数（n）	有效百分比（%）	累计百分比（%）
3（一般）	574	26.5	89.43
2（低）	136	6.28	95.71
1（很低）	93	4.29	100.00
合计	2 166	100.00	—

二、中职生学历需求影响因素分析

1. 中职生的学历需求存在学校水平差异，Ⅱ类职校的学生比Ⅰ类职校的学生更希望提升学历

据调查，Ⅱ类职校42.32%的学生对学历需求"很高"，远高于Ⅰ类职校（29.06%），Ⅱ类职校累计67.21%的学生对学历需求"高"或"很高"，高出Ⅰ类职校近12个百分点。另外，综合评价结果表明，Ⅱ类职校的学生对学历的需求均值为3.96，也高于Ⅰ类职校（$M = 3.68$）。由此推断，发展水平不同的学校，其学生对学历的需求存在差异，且学校发展水平越高，学生的学历需求越低。为验证此假设，笔者对Ⅰ类职校学生与Ⅱ类职校学生的学历需求均值进行差异显著性 t 检验。检验结果（$t = -5.485$，$df = 2\,164$，$p = 0.000 < 0.01$）表明：两类学校学生的学历需求存在显著性差异，Ⅱ类职校学生对学历的需求度的确高于Ⅰ类职校。该结果与中职生成才目标调查的结果是一致的，相对于Ⅰ类职校的学生，更多Ⅱ类职校的学生将"为升学做准备"作为中职阶段的首选成才目标。（见图4-7）

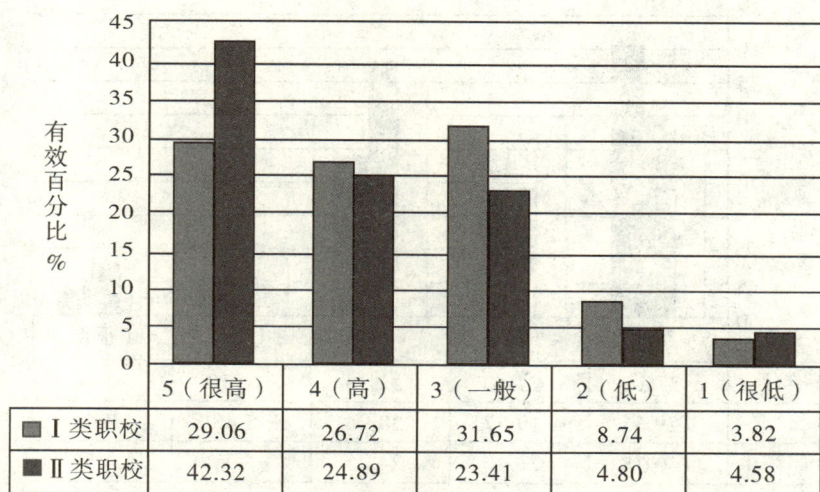

	5（很高）	4（高）	3（一般）	2（低）	1（很低）
Ⅰ类职校	29.06	26.72	31.65	8.74	3.82
Ⅱ类职校	42.32	24.89	23.41	4.80	4.58

图4-16　Ⅰ类职校与Ⅱ类职校学生学历需求分布

表4-24　Ⅰ类职校与Ⅱ类职校学生学历需求均值及标准差

样本	Mean	Std. Deviation
Ⅰ类职校生	3.68	1.097
Ⅱ类职校生	3.96	1.123

2. 中职生的学历需求存在学校类型差异，职高生对学历的需求高于中专生和技校生

从图4-17可见，职高生对学历需求最强烈，40.35%的学生对学历需求"很高"，远高于中专生（27.16%）和技校生（29.35%），累计65.8%的职高生对学历需求"高"或"很高"，也高于中专生（54.56%）和技校生（48.92%）。另外，从综合评价结果来看，职高生学历需求均值为3.92，高于中专生（$M = 3.67$）和技校生（$M = 3.58$）。可见，三类职校学生的学历需求存在一定差异，职高生的学历需求高于中专生和技校生。

为进一步验证此结论，笔者对职高生、中专生、技校生的学历需求进行差异显著性检验。Levene方差齐性检验结果（Levene统计量为0.892，$df_1 = 2$，$df_2 = 2\,163$，$p = 0.41 > 0.05$）表明，三组样本方差齐性，因此可以采用单因素方差分析法检验三组样本所在总体的平均数是否存在显著性差异。方差分析结果（$F = 11.202$，$p = 0.000 < 0.01$）显示，职高生、中专生、技校生的学历需求存在显著性差异。为进一步查找哪两类学校学生学历需求存在显著性差异，笔者选择Scheffe法进行多重比较。Scheffe多重比较结果表明，在学历需求方面，职高生与中专生之间、职高生与技校生之间存在显著性差异，而中专生与技校生之间不存在显著性差异。结合均值差可以推断：职高生对学历的需求高于中专生和技校生。该结果与中职生成才目标调查的结果是一致的，相对于中专生、技校生，更多职高生将"为升学做准备"作为中职阶段的首选成才目标。（见图4-8）

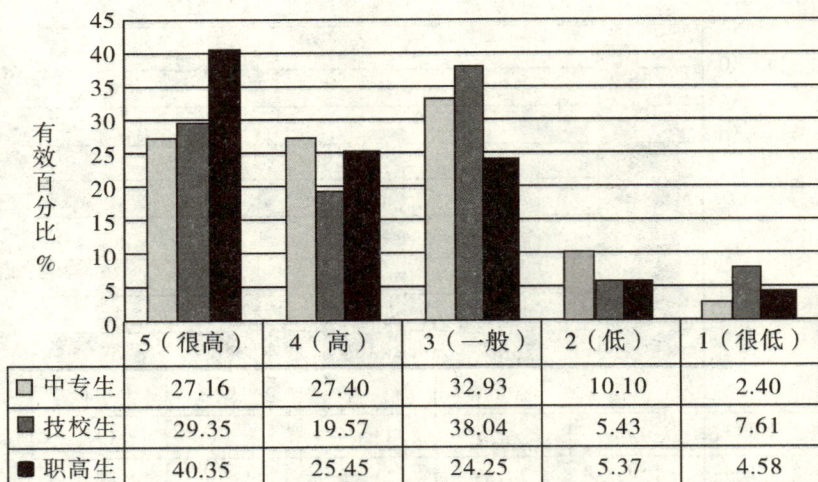

	5（很高）	4（高）	3（一般）	2（低）	1（很低）
中专生	27.16	27.40	32.93	10.10	2.40
技校生	29.35	19.57	38.04	5.43	7.61
职高生	40.35	25.45	24.25	5.37	4.58

图4-17　三校生学历需求分布

表4-25　三校生学历需求均值及标准差

样本	Mean	Std. Deviation
中专生	3.67	1.055
技校生	3.58	1.188
职高生	3.92	1.126

表4-26　三校生学历需求差异 Scheffe 多重比较

（I）学校类型	（J）学校类型	Mean Difference（I－J）	Std. Error	Sig.
中专	技校	0.092	0.128	0.773
	职高	－0.248 *	0.061	0.000
技校	中专	－0.092	0.128	0.773
	职高	－0.340 *	0.119	0.018
职高	中专	0.248 *	0.061	0.000
	技校	0.340 *	0.119	0.018

3. 中职生的学历需求存在专业类别差异，财经商贸类和文化艺术类专业的学生对学历的需求相对更高

调查的6大类专业中，从样本均值来看，财经商贸类、文化艺术类专业的学生对学历的需求最高，其次是交通运输类、公共管理与服务类专业，最后是农林牧渔类、信息技术类专业；（见图4-18）从高需求率[1]来看，财经商贸类、文化艺术类、交通运输类专业的学生对学历的高需求率高于公共管理与服务类、农林牧渔类、信息技术类专业，前三类专业均有约65%的学生对学历需求"高"或"很高"，后三类专业只有约47%的学生对学历需求"高"或"很高"，不过公共管理与服务类专业有40.58%的学生对学历需求"很高"。（见图4-19）可见，不同类别专业的学生对学历的需求存在一定差异。

Kruskal-Wallis H 检验[2]结果（$\chi^2 = 17.522$, $df = 5$, $p = 0.004 < 0.05$）表明，在学历需求方面，不同类别专业的学生的确存在显著性差异，两独立样本 Mann-Whitney U 检验结果进一步显示，信息技术类、农林牧渔类两类专业与财经商贸类、文化艺术类两类专业之间存在显著性差异，其他各类专业之间不存在显著性差异。

综上推断：相对于信息技术类、农林牧渔类专业，财经商贸类、文化艺术类专业的学生学历需求度更高。该结果与中职生成才目标的调查结果是一致的，相对于其他几类专业，财经商贸类、文化艺术类专业的学生将"为升学做准备"作为首选成才目标的比例更高。（见表4-9）

---

[1] 高需求率是指调查中选择"4"（需求高）和"5"（需求很高）的累计百分比。下同。
[2] Levene 方差齐性检验结果（Levene 统计值为2.256, $df_1 = 5$, $df_2 = 2\,160$, $p = 0.047 < 0.05$）表明，不同类别专业的学生学历需求方差非齐性，为此不宜采用方差分析法进行多组独立样本差异显著性检验。下文若采用方差分析法检验各组样本均值差异则满足方差齐性要求，若采用 H 检验则不满足方差齐性要求。

表 4 - 27 不同类别专业学生学历需求均值和标准差

样本	Mean	Std. Deviation
财经商贸类	3.88	1.128
信息技术类	3.55	1.127
交通运输类	3.83	0.890
农林牧渔类	3.58	1.188
文化艺术类	3.90	1.118
公共管理与服务类	3.83	1.043

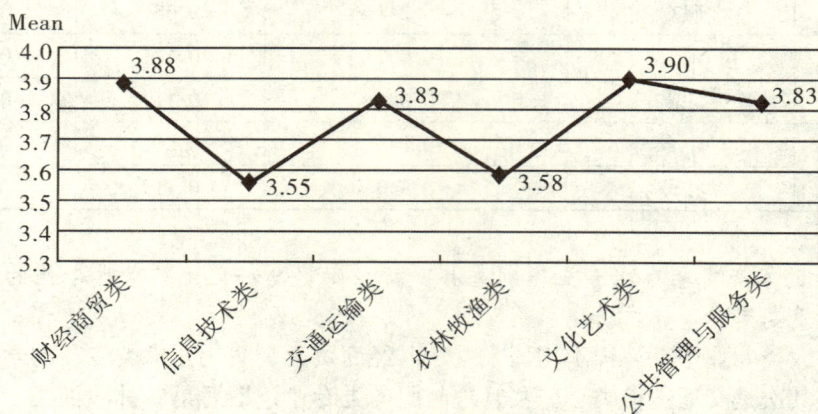

图 4 - 18 不同类别专业学生学历需求均值

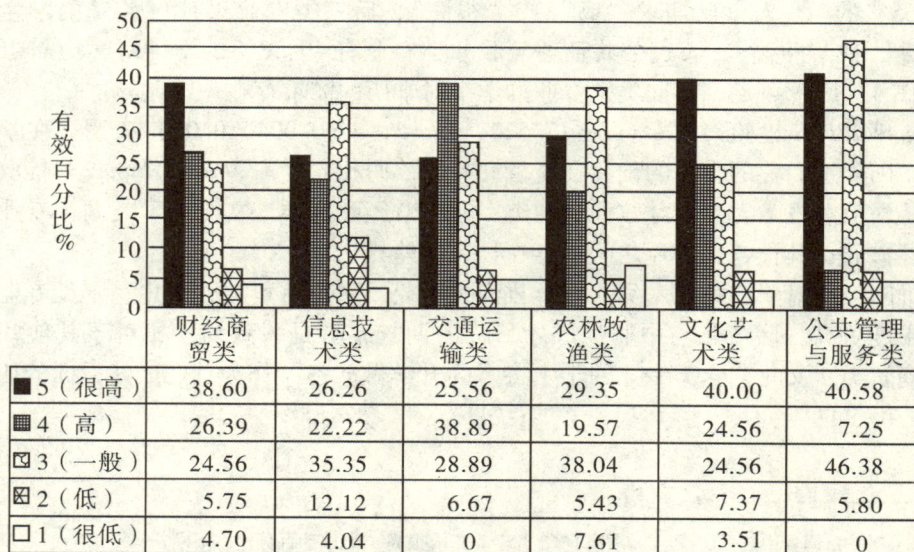

	财经商贸类	信息技术类	交通运输类	农林牧渔类	文化艺术类	公共管理与服务类
5（很高）	38.60	26.26	25.56	29.35	40.00	40.58
4（高）	26.39	22.22	38.89	19.57	24.56	7.25
3（一般）	24.56	35.35	28.89	38.04	24.56	46.38
2（低）	5.75	12.12	6.67	5.43	7.37	5.80
1（很低）	4.70	4.04	0	7.61	3.51	0

图 4 - 19 不同类别专业学生学历需求分布

表4－28　不同类别专业学生学历需求差异显著性 U 检验结果

样本	Mann-Whitney U	Z	Asymp. Sig. （2-tailed）
财经商贸类·信息技术类	6.208E4	-3.164	0.002＊＊
财经商贸类·农林牧渔类	5.965E4	-2.585	0.010＊＊
文化艺术类·信息技术类	1.150E4	-2.867	0.004＊＊
文化艺术类·农林牧渔类	1.105E4	-2.371	0.018＊＊

注：本表只摘取了存在显著性差异的统计结果。

4. 中职生对学历的需求存在年级差异，一年级学生比二年级学生更希望提升学历

从图4－20可见，一年级学生41.09%对学历需求"很高"，累计66.77%对学历需求"高"或"很高"，高出二级年学生约5个百分点。另据统计，一年级学生学历需求均值为3.93，也高于二年级学生（$M=3.83$）。差异显著性 t 检验结果（$t=2.015$，$df=2\,121$，$p=0.044<0.05$）表明：一年级与二年级学生在学历需求方面的确存在显著性差异，一年级学生对学历的需求度高于二年级学生。该结果与中职生成才目标的调查结果是一致的，相比二年级学生，更多一年级学生将"为升学做准备"作为中职阶段的首选成才目标。（见图4－10）

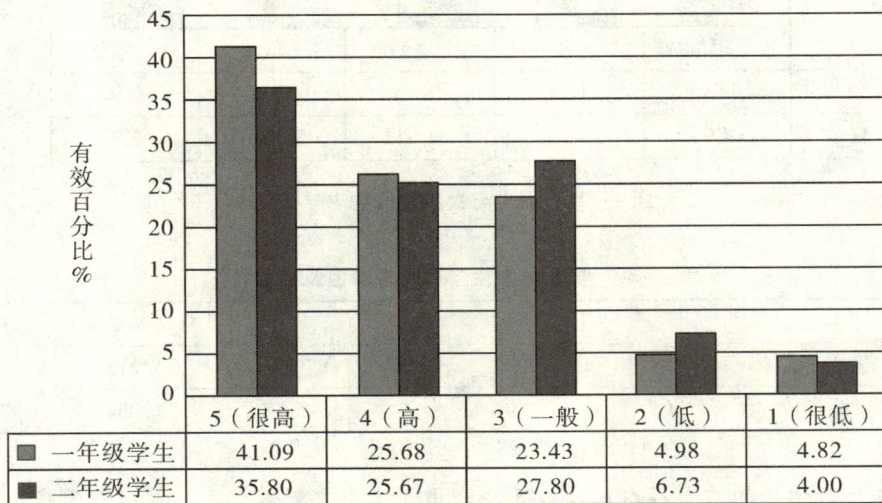

	5（很高）	4（高）	3（一般）	2（低）	1（很低）
一年级学生	41.09	25.68	23.43	4.98	4.82
二年级学生	35.80	25.67	27.80	6.73	4.00

图4－20　一年级与二年级学生学历需求分布

表4－29　一年级与二年级学生学历需求均值及标准差

样本	Mean	Std. Deviation
一年级学生	3.93	1.129
二年级学生	3.83	1.112

5. 中职生对学历的需求存在性别差异, 女生比男生更希望提升学历

据调查, 66.62% 的女生对学历需求"高"或"很高", 比男生高约 10 个百分点, 女生对学历的需求均值为 3.94, 也高于男生 (M = 3.70)。可见, 女生比男生更渴望提高学历。差异显著性 t 检验结果 (t = -4.716, df = 1 393, p = 0.000 < 0.01) 验证了此结论, 男生与女生在学历需求方面的确存在显著性差异, 且女生的需求明显高于男生。该结果与中职生成才目标的调查结果也是一致的, 相比男生, 更多女生将"为升学做准备"作为中职阶段的首选成才目标。(见图 4 - 11)

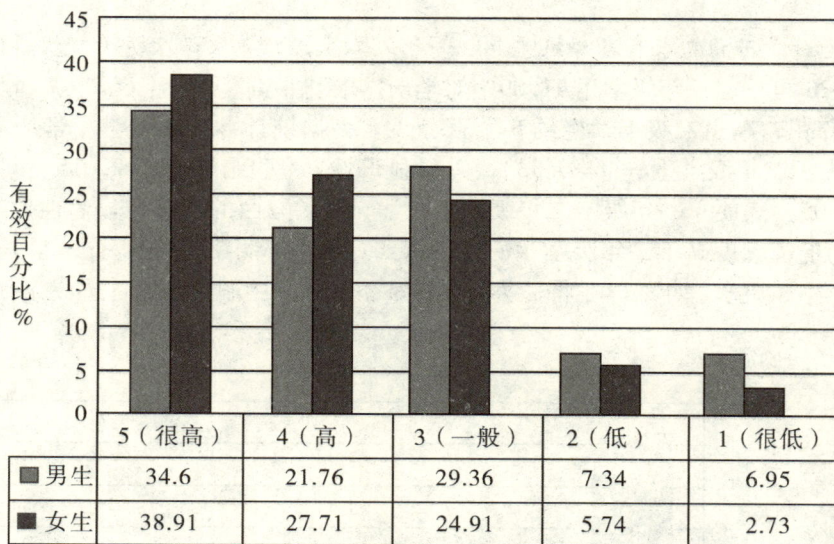

	5（很高）	4（高）	3（一般）	2（低）	1（很低）
男生	34.6	21.76	29.36	7.34	6.95
女生	38.91	27.71	24.91	5.74	2.73

图 4 - 21　男生与女生学历需求分布

表 4 - 30　男生与女生学历需求均值及标准差

样本	Mean	Std. Deviation
男生	3.70	1.212
女生	3.94	1.054

6. 中职生对学历的需求存在城乡差异, 城市学生比农村学生更希望提升学历

据调查, 41.8% 的城市学生对学历需求"很高", 比农村学生高出约 10 个百分点, 累计 69.64% 的城市学生对学历需求"高"或"很高", 比农村学生高出近 16 个百分点。(见图 4 - 22) 另据统计, 城市学生对学历的需求均值为 3.99, 也高于农村学生的 3.67。差异显著性 t 检验结果 (t = 6.452, df = 1 924, p = 0.000 < 0.01) 进一步表明: 城市学生与农村学生在学历需求方面存在显著性差异, 城市学生对学历的需求度高于农村学生。该结果与中职生成才目标的调查结果是一致的, 相比农村学生, 更多城市的学生将"为升学做准备"作为中职阶段首选成才目标。(见图 4 - 12)

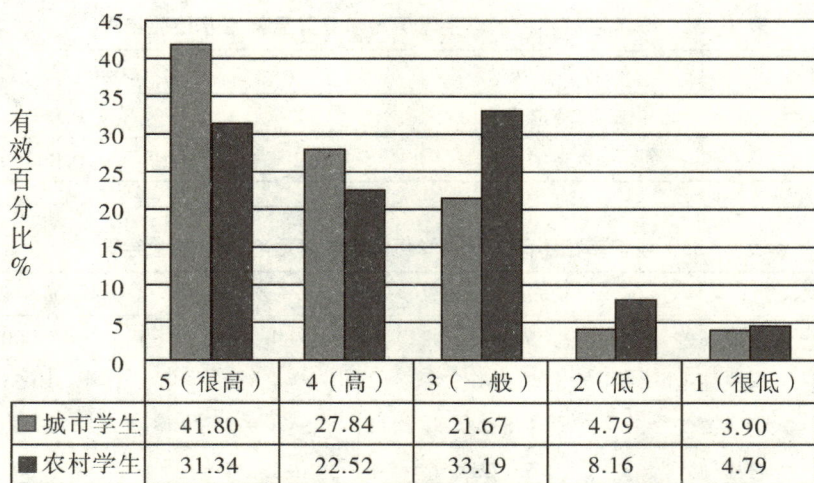

图4-22 城市学生与农村学生学历需求分布

	5（很高）	4（高）	3（一般）	2（低）	1（很低）
城市学生	41.80	27.84	21.67	4.79	3.90
农村学生	31.34	22.52	33.19	8.16	4.79

表4-31 城市学生与农村学生学历需求均值比较

样本	Mean	Std. Deviation
城市学生	3.99	1.085
农村学生	3.67	1.139

7. 学习基础不同的学生对学历的需求存在显著性差异，学习基础越好的学生对学历的需求越高

Kruskal-Wallis H 检验结果表明，在学历需求方面，入学成绩不同的学生之间、学习成绩不同的学生之间均存在显著性差异，表明学习基础对学生的学历需求有显著性影响。两独立样本 Mann-Whitney U 检验结果进一步显示，除入学成绩好的学生与入学成绩中等的学生之间不存在显著性差异之外，入学成绩中等与差的学生之间、入学成绩好与差的学生之间、学习成绩好与中等的学生之间、学习成绩好与差的学生之间、学习成绩中等与差的学生之间均有显著性差异。

从图4-23可见，入学成绩好、中、差三组学生对学历的需求均值依次为3.97、3.89和3.54，学习成绩好、中、差三组学生对学历的需求均值依次为4.03、3.89、3.47；从图4-24可见，入学成绩好、中、差三组学生对学历的高需求率依次为68.28%、4.19%、49.66%，学习成绩好、中、差三组学生对学历的高需求率依次为70.75%、3.47%、49.84%。可见，不论是从样本需求均值来看，还是从高需求率来看，入学成绩、学习成绩越好的学生对学历的需求越高。Spearman 等级相关计算结果表明，学生的入学成绩与学历需求之间、学习成绩与学历需求之间均存在显著性正相关。

综上表明：学习基础不同的学生对学历的需求存在显著性差异，学习基础越好的学生对学历的需求越高。该结果与中职生成才目标调查结果是一致的，学生学习基础越好，越可能将"为升学做准备"作为中职阶段的首选成才目标。（见表4-13）

表 4 – 32　学习基础不同的学生学历需求差异显著性 *H* 检验结果

样本	Chi-Square	df	Asymp. Sig.（2-tailed）
入学成绩好、中、差	22.577	2	0.000＊＊
学习成绩好、中、差	34.510	2	0.000＊＊

表 4 – 33　学习基础不同的学生学历需求差异显著性 *U* 检验结果

样本	Mann-Whitney U	Z	Asymp. Sig.（2 – tailed）
入学成绩好·入学成绩差	5.243E4	– 4.461	0.000＊＊
入学成绩好·入学成绩中	2.910E5	– 1.916	0.055
入学成绩中·入学成绩差	1.832E5	– 3.979	0.000＊＊
学习成绩好·学习成绩差	5.122E4	– 5.541	0.000＊＊
学习成绩好·学习成绩中	2.725E5	– 2.902	0.004＊＊
学习成绩中·学习成绩差	1.858E5	– 4.568	0.000＊＊

表 4 – 34　学习基础不同的学生学历需求均值及标准差

样本	Mean	Std. Deviation
入学成绩好的学生	3.97	1.127
入学成绩中的学生	3.89	1.06
入学成绩差的学生	3.54	1.298
学习成绩好的学生	4.03	1.065
学习成绩中的学生	3.89	1.05
学习成绩差的学生	3.47	1.361

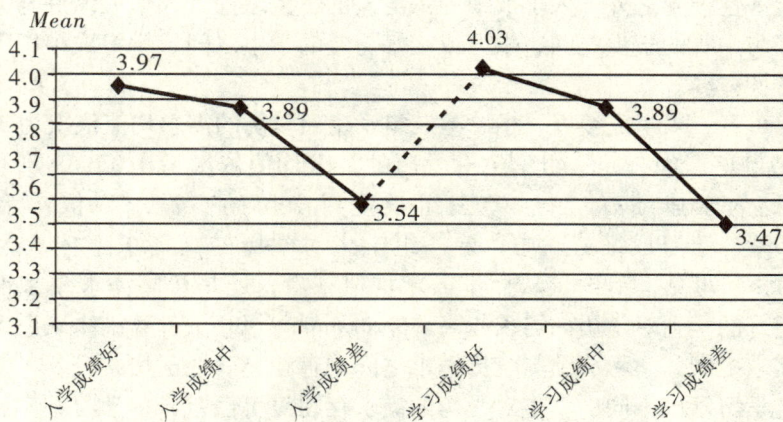

图 4 – 23　学习基础不同的学生学历需求均值

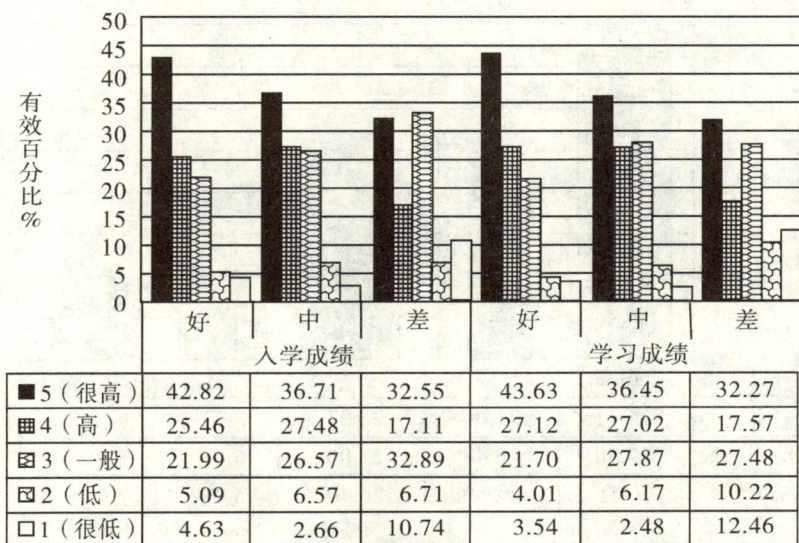

	入学成绩			学习成绩		
	好	中	差	好	中	差
■ 5（很高）	42.82	36.71	32.55	43.63	36.45	32.27
▦ 4（高）	25.46	27.48	17.11	27.12	27.02	17.57
▨ 3（一般）	21.99	26.57	32.89	21.70	27.87	27.48
▧ 2（低）	5.09	6.57	6.71	4.01	6.17	10.22
□ 1（很低）	4.63	2.66	10.74	3.54	2.48	12.46

图 4 – 24　学习基础不同的学生学历需求分布

8. 家庭经济水平对学生的学历需求有显著性影响，家庭经济一般的学生比家庭经济差的学生更希望提升学历

从样本均值和高需求率来看，家庭经济一般的学生对学历的需求度最高，其次是家庭经济好的学生，最后是家庭经济差的学生。三组样本对学历的需求均值依次为 3.90、3.82 和 3.67，高需求率依次为 63.94%、62.44% 和 58.05%。方差分析结果（$F = 6.472$，$p = 0.002 < 0.01$）表明，在学历需求方面，家庭经济水平不同的三组学生之间存在显著性差异。Scheffe 多重比较结果进一步显示，家庭经济一般的学生与经济差的学生有显著性差异，但家庭经济一般的学生与经济好的学生之间、家庭经济好的学生与经济差的学生之间均不存在显著性差异。综上推断：家庭经济一般的学生对学历的需求高于家庭经济差的学生。

表 4 – 35　家庭经济不同的学生学历需求均值及标准差

样本	Mean	Std. Deviation
家庭经济好	3.82	1.164
家庭经济一般	3.90	1.060
家庭经济差	3.67	1.309

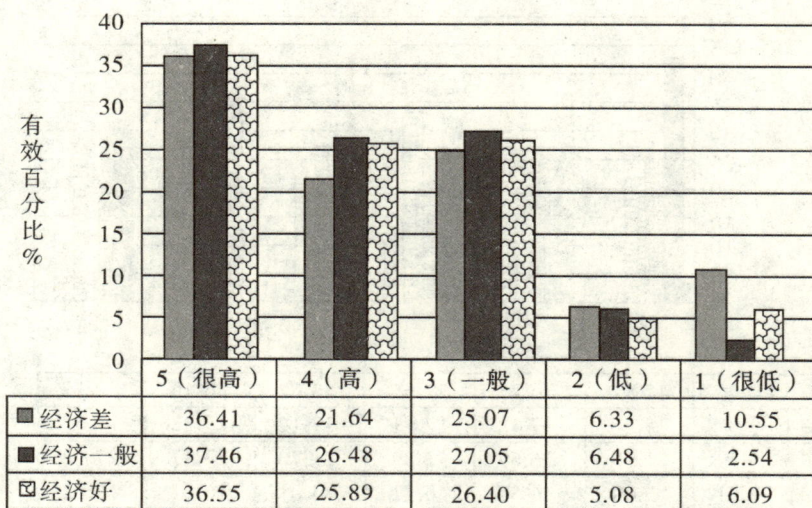

	5（很高）	4（高）	3（一般）	2（低）	1（很低）
■ 经济差	36.41	21.64	25.07	6.33	10.55
■ 经济一般	37.46	26.48	27.05	6.48	2.54
⊠ 经济好	36.55	25.89	26.40	5.08	6.09

图 4 - 25　家庭经济不同的学生学历需求分布

表 4 - 36　家庭经济不同的学生学历需求差异 *Scheffe* 多重比较

（I）家庭经济	（J）家庭经济	*Mean Difference*（*I* - *J*）	*Std. Error*	*Sig.*
差	一般	- 0. 228 *	0.064	0.002 * *
差	好	- 0. 147	0.098	0.325
一般	好	0.081	0.084	0.630

9. 入学原因对学生的学历需求无显著性影响

Kruskal-Wallis H 检验结果（$\chi^2 = 6.011$，$df = 6$，$p = 0.422$）表明，在学历需求方面，入学原因不同的学生无显著性差异。从表 4 - 37 和图 4 - 26 可见，入学原因不同的 7 组学生对学历的需求均值在 3. 78 至 3. 98 之间，高需求率均在 60% 以上。说明因各种原因入读中职的学生都比较渴望提升学历。不过，相对而言，因家庭经济困难而入读中职的学生对学历的需求度低于因"好就业"、"自己喜欢"、"父母意愿"等原因入读的学生。

表 4 - 37　入学原因不同的学生学历需求均值及标准差

样本	*Mean*	*Std. Deviation*
学习成绩不好	3. 79	1. 232
家庭经济困难	3. 78	1. 329
自己喜欢	3. 82	1. 091
父母意愿	3. 87	1. 039
好就业	3. 91	1. 057
亲朋推荐	3. 85	1. 001
其他	3. 98	1. 062

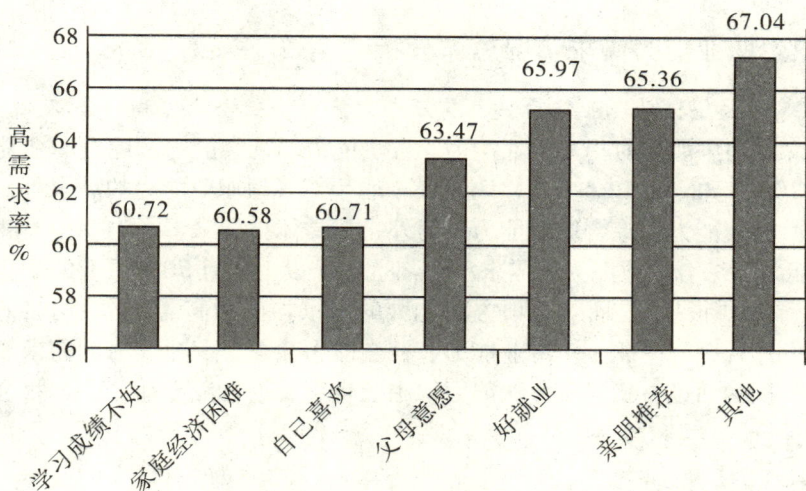

图 4-26　入学原因不同的学生学历需求分布

三、中职生学历需求与影响因素的回归分析

综上，学校发展水平、学校类型、专业类别、学习基础（入学成绩、学习成绩）、入学年限（年级）、性别、生源地、家庭经济水平等 8 大因素对学生的学历需求均有显著性影响。

为进一步了解这些因素对学生学历需求的影响程度，笔者以学历需求度为因变量（Y），以学校发展水平（X_1）、学校类型（X_2）、专业类别（X_3）、学习年限（X_4）、性别（X_5）、生源地（X_6）、入学成绩（X_7）、学习成绩（X_8）、家庭经济水平（X_9）为自变量，采用逐步进入法（Stepwise）进行回归分析。结果显示：学习成绩（X_8）、生源地（X_6）、性别（X_5）、学校发展水平（X_1）依次进入回归方程，表明在 8 个影响因素中，学习成绩、生源地、性别、学校发展水平对学生的学历需求的影响较大。

根据回归系数估计值和检验结果，可以列出以下回归方程：

$$\hat{Y}(学历需求) = 0.24X_8(学习成绩) - 0.212\,X_6(生源地) + 0.227\,X_5(性别) + 0.166\,X_1(学校发展水平) + 3.027$$

第五节　中职生对职业能力的需求及其影响因素分析

根据调查，中职生对专业能力、社会能力、综合职业能力的需求普遍较高，尤其是专业能力、社会能力和综合职业能力。在专业能力方面，中职生对专业技能的需求高于专业知识；在方法能力方面，对问题解决能力的需求最高；在社会能力方面，中职生对沟通表达能力和应变能力的需求最高。另外，中职生对职业能力的需求受学校发展水平、专业类别、生源地、学习年限、学习基础、家庭经济水平、入学原因等因素的影响。

一、中职生职业能力需求情况总体分析

1. 中职生普遍渴望提升职业能力，尤其是专业能力、社会能力和综合职业能力

据调查，珠三角中职生对提升专业能力、方法能力、社会能力和综合职业能力的需求均值分别为 4.10、3.88、4.12、4.11。可见，中职生对各项职业能力的需求都比较高，尤其是专业能力、社会能力和综合职业能力。另外，从具体指标来看，中职生对 2 项专业能力、7 项社会能力和综合职业能力的需求均值都达到 4 以上，且 70% 以上的学生对这些能力的需求"高"或"很高"，而对 7 项方法能力的需求均值和高需求率[①]均略低于前面三类职业能力。由此说明，中职生对专业能力、社会能力和综合职业能力的需求要高于对方法能力的需求。换句话说，相对于方法能力，中职生更看重自我专业能力、社会能力和综合职业能力的提升。

表 4 -38　中职生对职业能力的需求均值及标准差

一级指标	二级指标	均值	标准差
1. 专业能力	1.1 专业知识	4.06	1.028
	1.2 专业技能	4.13	1.039
	1.0 整体需求	4.10	1.030
2. 方法能力	2.1 外语应用能力	3.73	1.209
	2.2 计算机使用能力	3.82	1.042
	2.3 信息收集处理能力	3.77	1.036
	2.4 学习能力	3.92	1.050
	2.5 创新能力	3.96	1.090
	2.6 问题解决能力	4.06	1.057
	2.7 组织管理能力	3.93	1.086
	2.0 整体需求	3.88	1.090
3. 社会能力	3.1 工作态度	4.14	1.049
	3.2 团队协作能力	4.12	1.038
	3.3 社会责任心	4.10	1.051
	3.4 环境适应能力	4.11	1.020
	3.5 心理承受能力	4.10	1.079
	3.6 应变能力	4.15	1.021
	3.7 沟通表达能力	4.15	1.049
	3.0 整体需求	4.12	1.040
4. 综合职业能力	4.0 综合职业能力	4.11	0.999

---

① 高需求率即指有效样本中选择"4"（需求高）与"5"（需求很高）的累计百分比，该指标反映了学生对该项职业能力的需求程度。下文同。

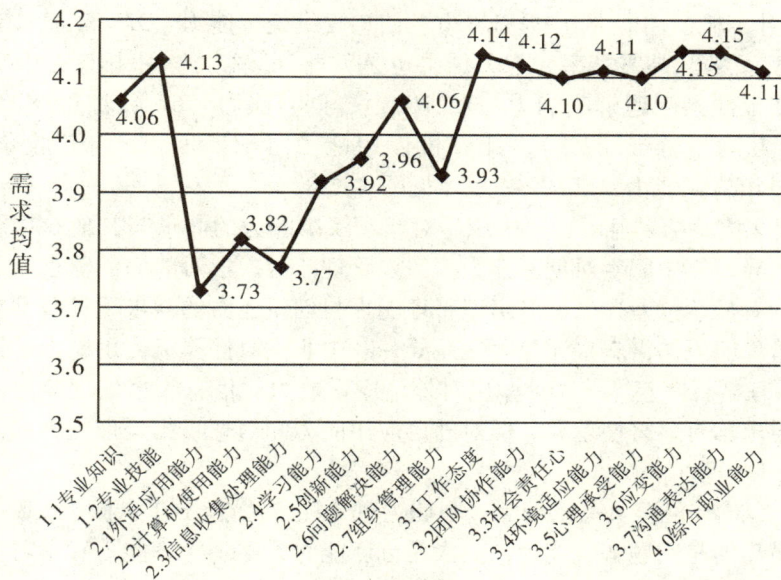

图 4 - 27　中职生对职业能力的需求均值

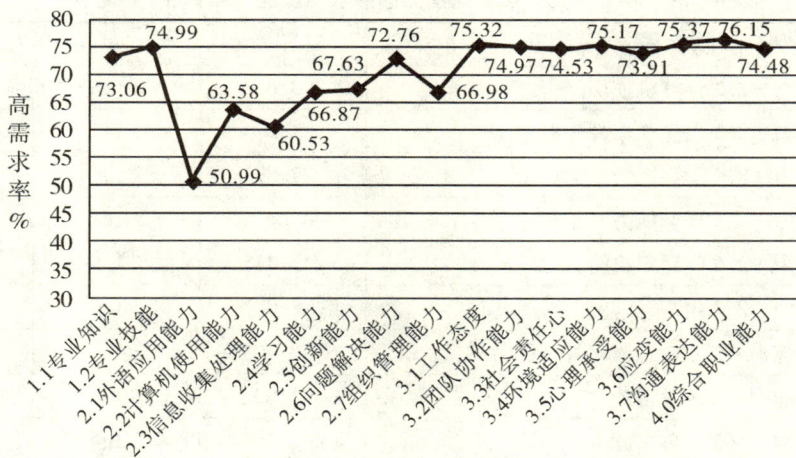

图 4 - 28　中职生对职业能力高需求率分布

2. 在专业能力方面，中职生对专业技能的需求高于专业知识

在专业能力的两个二级指标方面，中职生对专业知识、专业技能的需求均值分别为
4.06、4.13，对两项专业能力的高需求率分别为 73.06%、74.99%。t 检验结果表明，中
职生对专业知识和专业技能的需求均值存在显著性差异（$t = -6.4$，$df = 2\,158$，$p <$
0.01），对专业技能的需求高于专业知识。

3. 在方法能力方面，中职生对问题解决能力的需求度最高

从图 4 - 27 可见，在 7 项方法能力指标方面，中职生对问题解决能力的需求度最高，
均值达 4.06，其次是创新能力（$M = 3.96$）、组织管理能力（$M = 3.93$）和学习能力（$M =$

3.92），再次是计算机使用能力（$M=3.82$）、信息收集处理能力（$M=3.77$）和外语应用能力（$M=3.73$）。若从高需求率来看，结果也是如此。按高需求率排序，中职生对7项方法能力需求度依次是问题解决能力（72.76%）、创新能力（67.63%）、组织管理能力（66.98%）、学习能力（66.87%）、计算机使用能力（63.58%）、信息收集处理能力（60.53%）和外语应用能力（50.99%）。（见图4－28）

差异显著性 t 检验结果显示：①中职生对问题解决能力的需求与其他6项能力的需求均存在显著性差异；②中职生对创新能力、组织管理能力、学习能力的需求与其他4项方法能力的需求均有显著性差异，但对组织管理能力与创新能力的需求无显著性差异，对学习能力与组织管理能力的需求也无显著性差异；③中职生对计算机使用能力的需求与其他6项能力的需求有显著性差异；④中职生对外语应用能力、信息收集处理能力的需求与其他5项能力的需求均有显著性差异，但对外语应用能力和信息收集处理能力的需求无显著性差异。（见表4－39）

基于以上，结合 t 值正负关系推断：中职生对7项方法能力的需求度大致可以分为三个水平：需求最高的是问题解决能力，其次是创新能力、组织管理能力和学习能力，最后是外语应用能力、信息收集处理能力和计算机使用能力。

表4－39　中职生对7项方法能力的需求均值差异显著性 t 检验

能力指标	t	df	$Sig.$
2.1 外语应用能力·2.2 计算机使用能力	−3.666	2 156	0.000
2.1 外语应用能力·2.3 信息收集处理能力	−1.374	2 142	0.170
2.1 外语应用能力·2.4 学习能力	−7.837	2 156	0.000
2.1 外语应用能力·2.5 创新能力	−9.492	2 163	0.000
2.1 外语应用能力·2.6 问题解决能力	−13.415	2 155	0.000
2.1 外语应用能力·2.7 组织管理能力	−8.047	2 136	0.000
2.2 计算机使用能力·2.3 信息收集处理能力	3.405	2 147	0.001
2.2 计算机使用能力·2.4 学习能力	−4.872	2 159	0.000
2.2 计算机使用能力·2.5 创新能力	−6.397	2 164	0.000
2.2 计算机使用能力·2.6 问题解决能力	−11.266	2 154	0.000
2.2 计算机使用能力·2.7 组织管理能力	−4.817	2 139	0.000
2.3 信息收集处理能力·2.4 学习能力	−7.903	2 148	0.000
2.3 信息收集处理能力·2.5 创新能力	−9.876	2 150	0.000
2.3 信息收集处理能力·2.6 问题解决能力	−14.723	2 140	0.000
2.3 信息收集处理能力·2.7 组织管理能力	−7.674	2 124	0.000
2.4 学习能力·2.5 创新能力	−2.462	2 165	0.014
2.4 学习能力·2.6 问题解决能力	−8.131	2 155	0.000
2.4 学习能力·2.7 组织管理能力	−0.694	2 138	0.488

（续上表）

能力指标	t	df	$Sig.$
2.5 创新能力·2.6 问题解决能力	−6.295	2 159	0.000
2.5 创新能力·2.7 组织管理能力	1.426	2 142	0.154
2.6 问题解决能力·2.7 组织管理能力	8.159	2 144	0.000

4. 在社会能力方面，中职生对沟通表达能力、应变能力的需求度最高

据调查，中职生对 7 项社会能力的需求均值都在 4.1 以上，且高需求率都在 75% 左右，说明中职生对 7 项社会能力需求高。具体而言，按需求均值排序，中职生对 7 项社会能力的需求度由高到低依次是沟通表达能力、应变能力、工作态度、团队协作能力、环境适应能力、社会责任心和心理承受能力。若按高需求率排序，情况基本一致。（见图 4 - 27、图 4 - 28）

差异显著性 t 检验结果显示：①中职生对沟通表达能力的需求与对社会责任心、环境适应能力、心理承受能力、团队协作能力的需求均有显著性差异，且 t 值为正，说明对沟通表达能力的需求度高于其他 4 项能力；②中职生对应变能力的需求与对社会责任心、环境适应能力、心理承受能力的需求均有显著性差异，且 t 值为正，说明对应变能力的需求度高于其他 3 项能力；③中职生对工作态度的需求与对社会责任心的需求有显著性差异，且 t 值为正，说明对工作态度的需求度高于社会责任心；④中职生对沟通表达能力、应变能力、工作态度的需求度两两之间均不存在显著性差异，对社会责任心、适应能力、心理承受能力和团队协作能力的需求度两两之间也不存在显著性差异。（见表 4 - 40）

综上表明，在 7 项社会能力中，中职生最看重沟通表达能力和应变能力。

表 4 - 40　中职生对社会能力的需求均值差异显著性 t 检验结果

能力指标	t	df	$Sig.$ (2 - tailed)
3.7 沟通表达能力·3.2 团队协作能力	2.299	2 136	0.022
3.7 沟通表达能力·3.3 社会责任心	3.005	2 129	0.003
3.7 沟通表达能力·3.4 环境适应能力	2.907	2 136	0.004
3.7 沟通表达能力·3.5 心理承受能力	3.234	2 140	0.001
3.6 应变能力·3.3 社会责任心	2.727	2 133	0.006
3.6 应变能力·3.4 环境适应能力	2.646	2 137	0.008
3.6 应变能力·3.5 心理承受能力	3.185	2 142	0.001
3.1 工作态度·3.3 社会责任心	2.098	2 139	0.036

注：本表只摘取了存在显著性差异的统计结果。

二、中职生职业能力需求影响因素分析

1. 中职生对职业能力的需求存在学校水平差异，Ⅱ类职校生对部分职业能力的需求度高于Ⅰ类职校生

从表 4 - 41 可见，除综合职业能力外，Ⅱ类职校生对专业能力、方法能力、社会能力

的需求度均高于Ⅰ类职校生。Ⅱ类职校生对此三类职业能力的需求均值分别是 4.15、3.92、4.15，Ⅰ类职校生对此三类职业能力相应的需求均值分别是 4.01、3.82、4.09。二级指标方面也是如此，除综合职业能力外，Ⅱ类职校学生对 16 项职业能力的需求均值普遍高于Ⅰ类职校生，前者对 16 项职业能力的高需求率也普遍高于后者。（见表 4-42）

两独立样本 t 检验结果进一步表明：两组学生对专业知识、专业技能、外语应用能力、计算机使用能力、信息收集处理能力、心理承受能力等 6 项职业能力的需求有显著性差异。结合统计量 t 值的正负关系可以推断：Ⅱ类职校生对此 6 项职业能力的需求高于Ⅰ类职校学生。换句话说，Ⅱ类职校生比Ⅰ类职校生更看重此 6 项职业能力（见表 4-43）。

表 4-41　Ⅰ类与Ⅱ类职校学生职业能力需求均值与标准差

一级指标	二级指标	国家示范或重点学校（Ⅰ类职校）		省级示范或重点学校（Ⅱ类职校）	
		均值（M）	标准差（SD）	均值（M）	标准差（SD）
1. 专业能力	1.1 专业知识	3.97	1.018	4.11	1.031
	1.2 专业技能	4.05	1.063	4.19	1.021
	1.0 整体需求	4.01	1.041	4.15	1.026
2. 方法能力	2.1 外语应用能力	3.61	1.241	3.81	1.184
	2.2 计算机使用能力	3.72	1.052	3.88	1.031
	2.3 信息收集处理能力	3.70	1.035	3.81	1.035
	2.4 学习能力	3.88	1.069	3.94	1.038
	2.5 创新能力	3.91	1.086	3.98	1.092
	2.6 问题解决能力	4.05	1.031	4.06	1.073
	2.7 组织管理能力	3.87	1.097	3.97	1.078
	2.0 整体需求	3.82	1.087	3.92	1.076
3. 社会能力	3.1 工作态度	4.11	1.036	4.15	1.056
	3.2 团队协作能力	4.07	1.020	4.15	1.048
	3.3 社会责任心	4.08	1.025	4.12	1.067
	3.4 环境适应能力	4.06	1.009	4.14	1.026
	3.5 心理承受能力	4.03	1.088	4.14	1.071
	3.6 应变能力	4.10	1.008	4.18	1.027
	3.7 沟通表达能力	4.15	1.019	4.16	1.067
	3.0 整体需求	4.09	1.029	4.15	1.052
4. 综合职业能力	4.0 综合职业能力	4.12	.943	4.10	1.024

表4-42　Ⅰ类与Ⅱ类职校生对职业能力高需求率统计

一级指标	二级指标	国家示范或重点学校（Ⅰ类职校）	省级示范或重点学校（Ⅱ类职校）
1. 专业能力	1.1 专业知识	74.91	69.99
	1.2 专业技能	76.96	71.71
2. 方法能力	2.1 外语应用能力	63.46	54.19
	2.2 计算机使用能力	66.47	58.74
	2.3 信息收集处理能力	61.69	57.60
	2.4 学习能力	67.87	65.19
	2.5 创新能力	68.46	66.26
	2.6 问题解决能力	73.33	71.82
	2.7 组织管理能力	67.88	65.46
3. 社会能力	3.1 工作态度	75.96	74.25
	3.2 团队协作能力	75.91	73.38
	3.3 社会责任心	74.91	73.90
	3.4 环境适应能力	75.72	74.25
	3.5 心理承受能力	75.13	71.84
	3.6 应变能力	76.53	73.40
	3.7 沟通表达能力	75.73	76.85
4. 综合职业能力	4.0 综合职业能力	74.26	74.94

表4-43　Ⅰ类与Ⅱ类职校生职业能力需求均值差异显著性 t 检验结果

	t	df	$Sig.$ $(2-tailed)$
1.1 专业知识	-3.058	2 170	0.002
1.2 专业技能	-2.987	2 165	0.003
2.1 外语应用能力	-3.718	1 640	0.000
2.2 计算机使用能力	-3.401	1 680	0.001
2.3 信息收集处理能力	-2.343	2 154	0.019
3.5 心理承受能力	-2.328	2 152	0.020

注：本表仅选择两组样本均值存在显著性差异的职业能力指标。

2. 中职生对职业能力的需求不存在学校类型差异，三校生对职业能力的需求无显著性差异

据调查，在四种职业能力需求方面，中专生需求度最高的是社会能力（$M=4.11$），其次是专业能力（$M=4.08$）和综合职业能力（$M=4.04$），最后是方法能力（$M=3.90$）；技校生需求度最高的是综合职业能力（$M=4.39$），其次是社会能力（$M=4.15$）和专业能力（$M=4.05$），最后是方法能力（$M=3.71$）；职高生需求最高的是社会能力（$M=4.13$），其次是综合职业能力（$M=4.12$）和专业能力（$M=4.11$），最后是方法能

力（$M = 3.88$）。可见，不论是中专生、技校生，还是职高生，对方法能力的需求均低于其他三项能力，他们更希望通过中职学习提升自身的综合职业能力、社会能力和专业能力。另从三校生对 17 项具体职业能力的需求均值和高需求率来看，除个别指标，技校生与中专生、职高生有一定差异之外（如技校生对综合职业能力的需求高于职高生和中专生，对外语应用能力和组织管理能力的需求低于职高生和中专生），三者对多数职业能力的需求均无明显差异。（见表 4-44、表 4-45）

方差分析结果验证了这一结论，三组样本只是在外语应用能力的需求方面存在显著性差异（$F = 15.473$，$df = 2$，$p = 0.000 < 0.001$）。另外，两两样本 *Scheffe* 检验结果显示：除在外语应用能力方面，技校生与职高生、中专生均有显著性差异之外，在其他 16 项职业能力需求上，三组样本两两之间均不存在显著性差异。由此说明，中职生对职业能力的需求不存在明显的院校类型差异，中专生、技校生、职高生对职业能力的需求基本一致。

表 4-44　三校生对职业能力需求均值与标准差

一级指标	二级指标	中专		技校		职高	
		均值（M）	标准差（SD）	均值（M）	标准差（SD）	均值（M）	标准差（SD）
1. 专业能力	1.1 专业知识	4.03	0.986	3.95	1.117	4.07	1.034
	1.2 专业技能	4.12	0.978	4.14	1.046	4.14	1.046
	1.0 整体需求	4.08	0.982	4.05	1.082	4.11	1.040
2. 方法能力	2.1 外语应用能力	3.70	1.185	3.08	1.377	3.78	1.195
	2.2 计算机使用能力	3.79	1.047	3.62	1.214	3.78	1.028
	2.3 信息收集处理能力	3.73	1.027	3.73	1.221	3.78	1.028
	2.4 学习能力	4.01	1.034	3.82	1.179	3.90	1.045
	2.5 创新能力	4.02	1.065	3.87	1.135	3.95	1.093
	2.6 问题解决能力	4.10	1.019	4.16	1.061	4.04	1.066
	2.7 组织管理能力	3.96	1.025	3.70	1.293	3.94	1.087
	2.0 整体需求	3.90	1.057	3.71	1.211	3.88	1.077
3. 社会能力	3.1 工作态度	4.19	1.022	4.20	1.077	4.12	1.054
	3.2 团队协作能力	4.13	0.988	4.20	1.036	4.11	1.051
	3.3 社会责任心	4.11	1.025	4.13	1.098	4.10	1.056
	3.4 环境适应能力	4.10	1.006	4.18	1.007	4.11	1.025
	3.5 心理承受能力	4.05	1.055	4.02	1.180	4.12	1.079
	3.6 应变能力	4.08	1.032	4.18	1.007	4.17	1.019
	3.7 沟通表达能力	4.11	1.009	4.13	1.114	4.17	1.056
	3.0 整体需求	4.11	1.020	4.15	1.074	4.13	1.049
4. 综合职业能力	4.0 综合职业能力	4.04	1.002	4.39	0.989	4.12	0.998

表 4 - 45　三校生对职业能力高需求率统计　　　　（单位:%）

一级指标	二级指标	中专	技校	职高
1. 专业能力	1.1 专业知识	71.33	64.52	73.98
	1.2 专业技能	74.58	67.74	75.50
2. 方法能力	2.1 外语应用能力	56.59	35.48	62.21
	2.2 计算机使用能力	61.39	53.33	64.68
	2.3 信息收集处理能力	60.82	53.84	60.34
	2.4 学习能力	70.53	62.64	66.49
	2.5 创新能力	70.02	64.52	67.21
	2.6 问题解决能力	72.47	77.66	72.47
	2.7 组织管理能力	68.29	57.78	67.15
3. 社会能力	3.1 工作态度	78.55	74.73	74.55
	3.2 团队协作能力	76.59	78.65	74.36
	3.3 社会责任心	75.85	78.02	74.01
	3.4 环境适应能力	75.24	78.02	75.00
	3.5 心理承受能力	72.39	73.33	74.32
	3.6 应变能力	72.44	73.63	76.20
	3.7 沟通表达能力	76.81	74.44	76.08
4. 综合职业能力	4.0 综合职业能力	73.21	77.42	74.65

　　3. 中职生对职业能力的需求存在一定的专业差异，信息技术类专业对多项职业能力的需求低于其他几类专业

　　Kruskal-Wallis H 检验结果表明，所调查的 6 类专业的学生对 17 项职业能力中的 6 项能力的需求存在显著性差异，包括外语应用能力、问题解决能力、组织管理能力、应变能力、沟通表达能力和综合职业能力。（见表 4 - 46）可见，学生对职业能力的需求存在一定的专业差异。具体而言：

　　在外语应用能力方面，所调查的 6 类专业中，财经商贸类专业的学生需求度最高，样本均值（3.86）和高需求率（65.21%）均高于其他五类专业；农林牧渔类专业的学生对外语应用能力的需求度最低，样本均值（3.08）和高需求率（35.48%）均低于其他五类专业。（见表 4 - 47、表 4 - 48）*Mann-Whitney U* 检验结果表明，在学生外语应用能力的需求方面，财经商贸类专业除与公共管理与服务类专业无显著性差异之外，与其他 4 类专业均有显著性差异；农林牧渔类专业不仅与财经商贸类专业有显著性差异，还与文化艺术类专业、公共管理与服务类专业有显著性差异。综上推断：财经商贸类专业的学生对外语应用能力的需求高于信息技术类专业、交通运输类专业、农林牧渔类专业和文化艺术类专业的学生；农林牧渔类专业的学生对外语应用能力的需求低于财经商贸类专业、文化艺术类专业和公共管理与服务类专业的学生。

在问题解决能力需求方面，所调查的 6 类专业中，公共管理与服务类专业的学生需求度最高，样本均值（4.29）和高需求率（78.26%）均高于其他 5 类专业；信息技术类专业的学生需求度最低，样本均值（3.8）和高需求率（61.00%）均低于其他 5 类专业。（见表 4 - 47、表 4 - 48） *Mann-Whitney U* 检验结果表明，在学生问题解决能力需求方面，公共管理与服务类专业与财经商贸类、文化艺术类、信息技术类专业均有显著性差异；信息技术类专业除与文化艺术类专业无显著差异之外，与其他 4 类专业均有显著性差异。（见表 4 - 49）由此推断：在问题解决能力需求方面，公共管理与服务类专业的学生高于财经商贸类、文化艺术类和信息技术类专业的学生，信息技术类专业的学生则低于公共管理与服务类、财经商贸类、农林牧渔类和交通运输类专业的学生。

在组织管理能力需求方面，所调查的 6 类专业中，公共管理与服务类专业的学生需求度最高，样本均值（4.15）和高需求率（71.64%）均高于其他 5 类专业；信息技术类专业的需求度最低，样本均值（3.5）和高需求率（43.88%）均低于其他 5 类专业。（见表 4 - 47、表 4 - 48） *Mann-Whitney U* 检验结果表明，在学生组织管理能力需求方面，公共管理与服务类专业与信息技术类、交通运输类、农林牧渔类、文化艺术类专业均有显著性差异；信息技术类专业不仅与公共管理与服务类专业有显著性差异，还与财经商贸类、交通运输类、文化艺术类专业有显著性差异。（见表 4 - 49）由此表明：在学生组织管理能力需求方面，公共管理与服务类专业高于信息技术类、交通运输类、农林牧渔类和文化艺术类专业，信息技术类专业则低于公共管理与服务类、财经商贸类、交通运输类和文化艺术类专业。

在应变能力需求方面，所调查的 6 类专业中，文化艺术类专业的学生需求度最高，样本均值（4.24）和高需求率（79.64%）均高于其他 5 类专业；信息技术类专业的学生需求度最低，样本均值（3.88）和高需求率（60.42%）均低于其他 5 类专业。（见表 4 - 47、表 4 - 48） *Mann-Whitney U* 检验结果表明，在应变能力需求方面，文化艺术类专业的学生不仅与信息技术类专业的学生有显著性差异，还与交通运输类专业的学生有显著性差异；信息技术类专业的学生除与交通运输类专业无显著性差异之外，与其他 4 类专业均有显著性差异。（见表 4 - 49）由此推断：在学生应变能力需求方面，文化艺术类专业的学生高于信息技术类专业和交通运输类专业的学生；信息技术类专业的学生则低于文化艺术类、财经商贸类、农林牧渔类和公共管理与服务类专业的学生。

在沟通表达能力需求方面，交通运输类专业、公共管理与服务类专业的学生需求相对较高，需求均值都是 4.22，高需求率分别是 80.9%、78.26%；信息技术类专业的学生需求度依然最低，需求均值为 3.71，高需求率为 56.84%。（见表 4 - 47、表 4 - 48） *Mann-Whitney U* 检验结果表明，在学生沟通与表达能力需求方面，信息技术类专业与其他 5 类专业均有显著性差异，公共管理与服务类专业、交通运输类专业除与信息技术类专业有显著性差异之外，与其他 3 类专业均无显著性差异。（见表 4 - 49）由此推断：信息技术类专业的学生对沟通表达能力的需求低于其他 5 类专业。

在综合职业能力方面，农林牧渔类专业和公共管理与服务类专业的学生需求相对更高，需求均值分别为 4.39、4.34，高需求率分别为 77.42%、81.58%；信息技术类专业学生的需求度最低，需求均值为 3.74，高需求率为 56.92%。（见表 4 - 47、表 4 - 48） *Mann-Whitney U* 检验结果表明，在学生综合职业能力需求方面，信息技术类专业与其他 5

类专业均有显著性差异；农林牧渔类专业、公共管理与服务类专业除与信息技术类专业有显著性差异之外，与其他3类专业均无显著性差异。（见表4-49）综此推断：信息技术类专业的学生对综合职业能力的需求低于其他5类专业。

综上表明，信息技术类专业的学生对问题解决能力、组织管理能力、应变能力、沟通表达能力和综合职业能力的需求低于其他几类专业。换句话说，信息技术类专业的学生对提升这些能力的自我期望值低于其他几类专业。另外，财经商贸类专业的学生对外语应用能力的需求相对较高，公共管理与服务类专业的学生对问题解决能力、组织管理能力的需求相对较高。

表4-46   六类专业的学生职业能力需求差异显著性 H 检验结果

	Chi-Square	df	Asymp. Sig. （2-tailed）
2.1 外语应用能力	73.062	5	0.000
2.6 问题解决能力	11.257	5	0.047
2.7 组织管理能力	25.859	5	0.000
3.6 应变能力	13.638	5	0.018
3.7 沟通表达能力	22.113	5	0.000
4.0 综合职业能力	13.758	5	0.017

注：本表只摘取了存在显著性差异的指标。

表4-47   六类专业的学生职业能力需求均值

一级指标	二级指标	财经商贸类	信息技术类	交通运输类	农林牧渔类	文化艺术类	公共管理与服务类
1. 专业能力	1.1 专业知识	4.04	4.03	4.18	3.95	4.17	4.00
	1.2 专业技能	4.12	4.15	4.18	4.03	4.19	4.21
	1.0 整体需求	4.08	4.09	4.18	3.99	4.18	4.11
2. 方法能力	2.1 外语应用能力	3.86	3.31	3.29	3.08	3.55	3.79
	2.2 计算机使用能力	3.81	3.88	3.76	3.62	3.84	4.09
	2.3 信息收集处理能力	3.76	3.76	3.84	3.73	3.74	3.99
	2.4 学习能力	3.92	3.70	4.17	3.82	3.91	3.87
	2.5 创新能力	3.95	3.80	3.99	3.87	4.08	3.93
	2.6 问题解决能力	4.06	3.80	4.21	4.16	4.02	4.29
	2.7 组织管理能力	3.97	3.50	3.86	3.70	3.90	4.15
	2.0 整体需求	3.90	3.68	3.87	3.71	3.86	4.02

（续上表）

一级指标	二级指标	财经商贸类	信息技术类	交通运输类	农林牧渔类	文化艺术类	公共管理与服务类
3. 社会能力	3.1 工作态度	3.97	3.50	3.86	3.70	3.90	4.15
	3.2 团队协作能力	4.11	3.98	4.23	4.20	4.13	4.23
	3.3 社会责任心	4.09	3.94	4.26	4.13	4.12	4.30
	3.4 环境适应能力	4.09	4.06	4.32	4.18	4.11	4.31
	3.5 心理承受能力	4.09	3.97	4.19	4.02	4.19	4.14
	3.6 应变能力	4.16	3.88	4.07	4.18	4.24	4.13
	3.7 沟通表达能力	4.17	3.71	4.22	4.13	4.17	4.22
	3.0 整体需求	4.10	3.86	4.16	4.08	4.12	4.21
4. 综合职业能力	4.0 综合职业能力	4.11	3.74	4.25	4.39	4.12	4.34

表4-48　六类专业的学生职业能力高需求率统计　　（单位:%）

一级指标	二级指标	财经商贸类	信息技术类	交通运输类	农林牧渔类	文化艺术类	公共管理与服务类
1. 专业能力	1.1 专业知识	72.96	67.00	85.06	64.52	76.04	68.12
	1.2 专业技能	75.26	69.70	78.65	67.74	77.43	71.21
2. 方法能力	2.1 外语应用能力	65.21	45.00	34.44	35.48	52.96	61.43
	2.2 计算机使用能力	63.78	64.36	59.55	53.33	64.69	72.06
	2.3 信息收集处理能力	60.12	62.24	65.17	53.85	57.60	70.59
	2.4 学习能力	67.54	58.00	77.53	62.64	65.28	63.24
	2.5 创新能力	68.25	58.59	65.17	64.52	69.79	65.22
	2.6 问题解决能力	73.29	61.00	75.28	77.66	70.38	78.26
	2.7 组织管理能力	69.63	43.88	65.52	57.78	62.86	71.64
3. 社会能力	3.1 工作态度	75.70	67.35	82.95	74.73	73.76	75.71
	3.2 团队协作能力	74.87	66.67	81.82	78.65	75.18	73.91
	3.3 社会责任心	74.36	68.42	82.76	78.02	72.56	79.71
	3.4 环境适应能力	74.43	69.79	85.23	78.02	75.54	81.54
	3.5 心理承受能力	73.76	67.71	76.14	73.33	77.06	71.01
	3.6 应变能力	75.82	60.42	72.41	73.63	79.64	75.00
	3.7 沟通表达能力	77.42	56.84	80.90	74.44	74.29	78.26
4. 综合职业能力	4.0 综合职业能力	74.95	56.92	84.09	77.42	73.94	81.58

表 4-49　六类专业的学生职业能力需求均值两两差异显著性 U 检验

指标维度	样本	Mann-Whitney U	Z	Asymp. Sig. (2-tailed)
2.1 外语应用能力	财经商贸类专业·信息技术类专业	5.842E4	-4.161	0.000
	财经商贸类专业·文化艺术类专业	1.880E5	-4.064	0.000
	财经商贸类专业·农林牧渔类专业	4.793E4	-5.540	0.000
	财经商贸类专业·交通运输类专业	4.824E4	-5.009	0.000
	农林牧渔类专业·文化艺术类专业	1.072E4	-2.933	0.003
	农林牧渔类专业·公共管理与服务类专业	2.314E3	-3.251	0.001
	农林牧渔类专业·财经商贸类专业	4.793E4	-5.540	0.000
2.6 问题解决能力	公共管理与服务类专业·财经商贸类专业	4.586E4	-1.976	0.048
	公共管理与服务类专业·文化艺术类专业	8.410E3	-2.073	0.038
	公共管理与服务类专业·信息技术类专业	2.660E3	-2.695	0.007
	信息技术类专业·财经商贸类专业	6.796E4	-2.000	0.045
	信息技术类专业·交通运输类专业	3.665E3	-2.217	0.027
	信息技术类专业·农林牧渔类专业	3.908E3	-2.148	0.032
2.7 组织管理能力	信息技术类专业·财经商贸类专业	5.721E4	-4.150	0.000
	信息技术类专业·交通运输类专业	3.513E3	-2.155	0.031
	信息技术类专业·文化艺术类专业	1.111E4	-2.932	0.003
	信息技术类专业·公共管理与服务类专业	2.244E3	-3.629	0.000
	公共管理与服务类专业·交通运输类专业	2.281E3	-2.433	0.015
	公共管理与服务类专业·农林牧渔类专业	2.418E3	-2.249	0.025
	公共管理与服务类专业·文化艺术类专业	7.936E3	-2.066	0.039
3.6 应变能力	信息技术类专业·财经商贸类专业	6.116E4	-2.968	0.003
	信息技术类专业·农林牧渔类专业	3.628E3	-2.126	0.034
	信息技术类专业·文化艺术类专业	1.063E4	-3.292	0.001
	信息技术类专业·公共管理与服务类专业	2.692E3	-2.028	0.043
	文化艺术类专业·交通运输类专业	1.049E4	-2.110	0.035
3.7 沟通表达能力	信息技术类专业·交通运输类专业	3.072E3	-3.364	0.001
	信息技术类专业·财经商贸类专业	5.375E4	-4.628	0.000
	信息技术类专业·农林牧渔类专业	3.237E3	-2.996	0.003
	信息技术类专业·文化艺术类专业	9.891E3	-3.990	0.000
	信息技术类专业·公共管理与服务类专业	2.338E3	-3.288	0.001

（续上表）

指标维度	样本	Mann-Whitney U	Z	Asymp. Sig. (2 – tailed)
4.0 综合职业能力	信息技术类专业·交通运输类专业	1.076E3	−2.302	0.021
	信息技术类专业·财经商贸类专业	2.563E4	−2.739	0.006
	信息技术类专业·农林牧渔类专业	6.675E2	−2.830	0.005
	信息技术类专业·文化艺术类专业	4.916E3	−2.490	0.013
	信息技术类专业·公共管理与服务类专业	8.585E2	−2.719	0.000

注：本表只摘取了存在显著性差异的指标。

4. 中职生对专业能力的需求存在年级差异，一年级学生的需求高于二年级学生

据调查，一年级学生对专业能力、方法能力、社会能力、综合职业能力的需求均值分别为 4.18、3.92、4.16、4.16，二年级学生相应的需求均值依次为 4.08、3.88、4.12、4.09，一年级学生对此四类职业能力的需求度均略高于二年级学生。二级指标方面，一年级学生对多项职业能力的需求均值和高需求率略高于二年级学生。（见表 4 – 50、表 4 – 51）但两独立样本 t 检验结果表明，一年级学生与二年级学生除对专业知识、专业技能的需求有显著性差异之外，对其他 15 项职业能力的需求差异均不显著。由此推断，一年级学生对专业能力的需求明显高于二年级学生，说明一年级学生更关注专业能力，包括专业知识和专业技能。

表 4 – 50　一、二年级学生职业能力需求均值与标准差

一级指标	二级指标	一年级学生		二年级学生	
		均值 (M)	标准差 (SD)	均值 (M)	标准差 (SD)
1. 专业能力	1.1 专业知识	4.13	1.013	4.04	1.024
	1.2 专业技能	4.22	1.009	4.11	1.041
	1.0 整体需求	4.18	1.011	4.08	1.033
2. 方法能力	2.1 外语应用能力	3.80	1.186	3.72	1.213
	2.2 计算机使用能力	3.85	1.022	3.81	1.044
	2.3 信息收集处理能力	3.81	1.029	3.76	1.033
	2.4 学习能力	3.95	1.000	3.90	1.067
	2.5 创新能力	4.00	1.089	3.95	1.084
	2.6 问题解决能力	4.10	1.037	4.05	1.060
	2.7 组织管理能力	3.92	1.114	3.94	1.073
	2.0 整体需求	3.92	1.068	3.88	1.082

（续上表）

一级指标	二级指标	一年级学生		二年级学生	
		均值（M）	标准差（SD）	均值（M）	标准差（SD）
3. 社会能力	3.1 工作态度	4.17	1.040	4.13	1.049
	3.2 团队协作能力	4.17	1.037	4.11	1.033
	3.3 社会责任心	4.11	1.065	4.11	1.041
	3.4 对环境的适应能力	4.16	1.000	4.09	1.026
	3.5 心理承受能力	4.12	1.083	4.10	1.072
	3.6 应变能力	4.19	0.987	4.15	1.027
	3.7 沟通表达能力	4.19	1.023	4.14	1.055
	3.0 整体需求	4.16	1.034	4.12	1.043
4. 综合职业能力	4.0 综合职业能力	4.16	1.001	4.09	0.994

表 4-51　一、二年级学生职业能力高需求率统计　　　　（单位:%）

一级指标	二级指标	一年级学生	二年级学生
1. 专业能力	1.1 专业知识	77.12	71.94
	1.2 专业技能	78.37	74.13
2. 方法能力	2.1 外语应用能力	63.41	58.91
	2.2 计算机使用能力	65.28	63.16
	2.3 信息收集处理能力	60.42	60.24
	2.4 学习能力	68.00	66.38
	2.5 创新能力	68.26	67.51
	2.6 问题解决能力	74.56	72.22
	2.7 组织管理能力	66.99	67.29
3. 社会能力	3.1 工作态度	74.63	75.95
	3.2 团队协作能力	76.66	74.55
	3.3 社会责任心	74.19	74.93
	3.4 环境适应能力	75.85	75.05
	3.5 心理承受能力	75.61	73.57
	3.6 应变能力	75.88	75.57
	3.7 沟通表达能力	76.85	76.02
4. 综合职业能力	4.0 综合职业能力	76.15	74.05

表4-52　一、二年级学生职业能力需求均值差异显著性 *t* 检验结果

	t	*df*	*Sig.* (2-tailed)
1.1 专业知识	2.014	2 127	0.044
1.2 专业技能	2.183	2 122	0.029

注：本表只摘取了存在显著性差异的指标。

5. 中职生对职业能力的需求存在性别差异，女生对职业能力的需求度普遍高于男生

从表4-53和表4-54可见，在职业能力需求方面，不论是从需求均值来看，还是从高需求率来看，女生普遍高于男生。具体而言，在专业能力方面，女生的整体需求均值为4.17，男生为3.98，女生对两项具体专业能力的高需求率均在76%以上，而男生不及70%；在方法能力方面，女生的整体需求均值为3.96，男生为3.75，女生对7项方法能力中的4项能力的高需求率接近或超过70%，而男生对7项方法能力的高需求率均没有达到70%，普遍只有60%左右；在社会能力方面，女生的整体需求均值为4.2，男生为3.99，女生对7项社会能力的高需求率均接近80%，而男生只接近70%；在综合职业能力方面，女生的需求均值为4.2，男生为3.96，女生的高需求率约78%，而男生约68%。

两独立样本 *t* 检验结果表明，在17项职业能力需求方面，男生与女生除对信息收集处理能力的需求无显著性差异之外，对其他16项能力的需求均有显著性差异，女生对此16项职业能力的需求均高于男生。（见表4-55）这从另一个侧面表明，相比男生，女生的自我成才期望值更高。

表4-53　男生、女生职业能力需求均值与标准差

一级指标	二级指标	男生		女生	
		均值(*M*)	标准差(*SD*)	均值(*M*)	标准差(*SD*)
1. 专业能力	1.1 专业知识	3.94	1.126	4.13	0.961
	1.2 专业技能	4.02	1.136	4.20	0.972
	1.0 整体需求	3.98	1.131	4.17	0.967
2. 方法能力	2.1 外语应用能力	3.38	1.317	3.93	1.096
	2.2 计算机使用能力	3.75	1.138	3.86	0.981
	2.3 信息收集处理能力	3.75	1.108	3.78	0.993
	2.4 学习能力	3.81	1.117	3.98	1.005
	2.5 创新能力	3.86	1.152	4.01	1.050
	2.6 问题解决能力	3.95	1.133	4.12	1.007
	2.7 组织管理能力	3.77	1.157	4.02	1.032
	2.0 整体需求	3.75	1.160	3.96	1.023

（续上表）

一级指标	二级指标	男生		女生	
		均值（M）	标准差（SD）	均值（M）	标准差（SD）
3. 社会能力	3.1 工作态度	3.98	1.160	4.22	0.967
	3.2 团队协作能力	3.99	1.104	4.19	0.990
	3.3 社会责任心	3.94	1.164	4.20	0.971
	3.4 环境适应能力	4.01	1.068	4.16	0.988
	3.5 心理承受能力	3.98	1.134	4.17	1.038
	3.6 应变能力	4.03	1.079	4.22	0.980
	3.7 沟通表达能力	3.97	1.135	4.26	0.980
	3.0 整体需求	3.99	1.121	4.20	0.988
4. 综合职业能力	4.0 综合职业能力	3.96	1.073	4.20	0.941

表 4-54　男生、女生职业能力高需求率统计　　　　　　　　　　（单位:%）

一级指标	二级指标	男生	女生
1. 专业能力	1.1 专业知识	67.58	76.23
	1.2 专业技能	69.71	78.00
2. 方法能力	2.1 外语应用能力	47.27	67.22
	2.2 计算机使用能力	60.26	65.52
	2.3 信息收集处理能力	58.55	61.14
	2.4 学习能力	61.88	69.66
	2.5 创新能力	62.08	70.74
	2.6 问题解决能力	67.45	75.72
	2.7 组织管理能力	59.45	71.07
3. 社会能力	3.1 工作态度	68.64	79.00
	3.2 团队协作能力	68.36	78.56
	3.3 社会责任心	67.47	78.40
	3.4 环境适应能力	69.84	78.12
	3.5 心理承受能力	68.69	76.86
	3.6 应变能力	69.11	78.79
	3.7 沟通表达能力	67.90	80.69
4. 综合职业能力	4.0 综合职业能力	68.11	77.96

表 4 – 55　男生与女生职业能力需求均值差异显著性 t 检验结果

	t	df	$Sig.$ $(2-tailed)$
1.1 专业知识	– 3. 850	1. 375E3	0. 000
1.2 专业技能	– 3. 850	1. 375E3	0. 000
2.1 外语应用能力	– 9. 832	1. 355E3	0. 000
2.2 计算机使用能力	– 2. 118	1. 400E3	0. 034
2.3 信息收集处理能力	– 0. 629	1. 424E3	0. 529
2.4 学习能力	– 3. 471	1. 440E3	0. 001
2.5 创新能力	– 2. 987	1. 465E3	0. 003
2.6 问题解决能力	– 3. 583	1. 431E3	0. 000
2.7 组织管理能力	– 5. 047	1. 410E3	0. 000
3.1 工作态度	– 4. 895	1. 335E3	0. 000
3.2 团队协作能力	– 4. 013	1. 395E3	0. 000
3.3 社会责任心	– 5. 184	1. 319E3	0. 000
3.4 环境适应能力	– 3. 272	1. 452E3	0. 001
3.5 心理承受能力	– 3. 817	1. 441E3	0. 000
3.6 应变能力	– 4. 043	1. 415E3	0. 000
3.7 沟通表达能力	– 5. 936	1. 373E3	0. 000
4.0 综合职业能力	– 4. 025	837. 880	0. 000

6. 中职生对职业能力的需求存在城乡差异，城市学生对各项职业能力的需求度普遍高于农村学生

从表 4 – 56 和表 4 – 57 可见，在职业能力需求方面，不论是需求均值还是高需求率，城市学生普遍高于农村学生。具体而言，在专业能力方面，城市学生的整体需求均值为 4. 14，农村学生为 4. 04，前者对两项具体专业能力的高需求率均在 75% 以上，而后者在 70% 左右；在方法能力方面，城市学生的整体需求均值为 3. 93，农村学生为 3. 83，前者对 7 项方法能力中的 6 项能力的高需求率在 65% 以上，而后者只对 3 项能力的高需求率在 65% 以上；在社会能力方面，城市学生的整体需求均值为 4. 16，农村学生为 4. 08，前者对 7 项社会能力的高需求率均在 75% 以上，而后者对 7 项社会能力的高需求率均在 75% 以下；在综合职业能力方面，城市学生的需求均值为 4. 12，农村学生为 4. 1，前者对此能力的高需求率约为 75%，后者约为 74%。

两独立样本 t 检验结果表明，城市学生与农村学生对专业知识、外语应用能力、计算机使用能力、信息收集处理能力、组织管理能力、心理承受能力、应变能力、沟通表达能力 8 项职业能力的需求有显著性差异，城市学生对这些能力的需求度均高于农村学生。（见表 4 – 58）由此从一个侧面表明，相对于农村学生，城市学生的自我成才期望值更高。

表 4 - 56　城市学生与农村学生职业能力需求均值与标准差

一级指标	二级指标	城市学生		农村学生	
		均值 （M）	标准差 （SD）	均值 （M）	标准差 （SD）
1. 专业能力	1.1 专业知识	4.11	1.005	3.99	1.051
	1.2 专业技能	4.17	1.005	4.09	1.079
	1.0 整体需求	4.14	1.005	4.04	1.065
2. 方法能力	2.1 外语应用能力	3.85	1.158	3.58	1.258
	2.2 计算机使用能力	3.86	1.017	3.75	1.069
	2.3 信息收集处理能力	3.81	1.006	3.71	1.070
	2.4 学习能力	3.92	1.032	3.91	1.070
	2.5 创新能力	3.98	1.062	3.92	1.123
	2.6 问题解决能力	4.07	1.050	4.05	1.067
	2.7 组织管理能力	3.99	1.061	3.86	1.110
	2.0 整体需求	3.93	1.055	3.83	1.110
3. 社会能力	3.1 工作态度	4.16	1.032	4.10	1.068
	3.2 团队协作能力	4.14	1.034	4.09	1.043
	3.3 社会责任心	4.12	1.052	4.09	1.047
	3.4 环境适应能力	4.14	0.995	4.06	1.053
	3.5 心理承受能力	4.16	1.041	4.02	1.122
	3.6 应变能力	4.21	1.005	4.07	1.036
	3.7 沟通表达能力	4.20	1.028	4.10	1.073
	3.0 整体需求	4.16	1.027	4.08	1.063
4. 综合职业能力	4.0 综合职业能力	4.12	0.993	4.10	1.001

表 4 - 57　城市学生与农村学生职业能力高需求率统计　　　　　　（单位：%）

一级指标	二级指标	城市学生	农村学生
1. 专业能力	1.1 专业知识	75.47	69.88
	1.2 专业技能	77.19	71.99
2. 方法能力	2.1 外语应用能力	65.10	53.25
	2.2 计算机使用能力	66.67	59.09
	2.3 信息收集处理能力	61.54	58.11
	2.4 学习能力	67.61	65.80
	2.5 创新能力	69.31	65.26
	2.6 问题解决能力	73.85	71.12
	2.7 组织管理能力	69.87	63.23

（续上表）

一级指标	二级指标	城市学生	农村学生
3. 社会能力	3.1 工作态度	76.14	74.07
	3.2 团队协作能力	75.94	73.60
	3.3 社会责任心	75.41	73.51
	3.4 环境适应能力	76.35	73.33
	3.5 心理承受能力	76.28	70.54
	3.6 应变能力	78.07	71.55
	3.7 沟通表达能力	77.62	74.12
4. 综合职业能力	4.0 综合职业能力	74.97	73.87

表 4-58　城乡学生职业能力需求均值差异显著性 t 检验结果

	t	df	$Sig.$ （2-tailed）
1.1 专业知识	2.548	2.156E3	0.011
2.1 外语应用能力	5.085	1.895E3	0.000
2.2 计算机使用能力	2.445	1.921E3	0.015
2.3 信息收集处理能力	2.404	1.893E3	0.016
2.7 组织管理能力	2.675	1.910E3	0.008
3.5 心理承受能力	3.075	2.138E3	0.002
3.6 应变能力	2.984	2.136E3	0.003
3.7 沟通表达能力	2.158	2.139E3	0.031

注：本表只摘取了存在显著性差异的指标。

7. 学习基础对中职生的职业能力需求有显著性影响，学习基础越好，需求越高

据调查，学习基础不同的学生对职业能力的需求有较大差异。在 17 项职业能力需求方面，以入学成绩分组，入学成绩好的学生的需求均值和高需求率均高于入学成绩中等的学生，而入学成绩中等的学生则高于入学成绩差的学生；以学习成绩分组，结果也是如此，学习成绩好的学生的需求均值和高需求率也高于学习成绩中等的学生，而学习成绩中等的学生又高于学习成绩差的学生。（见表 4-59、表 4-60、表 4-61）由此说明，学生的学习基础（入学成绩、学习成绩）越好，自我成才要求（职业能力需求）越高。

Kruskal-Wallis H 检验结果和 Spearman 等级相关计算结果均验证了此结论。学习成绩不同的三组学生对 17 项职业能力的需求均有显著性差异，且学生的学习成绩与其对 17 项职业能力的需求度之间均存在显著性正相关关系；入学成绩不同的三组学生除对信息收集处理能力、环境适应能力的需求无显著性差异以外，对其他 15 项职业能力的需求均有显著性差异，且学生的入学成绩与其对 14 项职业能力的需求度之间存在显著性正相关关系（计算机使用能力、信息收集处理能力、环境适应能力除外）。由此可以推断：学习基础对学生的职业能力需求有显著性影响，且学习基础与学生职业能力需求呈正相关关系，学习基础越好，对职业能力的需求越高。

表4-59 入学成绩好、中、差三组学生职业能力需求均值和标准差

一级指标	二级指标	入学成绩差的学生		入学成绩中等的学生		入学成绩好的学生	
		均值（M）	标准差（SD）	均值（M）	标准差（SD）	均值（M）	标准差（SD）
1. 专业能力	1.1 专业知识	3.71	1.218	4.10	0.968	4.17	1.023
	1.2 专业技能	3.88	1.222	4.16	0.988	4.22	1.024
	1.0 整体需求	3.80	1.220	4.13	0.978	4.20	1.024
2. 方法能力	2.1 外语应用能力	3.41	1.36	3.75	1.175	3.94	1.143
	2.2 计算机使用能力	3.77	1.202	3.80	1.001	3.92	1.030
	2.3 信息收集处理能力	3.73	1.149	3.75	1.002	3.85	1.045
	2.4 学习能力	3.71	1.196	3.93	1.000	4.01	1.065
	2.5 创新能力	3.70	1.266	3.98	1.039	4.08	1.085
	2.6 问题解决能力	3.82	1.280	4.08	0.986	4.16	1.077
	2.7 组织管理能力	3.67	1.289	3.95	1.029	4.07	1.069
	2.0 整体需求	3.69	1.249	3.89	1.033	4.00	1.073
3. 社会能力	3.1 工作态度	3.89	1.243	4.16	1.002	4.23	1.015
	3.2 团队协作能力	3.92	1.213	4.13	0.992	4.22	1.025
	3.3 社会责任心	3.92	1.217	4.13	1.000	4.17	1.064
	3.4 环境适应能力	4.01	1.144	4.12	0.987	4.15	1.029
	3.5 心理承受能力	3.89	1.238	4.13	1.031	4.17	1.092
	3.6 应变能力	3.94	1.196	4.16	0.979	4.27	0.998
	3.7 沟通表达能力	3.93	1.221	4.17	1.002	4.25	1.046
	3.0 整体需求	3.93	1.210	4.14	0.999	4.21	1.038
4. 综合职业能力	4.0 综合职业能力	3.67	1.276	4.13	0.940	4.32	0.910

表4-60 学习基础不同的三组学生职业能力高需求率统计 （单位:%）

一级指标	二级指标	入学成绩			学习成绩		
		差	中	好	差	中	好
1. 专业能力	1.1 专业知识	59.59	74.08	79.25	56.73	74.00	81.43
	1.2 专业技能	63.33	76.04	79.67	62.18	75.34	83.68
2. 方法能力	2.1 外语应用能力	47.64	60.27	68.06	48.54	59.85	68.63
	2.2 计算机使用能力	58.87	62.70	70.17	57.23	63.42	68.64
	2.3 信息收集处理能力	58.05	59.16	65.02	54.24	59.22	67.30
	2.4 学习能力	57.38	67.90	70.14	52.59	66.98	76.89
	2.5 创新能力	57.67	67.99	73.55	59.29	66.81	76.06

（续上表）

一级指标	二级指标	入学成绩			学习成绩		
		差	中	好	差	中	好
2. 方法能力	2.6 问题解决能力	62.67	72.91	79.58	62.38	72.65	81.09
	2.7 组织管理能力	55.55	67.18	74.35	56.17	66.69	75.89
3. 社会能力	3.1 工作态度	63.87	76.07	80.89	62.37	75.98	82.43
	3.2 团队协作能力	65.75	75.42	80.09	61.31	76.14	80.90
	3.3 社会责任心	66.21	75.12	78.64	60.26	76.29	79.29
	3.4 环境适应能力	68.92	75.23	79.49	63.31	76.01	81.47
	3.5 心理承受能力	64.87	75.05	76.40	65.48	74.13	79.47
	3.6 应变能力	64.63	75.97	80.84	66.56	75.56	81.97
	3.7 沟通表达能力	66.44	76.51	82.01	67.84	76.40	81.92
4. 综合职业能力	4.0 综合职业能力	58.58	74.80	82.87	62.57	75.14	80.07

表 4-61　学习成绩好、中、差三组学生职业能力需求均值和标准差

一级指标	二级指标	学习成绩差的学生		学习成绩中等的学生		学习成绩好的学生	
		均值（M）	标准差（SD）	均值（M）	标准差（SD）	均值（M）	标准差（SD）
1. 专业能力	1.1 专业知识	3.59	1.305	4.10	0.953	4.26	0.936
	1.2 专业技能	3.75	1.296	4.16	0.970	4.34	0.953
	1.0 整体需求	3.67	1.301	4.13	0.962	4.30	0.945
2. 方法能力	2.1 外语应用能力	3.39	1.377	3.74	1.174	3.97	1.124
	2.2 计算机使用能力	3.62	1.256	3.83	0.992	3.91	1.002
	2.3 信息收集处理能力	3.57	1.189	3.76	1.000	3.94	0.999
	2.4 学习能力	3.57	1.263	3.92	0.988	4.17	0.991
	2.5 创新能力	3.70	1.302	3.94	1.040	4.19	1.025
	2.6 问题解决能力	3.77	1.321	4.07	0.990	4.24	1.000
	2.7 组织管理能力	3.68	1.293	3.92	1.043	4.14	1.002
	2.0 整体需求	3.61	1.286	3.88	1.032	4.08	1.020

（续上表）

一级指标	二级指标	学习成绩差的学生		学习成绩中等的学生		学习成绩好的学生	
		均值（M）	标准差（SD）	均值（M）	标准差（SD）	均值（M）	标准差（SD）
3. 社会能力	3.1 工作态度	3.82	1.307	4.15	0.986	4.32	0.975
	3.2 团队协作能力	3.78	1.272	4.14	0.983	4.28	0.964
	3.3 社会责任心	3.76	1.289	4.14	0.985	4.23	1.000
	3.4 环境适应能力	3.81	1.244	4.13	0.959	4.24	0.996
	3.5 心理承受能力	3.84	1.320	4.12	1.024	4.25	1.029
	3.6 应变能力	3.91	1.275	4.16	0.957	4.33	0.970
	3.7 沟通表达能力	3.93	1.302	4.16	0.988	4.31	1.001
	3.0 整体需求	3.84	1.287	4.14	0.983	4.28	0.991
4. 综合职业能力	4.0 综合职业能力	3.77	1.267	4.11	0.949	4.33	0.888

表4-62 学习基础不同的学生职业能力需求差异显著性 H 检验

职业能力指标	入学成绩不同的三组学生检验结果			学习成绩不同的三组学生检验结果		
	Chi-Square	df	Asymp. Sig.	Chi-Square	df	Asymp. Sig.
1.1 专业知识	31.962	2	0.000	56.435	2	0.000
1.2 专业技能	15.926	2	0.000	44.597	2	0.000
2.1 外语应用能力	29.068	2	0.000	34.565	2	0.000
2.2 计算机使用能力	6.602	2	0.037	7.793	2	0.020
2.3 信息收集处理能力	4.587	2	0.101	19.458	2	0.000
2.4 学习能力	11.921	2	0.003	51.478	2	0.000
2.5 创新能力	17.775	2	0.000	31.773	2	0.000
2.6 问题解决能力	12.586	2	0.002	26.112	2	0.000
2.7 组织管理能力	18.837	2	0.000	26.120	2	0.000
3.1 工作态度	12.909	2	0.002	29.010	2	0.000
3.2 团队协作能力	11.138	2	0.004	29.580	2	0.000
3.3 社会责任心	6.656	2	0.036	27.109	2	0.000
3.4 环境适应能力	2.274	2	0.321	23.700	2	0.000
3.5 心理承受能力	10.811	2	0.004	17.355	2	0.000

（续上表）

职业能力指标	入学成绩不同的三组学生检验结果			学习成绩不同的三组学生检验结果		
	Chi-Square	*df*	*Asymp. Sig.*	*Chi-Square*	*df*	*Asymp. Sig.*
3.6 应变能力	14.144	2	0.001	23.820	2	0.000
3.7 沟通表达能力	13.215	2	0.001	17.595	2	0.000
4.0 综合职业能力	33.792	2	0.000	24.935	2	0.000

8. 家庭经济水平对中职生职业能力的需求有一定影响，经济一般的学生的需求普遍高于经济好和差的学生

Pearson 卡方独立性检验结果表明，家庭经济水平不同的三组学生除对社会责任心、心理承受能力和应变能力的需求无显著性差异之外，对其他 14 项职业能力的需求均有显著性差异。（见表 4 - 63）由此表明，学生家庭经济环境对其自我成才需求有显著性影响。

从表 4 - 64 和表 4 - 65 可见，家庭经济一般的学生对职业能力的需求普遍高于经济好的学生和经济差的学生。具体而言，在专业能力方面，家庭经济一般的学生整体需求均值为 4.13，高于经济好的学生（3.98）和经济差的学生（4.04），前者对两项具体专业能力的高需求率均在 75% 左右，而后两者均在 70% 左右；在方法能力方面，家庭经济一般的学生的整体需求均值为 3.90，略高于经济好的学生（3.84）和经济差的学生（3.82），前者对 7 项方法能力中的 4 项能力的高需求率在 65% 以上，而经济好的学生对 3 项方法能力的高需求率在 65% 以上，经济差的学生对 2 项方法能力的高需求率在 65% 以上；在社会能力方面，家庭经济一般的学生的整体需求均值为 4.02，高于经济好的学生（3.94）和经济差的学生（3.92），前者对 7 项社会能力中的 6 项能力的高需求率均在 75% 以上，而后两者对 7 项社会能力的高需求率均在 70% 以上；在综合职业能力方面，家庭经济一般的学生的需求均值为 4.13，也略高于经济好的学生（4.10）和经济差的学生（4.01），前者对此能力的高需求率约为 75%，也略高于后两者。

表 4 - 63　家庭经济条件不同的三组学生职业能力需求差异的 χ^2 检验结果

	χ^2	*df*	*Sig.* （2 - *tailed*）
1.1 专业知识	36.653	8	0.000
1.2 专业技能	47.885	8	0.000
2.1 外语应用能力	31.414	8	0.000
2.2 计算机使用能力	31.220	8	0.000
2.3 信息收集处理能力	25.142	8	0.000
2.4 学习能力	28.154	8	0.000
2.5 创新能力	22.166	8	0.005
2.6 问题解决能力	30.722	8	0.000
2.7 组织管理能力	27.021	8	0.001
3.1 工作态度	29.430	8	0.000

（续上表）

	χ^2	df	Sig.（2 – tailed）
3.2 团队协作能力	23.966	8	0.002
3.3 社会责任心	13.743	8	0.089
3.4 环境适应能力	17.999	8	0.021
3.5 心理承受能力	11.001	8	0.202
3.6 应变能力	12.325	8	0.137
3.7 沟通表达能力	21.291	8	0.007
4.0 综合职业能力	34.776	8	0.000

表4－64 家庭经济条件不同的三组学生职业能力需求均值和标准差

一级指标	二级指标	经济条件差的学生		经济条件一般的学生		经济条件好的学生	
		均值（M）	标准差（SD）	均值（M）	标准差（SD）	均值（M）	标准差（SD）
1. 专业能力	1.1 专业知识	3.92	1.212	4.09	0.98	4.01	1.025
	1.2 专业技能	4.04	1.218	4.16	0.993	4.06	1.037
	1.0 整体需求	3.98	1.215	4.13	0.9865	4.04	1.031
2. 方法能力	2.1 外语应用能力	3.62	1.364	3.74	1.175	3.91	1.133
	2.2 计算机使用能力	3.75	1.162	3.84	1.017	3.75	0.980
	2.3 信息收集处理能力	3.78	1.128	3.78	1.021	3.67	0.977
	2.4 学习能力	3.86	1.188	3.93	1.013	3.85	1.059
	2.5 创新能力	3.9	1.218	3.98	1.064	3.89	1.058
	2.6 问题解决能力	4.02	1.215	4.08	1.012	3.95	1.101
	2.7 组织管理能力	3.82	1.242	3.96	1.048	3.89	1.072
	2.0 整体需求	3.82	1.217	3.90	1.050	3.84	1.054
3. 社会能力	3.1 工作态度	4.03	1.216	4.17	0.998	4.01	1.093
	3.2 团队协作能力	4.06	1.163	4.15	1.003	3.98	1.070
	3.3 社会责任心	4.07	1.156	4.12	1.021	4.01	1.067
	3.4 环境适应能力	4.08	1.099	4.13	0.994	3.96	1.084
	3.5 心理承受能力	4.09	1.151	4.12	1.057	3.96	1.122
	3.6 应变能力	4.11	1.122	4.17	0.994	4.10	1.048
	3.7 沟通表达能力	4.13	1.167	4.17	1.019	4.03	1.063
	3.0 整体需求	3.94	1.187	4.02	1.032	3.92	1.065
4. 综合职业能力	4.0 综合职业能力	4.01	1.218	4.13	0.940	4.10	1.003

表 4-65　家庭经济条件不同的三组学生职业能力高需求率统计　（单位:%）

一级指标	二级指标	经济差	经济中	经济好
1. 专业能力	1.1 专业知识	67.37 ·	74.26	72.82
	1.2 专业技能	69.39	76.47	71.88
2. 方法能力	2.1 外语应用能力	56.42	60.09	65.48
	2.2 计算机使用能力	59.63	64.69	62.56
	2.3 信息收集处理能力	60.96	60.75	52.82
	2.4 学习能力	63.73	67.87	63.27
	2.5 创新能力	65.08	68.64	62.94
	2.6 问题解决能力	70.82	73.58	68.37
	2.7 组织管理能力	62.03	67.94	66.67
3. 社会能力	3.1 工作态度	71.01	76.79	70.41
	3.2 团队协作能力	70.70	76.23	72.02
	3.3 社会责任心	72.78	75.35	70.92
	3.4 环境适应能力	71.20	76.53	70.47
	3.5 心理承受能力	72.31	74.47	70.41
	3.6 应变能力	72.46	76.15	73.85
	3.7 沟通表达能力	75.80	76.45	73.58
4. 综合职业能力	4.0 综合职业能力	71.30	74.97	74.63

9. 入学原因对中职生专业能力、方法能力需求有显著性影响

Pearson 卡方检验结果表明，入学原因不同的 7 组学生对 17 项职业能力中的 9 项能力的需求有显著性差异。这 9 项能力包括 2 项专业能力、6 项方法能力和 1 项社会能力。由此可见，入学原因不同的学生对专业能力、方法能力需求有显著性差异，说明学生的入学原因对其自我成才要求有一定影响。（见表 4-66）

从表 4-67 可见，因"好就业"、"自己喜欢"等主动因素选择入读中职的学生对职业能力的需求均值略高于因"学习成绩不好"、"父母意愿"等被动因素入读中职的学生。如因"好就业"、"自己喜欢"而入读中职的学生对专业能力的需求均值分别为 4.18、4.13，高于因"学习成绩不好"、"父母意愿"而入读中职的学生；因"好就业"、"自己喜欢"入读中职的学生对方法能力的需求均值分别为 3.89、3.88，也略高于因"学习成绩不好"、"父母意愿"而入读中职的学生。另外，从表 4-68 可见，因"自己喜欢"而入读中职的学生对 17 项职业能力中的 14 项能力（信息收集处理能力、组织管理能力、综合职业能力除外）的高需求率高于因"学习成绩不好"而选择入读中职的学生。

表4－66 入学原因不同的7组学生对职业能力需求差异的 *Pearson* 卡方检验结果

职业能力	χ^2	df	*Asymp. Sig.*（2 - *sided*）
1.1 专业知识	45.320	24	0.005
1.2 专业技能	38.511	24	0.031
2.1 外语应用能力	47.329	24	0.003
2.3 信息收集处理能力	38.767	24	0.029
2.4 学习能力	45.377	24	0.005
2.5 创新能力	38.453	24	0.031
2.6 问题解决能力	52.664	24	0.001
2.7 组织管理能力	37.170	24	0.042
3.7 沟通表达能力	37.766	24	0.037

注：本表只摘取了存在显著性差异的指标。

表4－67 入学原因不同的7组学生对职业能力的需求均值

一级指标	二级指标	学习成绩不好	家庭经济困难	自己喜欢	父母意愿	好就业	亲朋推荐	其他
1. 专业能力	1.1 专业知识	3.95	4.01	4.09	4.02	4.14	4.10	4.10
	1.2 专业技能	4.09	4.15	4.16	4.05	4.21	4.14	4.14
	1.0 整体需求	4.02	4.08	4.13	4.04	4.18	4.12	4.12
2. 方法能力	2.1 外语应用能力	3.67	3.79	3.75	3.57	3.60	3.72	3.89
	2.2 计算机使用能力	3.73	3.930	3.81	3.90	3.86	3.80	3.85
	2.3 信息收集处理能力	3.68	3.90	3.72	3.81	3.77	3.85	3.88
	2.4 学习能力	3.79	4.01	3.92	3.79	3.93	4.06	4.01
	2.5 创新能力	3.84	3.98	3.96	3.83	4.02	4.06	4.06
	2.6 问题解决能力	3.96	4.05	4.09	3.85	4.07	4.16	4.17
	2.7 组织管理能力	3.89	3.90	3.92	3.79	3.95	3.96	4.06
	2.0 整体需求	3.79	3.94	3.88	3.79	3.89	3.94	3.99
3. 社会能力	3.1 工作态度	4.06	4.16	4.15	4.10	4.10	4.23	4.17
	3.2 团队协作能力	4.06	4.11	4.14	4.07	4.05	4.15	4.18
	3.3 社会责任心	4.03	4.10	4.13	4.01	4.09	4.20	4.12
	3.4 环境适应能力	3.99	4.14	4.12	4.05	4.11	4.20	4.20
	3.5 心理承受能力	4.03	4.08	4.12	4.02	4.14	4.16	4.15
	3.6 应变能力	4.13	4.19	4.16	4.08	4.17	4.09	4.19
	3.7 沟通表达能力	4.12	4.22	4.14	4.16	4.19	4.11	4.18
	3.0 整体需求	4.06	4.14	4.14	4.07	4.12	4.16	4.17
4. 综合职业能力	4.0 综合职业能力	4.08	4.19	4.11	3.99	4.13	4.08	4.19

表 4－68　入学原因不同的 7 组学生职业能力高需求率统计　　　　（单位：％）

一级指标	二级指标	学习成绩不好	家庭经济困难	自己喜欢	父母意愿	好就业	亲朋推荐	其他
1. 专业能力	1.1 专业知识	69.75	71.84	73.99	71.43	76.56	72.78	75.14
	1.2 专业技能	74.74	74.76	76.20	69.46	75.39	75.00	75.49
2. 方法能力	2.1 外语应用能力	58.91	65.69	60.84	52.98	52.06	56.98	66.48
	2.2 计算机使用能力	61.17	70.30	62.91	64.07	67.01	60.89	65.27
	2.3 信息收集处理能力	58.74	68.93	57.25	59.04	58.20	62.57	65.63
	2.4 学习能力	60.97	69.61	66.82	63.25	68.75	73.18	71.11
	2.5 创新能力	64.50	72.82	66.67	65.27	69.43	70.00	70.36
	2.6 问题解决能力	69.39	76.70	73.07	66.67	71.43	77.22	76.54
	2.7 组织管理能力	65.75	66.99	65.15	63.69	65.61	68.54	72.63
3. 社会能力	3.1 工作态度	72.21	75.96	76.06	74.40	75.13	78.09	76.60
	3.2 团队协作能力	72.67	75.73	75.83	73.05	71.50	75.28	77.81
	3.3 社会责任心	71.70	75.49	75.94	70.91	74.21	74.72	76.34
	3.4 环境适应能力	70.68	73.79	76.14	73.21	76.44	79.21	77.62
	3.5 心理承受能力	70.46	73.79	76.96	70.83	74.74	75.14	73.11
	3.6 应变能力	75.37	76.70	76.10	70.66	76.44	69.10	77.18
	3.7 沟通表达能力	73.68	79.41	75.39	78.57	79.79	74.58	76.88
4. 综合职业能力	4.0 综合职业能力	74.83	75.00	74.17	71.13	77.39	71.43	76.13

第六节　中职生对人才培养工作的评价及其差异分析

人才培养工作与人才培养目标密切相关，人才培养工作的好坏直接影响人才培养目标的实现程度，而人才培养目标则会影响人才培养工作的方向。同样，学生对人才培养工作的评价与其成才需求密切相关，若人才培养工作符合或能满足学生的成才需求，学生则会给予高评价；相反，若人才培养工作不符合或不能满足其成才需求，学生则会给予低评价。基于此，本研究关注了学生对人才培养工作的态度。据调查，珠三角中职生对学校人才培养工作的整体评价一般，且存在学校水平差异、年级差异、性别差异、城乡差异和专业差异。同时，学生的学习基础、家庭经济环境也会影响学生对学校人才培养工作的评价。

一、中职生对人才培养工作评价的总体分析

1. 中职生对本专业人才培养目标的了解程度一般

从表 4－69 可见，珠三角 21.98％的中职生对本专业人才培养目标"不了解"或"完

全不了解"，52.49% 的学生了解程度"一般"，只有 25.53% 的学生"了解"或"很了解"本专业的人才培养目标。另从图 4 - 29 可见，中职生对所学专业培养目标的了解情况接近正态分布，均值为"3"，即只有"一般"水平。受此影响，不少学生对中职学习阶段的成才目标不清楚或感到迷茫。如调查发现 14.41% 的学生不清楚自己的成才目标，另有些学生的成才目标定位模糊或不切实际。中职生对本专业人才培养目标了解程度不足主要有两个方面的原因：一是专业人才培养目标定位不合理、不具体，学生难以理解和把握本专业的人才培养目标；二是专业人才培养目标宣传教育不足，学生缺乏深入了解专业人才培养目标的渠道。因此，中职学校一方面要做好专业人才培养目标定位，明确规定本专业培养的人才类型、人才层次、人才规格和毕业生就业岗位（群）；另一方面要加强专业培养目标的宣传解释工作，使每个学生都能清楚所学专业的培养目标，引导和帮助学生将专业培养目标与自我成才目标有机结合，由此发挥培养目标的激励、导向作用。

表 4 - 69　中职生对本专业培养目标的了解情况

培养目标了解程度	有效样本（人）	有效百分比（%）	累计百分比（%）
完全不了解	129	5.94	5.94
不了解	348	16.04	21.98
一般	1 139	52.49	74.47
了解	509	23.46	97.93
很了解	45	2.07	100.00
合计	2 170	100.00	—

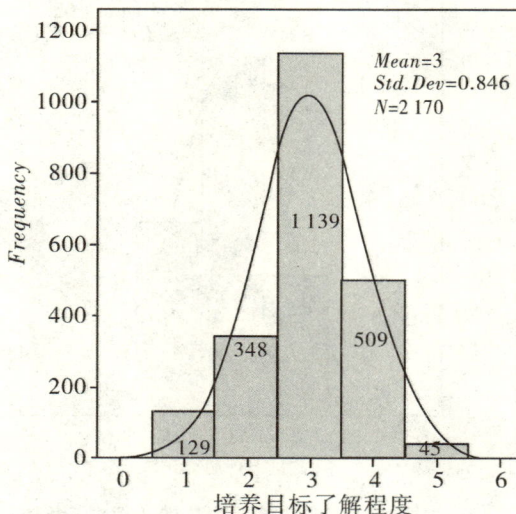

图 4 - 29　中职生对本专业培养目标的了解情况分布

2. 中职生对本专业的就业岗位了解程度一般

据调查，珠三角 23.82% 的中职生对本专业的就业岗位"不了解"或"完全不了解"，
47.59% 的学生了解程度"一般"，只有 28.6% 的学生对就业岗位"了解"或"很了解"。
另从图 4-30 可见，中职生对本专业就业岗位了解程度接近正态分布，均值为 3.02，表明了
解程度只有"一般"水平。该调查结果再次暴露出中职学校专业教育的问题，要么专业人才
培养目标定位不具体，不能清楚地规定本专业毕业生的就业岗位（群），要么就业教育不足
或效果不佳，没能让学生充分了解本专业毕业生的就业岗位（群）。这也从一个侧面反映了
"以就业为导向"的职业教育方针仍有待推进。其实，"以就业为导向"不仅要体现在办学
方向上，而且要落实到办学行为中。如在专业教育中，必须加强学生的就业教育，让学生
清楚所学专业的就业岗位（群），以便学生更具针对性地学习并加强岗位胜任力训练。

表 4-70　中职生对本专业就业岗位的了解情况

就业岗位了解程度	有效样本（人）	有效百分比（%）	累计百分比（%）
完全不了解	118	5.43	5.43
不了解	400	18.39	23.82
一般	1 035	47.59	71.4
了解	563	25.89	97.29
很了解	59	2.71	100.0
合计	2 175	100.00	—

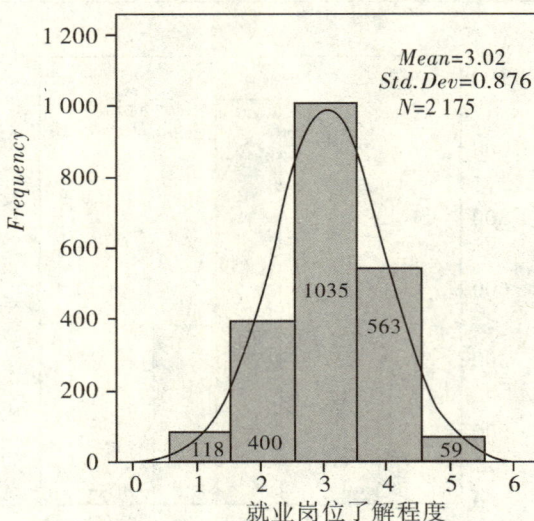

图 4-30　中职生对本专业就业岗位的了解情况分布

3. 中职生对学校课程设置的合理性评价一般偏上

据调查，34.6% 的学生认为学校的课程设置"合理"或"很合理"，49.19% 的学生

认为"一般"，16.2%的学生认为"不合理"或"很不合理"。从图4-31可见，中职生对课程设置合理性的评价呈正偏态分布，综合评价均值为3.16，即属于一般偏上水平。

表4-71　中职生对课程设置的合理性评价情况

课程设置的合理性评价	有效样本（人）	有效百分比（%）	累计百分比（%）
很不合理	119	5.48	5.48
不合理	233	10.72	16.2
一般	1 069	49.19	65.39
合理	690	31.75	97.15
很合理	62	2.85	100.00
合计	2 173	100.00	—

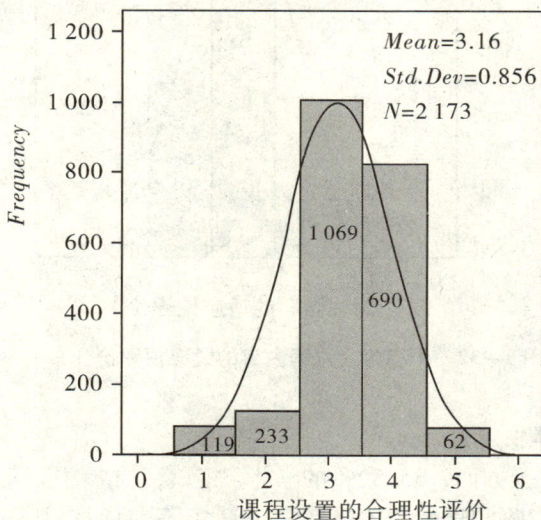

图4-31　中职生对课程设置的合理性评价分布

4. 中职生对学校课程内容的适应性评价一般偏上

据调查，41.58%的学生认为课程内容"符合"或"很符合"社会需求，48.53%的学生认为"一般"，只有9.89%的学生认为课程内容"不符合"或"很不符合"社会需求。另从图4-32可见，中职生对课程内容的社会适应性评价呈正偏态，综合评价均值为3.32，即属于一般偏上水平。

表4-72　中职生对课程内容的适应性评价情况

课程内容是否符合社会需求	有效样本（人）	有效百分比（%）	累计百分比（%）
很不符合	84	3.86	3.86
不符合	131	6.03	9.89
一般	1 055	48.53	58.42

（续上表）

课程内容是否符合社会需求	有效样本（人）	有效百分比（%）	累计百分比（%）
符合	822	37.81	96.23
很符合	82	3.77	100.00
合计	2 174	100.00	—

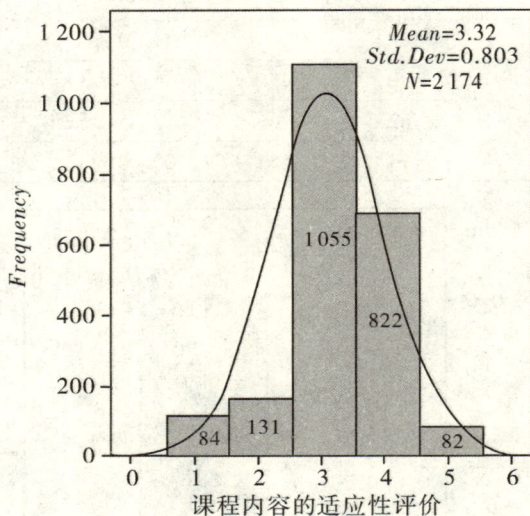

图4-32　中职生对课程内容的适应性评价分布

5. 中职生对教学条件较满意

在教学条件满意度评价方面，35.82%的学生"满意"或"很满意"，51.31%的学生评价"一般"，只有12.87%的学生"不满意"或"很不满意"。从图4-33可见，中职生对教学条件的满意度评价呈正偏态分布，综合评价均值为3.22，属一般偏上水平，说明中职生对教学条件较满意。

表4-73　中职生对教学条件的满意度评价情况

教学条件的满意度评价	有效样本（人）	有效百分比（%）	累计百分比（%）
很不满意	113	5.20	5.20
不满意	167	7.67	12.87
一般	1 116	51.31	64.18
满意	692	31.82	96.00
很满意	87	4.00	100.00
合计	2 175	100.00	—

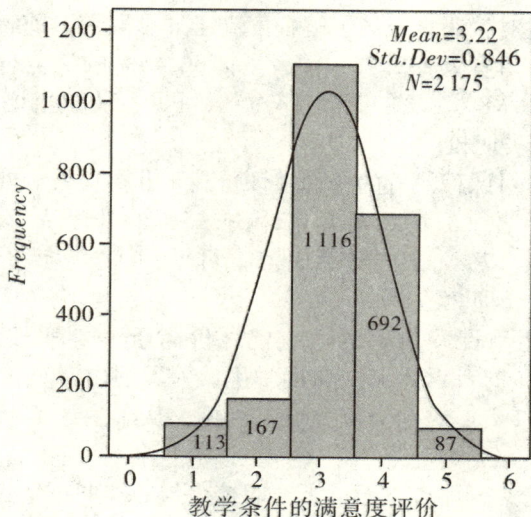

图 4-33　中职生对教学条件的满意度评价分布

二、中职生对人才培养工作评价的差异分析

1. 中职生对人才培养工作的评价存在学校水平差异，Ⅰ类职校生对培养目标了解程度、就业岗位了解程度，课程设置的合理性评价和课程内容的适应性评价均高于Ⅱ类职校生

从图 4-34 和图 4-35 可见，在学生对人才培养工作的评价方面，不论是评价均值还是高评价率，即选择"4"和"5"的累计百分比①，Ⅰ类职校普遍高于Ⅱ类职校。换句话说，从学生评价结果来看，Ⅰ类职校人才培养工作的整体水平高于Ⅱ类职校。

两独立样本 t 检验结果进一步表明，Ⅰ类与Ⅱ类职校学生除对教学条件的满意度评价无显著性差异之外，对其他 4 项人才培养工作的评价均有显著性差异。（见表 4-74）另外，$Spearman$ 等级相关计算结果表明，学校发展水平与学生对人才培养目标了解程度、就业岗位了解程度，对课程设置的合理性评价、课程内容的适应评价结果均呈显著性正相关。由此表明，学生对人才培养工作的评价存在学校水平差异，学校发展水平越高，学生评价越高。具体而言：

（1）Ⅰ类职校的学生对人才培养目标的了解程度高于Ⅱ类职校。前者对人才培养目标的了解程度均值为 3.11，后者为 2.93，前者累计 31.46% 的学生对培养目标"了解"和"很了解"，超过后者（22.04%）近 10 个百分点。可见，从学生评价结果来看，Ⅰ类职校在专业人才培养目标定位或宣传教育方面好于Ⅱ类职校。

---

① 本次调查采用五分量表，"4"和"5"是指相关指标的赋分值，此处统计有效样本中选择 4 和 5 的累计百分比，以此指标说明学生对相应人才培养工作的评价水平。具体而言：在培养目标了解程度、就业岗位了解程度方面，4 代表"了解"、5 代表"很了解"；在课程设置的合理性评价方面，4 代表"合理"、5 代表"很合理"；在课程内容的社会适应性评价方面（即课程内容是否符合社会需求），4 代表"符合"、5 代表"很符合"；在教学条件的满意度评价方面，4 代表"满意"、5 代表"很满意"。下文同。

（2）Ⅰ类职校的学生对就业岗位的了解程度高于Ⅱ类职校。前者对所学专业就业岗位的了解程度均值为3.19，后者只有2.92，前者累计36.44%的学生对就业岗位"了解"和"很了解"，超过后者（23.98%）约12个百分点。可见，从学生评价结果来看，Ⅰ类职校在就业教育方面好于Ⅱ类职校。

（3）Ⅰ类职校的学生对课程设置的合理性评价高于Ⅱ类职校。前者对课程设置合理性评价均值为3.26，高于后者（3.1），前者累计39.25%的学生认为课程设置"合理"或"很合理"，高于后者（31.87%）约7个百分点。可见，从学生评价结果来看，Ⅰ类职校的课程设置比Ⅱ类职校更合理。

（4）Ⅰ类职校的学生对课程内容的适应性评价高于Ⅱ类职校。前者的评价均值为3.42，高于后者（3.26），前者累计45.6%的学生认为课程内容"符合"或"很符合"社会需求，高于后者（39.21%）约6个百分点。可见，从学生评价结果来看，Ⅰ类职校的课程内容更符合社会需求。

（5）在教学条件的满意度评价方面，Ⅰ类职校生与Ⅱ类职校生无显著性差异。前者的评价均值为3.26，后者为3.19，前者35.36%的学生对所学专业的教学条件满意或很满意，后者为36.09%。可见，从学生评价结果来看，Ⅰ类职校与Ⅱ类职校的教学条件并没有明显差异。

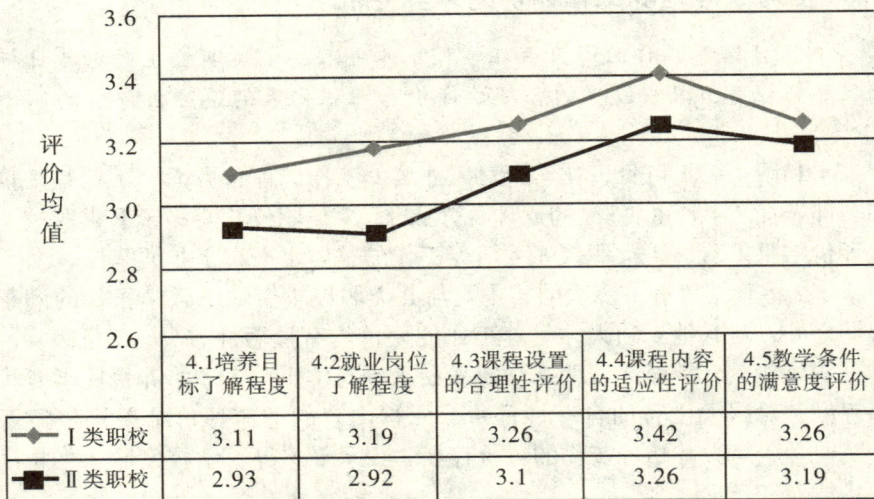

	4.1培养目标了解程度	4.2就业岗位了解程度	4.3课程设置的合理性评价	4.4课程内容的适应性评价	4.5教学条件的满意度评价
Ⅰ类职校	3.11	3.19	3.26	3.42	3.26
Ⅱ类职校	2.93	2.92	3.1	3.26	3.19

图4-34　Ⅰ类与Ⅱ类职校生对人才培养工作的评价均值

表4-74　Ⅰ类与Ⅱ类职校生对人才培养工作评价差异显著性 t 检验结果

	t	df	$Sig.$（2-tailed）
4.1 培养目标了解程度	4.836	2 168	0.000
4.2 就业岗位了解程度	6.873	2 173	0.000
4.3 课程设置的合理性评价	4.424	2 171	0.000
4.4 课程内容的适应性评价	4.499	2 172	0.000
4.5 教学条件的满意度评价	1.895	1 854	0.058

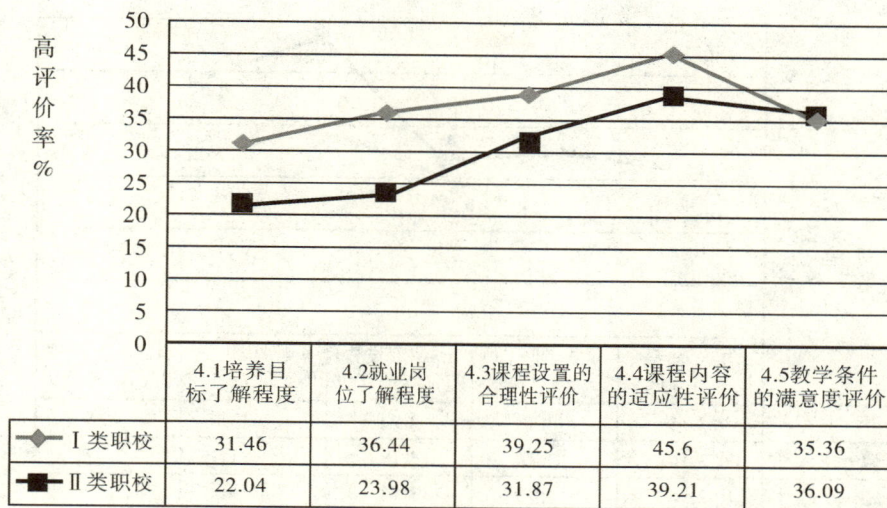

	4.1培养目标了解程度	4.2就业岗位了解程度	4.3课程设置的合理性评价	4.4课程内容的适应性评价	4.5教学条件的满意度评价
Ⅰ类职校	31.46	36.44	39.25	45.6	35.36
Ⅱ类职校	22.04	23.98	31.87	39.21	36.09

图4-35　Ⅰ类与Ⅱ类职校学生对人才培养工作高评价率

2. 中职生对人才培养工作的评价存在学校类型差异，职高生的评价普遍低于中专生和技校生

从图4-36和图4-37可见，不论是对人才培养目标了解程度、就业岗位了解程度，还是对课程设置的合理性评价、课程内容的适应性评价，抑或是对学校教学条件的满意度评价，职高生的评价均值和高评价率均低于中专生和技校生；在课程内容的适应性评价和教学条件的满意度评价方面，技校生的评价均值和高评价率均高于中专生和职高生。

方差分析结果表明，中专生、技校生和职高生在5项人才培养工作的评价方面的确存在显著性差异。两两样本Scheffe多重比较分析结果显示：在培养目标了解程度方面，职高生与中专生有显著性差异，后者高于前者；在就业岗位了解程度方面，职高生与中专生、技校生均存在显著性差异，职高生对就业岗位了解程度不及中专生和技校生；在课程设置的合理性评价方面，职高生与中专生有显著性差异，后者的评价高于前者；在课程内容的适应性评价方面，技校生与中专生、职高生均有显著性差异，技校生的评价高于中专生和职高生；在教学条件的满意度评价方面，职高生与技校生存在显著性差异，后者的评价高于前者。可见，职高生对专业培养目标了解程度、就业岗位了解程度，对课程设置的合理性评价均不及中专生；职高生对就业岗位的了解程度、课程内容的适应性评价、教学条件的满意度评价均不及技校生；技校生对课程内容的适应性评价高于中专生。

可见，从学生评价结果来看，中等专业学校在专业培养目标定位或宣传教育、就业教育、课程设置方面好于职业高中，技工类学校在就业教育、教学条件、课程内容的社会适应性方面好于职业高中，且在课程内容的社会适应性方面也好于中等专业学校。

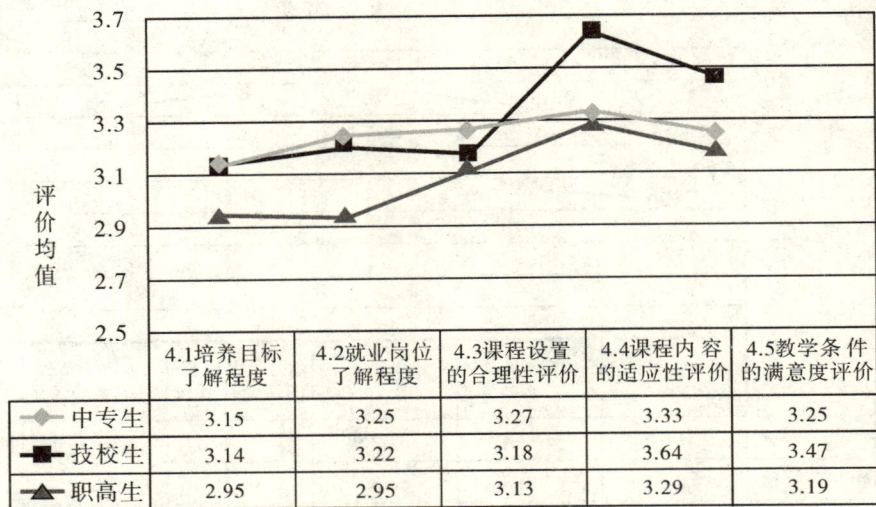

图 4 - 36　三校生对人才培养工作评价均值

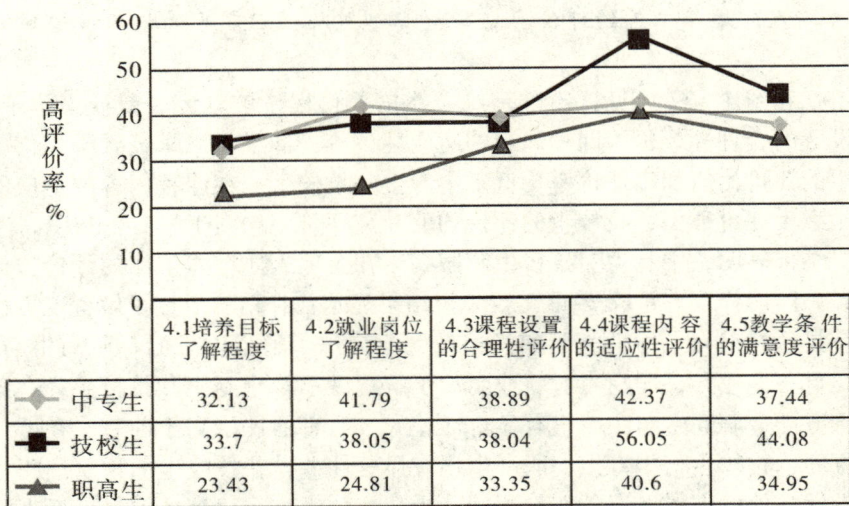

	4.1培养目标 了解程度	4.2就业岗位 了解程度	4.3课程设置 的合理性评价	4.4课程内容 的适应性评价	4.5教学条件 的满意度评价
中专生	3.15	3.25	3.27	3.33	3.25
技校生	3.14	3.22	3.18	3.64	3.47
职高生	2.95	2.95	3.13	3.29	3.19

图 4 - 37　三校生对人才培养工作高评价率

	4.1培养目标 了解程度	4.2就业岗位 了解程度	4.3课程设置 的合理性评价	4.4课程内容 的适应性评价	4.5教学条件 的满意度评价
中专生	32.13	41.79	38.89	42.37	37.44
技校生	33.7	38.05	38.04	56.05	44.08
职高生	23.43	24.81	33.35	40.6	34.95

表 4 - 75　三校生对人才培养工作评价结果的方差分析

	F	Sig.
4.1 培养目标了解程度	10.667	0.000
4.2 就业岗位了解程度	21.680	0.000
4.3 课程设置的合理性评价	4.632	0.010
4.4 课程内容的适应性评价	8.078	0.000
4.5 教学条件的满意度评价	5.273	0.005

表 4 –76　三校生对人才培养工作评价差异的 *Scheffe* 多重比较

Dependent Variable	(I) 学校类型	(J) 学校类型	*Mean Difference (I – J)*	*Std. Error*	*Sig.*
4.1 培养目标了解程度	中专	职高	0.199 *	0.046	0.000
4.2 就业岗位了解程度	中专	职高	0.296 *	0.048	0.000
	技校	职高	0.264 *	0.093	0.018
4.3 课程设置的合理性评价	中专	职高	0.142 *	0.047	0.010
4.4 课程内容的适应性评价	中专	技校	– 0.303 *	0.093	0.005
	职高	技校	– 0.343 *	0.086	0.000
4.5 教学条件的满意度评价	职高	技校	– 0.279 *	0.090	0.008

3. 中职生对人才培养工作的评价存在专业类别差异，交通运输类和农林牧渔类专业的学生评价相对较高

从图 4 –38 和图 4 –39 可见，6 类专业的学生对 5 项人才培养工作的评价均不理想，尤其是对培养目标的了解程度均不高。另外，*Kruskal-Wallis H* 检验结果表明，所调查的 6 类专业的学生对 5 项人才培养工作的评价均存在显著性差异。具体而言：①交通运输类专业的学生对本专业培养目标了解程度、就业岗位了解程度，对课程设置的合理性评价、教学条件的满意度评价均相对较高，样本均值分别为 3.24、3.55、3.33、3.34，高评价率分别为 33.73%、56.98%、46.51%、46.51%。这从一个侧面说明相对于其他类别的专业，此类专业培养目标、就业岗位定位更明确，课程设置更合理，教学条件更令学生满意。②农林牧渔类专业的学生对课程内容的适应性评价、教学条件的满意度评价相对较高，评价均值分别为 3.64、3.47，高评价率分别为 56.05%、44.08%。这说明相对于其他几类专业，此类专业的课程内容更符合社会需求，教学条件更令学生满意。③公共管理与服务类专业、信息技术类专业的学生对本专业培养目标、就业岗位的了解程度，对课程设置的合理性评价、教学条件的满意度评价相对较低，说明相对其他几类专业，这两类专业培养目标、就业岗位定位不明确或宣传不到位，课程设置的合理性较低、教学条件较差。④财经商贸类专业的学生对本专业的培养目标、就业岗位的了解程度，以及对教学条件的满意度也相对较低。

表 4 –77　六类专业的学生对人才培养工作的评价差异显著性 *H* 检验

	Chi-Square	*df*	*Asymp. Sig.*
4.1 培养目标了解程度	27.581	5	0.000
4.2 就业岗位了解程度	48.847	5	0.000
4.3 课程设置的合理性评价	11.798	5	0.038
4.4 课程内容的适应性评价	17.589	5	0.004
4.5 教学条件的满意度评价	19.029	5	0.002

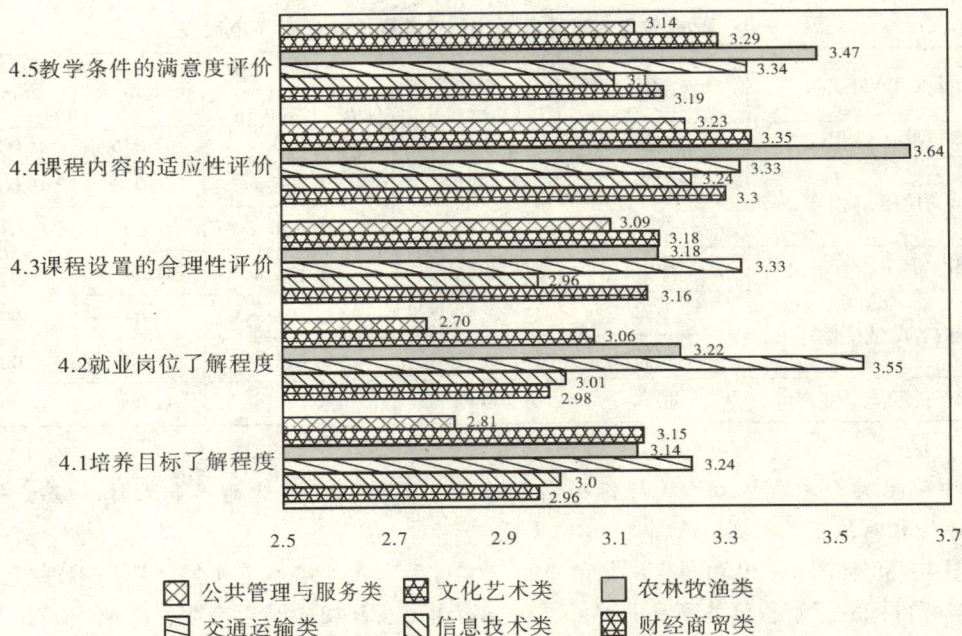

4.5教学条件的满意度评价 3.14 3.29 3.47 3.34 3.1 3.19
4.4课程内容的适应性评价 3.23 3.35 3.64 3.33 3.24 3.3
4.3课程设置的合理性评价 3.09 3.18 3.18 3.33 2.96 3.16
4.2就业岗位了解程度 2.70 3.06 3.22 3.55 3.01 2.98
4.1培养目标了解程度 2.81 3.15 3.14 3.24 3.0 2.96

公共管理与服务类　文化艺术类　农林牧渔类
交通运输类　信息技术类　财经商贸类

图 4-38　六类专业学生对人才培养工作的评价均值

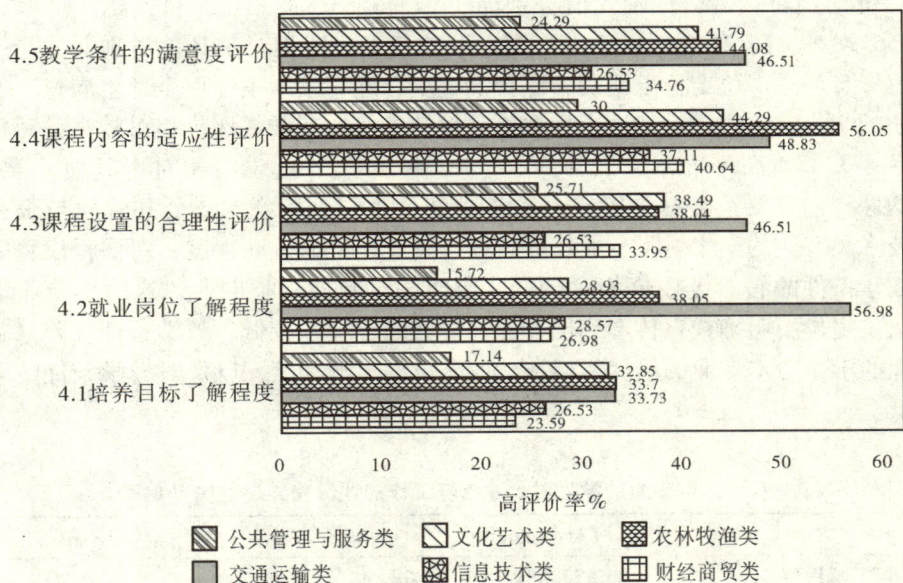

4.5教学条件的满意度评价 24.29 41.79 44.08 46.51 26.53 34.76
4.4课程内容的适应性评价 30 44.29 56.05 48.83 37.11 40.64
4.3课程设置的合理性评价 25.71 38.49 38.04 46.51 26.53 33.95
4.2就业岗位了解程度 15.72 28.93 38.05 56.98 28.57 26.98
4.1培养目标了解程度 17.14 32.85 33.7 33.73 26.53 23.59

高评价率%

公共管理与服务类　文化艺术类　农林牧渔类
交通运输类　信息技术类　财经商贸类

图 4-39　六类专业学生对人才培养工作的高评价率

4. 中职生对人才培养工作的评价存在年级差异，一年级学生对课程设置的合理性评价、课程内容的适应性评价、教学条件的满意度评价高于二年级学生

从图 4-40 可见，一年级学生对课程设置的合理性评价、课程内容的适应性评价和教

学条件的满意度评价均值略高于二年级学生，但从图4-41可见，二年级学生对培养目标
了解程度、就业岗位了解程度略高于一年级学生。两独立样本 t 检验结果表明，一年级学
生与二年级学生对课程设置的合理性评价、课程内容的适应性评价以及教学条件的满意度
评价均有显著性差异，但对培养目标了解程度、就业岗位了解程度均不存在显著性差异。
该结果表明：随着学习的不断深入，学生对课程设置、课程内容的认识更加深入，相应地
对教学条件等方面的要求也在不断提高，因此，要求更高的二年级学生对相应指标的评价
比一年级学生低。另外，虽然随着学习的不断深入，二年级学生对本专业的培养目标和就
业岗位的了解程度略好于一年级学生，但并不显著，说明中职学校在专业培养目标的宣传
教育、就业教育方面仍有待加强。

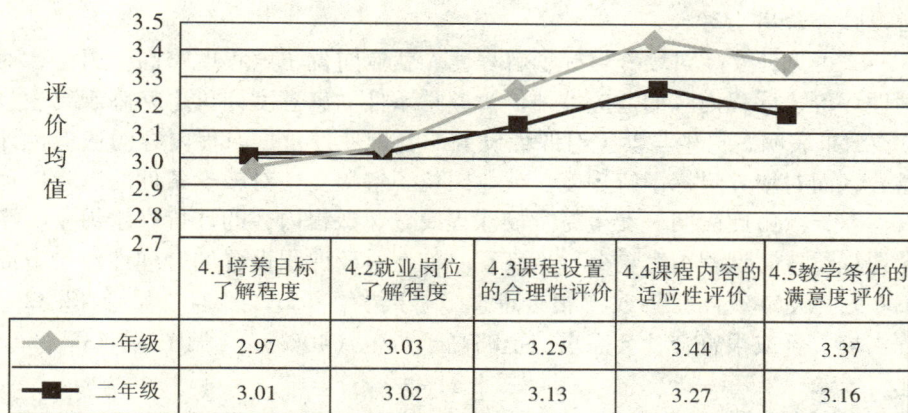

评价均值

	4.1培养目标了解程度	4.2就业岗位了解程度	4.3课程设置的合理性评价	4.4课程内容的适应性评价	4.5教学条件的满意度评价
一年级	2.97	3.03	3.25	3.44	3.37
二年级	3.01	3.02	3.13	3.27	3.16

图4-40 一、二年级学生对人才培养工作的评价均值

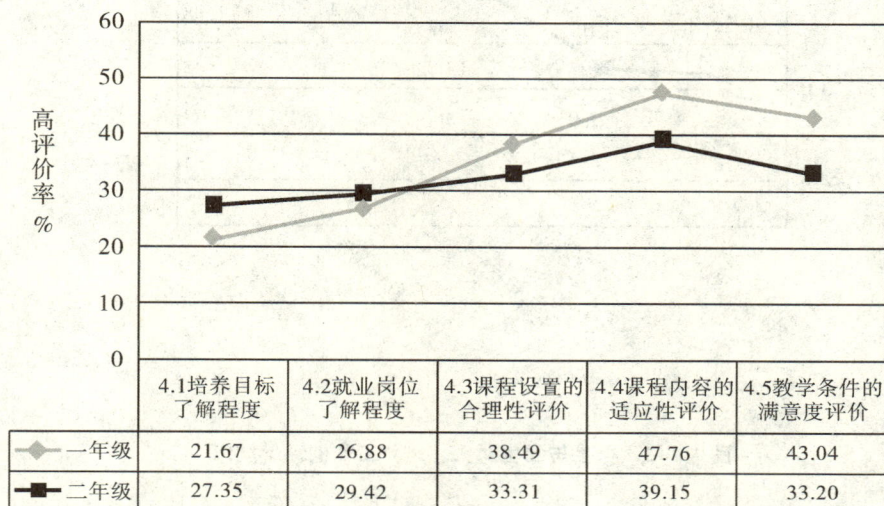

高评价率%

	4.1培养目标了解程度	4.2就业岗位了解程度	4.3课程设置的合理性评价	4.4课程内容的适应性评价	4.5教学条件的满意度评价
一年级	21.67	26.88	38.49	47.76	43.04
二年级	27.35	29.42	33.31	39.15	33.20

图4-41 一、二年级学生对人才培养工作的高评价率分布

表4-78　一、二年级学生对人才培养工作评价差异显著性 t 检验结果

	t	df	Sig. (2 - tailed)
4.1 培养目标了解程度	-1.044	1 258	0.297
4.2 就业岗位了解程度	0.218	1 261	0.827
4.3 课程设置的合理性评价	2.959	2 128	0.003
4.4 课程内容的适应性评价	4.578	2 129	0.000
4.5 教学条件的满意度评价	5.456	2 129	0.000

5. 中职生对人才培养工作的评价存在性别差异，女生对课程设置的合理性评价、课程内容的适应性评价高于男生

从图4-42可见，女生对培养目标了解程度、就业岗位了解程度略高于男生，对课程设置的合理性评价、课程内容的适应性评价、教学条件的满意度评价也略高于男生。两独立样本 t 检验结果表明，男生与女生对课程设置的合理性评价、课程内容的适应性评价存在显著性差异，而对培养目标了解程度、就业岗位了解程度，对教学条件的满意度评价均不存在显著性差异。由此表明，女生对学校课程设置、课程内容的评价高于男生。换句话说，学校的课程设置、课程内容更令女生满意。如在学校课程设置的合理性评价方面，累计35.93%的女生认为"合理"或"很合理"，高于男生（31.99%），累计42.32%的女生认为课程内容符合或很符合社会需求，也略高于男生（40%）。（见图4-43）

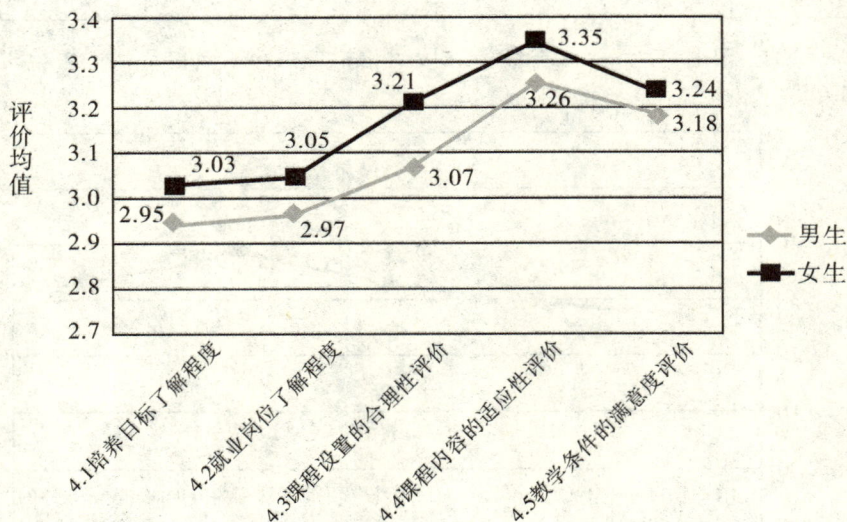

图4-42　男生与女生对人才培养工作的评价均值

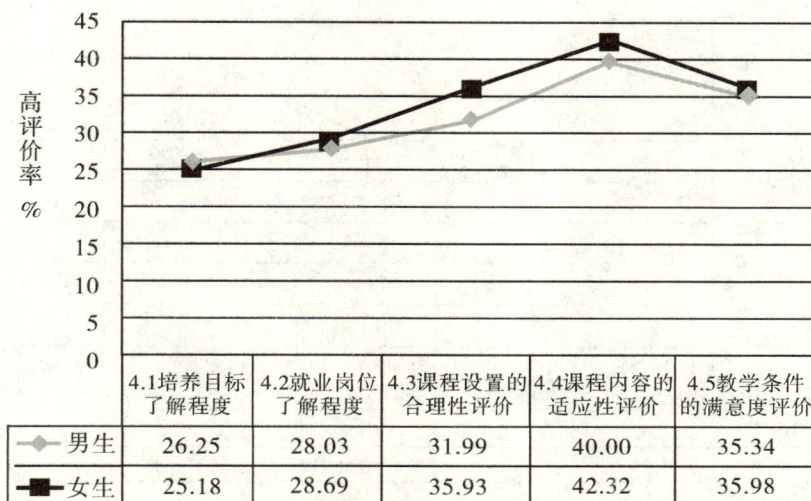

	4.1培养目标 了解程度	4.2就业岗位 了解程度	4.3课程设置的 合理性评价	4.4课程内容的 适应性评价	4.5教学条件 的满意度评价
男生	26.25	28.03	31.99	40.00	35.34
女生	25.18	28.69	35.93	42.32	35.98

图 4 - 43　男生与女生对人才培养工作的高评价率分布

表 4 - 79　男生与女生对人才培养工作评价差异显著性 t 检验结果

	t	df	$Sig.$ (2 - tailed)
4.1 培养目标了解程度	- 1.947	1 334	0.052
4.2 就业岗位了解程度	- 1.764	1 417	0.078
4.3 课程设置的合理性评价	- 3.544	1 358	0.000
4.4 课程内容的适应性评价	- 2.377	1 366	0.018
4.5 教学条件的满意度评价	- 1.408	1 352	0.159

6. 中职生对人才培养工作的评价存在城乡差异，农村学生对培养目标了解程度、就业岗位了解程度，对课程设置的合理性评价、课程内容的适应性评价高于城市学生

从图 4 - 44 和图 4 - 45 可见，农村学生对专业培养目标了解程度、就业岗位了解程度，对课程设置的合理性评价、课程内容的适应性评价和教学条件的满意度评价均略高于城市学生。两独立样本 t 检验结果表明，农村学生与城市学生除对教学条件的满意度评价不存在显著性差异之外，对其他 4 项人才培养工作的评价均存在显著性差异。由此表明，中职生对人才培养工作的评价存在城乡差异，农村学生对培养目标了解程度、就业岗位了解程度高于城市学生，且对课程设置的合理性评价、课程内容的适应性评价高于城市学生。

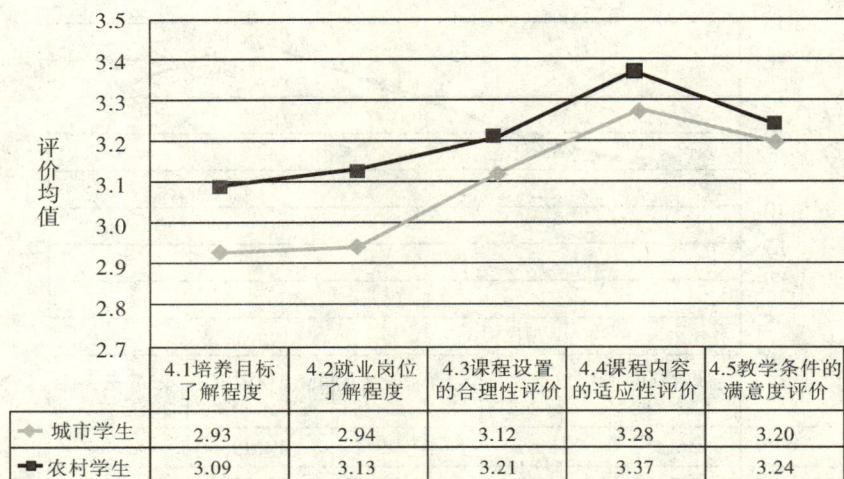

图 4 - 44　城乡学生对人才培养工作的评价均值分布

	4.1培养目标 了解程度	4.2就业岗位 了解程度	4.3课程设置 的合理性评价	4.4课程内容 的适应性评价	4.5教学条件的 满意度评价
城市学生	2.93	2.94	3.12	3.28	3.20
农村学生	3.09	3.13	3.21	3.37	3.24

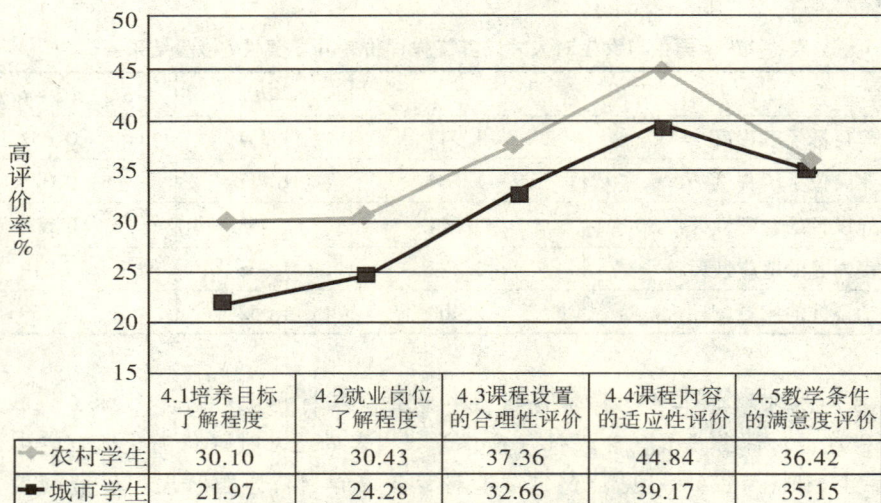

	4.1培养目标 了解程度	4.2就业岗位 了解程度	4.3课程设置 的合理性评价	4.4课程内容 的适应性评价	4.5教学条件 的满意度评价
农村学生	30.10	30.43	37.36	44.84	36.42
城市学生	21.97	24.28	32.66	39.17	35.15

图 4 - 45　城乡学生对人才培养工作的高评价率分布

表 4 - 80　城乡学生对人才培养工作的评价差异显著性 t 检验结果

	t	df	Sig.（2 - tailed）
4.1 培养目标了解程度	- 4.440	2 153	0.000
4.2 就业岗位了解程度	- 4.932	2 158	0.000
4.3 课程设置的合理性评价	- 2.325	2 156	0.020
4.4 课程内容的适应性评价	- 2.589	2 157	0.010
4.5 教学条件的满意度评价	- 0.965	2 158	0.335

7. 中职生对人才培养工作评价存在学习基础差异，学习基础差的学生评价普遍低于基础好和中等的学生

从图 4 - 46 和图 4 - 47 可见，在人才培养工作评价方面，入学成绩差的学生样本评价均值、高评价率均低于入学成绩好和中等的学生；从图 4 - 48 和图 4 - 49 可见，学生学习成绩越好，对有关人才培养工作的评价越高，反之亦然。方差分析结果表明，在人才培养工作评价方面，入学成绩不同的三组样本之间、学习成绩不同的三组样本之间均存在显著性差异。*Scheffe* 多重比较结果发现：①入学成绩差的学生对培养目标了解程度、就业岗位了解程度不及入学成绩好的学生和中等的学生，对课程设置的合理性评价、课程内容的适应性评价、教学条件的满意度评价低于入学成绩中等的学生；②入学成绩中等的学生对课程设置的合理性评价、教学条件的满意度评价高于入学成绩好的学生；③学习成绩差的学生对培养目标了解程度、就业岗位了解程度，对课程设置的合理性评价、课程内容的适应性评价、教学条件的满意度评价均低于学习成绩好和中等的学生；④学习成绩中等的学生对培养目标了解程度、就业岗位了解程度，对课程设置的合理性评价、课程内容的适应性评价均低于学习成绩好的学生。

可见，学生的学习基础会影响其对人才培养工作的态度。整体而言，学生的学习基础越好，其对人才培养工作的评价越高，尤其是学生在校学习成绩与其对人才培养工作的态度呈正相关，学习成绩越好，对相关人才培养工作的评价越高。

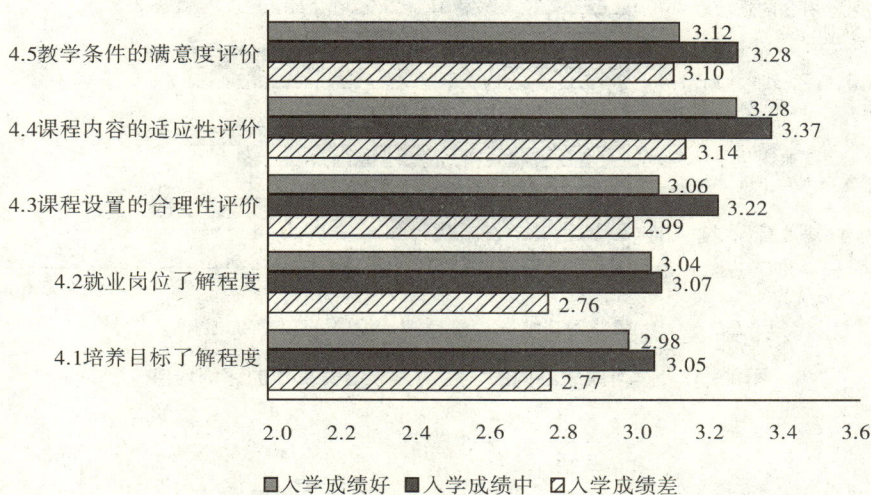

图 4 - 46　入学成绩不同的学生对人才培养工作的评价均值

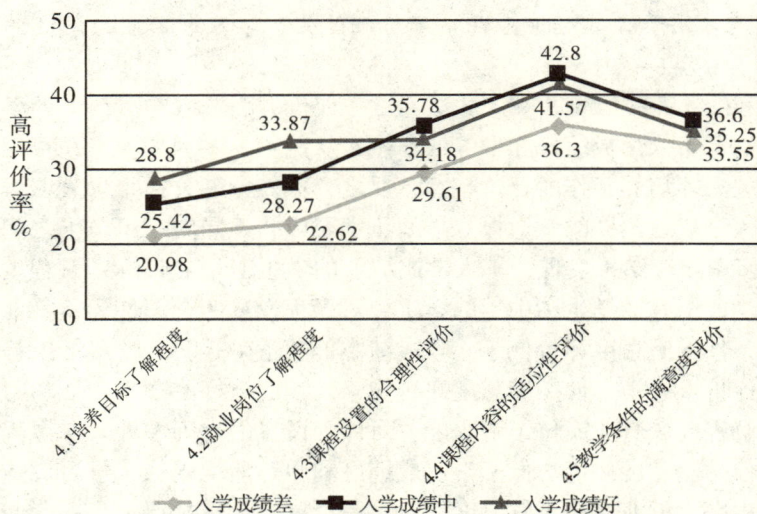

图4-47　入学成绩不同的学生对人才培养工作的高评价率分布

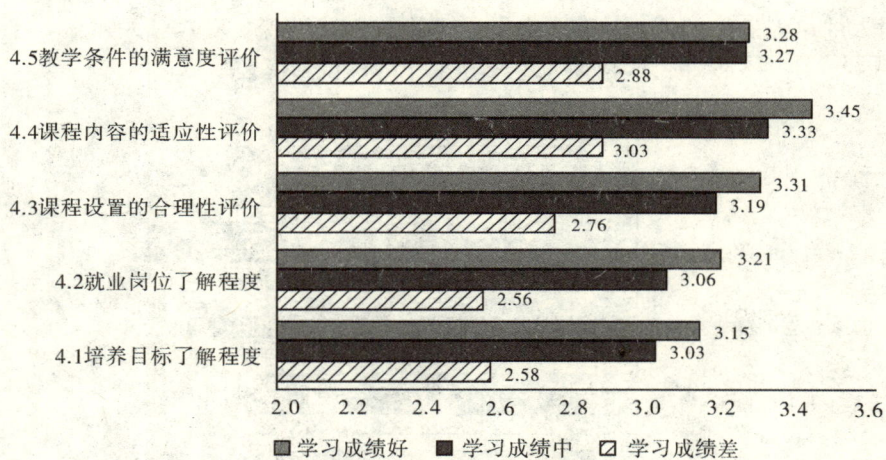

图4-48　学习成绩不同的学生对人才培养工作的评价均值

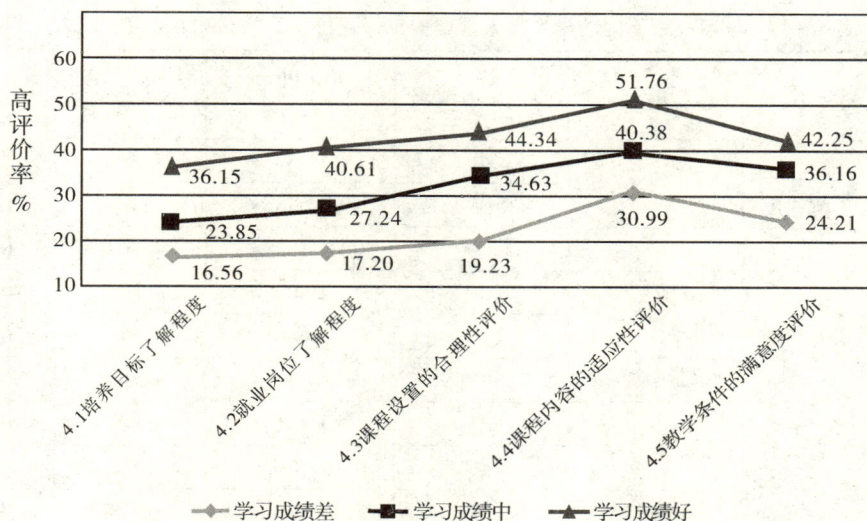

图 4 - 49　学习成绩不同的学生对人才培养工作的高评价率分布

表 4 - 81　学习基础不同的学生对人才培养工作评价差异的方差分析

	入学成绩好、中、差三组学生		学习成绩好、中、差三组学生	
	F	$Sig.$	F	$Sig.$
4.1 培养目标了解程度	13.424	0.000	49.732	0.000
4.2 就业岗位了解程度	16.106	0.000	57.076	0.000
4.3 课程设置的合理性评价	12.317	0.000	42.614	0.000
4.4 课程内容的适应性评价	10.919	0.000	26.050	0.000
4.5 教学条件的满意度评价	9.207	0.000	30.215	0.000

表 4 - 82　入学成绩不同的学生对人才培养工作评价差异的 *Scheffle* 多重比较

Dependent Variable	（I）入学成绩	（J）入学成绩	Mean Difference $(I-J)$	Std. Error	Sig.
4.1 培养目标了解程度	差	中	− 0.274 ∗	0.053	0.000
		好	− 0.208 ∗	0.063	0.004
4.2 就业岗位了解程度	差	中	− 0.310 ∗	0.055	0.000
		好	− 0.281 ∗	0.065	0.000
4.3 课程设置的合理性评价	中	差	0.229 ∗	0.054	0.000
		好	0.157 ∗	0.047	0.003
4.4 课程内容的适应性评价	差	中	− 0.229 ∗	0.051	0.000
4.5 教学条件的满意度评价	中	差	0.174 ∗	0.053	0.005
		好	0.156 ∗	0.046	0.003

表4-83　学习成绩不同的学生对人才培养工作评价差异的 Scheffle 多重比较

Dependent Variable	(I) 学习成绩	(J) 学习成绩	Mean Difference (I-J)	Std. Error	Sig.
4.1 培养目标了解程度	差	中	-0.457 *	0.052	0.000
		好	-0.578 *	0.061	0.000
	中	好	-0.122 *	0.046	0.029
4.2 就业岗位了解程度	差	中	-0.500 *	0.053	0.000
		好	-0.646 *	0.064	0.000
	中	好	-0.146 *	0.047	0.009
4.3 课程设置的合理性评价	差	中	-0.431 *	0.053	0.000
		好	-0.546 *	0.063	0.000
	中	好	-0.115 *	0.047	0.046
4.4 课程内容的适应性评价	差	中	-0.300 *	0.050	0.000
		好	-0.415 *	0.059	0.000
	中	好	-0.115 *	0.044	0.033
4.5 教学条件的满意度评价	差	中	-0.394 *	0.052	0.000
		好	-0.404 *	0.062	0.000

8. 中职生对人才培养工作的评价存在家庭经济差异，家庭经济差的学生评价低于家庭经济好和中等的学生

方差分析结果表明，家庭经济水平不同的学生对人才培养工作的评价存在显著性差异，两两样本 Scheffe 多重比较结果进一步显示，家庭经济差的学生的评价结果与家庭经济好、家庭经济中等的学生存在显著性差异，但家庭经济好与中等的学生之间无显著性差异。另从图4-50可见，在培养目标了解程度、就业岗位了解程度，课程设置的合理性评价、课程内容的适应性评价、教学条件的满意度评价方面，家庭经济差的学生的评价均值均低于家庭经济中等和好的学生；从图4-51可见，在培养目标了解程度、就业岗位了解程度，课程设置的合理性评价、课程内容的适应性评价、教学条件的满意度评价方面，家庭经济差的学生的高评价率低于家庭经济好和中等的学生。综上推断：中职生对人才培养工作的评价存在家庭经济差异，家庭经济差的学生对人才培养工作的评价低于家庭经济好和中等的学生。

表4-84　家庭经济水平不同的三组学生对人才培养工作评价的方差分析

	F	Sig.
4.1 培养目标了解程度	26.414	0.000
4.2 就业岗位了解程度	33.731	0.000

（续上表）

	F	Sig.
4.3 课程设置的合理性评价	32.845	0.000
4.4 课程内容的适应性评价	34.496	0.000
4.5 教学条件的满意度评价	37.485	0.000

表 4-85　家庭经济水平不同的三组学生对人才培养工作评价差异的 Scheffe 多重比较

Dependent Variable	（I）家庭经济	（J）家庭经济	Mean Difference (I－J)	Std. Error	Sig.
4.1 培养目标了解程度	差	中	-0.347 *	0.048	0.000
		好	-0.290 *	0.073	0.000
4.2 就业岗位了解程度	差	中	-0.399 *	0.049	0.000
		好	-0.411 *	0.076	0.000
4.3 课程设置的合理性评价	差	中	-0.384 *	0.048	0.000
		好	-0.395 *	0.074	0.000
4.4 课程内容的适应性评价	差	中	-0.374 *	0.045	0.000
		好	-0.345 *	0.069	0.000
4.5 教学条件的满意度评价	差	中	-0.406 *	0.047	0.000
		好	-0.405 *	0.073	0.000

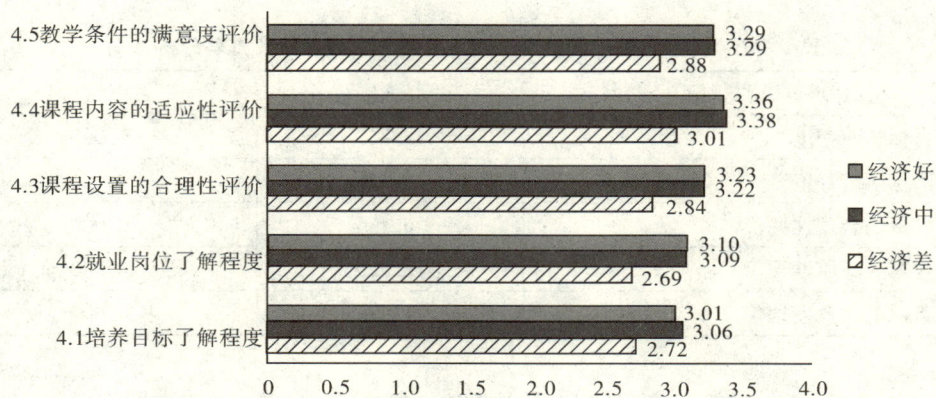

图 4-50　家庭经济水平不同的学生对人才培养工作的评价均值

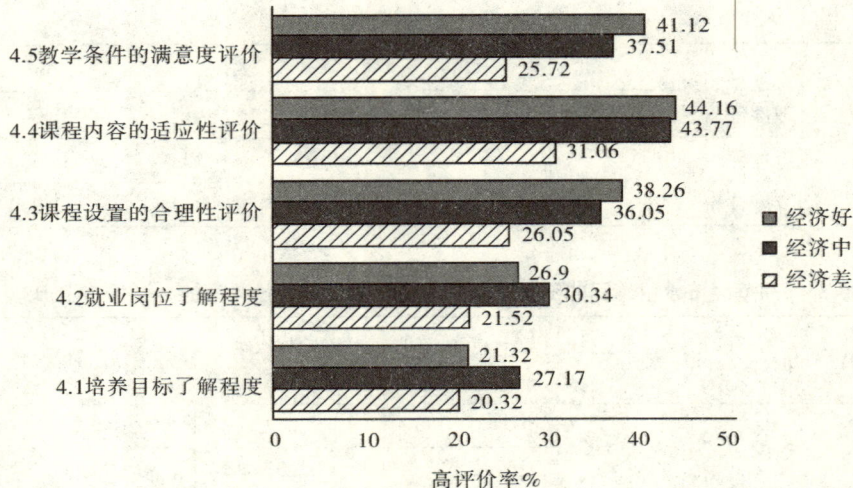

图4-51 家庭经济水平不同的三组学生对人才培养工作的高评价率分布

9. 入学原因不同的学生对中职人才培养工作的评价有显著性差异，因"好就业"、"自己喜欢"等主动原因入读中职的学生评价相对较高

方差分析结果表明，入学原因不同的学生对培养目标了解程度、就业岗位了解程度、课程设置的合理性评价、课程内容的适应性评价以及教学条件的满意度评价均有显著性差异。从表4-87和表4-88可见，因各种原因入读高职的学生对各项人才培养工作的评价均不理想。不过，相对而言，因"好就业"、"自己喜欢"等主动原因选择入读中职的学生对各项人才培养工作的评价比因"学习成绩不好"、"家庭经济困难"等被动原因而入读中职的学生更高。

表4-86 入学原因不同的学生对人才培养工作评价的方差分析

人才培养工作指标	F	Sig.
4.1 培养目标了解程度	14. 363	0. 000
4.2 就业岗位了解程度	15. 558	0. 000
4.3 课程设置的合理性评价	6. 136	0. 000
4.4 课程内容的适应性评价	10. 029	0. 000
4.5 教学条件的满意度评价	11. 996	0. 000

表4-87 入学原因不同的学生对人才培养工作的评价均值

入学原因	4.1 培养目标了解程度	4.2 就业岗位了解程度	4.3 课程设置的合理性评价	4.4 课程内容的适应性评价	4.5 教学条件的满意度评价
学习成绩不好	2. 82	2. 83	3. 06	3. 15	3. 07
家庭经济困难	2. 62	2. 55	2. 84	3. 00	2. 84

（续上表）

入学原因	4.1 培养目标 了解程度	4.2 就业岗位 了解程度	4.3 课程设置 的合理性评价	4.4 课程内容 的适应性评价	4.5 教学条件 的满意度评价
自己喜欢	3.19	3.17	3.25	3.43	3.37
父母意愿	2.99	3.02	3.10	3.35	3.20
好就业	3.12	3.24	3.31	3.48	3.36
亲朋推荐	3.04	3.13	3.22	3.37	3.29
其他	2.91	3.02	3.12	3.28	3.11
总计	3.00	3.03	3.15	3.31	3.21

表4-88　入学原因不同的学生对人才培养工作的高评价率统计　　　（单位:%）

入学原因	4.1 培养目标 了解程度	4.2 就业岗位 了解程度	4.3 课程设置 的合理性评价	4.4 课程内容 的适应性评价	4.5 教学条件 的满意度评价
学习成绩不好	19.88	21.07	30.79	33.47	30.85
家庭经济困难	21.90	16.98	25.47	30.19	25.47
自己喜欢	33.28	32.34	40.00	46.78	42.79
父母意愿	20.61	24.55	27.54	41.32	30.72
好就业	28.27	40.84	39.58	52.08	43.23
亲朋推荐	26.70	35.59	36.16	46.89	38.98
其他	21.31	27.87	31.23	37.53	28.14

第七节　中职生对职业能力培养效果的评价及其差异分析

　　根据学生评价结果，珠三角中职学校对学生的职业能力，尤其是专业能力、社会能力和综合职业能力的整体培养效果较好。同时，在职业能力培养效果方面，存在以下差异：①学校水平差异，国家示范（重点）学校的培养效果普遍好于省级示范（重点）学校；②学校类型差异，中等专业学校与技工类学校的培养效果普遍好于职业高中；③专业差异，调查的6类专业中，交通运输类专业的培养效果最好，而财经商贸类专业、信息技术类专业的培养效果相对较差。另外，学生对职业能力培养效果评价还存在以下差异：①年级差异，一年级学生的评价高于二年级学生；②性别差异，男生与女生对职业能力的培养效果评价有一定差异；③城乡差异，来自城市的学生与来自农村的学生对职业能力的培养效果评价有一定差异；④学习基础差异，学生的入学成绩、学习成绩越好，评价越高；⑤家庭经济差异，家庭经济条件越好的学生对部分职业能力培养效果的评价越高。

一、中职生对职业能力培养效果评价的总体分析

1. 中职生对职业能力培养效果的整体评价较高

在专业能力、方法能力、社会能力和综合职业能力 4 类职业能力培养效果评价方面，珠三角中职生的评价均值分别是 3.73、3.60、3.76 和 3.73，均达到较高水平。其中，对社会能力的评价最高，其次是专业能力和综合职业能力，而对方法能力的培养效果评价相对较低。

在 17 项具体的职业能力培养效果评价方面，50% 左右的学生认为培养效果"好"或"很好"，且评价均值都在 3.5 左右，达到中等偏上水平。其中，对 7 项社会能力、2 项专业能力以及综合职业能力的评价均值都在 3.7 以上。但对方法能力培养效果评价相对较低，除对计算机使用能力的培养效果评价均值达到 3.7 以上之外，对其他 6 项方法能力的培养效果评价均值都低于 3.7。另外，学生评价最高的是工作态度，评价均值和高评价率[①]分别为 3.80 和 63.89%，评价最低的是外语应用能力，评价均值和高评价率分别为 3.47 和 47.30%。这说明，在学生看来，中职学校对工作态度的培养效果最好，对外语应用能力的培养效果最差。

可见，从学生评价来看，珠三角中职学校对学生专业能力、方法能力、社会能力和综合职业能力 4 类职业能力整体培养效果较好，其中对方法能力的培养效果不及社会能力、专业能力和综合职业能力。该结果与学生的自我成才需求是一致的，4 类职业能力中，中职生对社会能力、专业能力和综合职业能力的需求相对更高，而对方法能力的需求相对较低。由此表明，珠三角中职学校在人才培养方面比较切合学生的成才需求，整体培养效果较好。

表 4-89　中职生对职业能力的培养效果评价均值及标准差

一级指标	二级指标	均值	标准差
1. 专业能力	1.1 专业知识	3.70	0.894
	1.2 专业技能	3.76	0.908
	1.0 整体评价	3.73	0.901
2. 方法能力	2.1 外语应用能力	3.47	1.025
	2.2 计算机使用能力	3.72	0.876
	2.3 信息收集处理能力	3.56	0.898
	2.4 学习能力	3.64	0.908
	2.5 创新能力	3.52	0.977
	2.6 问题解决能力	3.66	0.957
	2.7 组织管理能力	3.62	0.980
	2.0 整体评价	3.60	0.950

① 高评价率是指调查样本中选择"4"（培养效果好）和"5"（培养效果很好）的累计百分比。下同。

（续上表）

一级指标	二级指标	均值	标准差
3. 社会能力	3.1 工作态度	3.80	0.967
	3.2 团队协作能力	3.80	0.955
	3.3 社会责任心	3.80	0.945
	3.4 环境适应能力	3.77	0.947
	3.5 心理承受能力	3.72	1.006
	3.6 应变能力	3.70	0.959
	3.7 沟通表达能力	3.76	0.983
	3.0 整体评价	3.76	0.97
4. 综合职业能力	4.0 综合职业能力	3.73	0.927

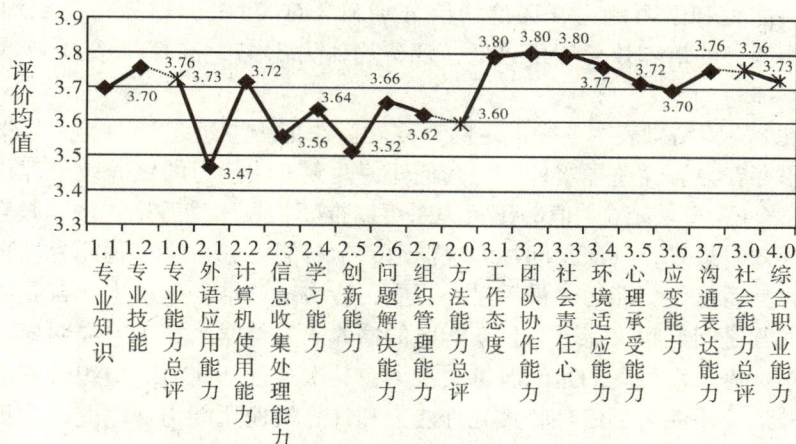

图4-52 中职生对职业能力培养效果的评价均值

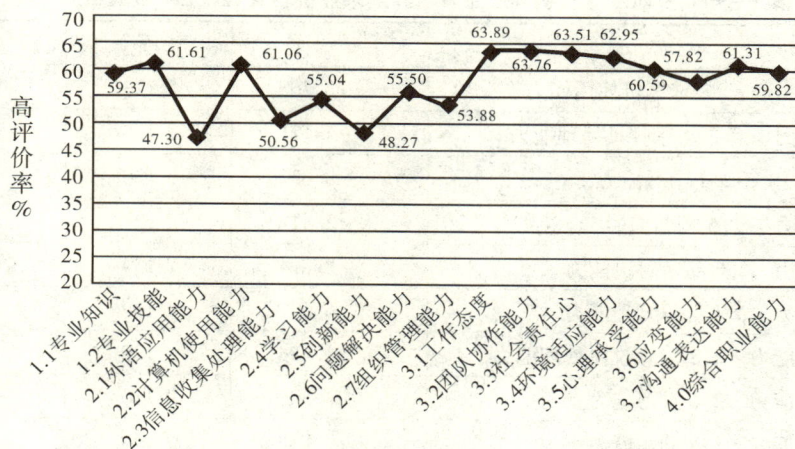

图4-53 中职生对职业能力培养效果的高评价率

2. 专业能力方面，中职生对专业技能的培养效果评价好于专业知识

据调查，珠三角中职生对专业技能培养效果的评价均值为 3.76、高评价率为 61.61%，均略高于对专业知识的评价。

差异显著性 t 检验结果（$t = -5.482$，$df = 2\,058$，$p < 0.05$）表明，学生对专业知识和专业技能的培养效果评价存在显著性差异，对专业技能的培养效果评价高于专业知识。该结果与学生自我成才需求是一致的，相对于专业知识，学生对专业技能的需求更高。由此表明，珠三角中职学校在专业能力培养方面比较切合学生的实际需求，整体培养效果较好。

3. 方法能力方面，中职生对计算机使用能力的培养效果评价最高

据调查，珠三角中职生对方法能力培养效果评价由高到低依次是计算机使用能力、问题解决能力、学习能力、组织管理能力、信息收集处理能力、创新能力、外语应用能力。其中，对计算机使用能力的培养效果评价最高，评价均值为 3.72，高评价率为 61.06%；其次是问题解决能力和学习能力，评价均值分别为 3.66 和 3.64，高评价率均在 55% 以上；对外语应用能力的培养效果评价最低，评价均值为 3.47，高评价率为 47.30%。（见图 4 - 52、图 4 - 53）

差异显著性 t 检验结果表明，中职生除对问题解决能力、组织管理能力与学习能力的培养效果评价不存在显著性差异之外，对其他任何两项方法能力的培养效果评价均存在显著性差异。（见表 4 - 90）结合 t 值的正负关系可以推断：在学生看来，中职教育对计算机使用能力的培养效果最好，其次是问题解决能力、学习能力和组织管理能力，再次是信息收集处理能力，然后是创新能力，最后是外语应用能力。该结果与学生的自我成才需求存在一定差异，尤其是问题解决能力和创新能力的培养效果与学生需求差异明显。在方法能力需求方面，学生需求度最高的是问题解决能力，其次是创新能力、组织管理能力和学习能力，最后是外语应用能力、信息收集处理能力和计算机使用能力。因此，为更好满足学生成才需求，中职学校应加强对学生问题解决能力和创新能力的培养。

表 4 - 90　中职生对各项方法能力培养效果评价差异显著性 t 检验结果

	t	df	Sig.（2 - tailed）
2.1 外语应用能力 · 2.2 计算机使用能力	- 12.76	2 129	0.000
2.1 外语应用能力 · 2.3 信息收集处理能力	- 4.171	2 130	0.000
2.1 外语应用能力 · 2.4 学习能力	- 8.63	2 136	0.000
2.1 外语应用能力 · 2.5 创新能力	- 2.419	2 127	0.016
2.1 外语应用能力 · 2.6 问题解决能力	- 8.894	2 134	0.000
2.1 外语应用能力 · 2.7 组织管理能力	- 6.647	2 119	0.000
2.2 计算机使用能力 · 2.3 信息收集处理能力	10.484	2 122	0.000
2.2 计算机使用能力 · 2.4 学习能力	4.503	2 130	0.000
2.2 计算机使用能力 · 2.5 创新能力	9.813	2 120	0.000
2.2 计算机使用能力 · 2.6 问题解决能力	3.249	2 128	0.001

（续上表）

	t	df	Sig.（2-tailed）
2.2 计算机使用能力·2.7 组织管理能力	5.123	2 113	0.000
2.3 信息收集处理能力·2.4 学习能力	-5.105	2 131	0.000
2.3 信息收集处理能力·2.5 创新能力	2.166	2 121	0.030
2.3 信息收集处理能力·2.6 问题解决能力	-5.112	2 130	0.000
2.3 信息收集处理能力·2.7 组织管理能力	-3.031	2 117	0.002
2.4 学习能力·2.5 创新能力	7.905	2 128	0.000
2.4 学习能力·2.6 问题解决能力	-0.894	2 136	0.372
2.4 学习能力· 2.7 组织管理能力	1.327	2 119	0.185
2.5 创新能力·2.6 问题解决能力	-8.807	2 128	0.000
2.5 创新能力·2.7 组织管理能力	-5.869	2 116	0.000
2.6 问题解决能力·2.7 组织管理能力	2.624	2 123	0.009

4. 社会能力方面，中职生对工作态度、团队协作能力和社会责任心的培养效果评价最高

在社会能力培养效果评价方面，中职生对工作态度、团队协作能力、社会责任心的培养效果评价较高，评价均值为 3.80，且超过 63% 的学生认为中职教育对此 3 项能力的培养效果"好"或"很好"；对环境适应能力、心理承受能力、应变能力、沟通表达能力的培养效果评价次之，评价均值分别为 3.77、3.72、3.70 和 3.76，高评价率分别为62.95%、60.59%、57.82% 和 61.31%。

差异显著性 t 检验结果表明：①中职生对工作态度、团队协作能力、社会责任心 3 项能力的培养效果评价与对心理承受能力、应变能力、沟通表达能力 3 项能力的培养效果评价之间均存显著性差异，且 t 值为正，说明学生对前 3 项能力的培养效果评价高于后 3 项能力；②中职生对环境适应能力、沟通表达能力的培养效果评价与对心理承受能力、应变能力的培养效果评价存在显著性差异，且 t 值为正，说明对前两项能力的培养效果评价高于后两项能力；③中职生对工作态度、团队协作能力、社会责任心的培养效果评价不存在显著性差异，对心理承受能力和应变能力的培养效果评价不存在显著性差异，对环境适应能力与沟通表达能力的培养效果评价也不存在显著性差异。（见表 4-91）

综上推断：从学生评价结果来看，中职学校对培养学生的工作态度、团队协作能力、社会责任心的效果最好，其次是环境适应能力和沟通表达能力，最后是心理承受能力和应变能力。此结果与学生的自我成才需求存在一定差异。在 7 项社会能力需求方面，学生需求度最高的是沟通表达能力和应变能力。因此，为更好地满足学生的成才需求，珠三角中职学校应加强对学生的沟通表达能力和应变能力的培养。

表4-91　中职生对7项社会能力的培养效果评价差异的显著性检验结果

	t	df	Sig. (2 - tailed)
3.1 工作态度·3.5 心理承受能力	3.958	2 139	0.000
3.1 工作态度·3.6 应变能力	5.805	2 123	0.000
3.1 工作态度·3.7 沟通表达能力	2.336	2 133	0.020
3.2 团队协作能力·3.5 心理承受能力	4.336	2 120	0.000
3.2 团队协作能力·3.6 应变能力	6.350	2 109	0.000
3.2 团队协作能力·3.7 沟通表达能力	2.549	2 116	0.011
3.3 社会责任心·3.5 心理承受能力	4.335	2 134	0.000
3.3 社会责任心·3.6 应变能力	6.021	2 117	0.000
3.3 社会责任心·3.7 沟通表达能力	2.299	2 130	0.022
3.4 环境适应能力·3.5 心理承受能力	3.293	2 120	0.001
3.4 环境适应能力·3.6 应变能力	5.260	2 113	
3.7 沟通表达能力·3.5 心理承受能力	2.150	2 131	0.032
3.7 沟通表达能力·3.6 应变能力	4.613	2 117	0.000

注：本表只摘取了存在显著性差异的指标。

二、中职生对职业能力培养效果评价的差异分析

1. 中职生对部分职业能力培养效果评价存在学校水平差异，Ⅰ类职校生的评价普遍高于Ⅱ类职校生

据调查，Ⅰ类职校的学生对专业能力、方法能力、社会能力和综合职业能力的整体评价均值分别为3.74、3.61、3.82、3.78，均高于Ⅱ类职校。具体指标方面，不论是从评价均值来看，还是高评价率来看，Ⅰ类职校的学生对17项职业能力的培养效果评价普遍高于Ⅱ类职校。（见表4-92、图4-54）可见，从学生评价结果来看，学校发展水平越高，对学生职业能力的培养效果越好。

两独立样本 t 检验结果表明，两组发展水平不同的职业学校学生对17项职业能力中的6项职业能力，即创新能力、工作态度、社会责任心、环境适应能力、沟通表达能力、综合职业能力的培养效果评价有显著性差异，Ⅰ类职校学生对此6项职业能力的培养效果评价均高于Ⅱ类职校学生。由此表明，根据学生评价结果，Ⅰ类职校对学生创新能力、工作态度、社会责任心、环境适应能力、沟通表达能力、综合职业能力的培养效果整体好于Ⅱ类职校。另外，这6项能力中有4项属社会能力，说明Ⅰ类职校对学生社会能力的培养效果好于Ⅱ类职校。

表4－92　Ⅰ类与Ⅱ类职校生对职业能力培养效果评价均值与标准差

一级指标	二级指标	Ⅰ类职校		Ⅱ类职校	
		均值（M）	标准差（SD）	均值（M）	标准差（SD）
1. 专业能力	1.1 专业知识	3.70	0.817	3.70	0.936
	1.2 专业技能	3.77	0.859	3.76	0.935
	1.0 整体评价	3.74	0.838	3.73	0.936
2. 方法能力	2.1 外语应用能力	3.44	1.005	3.48	1.037
	2.2 计算机使用能力	3.68	0.858	3.75	0.886
	2.3 信息收集处理能力	3.53	0.864	3.57	0.918
	2.4 学习能力	3.68	0.877	3.62	0.926
	2.5 创新能力	3.58	0.926	3.48	1.006
	2.6 问题解决能力	3.69	0.923	3.64	0.977
	2.7 组织管理能力	3.66	0.952	3.60	0.996
	2.0 整体评价	3.61	0.915	3.59	0.964
3. 社会能力	3.1 工作态度	3.87	0.921	3.75	0.991
	3.2 团队协作能力	3.83	0.901	3.79	0.987
	3.3 社会责任心	3.87	0.901	3.76	0.968
	3.4 环境适应能力	3.84	0.918	3.73	0.962
	3.5 心理承受能力	3.76	0.986	3.70	1.017
	3.6 应变能力	3.74	0.927	3.67	0.977
	3.7 沟通表达能力	3.81	0.967	3.72	0.992
	3.0 整体评价	3.82	0.932	3.73	0.985
4. 综合职业能力	4.0 综合职业能力	3.78	0.889	3.70	0.948

□ Ⅰ类职校 ■ Ⅱ类职校

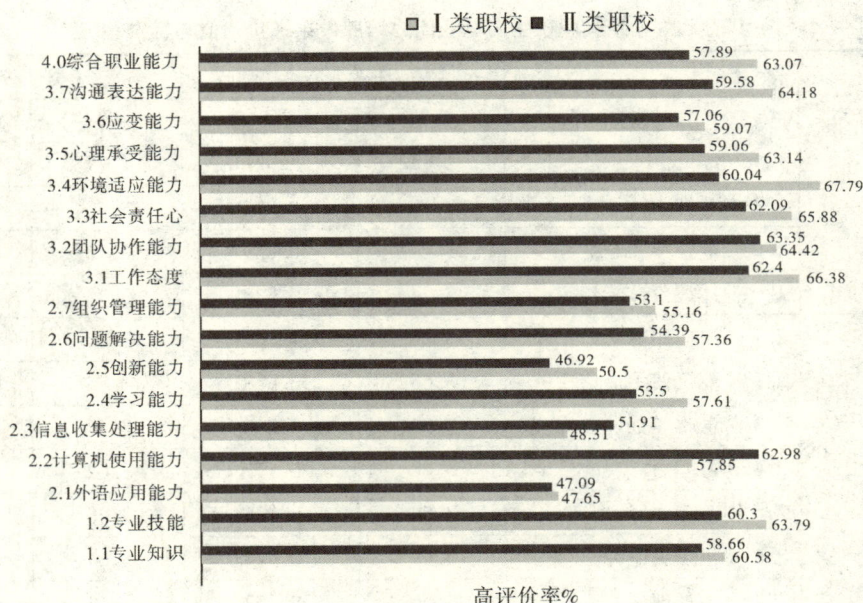

图4-54　Ⅰ类与Ⅱ类职校学生对职业能力培养效果的高评价率分布

表4-93　Ⅰ类与Ⅱ职校生对职业能力培养效果评价的差异显著性 t 检验

职业能力指标	t	df	$Sig.$（2-tailed）
2.5 创新能力	2.221	1.803E3	0.026
3.1 工作态度	2.645	1.792E3	0.008
3.3 社会责任心	2.679	1.785E3	0.007
3.4 环境适应能力	2.728	1.749E3	0.006
3.7 沟通表达能力	1.982	1.725E3	0.048
4.0 综合职业能力	2.136	1.757E3	0.033

注：本表只摘取了存在显著性差异的指标。

2. 中职生对职业能力培养效果评价存在学校类型差异，中专生与技校生的评价高于职高生

据调查，中专生、技校生、职高生对中职学校职业能力的培养效果评价存在一定差异。从表4-94可见，技校生和中专生对专业能力、方法能力、社会能力和综合职业能力的整体评价均值普遍高于职高生，技校生对专业能力的培养效果的整体评价均值（3.93）也明显高于中专生（3.76）。具体指标方面，除外语应用能力、计算机使用能力之外，职高生对其他15项职业能力的培养效果评价均值均低于技校生和中专生；技校生对专业知识、专业技能、信息收集处理能力、学习能力、创新能力、问题解决能力、组织管理能力、工作态度、社会责任心、环境适应能力和应变能力11项职业能力的培养效果评价均值高于中专生和职高生；中专生对综合职业能力、心理承受能力、团队协作能力和外语应

用能力4项职业能力的培养效果评价均值高于技校生和职高生。另外，从高评价率来看，情况也基本如此，除外语应用能力、计算机使用能力、信息收集处理能力、综合职业能力之外，职高生对其他13项职业能力的培养效果评价均低于技校生和中专生，技校生对专业知识、专业技能、学习能力、创新能力、问题解决能力、组织管理能力、环境适应能力7项职业能力的培养效果评价高于中专生和职高生，中专生对综合职业能力、沟通表达能力、应变能力、心理承受能力、社会责任心、团队协作能力6项职业能力的培养效果评价高于技校生和职高生。可见，从学生评价结果来看，总体而言，技工类学校和中专学校对学生职业能力的培养效果要好于职业高中。（见表4-95）

　　Kruskal-Wallis H 检验结果表明①，三组样本对外语应用能力、学习能力、创新能力、问题解决能力、组织管理能力、工作态度、社会责任心、环境适应能力、心理承受能力、沟通表达能力、综合职业能力11项职业能力的培养效果评价存在显著性差异。两样本 *U* 检验进一步发现：①中专生与技校生对外语应用能力、创新能力2项职业能力的培养效果评价存在显著性差异。其中，中专生对外语应用能力的培养效果评价高于技校生，技校生对创新能力的培养效果评价高于中专生。②中专生与职高生对学习能力、创新能力、工作态度、社会责任心、环境适应能力、心理承受能力、沟通表达能力和综合职业能力8项职业能力的培养效果评价存在显著性差异，中专生对此8项职业能力培养效果评价均高于职高生。③技校生与职高生对外语应用能力、学习能力、创新能力、问题解决能力、组织管理能力、工作态度、社会责任心、环境适应能力8项职业能力的培养效果评价有显著性差异，职高生除对外语应用能力的培养效果评价高于技校生以外，对其他7项职业能力的培养效果评价均低于技校生。由此说明，从学生评价结果来看，中专学校对学生学习能力、创新能力、工作态度、社会责任心、环境适应能力、心理承受能力、沟通表达能力和综合职业能力8项职业能力的培养效果好于职业高中，技工类学校对学生的学习能力、创新能力、问题解决能力、组织管理能力、工作态度、社会责任心、环境适应能力7项职业能力的培养效果也好于职业高中。另外，中专学校、职业高中对学生外语应用能力的培养效果好于技工类学校，技工类学校对学生创新能力的培养效果好于中专学校。

　　综上推断，从学生评价结果来看，整体而言，技工类学校和中等专业学校对学生职业能力的培养效果好于职业高中。这一结果与三类学校的办学传统和历史密切相关。技工类学校自成立起即以培养技术工人为目标，强调工学结合、校企合作，因此在培养学生职业能力方面效果更好；中等专业学校最初以培养中初级技术员、管理人才为主，这类学校过去多数属于行业办学，与行业企业的关系密切，在培养学生的职业能力方面效果也比较好；职业高中多数由普通高中转制而成，似乎最不"职业"，多数学校不仅实施以就业为

---

①　总体方差齐性检验结果表明，在职业能力培养效果评价方面，三组样本对专业技能、外语应用能力、计算机使用能力、信息收集处理能力、学习能力和综合职业能力的培养效果评价方差齐性，对其他11项职业能力的评价效果评价方差非齐性。根据统计原理，若方差齐性，可采用方差分析法检验多组样本均值差异显著性；若方差非齐性，则可采用非参数 *H* 检验法。因此，为行文方便，此处均采用非参数 *H* 检验法。事实上，SPSS统计处理结果显示，采用方差分析与 *H* 检验法的结果完全一致，都显示三组样本对11项职业能力的培养效果评价存在显著性差异。这11项职业能力包括外语应用能力、学习能力、创新能力、问题解决能力、组织管理能力、工作态度、社会责任心、环境适应能力、心理承受能力、沟通表达能力和综合职业能力。

目的的职业教育，而且开展以升学为目的的普通教育，实际上类似于"综合高中"。这类学校的办学条件、教师队伍、人才培养模式等均缺乏鲜明的职业教育特点，因此，在学生职业能力培养方面相对较弱。

表4-94 三校生对职业能力培养效果评价的样本均值与标准差

一级指标	二级指标	中专生		技校生		职高生	
		均值	标准差	均值	标准差	均值	标准差
1. 专业能力	1.1 专业知识	3.72	0.864	3.94	0.802	3.68	0.903
	1.2 专业技能	3.79	0.867	3.91	0.937	3.75	0.916
	1.0 整体评价	3.76	0.866	3.93	0.870	3.72	0.910
2. 方法能力	2.1 外语应用能力	3.51	0.985	3.07	1.133	3.48	1.025
	2.2 计算机使用能力	3.70	0.864	3.68	0.958	3.73	0.875
	2.3 信息收集处理能力	3.51	0.898	3.67	0.936	3.56	0.896
	2.4 学习能力	3.72	0.913	3.90	0.920	3.61	0.903
	2.5 创新能力	3.62	0.890	3.87	0.997	3.47	0.992
	2.6 问题解决能力	3.74	0.876	3.84	1.057	3.63	0.969
	2.7 组织管理能力	3.69	0.913	3.81	1.043	3.59	0.992
	2.0 整体评价	3.64	0.906	3.69	1.006	3.58	0.950
3. 社会能力	3.1 工作态度	3.89	0.906	3.93	1.003	3.76	0.977
	3.2 团队协作能力	3.86	0.882	3.81	1.032	3.79	0.969
	3.3 社会责任心	3.92	0.894	3.97	0.912	3.76	0.956
	3.4 环境适应能力	3.91	0.880	3.95	0.947	3.73	0.960
	3.5 心理承受能力	3.84	0.929	3.76	1.113	3.69	1.016
	3.6 应变能力	3.77	0.867	3.84	1.019	3.67	0.976
	3.7 沟通表达能力	3.87	0.896	3.87	1.077	3.72	0.997
	3.0 整体评价	3.87	0.893	3.88	1.015	3.73	0.979
4. 综合职业能力	4.0 综合职业能力	3.83	0.900	3.80	0.969	3.70	0.930

表4-95 三校生对职业能力培养效果的高评价率 （单位:%）

能力结构	指标维度	中专生	技校生	职高生
1. 专业能力	1.1 专业知识	60.36	72.73	58.58
	1.2 专业技能	63.46	64.04	61.00

（续上表）

能力结构	指标维度	中专生	技校生	职高生
2. 方法能力	2.1 外语应用能力	52.05	28.57	47.13
	2.2 计算机使用能力	59.38	56.67	61.73
	2.3 信息收集处理能力	48.07	52.22	51.10
	2.4 学习能力	60.14	69.23	52.96
	2.5 创新能力	53.01	66.30	46.04
	2.6 问题解决能力	59.47	62.64	54.11
	2.7 组织管理能力	57.21	59.34	52.71
3. 社会能力	3.1 工作态度	68.84	68.48	62.39
	3.2 团队协作能力	67.23	62.92	62.92
	3.3 社会责任心	70.05	69.23	61.54
	3.4 环境适应能力	69.66	74.73	60.60
	3.5 心理承受能力	67.15	63.04	58.79
	3.6 应变能力	61.61	60.87	56.70
	3.7 沟通表达能力	67.71	62.64	59.61
4. 综合职业能力	4.0 综合职业能力	65.61	58.24	58.45

表 4-96　三校生对职业能力培养效果评价差异显著性 H 检验

职业能力指标	Chi-Square	df	Asymp. Sig.
2.1 外语应用能力	13.936	2	0.001
2.4 学习能力	14.872	2	0.001
2.5 创新能力	20.903	2	0.000
2.6 问题解决能力	7.877	2	0.019
2.7 组织管理能力	6.254	2	0.044
3.1 工作态度	7.778	2	0.020
3.3 社会责任心	11.899	2	0.003
3.4 环境适应能力	15.203	2	0.000
3.5 心理承受能力	7.607	2	0.022
3.7 沟通表达能力	8.125	2	0.017
4.0 综合职业能力	7.160	2	0.028

注：本表只摘取了存在显著性差异的指标。

表 4 – 97　三校生对职业能力培养效果评价差异显著性 *U* 检验

职业能力指标	（I）学校类型	（J）学校类型	Mann-Whitney U	Z	Asymp. Sig. (2 – tailed)
2.1 外语应用能力	技校生	职高生	5.90E4	– 3.538	0.000
		中专生	1.44E4	– 3.695	0.000
2.4 学习能力	职高生	技校生	6.07E4	– 3.179	0.001
		中专生	3.14E5	– 2.503	0.012
2.5 创新能力	职高生	技校生	5.75E4	– 3.97	0.000
		中专生	3.12E5	– 2.602	0.009
	中专生	技校生	1.59E4	– 2.698	0.007
2.6 问题解决能力	职高生	技校生	6.51E4	– 2.186	0.029
2.7 组织管理能力	职高生	技校生	6.48E4	– 2.054	0.040
3.1 工作态度	职高生	中专生	3.16E5	– 2.318	0.020
3.3 社会责任心	职高生	技校生	6.57E4	– 2.007	0.045
		中专生	3.08E5	– 2.995	0.003
3.4 环境适应能力	职高生	技校生	6.36E4	– 2.377	0.017
		中专生	3.02E5	– 3.317	0.001
3.5 心理承受能力	职高生	中专生	3.12E5	– 2.663	0.008
3.7 沟通表达能力	职高中	中专生	3.13E5	– 2.555	0.011
4.0 综合职业能力	职高中	中专生	3.07E5	– 2.612	0.009

注：本表只摘取了存在显著性差异的指标。

3. 中职生对职业能力培养效果评价存在专业类别差异

Kruskal-Wallis H 检验结果表明，调查的 6 大类专业的学生对 10 项职业能力的培养效果评价存在显著性差异。这 10 项能力包括：2 项专业能力（专业知识和专业技能）、7 项方法能力（外语应用能力、计算机使用能力、信息收集处理能力、学习能力、创新能力、问题解决能力、组织管理能力）和综合职业能力。可见，不同类别专业的学生对专业能力、方法能力和综合职业能力的培养效果评价存在显著性差异，但对社会能力的培养效果评价不存在显著性差异。具体而言：

（1）在专业能力培养效果评价方面，交通运输类专业、农林牧渔类专业的学生评价最高，评价均值分别为 3.96、3.93，其次是文化艺术类专业（ *M* = 3.83 ），而财经商贸类专业（ *M* = 3.70 ）、公共管理与服务类专业（ *M* = 3.68 ）、信息技术类专业（ *M* = 3.71 ）的学生评价相对较低。具体指标方面，不论是从样本评价均值还是高评价率来看，结果也是如此。在专业知识、专业技能的培养效果评价方面，交通运输类专业、农林牧渔类专业的学生评价最高，其次是文化艺术类专业，而财经商贸类专业、公共管理与服务类专业和信息技术类专业的学生评价相对较低。

（2）在方法能力培养效果评价方面，公共管理与服务类专业学生评价最高（ *M* =

3.77），其次是农林牧渔类专业（$M=3.69$），再次是交通运输类专业（$M=3.63$）和文化艺术类专业（$M=3.64$），而财经商贸类专业（$M=3.57$）、信息技术类专业（$M=3.58$）的学生评价相对较低。具体指标方面，从样本评价均值和高评价率来看，6类专业中，公共管理与服务类专业的学生对外语应用能力、计算机使用能力、信息收集处理能力等职业能力的培养效果评价最高，而对学习能力的培养效果评价最低，农林牧渔类专业的学生对学习能力、创新能力、组织管理能力的培养效果评价最高，而对外语应用能力的培养效果评价最低，交通运输类专业的学生对问题解决能力的培养效果评价最高，对外语应用能力的培养效果评价相对较低，财经商贸类专业的学生对信息收集处理能力、创新能力的培养效果评价最低，信息技术类专业的学生对问题解决能力、组织管理能力的培养效果评价最低。

（3）在综合职业能力培养效果评价方面，交通运输类专业的学生评价最高，评价均值为4.01，高评价率为73.56%，其次是农林牧渔类、文化艺术类专业的学生，两者的评价均值都是3.80，高评价率分别为58.24%、65.83%，而评价最低的是信息技术类专业的学生，评价均值为3.66，高评价率为56.57%。（见表4-99、表4-100）

综上，从学生评价结果来看，不同类别专业对学生职业能力的培养效果存在一定差异。6类专业中，交通运输类专业对学生职业能力的培养效果最好、其次是农林牧渔类专业、再次是公共管理与服务类专业，而财经商贸类专业、信息技术类专业的培养效果相对较差。从表4-101可见，17项职业能力指标中，学生评价均值在3.9以上的指标数，交通运输类专业有9项，农林牧渔类专业有6项，公共管理与服务类专业有3项，而其他3类专业没有一项指标评价均值达到3.9，尤其是信息技术类专业有2项指标学生的评价均值在3.49以下，且只有1项指标的评价均值达到3.8以上，财经商贸类专业也有1项指标的评价均值在3.49以下，且没有1项指标的评价均值在3.8以上。另从表4-102可见，17项职业能力指标中，累计70%以上的学生认为培养效果"好"或"很好"的指标数，交通运输类专业有7项、农林牧渔类专业有2项、公共管理与服务类专业有1项，其他3类专业没有1项职业能力有70%以上的学生认为培养效果"好"或"很好"。

表4-98　六类专业的学生对职业能力培养效果评价差异的 H 检验结果

	Chi-Square	df	Asymp. Sig.
1.1 专业知识	17.03	5	0.004
1.2 专业技能	11.88	5	0.036
2.1 外语应用能力	37.34	5	0.000
2.2 计算机使用能力	12.26	5	0.031
2.3 信息收集处理能力	14.66	5	0.012
2.4 学习能力	13.35	5	0.020
2.5 创新能力	56.77	5	0.000
2.6 问题解决能力	19.70	5	0.001
2.7 组织管理能力	11.42	5	0.044
4.0 综合职业能力	13.05	5	0.023

注：本表只摘取了存在显著性差异的指标。

表4-99　六类专业的学生对职业能力培养效果的评价均值

一级指标	二级指标	财经商贸类	信息技术类	交通运输类	农林牧渔类	文化艺术类	公共管理与服务类
1. 专业能力	1.1 专业知识	3.66	3.67	3.97	3.94	3.78	3.66
	1.2 专业技能	3.73	3.75	3.94	3.91	3.87	3.69
	1.0 整体评价	3.70	3.71	3.96	3.93	3.83	3.68
2. 方法能力	2.1 外语应用能力	3.53	3.34	3.15	3.07	3.32	3.66
	2.2 计算机使用能力	3.72	3.72	3.56	3.68	3.74	4.00
	2.3 信息收集处理能力	3.52	3.69	3.57	3.67	3.63	3.81
	2.4 学习能力	3.61	3.65	3.80	3.90	3.69	3.59
	2.5 创新能力	3.43	3.61	3.68	3.87	3.80	3.61
	2.6 问题解决能力	3.61	3.58	3.91	3.84	3.71	3.90
	2.7 组织管理能力	3.6	3.47	3.77	3.81	3.62	3.80
	2.0 整体评价	3.57	3.58	3.63	3.69	3.64	3.77
3. 社会能力	3.1 工作态度	3.78	3.74	3.99	3.93	3.78	3.86
	3.2 团队协作能力	3.79	3.79	3.94	3.81	3.83	3.87
	3.3 社会责任心	3.77	3.80	3.94	3.97	3.78	4.00
	3.4 环境适应能力	3.74	3.78	3.93	3.95	3.81	3.81
	3.5 心理承受能力	3.70	3.73	3.89	3.76	3.78	3.72
	3.6 应变能力	3.66	3.72	3.79	3.84	3.78	3.81
	3.7 沟通表达能力	3.74	3.69	4.01	3.87	3.74	3.84
	3.0 整体评价	3.74	3.75	3.93	3.88	3.79	3.84
4. 综合职业能力	4.0 综合职业能力	3.70	3.66	4.01	3.80	3.80	3.76

表4-100　六类专业的学生对职业能力培养效果的高评价率统计　　（单位:%）

一级指标	二级指标	财经商贸类	信息技术类	交通运输类	农林牧渔类	文化艺术类	公共管理与服务类
1. 专业能力	1.1 专业知识	57.93	55.06	73.24	72.73	62.41	56.72
	1.2 专业技能	60.45	59.38	69.32	64.04	67.14	54.93
2. 方法能力	2.1 外语应用能力	50.39	38.78	34.09	28.57	43.01	50.00
	2.2 计算机使用能力	61.14	59.60	53.41	56.67	61.51	74.65
	2.3 信息收集处理能力	48.42	53.61	51.72	52.22	56.83	64.29
	2.4 学习能力	53.63	51.52	64.77	69.23	58.16	47.14
	2.5 创新能力	43.48	52.53	55.68	66.30	63.41	52.86

（续上表）

一级指标	二级指标	财经商贸类	信息技术类	交通运输类	农林牧渔类	文化艺术类	公共管理与服务类
2. 方法能力	2.6 问题解决能力	53.29	51.52	69.32	62.64	60.00	64.29
	2.7 组织管理能力	52.56	48.98	62.50	59.34	56.32	61.43
3. 社会能力	3.1 工作态度	62.96	58.16	78.41	68.48	64.41	65.71
	3.2 团队协作能力	63.03	61.46	77.27	62.92	64.36	64.29
	3.3 社会责任心	62.45	65.31	71.59	69.23	63.21	67.65
	3.4 环境适应能力	61.25	60.61	73.86	74.73	65.09	65.71
	3.5 心理承受能力	59.13	60.61	69.32	63.04	65.00	60.29
	3.6 应变能力	55.86	58.16	66.67	60.87	63.87	60.87
	3.7 沟通表达能力	60.75	56.57	77.01	62.64	61.15	59.42
4. 综合职业能力	4.0 综合职业能力	58.34	56.57	73.56	58.24	65.83	57.35

注：表格中的数据为有效样本中选择培养效果"好"和"很好"的累计百分比。

表4–101　六类专业的学生对职业能力培养效果的评价均值分布

评价均值	财经商贸类（f）	信息技术类（f）	交通运输类（f）	农林牧渔类（f）	文化艺术类（f）	公共管理与服务类（f）
3.90 以上	0	0	9	6	0	3
3.80～3.89	0	1	2	7	5	7
3.70～3.79	9	7	2	1	8	2
3.60～3.69	5	6	1	2	3	4
3.50～3.59	2	1	2	0	0	1
3.49 以下	1	2	1	1	1	0

注：表格中数据为相应区间的职业能力指标数。

表4–102　六类专业的学生对职业能力的高评价率分布

高评价率	财经商贸类（f）	信息技术类（f）	交通运输类（f）	农林牧渔类（f）	文化艺术类（f）	公共管理与服务类（f）
70% 以上	0	0	7	2	0	1
60%～69%	7	4	6	10	13	9
50%～59%	8	11	3	4	3	6
40%～49%	2	1	0	0	1	1
30%～39%	0	1	1	0	0	0
29% 以下	0	0	0	0	0	0

注：表格中的数据为相应区间的职业能力指标数。

4. 中职生对职业能力培养效果的评价存在年级差异，一年级学生的评价高于二年级学生

从表4－103和图4－55可见，在对职业能力的培养效果评价方面，一年级学生不论是样本评价均值还是高评价率均高于二年级学生。两独立样本t检验结果表明，两者对专业知识、专业技能、外语应用能力、信息收集处理能力、学习能力、创新能力、问题解决能力、组织管理能力、工作态度、团队协作能力等11项职业能力的培养效果评价具有显著性差异，一年级学生的评价均高于二年级学生。另外，这11项能力包括所有列出的专业能力（2项）和方法能力（7项），说明一年级学生对专业能力、方法能力的培养效果评价高于二年级学生。

表4－103　一年级与二年级学生对职业能力培养效果评价均值与标准差

能力结构	指标维度	一年级		二年级	
		均值	标准差	均值	标准差
1. 专业能力	1.1 专业知识	3.78	0.881	3.68	0.898
	1.2 专业技能	3.86	0.900	3.74	0.910
	1.0 整体评价	3.82	0.891	3.71	0.904
2. 方法能力	2.1 外语应用能力	3.61	1.022	3.41	1.025
	2.2 计算机使用能力	3.8	0.867	3.69	0.880
	2.3 信息收集处理能力	3.63	0.881	3.53	0.907
	2.4 学习能力	3.74	0.913	3.61	0.906
	2.5 创新能力	3.64	0.998	3.47	0.966
	2.6 问题解决能力	3.76	0.991	3.62	0.940
	2.7 组织管理能力	3.72	0.993	3.58	0.971
	2.0 整体评价	3.70	0.952	3.56	0.942
3. 社会能力	3.1 工作态度	3.89	0.965	3.77	0.962
	3.2 团队协作能力	3.92	0.954	3.76	0.950
	3.3 社会责任心	3.86	0.955	3.78	0.939
	3.4 环境适应能力	3.82	0.968	3.75	0.940
	3.5 心理承受能力	3.75	1.051	3.72	0.989
	3.6 应变能力	3.75	0.983	3.68	0.952
	3.7 沟通表达能力	3.81	1.019	3.74	0.969
	3.0 整体评价	3.83	0.985	3.74	0.957
4. 综合职业能力	4.0 综合职业能力	3.76	0.958	3.72	0.916

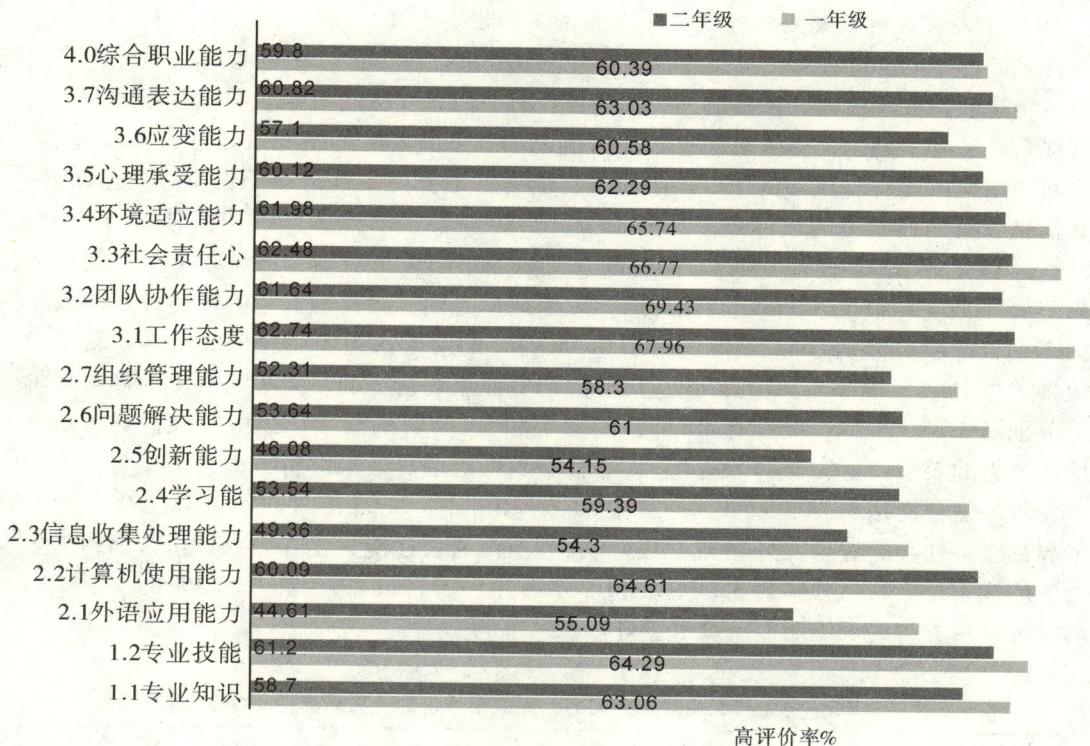

图 4-55 一年级与二年级学生对职业能力培养效果高评价率

表 4-104 一、二年级学生对职业能力培养效果评价的差异显著性 t 检验

	t	df	$Sig.$（2-tailed）
1.1 专业知识	2.444	2 023	0.015
1.2 专业技能	2.696	2 101	0.007
2.1 外语应用能力	4.014	2 101	0.000
2.2 计算机使用能力	2.551	2 095	0.011
2.3 信息收集处理能力	2.250	2 094	0.025
2.4 学习能力	3.075	2 101	0.002
2.5 创新能力	3.504	2 091	0.000
2.6 问题解决能力	2.973	2 100	0.003
2.7 组织管理能力	3.001	2 084	0.003
3.1 工作态度	2.761	2 103	0.006
3.2 团队协作能力	3.472	2 086	0.001

注：本表只列出了存在显著性差异的指标。

5. 男生与女生对职业能力培养效果评价存在一定差异

两独立样本 t 检验结果表明，在职业能力培养效果评价方面，男生与女生对外语应用能力、信息收集处理能力、创新能力、社会责任心、沟通表达能力等 5 项职业能力的态度存在显著性差异。其中，男生对信息收集处理能力、创新能力的培养效果评价高于女生；女生对外语应用能力、社会责任心、沟通表达能力的培养效果评价高于男生。具体而言：①在信息收集处理能力的培养效果评价方面，男生与女生的样本评价均值分别为 3.65、3.51，分别有 54.18% 的男生和 48.48% 的女生认为中职教育对培养信息收集处理能力的效果"好"或"很好"；②在创新能力培养效果评价方面，男生与女生的样本评价均值分别为 3.61、3.47，分别有 52.91% 的男生和 45.74% 的女生认为中职教育对培养创新能力的效果"好"或"很好"；③在外语应用能力评价方面，男生与女生的样本评价均值分别是 3.33、3.54，分别有 40.67% 的男生和 50.87% 的女生认为中职教育对培养外语应用能力的效果"好"或"很好"；④在社会责任心培养效果评价方面，男生与女生的样本评价均值分别是 3.74、3.83，分别有 60.66% 的男生和 65.12% 的女生认为中职教育对培养社会责任心的效果"好"或"很好"；⑤在沟通表达能力培养效果评价方面，男生与女生的样本评价均值分别为 3.68、3.80，分别有 57.31% 的男生和 63.53% 的女生认为中职教育对培养沟通表达能力的效果"好"或"很好"。

表 4 - 105　男生与女生对职业能力培养效果评价的差异显著性 t 检验

	t	df	Sig.（2 - tailed）
2.1 外语应用能力	-4.334	1.387E3	0.000
2.3 信息收集处理能力	3.287	1.383E3	0.001
2.5 创新能力	2.945	1.458E3	0.003
3.4 社会责任心	-2.120	1.388E3	0.034
3.7 沟通表达能力	-2.707	1.377E3	0.007

注：本表只列出了存在显著性差异的指标。

表 4 - 106　男生与女生对职业能力培养效果评价均值与标准差

一级指标	二级指标	男生		女生	
		均值	标准差	均值	标准差
1. 专业能力	1.1 专业知识	3.69	0.989	3.70	0.838
	1.2 专业技能	3.74	0.998	3.78	0.853
	1.0 整体需求	3.72	0.994	3.74	0.846

（续上表）

一级指标	二级指标	男生		女生	
		均值	标准差	均值	标准差
2. 方法能力	2.1 外语应用能力	3.33	1.107	3.54	0.970
	2.2 计算机使用能力	3.68	0.955	3.75	0.830
	2.3 信息收集处理能力	3.65	0.971	3.51	0.851
	2.4 学习能力	3.66	0.995	3.63	0.858
	2.5 创新能力	3.61	1.025	3.47	0.949
	2.6 问题解决能力	3.66	1.032	3.66	0.916
	2.7 组织管理能力	3.62	1.041	3.62	0.946
	2.0 整体需求	3.60	1.018	3.60	0.903
3. 社会能力	3.1 工作态度	3.76	1.039	3.82	0.923
	3.2 团队协作能力	3.75	1.038	3.83	0.904
	3.3 社会责任心	3.74	1.022	3.83	0.896
	3.4 环境适应能力	3.75	1.023	3.78	0.903
	3.5 心理承受能力	3.69	1.098	3.74	0.953
	3.6 应变能力	3.70	1.030	3.69	0.918
	3.7 沟通表达能力	3.68	1.065	3.80	0.931
	3.0 整体需求	3.72	1.045	3.78	0.918
4. 综合职业能力	4.0 综合职业能力	3.69	1.025	3.75	0.866

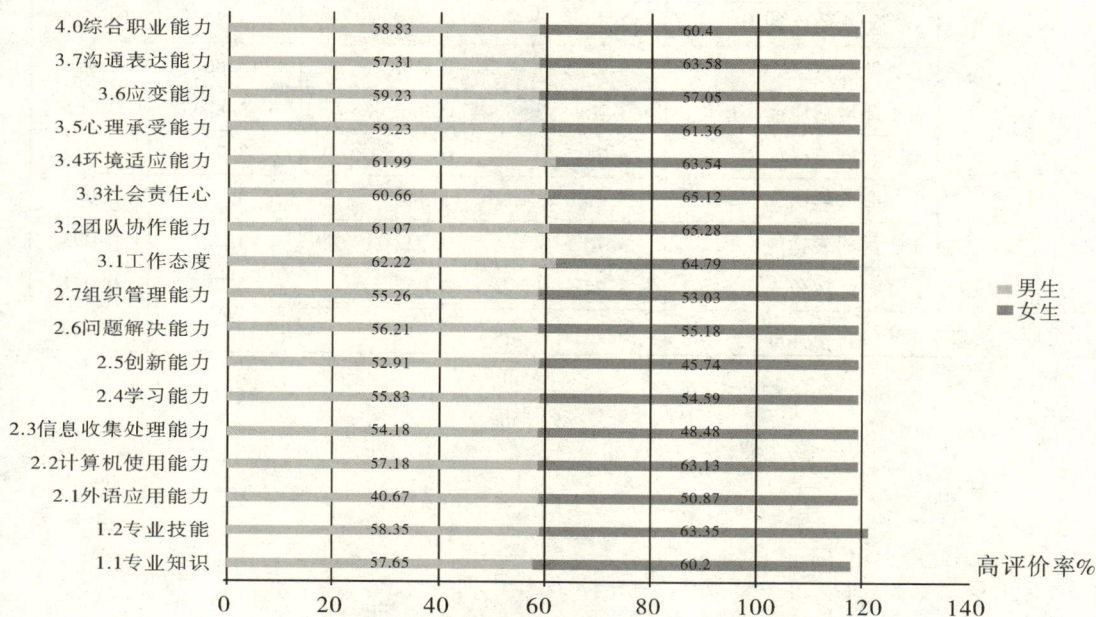

图 4-56 男生与女生对职业能力培养效果高评价率

6. 中职生对职业能力培养效果的评价存在一定的城乡差异

从样本评价均值和高评价率两项指标来看，城市学生对外语应用能力、计算机使用能力、信息收集处理能力3项职业能力的培养效果评价高于农村学生，而农村学生对其他14项职业能力的培养效果评价高于城市学生。（见表4-107、图4-57）

表4-107　城乡学生对职业能力培养效果评价均值与标准差

一级指标	二级指标	城市学生		农村学生	
		均值	标准差	均值	标准差
1. 专业能力	1.1 专业知识	3.69	0.905	3.72	0.879
	1.2 专业技能	3.76	0.908	3.77	0.907
	1.0 整体评价	3.73	0.907	3.75	0.893
2. 方法能力	2.1 外语应用能力	3.51	1.020	3.40	1.029
	2.2 计算机使用能力	3.75	0.862	3.68	0.891
	2.3 信息收集处理能力	3.59	0.888	3.51	0.903
	2.4 学习能力	3.61	0.902	3.69	0.907
	2.5 创新能力	3.49	0.990	3.57	0.952
	2.6 问题解决能力	3.63	0.961	3.70	0.945
	2.7 组织管理能力	3.60	0.968	3.64	0.990
	2.0 整体评价	3.60	0.942	3.60	0.945
3. 社会能力	3.1 工作态度	3.76	0.959	3.85	0.966
	3.2 团队协作能力	3.79	0.958	3.82	0.949
	3.3 社会责任心	3.75	0.940	3.86	0.944
	3.4 环境适应能力	3.75	0.932	3.80	0.965
	3.5 心理承受能力	3.71	0.995	3.74	1.014
	3.6 应变能力	3.69	0.946	3.71	0.967
	3.7 沟通表达能力	3.76	0.972	3.76	0.995
	3.0 整体评价	3.74	0.957	3.79	0.971
4. 综合职业能力	4.0 综合职业能力	3.71	0.910	3.76	0.945

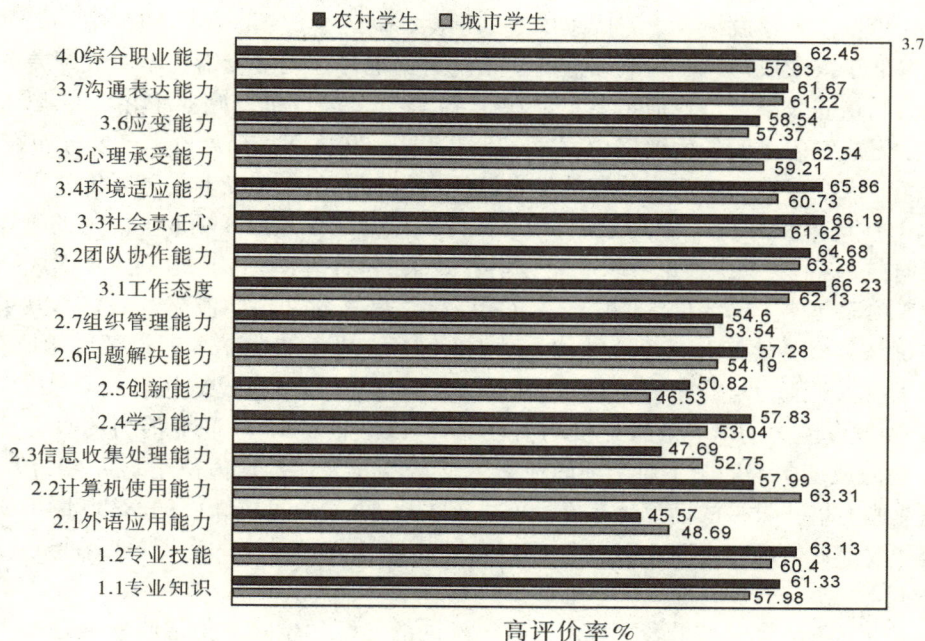

图 4-57 城乡学生对职业能力培养效果的高评价率

　　两独立样本均值差异显著性 t 检验发现，在职业能力培养效果评价方面，城市学生与农村学生在外语应用能力、信息收集处理能力、工作态度、社会责任心 4 项指标上的态度存在显著性差异。其中，城市学生对外语应用能力、信息收集处理能力的培养效果评价高于农村学生；农村学生对工作态度、社会责任心的培养效果评价高于城市学生。可见，中职生对职业能力培养效果的评价存在一定的城乡差异。

表 4-108　城乡学生对职业能力培养效果评价的差异显著性 t 检验

	t	df	Sig. （2-tailed）
2.1 外语应用能力	2.446	2 129	0.015
2.3 信息收集处理能力	1.993	2 123	0.046
3.1 工作态度	-2.233	2 133	0.026
3.3 社会责任心	-2.802	2 126	0.005

注：本表只列出了存在显著性差异的指标。

　　7. 学习基础不同的学生对职业能力培养效果的评价存在显著性差异，学习基础越好，评价越高

　　据调查，学习基础不同的学生对职业能力培养效果的评价存在一定差异，学习基础（入学成绩、学习成绩）越好，评价越高。从表 4-109、表 4-110、表 4-111 可见，不论是从样本评价均值还是从高评价率来看，入学成绩、学习成绩差的学生对各项职业能力

培养效果评价低于入学成绩、学习成绩中等的学生，而入学成绩、学习成绩中等的学生的评价则普遍低于入学成绩、学习成绩好的学生。另据统计，入学成绩、学习成绩差的学生对职业能力的培养效果评价均值主要集中在 3.49 以下，高评价率则集中在 50% 以下；入学成绩、学习成绩中等的学生评价均值分布在 3.7～3.79 之间，高评价率主要分布在 60%～65% 之间；入学成绩、学习成绩好的学生评价均值集中在 3.8 以上，高评价率主要分布在 65% 以上。具体而言，以入学成绩分组，入学成绩差的学生对 8 项职业能力的培养效果评价均值均在 3.49 以下，对 8 项职业能力培养效果的高评价率低于 50%；入学成绩中等的学生对 8 项职业能力的评价均值位于 3.7～3.79 之间，对 9 项职业能力的培养效果的高评价率在 60%～65% 之间；入学成绩好的学生对 8 项职业能力的培养效果评价均值在 3.8 以上，对 9 项职业能力培养效果的高评价率在 65% 以上。以学习成绩分组，学习成绩差的学生对 17 项职业能力的培养效果评价均值在 3.49 以下，对 15 项职业能力的高评价率低于 50%；学习成绩中等的学生对 7 项职业能力的培养效果评价均值位于 3.7～3.79 之间，对 8 项职业能力培养效果的高评价率在 60%～65% 之间；学习成绩好的学生对 14 项职业能力的培养效果评价均值在 3.8 以上，对 11 项职业能力培养效果的高评价率在 65% 以上。（见表 4－112、表 4－113）

Kruskal-Wallis H 检验结果表明，入学成绩不同的三组学生除对信息收集处理能力、创新能力的培养效果评价无显著性差异之外，对其他 15 项职业能力的培养效果评价均有显著性差异；学习成绩不同的三组学生对 17 项职业能力的培养效果评价均存在显著性差异。两样本 *U* 检验结果进一步发现，入学成绩差的学生与入学成绩中等的学生对 14 项职业能力（计算机使用能力、信息收集处理能力、组织管理能力除外）的培养效果评价存在显著性差异，前者低于后者；入学成绩差的学生与入学成绩好的学生对 17 项职业能力培养效果的评价存在显著性差异，前者低于后者；入学成绩中等的学生与入学成绩好的学生对 7 项职业能力（包括专业技能、外语应用能力、计算机使用能力、环境适应能力、应变能力、沟通表达能力、综合职业能力）的培养效果评价存在显著性差异，前者低于后者；学习成绩差的学生与学习成绩好、学习成绩中等的学生对 17 项职业能力的培养效果评价均存在显著性差异，前者低于后两者；学习成绩中等的学生与学习成绩好的学生对 17 项职业能力的培养效果评价也存在显著性差异，前者低于后者。

综上可见，学生的学习基础与其对职业能力培养效果的评价呈正相关，即学习基础越好，评价越高，反之亦然。*Spearman* 等级相关计算结果进一步验证了此结论，学生的入学成绩、学习成绩与 17 项职业能力培养效果评价结果之间均存在显著正相关关系。这一结果与学生的自我成才需求是一致，从上文可见，学生的学习基础与自我成才需求呈正相关关系，基础越好，自我成才需求越高，反之亦然。可见，学生的学习基础不仅影响其自我成才需求，而且影响其对职业能力培养效果的评价。

表4－109　入学成绩不同的学生对职业能力培养效果的评价均值与标准差

一级指标	二级指标	入学成绩差		入学成绩中		入学成绩好	
		均值	标准差	均值	标准差	均值	标准差
1. 专业能力	1.1 专业知识	3.46	1.048	3.73	0.837	3.77	0.936
	1.2 专业技能	3.55	1.064	3.79	0.851	3.85	0.946
	1.0 整体评价	3.51	1.056	3.76	0.844	3.81	0.941
2. 方法能力	2.1 外语应用能力	3.18	1.132	3.49	0.966	3.61	1.089
	2.2 计算机使用能力	3.63	0.990	3.72	0.823	3.80	0.930
	2.3 信息收集处理能力	3.43	1.014	3.57	0.845	3.61	0.966
	2.4 学习能力	3.48	0.997	3.67	0.852	3.68	0.999
	2.5 创新能力	3.39	1.054	3.54	0.912	3.56	1.105
	2.6 问题解决能力	3.49	1.080	3.68	0.898	3.71	1.032
	2.7 组织管理能力	3.48	1.090	3.63	0.925	3.68	1.052
	2.0 整体评价	3.44	1.051	3.61	0.889	3.66	1.025
3. 社会能力	3.1 工作态度	3.63	1.117	3.82	0.895	3.84	1.063
	3.2 团队协作能力	3.60	1.123	3.84	0.872	3.83	1.066
	3.3 社会责任心	3.63	1.076	3.83	0.866	3.81	1.076
	3.4 环境适应能力	3.60	1.106	3.79	0.894	3.86	0.986
	3.5 心理承受能力	3.53	1.121	3.75	0.944	3.78	1.101
	3.6 应变能力	3.48	1.052	3.72	0.906	3.78	1.040
	3.7 沟通表达能力	3.53	1.071	3.77	0.934	3.86	1.050
	3.0 整体评价	3.57	1.095	3.79	0.902	3.82	1.055
4. 综合职业能力	4.0 综合职业能力	3.50	1.074	3.75	0.869	3.82	0.982

表4－110　学习成绩不同的学生对职业能力培养效果评价均值与标准差

一级指标	二级指标	学习成绩差		学习成绩中		学习成绩好	
		均值	标准差	均值	标准差	均值	标准差
1. 专业能力	1.1 专业知识	3.25	1.025	3.72	0.834	3.94	0.866
	1.2 专业技能	3.28	1.044	3.79	0.847	4.01	0.878
	1.0 整体评价	3.27	1.035	3.76	0.841	3.98	0.872

（续上表）

一级指标	二级指标	学习成绩差		学习成绩中		学习成绩好	
		均值	标准差	均值	标准差	均值	标准差
2. 方法能力	2.1 外语应用能力	3.04	1.150	3.50	0.960	3.66	1.061
	2.2 计算机使用能力	3.49	1.023	3.72	0.823	3.88	0.890
	2.3 信息收集处理能力	3.24	1.088	3.57	0.827	3.74	0.917
	2.4 学习能力	3.23	1.037	3.67	0.855	3.84	0.898
	2.5 创新能力	3.14	1.148	3.54	0.906	3.71	1.007
	2.6 问题解决能力	3.27	1.166	3.68	0.887	3.87	0.940
	2.7 组织管理能力	3.25	1.182	3.64	0.908	3.80	0.991
	2.0 整体评价	3.24	1.113	3.62	0.881	3.79	0.958
3. 社会能力	3.1 工作态度	3.38	1.177	3.83	0.891	4.01	0.953
	3.2 团队协作能力	3.38	1.170	3.83	0.872	4.02	0.962
	3.3 社会责任心	3.42	1.148	3.83	0.868	3.97	0.954
	3.4 环境适应能力	3.40	1.153	3.81	0.884	3.93	0.918
	3.5 心理承受能力	3.37	1.217	3.74	0.939	3.91	0.994
	3.6 应变能力	3.30	1.168	3.72	0.887	3.92	0.939
	3.7 沟通表达能力	3.30	1.243	3.78	0.896	4.01	0.937
	3.0 整体评价	3.36	1.182	3.79	0.891	3.97	0.951
4. 综合职业能力	4.0 综合职业能力	3.32	1.140	3.75	0.859	3.96	0.885

表4-111　学习基础不同的学生对职业能力培养效果高评价率　　（单位:%）

一级指标	二级指标	学习基础差		学习基础中		学习基础好	
		学习成绩差的学生	入学成绩差的学生	学习成绩中的学生	入学成绩中的学生	学习成绩好的学生	入学成绩好的学生
1. 专业能力	1.1 专业知识	40.40	48.40	59.40	60.03	72.99	65.31
	1.2 专业技能	41.56	51.86	62.32	61.65	73.03	68.87
2. 方法能力	2.1 外语应用能力	31.92	35.71	47.96	47.33	56.32	55.79
	2.2 计算机使用能力	53.25	57.09	60.63	60.08	68.27	67.78
	2.3 信息收集处理能力	41.88	48.47	49.68	50.28	59.13	53.55
	2.4 学习能力	36.16	44.56	55.83	56.36	64.99	58.29
	2.5 创新能力	37.01	45.08	48.06	47.53	55.66	53.35
	2.6 问题解决能力	41.48	48.99	55.69	56.17	64.99	58.29
	2.7 组织管理能力	42.16	48.46	54.15	53.69	60.82	58.67

（续上表）

一级指标	二级指标	学习基础差		学习基础中		学习基础好	
		学习成绩差的学生	入学成绩差的学生	学习成绩中的学生	入学成绩中的学生	学习成绩好的学生	入学成绩好的学生
3. 社会能力	3.1 工作态度	48.40	57.19	64.61	64.46	72.55	67.30
	3.2 团队协作能力	49.35	54.58	63.44	64.66	74.82	67.62
	3.3 社会责任心	50.00	57.38	64.25	64.32	70.41	65.56
	3.4 环境适应能力	49.35	58.16	63.79	62.46	69.25	68.42
	3.5 心理承受能力	49.19	55.56	60.34	60.72	69.06	63.98
	3.6 应变能力	43.55	49.83	57.66	57.54	68.28	64.85
	3.7 沟通表达能力	45.81	53.22	60.68	61.03	74.10	68.26
4. 综合职业能力	4.0 综合职业能力	45.42	52.03	59.45	59.59	71.01	66.67

表 4-112　学习基础不同的学生对职业能力培养效果的评价均值分布

样本	3.8 以上	3.7~3.79	3.6~3.69	3.5~3.59	3.49 以下
学习成绩好	14	2	1	0	0
入学成绩好	8	4	4	1	0
学习成绩中	4	7	3	3	0
入学成绩中	3	8	3	2	1
学习成绩差	0	0	0	0	17
入学成绩差	0	0	5	4	8

注：表格中的数据为相应分组区间的职业能力指标数。

表 4-113　学习基础不同的学生对 17 职业能力培养效果的高评价率分布

样本	65% 以上	60%~65%	55%~60%	50%~55%	50% 以下
学习成绩好	11	3	3	0	0
入学成绩好	9	2	4	0	0
学习成绩中	0	8	5	1	3
入学成绩中	0	9	4	2	2
学习成绩差	0	0	0	2	15
入学成绩差	0	0	5	4	8

注：表格中的数据为相应分组区间的职业能力指标数。

表 4-114　入学成绩不同的学生对职业能力培养效果评价的差异显著性 H 检验

	Chi-Square	*df*	*Asymp. Sig.*
1.1 专业知识	19.665	2	0.000
1.2 专业技能	17.815	2	0.000

（续上表）

	Chi-Square	df	Asymp. Sig.
2.1 外语应用能力	31.896	2	0.000
2.2 计算机使用能力	8.587	2	0.014
2.3 信息收集处理能力	4.778	2	0.092
2.4 学习能力	11.284	2	0.004
2.5 创新能力	5.703	2	0.058
2.6 问题解决能力	8.442	2	0.015
2.7 组织管理能力	7.241	2	0.027
3.1 工作态度	8.204	2	0.017
3.2 团队协作能力	11.506	2	0.003
3.3 社会责任心	7.563	2	0.023
3.4 环境适应能力	10.094	2	0.006
3.5 心理承受能力	10.607	2	0.005
3.6 应变能力	18.418	2	0.000
3.7 沟通表达能力	21.115	2	0.000
4.0 综合职业能力	18.753	2	0.000

表 4-115　入学成绩不同的学生对职业能力培养效果评价的差异显著性 U 检验

	入学成绩	Mann-Whitney U	Z	Asymp. Sig.（2-tailed）
1.1 专业知识	差·中	1.65E5	-3.86	0.000
	差·好	4.85E4	-4.117	0.000
1.2 专业技能	差·中	1.86E5	-3.255	0.001
	差·好	5.22E4	-3.97	0.000
	中·好	2.82E5	-2.154	0.031
2.1 外语应用能力	差·中	1.77E5	-4.386	0.000
	差·好	4.84E4	-5.263	0.000
	中·好	2.74E5	-2.882	0.004
2.2 计算机使用能力	差·好	5.56E4	-2.495	0.013
	中·好	2.74E5	-2.592	0.010
2.3 信息收集处理能力	差·好	5.68E4	-2.093	0.036
2.4 学习能力	差·中	1.87E5	-3.079	0.002
	差·好	5.43E4	-2.979	0.003
2.5 创新能力	差·中	1.97E5	-1.693	0.090
	差·好	5.58E4	-2.27	0.023

（续上表）

	入学成绩	Mann-Whitney U	Z	Asymp. Sig.（2 - tailed）
2.6 问题解决能力	差·中	1.94E5	−2.419	0.016
	差·好	5.58E4	−2.701	0.007
2.7 组织管理能力	差·好	5.51E4	−2.534	0.011
3.1 工作态度	差·中	1.96E5	−2.28	0.023
	差·好	5.61E4	−2.66	0.008
3.2 团队协作能力	差·中	1.86E5	−3.006	0.003
	差·好	5.41E4	−3.024	0.002
3.3 社会责任心	差·中	1.93E5	−2.529	0.011
	差·好	5.64E4	−2.411	0.016
3.4 环境适应能力	差·中	1.93E5	−1.973	0.048
	差·好	5.36E4	−3.036	0.002
	中·好	2.76E5	−2.118	0.034
3.5 心理承受能力	差·中	1.92E5	−2.566	0.010
	差·好	5.45E4	−3.105	0.002
3.6 应变能力	差·中	1.83E5	−3.329	0.001
	差·好	5.15E4	−4.077	0.000
	中·好	2.77E5	−2.131	0.033
3.7 沟通表达能力	差·中	1.85E5	−3.292	0.001
	差·好	5.03E4	−4.409	0.000
	中·好	2.74E5	−2.612	0.009
4.0 综合职业能力	差·中	1.85E5	−3.274	0.001
	差·好	5.11E4	−4.111	0.000
	中·好	2.73E5	−2.27	0.023

表4－116 学习成绩不同的学生对职业能力培养效果评价的差异显著性 H 检验

	Chi-Square	df	Asymp. Sig.
1.1 专业知识	97.194	2	0.000
1.2 专业技能	103.315	2	0.000
2.1 外语应用能力	63.157	2	0.000
2.2 计算机使用能力	29.415	2	0.000
2.3 信息收集处理能力	40.633	2	0.000
2.4 学习能力	73.021	2	0.000
2.5 创新能力	49.419	2	0.000

（续上表）

	Chi-Square	df	Asymp. Sig.
2.6 问题解决能力	56.223	2	0.000
2.7 组织管理能力	45.383	2	0.000
3.1 工作态度	63.816	2	0.000
3.2 团队协作能力	67.153	2	0.000
3.3 社会责任心	49.696	2	0.000
3.4 环境适应能力	42.683	2	0.000
3.5 心理承受能力	41.279	2	0.000
3.6 应变能力	59.594	2	0.000
3.7 沟通表达能力	72.561	2	0.000
4.0 综合职业能力	66.382	2	0.000

表4-117　学习成绩不同的学生对职业能力培养效果评价的差异显著性 U 检验

	学习成绩	Mann-Whitney U	Z	Asymp. Sig. （2-tailed）
1.1 专业知识	差·中	1.48E5	-7.337	0.000
	差·好	3.72E4	-9.366	0.000
	中·好	2.31E5	-5.26	0.000
1.2 专业技能	差·中	1.57E5	-7.889	0.000
	差·好	3.90E4	-9.564	0.000
	中·好	2.48E5	-5.052	0.000
2.1 外语应用能力	差·中	1.65E5	-6.681	0.000
	差·好	4.48E4	-7.261	0.000
	中·好	2.63E5	-3.286	0.001
2.2 计算机使用能力	差·中	1.91E5	-3.188	0.001
	差·好	5.06E4	-5.126	0.000
	中·好	2.57E5	-3.778	0.000
2.3 信息收集处理能力	差·中	1.82E5	-4.519	0.000
	差·好	4.82E4	-5.979	0.000
	中·好	2.58E5	-3.729	0.000
2.4 学习能力	差·中	1.64E5	-6.9	0.000
	差·好	4.27E4	-8.03	0.000
	中·好	2.58E5	-3.85	0.000

（续上表）

	学习成绩	*Mann-Whitney U*	*Z*	*Asymp. Sig.* （2 – *tailed*）
2.5 创新能力	差·中	1.73E5	− 5.574	0.000
	差·好	4.65E4	− 6.532	0.000
	中·好	2.59E5	− 3.376	0.001
2.6 问题解决能力	差·中	1.75E5	− 5.613	0.000
	差·好	4.60E4	− 6.977	0.000
	中·好	2.55E5	− 4.07	0.000
2.7 组织管理能力	差·中	1.73E5	− 5.279	0.000
	差·好	4.70E4	− 6.231	0.000
	中·好	2.59E5	− 3.357	0.001
3.1 工作态度	差·中	1.73E5	− 6.006	0.000
	差·好	4.51E4	− 7.489	0.000
	中·好	2.55E5	− 4.259	0.000
3.2 团队协作能力	差·中	1.70E5	− 5.891	0.000
	差·好	4.38E4	− 7.662	0.000
	中·好	2.47E5	− 4.73	0.000
3.3 社会责任心	差·中	1.75E5	− 5.462	0.000
	差·好	4.72E4	− 6.581	0.000
	中·好	2.60E5	− 3.554	0.000
3.4 环境适应能力	差·中	1.73E5	− 5.381	0.000
	差·好	4.70E4	− 6.132	0.000
	中·好	2.63E5	− 2.745	0.006
3.5 心理承受能力	差·中	1.82E5	− 4.544	0.000
	差·好	4.83E4	− 6.02	0.000
	中·好	2.58E5	− 3.789	0.000
3.6 应变能力	差·中	1.73E5	− 5.584	0.000
	差·好	4.48E4	− 7.192	0.000
	中·好	2.47E5	− 4.426	0.000
3.7 沟通表达能力	差·中	1.71E5	− 5.97	0.000
	差·好	4.34E4	− 7.892	0.000
	中·好	2.44E5	− 5.144	0.000
4.0 综合职业能力	差·中	1.70E5	− 5.762	0.000
	差·好	4.31E4	− 7.689	0.000
	中·好	2.45E5	− 4.763	0.000

8. 家庭经济水平不同的学生对职业能力的培养效果评价存在一定差异，家庭经济差的学生评价低于家庭经济好和中等的学生

从表4-118和表4-119可见，不论是从样本均值还是高评价率来看，家庭经济差的学生对职业能力培养效果的评价普遍低于家庭经济中等的学生，家庭经济中等的学生则略低于家庭经济好的学生，尤其是家庭经济差的学生的评价结果明显低于家庭经济好和中等的学生。在专业能力、方法能力、社会能力和综合职业能力的培养效果总体评价方面，家庭经济差的学生评价均值都低于家庭经济好和中等的学生。二级指标方面，家庭经济好的学生对8项职业能力的培养效果评价均值在3.8以上，对11项职业能力培养效果的高评价率在60%以上，家庭经济中等的学生对5项职业能力的培养效果评价均值在3.8以上，对9项职业能力培养效果的高评价率在60%以上，而家庭经济差的学生的评价均值主要集中在3.5~3.59之间，且对17项职业能力培养效果的高评价率均在60%以下。（见图4-58、图4-59）

Kruskal-Wallis H 检验结果发现，家庭经济水平不同的三组学生对专业知识、专业技能、外语应用能力、计算机使用能力、学习能力、团队协作能力、环境适应能力、沟通表达能力、综合职业能力9项职业能力的培养效果评价存在显著性差异。*Mann-Whitney U* 检验进一步发现：①家庭经济差的学生对专业知识、专业技能、外语应用能力、计算机使用能力、学习能力、团队协作能力、环境适应能力、沟通表达能力8项职业能力的培养效果评价低于家庭经济中等的学生；②家庭经济差的学生对专业知识、专业技能、外语应用能力、计算机使用能力、团队协作能力、沟通表达能力、综合职业能力7项职业能力的培养效果评价低于家庭经济好的学生；③家庭经济中等的学生对外语应用能力、沟通表达能力的培养效果评价低于家庭经济好的学生。可见，家庭经济不同的学生对职业能力培养效果的评价存在一定差异，家庭经济差的学生对职业能力的培养效果评价普遍低于家庭经济好和中等的学生。

表4-118　家庭经济不同的三组样本对职业能力培养效果的评价均值与标准差

一级指标	职业能力指标	家庭经济差		家庭经济一般		家庭经济好	
		均值	标准差	均值	标准差	均值	标准差
1. 专业能力	1.1 专业知识	3.50	1.120	3.73	0.838	3.79	0.826
	1.2 专业技能	3.57	1.087	3.80	0.864	3.83	0.835
	1.0 整体评价	3.54	1.104	3.77	0.851	3.81	0.831

（续上表）

一级指标	职业能力指标	家庭经济差		家庭经济一般		家庭经济好	
		均值	标准差	均值	标准差	均值	标准差
2. 方法能力	2.1 外语应用能力	3.30	1.200	3.48	0.981	3.69	0.944
	2.2 计算机使用能力	3.59	1.039	3.74	0.835	3.82	0.821
	2.3 信息收集处理能力	3.49	1.035	3.56	0.861	3.63	0.905
	2.4 学习能力	3.48	1.076	3.68	0.861	3.66	0.878
	2.5 创新能力	3.39	1.147	3.54	0.935	3.57	0.941
	2.6 问题解决能力	3.53	1.182	3.67	0.899	3.72	0.899
	2.7 组织管理能力	3.46	1.178	3.65	0.927	3.67	0.943
	2.0 整体评价	3.46	1.122	3.62	0.900	3.68	0.904
3. 社会能力	3.1 工作态度	3.65	1.171	3.82	0.915	3.86	0.927
	3.2 团队协作能力	3.63	1.158	3.83	0.901	3.89	0.916
	3.3 社会责任心	3.67	1.139	3.82	0.896	3.80	0.915
	3.4 环境适应能力	3.57	1.156	3.82	0.884	3.79	0.969
	3.5 心理承受能力	3.56	1.190	3.76	0.959	3.73	0.984
	3.6 应变能力	3.58	1.164	3.70	0.903	3.84	0.948
	3.7 沟通表达能力	3.58	1.167	3.77	0.938	3.93	0.925
	3.0 整体评价	3.61	1.164	3.79	0.914	3.83	0.941
4. 综合职业能力	4.0 综合职业能力	3.58	1.137	3.75	0.868	3.83	0.920

表 4-119　家庭经济不同的三组样本对职业培养效果高评价率统计表　（单位：%）

一级指标	二级指标	家庭经济差	家庭经济一般	家庭经济好
1. 专业能力	1.1 专业知识	51.72	60.45	64.17
	1.2 专业技能	53.91	62.97	64.06
2. 方法能力	2.1 外语应用能力	42.01	47.17	57.59
	2.2 计算机使用能力	55.31	61.47	67.19
	2.3 信息收集与处理能力	50.41	49.59	56.61
	2.4 学习能力	49.60	55.77	58.12
	2.5 创新能力	46.07	48.18	50.26
	2.6 解决问题的能力	52.42	55.65	58.33
	2.7 组织管理能力	48.10	55.16	53.48

（续上表）

一级指标	二级指标	家庭经济差	家庭经济一般	家庭经济好
3. 社会能力	3.1 工作态度	57.26	64.86	67.02
	3.2 团队协作能力	59.24	64.06	69.31
	3.3 社会责任心	59.08	64.18	65.79
	3.4 环境适应能力	55.49	64.30	64.36
	3.5 心理承受能力	55.56	61.44	61.78
	3.6 应变能力	55.34	57.46	64.36
	3.7 沟通表达能力	55.98	61.38	69.84
4. 综合职业能力	4.0 综合职业能力	55.04	59.73	67.72

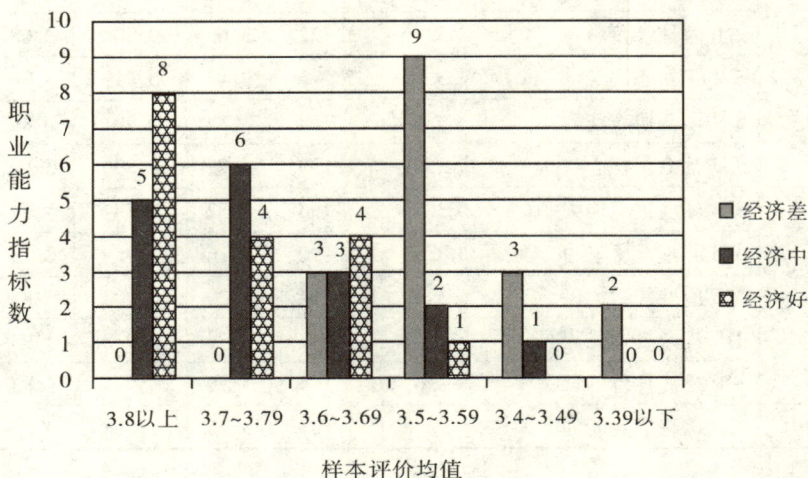

图 4-58 家庭经济不同的三组学生对职业能力培养效果的评价均值分布

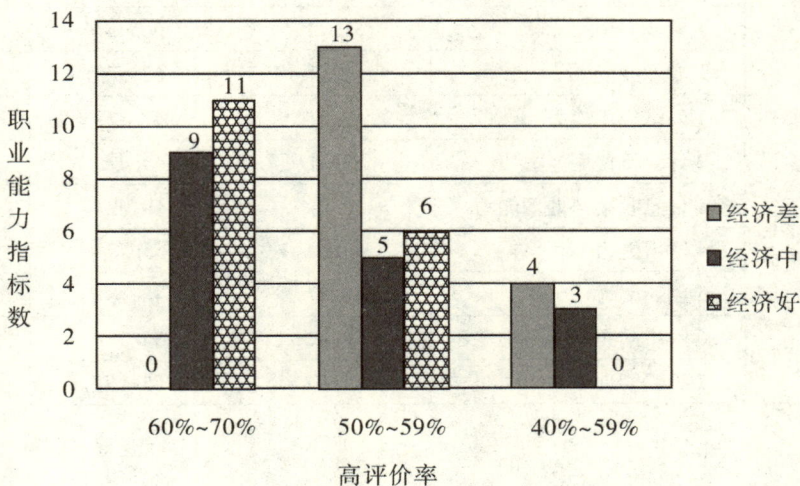

图 4-59 家庭经济不同的三组学生对职业能力培养效果的高评价率分布

表4－120　家庭经济不同的三组学生对职业能力培养效果评价的差异显著性 *H* 检验

	Chi-Square	df	Asymp. Sig.
1.1 专业知识	10.407	2	0.005
1.2 专业技能	11.267	2	0.004
2.1 外语应用能力	15.633	2	0.000
2.2 计算机使用能力	6.823	2	0.033
2.4 学习能力	7.695	2	0.021
3.2 团队协作能力	6.479	2	0.039
3.4 环境适应能力	9.694	2	0.008
3.7 沟通表达能力	10.887	2	0.004
4.0 综合职业能力	6.411	2	0.041

注：本表只摘取了存在显著性差异的指标。

表4－121　家庭经济不同的三组学生对职业能力培养效果评价的差异显著性 *U* 检验

指标	家庭经济	Mann-Whitney U	Z	Sig.（2－tailed）
1.1 专业知识	差·中	2.39E5	－2.912	0.004
	差·好	2.83E4	－2.63	0.009
1.2 专业技能	差·中	2.61E5	－3.246	0.001
	差·好	3.14E4	－2.403	0.016
2.1 外语应用能力	差·中	2.68E5	－2.368	0.018
	差·好	2.89E4	－3.656	0.000
	中·好	1.32E5	－2.913	0.004
2.2 计算机使用能力	差·中	2.69E5	－2.011	0.044
	差·好	3.11E4	－2.384	0.017
2.4 学习能力	差·中	2.66E5	－2.733	0.006
3.2 团队协作能力	差·中	2.67E5	－2.14	0.032
	差·好	3.10E4	－2.201	0.028
3.4 环境适应能力	差·中	2.56E5	－3.092	0.002
3.7 沟通表达能力	差·中	2.69E5	－2.128	0.033
	差·好	2.95E4	－3.087	0.002
	中·好	1.34E5	－2.269	0.023
4.0 综合职业能力	差·好	3.08E4	－2.264	0.024

9. 入学原因不同的学生对职业能力培养效果的评价存在显著性差异

方差分析结果表明，入学原因不同的 7 组学生除对信息收集处理能力的培养效果评价无显著性差异之外，对其他 16 项职业能力的培养效果评价均有显著性差异。*Scheffle* 多重比较结果进一步发现，因"自己喜欢"而选择入读中职的学生对专业知识等 15 项职业能力培养效果的评价高于因"学习成绩不好"而入读中职的学生，因"自己喜欢"而选择入读中职的学生对专业知识等 6 项职业能力的培养效果评价高于因"家庭经济困难"而选择入读中职的学生。（见表 4-124）可见，因"自己喜欢"而主动选择入读中职的学生对职业能力培养效果的评价普遍高于因"学习成绩不好"、"家庭经济困难"而被动入读中职的学生。

表 4-122　入学原因不同的学生对职业能力培养效果的评价均值

一级指标	二级指标	学习成绩不好	家庭经济困难	自己喜欢	父母意愿	好就业	亲朋推荐	其他
1. 专业能力	1.1 专业知识	3.56	3.46	3.85	3.68	3.78	3.75	3.62
	1.2 专业技能	3.63	3.50	3.90	3.78	3.86	3.84	3.68
	1.0 整体评价	3.60	3.48	3.88	3.73	3.82	3.80	3.65
2. 方法能力	2.1 外语应用能力	3.32	3.36	3.60	3.46	3.46	3.44	3.44
	2.2 计算机使用能力	3.63	3.56	3.81	3.79	3.79	3.75	3.66
	2.3 信息收集处理能力	3.48	3.53	3.63	3.57	3.63	3.56	3.50
	2.4 学习能力	3.48	3.48	3.78	3.60	3.70	3.77	3.59
	2.5 创新能力	3.35	3.33	3.67	3.42	3.67	3.58	3.47
	2.6 问题解决能力	3.52	3.50	3.78	3.58	3.71	3.74	3.62
	2.7 组织管理能力	3.46	3.44	3.73	3.61	3.66	3.69	3.60
	2.0 整体评价	3.46	3.46	3.71	3.58	3.66	3.65	3.55
3. 社会能力	3.1 工作态度	3.70	3.51	3.92	3.76	3.86	3.91	3.71
	3.2 团队协作能力	3.70	3.54	3.95	3.78	3.85	3.86	3.73
	3.3 社会责任心	3.71	3.55	3.93	3.79	3.81	3.96	3.67
	3.4 环境适应能力	3.69	3.50	3.88	3.74	3.86	3.90	3.70
	3.5 心理承受能力	3.59	3.50	3.82	3.79	3.73	3.86	3.69
	3.6 应变能力	3.60	3.48	3.82	3.60	3.83	3.75	3.62
	3.7 沟通表达能力	3.63	3.63	3.88	3.72	3.86	3.83	3.68
	3.0 整体评价	3.66	3.53	3.89	3.74	3.83	3.87	3.69
4. 综合职业能力	4.0 综合职业能力	3.60	3.54	3.88	3.69	3.80	3.79	3.65

表4-123 入学原因不同的学生评价结果的方差分析

职业能力指标	F	Sig.
1.1 专业知识	7.000	0.000
1.2 专业技能	7.042	0.000
2.1 外语应用能力	3.516	0.002
2.2 计算机使用能力	3.176	0.004
2.3 信息收集处理能力	1.724	0.111
2.4 学习能力	6.546	0.000
2.5 创新能力	6.888	0.000
2.6 问题解决能力	4.590	0.000
2.7 组织管理能力	4.288	0.000
3.1 工作态度	5.176	0.000
3.2 团队协作能力	5.186	0.000
3.3 社会责任心	5.747	0.000
3.4 环境适应能力	4.475	0.000
3.5 心理承受能力	4.159	0.000
3.6 应变能力	4.826	0.000
3.7 沟通表达能力	4.214	0.000
4.0 综合职业能力	5.860	0.000

表4-124 入学原因不同的学生评价结果的 Scheffe 多重比较

Dependent Variable	(I) 入学原因	(J) 入学原因	Mean Difference (I-J)	Std. Error	Sig.
1.1 专业知识	自己喜欢	学习成绩不好	0.293	0.054	0.000
		家庭经济困难	0.386	0.096	0.014
1.2 专业技能	自己喜欢	学习成绩不好	0.277	0.054	0.000
		家庭经济困难	0.402	0.095	0.006
2.1 外语应用能力	自己喜欢	学习成绩不好	0.272	0.062	0.004
2.4 学习能力	学习成绩不好	自己喜欢	-0.297	0.055	0.000
		亲朋推荐	-0.294	0.079	0.033
2.5 创新能力	学习成绩不好	自己喜欢	-0.318	0.059	0.000
		好就业	-0.322	0.083	0.020
2.6 问题解决能力	自己喜欢	学习成绩不好	0.263	0.058	0.002
2.7 组织管理能力	自己喜欢	学习成绩不好	0.269	0.059	0.002

（续上表）

Dependent Variable	（I）入学原因	（J）入学原因	Mean Difference (I − J)	Std. Error	Sig.
3.1 工作态度	自己喜欢	学习成绩不好	0.219	0.058	0.028
		家庭经济困难	0.410	0.102	0.012
3.2 团队协作能力	自己喜欢	学习成绩不好	0.245	0.058	0.006
		家庭经济困难	0.402	0.101	0.014
3.3 社会责任心	自己喜欢	学习成绩不好	0.214	0.057	0.029
		家庭经济困难	0.373	0.100	0.030
3.4 环境适应能力	自己喜欢	家庭经济困难	0.371	0.100	0.033
3.5 心理承受能力	自己喜欢	学习成绩不好			
3.6 应变能力	自己喜欢	学习成绩不好	0.234	0.061	0.021
3.7 沟通表达能力	自己喜欢	学习成绩不好	0.220	0.058	0.025
4.0 综合职业能力	自己喜欢	学习成绩不好	0.249	0.059	0.008

第五章

高职生成才需求调查研究①

把握高职生的群体特征、成才需求，并以此作为制定高职人才培养目标的重要依据，有针对性地开展人才培养工作非常重要。为此，本研究以珠三角为例，重点围绕高职生的成才需求进行了问卷调查。

第一节　调查说明

高职生成才需求调查的目的、内容、理论框架和问卷设计与中职生成才需求调查基本一致，相关内容参见第四章，此处不再赘述。本节重点对高职生成才需求调查的方法、信度与效度、调查样本进行说明。

一、调查方法

本次调查主要采用分层抽样调查法，按纵横两个维度进行抽样。纵向上，按学校发展水平分层，分为国家示范性高等职业院校、国家骨干高等职业院校、省级示范性高等职业院校、普通高等职业院校四个层次；横向上，按学校类型分层，分为地方院校和行业院校。在纵横分层的基础上，确定了7所高职院校作为调查对象，并对7所高职院校的一、二年级②在校生按专业随机抽样，即各专业随机抽取相应比例的样本数。

二、信度与效度

信度方面，SPSS16.0统计处理结果显示，高职生成才需求调查问卷 *Cronbach's* α 系数高达0.938，表明调查具有很高的内在一致性，可信度很高。

效度方面，根据设想，本调查主要是了解学生的成才目标、学历需求、职业能力需求及对学校人才培养工作、培养效果的评价。为检验构想效度，笔者采用SPSS16.0进行因素分析，以主成分分析法并配合最大变异法进行正交转轴，同时选择 *KMO* 及 *Bartlett's* 球

---

① 部分内容参见：查吉德. 高职生成才需求及其影响因素分析——以珠三角高职院校为例 [J]. 职教论坛，2014（3）：41～45.

② 因三年级学生处于毕业顶岗实习阶段，难以开展集中调查，若进行非集中调查又会影响调查信度，因此，本次调查样本为一、二年级的在校生。另外，相比一年级学生，二年级学生思想更成熟，对学校人才培养工作及自我成才需求的认识更深入，因此，调查样本以二年级在校生为主。

形检验法进行因素分析适用性检验。KMO 及 Bartlett's 球形检验结果表明，KMO 取样适当性量数值为 0.938，适合进行因素分析。另外，Bartlett's 球形检验的 χ^2 值为 13 254（自由度为 630）达到显著（$p = 0.000 < 0.001$），代表母群体的相关矩阵间有共同因素存在，适合进行因素分析。因素分析结果显示，调查问卷共有五个公因子。其中，公因子一基本对应学生职业能力需求；公因子二基本对应学生对职业能力培养效果的评价；公因子三对应学生对人才培养工作的评价；公因子四对应学生外语应用能力需求与培养效果评价以及学历需求；公因子五对应学生成才目标。（见表 5 - 1）五个公因子的特征值分别为：10.47、6.99、2.85、2.08、1.3，其解释变异量分别为 29.09%、19.41%、7.93%、5.77%、3.6%，累积解释变异量为 65.8%。综上表明，调查具有较好的构想效度。

表 5 - 1　高职生成才需求问卷调查因素分析*

	Component				
	1	2	3	4	5
3.3.1 工作态度需求	0.860	0.120	0.073	−0.027	0.006
3.3.2 团队协作能力需求	0.859	0.128	0.067	−0.052	−0.017
3.3.6 应变能力需求	0.858	0.100	−0.030	0.012	−0.033
3.2.6 问题解决能力需求	0.857	0.097	0.082	0.089	0.041
3.3.7 沟通表达能力需求	0.838	0.127	−0.044	−0.019	−0.058
3.3.3 社会责任心需求	0.837	0.128	0.089	−0.078	0.004
3.3.5 心理承受能力需求	0.827	0.109	0.019	−0.043	−0.052
3.3.4 环境适应能力需求	0.825	0.109	0.029	−0.019	−0.027
3.2.4 学习能力需求	0.800	0.047	0.058	0.220	0.060
3.4 综合职业能力需求	0.792	0.101	0.002	0.080	−0.016
3.2.5 创新能力需求	0.791	0.020	−0.008	0.196	0.009
3.2.7 组织管理能力需求	0.775	0.062	0.000	0.154	−0.054
3.1.2 专业技能需求	0.734	0.085	0.133	0.260	0.228
3.1.1 专业知识需求	0.676	0.060	0.140	0.365	0.300
3.2.3 信息收集处理能力需求	0.663	−0.012	−0.006	0.382	0.003
3.2.2 计算机使用能力需求	0.623	0.041	0.018	0.443	0.023
5.3.6 应变能力评价	0.103	0.847	0.086	−0.018	−0.083
5.3.7 沟通表达能力评价	0.064	0.833	0.078	0.008	−0.092
5.4 综合职业能力评价	0.052	0.817	0.132	0.111	−0.024
5.3.4 环境适应能力评价	0.101	0.812	0.074	0.023	−0.027
5.2.7 组织管理能力评价	0.051	0.807	0.095	0.084	0.027
5.3.3 社会责任心评价	0.123	0.801	0.200	0.023	0.051

（续上表）

	Component				
	1	2	3	4	5
5.3.2 团队协作能力评价	0.097	0.793	0.146	-0.039	0.098
5.3.5 心理承受能力评价	0.120	0.791	0.071	0.032	-0.014
5.3.1 工作态度评价	0.132	0.780	0.104	0.000	0.164
5.1.2 专业技能评价	0.144	0.563	0.324	0.256	0.364
5.1.1 专业知识评价	0.111	0.487	0.320	0.344	0.413
4.4 课程内容的适应性评价	-0.004	0.164	0.731	0.028	0.105
4.2 就业岗位了解程度	0.127	0.104	0.727	-0.178	-0.010
4.1 培养目标了解程度	0.125	0.139	0.722	0.004	0.033
4.3 课程设置的合理性评价	0.016	0.214	0.712	0.159	-0.034
4.5 教学条件的满意度评价	-0.064	0.133	0.647	0.089	-0.082
3.2.1 外语应用能力需求	0.486	-0.014	0.023	0.633	-0.181
5.2.1 外语应用能力评价	0.008	0.479	0.062	0.536	-0.143
1. 学历需求	0.467	0.080	0.047	0.507	0.083
2. 成才目标	0.035	-0.003	0.056	0.116	-0.741

Extraction Method：Principal Component Analysis.

Rotation Method：Varimax with Kaiser Normalization.

＊Rotation converged in 5 iterations.

三、调查样本

本次调查的有效样本共 1 106 人，具体构成如下：

（1）按学校水平分类：国家示范校的学生 228 人，占 20.61%；国家骨干校的学生 204 人，占 18.44%；省级示范校的学生 143 人，占 12.93%；一般院校的学生 531 人，占 48.01%。

表 5-2　调查样本院校水平分布

院校水平	有效样本数（人）	有效百分比（%）
国家示范校	228	20.61
国家骨干校	204	18.44
省级示范校	143	12.93
一般院校	531	48.01
合计	1 106	100

（2）按学校类型分类：地方院校的学生 681 人，占 61.57%；行业院校的学生 425 人，占 38.43%。

表 5 - 3　调查样本院校类型分布

院校类型	有效样本数（人）	有效百分比（%）
地方院校	681	61.57
行业院校	425	38.43
合计	1 106	100.00

（3）按性别分类：男生 494 人，占 44.79%；女生 609 人，占 55.21%。

表 5 - 4　调查样本性别分布

性别	有效样本数（人）	有效百分比（%）
男	494	44.79
女	609	55.21
合计	1 103	100.00

（4）按年级分类：一年级 389 人，占 36.22%；二年级 685 人，占 63.78%。

表 5 - 5　调查样本年级分布

年级	有效样本数（人）	有效百分比（%）
一年级	389	36.22
二年级	685	63.78
合计	1 074	100.00

（5）按专业分类：调查共涉及 9 大类专业，其中，财经类专业的学生 352 人，占 32.03%；电子信息类专业的学生 118 人，占 10.74%；交通运输类专业的学生 52 人，占 4.73%；旅游类专业的学生 88 人，占 8.01%；生化与药品类专业的学生 143 人，占 13.01%；土建类专业的学生 72 人，占 6.55%；文化教育类专业的学生 80 人，占 7.28%；艺术设计传媒类专业的学生 91 人，占 8.28%；制造类专业的学生 103 人，占 9.37%。

表 5 - 6　调查校本专业分布

专业类别	有效样本数（人）	有效百分比（%）
财经类	352	32.03
电子信息类	118	10.74
交通运输类	52	4.73
旅游类	88	8.01

（续上表）

专业类别	有效样本数（人）	有效百分比（%）
生化与药品类	143	13.01
土建类	72	6.55
文化教育类	80	7.28
艺术设计传媒类	91	8.28
制造类	103	9.37
合计	1 099	100.00

第二节　高职生群体特征分析

一、珠三角高职院校以农村生源为主

抽样调查发现，以学生生源地统计，珠三角高职院校70%多的学生来自农村，而来自城市的学生不足30%。

表 5 - 7　高职生城乡分布

生源地	有效样本数（人）	有效百分比（%）
城市	290	26.36
农村	810	73.64
合计	1 100	100.00

二、珠三角高职院校以普通高中生源为主

根据调查，以学生毕业学校统计，珠三角高职院校89.06%的学生毕业于普通高中，10.94%的学生毕业于中等职业学校（含职业高中、中专和技校）。

表 5 - 8　高职生生源分布

生源	有效样本数（人）	有效百分比（%）
中等职业学校	120	10.94
普通高中	977	89.06
合计	1 097	100.00

三、珠三角高职生主要来自中低收入家庭

根据调查，珠三角高职生的家庭经济状况整体呈负偏态分布，22.83%的学生家庭经济"差"或"很差"，72.16%的学生家庭经济"一般"，5.01%的学生家庭经济"好"或"很好"。笔者采用模糊综合评价法，对家庭经济水平进行赋分，"很差"赋1分、"差"赋2分、"一般"赋3分、"好"赋4分、"很好"赋5分。经计算，珠三角高职生家庭经济水平的平均得分为2.76，说明珠三角高职生家庭经济水平整体一般偏差。

表5-9　高职生家庭经济状况分布

家庭经济状况	有效样本数（人）	有效百分比（%）	累计百分比（%）
很差	75	6.82	6.82
差	176	16.01	22.83
一般	793	72.16	94.99
好	48	4.37	99.36
很好	7	0.64	100.00
合计	1 099	100.00	—

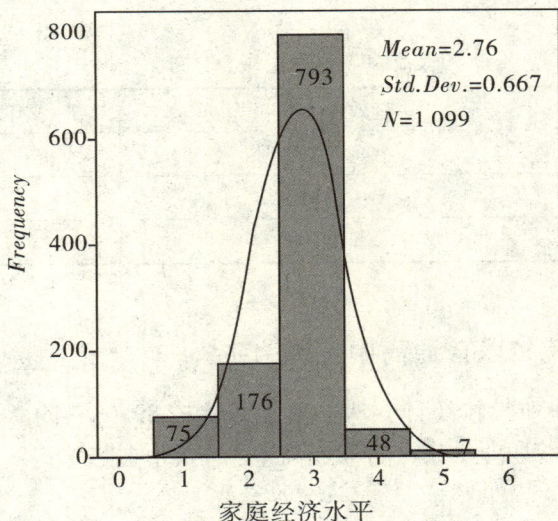

图5-1　高职生家庭经济水平分布

四、学习成绩不好是珠三角高职生入读高职的首要原因

为了解学生入读高职的首要原因，调查提供了7个选项并限定为单选。结果表明，学生入读高职的首要原因是"学习成绩不好"，有34.52%的学生因为"学习成绩不好"才选择上高职；其次是因为"自己喜欢"、"好就业"或"家庭经济困难"等因素选择高职，

因这些因素入读高职的学生分别约有 10%，累计 34.14% 的学生因这三种原因选择高职。另有少部分学生因"父母意愿"、"亲朋推荐"而选择高职。可见，高职教育并没有成为学生的主动选择（只有不到 13% 的学生因为"自己喜欢"选择高职），大部分学生是因为"学习成绩不好"而被动选择高职的。另外，值得注意的是，累计 46.15% 的学生因为"学习成绩不好"或"家庭经济困难"选择高职，说明高职教育主要面对的是特定认知水平、家庭经济困难的社会群体。

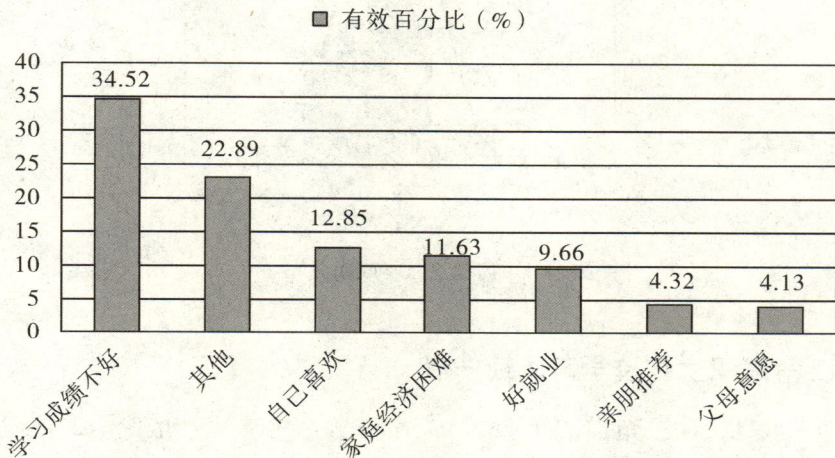

图 5 - 2　学生入读高职的首要原因分布

五、珠三角高职生入学成绩一般偏好

虽然"学习成绩不好"是多数学生选择高职的最主要的原因，但从学生自我认知来看，66.76% 的学生入学成绩"一般"，23.68% 的学生入学成绩"好"或"很好"，只有 9.57% 的学生入学成绩"差"或"很差"。另从图 5 - 3 可见，高职生入学成绩呈正偏态分布，平均值为 3.15，说明入学成绩整体一般偏好。

表 5 - 10　高职生入学成绩分布

入学成绩	有效样本数（人）	有效百分比（%）	累计百分比（%）
很好	37	3.37	3.37
好	223	20.31	23.68
一般	733	66.76	90.44
差	81	7.38	97.82
很差	24	2.19	100.00
合计	1 098	100.00	—

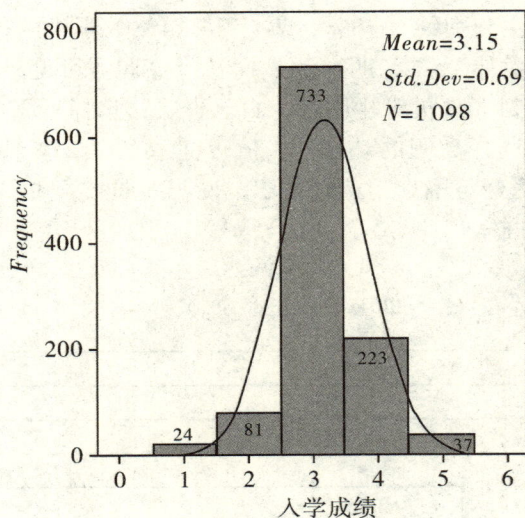

图 5 - 3　高职生入学成绩分布

六、珠三角高职生在校学习成绩一般

从表 5 - 11 可见，珠三角高职生 76.45% 在校学习成绩 "一般"，12.1% 学习成绩 "好" 或 "很好"，11.46% 学习成绩 "差" 或 "很差"。另从图 5 - 4 可见，高职生在校学习成绩呈 T 分布，平均值为 2.99，表明学习成绩整体一般。

表 5 - 11　高职生在校学习成绩分布

学习成绩	有效样本数（人）	有效百分比（%）	累计百分比（%）
很好	17	1.55	1.55
好	116	10.55	12.10
一般	841	76.45	88.55
差	94	8.55	97.10
很差	32	2.91	100.01
合计	1 100	100.00	—

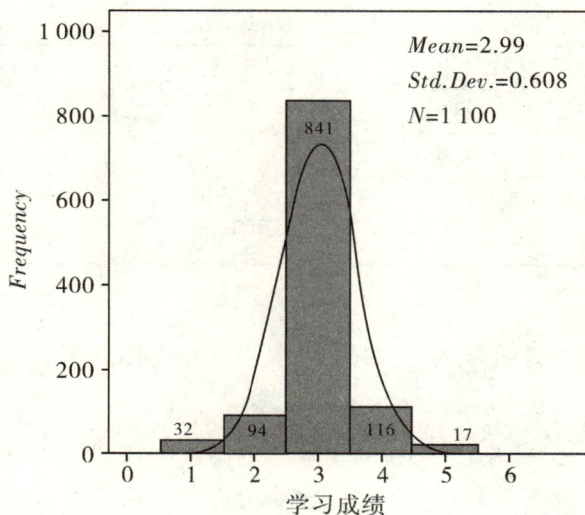

图5-4 高职生在校学习成绩分布

七、珠三角高职生的学习态度有待端正

本次调查从学生对学习成绩及考试的态度两个指标考察学生的学习态度。结果显示：在学习成绩方面，累计49.18%的学生认为学习成绩"重要"或"很重要"，认为"不重要"或"很不重要"的学生只有12.28%；在考试方面，38.71%的学生经常或每门课都是通过考前突击背笔记来应付考试，只有8.56%的学生很少存在考前突击背笔记的情况。可见，虽然高职生普遍认可学习成绩的重要性，但不少学生对考试的态度并不理想，学习态度仍有待端正。

表5-12 高职生对学习成绩的态度分布

对学习成绩的态度	有效样本数（人）	有效百分比（%）	累计百分比（%）
很重要	79	7.18	7.18
重要	462	42.00	49.18
一般	424	38.55	87.73
不重要	106	9.64	97.37
很不重要	29	2.64	100.00
合计	1 100	100.00	—

表5-13 高职生对考试的态度分布

考前突击背笔记的情况	有效样本数（人）	有效百分比（%）	累计百分比（%）
很少，几乎没有	94	8.56	8.56
有，但不经常	332	30.24	38.80

（续上表）

考前突击背笔记的情况	有效样本数（人）	有效百分比（%）	累计百分比（%）
一般	247	22.50	61.30
经常这样	314	28.6	89.90
几乎每门课都如此	111	10.11	100.00
合计	1 098	100.00	—

八、珠三角高职生对所学专业的兴趣水平一般偏上

调查表明，累计31.09%的学生"喜欢"或"很喜欢"所学专业，53.85%的学生对所学专业的兴趣"一般"，另有15.05%的学生"不喜欢"或"很不喜欢"所学专业。从图5-5可见，学生对所学专业兴趣水平呈正偏态分布，平均兴趣水平为3.15，属于一般偏上。

进一步调查分析发现，学生不喜欢所学专业的最主要的原因依次是"没兴趣"（57.14%）、教师的教学水平差（10.2%）、就业前景不好（8.84%）、课程设置不合理（7.48%）、专业办学条件差（6.12%）、课程内容脱离实际（4.08%）以及其他原因。可见，学生对所学专业的确没兴趣是造成其不喜欢所学专业的最主要的原因，但不容忽视的是近四成学生不喜欢所学专业是由教师水平、课程设置、教学条件、就业等外部因素造成的。（见表5-15）因此，提高学生专业兴趣水平，一方面要让学生充分了解、认识所学专业，激发其对专业的内在兴趣，另一方面应通过改善师资队伍、课程、教学条件，提高就业质量等措施，从外部因素提高学生的专业兴趣水平。

表5-14 高职生对所学专业的兴趣情况

专业兴趣	有效样本数（人）	有效百分比（%）	累计百分比（%）
很喜欢	37	3.35	3.35
喜欢	306	27.74	31.09
一般	594	53.85	84.94
不喜欢	122	11.06	96.00
很不喜欢	44	3.99	100.00
合计	1 103	100.00	—

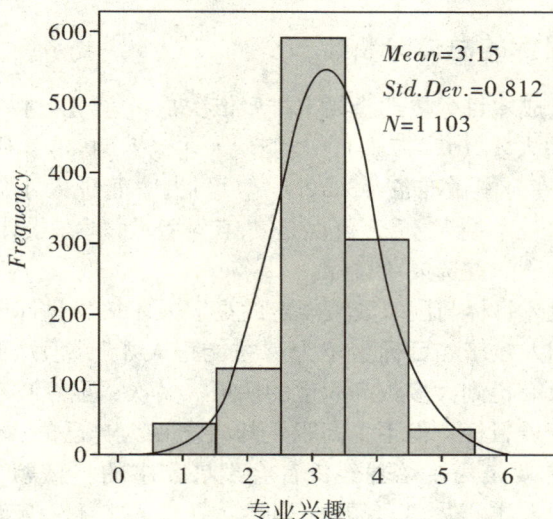

图 5 - 5　高职生对所学专业的兴趣水平分布

表 5 - 15　高职生不喜欢所学专业的首要原因分布

不喜欢所学专业的原因	有效百分比（%）	累计百分比（%）
教师的教学水平差	10.20	10.20
课程设置不合理	7.48	17.69
课程内容脱离实际	4.08	21.77
专业办学条件差	6.12	27.89
就业前景不好	8.84	36.74
没兴趣	57.14	93.88
其他	6.12	100.00
合计	100.00	—

第三节　高职生成才目标及其影响因素分析

　　调查结果表明，管理人才和技术型人才是绝大多数珠三角高职生的首选成才目标，另有相当一部分学生的成才目标是工程型人才，而政府倡导的技能型人才并不被多数学生认同，只有极少数同学将技能型人才作为首选成才目标。另外，学校发展水平、学校类型、专业、学习成绩、学习年限、性别、年级、生源地、家庭经济环境等因素对学生成才目标的选择有显著性影响。

一、高职生成才目标的总体分析

据调查，高职生首选成才目标按选择频率排序依次是：管理人才（29.05%）、技术型人才（27.24%）、工程型人才（13.37%）、技能型人才（7.54%）、研发人才（4.82%）、营销人才（4.62%）、为专升本做准备（3.72%）。可见，"管理人才"是大多数高职生的首选成才目标，其次是"技术型人才"，再次是"工程型人才"，累计近70%的学生将这三类人才作为高职学习阶段的首选成才目标。

由此表明，学生的成才目标与国家政策规定的高职人才培养目标要求有一定差异。首先，我国政府长期将高职人才培养目标定位为"技能型人才"，但从调查结果来看，"技能型人才培养目标"并没有得到大多数高职生的认可。其次，虽然政府并没有将"工程型人才"作为高职的人才培养目标，但不少高职生却将之视为自己的首选成才目标。再次，虽然政府发展高职教育主要是为了培养经济社会发展需求的"蓝领"或"灰领"人才，但学生却最愿意成为管理人才，做"白领"。当然，管理人才不一定都是"白领"，有些基层管理人才也可属于技术技能人才，但笔者在与学生的座谈中了解到，学生眼中的管理人才主要是指"白领"。如有些专业的培养目标定位是为制造业生产岗位培养技能型人才，但毕业生却宁愿选择与所学专业完全不相关或相关度不高的行政文员类的管理岗位，也不愿去与所学专业对口的生产岗位工作。进一步了解发现，学生认为这类生产岗位虽然工资待遇可能比文员类管理岗位更高且与所学专业对口，但工作环境差且社会地位相对更低，而管理岗位相对工作环境更好，社会地位也比较高，算是企业的"白领"。可见，学生眼中的"管理人才"并非管理型技术技能人才，而是工作环境、社会地位较优越的"白领"。正是因为学生更倾向于成为"管理人才"，所以高职院校在招生时，面向生产岗位的工科类专业受青睐程度远不及面向管理岗位的文科类专业（如会计）。

另外，只有极少数高职生（3.72%）将"为专升本做准备"作为高职阶段的首要成才目标。此外，值得注意的是有近10%的学生不清楚自己的成才目标。因此，高职院校应加大专业教育力度，加强职业指导，帮助学生正确规划并选择自我成才目标。

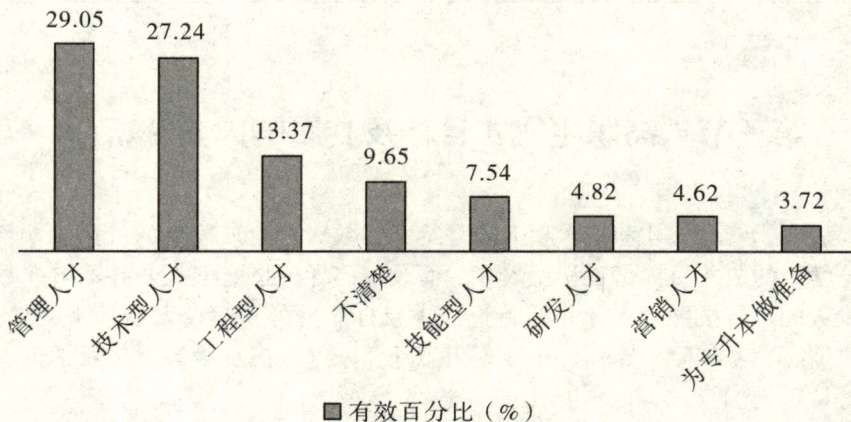

图5-6 高职生自我成才目标总体分布

二、高职生成才目标的影响因素分析

1. 高职生成才目标存在学校水平差异

Pearson 卡方独立性检验结果（$\chi^2 = 140.18$，$df = 21$，$p = 0.000 < 0.05$）表明学校水平与学生成才目标不独立，即发展水平不同的高职院校学生的成才目标存在显著性差异。从图 5 - 7 可见，虽然发展水平不同的四类高职院校学生的成才目标均集中在"管理人才"和"技术型人才"，但集中趋势仍有一定差异。如一般院校分别有 28.31%、25.66% 的学生将"管理人才"、"技术型人才"作为首选成才目标；省级示范校分别有 38.17%、20.61% 的学生将"技术型人才"和"管理人才"作为首选成才目标；国家骨干校分别有 35.48%、15.05% 希望成为"技术型人才"和"管理人才"；国家示范校分别有 50.8%、15.51% 的学生希望成为"管理人才"、"技术型人才"。另外，一般院校、国家骨干校有超过 15% 的学生希望成为"工程型人才"，而国家示范校极少有学生将"工程型人才"作为自己的首选成才目标。此外，省级示范校、一般院校均有超过 10% 的学生不清楚自己的成才目标，这一比例高于国家示范校和国家骨干校。

当然，学生成才目标的差异很有可能是由专业差异引起的。因此，为了避免专业差异的交互影响，笔者以财经类专业为例对四类学校学生的成才目标进行 Pearson 卡方独立性检验，结果（$\chi^2 = 28.84$，$df = 21$，$p = 0.011 < 0.05$）表明学校水平与学生成才目标仍然不独立，发展水平不同的高职院校，同类专业学生的成才目标有显著性差异。

综上推断：发展水平不同的高职院校学生的成才目标存在显著性差异，说明学校发展水平对学生的成才目标的选择有显著性影响。

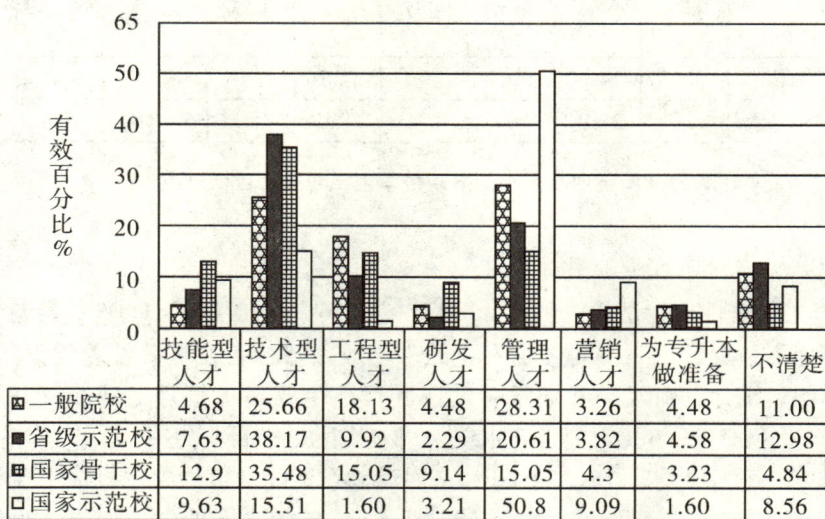

	技能型人才	技术型人才	工程型人才	研发人才	管理人才	营销人才	为专升本做准备	不清楚
一般院校	4.68	25.66	18.13	4.48	28.31	3.26	4.48	11.00
省级示范校	7.63	38.17	9.92	2.29	20.61	3.82	4.58	12.98
国家骨干校	12.9	35.48	15.05	9.14	15.05	4.3	3.23	4.84
国家示范校	9.63	15.51	1.60	3.21	50.8	9.09	1.60	8.56

图 5 - 7　发展水平不同的院校学生自我成才目标分布

2. 高职生成才目标存在学校类型差异

Pearson 卡方独立性检验结果 ($\chi^2 = 45.68$，$df = 7$，$p = 0.000 < 0.05$）表明，学校类型与学生成才目标不独立，行业院校与地方院校学生的成才目标存在显著性差异。从图 5－8 可见，行业类院校学生成才目标选择频率最高的是"技术型人才"（30.97%），其次是管理人才（24.67%），而地方院校更多学生希望成为管理人才（31.76%），其次是技术型人才（24.92%）。另外，更多行业院校的学生希望成为工程型人才（19.42%），而更多地方院校的学生希望成为研发人才（7%）。另外，为消除专业差异对成才目标的交互影响，笔者以财经类专业为例对两类学校学生成才目标进行 Pearson 卡方独立性检验，结果（$\chi^2 = 46.65$，$df = 7$，$p = 0.466 > 0.05$）表明两类学校学生的成才目标无显著性差异。

综上推断，虽然行业院校与地方院校学生的成才目标存在显著性差异，但两者的差异很可能是由专业的差异引起的。

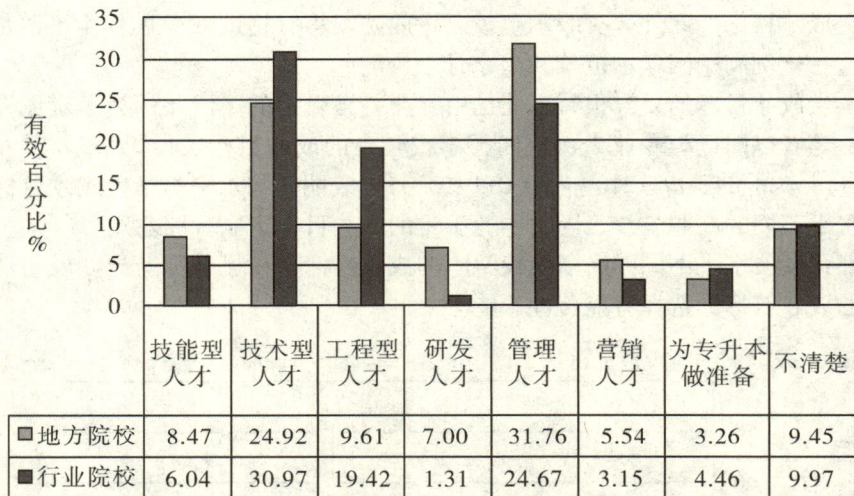

	技能型人才	技术型人才	工程型人才	研发人才	管理人才	营销人才	为专升本做准备	不清楚
地方院校	8.47	24.92	9.61	7.00	31.76	5.54	3.26	9.45
行业院校	6.04	30.97	19.42	1.31	24.67	3.15	4.46	9.97

图 5－8　行业院校与地方院校学生自我成才目标分布

3. 高职生成才目标存在专业差异

Pearson 卡方独立性检验结果（$\chi^2 = 411.83$，$df = 56$，$p = 0.000 < 0.05$）表明专业类别与学生成才目标不独立，说明不同类别专业的学生成才目标存在显著性差异。从表5－16 可见，按选择频率统计，财经类专业学生的成才目标主要是"管理人才"（48.9%）和"营销人才"（20.06%）；电子信息技术类专业学生成才目标主要是"技术型人才"（32.74%）和"工程型人才"（22.12%）；交通运输类专业学生的成才目标主要是"技术型人才"（35.42%）和"工程型人才"（33.33%）；旅游类专业学生的成才目标主要是"管理人才"（51.35%）和"技术型人才"（18.92%）；生化与药品类专业学生的成才目标主要是"技术型人才"（33.33%）和"管理人才"（18.75%）；土建类专业学生的成才目标主要是"工程型人才"（58.73%）和"技术型人才"（20.63%）；文化教育类专业学生的成才目标主要是"管理人才"（32.81%）和"营销人才"（18.75%）；艺术设计传媒

类专业学生的成才目标主要是"技术型人才"（53.01%）和"工程型人才"（12.05%）；制造类专业学生的成才目标主要是"技术型人才"（28.12%）和"工程型人才"（20.83%）。另外，艺术设计传媒类专业、土建类专业、旅游类专业、财经类专业学生的成才目标集中趋势更明显，而制造类、电子信息类、文化教育类等专业学生的成才目标离散系数更大。此外，相比其他几类专业，制造类、艺术设计传媒类、电子信息类、财经类专业更多学生不清楚自我成才目标。

综上推断：高职生成才目标存在专业差异，财经类、管理类、文化教育类专业的学生更倾向于成为管理人才，交通运输类、电子信息技术类、制造类专业的学生更倾向于成为技术型人才和工程型人才，生化与药品类、艺术设计传媒类专业的学生更倾向于成为技术型人才。

表5－16　不同专业类别学生成才目标分布情况　　　　　　　（单位:%）

	财经类	电子信息类	交通运输类	旅游类	生化与药品类	土建类	文化教育类	艺术设计传媒类	制造类
技能型人才	6.90	1.77	10.42	9.46	13.95	3.17	12.5	3.61	7.29
技术型人才	20.06	32.74	35.42	18.92	33.33	20.63	17.19	53.01	28.12
工程型人才	3.45	22.12	33.33	2.70	8.53	58.73	0	12.05	20.83
研发人才	1.88	7.96	4.17	5.41	11.63	0	3.12	1.20	9.38
管理人才	48.90	17.70	10.42	51.35	17.83	12.70	32.81	6.02	11.46
营销人才	2.51	2.65	2.08	5.41	5.43	1.59	18.75	3.61	6.25
为专升本做准备	4.70	2.65	0	0	4.65	3.17	3.12	7.23	3.12
不清楚	11.60	12.39	4.17	6.76	4.65	0	12.5	13.25	13.54
合计	100.00	100.00	100.00	100.00	100.00	100.00	100.00	100.00	100.00

注：表格数据为有效百分比，即该类专业选择相应成才目标的学生人数与有效样本的百分比。

4. 高职生成才目标存在年级差异

Pearson χ^2 独立性检验结果（$\chi^2 = 18.77$，$df = 7$，$p = 0.009 < 0.05$）显示，高职院校一年级与二年级学生的成才目标有显著性差异。从图5－10可见，一年级学生更倾向于成为技术型人才，该年级32.95%的学生首选成才目标是"技术型人才"，二年级学生更倾向于成为管理人才，该年级31.08%的学生首选成才目标是"管理人才"。

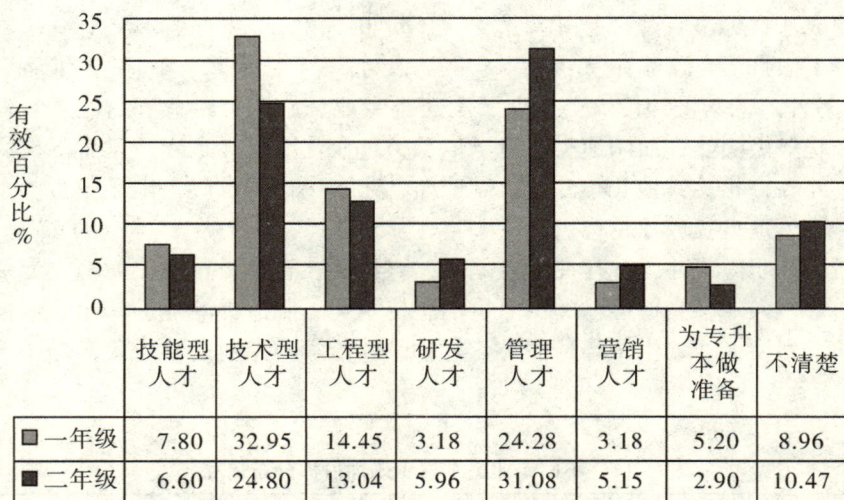

	技能型人才	技术型人才	工程型人才	研发人才	管理人才	营销人才	为专升本做准备	不清楚
▦ 一年级	7.80	32.95	14.45	3.18	24.28	3.18	5.20	8.96
■ 二年级	6.60	24.80	13.04	5.96	31.08	5.15	2.90	10.47

图 5-9　高职一、二年级学生自我成才目标分布

5. 高职生成才目标存在性别差异

Pearson χ^2 独立性检验结果（$\chi^2 = 105.03$，$df = 7$，$p = 0.000 < 0.05$）显示，高职院校男生与女生的成才目标有显著性差异。从图 5-10 可见，男生更希望成为技术型人才和工程型人才，男生选择"技术型人才"作为首选成才目标的比例高达 32.89%，比女生高约 10 个百分点，选择"工程型人才"作为首选成才目标的比例为 20.61%，比女生高约 13 个百分点；女生更希望成为管理人才，40.52% 的女生的首选成才目标是"管理人才"，远高于男生（15.57%）。

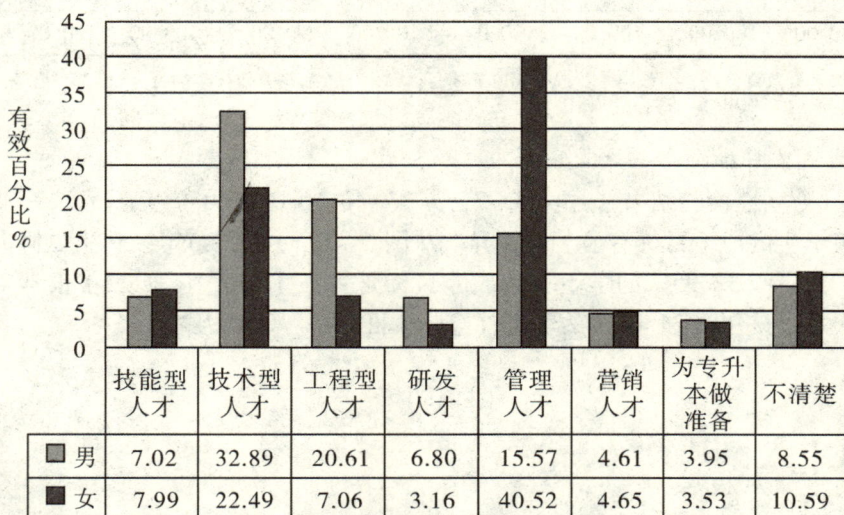

	技能型人才	技术型人才	工程型人才	研发人才	管理人才	营销人才	为专升本做准备	不清楚
▦ 男	7.02	32.89	20.61	6.80	15.57	4.61	3.95	8.55
■ 女	7.99	22.49	7.06	3.16	40.52	4.65	3.53	10.59

图 5-10　高职男生与女生自我成才目标分布

6. 高职生成才目标存在城乡差异。

Pearson χ^2 独立性检验结果 （$\chi^2=14.48$，$df=7$，$p=0.043<0.05$）表明高职生成才目标存在城乡差异，来自城市的学生和来自农村的学生的成才目标有显著性差异。从图 5－11可见，城市学生更倾向于成为技术型人才（30.11%），农村学生更倾向于成为管理人才（31.21%）。另外，相比农村学生，城市学生"为专升本做准备"的愿望更强烈些，6.32%的城市学生将"为专升本做准备"作为高职阶段的首选成才目标，比农村学生高出近4个百分点。

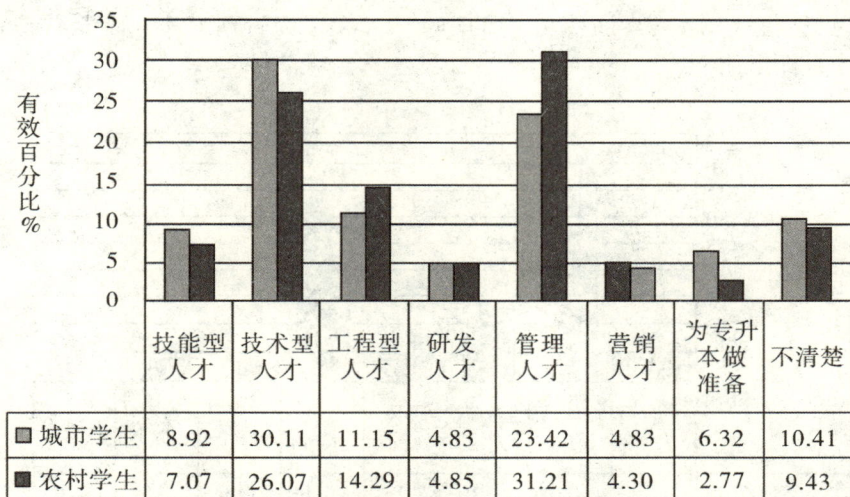

	技能型人才	技术型人才	工程型人才	研发人才	管理人才	营销人才	为专升本做准备	不清楚
城市学生	8.92	30.11	11.15	4.83	23.42	4.83	6.32	10.41
农村学生	7.07	26.07	14.29	4.85	31.21	4.30	2.77	9.43

图 5－11　高职城乡学生成才目标分布

7. 学习基础对高职生成才目标选择有显著性影响

为检验学习基础是否对学生成才目标的选择有显著性影响，笔者分别按学生的入学成绩和学习成绩①对调查样本进行分组，并分别检验入学成绩不同的学生之间、学习成绩不同的学生之间在成才目标方面是否存在显著性差异。

（1）*Pearson* χ^2 独立性检验结果 （$\chi^2=22.97$，$df=14$，$p=0.061>0.05$）显示，当 $\alpha=0.05$ 时，学生入学成绩与其成才目标相互独立，入学成绩不同的学生成才目标不存在显著性差异，但若将 α 调整为0.1并增加犯 I 型错误②的概率时，入学成绩不同的学生的成才目标显示有明显差异。另外，似然比 χ^2 检验结果 （$\chi^2=23.65$，$df=14$，$p=0.0504>0.05$）显示，显著性水平已十分接近0.05。从图 5－12 可见，入学成绩好、中、差三组学生的成才目标分布的确有一定差异。虽然三组学生的主要成才目标均是"技术型人才"和"管理人才"，但相对而言，入学成绩差的学生更倾向于将"技术型人才"作为首选成才目标，而入学成绩中等和好的学生更倾向于将"管理人才"作为首选成才目标。

---

① 为更全面、客观了解学生的学习基础对高职生成才需求的影响，本研究选择了学生入学和当前两个阶段的学习成绩进行分析，即入学成绩和学习成绩。其中，入学成绩指高职入学成绩，即普通高中、中职阶段的学习成绩；学习成绩指高职阶段的学习成绩。

② I 型错误也称 α 型错误，是指在统计决策时，原假设失真而被接受的错误，I 型错误的概率等于 α 值。

（2）Pearsonχ^2独立性检验结果（$\chi^2=56.28$，$df=14$，$p=0.000<0.05$）显示，学生学习成绩与其成才目标不独立，学习成绩不同的学生成才目标有显著性差异。从图5-13可见，学习成绩好和中等的学生选择成为"管理人才"的比率要高于学习成绩差的学生，学习成绩好的学生希望成为"工程型人才"的比率要高于学习成绩中等和差的学生。另外，值得注意的是，学习成绩差的学生有26.27%不清楚自己的成才目标，远高于学习成绩中等和好的学生。

综上推断：学生的学习基础对其成才目标有一定影响，尤其是学生的在校学习成绩对其成才目标有显著性影响，学习成绩不同的学生成才目标有显著性差异，学习成绩好的学生更希望成为工程型人才，学习成绩中等的学生更希望成为管理人才，而学习成绩差的学生对自我成才目标更迷茫。

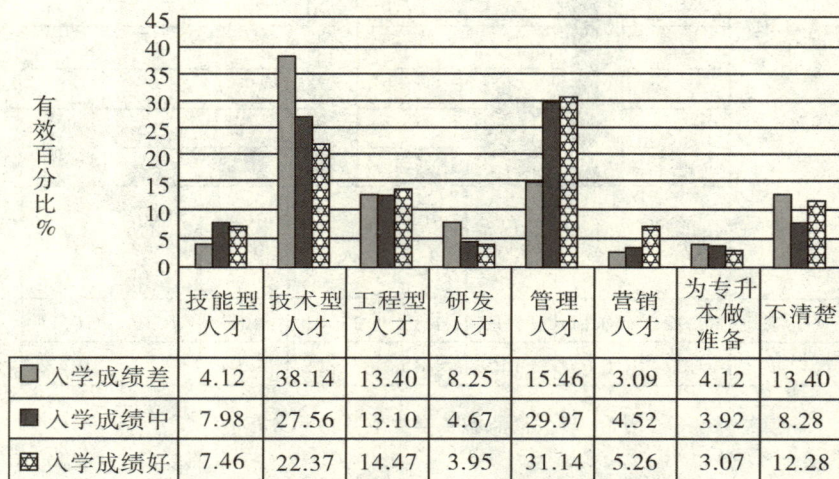

	技能型人才	技术型人才	工程型人才	研发人才	管理人才	营销人才	为专升本做准备	不清楚
入学成绩差	4.12	38.14	13.40	8.25	15.46	3.09	4.12	13.40
入学成绩中	7.98	27.56	13.10	4.67	29.97	4.52	3.92	8.28
入学成绩好	7.46	22.37	14.47	3.95	31.14	5.26	3.07	12.28

图5-12 入学成绩不同的三组学生自我成才目标分布

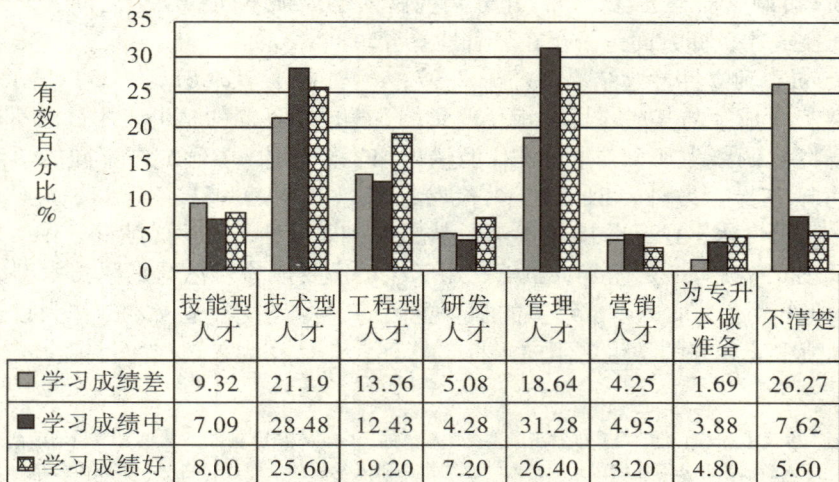

	技能型人才	技术型人才	工程型人才	研发人才	管理人才	营销人才	为专升本做准备	不清楚
学习成绩差	9.32	21.19	13.56	5.08	18.64	4.25	1.69	26.27
学习成绩中	7.09	28.48	12.43	4.28	31.28	4.95	3.88	7.62
学习成绩好	8.00	25.60	19.20	7.20	26.40	3.20	4.80	5.60

图5-13 学习成绩不同的三组学生自我成才目标分布

8. 家庭经济环境对高职生成才目标的选择有显著性影响

Pearson χ^2 独立性检验结果（$\chi^2 = 26.41$，$df = 14$，$p = 0.023 < 0.05$）表明，① 家庭经济环境不同的学生成才目标的选择存在显著性差异，说明家庭经济环境对学生自我成才目标的选择有显著性影响。从图 5 - 14 可见，虽然家庭经济水平不同的三组学生均普遍将"技术型人才"和"管理人才"作为首选成才目标，但三组样本的集中趋势有一定差异。相对而言，家庭经济差和中等的学生更倾向于成为"技术型人才"，而家庭经济好和中等的学生更倾向于成为"管理人才"。另外，相对于家庭经济差和中等的学生，经济好的学生"为专升本做准备"的意愿更强，不清楚自我成才目标的比率更高，而经济差的学生以"工程型人才"作为首选成才目标的比例更高。

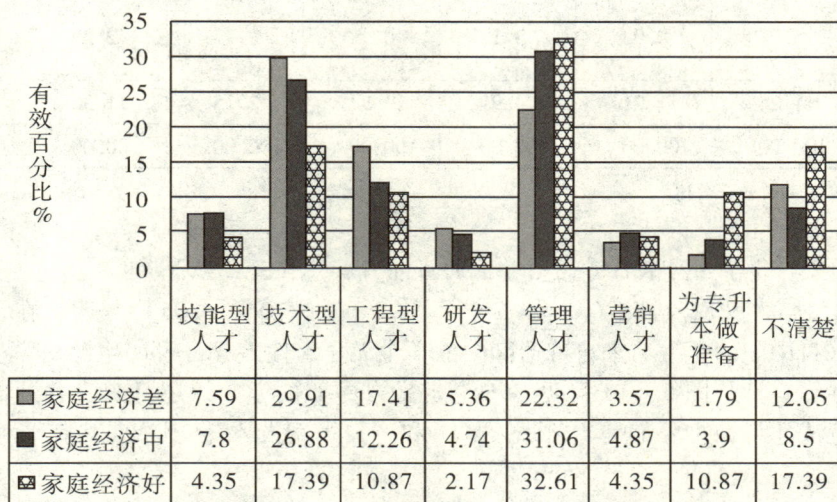

	技能型人才	技术型人才	工程型人才	研发人才	管理人才	营销人才	为专升本做准备	不清楚
家庭经济差	7.59	29.91	17.41	5.36	22.32	3.57	1.79	12.05
家庭经济中	7.8	26.88	12.26	4.74	31.06	4.87	3.9	8.5
家庭经济好	4.35	17.39	10.87	2.17	32.61	4.35	10.87	17.39

纵轴：有效百分比 %

图 5 - 14　家庭经济不同的学生自我成才目标分布

9. 入学原因对高职生成才目标的选择有显著性影响

Pearson χ^2 独立性检验结果（$\chi^2 = 62.32$，$df = 42$，$p = 0.022 < 0.05$）显示，学生的入学原因与其成才目标并不独立，说明入学原因对学生的成才目标有显著性影响，入学原因不同的学生的成才目标有显著性差异。从表 5 - 17 可见，因各种原因入读高职的学生的首选成才目标普遍是"技术型人才"和"管理人才"，但相对而言，因"亲朋推荐"、"父母意愿"入读高职的学生更倾向成为"技术型人才"，因"家庭经济困难"和"其他原因"入读高职的学生更倾向于成为"管理人才"。

---

① 对学生家庭经济状况的调查最初为 5 分量表，即按家庭经济状况设置五个选项：很好、好、一般、差、很差。但调查发现，家庭经济很好的样本数非常少。为此，笔者根据家庭经济状况对样本重新分组，分为好、中、差三组：家庭经济好或很好的学生归为一组，经济一般的学生归为一组，经济差或很差的学生归为一组。

表5-17　入学原因不同的学生自我成才目标统计　　　　（单位:%）

	学习成绩不好	家庭经济困难	自己喜欢	父母意愿	好就业	亲朋推荐	其他
技能型人才	8.88	8.41	10.32	2.56	6.45	11.36	4.04
技术型人才	23.96	26.17	26.98	35.9	33.33	40.91	26.01
工程型人才	14.50	8.41	16.67	12.82	18.28	15.91	9.42
研发人才	6.21	2.80	5.56	2.56	7.53	2.27	3.59
管理人才	27.51	36.45	27.78	25.64	25.81	11.36	33.63
营销人才	2.66	5.61	5.56	7.69	3.23	4.55	6.28
为专升本做准备	5.03	0.93	3.17	0	3.23	2.27	4.93
不清楚	11.24	11.21	3.97	12.82	2.15	11.36	12.11
合计	100.00	100.00	100.00	100.00	100.00	100.00	100.00

注:表格内数据为有效百分比。

10. 来自中职的学生与来自普高的学生的成才目标无显著性差异

$Pearson$ χ^2 独立性检验结果（$\chi^2 = 4.64$，$df = 7$，$p = 0.704 > 0.05$）表明,在自我成才目标方面,来自中职的学生与来自普通高中的学生无显著性差异,说明生源对学生的成才目标无显著性影响。从图5-15可见,不论是来自中职的学生,还是来自普通高中的学生,他们自我成才目标主要都是"管理人才"和"技术型人才",其次是"工程型人才"。

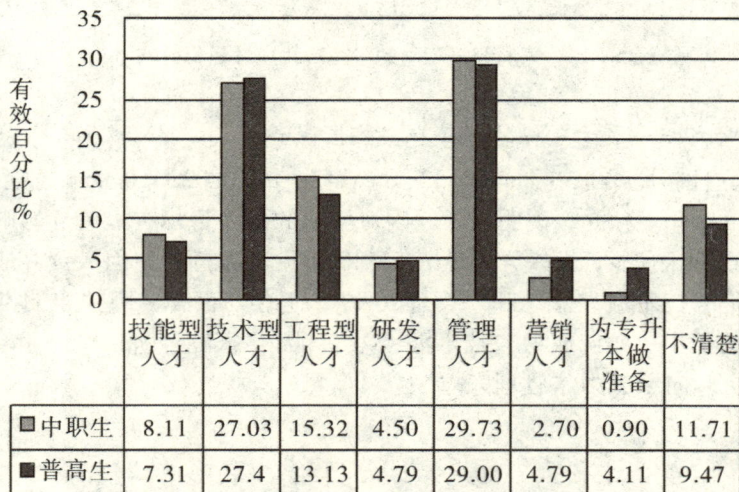

	技能型人才	技术型人才	工程型人才	研发人才	管理人才	营销人才	为专升本做准备	不清楚
中职生	8.11	27.03	15.32	4.50	29.73	2.70	0.90	11.71
普高生	7.31	27.4	13.13	4.79	29.00	4.79	4.11	9.47

图5-15　中职与普高毕业生成才目标分布

第四节　高职生学历需求及其影响因素分析

虽然能力本位已成为社会选人、用人的主要标准，但学历对于个人发展依然非常重要。因此，即使是强调以就业为导向的职业教育，依然不能忽视学生对学历的需求。如从中职生成才需求调查来看，六成多中职生对学历需求"高"或"很高"。但从高职生成才目标调查结果来看，只有 3.72% 的高职生将"为专升本做准备"作为高职学习阶段的首选成才目标。这能否说明高职生对学历的需求没有中职生那么强烈？另外，高职生的学历需求又受哪些因素的影响？调查结果表明，虽然极少数学生将"为专升本做准备"作为高职阶段的首选成才目标，但高职生对学历的需求依然比较强烈，且学校水平、学校类型、专业类别、学习基础（入学成绩、学习成绩）、入学年限（年级）、性别、生源（毕业学校）、家庭经济状况 8 种因素对高职生的学历需求均有显著性影响。

一、高职生学历需求情况总体分析

据调查，在学历需求方面，34.91% 的高职生选择"很高"，22.01% 的高职生选择"高"，说明累计 56.93% 的学生对学历需求"高"或"很高"。另从图 5-16 可见，高职生对学历的需求度呈正偏态分布，且平均需求度为 3.74，表明对学历的整体需求程度较高。

表 5-18　高职生学历需求程度分布

需求度	有效百分比（%）	累计百分比（%）
5（很高）	34.91	34.91
4（高）	22.01	56.93
3（一般）	30.83	87.76
2（低）	6.74	94.50
1（很低）	5.50	100.00
合计	100.00	—

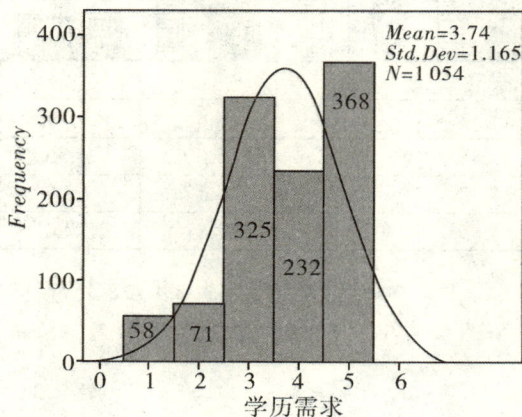

图 5-16　高职生学历需求分布

二、高职生学历需求的影响因素分析

1. 高职生对学历的需求存在学校水平差异，省级示范校学生对学历的需求度高于国家骨干校

方差分析结果（$F = 2.889$，$p = 0.035 < 0.05$）表明，发展水平不同的四类高职院校学生的学历需求存在显著性差异。Scheffe 多重比较结果进一步显示，国家骨干校与省级示范校学生的学历需求有显著性差异，后者高于前者（两者的均值差为 -0.359，$p = 0.045 < 0.05$）。从表 5 – 19 可见，发展水平不同的四类学校中，国家骨干校学生的学历需求均值最低（3.53），省级示范校学生的学历需求均值最高（3.89）。另从图 5 – 17 可见，省级示范校 43.48% 的学生对学历需求"很高"，而国家骨干校只有 24.73% 的学生对学历需求"很高"。可见，四类学校中，省级示范校学生的学历需求度最高，国家骨干校学生学历需求度最低。

表 5 – 19　水平不同的学校学生学历需求均值及标准差

院校	均值	标准差
一般院校	3.77	1.166
省级示范校	3.89	1.206
国家骨干校	3.53	1.130
国家示范校	3.76	1.148

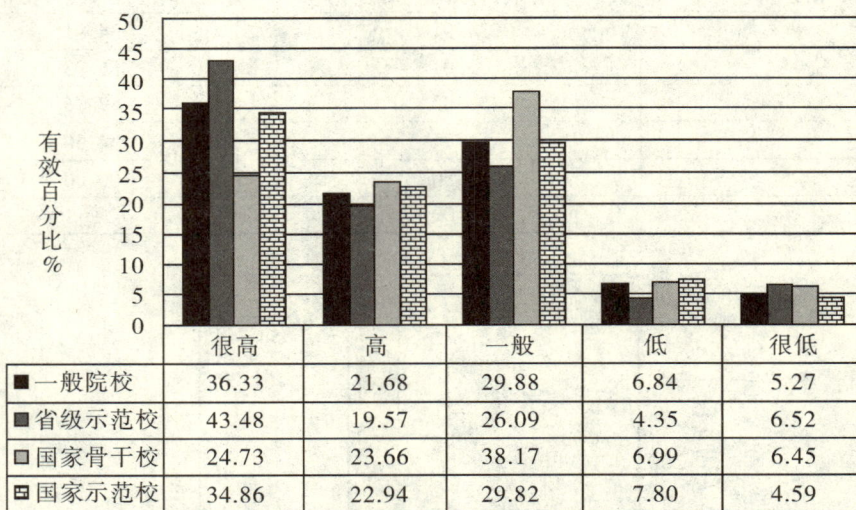

	很高	高	一般	低	很低
■一般院校	36.33	21.68	29.88	6.84	5.27
■省级示范校	43.48	19.57	26.09	4.35	6.52
国家骨干校	24.73	23.66	38.17	6.99	6.45
▦国家示范校	34.86	22.94	29.82	7.80	4.59

图 5 – 17　水平不同的学校学生学历需求分布

2. 高职生对学历的需求存在学校类型差异, 行业院校学生对学历的需求高于地方院校

两独立样本 t 检验结果（$t = 3.051$, $df = 1\,052$, $p = 0.002 < 0.05$）表明，在学历需求方面，行业院校的学生与地方院校的学生存在显著性差异，前者的需求度高于后者。从表 5 – 20 和图 5 – 18 可见，行业类院校学生对学历的需求均值为 3.88，累计 62.97% 的学生对学历需求"高"或"很高"，这两项指标均高于地方院校。

表 5 – 20　地方院校与行业院校学生学历需求均值及标准差

学校类型	Mean	Std. Deviation
地方院校	3.65	1.156
行业院校	3.88	1.166

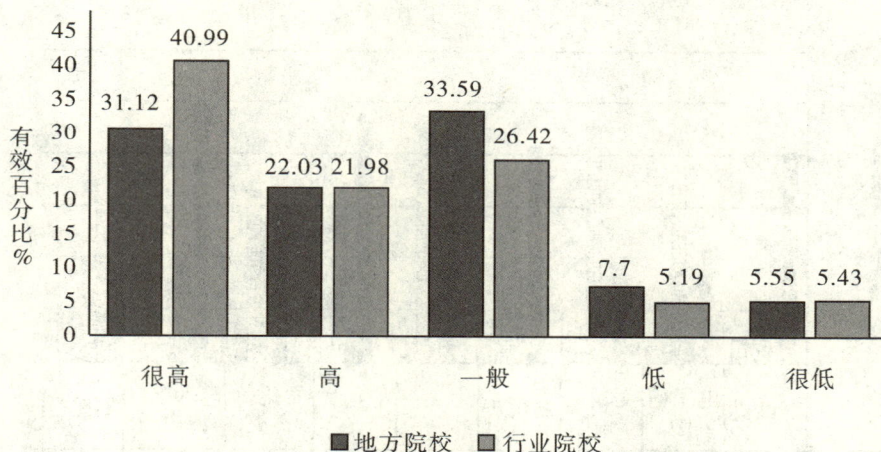

图 5 – 18　地方院校与行业院校学生学历需求度分布

3. 高职生对学历的需求存在专业差异, 艺术设计传媒类专业的学生的需求最高

方差分析结果（$F = 5.795$, $p = 0.000 < 0.05$）表明，调查的 9 类专业的学生对学历的需求存在显著性差异。Scheffe 多重比较结果进一步显示，在学历需求方面，艺术设计传媒类专业与交通运输类专业、制造类专业存在显著性差异。结合样本均值差推断：在学历需求方面，艺术设计传媒类专业的学生高于交通运输类和制造类专业的学生。

从表 5 – 21 可见，9 类专业中，艺术设计传媒类专业的学生学历需求均值最大（4.10），而交通运输类专业的学生需求均值最小（3.23）、制造类专业次之（3.38）。另从图 5 – 19 可见，艺术设计传媒类专业 49.49% 的学生对学历需求很高，21.84% 需求高，累计 71.33% 对学历需求"高"或"很高"，而交通运输类专业、制造类专业分别只有 35.42%、44.44% 的学生对学历需求"高"或"很高"。

综上表明，高职生的学历需求存在专业差异，艺术设计传媒类专业的学生的需求相对较高，而交通运输类、制造类专业学生需求相对较低。

表 5 – 21　高职各类专业学生学历需求均值及标准差

专业类别	均值	标准差
财经类	3.89	1.145
电子信息类	3.51	1.083
交通运输类	3.23	1.207
旅游类	3.86	1.143
生化与药品类	3.66	1.079
土建类	4.03	1.087
文化教育类	3.59	1.189
艺术设计传媒类	4.10	1.079
制造类	3.38	1.267

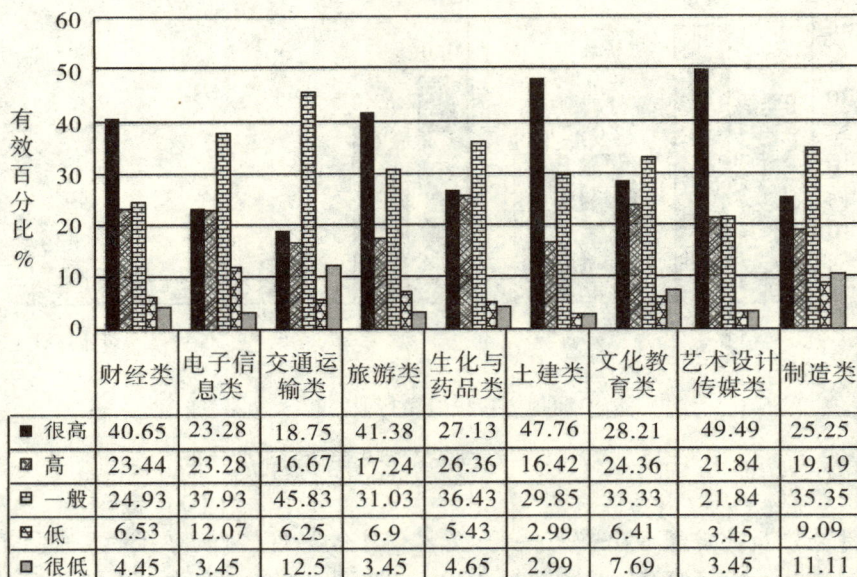

图 5 – 19　高职各类专业学生学历需求度分布

	财经类	电子信息类	交通运输类	旅游类	生化与药品类	土建类	文化教育类	艺术设计传媒类	制造类
很高	40.65	23.28	18.75	41.38	27.13	47.76	28.21	49.49	25.25
高	23.44	23.28	16.67	17.24	26.36	16.42	24.36	21.84	19.19
一般	24.93	37.93	45.83	31.03	36.43	29.85	33.33	21.84	35.35
低	6.53	12.07	6.25	6.9	5.43	2.99	6.41	3.45	9.09
很低	4.45	3.45	12.5	3.45	4.65	2.99	7.69	3.45	11.11

表 5 – 22　高职各类专业学生学历需求均值差异 Scheffe 多重比较

（I）1.2 专业类别	（J）1.2 专业类别	Mean Difference（I – J）	Std. Error	Sig.
艺术设计传媒类	交通运输类	0.874 *	0.205	0.020
	制造类	0.720 *	0.167	0.019

注：本表只摘取了存在显著性差异的指标。

4. 高职生对学历的需求存在年级差异，一年级学生比二年级学生更希望提升学历

两独立样本 t 检验结果（$t=5.45$，$df=785.5$，$p=0.000<0.01$）表明，在学历需求方面，一年级与二年级的学生有显著性差异，前者对学历的需求大于后者。从表 5 – 23 可

见，一年级学生对学历的需求均值为 4.00，表明需求水平高，二年级学生的学历需求均值为 3.60，说明需求水平一般偏上。另从图 5-20 可见，一年级学生 43.96% 对学历需求很高，比二年级学生高近 14 个百分点。

该结果与中职生的调查结果是一致的。这说明职业院校学生对学历的需求会随着学习年限的增加而减弱。该结果既有主观方面的原因，也有客观原因。主观上，随着学习的深化，学生对职业教育的认识更深，一些学生开始改变学历本位的传统观念并树立能力本位的新观念；客观上，因我国职业教育体系尚不健全，学生进一步提升学历的空间非常有限，因此，随着学习年限的增加，学生对此现实的认识越来越清晰，部分学生被迫放弃最初的升学梦想，对学历的需求也变得没有当初那么强烈。

表 5-23　高职一、二年级学生学历需求样本均值及标准差

样本	均值	标准差
一年级	4.00	1.105
二年级	3.60	1.170

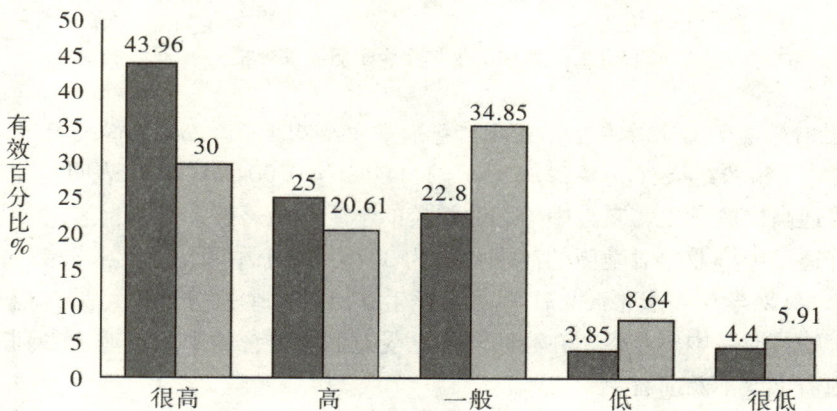

图 5-20　高职一、二年级学生学历需求分布

5. 高职生对学历的需求存在性别差异，女生比男生更希望提升学历

两独立样本 t 检验结果（$t = -5.54$，$df = 1\,050$，$p = 0.000 < 0.01$）表明，在学历需求方面，男生与女生有显著性差异，女生对学历的需求高于男生。从表 5-24 可见，女生的学历需求均值为 3.92，说明整体上对学历需求度高，男生对学历需求的均值为 3.52，说明整体上对学历需求度一般偏上。另从图 5-21 可见，女生 41.44% 对学历需求很高，累计 65.07% 的女生对学历需求"高"或"很高"，而男生只有 26.71% 对学历需求很高，累计 46.8% 对学历需求"高"或"很高"。

表 5 - 24   高职男生与女生学历需求样本均值及标准差

样本	均值	标准差
男生	3.52	1.160
女生	3.92	1.139

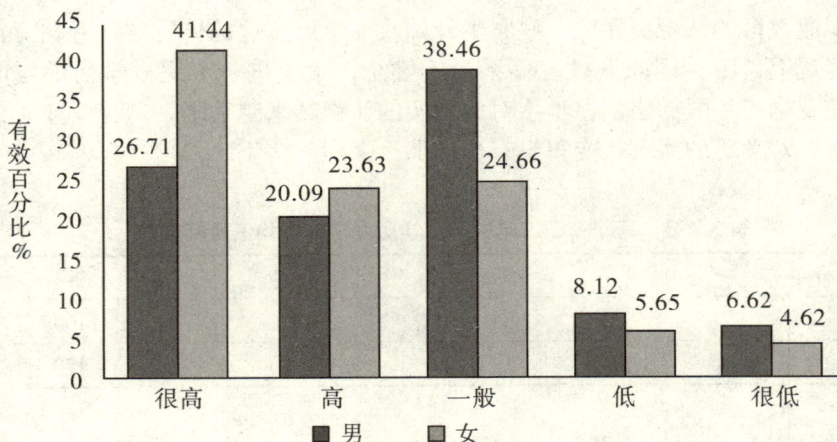

图 5 - 21   高职男生与女生学历需求分布

6. 高职生对学历的需求存在生源差异，普通高中毕业生对学历的需求强于中职毕业生

两独立样本 t 检验结果（$t = -2.86$，$df = 1044$，$p = 0.004 > 0.01$）表明，在学历需求方面，来自普通高中的学生与来自中等职业学校的学生有显著性差异，前者对学历的需求强于后者。普通高中毕业生对学历的需求均值为 3.78，高于中职毕业生（3.45）；普通高职毕业生 35.95% 对学历需求很高，比中职毕业生高出近 9 个百分点。可见，相对于从未受过职业教育的普通高中毕业生，在高中阶段已受过职业教育的中职毕业生来到高职院校后，对学历的需求度不及前者。

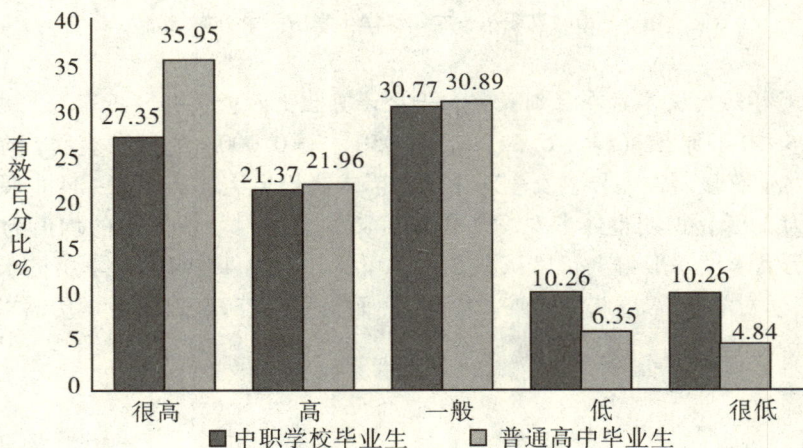

图 5 - 22   中职生与普高生学历需求分布

表5-25　中职生与普高生学历需求均值及标准差

毕业学校	均值	标准差
中等职业学校	3.45	1.276
普通高中	3.78	1.145

7. 高职生对学历的需求无城乡差异，城市学生和农村学生对学历的需求均比较高

两独立样本 t 检验结果（$t=0.521$，$df=1\,046$，$p=0.602>0.05$）表明，在学历需求方面，来自城市的学生与来自农村的学生无显著性差异。从表5-26可见，城市学生与农村学生对学历需求的集中趋势（样本均值）和离散趋势（标准差）均比较接近，两者对学历的需求均值均达3.7以上，说明两者对学历的需求度都比较高。另从图5-23可见，城市学生与农村学生对学历需求度分布基本类似，分别有59.22%和56%对学历需求"高"或"很高"，而对学历需求"低"或"很低"的学生分别只有13.12%和12.01%。

表5-26　高职城市学生与农村学生学历需求样本均值及标准差

样本	均值	标准差
城市学生	3.77	1.220
农村学生	3.73	1.146

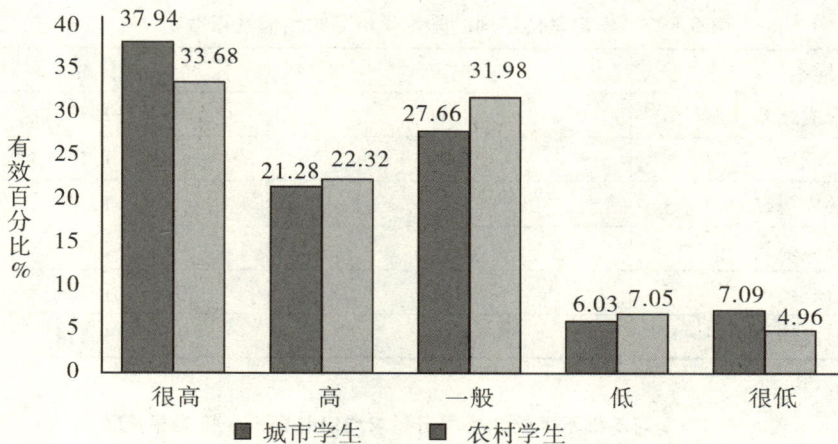

图5-23　高职城市学生与农村学生学历需求分布

8. 学生的学习基础对学历需求有显著性影响，学习基础差的学生的需求低于学习基础中等和好的学生

方差分析结果（$F=16.27$，$p=0.000<0.01$）表明，在学历需求方面，入学成绩不同的三组学生有显著性差异。Scheffe多重比较结果进一步显示，在学历需求方面，入学成绩差的学生与入学成绩中等、入学成绩好的学生均有显著性差异，入学成绩差的学生对学历的需求明显低于入学成绩中等的学生和入学成绩好的学生。从表5-27可见，入学成绩差

的学生对学历的需求均值仅为 3.11, 远低于入学成绩中等的学生 (3.80) 和入学成绩好的学生 (3.83)。另从图 5 – 24 可见, 入学成绩差的学生累计 35.72% 对学历需求"高"或"很高", 远低于入学成绩中等的学生 (58.16%) 和入学成绩好的学生 (61.63%)。另外, 入学成绩差的学生 27.55% 对学历需求"低"或"很低", 该比例远高于入学成绩中等的学生 (10.64%) 和入学成绩好的学生 (10.62%)。

同样, 方差分析结果 ($F = 11.217$, $p = 0.000 < 0.01$) 表明, 在学历需求方面, 在校学习成绩不同的三组学生也有显著性差异。Scheffe 多重比较结果显示, 学习成绩差的学生与学习成绩中等、学习成绩好的学生均有显著性差异, 学习成绩差的学生对学历的需求明显低于学习成绩中等的学生和学习成绩好的学生。从表 5 – 27 可见, 学习成绩差的学生对学历的需求均值为 3.32, 低于学习成绩中等的学生 (3.76) 和学习成绩好的学生 (4.00)。另从图 5 – 25 可见, 学习成绩差的学生累计 45.46% 对学历需求"高"或"很高", 该比例低于学习成绩中等的学生 (57.16%) 和学习成绩好的学生 (65.6%), 学习成绩差的学生累计 23.14% 对学历需求低或很低, 该比例高于学习成绩中等的学生 (11.2%) 和学习成绩好的学生 (8.8%)。

综上可见, 入学成绩、在校学习成绩不同的学生对学历的需求存在显著性差异, 尤其是入学成绩差的学生对学历的需求明显低于入学成绩中等或好的学生, 学习成绩差的学生对学历的需求则明显低于学习成绩中等或好的学生。由此表明, 高职生的学习基础对其学历需求有显著性影响。

表 5 – 27 学习基础不同的学生学历需求均值及标准差

样本	均值	标准差
入学成绩差	3.11	1.331
入学成绩中	3.80	1.121
入学成绩好	3.83	1.149
学习成绩差	3.32	1.374
学习成绩中	3.76	1.124
学习成绩好	4.00	1.114

表 5 – 28 学习基础不同的学生学历需求均值差异 Scheffe 多重比较

(I) 学习基础	(J) 学习基础	Mean Difference ($I - J$)	Std. Error	Sig.
入学成绩差	入学成绩中	− 0.683 *	0.124	0.000
	入学成绩好	− 0.720 *	0.137	0.000
入学成绩中	入学成绩好	− 0.037	0.085	0.910

（续上表）

（I）学习基础	（J）学习基础	Mean Difference (I − J)	Std. Error	Sig.
学习成绩差	学习成绩中	− 0.439 *	0.113	0.001
	学习成绩好	− 0.678 *	0.147	0.000
学习成绩中	学习成绩好	− 0.239	0.111	0.099

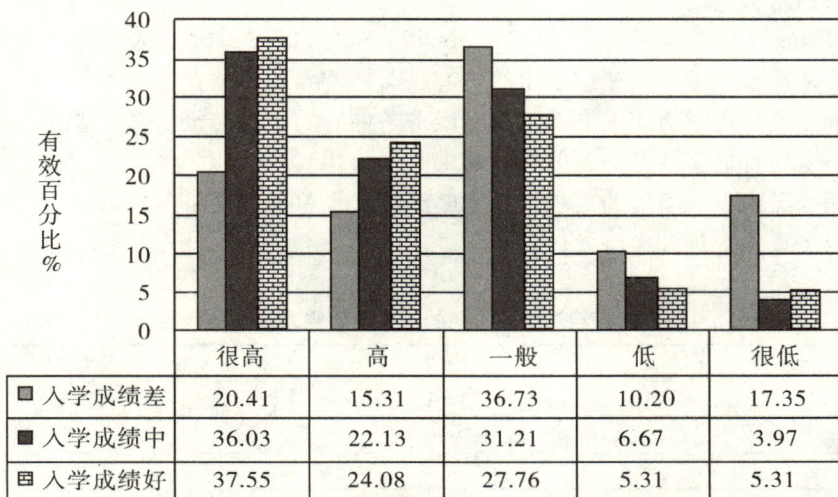

	很高	高	一般	低	很低
入学成绩差	20.41	15.31	36.73	10.20	17.35
入学成绩中	36.03	22.13	31.21	6.67	3.97
入学成绩好	37.55	24.08	27.76	5.31	5.31

图 5 − 24　入学成绩不同的三组学生学历需求情况

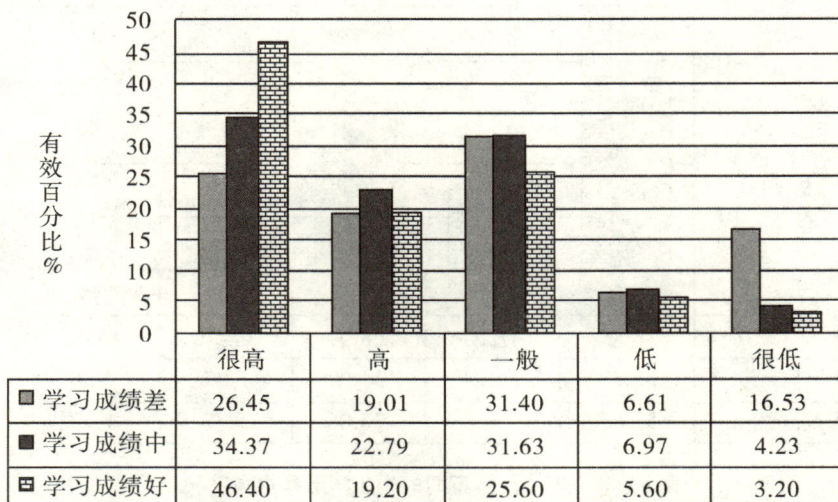

	很高	高	一般	低	很低
学习成绩差	26.45	19.01	31.40	6.61	16.53
学习成绩中	34.37	22.79	31.63	6.97	4.23
学习成绩好	46.40	19.20	25.60	5.60	3.20

图 5 − 25　学习成绩不同的三组学生学历需求情况

9. 家庭经济状况对高职生的学历需求有显著性影响，经济条件好的学生比经济条件中等和差的学生更希望提升学历

从表 5 – 29 可见，家庭经济条件差、中、好三组学生对学历的需求均值分别为 3.61、3.76、4.13；另从图 5 – 26 可见，家庭经济条件好的学生 53.85% 对学历需求很高，该比例分别比家庭经济条件中等和差的学生高出约 17 个百分点和约 20 个百分点，经济条件好的学生累计只有 7.69% 对学历需求低或很低，该比例低于经济条件中等（10.71%）和经济条件差的学生（18.48%）。可见，学生的学历需求度与家庭经济条件相关，家庭经济条件越好对学历的需求越高。

Kruskal-Wallis H 检验结果（$\chi^2 = 7.83$，$df = 2$，$p = 0.02 < 0.05$）表明，在学历需求方面，家庭经济条件水平不同的三组学生的确有显著性差异。两独立样本 *Mann-Whitney U* 检验结果进一步显示，在学历需求方面，家庭经济条件好的学生与经济条件差的学生、经济条件中等的学生均有显著性差异，前者的需求高于后两者。

综上推断：高职生对学历的需求存在家庭经济水平差异，经济条件好的学生对学历的需求度高于经济条件中等和经济条件差的学生。

表 5 – 29　家庭经济状况不同的学生学历需求均值及标准差

家庭经济	均值	标准差
差	3.61	1.323
中	3.76	1.114
好	4.13	1.085

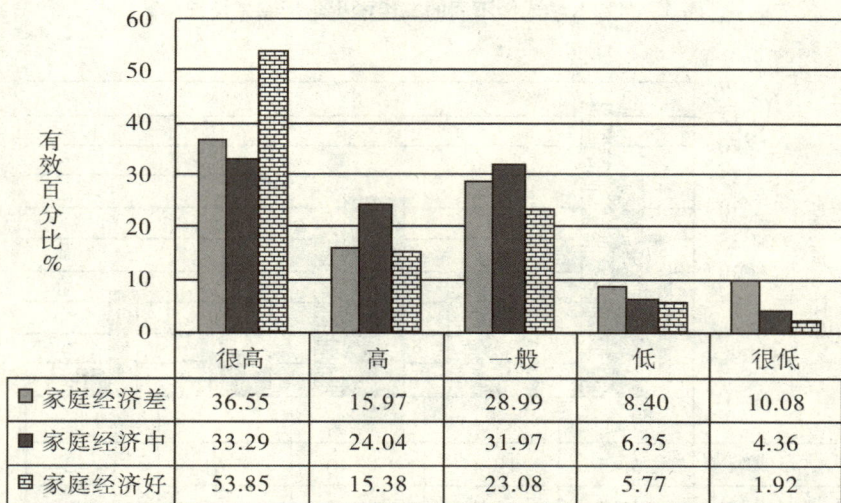

	很高	高	一般	低	很低
家庭经济差	36.55	15.97	28.99	8.40	10.08
家庭经济中	33.29	24.04	31.97	6.35	4.36
家庭经济好	53.85	15.38	23.08	5.77	1.92

图 5 – 26　家庭经济不同的学生学历需求情况

表 5 – 30　家庭经济状况不同的学生学历需求差异显著性 U 检验结果

样本	Mann-Whitney U	Z	Asymp. Sig. （2 – tailed）
家庭经济差·家庭经济中	8.610E4	− 1.074	0.283
家庭经济差·家庭经济好	4 818	− 2.620	0.009
家庭经济中·家庭经济好	1.577E4	− 2.508	0.012

10. 入学原因对高职生的学历需求无显著性差异

Kruskal-Wallis H 检验结果（$\chi^2 = 10.733$, $df = 6$, $p = 0.097 > 0.05$）表明，在学历需求方面，入学原因不同的学生无显著性差异。从表 5 – 31 可见，各组样本的学历需求均值都在 3.46 至 3.92 之间；从表 5 – 32 可见，入学原因不同的 7 组学生对学历需求高和很高的累计百分比均在 50% 以上。由此表明，因不同原因进入高职学习的学生对学历的需求程度一般偏高。

表 5 – 31　入学原因不同的学生学历需求均值及标准差

样本	Mean	Std. Deviation
学习成绩不好	3.66	1.233
家庭经济困难	3.78	1.136
自己喜欢	3.67	1.068
父母意愿	3.46	1.286
好就业	3.81	1.093
亲朋推荐	3.55	1.302
其他	3.92	1.091

表 5 – 32　入学原因不同的学生对学历的高需求率统计　　　　（单位:%）

学历需求	入学原因						
	学习成绩不好	家庭经济困难	自己喜欢	父母意愿	好就业	亲朋推荐	其他
很高	34.57	34.45	28.79	26.83	36.08	31.82	39.83
高	18.86	25.21	22.73	24.39	21.65	20.45	24.58
一般	32	29.41	37.88	26.83	32.99	27.27	26.69
低	6.86	5.88	7.58	12.2	6.19	11.36	5.51
很低	7.71	5.04	3.03	9.76	3.09	9.09	3.39

注：表格中的数据为有效百分比。

三、高职生学历需求与影响因素的回归分析

综上，学校水平、学校类型、专业类别、学习基础（入学成绩、学习成绩）、入学年限（年级）、性别、生源（毕业学校）、家庭经济水平等8大因素对学生的学历需求均有显著性影响。

为进一步了解这些因素对学生学历需求的影响程度，笔者以学历需求为因变量（$\hat{Y}$），以学校水平（X_1）、学校类型（X_2）、专业类别（X_3）、入学年限（X_4）、性别（X_5）、生源（X_6）、入学成绩（X_7）、学习成绩（X_8）、家庭经济水平（X_9）为自变量，采用逐步进入法（$Stepwise$）进行回归分析。结果：入学年限（X_4）、性别（X_5）、学习成绩（X_8）、入学成绩（X_7）依次进入回归方程，表明在8个影响因素中，入学年限、性别、学习基础（学习成绩、入学成绩）对学生的学历需求的影响较大。

根据回归系数估计值和检验结果，可以列出以下回归方程：

$\hat{Y}$（学历需求）$= 0.321X_5$（性别）$- 0.354X_4$（入学年限）$+ 0.252X_8$（学习成绩）$+ 0.139X_7$（入学成绩）$+ 3.023$

第五节　高职生对职业能力的需求及其影响因素分析

调查表明，珠三角高职生对专业能力、方法能力、社会能力和综合职业能力的需求高，且存在学校水平差异、学校类型差异、专业类别差异、年级差异、性别差异、生源差异、学习基础差异。另外，入学原因对学生的职业能力需求也有一定影响。

一、高职生职业能力需求情况总体分析

1. 高职生普遍渴望提升职业能力，尤其是专业能力、社会能力和综合职业能力

从图5-27可见，珠三角高职生对专业能力、方法能力、社会能力、综合职业能力的需求均值分别为4.28、4.0、4.21、4.22，表明对四类职业能力的需求都比较高，尤其是专业能力、社会能力和综合职业能力。另外，从具体指标来看，高职生除对外语应用能力、计算机使用能力、信息收集处理能力的需求均值低于4，高需求率低于70%以外，对列出的其他14项职业能力的需求均值都在4以上，且高需求率均大于70%。由此表明，珠三角高职生对职业能力的需求高，普遍渴望提升自身的各项职业能力。

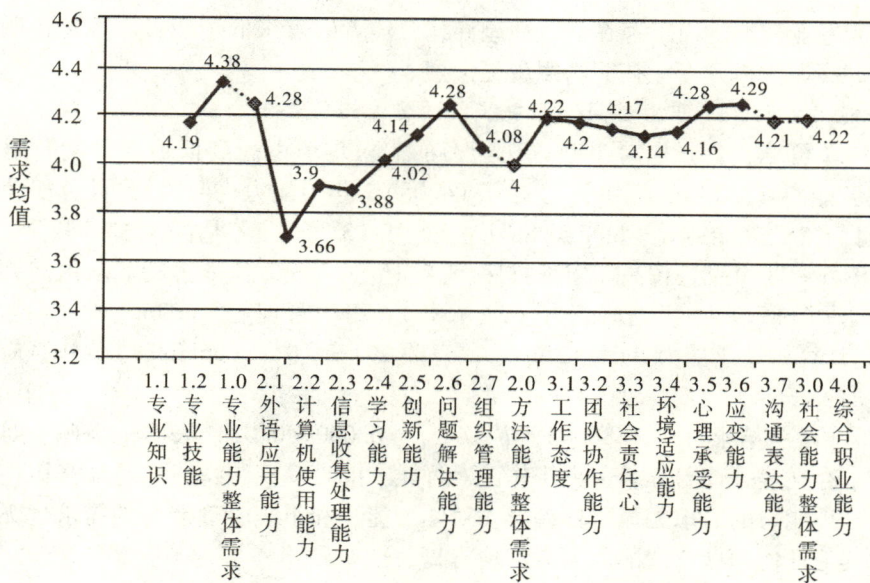

图 5-27　高职生职业能力需求均值

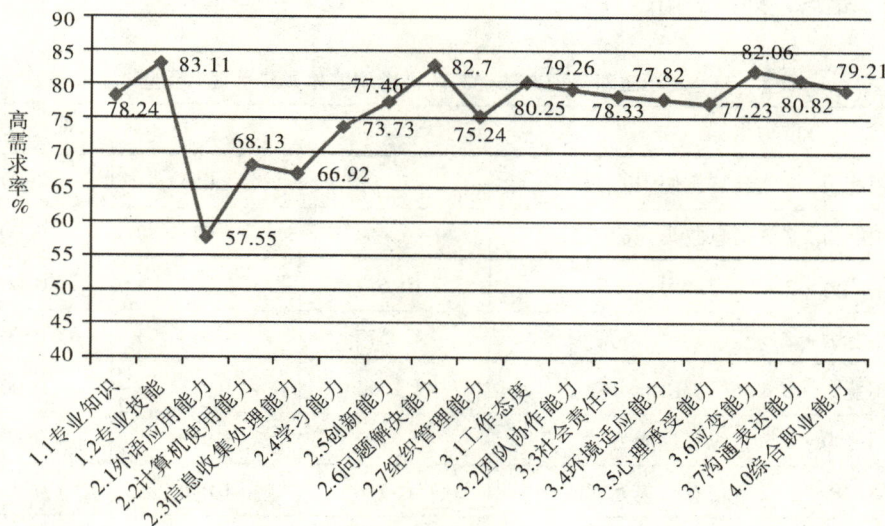

图 5-28　高职生对职业能力高需求率分布

2. 专业能力方面，高职生对专业技能的需求高于专业知识

从图 5-27 和图 5-28 可见，不论是从需求均值来看，还是从高需求率来看，高职生对专业知识、专业技能的需求都高。但相对而言，对专业技能的需求度高于专业知识。高职生对专业技能的需求均值为 4.38，而对专业知识的需求均值为 4.19；累计 83.11% 的学生对专业技能需求"高"或"很高"，累计 78.24% 的学生对专业知识的需求"高"或"很高"。配对样本 t 检验结果（$t = -1\,016$，$df = 1\,059$，$p = 0.000 < 0.01$）表明，高职生

对专业知识和专业技能的需求存在显著性差异，对前者的需求低于后者。综上说明：相对于专业知识，高职生提升专业技能的愿望更强烈。

3. 方法能力方面，高职生对问题解决能力的需求度最高

从图5-27可见，高职生对7项方法能力的需求均值由高到低依次是问题解决能力（4.28）、创新能力（4.14）、组织管理能力（4.08）、学习能力（4.02）、计算机使用能力（3.9）、信息收集处理能力（3.88）、外语应用能力（3.66）。若从高需求率来看，结果也是如此。从图5-28可见，按高需求率排序，高职生对7项方法能力的需求由高到低依次是问题解决能力（82.7%）、创新能力（77.46%）、组织管理能力（75.24%）、学习能力（73.73%）、计算机使用能力（68.13%）、信息收集处理能力（66.92%）、外语应用能力（57.55%）。

Friedman 检验①结果（$\chi^2 = 480.63$，$df = 6$，$p = 0.000 < 0.01$）表明，高职生对7项方法能力的需求存在显著性差异。进一步作配对样本 t 检验发现，高职生对计算机使用能力和信息收集处理能力的需求无显著性差异，对学习能力和组织管理能力的需求也无显著性差异，但对其他任何两项方法能力的需求均有显著性差异。

基于以上，结合 t 值正负关系推断：高职生对7项方法能力需求最高的是问题解决能力，其次是创新能力，再次是组织管理能力和学习能力，第四是信息收集处理能力和计算机使用能力，最后是外语应用能力。

表5-33　高职生对7项方法能力的需求均值差异显著性 t 检验

能力指标	t	df	Sig.
2.1 外语应用能力·2.2 计算机使用能力	-7.808	1 053	0.000
2.1 外语应用能力·2.3 信息收集处理能力	-6.464	1 042	0.000
2.1 外语应用能力·2.4 学习能力	-10.617	1 047	0.000
2.1 外语应用能力·2.5 创新能力	-13.577	1 040	0.000
2.1 外语应用能力·2.6 问题解决能力	-17.315	1 043	0.000
2.1 外语应用能力·2.7 组织管理能力	-11.797	1 039	0.000
2.2 计算机使用能力·2.3 信息收集处理能力	0.776	1 048	0.438
2.2 计算机使用能力·2.4 学习能力	-4.139	1 053	0.000
2.2 计算机使用能力·2.5 创新能力	-7.842	1 047	0.000
2.2 计算机使用能力·2.6 问题解决能力	-12.066	1 048	0.000

---

① 也称弗里德曼双向评秩方差分析。

（续上表）

能力指标	t	df	Sig.
2.2 计算机使用能力·2.7 组织管理能力	-5.626	1 045	0.000
2.3 信息收集处理能力·2.4 学习能力	-5.656	1 048	0.000
2.3 信息收集处理能力·2.5 创新能力	-9.169	1 043	0.000
2.3 信息收集处理能力·2.6 问题解决能力	-14.289	1 045	0.000
2.3 信息收集处理能力·2.7 组织管理能力	-6.717	1 041	0.000
2.4 学习能力·2.5 创新能力	-4.718	1 051	0.000
2.4 学习能力·2.6 问题解决能力	-10.701	1 052	0.000
2.4 学习能力·2.7 组织管理能力	-1.785	1 047	0.074
2.5 创新能力·2.6 问题解决能力	-6.065	1 046	0.000
2.5 创新能力·2.7 组织管理能力	2.112	1 042	0.035
2.6 问题解决能力·2.7 组织管理能力	8.690	1 044	0.000

4. 社会能力方面，高职生对沟通表达能力和应变能力的需求最高

据调查，高职生对 7 项社会能力的需求均值都在 4.1 以上，且高需求率都在 80% 左右，说明高职生对 7 项社会能力都有高需求。具体而言，若按需求均值排序，高职生对 7 项社会能力的需求度由高到低依次是沟通表达能力（4.29）、应变能力（4.28）、工作态度（4.22）、团队协作能力（4.2）、社会责任心（4.17）、心理承受能力（4.16）、环境适应能力（4.14）。若按高需求率排序，结果也基本一致，由高至低依次是：应变能力（82.06%）、沟通表达能力（80.82%）、工作态度（80.25%）、团队协作能力（79.26%）、社会责任心（78.33%）、环境适应能力（77.82%）、心理承受能力（77.23%）。可见，虽然高职生对各项社会能力的需求均比较高，但需求程度仍存在一定差异。

Friedman 检验结果（$\chi^2 = 70.59$，$df = 6$，$p = 0.000 > 0.01$）表明，高职生对 7 项社会能力的需求存在显著性差异。进一步作配对样本 t 检验发现：①高职生对沟通表达能力的需求与除应变能力以外的其他 5 项社会能力的需求均有显著性差异，且 t 值为正，说明对沟通表达能力的需求度高于其他 5 项能力；②高职生对应变能力的需求与除沟通表达能力之外的其他 5 项能力的需求存在显著性差异，且 t 值为正，说明对应变能力的需求度高于其他 5 项能力；③高职生对工作态度的需求与除团队协作能力以外的其他 5 项能力的需求均有显著性差异，结合 t 值正负关系，说明对工作态度的需求度高于社会责任心、环境适应能力、心理承受能力，但低于沟通表达能力和应变能力；④高职生对团队协作能力的需求除与沟通表达能力、应变能力的需求有显著性差异之外，还与环境适应能力的需求有显著性差异，结合 t 值正负关系，说明对团队协作能力的需求度高于环境适应能力，但低于沟通表达能力和应变能力；⑤高职生对社会责任心和环境适应能力、心理承受能力的需求无显著性差异，对环境适应能力和心理承受能力的需求也无显著性差异。

综上推断：在 7 项社会能力中，高职生对沟通表达能力、应变能力的需求最高，其次

是工作态度和团队协作能力，再次是社会责任心、心理承受能力和环境适应能力。

表 5-34　高职生对社会能力的需求均值差异的显著性 t 检验结果

能力指标	t	df	$Sig.$
3.1 工作态度·3.2 团队协作能力	1.149	1 052	0.251
3.1 工作态度·3.3 社会责任心	2.016	1 048	0.044
3.1 工作态度·3.4 环境适应能力	3.028	1 046	0.003
3.1 工作态度·3.5 心理承受能力	2.508	1 053	0.012
3.1 工作态度·3.6 应变能力	-2.390	1 051	0.017
3.1 工作态度·3.7 沟通表达能力	-2.870	1 044	0.004
3.2 团队协作能力·3.3 社会责任心	1.117	1 052	0.264
3.2 团队协作能力·3.4 环境适应能力	2.342	1 049	0.019
3.2 团队协作能力·3.5 心理承受能力	1.556	1 055	0.120
3.2 团队协作能力·3.6 应变能力	-3.348	1 053	0.001
3.2 团队协作能力·3.7 沟通表达能力	-3.876	1 046	0.000
3.3 社会责任心·3.4 环境适应能力	1.208	1 046	0.227
3.3 社会责任心·3.5 心理承受能力	0.739	1 052	0.460
3.3 社会责任心·3.6 应变能力	-3.679	1 050	0.000
3.3 社会责任心·3.7 沟通表达能力	-4.395	1 042	0.000
3.4 环境适应能力·3.5 心理承受能力	-0.820	1 052	0.413
3.4 环境适应能力·3.6 应变能力	-5.252	1 049	0.000
3.4 环境适应能力·3.7 沟通表达能力	-5.695	1 042	0.000
3.5 心理承受能力·3.6 应变能力	-5.317	1 056	0.000
3.5 心理承受能力·3.7 沟通表达能力	-5.698	1 049	0.000
3.6 应变能力·3.7 沟通表达能力	-0.487	1 046	0.627

二、高职生职业能力需求的影响因素分析

1. 高职生对职业能力的需求存在学校水平差异，国家示范校的学生对社会能力的需求度高于一般院校

在职业能力需求方面，方差分析结果表明，发展水平不同的四类院校学生对 3 项方法能力和 7 项社会能力的需求有显著性差异。（见表 5-35）Scheffe 多重比较结果进一步发现，在职业能力需求方面，一般院校的学生与国家示范校的学生差异比较明显，两者对外语应用能力、计算机使用能力、学习能力、团队协作能力、社会责任心、环境适应能力、心理承受能力、应变能力、沟通表达能力等 9 项职业能力的需求均有显著性差异，前者的需求度低于后者。如从高需求率来看，国家示范校的学生对这 9 项职业能力的高需求率比

一般院校的学生均高出近 10 个百分点。另外，值得注意的是，这 9 项能力中有 6 项属于社会能力，说明国家示范校的学生对社会能力的需求度明显高于一般院校。此外，一般院校与省级示范校学生对外语应用能力、计算机使用能力、学习能力和环境适应能力的需求有显著性差异，前者低于后者；国家示范校与国家骨干校学生对外语应用能力、计算机使用能力的需求有显著性差异，前者高于后者。

综上表明：在学生职业能力需求方面，发展水平不同的院校有一定差异，发展水平相对较高的国家示范校的学生对职业能力，尤其是社会能力的需求明显高于一般院校。换句话说，国家示范校的学生比一般院校的学生更看重社会能力。

表 5 - 35　水平不同的高职院校学生职业能力需求方差分析

职业能力	F	$Sig.$
2.1 外语应用能力	18.75	0.000 ＊＊
2.2 计算机使用能力	6.46	0.000 ＊＊
2.4 学习能力	3.50	0.015 ＊
3.1 工作态度	2.74	0.042 ＊
3.2 团队协作能力	2.68	0.046 ＊
3.3 社会责任心	2.93	0.033 ＊
3.4 环境适应能力	4.25	0.005 ＊＊
3.5 心理承受能力	4.07	0.007 ＊＊
3.6 应变能力	3.23	0.022 ＊
3.7 沟通表达能力	4.40	0.004 ＊＊

注：本表只摘取了存在显著性差异的指标。

表 5 - 36　水平不同的高职院校学生职业能力需求差异 Scheffe 多重比较

Dependent Variable	（I）学校水平	（J）学校水平	Mean Difference $(I-J)$	Std. Error	Sig.
2.1 外语应用能力	国家示范校	一般院校	0.654 ＊	0.093	0.000
		省级示范校	0.379 ＊	0.126	0.029
		国家骨干校	0.682 ＊	0.116	0.000
2.2 计算机使用能力	一般院校	省级示范校	−0.304 ＊	0.097	0.021
		国家骨干校	−0.428 ＊	0.114	0.003
	国家骨干校	国家示范校	−0.314 ＊	0.101	0.023
2.4 学习能力	一般院校	国家示范校	−0.232 ＊	0.082	0.049
		省级示范校	−0.309	0.110	0.050
3.2 团队协作能力	一般院校	国家示范校	−0.231 ＊	0.082	0.047

（续上表）

Dependent Variable	（Ⅰ）学校水平	（J）学校水平	Mean Difference (I - J)	Std. Error	Sig.
3.3 社会责任心	一般院校	国家示范校	-0.243 *	0.085	0.041
3.4 环境适应能力	一般院校	国家示范校	-0.266 *	0.084	0.018
		省级示范校	-0.342 *	0.113	0.028
3.5 心理承受能力	一般院校	国家示范校	-0.275 *	0.085	0.015
3.6 应变能力	一般院校	国家示范校	-0.252 *	0.081	0.023
3.7 沟通表达能力	一般院校	国家示范校	-0.297 *	0.082	0.005

注：本表只摘取了存在显示著性差异的统计结果。

表 5 - 37　水平不同的高职院校学生职业能力需求均值

一级指标	二级指标	一般院校	省级示范校	国家骨干校	国家示范校
1. 专业能力	1.1 专业知识	4.15	4.26	4.11	4.3
	1.2 专业技能	4.34	4.49	4.35	4.41
	1.0 整体需求	4.25	4.38	4.23	4.36
2. 方法能力	2.1 外语应用能力	3.49	3.77	3.46	4.15
	2.2 计算机使用能力	3.85	4.15	3.72	4.04
	2.3 信息收集处理能力	3.82	4.04	3.83	3.96
	2.4 学习能力	3.97	3.89	4.05	4.20
	2.5 创新能力	4.10	4.21	4.14	4.21
	2.6 问题解决能力	4.22	4.26	4.31	4.41
	2.7 组织管理能力	4.01	4.11	4.09	4.22
	2.0 整体需求	3.92	4.06	3.94	4.17
3. 社会能力	3.1 工作态度	4.14	4.22	4.32	4.35
	3.2 团队协作能力	4.12	4.21	4.20	4.36
	3.3 社会责任心	4.09	4.19	4.22	4.33
	3.4 环境适应能力	4.08	4.01	4.17	4.35
	3.5 心理承受能力	4.09	4.05	4.18	4.37
	3.6 应变能力	4.21	4.26	4.27	4.47
	3.7 沟通表达能力	4.20	4.32	4.29	4.50
	3.0 整体需求	4.13	4.18	4.24	4.39
4. 综合职业能力	4.0 综合职业能力	4.18	4.30	4.14	4.38

表 5 – 38　水平不同的高职院校学生对职业能力的高需求率　　（单位：%）

一级指标	二级指标	一般院校	省级示范校	国家骨干校	国家示范校
1. 专业能力	1.1 专业知识	77.39	80.14	76.76	80.27
	1.2 专业技能	81.70	87.77	84.32	82.51
2. 方法能力	2.1 外语应用能力	50.49	60.87	51.89	76.34
	2.2 计算机使用能力	64.42	76.43	65.78	73.54
	2.3 信息收集处理能力	63.95	73.05	66.48	70.37
	2.4 学习能力	71.73	65.96	77.17	80.65
	2.5 创新能力	73.89	77.86	83.06	81.02
	2.6 问题解决能力	79.00	83.57	87.43	87.04
	2.7 组织管理能力	72.09	77.86	76.50	80.00
3. 社会能力	3.1 工作态度	76.45	82.01	85.33	83.87
	3.2 团队协作能力	75.96	80.00	81.62	84.72
	3.3 社会责任心	74.95	80.00	82.61	81.78
	3.4 环境适应能力	74.76	74.45	83.15	82.79
	3.5 心理承受能力	74.71	71.01	83.33	82.03
	3.6 应变能力	79.00	81.29	83.70	88.48
	3.7 沟通表达能力	77.22	80.43	82.42	88.37
4. 综合职业能力	4.0 综合职业能力	76.29	78.95	80.45	85.85

2. 高职生对专业能力的需求存在学校类型差异，行业院校学生对专业能力的需求度高于地方院校学生

两独立样本 t 检验结果表明，在职业能力需求方面，地方院校与行业院校学生除对专业知识、专业技能和组织管理能力的需求有显著性差异之外，对其他 14 项职业能力的需求均无显著性差异。由此说明，两类学校学生对专业能力的需求有显著性差异，但对方法能力、社会能力和综合职业能力的需求差异不明显。具体而言，行业院校对专业能力的整体需求均值为 4.4，高于地方院校（4.21），对专业知识、专业技能的需求均值分别为 4.31、4.49，也高于地方院校，对专业知识、专业技能的高需求率分别为 82.13% 和 87.1%，均比地方院校的学生高出约 7 个百分点。

表 5 – 39　地方院校与行业院校学生对职业能力的需求差异显著性 t 检验结果

能力指标	t	df	$Sig.$ (2 – tailed)
1.1 专业知识	−3.238	1 069	0.001
1.2 专业技能	−3.030	971.73	0.003
2.7 组织管理能力	−2.209	1 052	0.027

注：本表只摘取了存在显著性差异的指标。

表 5-40　地方院校与行业院校学生对职业能力的需求均值及标准差

一级指标	二级指标	地方院校		行业院校	
		均值	标准差	均值	标准差
1. 专业能力	1.1 专业知识	4.11	1.035	4.31	0.938
	1.2 专业技能	4.31	1.040	4.49	0.884
	1.0 整体需求	4.21	1.038	4.40	0.911
2. 方法能力	2.1 外语应用能力	3.67	1.200	3.65	1.181
	2.2 计算机使用能力	3.88	1.021	3.94	1.048
	2.3 信息收集处理能力	3.87	1.023	3.89	1.031
	2.4 学习能力	4.05	1.020	3.98	1.031
	2.5 创新能力	4.13	1.010	4.15	1.052
	2.6 问题解决能力	4.27	1.010	4.30	0.939
	2.7 组织管理能力	4.02	1.087	4.17	1.021
	2.0 整体需求	3.98	1.053	4.01	1.043
3. 社会能力	3.1 工作态度	4.21	1.055	4.23	1.012
	3.2 团队协作能力	4.18	1.059	4.23	0.940
	3.3 社会责任心	4.15	1.075	4.21	0.992
	3.4 环境适应能力	4.14	1.035	4.15	1.045
	3.5 心理承受能力	4.15	1.081	4.18	1.015
	3.6 应变能力	4.28	1.037	4.29	0.968
	3.7 沟通表达能力	4.28	1.042	4.31	0.977
	3.0 整体需求	4.20	1.055	4.23	0.993
4. 综合职业能力	4.0 综合职业能力	4.20	0.981	4.25	0.997

表 5-41　地方院校与行业院校学生对职业能力的高需求率统计　　（单位：%）

一级指标	二级指标	地方院校	行业院校
1. 专业能力	1.1 专业知识	75.80	82.13
	1.2 专业技能	80.61	87.10
2. 方法能力	2.1 外语应用能力	58.53	55.99
	2.2 计算机使用能力	68.09	68.19
	2.3 信息收集处理能力	66.46	67.64
	2.4 学习能力	74.54	72.46
	2.5 创新能力	77.52	77.37

（续上表）

一级指标	二级指标	地方院校	行业院校
2. 方法能力	2.6 问题解决能力	81.97	83.86
	2.7 组织管理能力	72.76	79.17
3. 社会能力	3.1 工作态度	79.38	81.62
	3.2 团队协作能力	78.15	81.02
	3.3 社会责任心	76.32	81.51
	3.4 环境适应能力	77.24	78.73
	3.5 心理承受能力	76.11	79.02
	3.6 应变能力	82.00	82.15
	3.7 沟通表达能力	80.19	81.82
4. 综合职业能力	4.0 综合职业能力	79.55	78.57

注：表格中的数据为高需求率，即有效样本中选择需求"高"和"很高"的累计百分比。

3. 高职生对职业能力的需求存在专业差异

方差分析结果表明，调查的 9 类专业的学生对 17 项职业能力的需求均有显著性差异，说明高职生对职业能力的需求存在专业差异。具体从表 5－43 可见，在专业能力方面，艺术设计传媒类（$M = 4.56$）、土建类（$M = 4.45$）、文化教育类（$M = 4.44$）专业的学生需求较高，而电子信息类（$M = 3.98$）、制造类（$M = 4.02$）专业的学生需求相对较低；在方法能力方面，艺术设计传媒类（$M = 4.26$）、文化教育类（$M = 4.21$）专业的学生需求较高，而制造类（$M = 3.64$）、交通运输类（$M = 3.78$）和电子信息类（$M = 3.84$）专业的学生需求相对较低；在社会能力方面，文化教育类（$M = 4.51$）、艺术设计传媒类（$M = 4.31$）专业的学生需求较高，而制造类（$M = 3.92$）、电子信息类（$M = 3.97$）专业的学生需求相对较低；在综合职业能力方面，文化教育类（$M = 4.51$）、艺术设计传媒类（$M = 4.39$）、财经类（$M = 4.37$）专业的学生需求相对较高，而制造类（$M = 3.8$）、电子信息类（$M = 3.99$）相对较低。另外，从高需求率统计结果来看，文化教育类、艺术设计传媒类、财经类专业的学生分别对 14 项、11 项、11 项能力的高需求率达到80% 以上，而制造类、电子信息技术类专业的学生对各项职业能力的高需求率均没有达到80% 。可见，制造类、电子信息类专业学生对职业能力的需求普遍低于其他专业，而艺术设计传媒类、文化教育类专业的学生普遍高于其他专业。

Scheffe 多重比较结果表明：①相对于电子信息、交通运输、制造类等工科类专业，财经、旅游、文化教育类等文科类专业的学生对外语应用能力的需求更高。如交通运输类专业对外语应用能力的需求明显低于财经、旅游、文化教育、艺术设计传媒类的学生，电子信息类专业的学生的需求明显低于财经类和文化教育类专业的学生，制造类专业的学生的需求明显低于财经类和旅游类专业的学生。②艺术设计传媒类专业的学生对专业技能、计算机使用能力的需求相对较高。如在专业技能需求方面，该类专业的学生的需求明显高于电子信息类和制造类专业的学生，在计算机使用能力需求方面，该类专业的学生的需求明

显高于交通运输类和制造类专业的学生。③相对于其他几类专业，制造类专业、电子信息类专业的学生对职业能力的需求度相对较低。如这两类专业的学生对专业技能的需求低于艺术设计传媒类专业的学生，对环境适应能力、沟通表达能力需求均低于文化教育类专业的学生，对外语应用能力的需求均低于旅游类专业的学生。另外，电子信息类专业的学生对专业知识的需求低于财经类、艺术设计传媒类专业的学生，对外语应用能力的需求还低于文化教育类专业的学生，对组织管理能力的需求低于财经类和文化教育类专业的学生；制造类专业的学生对外语应用能力的需求还低于财经类专业的学生，对计算机使用能力的需求则低于财经类、旅游类和艺术设计传媒类专业的学生。（见表5-45）

　　综上可见，不同类别专业的学生因针对的职业岗位（群）不同，相应的职业能力类别需求也不一样。但除了专业本身导致的职业能力类别需求差异之外，调查还发现不同类别专业的学生对职业能力的水平需求有一定差异。相对而言，电子信息类专业、制造类专业的学生对各项职业能力的水平需求相对较低。

表5-42　不同类别专业学生职业能力需求的方差分析

职业能力指标	F	Sig.
1.1 专业知识	4.741	0.000
1.2 专业技能	4.276	0.000
2.1 外语应用能力	14.811	0.000
2.2 计算机使用能力	6.971	0.000
2.3 信息收集处理能力	2.328	0.018
2.4 学习能力	2.275	0.021
2.5 创新能力	2.241	0.023
2.6 问题解决能力	2.784	0.005
2.7 组织管理能力	5.257	0.000
3.1 工作态度	2.259	0.021
3.2 团队协作能力	2.587	0.008
3.3 社会责任心	2.940	0.003
3.4 环境适应能力	3.423	0.001
3.5 心理承受能力	3.203	0.001
3.6 应变能力	3.188	0.001
3.7 沟通表达能力	4.882	0.000
4.0 综合职业能力	3.151	0.002

表 5 – 43　不同类别专业学生职业能力需求均值

一级指标	二级指标	财经类	电子信息类	交通运输类	旅游类	生化与药品类	土建类	文化教育类	艺术设计传媒类	制造类
1.专业能力	1.1 专业知识	4.29	3.85	4.26	4.13	4.09	4.40	4.38	4.44	3.93
	1.2 专业技能	4.49	4.10	4.40	4.21	4.36	4.49	4.49	4.67	4.11
	1.0 整体需求	4.39	3.98	4.33	4.17	4.23	4.45	4.44	4.56	4.02
2.方法能力	2.1 外语应用能力	3.76	3.46	2.91	4.15	3.71	3.54	4.24	3.92	2.86
	2.2 计算机使用能力	3.93	3.96	3.40	4.10	3.87	3.93	3.87	4.39	3.47
	2.3 信息收集处理能力	3.90	3.78	3.68	3.89	3.91	3.86	3.99	4.21	3.65
	2.4 学习能力	4.03	3.90	4.00	4.06	4.12	4.04	4.32	4.15	3.75
	2.5 创新能力	4.10	4.07	4.19	4.22	4.16	4.15	4.2	4.53	3.98
	2.6 问题解决能力	4.33	4.07	4.27	4.27	4.36	4.31	4.49	4.45	4.00
	2.7 组织管理能力	4.19	3.65	4.02	4.07	4.15	4.25	4.39	4.20	3.77
	2.0 整体需求	4.03	3.84	3.78	4.11	4.04	4.01	4.21	4.26	3.64
3.社会能力	3.1 工作态度	4.24	3.99	4.30	4.24	4.34	4.29	4.40	4.36	3.97
	3.2 团队协作能力	4.24	4.00	4.21	4.18	4.22	4.29	4.49	4.32	3.93
	3.3 社会责任心	4.21	3.90	4.30	4.25	4.23	4.24	4.43	4.27	3.89
	3.4 环境适应能力	4.21	3.90	4.17	4.14	4.19	4.14	4.56	4.12	3.88
	3.5 心理承受能力	4.25	3.88	4.13	4.21	4.25	4.16	4.44	4.21	3.86
	3.6 应变能力	4.35	4.10	4.19	4.35	4.33	4.19	4.56	4.44	3.97
	3.7 沟通表达能力	4.34	4.01	4.15	4.36	4.39	4.30	4.70	4.48	3.96
	3.0 整体需求	4.26	3.97	4.21	4.25	4.28	4.23	4.51	4.31	3.92
4.综合职业能力	4.0 综合职业能力	4.37	3.99	4.04	4.22	4.20	4.21	4.51	4.39	3.80

表 5－44　不同类别专业学生职业能力高需求率统计　　　　　（单位:%）

一级指标	二级指标	财经类	电子信息类	交通运输类	旅游类	生化与药品类	土建类	文化教育类	艺术设计传媒类	制造类
1. 专业能力	1.1 专业知识	82.76	70.09	80.85	71.26	76.74	81.43	83.54	86.52	66.67
	1.2 专业技能	88.15	74.78	85.11	73.56	85.27	81.16	86.08	92.05	73.00
2. 方法能力	2.1 外语应用能力	68.12	71.30	47.92	75.86	74.62	67.61	65.82	85.39	47.00
	2.2 计算机使用能力	69.19	62.61	59.57	67.06	70.63	68.12	69.33	77.78	52.53
	2.3 信息收集处理能力	69.19	62.61	59.57	67.06	70.63	68.12	69.33	77.78	52.53
	2.4 学习能力	73.20	69.57	80.85	77.65	77.34	72.86	84.00	76.40	63.00
	2.5 创新能力	75.94	72.17	85.11	81.18	84.25	76.47	81.33	86.36	67.00
	2.6 问题解决能力	84.15	74.78	84.44	80.95	90.70	80.88	92.00	89.77	68.32
	2.7 组织管理能力	79.94	57.02	73.91	72.62	78.91	80.60	84.00	79.78	66.34
3. 社会能力	3.1 工作态度	82.66	66.96	82.98	78.82	86.72	82.35	86.67	86.21	70.59
	3.2 团队协作能力	82.27	68.97	83.33	78.82	81.25	79.71	89.33	82.95	66.67
	3.3 社会责任心	82.22	65.22	87.23	76.47	82.03	80.00	85.14	81.82	64.36
	3.4 环境适应能力	81.63	65.22	82.98	74.12	83.59	75.36	90.67	76.74	67.33
	3.5 心理承受能力	82.08	65.52	80.85	75.29	85.38	76.81	85.33	77.01	61.76
	3.6 应变能力	85.55	76.52	80.85	85.88	85.27	73.13	90.67	86.21	68.63
	3.7 沟通表达能力	83.82	68.97	74.47	84.71	86.51	80.60	94.52	83.72	67.33
4. 综合职业能力	4.0 综合职业能力	83.16	72.73	79.17	82.93	82.35	72.41	87.18	82.61	61.11

表 5－45　不同类别专业学生职业能力需求差异 *Scheffe* 多重比较结果

Dependent Variable	(I) 1.2 专业类别	(J) 1.2 专业类别	*Mean Difference* (*I－J*)	*Std. Error*	*Sig.*
1.1 专业知识	电子信息类	财经类	－0.436	0.105	0.029
		艺术设计传媒类	－0.584	0.138	0.024
1.2 专业技能	艺术设计与传媒类	电子信息类	0.566	0.137	0.031
		制造类	0.560	0.141	0.048

（续上表）

Dependent Variable	（I）1.2 专业类别	（J）1.2 专业类别	Mean Difference （I－J）	Std. Error	Sig.
2.1 外语应用能力	电子信息类	旅游类	－0.685	0.161	0.022
		文化教育类	－0.776	0.166	0.005
	交通运输类	财经类	－0.847	0.176	0.003
		旅游类	－1.235	0.205	0.000
		生化与药品类	－0.791	0.193	0.033
		文化教育类	－1.326	0.209	0.000
		艺术设计传媒类	－1.006	0.204	0.002
	制造类	财经类	－0.904	0.130	0.000
		旅游类	－1.292	0.167	0.000
2.2 计算机使用能力	交通运输类	艺术设计传媒类	－0.997 *	0.181	0.000
	制造类	财经类	－0.460 *	0.115	0.042
		旅游类	－0.633 *	0.148	0.020
		艺术设计传媒类	－0.923 *	0.147	0.000
2.7 组织管理能力	电子信息类	财经类	－0.537 *	0.113	0.004
		文化教育类	－0.738 *	0.155	0.004
3.4 环境适应能力	文化教育类	电子信息类	0.664 *	0.152	0.015
		制造类	0.679 *	0.157	0.017
3.7 沟通表达能力	文化教育类	电子信息类	0.690	0.149	0.006
		制造类	0.738	0.153	0.003

注：本表只摘取了存在显著性差异的指标。

4. 高职生对职业能力的需求存在年级差异，一年级学生的需求高于二年级学生

从表5－46和表5－47可见，在17项职业能力需求方面，不论是需求均值还是高需求率，一年级学生均高于二年级学生。t检验结果进一步表明，一、二年级学生对10项职业能力的需求有显著性差异，一年级学生的需求高于二年级学生。具体而言，在专业能力方面，一年级学生对专业知识、专业技能的需求均值显著高于二年级学生，前者对专业知识、专业技能的高需求率分别高达85.44%、90.05%，均高于后者约10个百分点；在方法能力方面，一年级学生对外语应用能力、计算机使用能力、问题解决能力、组织管理能力的需求均值显著高于二年级学生，前者对此四项方法能力的高需求率分别为61.73%、75%、87.84%、80.81%，而后者对此四项能力的高需求率分别为54.93%、64.77%、79.79%和71.71%；在社会能力方面，一年级学生对心理承受能力、应变能力、沟通表达能力的需求均值显著高于二年级学生，前者对此3项社会能力的高需求率分别为82.38%、84.51%和84.89%，而后者对此三项能力的高需求率分别为74.85%、80.64%和78.6%；

在综合职业能力方面，一年级学生的需求均值也显著高于二年级学生，前者对此能力的高需求率为 83.57%，比后者高出近 8 个百分点。

以上表明，相比二年级学生，一年级学生自我成才期望更高，更希望提升自身各种职业能力。

表 5-46　高职一、二年级学生职业能力需求均值和标准差

一级指标	二级指标	一年级学生		二年级学生	
		均值	标准差	均值	标准差
1. 专业能力	1.1 专业知识	4.39	0.885	4.10	1.039
	1.2 专业技能	4.56	0.814	4.30	1.044
	1.0 整体需求	4.48	0.850	4.20	1.042
2. 方法能力	2.1 外语应用能力	3.82	1.097	3.57	1.236
	2.2 计算机使用能力	4.04	0.995	3.85	1.035
	2.3 信息收集处理能力	3.95	0.991	3.86	1.034
	2.4 学习能力	4.09	0.964	4.00	1.045
	2.5 创新能力	4.23	0.994	4.11	1.04
	2.6 问题解决能力	4.40	0.878	4.23	1.032
	2.7 组织管理能力	4.23	0.982	3.99	1.102
	2.0 整体需求	4.11	0.986	3.94	1.075
3. 社会能力	3.1 工作态度	4.28	0.968	4.19	1.077
	3.2 团队协作能力	4.26	0.913	4.17	1.059
	3.3 社会责任心	4.25	0.975	4.13	1.078
	3.4 环境适应能力	4.19	0.996	4.11	1.061
	3.5 心理承受能力	4.27	0.95	4.11	1.107
	3.6 应变能力	4.38	0.905	4.23	1.056
	3.7 沟通表达能力	4.39	0.928	4.24	1.054
	3.0 整体需求	4.29	0.948	4.17	1.070
4. 综合职业能力	4.0 综合职业能力	4.32	0.922	4.15	1.030

表 5 - 47　高职一、二年级学生职业能力高需求率统计　　　　（单位:%）

一级指标	二级指标	一年级	二年级
1. 专业技能	1.1 专业知识	85.44	74.89
	1.2 专业技能	90.05	79.64
2. 方法能力	2.1 外语应用能力	61.73	54.93
	2.2 计算机使用能力	75.00	64.77
	2.3 信息收集处理能力	70.19	65.55
	2.4 学习能力	75.68	73.26
	2.5 创新能力	79.89	76.29
	2.6 问题解决能力	87.84	79.79
	2.7 组织管理能力	80.81	71.71
3. 社会能力	3.1 工作态度	84.15	78.10
	3.2 团队协作能力	82.02	77.71
	3.3 社会责任心	82.07	76.18
	3.4 环境适应能力	80.38	76.18
	3.5 心理承受能力	82.38	74.85
	3.6 应变能力	84.51	80.64
	3.7 沟通表达能力	84.89	78.60
4. 综合职业能力	4.0 综合职业能力	83.57	75.73

表 5 - 48　高职一、二年级学生职业能力需求均值差异显著性 t 检验结果

职业能力指标	t	df	$Sig.$（2 - tailed）
1.1 专业知识	4.650	870.076	0.000
1.2 专业技能	4.406	928.313	0.000
2.1 外语应用能力	3.358	845.512	0.001
2.2 计算机使用能力	2.940	792.692	0.003
2.6 问题解决能力	2.757	870.224	0.006
2.7 组织管理能力	3.525	1 022	0.000
3.5 心理承受能力	2.485	860.590	0.013
3.6 应变能力	2.357	859.495	0.019
3.7 沟通表达能力	2.333	831.741	0.020
4.0 综合职业能力	2.091	465.013	0.037

注：本表只摘取了存在显著性差异的指标。

5. 高职生对职业能力的需求存在性别差异，女生的需求高于男生

从表 5 - 49 和 5 - 50 可见，在职业能力需求方面，不论是从需求均值来看，还是从高

需求率来看，女生的需求水平普遍高于男生。t检验结果表明，高职院校男生与女生对17项职业能力的需求均有显著性差异，女生的需求高于男生，说明女生对职业能力的期望值高于男生。具体而言，在专业能力方面，女生的整体需求均值为4.43，男生为4.11，女生对专业知识、专业技能的高需求率分别为83.58%、88.05%，而男生对此两项专业能力的高需求率分别为71.4%、77.02%；在方法能力方面，女生的整体需求均值为4.13，男生为3.83，女生对7项方法能力中的6项能力的高需求率超过70%，而男生只对2项方法能力的高需求率超过70%；在社会能力方面，女生的整体需求均值为4.33，男生为4.06，女生对7项社会能力的高需求率均在80%以上，而男生对7项社会能力的高需求率均未达到80%；在综合职业能力方面，女生的需求均值为4.35，男生为4.06，女生对综合职业能力的高需求率约83.78%，比男生高约10个百分点。

表5-49　高职男生与女生对职业能力的需求均值及标准差

一级指标	二级指标	男生		女生	
		均值	标准差	均值	标准差
1. 专业能力	1.1 专业知识	4.01	1.060	4.33	0.935
	1.2 专业技能	4.21	1.066	4.52	0.896
	1.0 整体需求	4.11	1.063	4.43	0.916
2. 方法能力	2.1 外语应用能力	3.27	1.218	3.97	1.075
	2.2 计算机使用能力	3.75	1.068	4.03	0.987
	2.3 信息收集处理能力	3.77	1.060	3.97	0.991
	2.4 学习能力	3.88	1.067	4.14	0.976
	2.5 创新能力	4.07	1.077	4.20	0.98
	2.6 问题解决能力	4.15	1.037	4.38	0.928
	2.7 组织管理能力	3.91	1.146	4.22	0.974
	2.0 整体需求	3.83	1.096	4.13	0.987
3. 社会能力	3.1 工作态度	4.10	1.107	4.32	0.969
	3.2 团队协作能力	4.07	1.063	4.30	0.961
	3.3 社会责任心	4.01	1.112	4.30	0.968
	3.4 环境适应能力	3.99	1.095	4.27	0.975
	3.5 心理承受能力	3.97	1.119	4.31	0.978
	3.6 应变能力	4.12	1.080	4.41	0.934
	3.7 沟通表达能力	4.13	1.087	4.42	0.939
	3.0 整体需求	4.06	1.095	4.33	0.961
4. 综合职业能力	4.0 综合职业能力	4.06	1.049	4.35	0.912

表 5-50 高职男生与女生对职业能力的高需求率统计　　　　　（单位：%）

一级指标	二级指标	男生	女生
1. 专业能力	1.1 专业知识	71.40	83.58
	1.2 专业技能	77.02	88.05
2. 方能能力	2.1 外语应用能力	42.83	69.04
	2.2 计算机使用能力	62.53	72.51
	2.3 信息收集处理能力	61.49	71.18
	2.4 学习能力	68.99	77.47
	2.5 创新能力	75.80	78.73
	2.6 问题解决能力	77.56	86.73
	2.7 组织管理能力	68.79	80.38
3. 社会能力	3.1 工作态度	75.53	84.13
	3.2 团队协作能力	73.89	83.56
	3.3 社会责任心	72.19	83.22
	3.4 环境适应能力	72.55	82.16
	3.5 心理承受能力	70.55	82.51
	3.6 应变能力	76.76	86.22
	3.7 沟通表达能力	74.09	86.13
4. 综合职业能力	4.0 综合职业能力	73.53	83.78

表 5-51 高职男生与女生职业能力需求差异的显著性 <i>t</i> 检验结果

能力指标	t	df	Sig. (2-tailed)
1.1 专业知识	-5.029	946.168	0.000
1.2 专业技能	-5.029	914.173	0.000
2.1 外语应用能力	-9.876	936.101	0.000
2.2 计算机使用能力	-4.304	977.871	0.000
2.3 信息收集处理能力	-3.030	973.404	0.003
2.4 学习能力	-4.111	1 058	0.000
2.5 创新能力	-2.098	1 052	0.036
2.6 问题解决能力	-3.793	945.996	0.000
2.7 组织管理能力	-4.545	924.533	0.000
3.1 工作态度	-3.469	938.652	0.001
3.2 团队协作能力	-3.756	1 057	0.000
3.3 社会责任心	-4.525	937.519	0.000
3.4 环境适应能力	-4.296	1 051	0.000

（续上表）

能力指标	t	df	$Sig.$ $(2-tailed)$
3.5 心理承受能力	-5.205	941.472	0.000
3.6 应变能力	-4.522	929.035	0.000
3.7 沟通表达能力	-4.571	924.819	0.000
4.0 综合职业能力	-3.714	603	0.000

　　6. 高职生对职业能力的需求存在生源差异，普通高中毕业生的需求高于中职毕业生

　　从图5-29和图5-30见，不论是从样本需求均值来看，还是从高需求率来看，普通高中毕业生对各项职业能力的需求均高于中职毕业生。两独立样本t检验结果进一步表明，在高职院校，两种生源的学生（中职毕业生和普通高中毕业生）对17项职业能力的需求均有显著性差异。在需求均值方面，普通高中毕业生除对外语应用能力、计算机使用能力、信息收集处理能力的需求均值未达到4以外，对其他14项能力的需求均值都在4以上，说明普通高中毕业生对这些能力的需求水平高，而中职毕业生对17项职业能力的需求均值均没有达到4。另从高需求率来看，普通高中毕业生除对外语应用能力、计算机使用能力、信息收集处理能力的高需求率未达到70%以外，对其他14项能力的高需求率均在70%以上，对7项社会能力的高需求率则普遍达到80%以上，而中职学校毕业生对17项职业能力的高需求率均未达到70%。

　　可见，普通高中毕业生对职业能力的需求明显高于中职学校毕业生，说明前者的自我成才要求或期望高于后者，更希望提升自身的职业能力。

表5-52　中职与普高毕业生职业能力需求均值及标准差

一级指标	二级指标	中职毕业生		普高毕业生	
		均值	标准差	均值	标准差
1. 专业能力	1.1 专业知识	3.81	1.174	4.24	0.967
	1.2 专业技能	3.95	1.254	4.43	0.930
	1.0 整体需求	3.88	1.214	4.34	0.949
2. 方法能力	2.1 外语应用能力	3.33	1.110	3.70	1.198
	2.2 计算机使用能力	3.62	1.211	3.94	1.004
	2.3 信息收集处理能力	3.62	1.140	3.91	1.009
	2.4 学习能力	3.49	1.187	4.09	0.980
	2.5 创新能力	3.77	1.222	4.19	0.983
	2.6 问题解决能力	3.85	1.248	4.34	0.930
	2.7 组织管理能力	3.72	1.230	4.13	1.024
	2.0 整体需求	3.63	1.193	4.04	1.018

（续上表）

一级指标	二级指标	中职毕业生		普高毕业生	
		均值	标准差	均值	标准差
3. 社会能力	3.1 工作态度	3.89	1.241	4.26	1.004
	3.2 团队协作能力	3.80	1.171	4.25	0.979
	3.3 社会责任心	3.85	1.216	4.22	1.009
	3.4 环境适应能力	3.72	1.163	4.20	1.004
	3.5 心理承受能力	3.83	1.228	4.21	1.022
	3.6 应变能力	3.89	1.196	4.33	0.969
	3.7 沟通表达能力	3.92	1.259	4.34	0.971
	3.0 整体需求	3.84	1.211	4.26	0.994
4. 综合职业能力	4.0 综合职业能力	3.68	1.202	4.29	0.936

表 5 - 53　中职与普高毕业生职业能力需求均值差异的显著性 t 检验结果

职业能力指标	t	df	$Sig.$ (2 - tailed)
1.1 专业知识	-3.778	136.176	0.000
1.2 专业技能	-4.015	128.449	0.000
2.1 外语应用能力	-3.132	1 050	0.002
2.2 计算机使用能力	-2.716	133.728	0.007
2.3 信息收集处理能力	-2.532	132.661	0.013
2.4 学习能力	-5.264	133.678	0.000
2.5 创新能力	-3.538	132.794	0.001
2.6 问题解决能力	-4.019	127.401	0.000
2.7 组织管理能力	-3.420	132.828	0.001
3.1 工作态度	-3.134	132.958	0.002
3.2 团队协作能力	-3.957	134.203	0.000
3.3 社会责任心	-3.091	134.019	0.002
3.4 环境适应能力	-4.287	137.178	0.000
3.5 心理承受能力	-3.106	133.997	0.002
3.6 应变能力	-3.820	131.657	0.000
3.7 沟通表达能力	-3.471	132.599	0.001
4.0 综合职业能力	-4.059	77.696	0.000

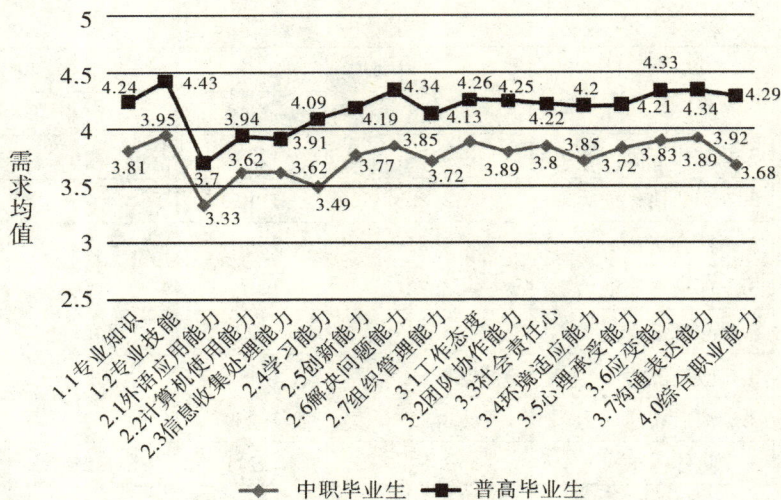

图 5-29 中职与普高毕业生职业能力需求均值分布

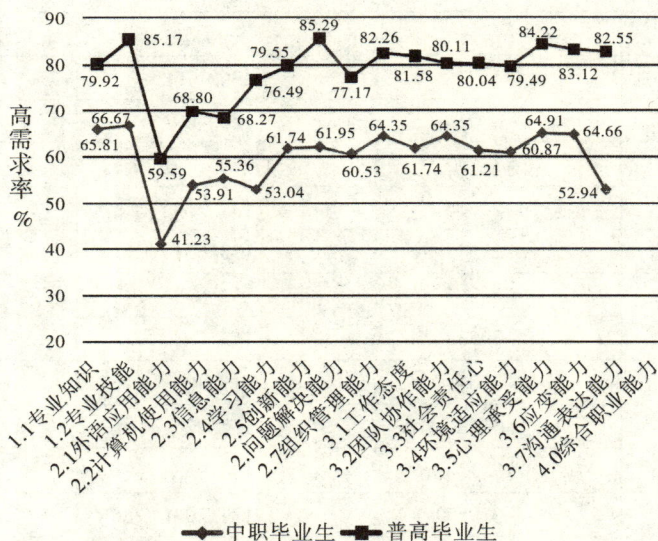

图 5-30 中职与普高毕业生职业能力高需求率分布

7. 高职生对职业能力的需求无明显的城乡差异

从表 5-54 和表 5-55 可见，农村学生对各项职业能力的需求普遍高于城市学生，但 t 检验结果表明，两者对职业能力的需求差异普遍没有达到显著性水平。城乡学生除对专业技能的需求有显著性差异之外，[1] 对其他 16 项职业能力的需求均无显著性差异。由此表明，生源地对高职生的职业能力需求并没有显著性影响。不论是城市学生还是农村学生，

———————————

① 城乡学生对专业技能的需求均值差异显著性 t 检验结果是：$t = -2.480$，$df = 442.993$，$p = 0.014$.

对职业能力均有较高需求，尤其是专业能力、社会能力和综合职业能力。如对于专业能力，城乡学生的整体需求均值都在 4 以上，说明需求度高，且对专业知识、专业技能的高需求率均在 70% 以上；对于社会能力，城乡学生的整体需求均值都在 4.2 左右，且对 7 项具体的社会能力的需求均值都在 4.1 以上，高需求率都在 74% 以上；对于综合职业能力，城乡学生的需求均值都在 4.2 以上，高需求率均超过 78%。

表 5 – 54　高职城乡学生对职业能力的需求均值及标准差

一级指标	二级指标	城市学生		农村学生	
		均值	标准差	均值	标准差
1. 专业能力	1.1 专业知识	4.1	1.057	4.22	0.98
	1.2 专业技能	4.25	1.078	4.43	0.947
	1.0 整体需求	4.18	1.068	4.33	0.964
2. 方法能力	2.1 外语应用能力	3.69	1.179	3.65	1.199
	2.2 计算机使用能力	3.87	1.058	3.91	1.023
	2.3 信息收集处理能力	3.89	1.014	3.87	1.033
	2.4 学习能力	4.00	1.057	4.03	1.011
	2.5 创新能力	4.15	1.038	4.14	1.020
	2.6 问题解决能力	4.22	0.986	4.30	0.983
	2.7 组织管理能力	4.06	1.097	4.09	1.052
	2.0 整体需求	3.98	1.061	4.00	1.046
3. 社会能力	3.1 工作态度	4.18	1.021	4.23	1.047
	3.2 团队协作能力	4.19	1.029	4.2	1.011
	3.3 社会责任心	4.14	1.063	4.18	1.039
	3.4 环境适应能力	4.15	1.014	4.14	1.049
	3.5 心理承受能力	4.11	1.057	4.18	1.056
	3.6 应变能力	4.23	1.045	4.30	0.996
	3.7 沟通表达能力	4.24	1.057	4.31	1.001
	3.0 整体需求	4.18	1.041	4.22	1.028
4. 综合职业能力	4.0 综合职业能力	4.21	0.987	4.23	0.991

表 5 – 55　高职城乡学生职业能力高需求率统计　　　　（单位：%）

一级指标	二级指标	城市学生	农村学生
1. 专业能力	1.1 专业知识	72.89	80.15
	1.2 专业技能	78.93	84.62

（续上表）

一级指标	二级指标	城市学生	农村学生
2. 方法能力	2.1 外语应用能力	58.66	57.07
	2.2 计算机使用能力	67.49	68.37
	2.3 信息收集处理能力	67.02	66.75
	2.4 学习能力	70.92	74.68
	2.5 创新能力	76.95	77.73
	2.6 问题解决能力	80.94	83.33
	2.7 组织管理能力	73.57	75.78
3. 社会能力	3.1 工作态度	77.14	81.35
	3.2 团队协作能力	78.01	79.56
	3.3 社会责任心	74.82	79.45
	3.4 环境适应能力	76.07	78.41
	3.5 心理承受能力	74.02	78.48
	3.6 应变能力	78.85	83.20
	3.7 沟通表达能力	78.34	81.69
4. 综合职业能力	4.0 综合职业能力	79.31	78.97

8. 学习基础对高职生职业能力需求有显著性影响，学习基础差的学生的需求度低于学习基础好和中等的学生

从表 5-56 和表 5-57 可见，入学成绩好、中、差三组学生对职业能力的需求水平存在一定差异，入学成绩差的学生不论是需求均值还是高需求率均低于入学成绩好的学生和入学成绩中等的学生。方差分析结果表明，入学成绩不同的三组学生对 17 项职业能力的需求均有显著性差异，显著性概率值均小于 0.01，说明差异非常显著。Scheffe 多重比较结果进一步显示：入学成绩差的学生对 17 项职业能力的需求与其他两组学生均有显著性差异，前者的需求均值小于后两者；入学成绩中等和入学成绩好的学生对 17 项职业能力的需求均不存在显著性差异。（见表 5-60）

从表 5-57 和表 5-58 可见，学习成绩好、中、差三组学生对职业能力的需求也存在一定差异，学习成绩差的学生不论是需求均值还是高需求率均低于学习成绩好的学生和学习成绩中等的学生，学习成绩好的学生对多项职业能力的需求均值和高需求率高于学习成绩中等的学生。方差分析结果表明，学习成绩不同的三组学生对 17 项职业能力中的 12 项能力的需求有显著性差异。Scheffe 多重比较结果进一步显示：学习成绩差的学生对专业知识、专业技能、创新能力、学习能力、问题解决能力、组织管理能力、工作态度、团队协作能力、社会责任心、应变能力、沟通表达能力、综合职业能力 12 项能力的需求均值低于学习成绩中等的学生，对专业知识、专业技能、创新能力、问题解决能力、组织管理能力、工作态度、团队协作能力、社会责任心、综合职业能力 9 项能力的需求均值低于学习

成绩好的学生，但学习成绩中等的学生与学习成绩好的学生对各项职业能力的需求无显著性差异。(见表5-61)

　　综上可见，不论是以入学成绩分组，还是以在校学习成绩分组，学习基础不同的学生对职业能力的需求均有明显差异，学习基础差的学生的需求度明显低于学习基础好和中等的学生。这说明，相对于学习基础好和中等的学生，学习基础差的学生的自我成才的期望值更低，对提升职业能力的需求不及学习基础好和中等的学生。

表5-56　高职入学成绩不同的学生职业能力需求均值和标准差

一级指标	二级指标	差		中		好	
		均值	标准差	均值	标准差	均值	标准差
1. 专业能力	1.1 专业知识	3.76	1.219	4.22	0.971	4.28	0.963
	1.2 专业技能	4.02	1.193	4.40	0.968	4.44	0.933
	1.0 整体需求	3.89	1.206	4.31	0.970	4.36	0.948
2. 方法能力	2.1 外语应用能力	3.19	1.294	3.69	1.173	3.78	1.153
	2.2 计算机使用能力	3.58	1.249	3.93	0.994	3.94	1.026
	2.3 信息收集处理能力	3.53	1.169	3.91	0.999	3.95	1.023
	2.4 学习能力	3.66	1.174	4.05	0.985	4.10	1.042
	2.5 创新能力	3.82	1.178	4.17	0.982	4.19	1.055
	2.6 问题解决能力	3.84	1.173	4.30	0.970	4.39	0.896
	2.7 组织管理能力	3.57	1.274	4.08	1.047	4.27	0.958
	2.0 整体需求	3.60	1.216	4.02	1.021	4.09	1.022
3. 社会能力	3.1 工作态度	3.79	1.307	4.25	1.003	4.29	0.988
	3.2 团队协作能力	3.81	1.203	4.22	0.992	4.29	0.971
	3.3 社会责任心	3.82	1.204	4.18	1.021	4.30	1.011
	3.4 环境适应能力	3.83	1.185	4.18	0.996	4.16	1.081
	3.5 心理承受能力	3.68	1.311	4.22	0.971	4.16	1.127
	3.6 应变能力	3.81	1.261	4.32	0.977	4.32	0.959
	3.7 沟通表达能力	3.84	1.231	4.33	1.000	4.37	0.931
	3.0 整体需求	3.80	1.243	4.24	0.994	4.27	1.010
4. 综合职业能力	4.0 综合职业能力	3.68	1.225	4.24	0.983	4.40	0.772

表 5 −57　高职学习基础不同的学生职业能力高需求率统计　　　　（单位：%）

一级指标	二级指标	入学成绩			学习成绩		
		差	中	好	差	中	好
1. 专业能力	1.1 专业知识	59.18	79.92	81.12	63.11	79.19	85.83
	1.2 专业技能	69.39	83.73	86.29	69.42	83.78	92.00
2. 方法能力	2.1 外语应用能力	41.24	58.45	62.20	52.54	58.30	56.91
	2.2 计算机使用能力	56.00	69.51	68.95	63.87	68.22	72.44
	2.3 信息收集处理能力	50.00	68.93	68.44	61.34	67.08	70.73
	2.4 学习能力	63.00	74.22	76.71	65.83	74.07	79.37
	2.5 创新能力	63.27	78.41	80.57	67.23	77.92	83.33
	2.6 问题解决能力	65.63	83.29	87.55	71.90	83.37	88.00
	2.7 组织管理能力	56.70	74.61	84.08	63.03	75.68	84.55
3. 社会能力	3.1 工作态度	62.89	81.64	83.33	68.60	80.82	87.10
	3.2 团队协作能力	61.00	80.45	82.66	66.94	79.98	85.71
	3.3 社会责任心	62.24	79.57	81.38	67.50	79.06	83.20
	3.4 环境适应能力	67.71	79.52	77.91	73.33	78.14	79.20
	3.5 心理承受能力	59.79	79.69	77.20	70.25	78.42	76.19
	3.6 应变能力	60.82	84.56	82.73	71.90	83.66	80.80
	3.7 沟通表达能力	62.89	82.70	82.79	68.85	81.92	84.68
4. 综合职业能力	4.0 综合职业能力	56.45	80.25	86.76	65.67	79.32	91.80

表 5 −58　高职学习基础不同的学生职业能力需求均值和标准差

一级指标	二级指标	差		中		好	
		均值	标准差	均值	标准差	均值	标准差
1. 专业能力	1.1 专业知识	3.75	1.350	4.22	0.951	4.43	0.822
	1.2 专业技能	3.97	1.341	4.41	0.935	4.60	0.803
	1.0 整体需求	3.86	1.346	4.32	0.943	4.52	0.813
2. 方法能力	2.1 外语应用能力	3.47	1.400	3.69	1.163	3.66	1.172
	2.2 计算机使用能力	3.75	1.243	3.92	1.004	3.99	0.964
	2.3 信息收集处理能力	3.75	1.264	3.88	0.999	4.02	0.932
	2.4 学习能力	3.78	1.317	4.05	0.984	4.09	0.947
	2.5 创新能力	3.87	1.312	4.16	0.989	4.25	0.927
	2.6 问题解决能力	3.98	1.284	4.31	0.947	4.38	0.84
	2.7 组织管理能力	3.71	1.373	4.11	1.023	4.26	0.922
	2.0 整体需求	3.76	1.313	4.02	1.016	4.09	0.958

（续上表）

一级指标	二级指标	差		中		好	
		均值	标准差	均值	标准差	均值	标准差
3. 社会能力	3.1 工作态度	3.88	1.33	4.24	1	4.39	0.908
	3.2 团队协作能力	3.89	1.237	4.21	0.985	4.37	0.919
	3.3 社会责任心	3.90	1.318	4.19	1	4.31	0.995
	3.4 环境适应能力	3.93	1.282	4.17	0.987	4.14	1.098
	3.5 心理承受能力	3.99	1.332	4.19	1.003	4.1	1.084
	3.6 应变能力	4.07	1.279	4.32	0.965	4.24	1.003
	3.7 沟通表达能力	4.03	1.279	4.33	0.984	4.33	0.917
	3.0 整体需求	3.96	1.294	4.24	0.989	4.27	0.989
4. 综合职业能力	4.0 综合职业能力	3.91	1.228	4.24	0.975	4.43	0.694

表5-59　高职学习基础不同的学生职业能力需求方差分析结果

职业能力指标	以入学成绩分组		以学习成绩分组	
	F	Sig.	F	Sig.
1.1 专业知识	10.570	0.000	15.668	0.000
1.2 专业技能	7.205	0.001	14.297	0.000
2.1 外语应用能力	9.450	0.000	1.643	0.194
2.2 计算机使用能力	5.422	0.005	1.894	0.151
2.3 信息收集处理能力	6.359	0.002	2.075	0.126
2.4 学习能力	7.323	0.001	3.788	0.023
2.5 创新能力	5.556	0.004	4.872	0.008
2.6 问题解决能力	11.287	0.000	6.539	0.002
2.7 组织管理能力	15.373	0.000	9.208	0.000
3.1 工作态度	9.253	0.000	8.224	0.000
3.2 团队协作能力	8.531	0.000	7.530	0.001
3.3 社会责任心	7.557	0.001	5.361	0.005
3.4 环境适应能力	4.831	0.008	2.719	0.066
3.5 心理承受能力	11.569	0.000	2.186	0.113
3.6 应变能力	11.324	0.000	3.143	0.044
3.7 沟通与表达能力	11.152	0.000	4.500	0.011
4.0 综合职业能力	12.115	0.000	4.737	0.009

表5-60　高职入学成绩不同的学生职业能力需求差异的 *Scheffe* 多重比较结果

Dependent Variable	（I）入学成绩	（J）入学成绩	*Mean Difference（I-J）*	*Std. Error*	*Sig.*
1.1 专业知识	差	中	- 0. 461 *	0. 107	0. 000
		好	- 0. 522 *	0. 119	0. 000
1.2 专业技能	差	中	- 0. 379 *	0. 106	0. 002
		好	- 0. 423 *	0. 117	0. 002
2.1 外语应用能力	差	中	- 0. 506 *	0. 128	0. 000
		好	- 0. 599 *	0. 141	0. 000
2.2 计算机使用能力	差	中	- 0. 354 *	0. 110	0. 006
		好	- 0. 360 *	0. 122	0. 013
2.3 信息收集处理能力	差	中	- 0. 376 *	0. 111	0. 003
		好	- 0. 415 *	0. 123	0. 003
2.4 学习能力	差	中	- 0. 385 *	0. 109	0. 002
		好	- 0. 444 *	0. 121	0. 001
2.5 创新能力	差	中	- 0. 354 *	0. 110	0. 006
		好	- 0. 374 *	0. 122	0. 009
2.6 问题解决能力	差	中	- 0. 458 *	0. 106	0. 000
		好	- 0. 542 *	0. 117	0. 000
2.7 组织管理能力	差	中	- 0. 514 *	0. 114	0. 000
		好	- 0. 698 *	0. 126	0. 000
3.1 工作态度	差	中	- 0. 459 *	0. 112	0. 000
		好	- 0. 499 *	0. 124	0. 000
3.2 团队协作能力	差	中	- 0. 405 *	0. 108	0. 001
		好	- 0. 480 *	0. 120	0. 000
3.3 社会责任心	差	中	- 0. 368 *	0. 112	0. 005
		好	- 0. 479 *	0. 124	0. 001
3.4 环境适应能力	差	中	- 0. 349 *	0. 113	0. 008
		好	- 0. 327 *	0. 124	0. 032
3.5 心理承受能力	差	中	- 0. 544 *	0. 113	0. 000
		好	- 0. 484 *	0. 125	0. 001
3.6 应变能力	差	中	- 0. 510 *	0. 109	0. 000
		好	- 0. 503 *	0. 120	0. 000
3.7 沟通表达能力	差	中	- 0. 494 *	0. 109	0. 000
		好	- 0. 534 *	0. 121	0. 000
4.0 综合职业能力	差	中	- 0. 565 *	0. 132	0. 000
		好	- 0. 720 *	0. 148	0. 000

表 5 – 61　高职学习成绩不同的学生职业能力需求差异的 *Scheffe* 多重比较结果

Dependent Variable	（I）学习成绩	（J）学习成绩	Mean Difference（I－J）	Std. Error	Sig.
1.1 专业知识	差	中	－ 0.463 ∗	0.096	0.000
		好	－ 0.671 ∗	0.126	0.000
1.2 专业技能	差	中	－ 0.438 ∗	0.095	0.000
		好	－ 0.633 ∗	0.124	0.000
2.4 学习能力	差	中	－ 0.265 ∗	0.100	0.030
2.5 创新能力	差	中	－ 0.287 ∗	0.100	0.017
		好	－ 0.372 ∗	0.131	0.018
2.6 问题解决能力	差	中	－ 0.323 ∗	0.096	0.003
		好	－ 0.401 ∗	0.125	0.006
2.7 组织管理能力	差	中	－ 0.395 ∗	0.104	0.001
		好	－ 0.546 ∗	0.136	0.000
3.1 工作态度	差	中	－ 0.360 ∗	0.101	0.002
		好	－ 0.503 ∗	0.132	0.001
3.2 团队协作能力	差	中	－ 0.321 ∗	0.098	0.005
		好	－ 0.480 ∗	0.128	0.001
3.3 社会责任心	差	中	－ 0.291 ∗	0.102	0.017
		好	－ 0.412 ∗	0.133	0.008
3.6 应变能力	差	中	－ 0.242 ∗	0.098	0.049
3.7 沟通表达能力	差	中	－ 0.293 ∗	0.099	0.013
4.0 综合职业能力	差	中	－ 0.326 ∗	0.128	0.040
		好	－ 0.516 ∗	0.174	0.013

9. 家庭经济状况对高职生的职业能力需求无显著性影响

从表 5 – 62 可见，家庭经济条件好和中等的学生对方法能力、社会能力和综合职业能力的需求均值普遍高于家庭经济条件差的学生，经济条件好的学生对多项方法能力和综合职业能力的需求均值高于经济条件中等的学生。另从表 5 – 63 可见，经济条件好的学生对方法能力、社会能力和综合职业能力的高需求率普遍高于经济条件中等的学生，而经济条件中等的学生则普遍高于经济条件差的学生。

但方差分析结果表明，在 17 项职业能力的需求方面，家庭经济条件水平不同的三组学生只对外语应用能力和团队协作能力的需求存在显著性差异（统计量 F 值分别为 3.32、3.33，显著性概率值均为 0.036）。*Scheffe* 多重比较结果进一步发现，在职业能力需求方面，只是经济条件中等与经济条件差的学生对团队协作能力的需求存在显著性差异（两者的均值差为 － 0.193，标准误差为 0.075，显著性概率值为 0.036），而其他两两样本之间对任何一项职业能力的需求均无显著性差异。

　　综上推断，虽然经济水平不同的三组学生对职业能力的需求存在一定差异，但差异并不显著，说明家庭经济水平对学生职业能力的需求无显著性影响。

表 5－62　家庭经济条件不同的三组学生职业能力需求均值及标准差

一级指标	二级指标	经济条件差的学生		经济条件中等的学生		经济条件好的学生	
		均值	标准差	均值	标准差	均值	标准差
1. 专业能力	1.1 专业知识	4.14	1.11	4.22	0.97	4.10	1.05
	1.2 专业技能	4.34	1.07	4.40	0.96	4.31	1.01
	1.0 整体需求	4.24	1.09	4.31	0.96	4.21	1.03
2. 方法能力	2.1 外语应用能力	3.50	1.30	3.70	1.16	3.84	1.08
	2.2 计算机使用能力	3.87	1.11	3.91	1.01	4.00	0.99
	2.3 信息收集处理能力	3.86	1.10	3.88	1.01	4.00	0.94
	2.4 学习能力	3.97	1.11	4.04	1.00	4.12	0.86
	2.5 创新能力	4.09	1.08	4.15	1.02	4.27	0.94
	2.6 问题解决能力	4.24	1.03	4.30	0.98	4.26	0.80
	2.7 组织管理能力	4.05	1.16	4.08	1.04	4.27	0.96
	2.0 整体需求	3.94	1.13	4.01	1.03	4.11	0.94
3. 社会能力	3.1 工作态度	4.12	1.13	4.26	1.01	4.16	0.96
	3.2 团队协作能力	4.05	1.11	4.25	0.98	4.18	0.99
	3.3 社会责任心	4.14	1.04	4.18	1.05	4.20	1.02
	3.4 环境适应能力	4.07	1.10	4.16	1.02	4.24	0.99
	3.5 心理承受能力	4.12	1.13	4.18	1.04	4.16	0.97
	3.6 应变能力	4.20	1.11	4.31	0.98	4.35	0.93
	3.7 沟通表达能力	4.26	1.07	4.30	1.00	4.29	0.99
	3.0 整体需求	4.14	1.10	4.23	1.01	4.23	0.98
4. 综合职业能力	4.0 综合职业能力	4.14	1.08	4.23	0.97	4.46	0.69

表 5－63　家庭经济条件不同的三组学生职业能力高需求率统计　　　（单位：%）

一级指标	二级指标	家庭经济条件差	家庭经济条件中	家庭经济条件好
1. 专业能力	1.1 专业知识	77.18	79.12	71.15
	1.2 专业技能	79.58	84.51	82.35
2. 方法能力	2.1 外语应用能力	53.16	58.82	60.78
	2.2 计算机使用能力	67.36	68.14	69.23

（续上表）

一级指标	二级指标	家庭经济条件差	家庭经济条件中	家庭经济条件好
2. 方法能力	2.3 信息收集处理能力	66.10	66.97	71.43
	2.4 学习能力	72.15	74.19	78.43
	2.5 创新能力	75.73	77.73	80.39
	2.6 问题解决能力	80.75	83.20	88.00
	2.7 组织管理能力	73.93	75.46	82.35
3. 社会能力	3.1 工作态度	76.57	81.50	82.00
	3.2 团队协作能力	73.86	80.97	82.35
	3.3 社会责任心	76.37	78.87	80.39
	3.4 环境适应能力	75.11	78.55	82.35
	3.5 心理承受能力	75.31	77.81	80.39
	3.6 应变能力	79.08	82.81	88.24
	3.7 沟通表达能力	78.15	81.51	82.35
4. 综合职业能力	4.0 综合职业能力	74.47	79.91	89.29

10. 高职入学原因不同的学生对职业能力的需求有一定差异

方差分析结果表明，入学原因不同的高职学生对 8 项职业能力的需求有显著性差异，包括 2 项专业能力（专业知识、专业技能）、1 项方法能力（外语应用能力）和 5 项社会能力（工作态度、团队协作能力、社会责任心、心理承受能力、沟通表达能力）。可见，入学原因不同的学生主要是对专业能力、社会能力的需求存在显著性差异，说明入学原因对学生专业能力和社会能力的需求有显著性影响。

表 5-64　入学原因不同的高职生职业能力需求的方差分析

职业能力指标	F	$Sig.$
1.1 专业知识	3.068	0.006
1.2 专业技能	3.204	0.004
2.1 外语应用能力	2.981	0.007
3.1 工作态度	2.535	0.019
3.2 团队协作能力	3.242	0.004
3.3 社会责任心	2.271	0.035
3.5 心理承受能力	2.492	0.021
3.7 沟通与表达能力	2.476	0.022

注：本表只摘取了存在显著性差异的指标。

表 5 - 65　入学原因不同的高职生职业能力需求均值

一级指标	二级指标	学习成绩不好	家庭经济困难	自己喜欢	父母意愿	好就业	亲朋推荐	其他
1. 专业能力	1.1 专业知识	4.10	4.33	4.05	3.95	4.38	4.02	4.31
	1.2 专业技能	4.33	4.53	4.16	4.17	4.48	4.25	4.53
	1.0 整体需求	4.22	4.43	4.11	4.06	4.43	4.14	4.42
2. 方法能力	2.1 外语应用能力	3.59	3.92	3.45	3.52	3.74	3.37	3.8
	2.2 计算机使用能力	3.85	4.05	3.77	3.86	4.00	3.77	3.97
	2.3 信息收集处理能力	3.87	3.91	3.66	3.83	3.93	3.91	4.00
	2.4 学习能力	4.00	4.08	3.85	4.00	4.08	3.90	4.11
	2.5 创新能力	4.15	4.15	4.04	4.05	4.21	4.02	4.21
	2.6 问题解决能力	4.25	4.35	4.14	4.10	4.28	4.22	4.41
	2.7 组织管理能力	3.99	4.13	3.96	4.08	4.14	4.12	4.23
	2.0 整体需求	3.96	4.08	3.84	3.92	4.05	3.90	4.10
3. 社会能力	3.1 工作态度	4.12	4.30	4.04	4.15	4.29	4.17	4.40
	3.2 团队协作能力	4.17	4.21	3.95	4.10	4.25	3.95	4.38
	3.3 社会责任心	4.09	4.24	4.06	3.98	4.31	4.02	4.33
	3.4 环境适应能力	4.13	4.16	3.97	4.32	4.21	3.86	4.20
	3.5 心理承受能力	4.11	4.26	3.94	4.05	4.28	3.93	4.29
	3.6 应变能力	4.26	4.36	4.10	4.17	4.35	4.12	4.36
	3.7 沟通表达能力	4.27	4.42	4.11	4.07	4.32	4.07	4.43
	3.0 整体需求	4.16	4.28	4.02	4.12	4.29	4.02	4.34
4. 综合职业能力	4.0 综合职业能力	4.24	4.26	4.14	3.90	4.16	4.00	4.29

表 5 - 66　入学原因不同的高职生职业能力高需求率统计　　　　　（单位：%）

一级指标	二级指标	学习成绩不好	家庭经济困难	自己喜欢	父母意愿	好就业	亲朋推荐	其他
1. 专业能力	1.1 专业知识	74.30	85.00	74.63	70.00	88.66	71.11	81.25
	1.2 专业技能	81.46	87.60	76.69	82.93	84.38	77.27	87.82
2. 方法能力	2.1 外语应用能力	55.90	67.23	46.97	57.50	59.79	41.86	63.40
	2.2 计算机使用能力	65.00	76.27	60.15	71.43	74.23	59.09	70.59
	2.3 信息收集处理能力	65.46	66.38	59.54	60.98	71.88	69.77	72.73
	2.4 学习能力	73.13	73.50	67.67	73.17	75.79	70.73	77.12

（续上表）

一级指标	二级指标	学习成绩不好	家庭经济困难	自己喜欢	父母意愿	好就业	亲朋推荐	其他
2. 方法能力	2.5 创新能力	77.93	82.05	71.43	75.61	77.66	75.00	79.57
	2.6 问题解决能力	81.89	86.44	78.03	72.50	81.05	78.05	88.51
	2.7 组织管理能力	73.82	76.07	70.23	72.50	78.13	73.81	79.65
3. 社会能力	3.1 工作态度	77.99	82.91	74.81	70.00	80.41	75.61	86.38
	3.2 团队协作能力	80.22	82.05	71.21	69.05	77.08	69.05	84.26
	3.3 社会责任心	76.19	79.31	74.44	70.73	83.16	72.09	82.91
	3.4 环境适应能力	77.81	75.86	70.77	78.05	80.21	69.77	81.78
	3.5 心理承受能力	75.77	81.51	68.94	73.17	82.29	65.12	81.28
	3.6 应变能力	81.89	88.14	77.27	80.49	83.16	72.09	82.83
	3.7 沟通表达能力	79.66	86.44	73.48	75.61	82.29	67.44	86.15
4. 综合职业能力	4.0 综合职业能力	77.68	84.48	75.34	68.97	82.22	65.22	83.46

第六节　高职生对人才培养工作的评价及其差异分析

　　调查结果表明，高职生对所学专业的人才培养目标、对应的就业岗位的了解程度并不理想，对课程设置的合理性、课程内容的适应性、教学条件的满意度评价也不高。如近19%的学生不了解或很不了解所学专业的培养目标，16%的学生对所学专业对应的就业岗位不了解或很不了解，超过22%的学生认为课程设置不合理或很不合理，10%的学生认为课程内容不符合或很不符合社会需求，近20%的学生对教学条件不满意或很不满意。另外，学生对高职人才培养工作的评价存在学校水平差异、学校类型差异、专业类别差异、年级差异、城乡差异、学习基础差异、家庭经济水平差异和入学原因差异。

一、高职生对人才培养工作评价的总体分析

　　1. 高职生对本专业人才培养目标的了解程度一般
　　从图5-31可见，高职生对培养目标了解情况接近正态分布，综合评价均值为3.07，即属"一般"水平。另从表5-67可见，18.78%的学生对本专业人才培养目标"不了解"或"完全不了解"，55.21%的学生了解程度一般，只有26.01%的学生"了解"或"很了解"本专业的人才培养目标。受此影响，不少学生对高职学习阶段的成才目标不清楚或感到迷茫。如调查发现近10%的学生不清楚自己的成才目标，另有些学生的成才目标定位模糊或不切实际。高职院校学生对本专业人才培养目标了解程度不足与中职的情况类似，主要有两个方面的原因：一是专业人才培养目标定位不合理、不具体，学生难以理解和把握本专业的人才培养目标；二是专业人才培养目标宣传教育不足。因此，高职院校应

做好人才培养目标定位及宣传解释工作，使学生能更清楚所学专业的培养目标，并引导学生将专业培养目标与自我成才目标相结合，由此发挥培养目标的激励、导向作用。

表5-67　高职生对所学专业人才培养目标了解情况

培养目标了解程度	有效样本（人）	有效百分比（%）	累计百分比（%）
完全不了解	36	3.38	3.38
不了解	164	15.40	18.78
一般	588	55.21	73.99
了解	248	23.29	97.28
很了解	29	2.72	100.00
合计	1 065	100.00	—

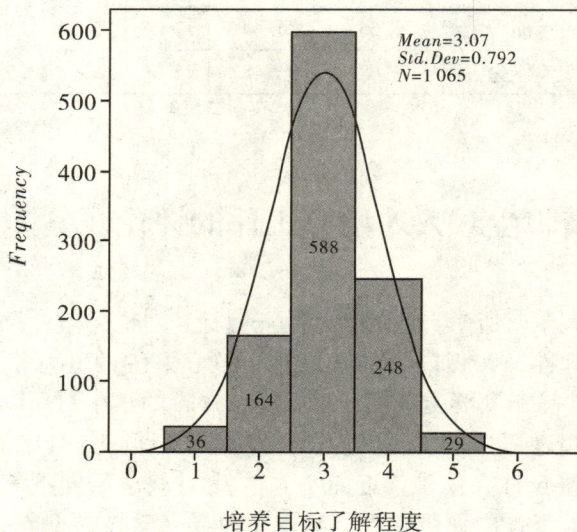

图5-31　高职生对所学专业人才培养目标了解情况分布

2. 高职生对所学专业就业岗位了解程度一般偏上

从图5-32可见，高职生对本专业就业岗位了解程度呈正偏态分布，综合评价均值为3.2，表明了解程度"一般偏上"。另从表5-68可见，36%的学生对本专业就业岗位"了解"或"很了解"，47.93%的学生了解程度一般，16.07%的学生"不了解"或"完全不了解"。高职生对本专业对应就业岗位（群）的了解程度不足与中职的情况类似，主要有两个方面的原因：一是专业人才培养目标定位不具体，不能清楚地确定本专业毕业生的就业岗位（群）；二是就业教育不足或效果不佳，没能让学生充分了解本专业的就业岗位（群）。因此，高职院校应做好专业培养目标定位，清楚指明本专业毕业生的就业岗位（群），并加强就业教育，让所有学生非常清楚所学专业的就业岗位（群），以此增强学习的针对性，提高教与学的效率。

表 5 – 68　高职生对所学专业就业岗位了解情况

就业岗位了解程度	有效样本（人）	有效百分比（%）	累计百分比（%）
完全不了解	26	2.44	2.44
不了解	145	13.63	16.07
一般	510	47.93	64.00
了解	351	32.99	96.99
很了解	32	3.01	100.00
合计	1 064	100.00	—

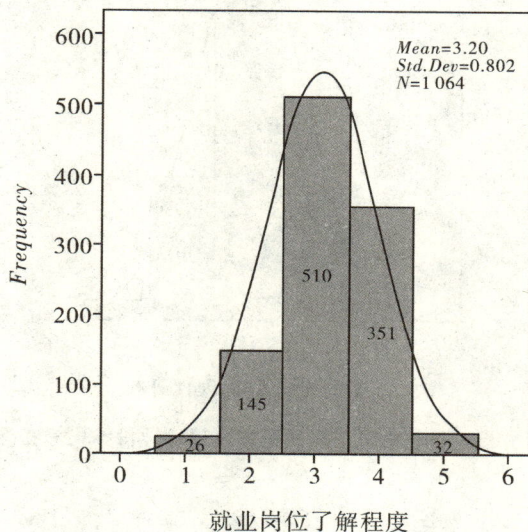

图 5 – 32　高职生对所学专业就业岗位了解程度分布

3. 高职生对课程设置的合理性评价一般

从图 5 – 33 可见，高职生对课程设置的合理性评价接近正态分布，综合评价均值为 2.97，说明评价"一般"。另从表 5 – 69 可见，21.61% 的学生认为课程设置"合理"或"很合理"，56.32% 的学生认为课程设置"一般"，22.08% 的学生认为课程设置"不合理"或"很不合理"。由此说明，高职生对院校的课程设置的满意度并不高。

表 5 – 69　高职生对课程设置的合理性评价情况

课程设置的合理性评价	有效样本（人）	有效百分比（%）	累计百分比（%）
很不合理	52	4.91	4.91
不合理	182	17.17	22.08
一般	597	56.32	78.40

（续上表）

课程设置的合理性	有效样本（人）	有效百分比（%）	累计百分比（%）
合理	207	19.53	97.92
很合理	22	2.08	100.00
合计	1 060	100.00	—

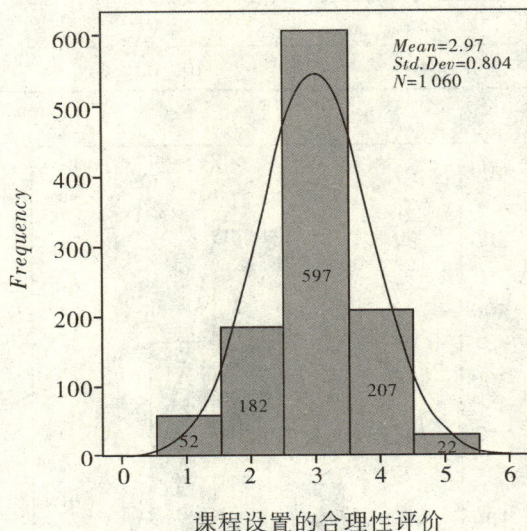

图 5 - 33　高职生对课程设置的合理性评价结果分布

4. 高职生对课程内容的适应性评价一般偏好

从图 5 - 34 可见，高职生对课程内容的适应性评价呈正偏态分布，综合评价均值为 3.3，表明学生对课程内容的评价"一般偏好"。另从表 5 - 70 可见，累计 38.25% 的学生认为课程内容"符合"或"很符合"社会经济发展需求，51.75% 的学生认为"一般"，另有 10.01% 的学生认为课程内容"不符合"或"很不符合"社会经济发展需求。

表 5 - 70　高职生对课程内容的适应性评价结果

课程内容是否符合社会需求	有效样本（人）	有效百分比（%）	累计百分比（%）
很不符合	23	2.17	2.17
不符合	83	7.84	10.01
一般	548	51.75	61.76
符合	367	34.66	96.41
很符合	38	3.59	100.00
合计	1 059	100.00	—

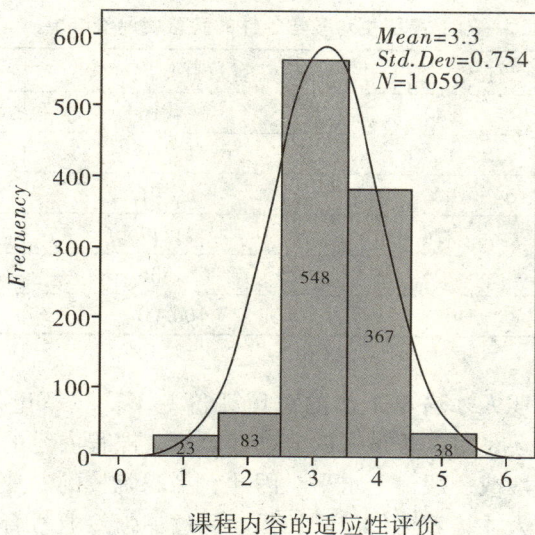

图 5 - 34　高职生对课程内容的适应性评价结果分布

5. 高职生对教学条件的满意度评价一般

从图 5 - 35 可见，高职生对教学条件的满意度评价接近正态分布，综合评价均值为 3.02，属"一般"水平。具体而言，23.53% 的学生对教学条件"满意"或"很满意"，56.71% 的学生认为教学条件"一般"，19.76% 的学生"不满意"或"很不满意"。

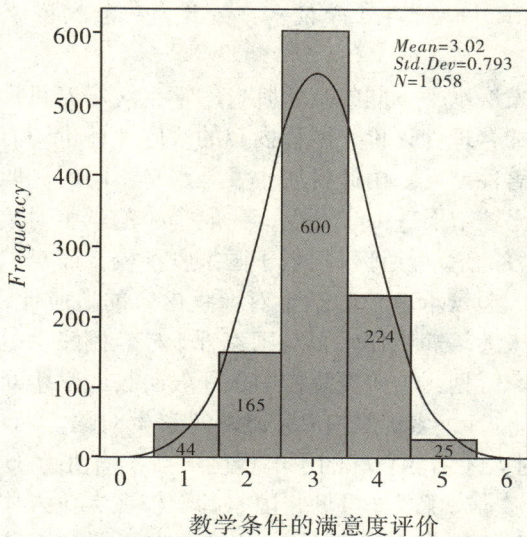

图 5 - 35　高职生对教学条件的满意度评价结果分布

表 5-71　高职生对教学条件的满意度评价结果

教学条件的满意度评价	有效样本（n）	有效百分比（%）	累计百分比（%）
很不满意	44	4.16	4.16
不满意	165	15.60	19.76
一般	600	56.71	76.47
满意	224	21.17	97.64
很满意	25	2.36	100.00
合计	1 058	100.00	—

综上表明，学生对高职人才培养工作的总体评价并不高，不论是对培养目标了解程度、就业岗位了解程度，还是对课程设置的合理性评价、课程内容的适应性评价、教学条件的满意度评价均只有一般或一般偏上水平。因此，高职院校的专业教育、就业教育、课程建设、教学条件建设等人才培养工作仍需加强。通过加强专业教育、就业教育，让学生更清楚所学专业的人才培养目标和就业岗位，从而发挥培养目标、就业岗位的激励、导向作用，提高学习的针对性和教与学的效率；通过加强课程建设，使课程设置更符合专业人才培养目标要求和学生自我成才要求，使课程内容更符合社会经济发展需要，以此提升学生的就业能力；加强教学条件建设，为实现高职人才培养目标提供必要条件，提高学生的满意度，并在一定程度上提高高职的吸引力。

二、高职生对人才培养工作评价的差异分析

1. 高职生对人才培养工作评价存在学校水平差异，一般院校学生的评价普遍低于国家骨干校

方差分析结果表明，发展水平不同的高职院校的学生对培养目标的了解程度、就业岗位的了解程度、课程设置的合理性评价、课程内容的适应性评价均有显著性差异，但对教学条件的满意度评价无显著性差异。由此说明，发展水平不同的高职院校的人才培养工作有一定差异。*Scheffe* 多重比较结果进一步发现，一般院校的学生对培养目标了解程度、就业岗位了解程度、课程内容的适应性评价均低于国家骨干校，而对课程设置的合理性评价则低于国家示范校。另外，国家示范校的学生对课程内容的适应性评价低于国家骨干校。该结果说明，一般院校的人才培养工作水平与国家骨干校、国家示范校有一定差距。

从表 5-74 和表 5-75 可见：①四类院校中，一般院校的学生对人才培养目标的了解程度最低，评价均值仅为 3.01，累计只有 25.05% 的学生对培养目标"了解"或"很了解"，国家骨干校的学生对人才培养目标的了解程度最高，均值为 3.21，累计近 30% 的学生对培养目标"了解"或"很了解"。可见，国家骨干校在专业人才培养目标定位或目标的宣传教育方面好于一般院校。②四类院校中，一般院校的学生对就业岗位的了解程度最低，评价均值为 3.15，累计 33.65% 的学生对就业岗位"了解"或"很了解"；国家骨干校的学生对就业岗位的了解程度最高，均值为 3.35，累计约 41% 的学生对就业岗位"了解"或"很了解"。可见，国家骨干校在专业就业教育方面好于一般院校。③四类院校中，一般院校的学生对课程设置的合理性评价最低，评价均值仅为 2.88，且累计只有

18.08%的学生认为课程设置"合理"或"很合理";国家示范校的学生对课程设置的合理性评价最高,评价均值为3.09,累计26.23%的学生认为课程设置"合理"或"很合理"。可见,国家示范校的课程设置比一般院校更合理。④四类院校中,一般院校的学生对课程内容的适应性评价最低,评价均值为3.19,累计32.76%的学生认为课程内容"符合"或"很符合"社会经济发展需求;国家骨干校的学生对课程内容的适应性评价最高,评价均值为3.55,累计53.01%的学生认为课程内容"符合"或"很符合"社会经济发展需求。可见,国家骨干校的课程内容更符合社会需求。⑤在教学条件的满意度评价方面,四类院校之间无显著性差异,学生的评价均值都在3左右,即属一般水平,且四类学校都只有二成多的学生对教学条件"满意"或"很满意"。

综上所述,虽然四类院校的学生对专业培养目标了解程度、就业岗位了解程度、课程设置的合理性评价、课程内容的适应性评价均不理想,但相对一般院校,国家骨干校的学生对专业培养目标、就业岗位更了解,对课程内容的适应性评价更高,国家示范校的学生对课程设置的合理性评价更高。

表 5 - 72　不同水平院校学生对人才培养工作评价的方差分析

人才培养工作指标	F	Sig.
4.1 培养目标了解程度	3.633	0.013
4.2 就业岗位了解程度	2.690	0.045
4.3 课程设置的合理性评价	4.787	0.003
4.4 课程内容的适应性评价	10.852	0.000
4.5 教学条件的满意度评价	1.007	0.389

表 5 - 73　不同水平院校学生对人才培养工作评价的 Scheffe 多重比较

Dependent Variable	(I) 学校水平	(J) 学校水平	Mean Difference (I - J)	Std. Error	Sig.
4.1 目标了解程度	国家骨干校	一般院校	0.202 40 *	0.067 63	0.030
4.2 岗位了解程度	国家骨干校	一般院校	0.194 85 *	0.068 70	0.046
4.3 课程设置的合理性评价	国家示范校	一般院校	0.216 *	0.064	0.011
4.4 课程内容的适应性评价	国家骨干校	一般院校	0.361 *	0.064	0.000
		国家示范校	0.243 *	0.074	0.014

表 5 - 74　不同水平院校学生对人才培养工作的评价均值

人才培养工作指标	一般院校	省级示范校	国家骨干校	国家示范校	合计
4.1 培养目标了解程度	3.01	3.00	3.21	3.12	3.07
4.2 就业岗位了解程度	3.15	3.20	3.35	3.21	3.20
4.3 课程设置的合理性评价	2.88	3.01	3.04	3.09	2.97

（续上表）

人才培养工作指标	一般院校	省级示范校	国家骨干校	国家示范校	合计
4.4 课程内容的适应性评价	3.19	3.34	3.55	3.31	3.30
4.5 教学条件的满意度评价	3.00	2.98	3.02	3.10	3.02

表5-75　水平不同院校学生对人才培养工作高评价率统计表　　（单位：%）

人才培养工作指标	一般院校	省级示范校	国家骨干校	国家示范校
4.1 培养目标了解程度	25.05	23.19	29.89	26.82
4.2 就业岗位了解程度	33.65	36.23	40.98	37.27
4.3 课程设置的合理性评价	18.08	21.74	26.23	26.03
4.4 课程内容的适应性评价	32.76	37.96	53.01	39.09
4.5 教学条件的满意度评价	22.59	21.90	24.04	26.36

2. 高职生对就业岗位了解程度、课程内容的适应性评价存在学校类型差异，行业院校的学生评价高于地方院校

两独立样本 t 检验结果表明，地方院校与行业院校的学生对就业岗位了解程度、课程内容的适应性评价有显著性差异，前者的评价低于后者。具体而言，在就业岗位了解程度方面，行业院校学生的评价均值为3.28，高于地方院校（3.16），前者累计38.44%的学生对就业岗位"了解"或"很了解"，比后者高近4个百分点；在课程内容的适应性评价方面，行业院校学生的评价均值为3.42，高于地方院校（3.22），前者累计43.87%的学生认为课程内容"符合"或"很符合"社会需求，比后者高近9个百分点。另外，在培养目标了解程度方面，行业院校的学生也略高于地方院校。（见图5-36和图5-37）

综上，虽然地方院校与行业院校的学生对专业培养目标的了解程度、就业岗位的了解程度，对课程设置的合理性、课程内容的适应性和教学条件的满意度评价均不理想，但相对而言，行业院校的学生对所学专业的就业岗位的了解程度更高，对课程内容与社会经济发展需求的适应性评价更高，这说明行业院校专业的就业岗位针对性更强或就业教育工作更到位，课程内容更适应社会经济发展需要。

表5-76　地方与行业院校学生对人才培养工作评价的差异显著性 t 检验结果

人才培养工作指标	t	df	Sig. (2-tailed)
4.1 培养目标了解程度	-1.669	1 063	0.095
4.2 就业岗位了解程度	-2.424	1 062	0.016
4.3 课程设置的合理性评价	-0.354	1 058	0.724
4.4 课程内容的适应性评价	-4.139	1 057	0.000
4.5 教学条件的满意度评价	0.405	1 056	0.686

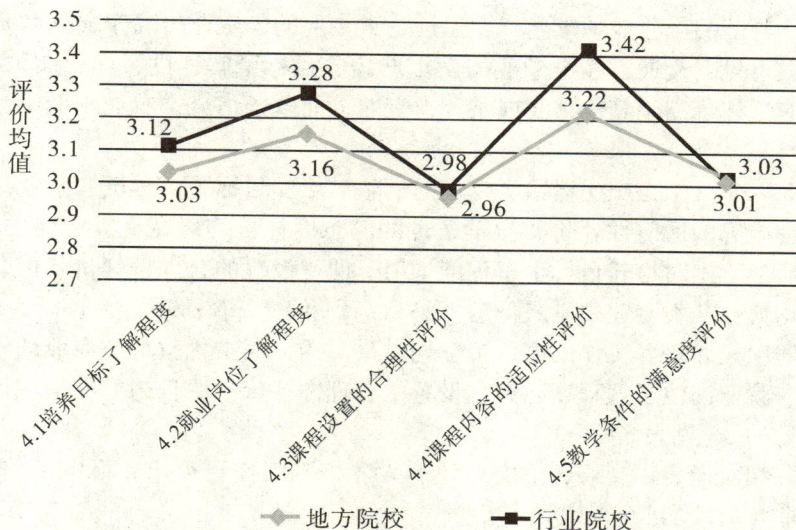

图 5-36　地方院校与行业院校学生对人才培养工作评价均值

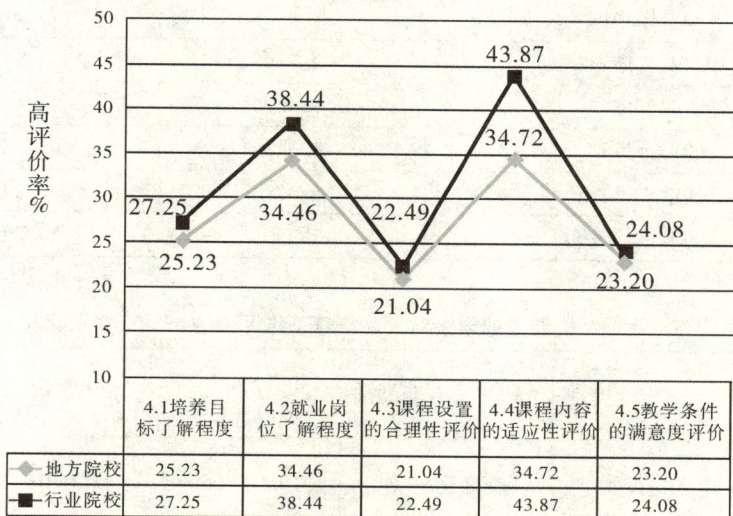

	4.1培养目标了解程度	4.2就业岗位了解程度	4.3课程设置的合理性评价	4.4课程内容的适应性评价	4.5教学条件的满意度评价
地方院校	25.23	34.46	21.04	34.72	23.20
行业院校	27.25	38.44	22.49	43.87	24.08

图 5-37　地方院校与行业院校学生对人才培养工作高评价率分布

3. 高职生对人才培养工作的评价存在专业差异，交通运输类专业的学生评价相对较高

方差分析结果表明，所调查的 9 类专业的学生除对课程设置的合理性评价无显著性差异之外，对其他 4 项人才培养工作的评价均有显著性差异。由此表明，高职院校各类专业的人才培养工作存在一定差异。Scheffe 多重比较结果显示：①在培养目标了解程度方面，电子信息类专业的学生与交通运输类专业的学生存在显著性差异，前者对人才培养目标的了解程度不及后者；②在就业岗位了解程度方面，电子信息类专业的学生不及交通运输类专业和旅游类专业的学生，文化教育类专业的不及财经类、交通运输类和旅游类专业的学生；③在课程内容的适应性评价方面，电子信息类专业的学生的评价明显低于财经类、交

通运输类、生化与药品类专业的学生，交通运输类专业的学生评价高于文化教育类和制造类专业的学生。可见，交通运输类专业的学生对培养目标了解程度、就业岗位了解程度、课程内容的适应性评价高于其他某类或某几类专业，而电子信息类专业则低于某类或某几类专业。

具体从表5－79可见，交通运输类专业的学生对培养目标了解程度、就业岗位了解程度均值，对课程内容的适应性评价、教学条件的满意度评价均值在9类专业中是最高的；电子信息类专业的学生对培养目标了解程度均值、课程设置的合理性评价均值、课程内容的适应性评价均值在9类专业中是最低的。另从高评价率来看，9类专业中，交通运输类专业的学生对四项人才培养工作的高评价率均是最高的，而文化教育类专业的学生对培养目标了解程度、就业岗位了解程度、课程设置的合理性评价、课程内容的适应性评价的高评价率均是最低的。（见表5－80）

综上表明，相对而言，交通运输类专业的人才培养工作更突出，而电子信息类专业、文化教育类专业相对较弱。

表5－77　高职9类专业的学生对人才培养工作评价的方差分析

人才培养工作指标	F	Sig.
4.1 培养目标了解程度	3.788	0.000
4.2 就业岗位了解程度	6.461	0.000
4.3 课程设置的合理性评价	1.328	0.225
4.4 课程内容的适应性评价	6.998	0.000
4.5 教学条件的满意度评价	2.330	0.018

表5－78　高职9类专业的学生对人才培养工作评价的 Scheffe 多重比较

Dependent Variable	(I) 1.2 专业类别	(J) 1.2 专业类别	Mean Difference (I－J)	Std. Error	Sig.
4.1 培养目标了解程度	电子信息类	交通运输类	－0.600 65 *	0.135 03	0.012
4.2 就业岗位了解程度	电子信息类	交通运输类	－0.600 11 *	0.135 31	0.012
		旅游类	－0.472 70 *	0.111 66	0.023
	文化教育类	财经类	－0.401 80 *	0.099 72	0.040
		交通运输类	－0.681 13 *	0.145 76	0.006
		旅游类	－0.553 73 *	0.124 12	0.011

（续上表）

Dependent Variable	(I) 1.2 专业类别	(J) 1.2 专业类别	Mean Difference (I−J)	Std. Error	Sig.
4.3 课程内容的适应性评价	电子信息类	财经类	−0.314 *	0.079	0.046
		交通运输类	−0.731 *	0.127	0.000
		生化与药品类	−0.422 *	0.095	0.011
	交通运输类	文化教育类	0.606 *	0.137	0.013
		制造类	0.697 *	0.130	0.000

注：本表只摘取了存在显著性差异的指标。

表 5-79 高职 9 类专业学生对人才培养工作的评价均值

培养工作 \ 专业类别	4.1 培养目标了解程度	4.2 就业岗位了解程度	4.3 课程设置的合理性评价	4.4 课程内容的适应性评价	4.5 教学条件的满意度评价
财经类	3.12	3.3	3.01	3.35	3.07
电子信息类	2.85	2.97	2.84	3.03	3.02
交通运输类	3.45	3.57	2.85	3.77	3.30
旅游类	3.16	3.45	3.06	3.25	3.00
生化与药品类	3.11	3.25	3.08	3.46	2.88
土建类	3.17	3.26	2.90	3.42	2.97
文化教育类	2.95	2.89	2.85	3.16	3.01
艺术设计传媒类	2.95	3.08	3.00	3.29	2.84
制造类	2.96	3.06	2.96	3.07	3.14
合计	3.07	3.21	2.97	3.30	3.02

表 5-80 高职 9 类专业学生对人才培养工作的高评价率统计　　　　（单位：%）

培养工作 \ 专业类别	4.1 培养目标了解程度	4.2 就业岗位了解程度	4.3 课程设置的合理性评价	4.4 课程内容的适应性评价	4.5 教学条件的满意度评价
财经类	29.23	39.54	22.77	40.63	25.29
电子信息类	18.80	26.50	17.24	29.31	25.86
交通运输类	46.81	55.32	23.40	65.96	39.13
旅游类	28.24	48.24	22.35	35.29	17.65
生化与药品类	23.44	34.65	25.20	46.46	16.41
土建类	27.14	31.43	20.29	43.48	30.88
文化教育类	18.67	25.33	14.67	28.00	22.67
艺术设计传媒类	19.54	29.89	20.69	32.18	12.64
制造类	25.49	34.31	24.51	28.71	28.00

4. 高职一年级与二年级学生对课程内容的适应性评价、教学条件的满意度评价有显著性差异

两独立样本 t 检验结果表明，一年级与二年级学生对课程内容的适应性评价、教学条件的满意度评价均存在显著性差异，但对培养目标了解程度、就业岗位了解程度，对课程设置的合理性评价无显著性差异。从图 5 - 38 可见，一年级学生对课程内容的适应性评价均值（3.38）高于二年级学生（3.24），但对教学条件的满意度评价均值（2.9）低于二年级学生（3.08）。另从图 5 - 39 可见，40.82% 的一年级学生认为课程内容符合或很符合社会需求，该比例比二年级学生高近 4 个百分点，但一年级学生只有 16.94% 对教学条件"满意"或"很满意"，比二年级学生低约 10 个百分点。可见，随着学生入学年限的增加，其对学校人才培养工作的认知会发生一定变化。

表 5 - 81　一、二年级学生对人才培养工作评价的差异显著性 t 检验结果

人才培养工作指标	t	df	$Sig.$（2 - $tailed$）
4.1 培养目标了解程度	0.027	878.923	0.978
4.2 就业岗位了解程度	− 0.902	878.438	0.368
4.3 课程设置的合理性评价	1.305	811.590	0.192
4.4 课程内容的适应性评价	2.752	1 027	0.006
4.5 教学条件的满意度评价	− 3.642	1 026	0.000

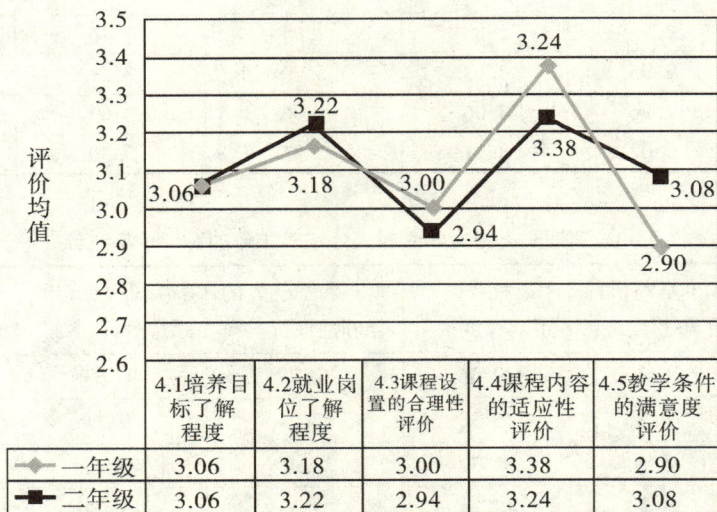

	4.1培养目标了解程度	4.2就业岗位了解程度	4.3课程设置的合理性评价	4.4课程内容的适应性评价	4.5教学条件的满意度评价
一年级	3.06	3.18	3.00	3.38	2.90
二年级	3.06	3.22	2.94	3.24	3.08

图 5 - 38　高职一、二年级学生对人才培养工作的评价均值

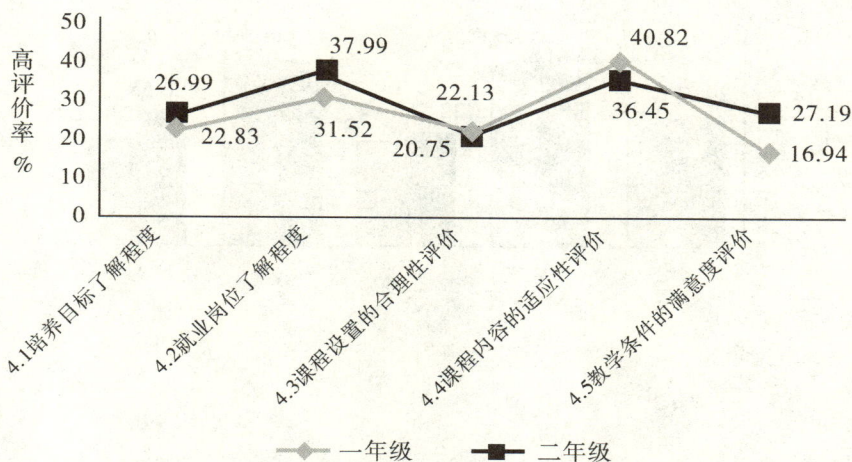

图 5 - 39　高职一、二年级学生对人才培养工作高评价率

5. 男生与女生对高职人才培养工作的评价无显著性差异

两独立样本 t 检验结果表明，男生与女生对培养目标了解程度、就业岗位了解程度，对课程设置的合理性评价、课程内容的适应性评价、教学条件的满意度评价均不存在显著性差异。从图5-40和图5-41可见，不论是男生还是女生对高职4个方面的人才培养工作的评价均不高，评价均值均在3左右，属于一般或一般偏上水平，高评价率均不到40%。

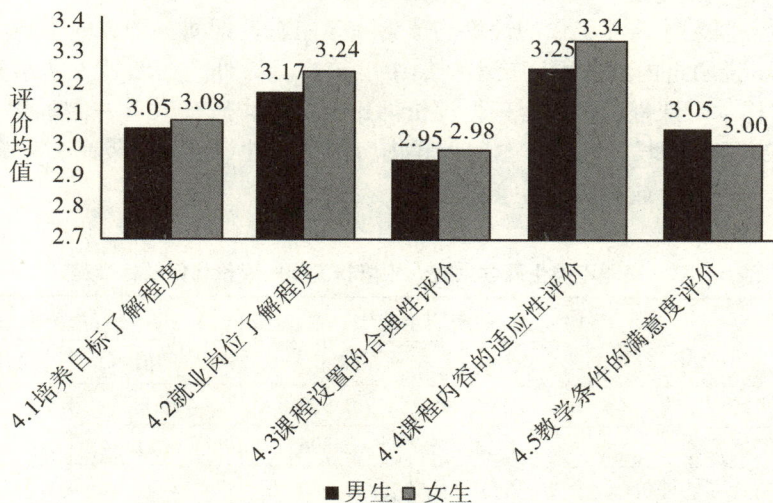

图 5 - 40　高职男生与女生对人才培养工作的评价均值

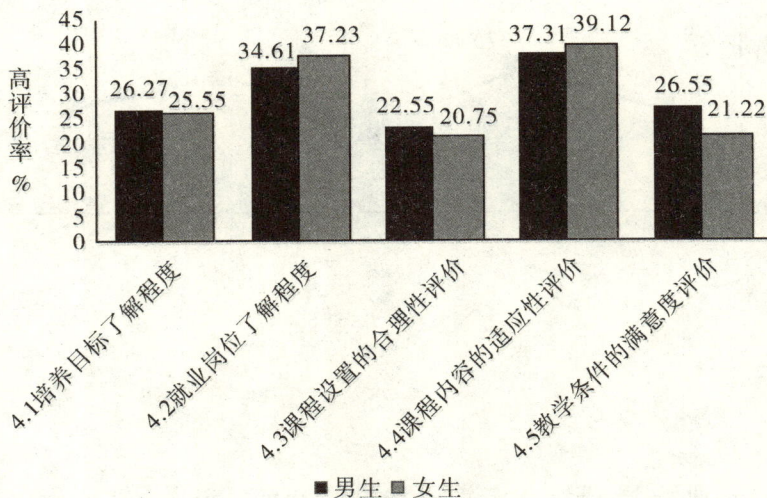

图 5-41　高职男生与女生对人才培养工作的高评价率分布

6. 中职和普高毕业生对高职人才培养工作的评价无显著性差异

两独立样本 t 检验结果表明，在高职院校，两种生源的学生，即中职毕业生与普通高中毕业生对培养目标了解程度、就业岗位了解程度，对课程设置的合理性评价、课程内容的适应性评价、教学条件的满意度评价均不存在显著性差异。从表 5-82 和图 5-42 可见，不论是来自中职的学生，还是来自普高的学生，对高职人才培养工作的评价均不理想。两组样本对各项人才培养工作的评价均值均在 3 左右，即属一般或一般偏上水平，且标准差均小于 1，说明组内离散程度较小，集中度较高。另外，在四项人才培养工作指标评价方面，两组样本对课程设置的合理性评价都比较低，均只有 20% 左右的学生认为课程设置"合理"或"很合理"，两组样本对课程内容的适应性评价相对较高，均有 35% 左右的学生认为课程内容符合或很符合社会需求。

表 5-82　高职不同生源学生对人才培养工作的评价均值及标准差

人才培养工作评价	中职毕业生		普高毕业生	
	均值	标准差	均值	标准差
4.1 培养目标了解程度	2.97	0.909	3.08	0.774
4.2 就业岗位了解程度	3.13	0.896	3.21	0.788
4.3 课程设置的合理性评价	2.90	0.845	2.97	0.798
4.4 课程内容的适应性评价	3.22	0.699	3.30	0.761
4.5 教学条件的满意度评价	3.10	0.794	3.01	0.793

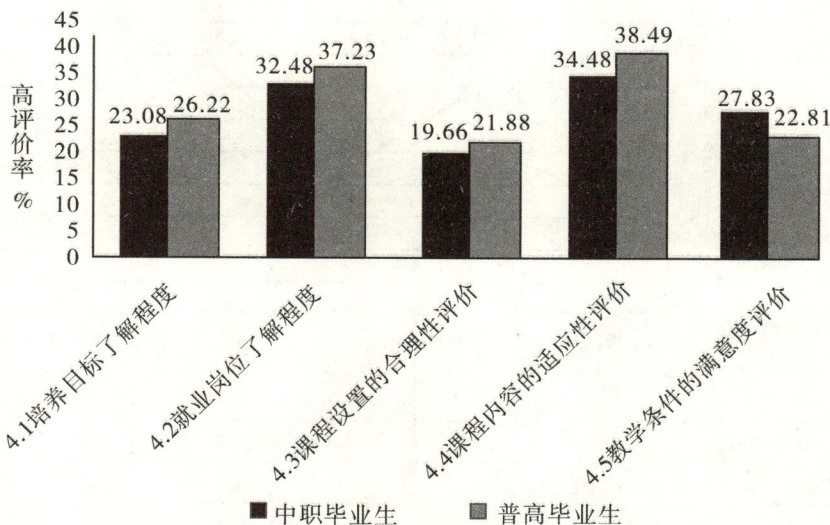

图 5 - 42　高职不同生源学生对人才培养工作的高评价率分布

7. 高职生对教学条件的满意度评价存在城乡差异

从图 5 - 43 和图 5 - 44 可见，不论是从评价均值来看，还是从高评价率来看，城市学生对培养目标了解程度、就业岗位了解程度，对教学条件的满意度评价均高于农村学生，但农村学生对课程内容的适应性评价略高于城市学生。不过，两独立样本 t 检验结果表明，城市学生与农村学生只是对教学条件的满意度评价存在显著性差异（$t = 2.25$，$df = 1\,051$，$p = 0.025 < 0.05$），前者的评价高于后者，对培养目标了解程度、就业岗位了解程度，对课程设置的合理性评价、课程内容的适应性评价均无显著性差异。

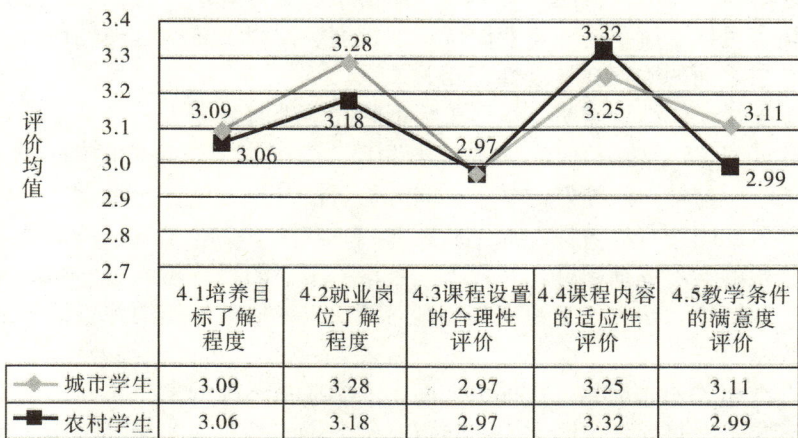

	4.1培养目标了解程度	4.2就业岗位了解程度	4.3课程设置的合理性评价	4.4课程内容的适应性评价	4.5教学条件的满意度评价
城市学生	3.09	3.28	2.97	3.25	3.11
农村学生	3.06	3.18	2.97	3.32	2.99

图 5 - 43　高职城乡学生对人才培养工作的评价均值

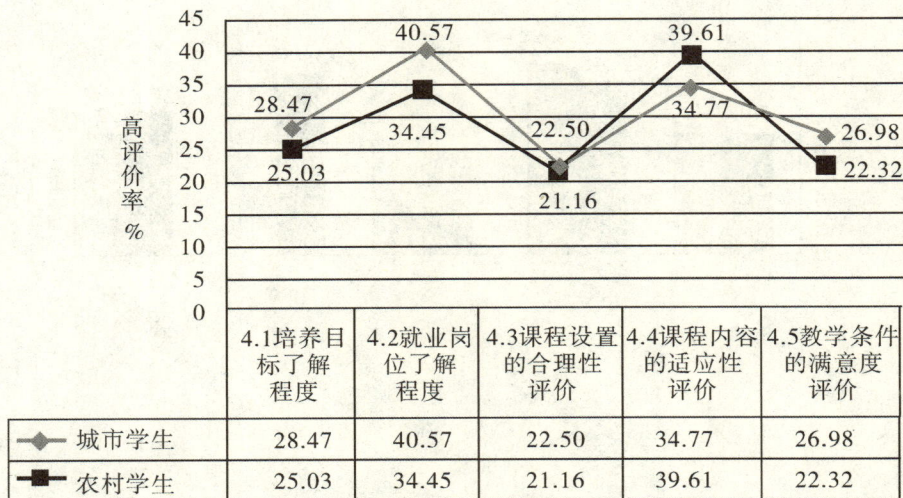

图 5 – 44   高职城乡学生对人才培养工作的高评价率分布

8. 高职生对人才培养工作的评价存在学习基础差异，学生学习基础越好，评价越高

Kruskal-Wallis H 检验结果表明，入学成绩不同的学生对培养目标了解程度、就业岗位了解程度、课程设置的合理性评价、课程内容的适应性评价方面均存在显著性差异，但对教学条件的满意度评价无显著性差异。*Mann-Whitney U* 检验结果进一步发现，在培养目标了解程度、就业岗位了解程度方面，入学成绩不同的三组样本两两之间均存在显著性差异；在课程设置的合理性评价、课程内容的适应性评价方面，入学成绩差的学生与入学成绩中等、入学成绩好的学生均有显著性差异，但入学成绩中等与入学成绩好的学生无显著性差异。从图 5 – 45 和图 5 – 46 可见，不论是评价均值还是高评价率，学生入学成绩越好，对相关人才培养工作的评价越高。*Spearman* 等级相关计算结果验证了此结论，学生入学成绩与其对培养目标了解程度、就业岗位了解程度、课程设置的合理性评价、课程内容的适应性评价结果之间的确存在显著性正相关关系。

Kruskal-Wallis H 检验结果表明，学习成绩不同的学生对五项人才培养工作的评价均有显著性差异。*Mann-Whitney U* 检验结果进一步发现，除了在教学条件的满意度评价方面，学习成绩中等的学生与学习成绩好的学生之间无显著性差异之外，三组学生对各项人才培养工作的评价两两之间均有显著性差异。从图 5 – 45 和图 5 – 46 可见，不论是评价均值还是高评价率，学生的学习成绩越好，对各项人才培养工作的评价越高。*Spearman* 等级相关计算结果验证了此结论，学生的学习成绩与其对五项人才培养工作的评价结果之间均存在显著性正相关关系。

综上表明，在相关人才培养工作评价方面，入学成绩不同的学生之间、学习成绩不同的学生之间均有显著性差异，说明学生的学习基础会影响其对人才培养工作的态度，学习基础越好，对人才培养工作的评价越高。

表 5 – 83　入学成绩不同的学生对人才培养工作评价差异的显著性 *H* 检验

	4.1 培养目标 了解程度	4.2 就业岗位 了解程度	4.3 课程设置的 合理性评价	4.4 课程内容的 适应性评价	4.5 教学条件的 满意度评价
Chi-Square	24.723	14.898	6.298	14.583	1.561
df	2	2	2	2	2
Asymp. Sig.	0.000	0.001	0.043	0.001	0.458

表 5 – 84　入学成绩不同的学生对人才培养工作评价差异的显著性 *U* 检验

	样本	*Z*	*Asymp. Sig.*（2 – tailed）
4.1 培养目标了解程度	差·中	– 4.060	0.000
	差·好	– 4.449	0.000
	中·好	– 2.474	0.013
4.2 就业岗位了解程度	差·中	– 2.512	0.012
	差·好	– 3.501	0.000
	中·好	– 2.575	0.010
4.3 课程设置的合理性评价	差·中	– 2.040	0.041
	差·好	– 2.370	0.018
4.4 课程内容的适应性评价	差·中	– 3.701	0.000
	差·好	– 3.421	0.001

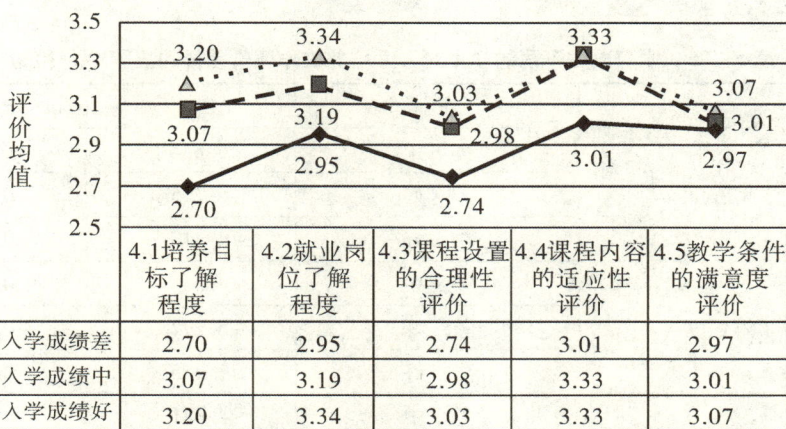

	4.1培养目标了解程度	4.2就业岗位了解程度	4.3课程设置的合理性评价	4.4课程内容的适应性评价	4.5教学条件的满意度评价
入学成绩差	2.70	2.95	2.74	3.01	2.97
入学成绩中	3.07	3.19	2.98	3.33	3.01
入学成绩好	3.20	3.34	3.03	3.33	3.07

图 5 – 45　入学成绩不同的学生对人才培养工作的评价均值

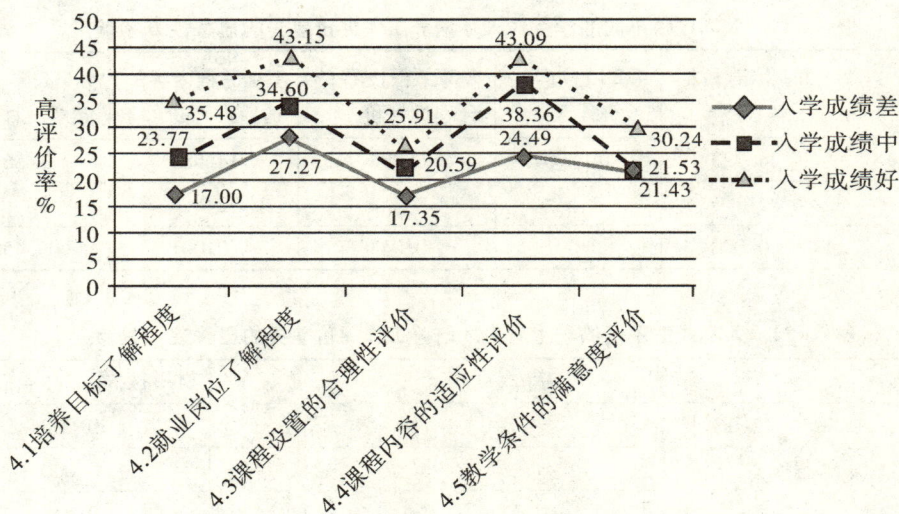

图 5 – 46　入学成绩不同的学生对人才培养工作的高评价率分布

表 5 – 85　学习成绩不同的学生对人才培养工作评价差异的显著性 H 检验

	4.1 培养目标 了解程度	4.2 就业岗位 了解程度	4.3 课程设置的 合理性评价	4.4 课程内容的 适应性评价	4.5 教学条件的 满意度评价
Chi-Square	56.529	34.941	42.286	24.373	19.819
df	2	2	2	2	2
Asymp. Sig.	0.000	0.000	0.000	0.000	0.000

表 5 – 86　学习成绩不同的学生对人才培养工作评价差异的显著性 U 检验

	样本	*Z*	*Asymp. Sig.*（2 – tailed）
4.1 培养目标了解程度	差·中	– 5.848	0.000
	差·好	– 6.275	0.000
	中·好	– 4.413	0.000
4.2 就业岗位了解程度	差·中	– 4.555	0.000
	差·好	– 5.292	0.000
	中·好	– 3.353	0.001
4.3 课程设置的合理性评价	差·中	– 4.331	0.000
	差·好	– 5.659	0.000
	中·好	– 4.527	0.000
4.4 课程内容的适应性评价	差·中	– 3.466	0.001
	差·好	– 4.620	0.000
	中·好	– 3.134	0.002

（续上表）

	样本	Z	Asymp. Sig. （2－tailed）
4.5 教学条件的满意度评价	差·中	－4.103	0.000
	差·好	－3.680	0.000
	中·好	－1.446	0.148

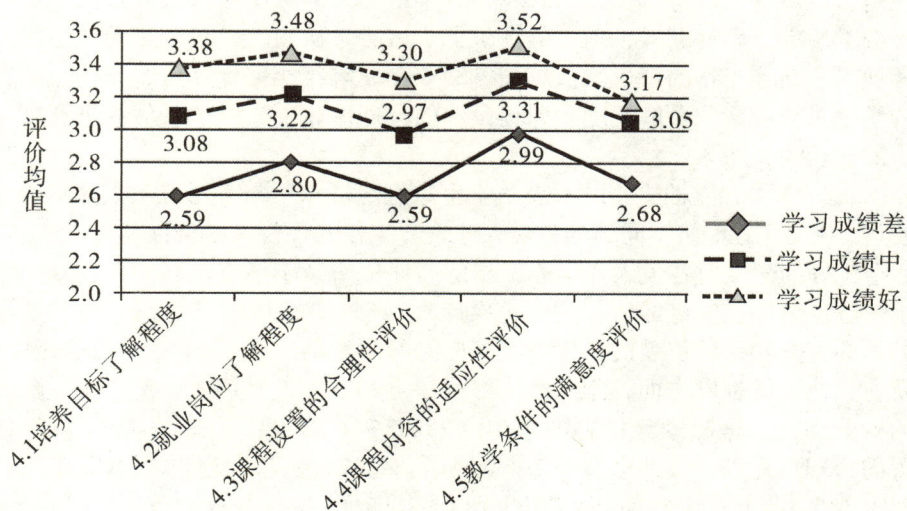

图 5－47　学习成绩不同的学生对人才培养工作的评价均值

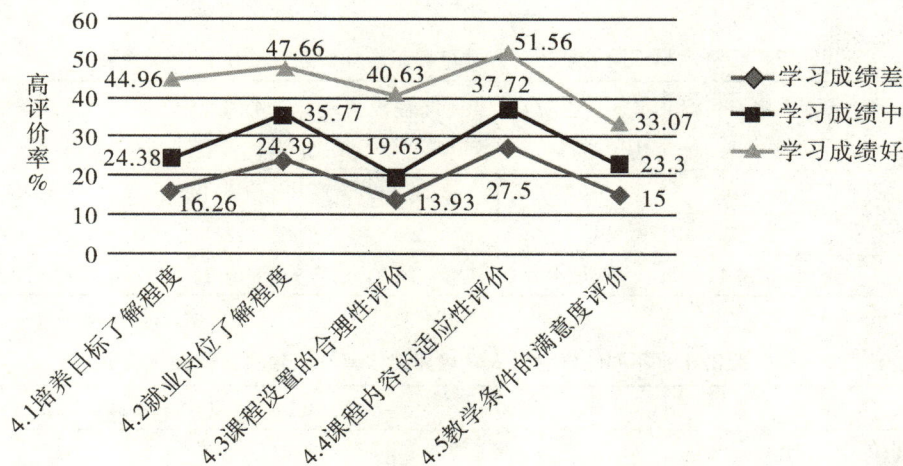

图 5－48　学习成绩不同的学生对人才培养工作的高评价率分布

9. 高职生对人才培养工作的评价存在家庭经济差异，经济好的学生评价相对更高

Kruskal-Wallis H 检验结果表明，家庭经济水平不同的学生对就业岗位了解程度、课程设置的合理性评价以及教学条件的满意度评价均有显著性差异，但对培养目标了解程度、课程内容的适应性评价无显著性差异。*Mann-Whitney U* 检验结果进一步发现，在就业岗位了解程度方面，家庭经济差的学生与经济中等的学生存在显著性差异，前者的评价低于后者；在课程设置的合理性评价方面，家庭经济差的学生与经济中等的学生、经济好的学生均有显著性差异，前者的评价低于后两者；在教学条件的满意度评价方面，经济差的学生与经济中等的学生有显著性差异，前者的评价低于后者。从图 5 – 49 可见，学生家庭经济越好，对各项人才培养工作的评价均值越高。*Spearman* 等级相关计算结果表明，家庭经济水平不同的学生对就业岗位了解程度、课程设置的合理性评价、教学条件的满意度评价的确存在显著的正相关关系。

另外，*Pearson* 卡方独立性检验结果表明学生家庭经济水平与其对五项人才培养工作的评价均不独立，说明家庭经济不同的学生对人才培养工作的评价有显著性差异。从图 5 – 50 可见，家庭经济好的学生对各项人才培养工作的高评价率高于经济差和中等的学生。如在培养目标了解程度方面，家庭经济好的学生累计 38.46%"了解"或"很了解"所学专业的人才培养目标，分别比经济差的学生、经济中等的学生高出近 11 个百分点和近 14 个百分点；在就业岗位了解程度方面，家庭经济好的学生 51.92%"了解"或"很了解"所学专业对应的就业岗位，远高于经济差的学生（28.87%）和经济中等的学生（37.16%）；在课程设置的合理性评价方面，家庭经济好的学生 34.62% 认为课程设置"合理"或"很合理"，分别比经济差的学生和经济中等的学生高出近 19 个百分点和近 12 个百分点；在课程内容的适应性评价方面，家庭经济好的学生 51.92% 认为课程内容"符合"或"很符合"社会需求，远高于经济差和经济中等的学生；在教学条件的满意度评价方面，家庭经济好的学生 30.77% 对教学条件满意或很满意，也高于经济差和经济中等的学生。

表 5 – 87　经济水平不同的学生对人才培养工作评价差异的显著性 *H* 检验

	4.1 培养目标 了解程度	4.2 就业岗位 了解程度	4.3 课程设置的 合理性评价	4.4 课程内容的 适应性评价	4.5 教学条件的 满意度评价
Chi-Square	1.914	6.773	11.132	4.405	10.645
df	2	2	2	2	2
Asymp. Sig.	0.384	0.034	0.004	0.111	0.005

表 5 – 88　经济水平不同的学生对人才培养工作评价差异的显著性 *U* 检验

	样本	*Z*	*Asymp. Sig.*（2 – tailed）
4.2 就业岗位了解程度	经济差·经济中	– 2.212	0.027
4.3 课程设置的合理性评价	经济差·经济中	– 2.702	0.007
	经济差·经济好	– 2.650	0.008
4.5 教学条件的满意度评价	经济差·经济中	– 3.148	0.002

注：本表只摘取了存在显著性差异的统计结果。

表 5 - 89　家庭经济水平不同的学生对人才培养工作评价差异的卡方检验

	χ^2	df	$Asymp.\ Sig.$ （2 - sided）
4.1 培养目标了解程度	42.466	8	0.000
4.2 就业岗位了解程度	52.673	8	0.000
4.3 课程设置的合理性评价	57.738	8	0.000
4.4 课程内容的适应性评价	27.140	8	0.001
4.5 教学条件的满意度评价	32.660	8	0.000

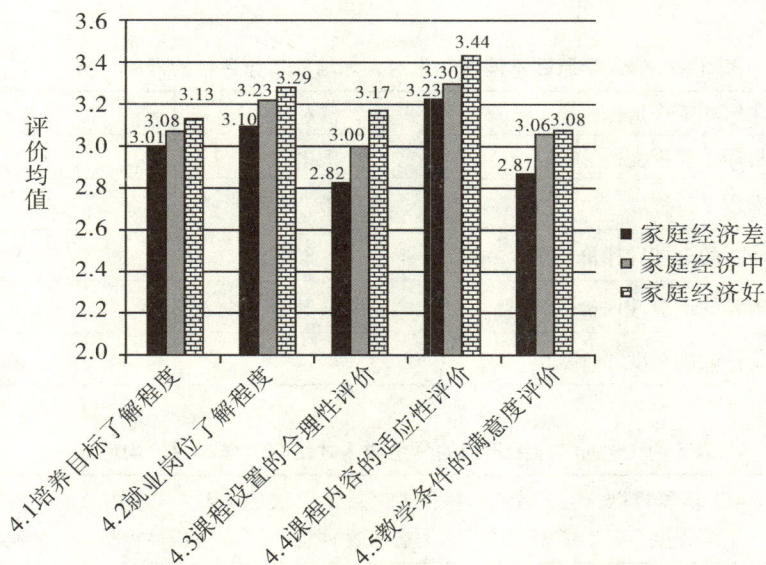

图 5 - 49　经济水平不同的学生对人才培养工作的评价均值

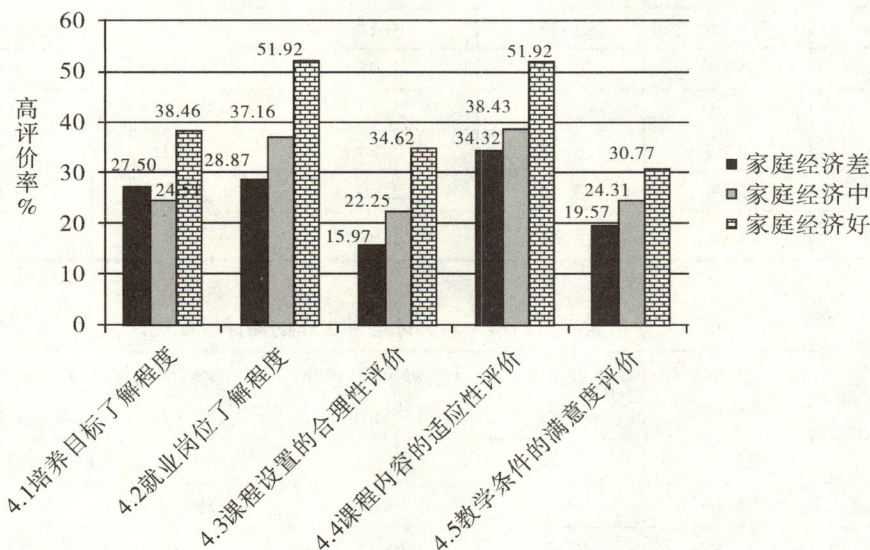

图 5 - 50　家庭经济水平不同的学生对人才培养工作的高评价率分布

10. 入学原因不同的高职生对就业岗位了解程度、教学条件的满意度评价有显著性差异

方差分析结果表明，入学原因不同的学生对就业岗位了解程度、教学条件的满意度评价存在显著性差异，但对培养目标了解程度、课程设置的合理性评价、课程内容的适应性评价无显著性差异。从表5－91和表5－92可见，因各种原因入读高职的学生对各项人才培养工作的评价均不理想。不过，相对而言，因"好就业"、"自己喜欢"等主动原因选择入读高职的学生对各项人才培养工作的评价比因"学习成绩不好"、"家庭经济困难"等被动原因而入读高职的学生更高。

表5－90　入学原因不同的学生对人才培养工作评价的方差分析

人才培养工作指标	F	Sig.
4.1 培养目标了解程度	2.050	0.057
4.2 就业岗位了解程度	2.723 *	0.013
4.3 课程设置的合理性评价	1.820	0.092
4.4 课程内容的适应性评价	1.283	0.262
4.5 教学条件的满意度评价	2.227 *	0.038

表5－91　入学原因不同的学生对人才培养工作的评价均值

入学原因	4.1 培养目标了解程度	4.2 就业岗位了解程度	4.3 课程设置的合理性评价	4.4 课程内容的适应性评价	4.5 教学条件的满意度评价
学习成绩不好	3.08	3.22	2.94	3.26	2.94
家庭经济困难	2.99	3.08	2.97	3.29	2.96
自己喜欢	3.15	3.37	3.11	3.26	3.09
父母意愿	3.08	3.13	2.95	3.30	3.02
好就业	3.26	3.36	3.14	3.47	3.23
亲朋推荐	3.05	3.02	2.88	3.40	3.14
其他	2.96	3.14	2.90	3.26	3.00
总计	3.06	3.21	2.97	3.29	3.01

表5－92　入学原因不同的学生对人才培养工作的高评价率统计　　（单位:%）

入学原因	4.1 培养目标了解程度	4.2 就业岗位了解程度	4.3 课程设置的合理性评价	4.4 课程内容的适应性评价	4.5 教学条件的满意度评价
学习成绩不好	25.28	38.06	21.11	35.93	19.33
家庭经济困难	25.62	30	19.33	39.17	24.37
自己喜欢	32.82	42.75	30	34.88	29.46

（续上表）

入学原因	4.1 培养目标了解程度	4.2 就业岗位了解程度	4.3 课程设置的合理性评价	4.4 课程内容的适应性评价	4.5 教学条件的满意度评价
父母意愿	27.5	32.5	25	35	26.83
好就业	34.38	45.83	29.47	48.42	32.63
亲朋推荐	25.58	30.23	11.63	46.51	25.58
其他	19.49	30.93	16.95	35.32	19.49

第七节　高职生对职业能力培养效果的评价及其影响因素分析

　　根据学生评价结果，珠三角高职教育对学生的职业能力，尤其是专业能力、社会能力和综合职业能力的整体培养效果较好。另外，高职生对职业能力培养效果的评价存在学校水平差异、学校类型差异、专业类别差异、年级差异、性别差异、城乡差异、学习基础差异和家庭经济状况差异。这说明：客观上，发展水平不同、特点不同的学校，不同专业的人才培养效果有一定差异；主观上，不同群体对人才培养效果的认知有一定差异。

一、高职生对职业能力培养效果评价的总体分析

　　1. 高职生对职业能力培养效果的整体评价较高

　　根据调查，不论是从评价均值来看，还是从高评价率来看，学生对高职院校职业能力培养效果的整体评价较高。从表 5 – 93 可见，高职生对专业能力、方法能力、社会能力、综合职业能力的培养效果的整体评价均值分别为 3.68、3.46、3.70、3.72，均属于一般偏上水平。在 17 项具体职业能力的培养效果评价方面，高职生对其中 13 项职业能力培养效果的高评价率在 50% 以上，即超过一半的学生认为高职院校对这 13 项职业能力的培养有效或很有效，且对这 13 项职业能力的培养效果评价均值都在 3.55 以上。（见图 5 – 51、图 5 – 52）虽然从学生的评价来看，高职教育对培养学生职业能力的整体效果较好，但相比学生的期望，仍有一定差距。据调查，高职生对四类职业能力的需求均值均在 4 以上，且对 17 项能力中的 14 项能力的高需求率达 70% 以上。（见本章第五节）

　　另外，从学生评价来看，高职院校对 4 类职业能力的培养效果有一定差异，对方法能力的培养效果不及专业能力、社会能力和综合职业能力。如学生对 7 项方法能力中的 4 项能力的培养效果评价均值小于 3.5，且高评价率小于 50%。该结果与学生的自我成才需求是一致的，4 类职业能力中，高职生对专业能力、社会能力和综合职业能力的需求高于方法能力。因此，从职业能力结构的角度而言，高职院校在职业能力的培养方面比较切合学生的需求。

表5-93　高职生对职业能力培养效果的评价均值和标准差

一级指标	二级指标	均值（M）	标准差（SD）
1. 专业能力	1.1 专业知识	3.64	0.867
	1.2 专业技能	3.73	0.890
	1.0 整体评价	3.68	0.882
2. 方法能力	2.1 外语应用能力	3.16	0.967
	2.2 计算机使用能力	3.55	0.888
	2.3 信息收集处理能力	3.44	0.889
	2.4 学习能力	3.55	0.888
	2.5 创新能力	3.41	1.004
	2.6 问题解决能力	3.61	0.935
	2.7 组织管理能力	3.49	0.947
	2.0 整体评价	3.46	1.006
3. 社会能力	3.1 工作态度	3.72	0.922
	3.2 团队协作能力	3.75	0.905
	3.3 社会责任心	3.69	0.929
	3.4 环境适应能力	3.71	0.923
	3.5 心理承受能力	3.64	0.960
	3.6 应变能力	3.63	0.947
	3.7 沟通表达能力	3.69	0.929
	3.0 整体评价	3.70	1.140
4. 综合职业能力	4.0 综合职业能力	3.72	0.919

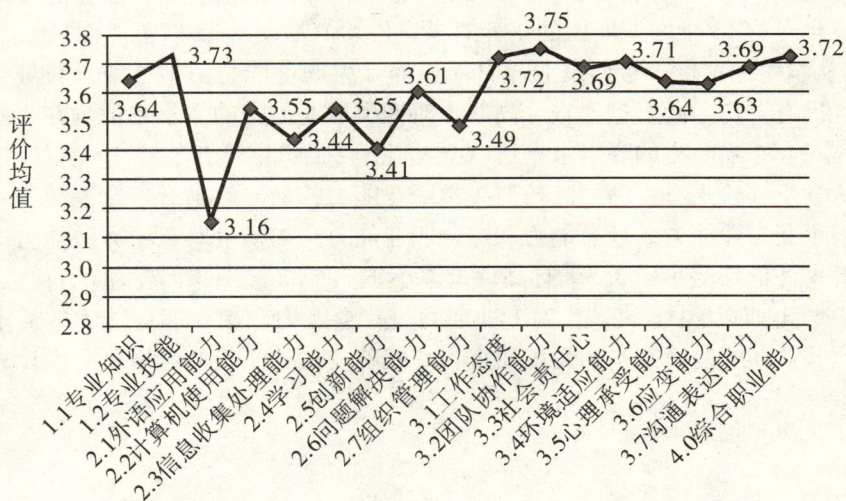

图5-51　高职生对职业能力培养效果的评价均值

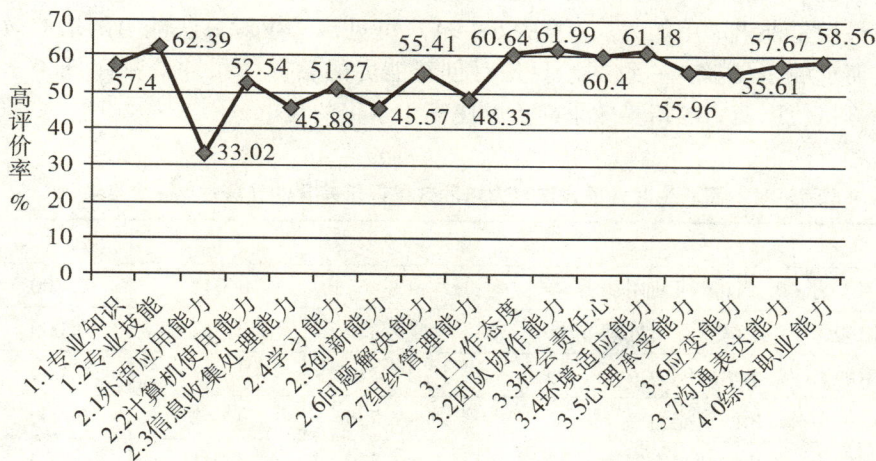

图 5-52　高职生对职业能力培养效果的高评价率分布

2. 专业能力方面，学生认为高职对专业技能的培养效果好于专业知识

高职生对专业能力培养效果的整体评价较好，评价均值为 3.68。具体而言，高职生对专业技能培养效果的评价均值为 3.73，高于专业知识（3.64），且有效样本中 62.39% 的学生认为高职教育对培养其专业技能"有效"或"很有效"，而认为对专业知识培养"有效"或"很有效"的累计百分比为 57.4%。

配对样本差异显著性 t 检验结果表明，高职生对专业知识和专业技能的培养效果评价有显著性差异（$t=-5.437$，$df=1\,059$，$p=0.000<0.01$），对专业技能的培养效果评价好于专业知识。该结果表明，高职教育在培养学生的专业能力方面符合学生的成才需求，因为相比专业知识，高职生更看重专业技能。

3. 方法能力方面，学生认为高职对问题解决能力的培养效果最好

高职生对方法能力培养效果的整体评价为一般偏好，评价均值为 3.46。具体而言，若按评价均值排序，学生对 7 项方法能力的培养效果评价由高到低依次是问题解决能力（3.61）、计算机使用能力（3.55）、学习能力（3.55）、组织管理能力（3.49）、信息收集处理能力（3.44）、创新能力（3.41）、外语应用能力（3.16）；若按高评价率排序，顺序也是如此，依次是问题解决能力（55.41%）、计算机使用能力（52.54%）、学习能力（51.27%）、组织管理能力（48.35%）、信息收集处理能力（45.88%）、创新能力（45.57%）、外语应用能力（33.02%）。可见，在 7 项方法能力的培养效果方面，学生认为高职教育对培养问题解决能力的效果最好，对外语应用能力的培养效果最差。

Friedman 检验结果（$\chi^2=288.25$，$df=6$，$p=0.000<0.01$）表明，高职生对 7 项方法能力的培养效果评价存在显著性差异。进一步作配对样本 t 检验发现，高职生除对计算机使用能力与学习能力、计算机使用能力与组织管理能力、信息收集能力与创新能力的培养效果评价无显著性差异之外，对其他任何两项方法能力的培养效果评价均有显著性差异。结合 t 值的正负关系可以推断：从学生评价来看，高职教育对学生问题解决能力的培养效

果最好，其次是学习能力、计算机使用能力、组织管理能力，再次是创新能力和信息收集处理能力，最后是外语应用能力。（见表5-94）可见，学生对方法能力的培养效果的评价排序与其需求顺序是基本一致的，只是对创新能力的培养效果评价顺序低于学生的需求，而对计算机使用能力的培养效果评价顺序高于学生的需求。①

表5-94　高职生对各项方法能力培养效果评价差异的显著性 t 检验结果

	t	df	Sig.（2-tailed）
2.1 外语应用能力·2.2 计算机使用能力	-13.468	1 041	0.000
2.1 外语应用能力·2.3 信息收集处理能力	-9.330	1 035	0.000
2.1 外语应用能力·2.4 学习能力	-12.310	1 041	0.000
2.1 外语应用能力·2.5 创新能力	-7.738	1 042	0.000
2.1 外语应用能力·2.6 问题解决能力	-13.720	1 041	0.000
2.1 外语应用能力·2.7 组织管理能力	-10.322	1 041	0.000
2.2 计算机使用能力·2.3 信息收集处理能力	4.927	1 046	0.000
2.2 计算机使用能力·2.4 学习能力	0.246	1 054	0.806
2.2 计算机使用能力·2.5 创新能力	4.650	1 053	0.000
2.2 计算机使用能力·2.6 问题解决能力	-2.000	1 054	0.046
2.2 计算机使用能力·2.7 组织管理能力	1.925	1 053	0.055
2.3 信息收集处理能力·2.4 学习能力	-4.528	1 048	0.000
2.3 信息收集处理能力·2.5 创新能力	0.862	1 048	0.389
2.3 信息收集处理能力·2.6 问题解决能力	-6.685	1 048	0.000
2.3 信息收集处理能力·2.7 组织管理能力	-2.011	1 048	0.045
2.4 学习能力·2.5 创新能力	5.687	1 054	0.000
2.4 学习能力·2.6 问题解决能力	-2.969	1 056	0.003
2.4 学习能力·2.7 组织管理能力	1.968	1 054	0.049
2.5 创新能力·2.6 问题解决能力	-8.662	1 055	0.000
2.5 创新能力·2.7 组织管理能力	-3.197	1 055	0.001
2.6 问题解决能力·2.7 组织管理能力	5.620	1 054	0.000

4. 社会能力方面，学生认为高职对团队协作能力的培养效果最好

高职生对社会能力培养效果的整体评价较好，评价均值为3.7。具体而言，若按评价均值排序，学生对7项社会能力的培养效果评价由高到低依次是团队协作能力（3.75）、工作态度（3.72）、环境适应能力（3.71）、沟通表达能力和社会责任心（3.69）、心理承

① 据调查，学生对创新能力的需求仅次于问题解决能力，而对计算机使用能力的需求仅高于外语应用能力。详见本章第五节。

受能力（3.64）、应变能力（3.63）；若按高评价率排序，学生对 7 项方法能力的培养效果评价由高到低依次是团队协作能力（61.99%）、环境适应能力（61.18%）、工作态度（60.64%）、社会责任心（60.4%）、沟通表达能力（57.67%）、心理承受能力（55.96%）、应变能力（55.61%）。可见，在 7 项社会能力的培养效果方面，学生认为高职教育对团队协作能力的培养效果最好，对应变能力的培养效果相对较差。

Friedman 检验结果（$\chi^2 = 38.26$，$df = 6$，$p = 0.000 < 0.01$）表明，高职生对 7 项社会能力的培养效果评价存在显著性差异。进一步作配对样本 t 检验发现，高职生对应变能力的培养效果的评价显著低于对团队协作能力、工作态度、社会责任心、环境适应能力的评价，对心理承受能力的培养效果的评价显著低于对团队协作能力、工作态度、环境适应能力的评价，对团队协作能力培养效果的评价则显著高于对社会责任心、心理承受能力、环境适应能力、沟通表达能力的评价。（见表 5 - 95）由此推断：从学生评价来看，在社会能力培养方面，高职教育对团队协作能力的培养效果最好，其次是工作态度、环境适应能力、社会责任心、沟通表达能力，最后是心理承受能力和应变能力。可见，学生比较看重的沟通表达能力，尤其是应变能力的培养效果与学生实际需求仍有较大差距。[①] 因此，高职院校应加强对学生沟通表达能力和应变能力的培养，以便更好地满足学生的需求。

表 5 - 95　高职生对各项社会能力的培养效果评价差异的显著性 t 检验结果

	t	df	$Sig.$ (2 - tailed)
3.2 团队协作能力·3.3 社会责任心	2.366	1 044	0.018
3.2 团队协作能力·3.5 心理承受能力	3.881	1 050	0.000
3.2 团队协作能力·3.6 应变能力	4.792	1 047	0.000
3.2 团队协作能力·3.7 沟通表达能力	2.322	1 049	0.020
3.1 工作态度·3.5 心理承受能力	3.074	1 052	0.002
3.1 工作态度·3.6 应变能力	3.600	1 047	0.000
3.4 环境适应能力·3.5 心理承受能力	3.221	1 047	0.001
3.4 环境适应能力·3.6 应变能力	3.273	1 044	0.001
3.7 沟通表达能力·3.6 应变能力	2.866	1 054	0.004
3.3 社会责任心·3.6 应变能力	2.100	1 048	0.036

注：本表只摘取了存在显著性差异的指标。

[①]　据调查，高职生对沟通表达能力、应变能力的需求最高，其次是工作态度和团队协作能力，再次是社会责任心、心理承受能力和环境适应能力。详见本章第五节。

二、高职生对职业能力培养效果评价的差异分析

1. 高职对学生职业能力的培养效果评价存在学校水平差异,国家骨干校的培养效果明显好于一般院校

从表5-96和表5-97可见,不论是从评价均值来看,还是从高评价率来看,国家骨干校对学生各项职业能力的培养效果普遍好于其他三类院校。如国家骨干校学生对专业能力、方法能力、社会能力、综合职业能力的培养效果评价均值分别为3.86、3.59、3.91、3.89,均高于其他三类学校。另外,国家骨干校在17项职业能力培养效果方面,学生高评价率超过60%的指标达13项,即超过60%的学生认为高职教育对培养其专业技能、问题解决能力等13项职业能力的效果"好"或"很好",而国家示范校只在3项指标方面,学生的高评价率超过60%,省级示范校、一般院校均只有1项指标学生的高评价率超过60%。

方差分析结果表明,发展水平不同的高职院校学生除对计算机使用能力、信息收集处理能力的培养效果评价无显著性差异之外,对其他15项职业能力的培养效果评价均有显著性差异。由此可见,从学生评价结果来看,高职院校在学生职业能力培养效果方面存在学校水平差异。两两样本 *Scheffe* 多重比较结果表明,国家骨干校对学生专业技能力、学习能力、创新能力、问题解决能力、组织管理能力、工作态度、团队协作能力、社会责任心、环境适应能力、心理承受能力、应变能力、沟通表达能力等12项职业能力的培养效果好于一般院校,对组织管理能力、社会责任心、心理承受能力、沟通表达能力等4项职业能力的培养效果好于省级示范校,对创新能力、问题解决能力、组织管理能力、应变能力等4项职业能力的培养效果好于国家示范校。

综上表明,从学生评价来看,高职院校对学生职业能力的培养效果存在学校水平差异,尤其是国家骨干校的培养效果明显好于一般院校。

表5-96 不同水平院校学生对职业能力培养效果的评价均值

一级指标	二级指标	一般院校	省级示范校	国家骨干校	国家示范校
1. 专业能力	1.1 专业知识	3.61	3.55	3.79	3.64
	1.2 专业技能	3.68	3.72	3.92	3.68
	1.0 整体评价	3.65	3.64	3.86	3.66
2. 方法能力	2.1 外语应用能力	3.05	3.25	3.08	3.42
	2.2 计算机使用能力	3.57	3.63	3.56	3.47
	2.3 信息收集处理能力	3.40	3.53	3.49	3.44
	2.4 学习能力	3.51	3.49	3.72	3.52
	2.5 创新能力	3.35	3.56	3.63	3.26
	2.6 问题解决能力	3.53	3.62	3.89	3.55
	2.7 组织管理能力	3.42	3.40	3.76	3.48
	2.0 整体评价	3.40	3.50	3.59	3.45

（续上表）

一级指标	二级指标	一般院校	省级示范校	国家骨干校	国家示范校
3. 社会能力	3.1 工作态度	3.64	3.70	3.96	3.71
	3.2 团队协作能力	3.68	3.68	3.97	3.75
	3.3 社会责任心	3.60	3.58	3.94	3.72
	3.4 环境适应能力	3.64	3.66	3.86	3.76
	3.5 心理承受能力	3.58	3.51	3.84	3.67
	3.6 应变能力	3.56	3.59	3.86	3.59
	3.7 沟通与表达能力	3.60	3.53	3.96	3.74
	3.0 整体评价	3.61	3.61	3.91	3.71
4. 综合职业能力	4.0 综合职业能力	3.72	3.57	3.89	3.65

表 5-97　不同水平院校学生对职业能力培养效果的高评价率统计　　　　（单位：%）

一级指标	二级指标	一般院校	省级示范校	国家骨干校	国家示范校
1. 专业能力	1.1 专业知识	56.61	56.12	62.63	55.30
	1.2 专业技能	60.62	65.71	69.70	57.80
2. 方法能力	2.1 外语应用能力	28.66	36.96	32.65	40.93
	2.2 计算机使用能力	54.60	57.14	53.57	43.72
	2.3 信息收集处理能力	44.95	51.45	48.98	41.67
	2.4 学习能力	49.71	48.57	61.03	47.91
	2.5 创新能力	43.03	52.86	58.67	35.02
	2.6 问题解决能力	51.96	58.57	71.21	46.98
	2.7 组织管理能力	46.06	41.43	63.96	43.98
3. 社会能力	3.1 工作态度	58.10	57.25	72.45	58.06
	3.2 团队协作能力	57.91	55.40	76.02	63.08
	3.3 社会责任心	56.80	55.47	73.10	60.37
	3.4 环境适应能力	57.09	59.29	73.60	60.56
	3.5 心理承受能力	53.13	50.00	66.67	56.88
	3.6 应变能力	53.25	55.71	67.01	50.69
	3.7 沟通与表达能力	53.92	48.55	71.72	59.45
4. 综合职业能力	4.0 综合职业能力	59.07	50.74	65.82	55.76

表 5 - 98　不同水平院校学生对职业能力培养效果评价的方差分析

职业能力指标	F	Sig.
1.1 专业知识	2.736	0.042
1.2 专业技能	3.953	0.008
2.1 外语应用能力	8.391	0.000
2.2 计算机使用能力	1.091	0.352
2.3 信息收集处理能力	1.078	0.357
2.4 学习能力	3.200	0.023
2.5 创新能力	6.542	0.000
2.6 问题解决能力	7.893	0.000
2.7 组织管理能力	6.566	0.000
3.1 工作态度	5.834	0.001
3.2 团队协作能力	5.518	0.001
3.3 社会责任心	7.254	0.000
3.4 环境适应能力	3.064	0.027
3.5 心理承受能力	4.547	0.004
3.6 应变能力	5.132	0.002
3.7 沟通与表达能力	9.067	0.000
4.0 综合职业能力	3.891	0.009

表 5 - 99　不同水平院校学生对职业能力培养效果评价差异的 Scheffe 多重比较

Dependent Variable	(I) 学校水平	(J) 学校水平	Mean Difference (I - J)	Std. Error	Sig.
1.2 专业技能	国家骨干校	一般院校	0.246	0.074	0.012
2.1 外语应用能力	国家示范校	一般院校	0.373	0.078	0.000
		国家骨干校	0.337	0.095	0.005
2.4 学习能力	国家骨干校	一般院校	0.214	0.074	0.041
2.5 创新能力	国家骨干校	一般院校	0.278	0.084	0.012
		国家示范校	0.369	0.098	0.003
	省示范校	国家示范校	0.306	0.108	0.046
2.6 问题解决能力	国家骨干校	一般院校	0.368	0.078	0.000
		国家示范校	0.340	0.091	0.003

（续上表）

Dependent Variable	（I）学校水平	（J）学校水平	Mean Difference（I－J）	Std. Error	Sig.
2.7 组织管理能力	国家骨干校	一般院校	0.333	0.079	0.001
		省级示范校	0.356	0.104	0.008
		国家示范校	0.279	0.093	0.028
3.1 工作态度	国家骨干校	一般院校	0.320	0.077	0.001
3.2 团队协作能力	国家骨干校	一般院校	0.299	0.079	0.001
		省级示范校	0.298	0.100	0.031
3.3 社会责任心	国家骨干校	一般院校	0.343	0.077	0.000
		省级示范校	0.360	0.102	0.006
3.4 环境适应能力	国家骨干校	一般院校	0.219	0.077	0.046
3.5 心理承受能力	国家骨干校	一般院校	0.261	0.080	0.015
		省级示范校	0.334	0.106	0.019
3.6 应变能力	国家骨干校	一般院校	0.301	0.079	0.002
		国家示范校	0.278	0.093	0.030
3.7 沟通表达能力	国家骨干校	一般院校	0.363	0.077	0.000
		省级示范校	0.436	0.102	0.000

注：本表只摘取了存在显著性差异的指标。

2. 高职对学生专业技能、创新能力的培养效果存在学校类型差异，行业院校的培养效果好于地方院校

两独立样本 t 检验结果表明，地方院校与行业院校学生仅对专业技能、创新能力的培养效果评价有显著性差异，对其他 15 项职业能力的培养效果评价均无显著性差异。从学生评价来看，行业院校对学生专业技能、创新能力的培养效果好于地方院校。如行业院校学生对专业技能、创新能力培养效果的评价均值分别为 3.81、3.51，均高于地方院校。另外，行业院校学生认为高职教育对培养其专业技能、创新能力"有效"或"很有效"的累计百分比分别为 67.48%、50.36%，均比地方院校高出近 8 个百分点。

综上表明，从学生评价来看，地方院校与行业院校除对专业技能、创新能力的培养效果有显著性差异之外，整体上对职业能力的培养效果差异并不明显。

表 5－100　地方与行业院校学生对职业能力培养效果评价差异的显著性 t 检验结果

	t	df	Sig.（2－tailed）
1.2 专业技能	－2.386	934.404	0.017
2.5 创新能力	－2.534	1060	0.011

注：本表只摘取了存在显著性差异的指标。

表 5 - 101　地方与行业院校学生对职业能力培养效果的评价均值及标准差

一级指标	二级指标	地方院校		行业院校	
		均值	标准差	均值	标准差
1. 专业能力	1.1 专业知识	3.60	0.879	3.70	0.845
	1.2 专业技能	3.68	0.920	3.81	0.836
	1.0 整体评价	3.64	0.900	3.76	0.841
2. 方法能力	2.1 外语应用能力	3.15	0.969	3.16	0.966
	2.2 计算机使用能力	3.52	0.901	3.61	0.864
	2.3 信息收集处理能力	3.43	0.884	3.46	0.900
	2.4 学习能力	3.54	0.913	3.56	0.848
	2.5 创新能力	3.35	1.018	3.51	0.974
	2.6 问题解决能力	3.59	0.947	3.64	0.917
	2.7 组织管理能力	3.48	0.972	3.51	0.907
	2.0 整体评价	3.44	0.943	3.49	0.911
3. 社会能力	3.1 工作态度	3.70	0.951	3.76	0.872
	3.2 团队协作能力	3.75	0.916	3.74	0.889
	3.3 社会责任心	3.67	0.953	3.71	0.891
	3.4 环境适应能力	3.69	0.948	3.74	0.880
	3.5 心理承受能力	3.64	0.968	3.63	0.948
	3.6 应变能力	3.61	0.943	3.65	0.954
	3.7 沟通与表达能力	3.70	0.931	3.67	0.926
	3.0 整体评价	3.68	0.944	3.70	0.909
4. 综合职业能力	4.0 综合职业能力	3.72	0.915	3.72	0.928

表 5 - 102　地方与行业院校学生对职业能力培养效果的高评价率统计　（单位：%）

一级指标	二级指标	地方院校	行业院校
1. 专业能力	1.1 专业知识	54.84	61.46
	1.2 专业技能	59.21	67.48
2. 方法能力	2.1 外语应用能力	33.23	32.68
	2.2 计算机使用能力	49.54	57.32
	2.3 信息收集处理能力	44.24	48.51
	2.4 学习能力	50.08	53.16
	2.5 创新能力	42.55	50.36

（续上表）

一级指标	二级指标	地方院校	行业院校
2. 方法能力	2.6 问题解决能力	52.76	59.61
	2.7 组织管理能力	47.62	49.51
3. 社会能力	3.1 工作态度	59.38	62.65
	3.2 团队协作能力	64.03	58.78
	3.3 社会责任心	59.51	61.82
	3.4 环境适应能力	60.00	63.05
	3.5 心理承受能力	56.64	54.88
	3.6 应变能力	54.29	57.70
	3.7 沟通表达能力	58.54	56.27
4. 综合职业能力	4.0 综合职业能力	58.94	57.96

3. 在学生职业能力培养效果方面存在专业类别差异，生化与药品类、土建类专业的培养效果相对较好

从表 5－103 可见，从学生评价均值来看，土建类专业、生化与药品类专业对四类职业能力的培养效果均比较突出，交通运输类专业对专业能力、社会能力的培养效果比较好。另从表 5－104 可见，土建类、生化与药品类、交通运输类专业的学生对 17 项职业能力的高评价率普遍高于其他几类专业。具体而言：①在专业能力培养效果方面，土建类、生化与药品类、交通运输类专业的学生评价均值分别为 3.94、3.88、3.84，在 9 类专业中位居前三位，其中，土建类专业的学生对专业知识、专业技能的高评价率均高达 71% 以上，生化与药品类、交通运输类专业的学生对专业技能的高评价率均在 70% 以上，而旅游类、电子信息类专业相对较差，学生评价均值均不及 3.5，两类专业的学生对专业知识的高评价率分别为 39.53%、48.21%；②在方法能力培养效果方面，生化与药品类、土建类专业的学生评价均值分别为 3.70、3.65，在 9 类专业中位居前两位，其中，土建类专业的学生对 5 项方法能力的高评价率达 60% 以上，生化与药品类专业的学生对 4 项方法能力的高评价率达 60% 以上（对问题解决能力的高评价率达 72.54%），而制造类、交通运输类、电子信息类、文化教育类等专业相对较差，学生评价均值均不足 3.4，且学生对 7 项方法能力的高评价率普遍不足 50%；③在社会能力培养效果方面，生化与药品类、土建类、交通运输类专业的学生评价均值分别为 3.94、3.88、3.86，在 9 类专业中位居前三位，其中，生化与药品类专业的学生对 7 项社会能力的高评价率均近接或超过 70%，对团队协作能力的高评价率更是高达 80.14%，土建类、交通运输类专业的学生对 7 项社会能力的高评价率均在 60% 以上，而电子信息类、制造类、艺术设计传媒类专业相对较差，学生评价均值均不足 3.6，在 9 类专业中排在后三位，且学生对 7 项社会能力的高评价率普遍不足 60%；④在综合职业能力培养效果方面，土建类、生化与药品类专业的学生评价均值分别为 4.12、3.93，在 9 类专业中位居前两位，两类专业的学生对综合职业能力的高评价率分别约为 78% 和 70%，旅游类、艺术设计传媒类专业相对较差，学生评价均值分别为 3.51、

3.58，在9类专业中排在后两位，其中，艺术设计传媒类专业的学生对综合职业能力的高评价率约为46%，在9类专业中排名最后。

方差分析结果表明，调查的9类专业的学生除对心理承受能力的培养效果评价无显著性差异之外，对其他16项职业能力的培养效果评价均有显著性差异。*Scheffe* 多重比较结果显示：①在专业知识的培养效果评价方面，旅游类专业的学生评价显著低于生化与药品类、土建类、财经类专业；②在外语应用能力的培养效果评价方面，交通运输类专业的学生评价显著低于旅游类、生化与药品类、文化教育类、艺术设计传媒类、财经类专业，文化教育类专业的学生评价显著高于电子信息类、制造类和交通运输类专业；③在计算机使用能力的培养效果评价方面，交通运输类专业的学生评价显著低于生化与药品类、土建类、艺术设计传媒类、财经类专业，生化与药品类专业的学生评价显著高于制造类专业；④在创新能力的培养效果评价方面，生化与药品类、艺术传媒类专业的学生评价显著高于文化教育类和财经类专业，土建类专业的学生评价显著高于文化教育类专业；⑤在问题解决能力的培养效果评价方面，生化与药品类专业的学生评价显著高于文化教育类和财经类专业；⑥在组织管理能力的培养效果评价方面，生化与药品类专业的学生评价显著高于财经类、电子信息类、艺术设计传媒类、制造类专业；⑦在社会责任心的培养效果评价方面，电子信息类专业的学生评价显著低于生化与药品类、土建类专业；⑧在沟通表达能力的培养效果评价方面，生化与药品类专业的学生评价显著高于制造类、电子信息类专业；⑨在综合职业能力培养效果评价方面，土建类专业的学生评价显著高于艺术设计传媒类专业。由此表明，从学生评价来看，生化与药品类专业在专业知识、外语应用能力、计算机使用能力、创新能力、问题解决能力、组织管理能力、社会责任心、沟通表达能力8项职业能力的培养效果高于其他某一类或几类专业；土建类专业则在专业知识、计算机使用能力、创新能力、社会责任心、综合职业能力5项职业能力的培养效果上好于其他某几类专业；电子信息类专业在外语应用能力、组织管理能力、社会责任心、沟通表达能力4项职业能力的培养效果方面不及其他某一类或两类专业；制造类专业在外语应用能力、计算机使用能力、组织管理能力、沟通表达能力4项职业能力的培养效果方面不及其他某几类专业。

综上可见，从学生评价来看，高职教育对学生职业能力的培养效果存在专业类别差异，在调查的9类专业中，生化与药品类、土建类专业的培养效果相对较好。

表5-103　高职9类专业的学生对职业能力培养效果的评价均值统计

一级指标	二级指标	财经类	电子信息类	交通运输类	旅游类	生化与药品类	土建类	文化教育类	艺术设计传媒类	制造类
1. 专业能力	1.1 专业知识	3.73	3.43	3.77	3.31	3.80	3.91	3.61	3.48	3.53
	1.2 专业技能	3.80	3.52	3.91	3.50	3.95	3.96	3.49	3.69	3.62
	1.0 整体评价	3.77	3.48	3.84	3.41	3.88	3.94	3.55	3.59	3.58

（续上表）

一级指标	二级指标	财经类	电子信息类	交通运输类	旅游类	生化与药品类	土建类	文化教育类	艺术设计传媒类	制造类
2. 方法能力	2.1 外语应用能力	3.19	2.92	2.47	3.42	3.28	3.14	3.6	3.2	2.87
	2.2 计算机使用能力	3.64	3.63	3.04	3.44	3.73	3.74	3.29	3.67	3.26
	2.3 信息收集处理能力	3.45	3.50	3.07	3.42	3.65	3.63	3.34	3.51	3.19
	2.4 学习能力	3.55	3.39	3.72	3.42	3.76	3.73	3.43	3.49	3.54
	2.5 创新能力	3.25	3.32	3.61	3.34	3.65	3.74	3.09	3.76	3.36
	2.6 问题解决能力	3.53	3.52	3.77	3.61	3.96	3.78	3.41	3.61	3.48
	2.7 组织管理能力	3.48	3.32	3.51	3.52	3.86	3.79	3.35	3.32	3.26
	2.0 整体评价	3.44	3.37	3.31	3.45	3.70	3.65	3.36	3.51	3.28
3. 社会能力	3.1 工作态度	3.71	3.54	4.00	3.64	3.95	3.94	3.63	3.65	3.65
	3.2 团队协作能力	3.73	3.60	3.87	3.75	4.02	3.90	3.60	3.64	3.62
	3.3 社会责任心	3.68	3.43	3.85	3.66	3.98	4.00	3.61	3.54	3.54
	3.4 环境适应能力	3.71	3.47	3.79	3.70	3.89	3.91	3.68	3.64	3.60
	3.5 心理承受能力	3.64	3.53	3.80	3.52	3.87	3.67	3.67	3.51	3.58
	3.6 应变能力	3.57	3.51	3.83	3.58	3.89	3.93	3.53	3.57	3.48
	3.7 沟通表达能力	3.65	3.54	3.85	3.72	4.01	3.81	3.74	3.54	3.46
	3.0 整体评价	3.67	3.52	3.86	3.65	3.94	3.88	3.64	3.58	3.56
4. 综合职业能力	4.0 综合职业能力	3.68	3.68	3.78	3.58	3.93	4.12	3.63	3.51	3.64

表5-104　高职9类专业的学生对职业能力培养效果的高评价率统计　　　（单位：%）

一级指标	二级指标	财经类	电子信息类	交通运输类	旅游类	生化与药品类	土建类	文化教育类	艺术设计传媒类	制造类
1. 专业能力	1.1 专业知识	63.24	48.21	57.45	39.53	65.49	71.01	52.00	50.57	52.08
	1.2 专业技能	65.69	53.91	70.21	53.49	71.13	71.43	45.33	63.64	59.18
2. 方法能力	2.1 外语应用能力	32.63	25.89	10.64	44.19	40.00	30.43	49.32	34.09	23.91
	2.2 计算机使用能力	57.35	57.39	31.91	41.86	61.70	63.77	34.72	57.95	38.14
	2.3 信息收集处理能力	47.34	48.67	32.61	39.53	56.03	56.72	37.84	49.43	32.29
	2.4 学习能力	51.47	46.09	63.04	40.70	62.86	65.71	48.65	44.32	45.36
	2.5 创新能力	36.58	42.98	58.70	41.86	59.57	60.00	33.33	60.23	42.71
	2.6 问题解决能力	53.53	47.37	70.21	51.76	72.54	63.77	37.84	55.68	51.55
	2.7 组织管理能力	49.71	37.72	53.19	44.71	68.79	63.24	40.00	34.09	37.50

（续上表）

一级指标	二级指标	财经类	电子信息类	交通运输类	旅游类	生化与药品类	土建类	文化教育类	艺术设计传媒类	制造类
3. 社会能力	3.1 工作态度	59.29	52.68	76.09	55.29	70.21	73.91	54.67	53.41	61.46
	3.2 团队协作能力	59.76	54.46	67.39	64.29	80.14	67.14	56.00	54.02	55.79
	3.3 社会责任心	61.65	46.49	70.21	58.82	74.47	73.53	53.33	50.00	55.21
	3.4 环境适应能力	61.90	48.21	72.34	60.71	75.89	67.16	50.68	59.09	55.21
	3.5 心理承受能力	56.01	49.57	62.22	51.76	69.50	61.43	53.33	48.86	51.02
	3.6 应变能力	54.14	48.67	65.22	53.49	69.01	72.46	44.00	53.41	46.39
	3.7 沟通表达能力	56.05	50.43	68.09	58.82	73.24	66.67	60.81	47.13	46.94
4. 综合职业能力	4.0 综合职业能力	57.31	55.86	58.70	55.29	69.50	77.94	52.00	45.98	56.67

表 5-105　高职 9 类专业的学生对职业能力培养效果评价的方差分析

职业能力指标	F	Sig.
1.1 专业知识	5.140	0.000
1.2 专业技能	4.677	0.000
2.1 外语应用能力	8.353	0.000
2.2 计算机使用能力	6.281	0.000
2.3 信息收集处理能力	3.635	0.000
2.4 学习能力	2.463	0.012
2.5 创新能力	5.914	0.000
2.6 问题解决能力	4.113	0.000
2.7 组织管理能力	5.430	0.000
3.1 工作态度	3.077	0.002
3.2 团队协作能力	3.036	0.002
3.3 社会责任心	4.797	0.000
3.4 环境适应能力	2.322	0.018
3.5 心理承受能力	1.828	0.068
3.6 应变能力	3.425	0.001
3.7 沟通表达能力	3.997	0.000
4.0 综合职业能力	3.707	0.000

表 5 - 106 不同类别专业学生对职业能力培养效果评价差异的 *Scheffe* 多重比较

Dependent Variable	(*I*) 专业类别	(*J*) 专业类别	Mean Difference (*I − J*)	Std. Error	Sig.
1.1 专业知识	旅游类	财经类	− 0.415	0.103	0.039
		生化与药品类	− 0.489	0.116	0.025
		土建类	− 0.599	0.138	0.016
2.1 外语应用能力	交通运输类	财经类	− 0.724	0.147	0.002
		旅游类	− 0.951	0.171	0.000
		生化与药品类	− 0.810	0.159	0.001
		文化教育类	− 1.135	0.176	0.000
		艺术设计传媒类	− 0.736	0.170	0.017
	文化教育类	电子信息类	0.683	0.142	0.003
		制造类	0.733	0.148	0.002
2.2 计算机使用能力	交通运输类	财经类	− 0.599	0.135	0.013
		生化与药品类	− 0.688	0.146	0.005
		土建类	− 0.697	0.164	0.022
		艺术设计传媒类	− 0.628	0.157	0.044
	生化与药品类	制造类	0.473	0.115	0.031
2.5 创新能力	文化教育类	生化与药品类	− 0.599	0.141	0.047
		土建类	− 0.650	0.164	0.048
		艺术设计传媒类	− 0.668	0.155	0.018
	财经类	生化与药品类	− 0.399	0.099	0.040
		艺术设计传媒类	− 0.508	0.118	0.018
2.6 问题解决能力	生化与药品类	财经类	0.428	0.092	0.006
		文化教育类	0.552	0.133	0.028
2.7 组织管理能力	生化与药品类	财经类	0.379	0.093	0.038
		电子信息类	0.534	0.118	0.009
		艺术设计传媒类	0.540	0.127	0.021
		制造类	0.598	0.123	0.003
3.3 社会责任心	电子信息类	生化与药品类	− 0.549	0.116	0.004
		土建类	− 0.570	0.141	0.037
3.7 沟通表达能力	生化与药品类	电子信息类	0.468	0.115	0.038
		制造类	0.548	0.121	0.009
4.0 综合职业能力	土建类	艺术设计传媒类	0.612	0.148	0.029

注：本表只摘取了存在显著性差异的统计结果。

4. 高职生对职业能力培养效果评价存在年级差异，一年级学生的评价高于二年级学生

在职业能力培养效果评价方面，不论是从评价均值来看，还是从高评价率来看，一年级学生的评价普遍高于二年级学生。如在评价均值方面，一年级学生对专业能力、方法能力、社会能力、综合职业能力的培养效果评价均值分别为 3.81、3.61、3.75、3.76，均高于二年级学生；在高评价率方面，一年级学生对专业知识、专业技能、计算机使用能力、问题解决能力、工作态度、团队协作能力、社会责任心、环境适应能力、应变能力和综合职业能力 10 项职业能力培养效果的高评价率达 60% 以上，即 60% 以上的学生认为高职教育在培养这 10 项职业能力方面的效果好或很好，而二年级学生只对团队协作能力培养效果的高评价率达到了 60% 以上。

两独立样本 t 检验结果表明，一年级学生与二年级学生对 12 项职业能力的培养效果评价存在显著性差异，前者的评价高于后者。这 12 项职业能力包括 2 项专业能力、7 项方法能力、3 项社会能力，[①] 说明一年级学生对专业能力、方法能力的培养效果评价好于二年级学生。

表 5 – 107　高职一、二年级学生对职业能力培养效果评价差异的显著性 t 检验结果

	t	df	$Sig.$（$2 - tailed$）
1.1 专业知识	3.178	1 029	0.002
1.2 专业技能	3.977	835.895	0.000
2.1 外语应用能力	4.931	1 016	0.000
2.2 计算机使用能力	6.109	850.285	0.000
2.3 信息收集处理能力	4.340	1 023	0.000
2.4 学习能力	2.522	1 031	0.012
2.5 创新能力	4.892	1 031	0.000
2.6 问题解决能力	3.709	1 031	0.000
2.7 组织管理能力	3.220	1 030	0.001
3.3 社会责任心	2.030	835.868	0.043
3.4 环境适应能力	2.310	876.055	0.021
3.6 应变能力	2.235	1 029	0.026

注：本表只摘取了存在显著性差异的统计结果。

---

① 涵盖了设置的所有专业能力和方法能力指标。

表 5 – 108　高职一、二年级学生对职业能力培养效果的评价均值及标准差

一级指标	二级指标	一年级		二年级	
		均值	标准差	均值	标准差
1. 专业能力	1.1 专业知识	3.75	0.852	3.57	0.872
	1.2 专业技能	3.87	0.843	3.65	0.907
	1.0 整体评价	3.81	0.848	3.61	0.890
2. 方法能力	2.1 外语应用能力	3.33	0.905	3.03	0.971
	2.2 计算机使用能力	3.77	0.817	3.43	0.904
	2.3 信息搜集处理能力	3.59	0.874	3.35	0.883
	2.4 学习能力	3.64	0.862	3.49	0.898
	2.5 创新能力	3.60	0.960	3.29	1.012
	2.6 问题解决能力	3.74	0.915	3.52	0.939
	2.7 组织管理能力	3.61	0.945	3.42	0.944
	2.0 整体评价	3.61	0.897	3.36	0.936
3. 社会能力	3.1 工作态度	3.78	0.873	3.69	0.946
	3.2 团队协作能力	3.81	0.864	3.70	0.922
	3.3 社会责任心	3.76	0.871	3.64	0.959
	3.4 环境适应能力	3.79	0.832	3.65	0.965
	3.5 心理承受能力	3.68	0.938	3.61	0.964
	3.6 应变能力	3.71	0.920	3.57	0.957
	3.7 沟通与表达能力	3.75	0.938	3.64	0.919
	3.0 整体评价	3.75	0.891	3.64	0.947
4. 综合职业能力	4.0 综合职业能力	3.76	0.918	3.68	0.924

表 5 – 109　高职一、二年级学生对职业能力培养效果高评价率统计　　（单位:%）

一级指标	二级指标	一年级	二年级
1. 专业能力	1.1 专业知识	63.13	53.67
	1.2 专业技能	68.60	58.79
2. 方法能力	2.1 外语应用能力	39.10	28.50
	2.2 计算机使用能力	64.72	45.50
	2.3 信息收集处理能力	54.30	40.58
	2.4 学习能力	54.91	49.09
	2.5 创新能力	53.95	40.55
	2.6 问题解决能力	63.06	50.46
	2.7 组织管理能力	52.93	45.43

（续上表）

一级指标	二级指标	一年级	二年级
3. 社会能力	3.1 工作态度	61.97	59.66
	3.2 团队协作能力	63.13	61.17
	3.3 社会责任心	63.27	58.63
	3.4 环境适应能力	66.40	58.33
	3.5 心理承受能力	58.20	54.79
	3.6 应变能力	60.21	52.29
	3.7 沟通表达能力	59.20	56.30
4. 综合职业能力	4.0 综合职业能力	60.59	56.92

5. 高职生对职业能力培养效果的评价存在一定的性别差异

两独立样本差异显著性 t 检验结果表明，在职业能力培养效果评价方面，男生与女生除对专业知识、外语应用能力、计算机使用能力的培养效果评价有显著性差异之外，对其他 14 项职业能力的培养效果评价均无显著性差异。可见，从评价均值来看，整体上，高职生对职业能力培养效果的评价并不存在明显的性别差异。

虽然男生与女生对职业能力培养效果的评价均值普遍无显著性差异，但 $Pearson$ 卡方检验结果发现，两者对专业知识、外语应用能力、计算机使用能力、创新能力、问题解决能力、工作态度、团队协作能力、社会责任心、心理承受能力和应变能力等 10 项职业能力的培养效果的评价结果的概率分布有显著性差异。如从表 5 – 112 可见，男生对创新能力的高评价率约 51%，比女生高约 10 个百分点，对应变能力的高评价率达 59.7%，比女生高约 7 个百分点，而女生对专业知识、外语应用能力的培养效果的高评价率分别比男生高出约 7 个百分点和约 11 个百分点。由此可见，高职生对职业能力培养效果的评价存在一定的性别差异。

表 5 – 110　高职男女生对职业能力培养效果评价差异的显著性 t 检验结果

	t	df	$Sig.$ （2 – tailed）
1.1 专业知识	−2.114	937.554	0.035
2.1 外语应用能力	−6.544	1 043	0.000
2.2 计算机使用能力	−2.377	1 057	0.018

注：本表只摘取了存在显著性差异的统计结果。

表 5－111　高职男女生对职业能力培养效果的评价均值及标准差

一级指标	二级指标	男生		女生	
		均值	标准差	均值	标准差
1. 专业能力	1.1 专业知识	3.57	0.926	3.69	0.816
	1.2 专业技能	3.69	0.946	3.76	0.845
	1.0 整体评价	3.63	0.936	3.73	0.831
2. 方法能力	2.1 外语应用能力	2.94	1.009	3.33	0.899
	2.2 计算机使用能力	3.48	0.939	3.61	0.843
	2.3 信息收集处理能力	3.43	0.927	3.45	0.859
	2.4 学习能力	3.55	0.927	3.54	0.858
	2.5 创新能力	3.46	1.051	3.36	0.963
	2.6 问题解决能力	3.63	0.983	3.59	0.896
	2.7 组织管理能力	3.47	0.977	3.51	0.923
	2.0 整体评价	3.42	0.973	3.48	0.892
3. 社会能力	3.1 工作态度	3.72	0.978	3.73	0.873
	3.2 团队协作能力	3.72	0.950	3.76	0.869
	3.3 社会责任心	3.63	1.023	3.73	0.84
	3.4 环境适应能力	3.67	0.985	3.73	0.871
	3.5 心理承受能力	3.62	1.030	3.65	0.900
	3.6 应变能力	3.66	1.002	3.6	0.901
	3.7 沟通表达能力	3.68	0.984	3.69	0.881
	3.0 整体评价	3.67	0.993	3.70	0.876
4. 综合职业能力	4.0 综合职业能力	3.75	0.959	3.69	0.889

表 5－112　高职男女生对职业能力培养效果的高评价率统计　　（单位：%）

一级指标	二级指标	男生	女生
1. 专业能力	1.1 专业知识	53.42	60.68
	1.2 专业技能	60.97	63.34
2. 方法能力	2.1 外语应用能力	26.78	37.97
	2.2 计算机使用能力	51.28	53.48
	2.3 信息收集处理能力	46.90	44.96
	2.4 学习能力	52.97	49.66
	2.5 创新能力	50.96	41.02
	2.6 问题解决能力	58.72	52.54
	2.7 组织管理能力	49.04	47.63

（续上表）

一级指标	二级指标	男生	女生
3. 社会能力	3.1 工作态度	62.10	59.69
	3.2 团队协作能力	62.82	61.37
	3.3 社会责任心	58.33	62.07
	3.4 环境适应能力	60.65	61.47
	3.5 心理承受能力	56.90	55.07
	3.6 应变能力	59.70	52.12
	3.7 沟通表达能力	58.47	56.88
4. 综合职业能力	4.0 综合职业能力	61.32	56.29

表 5－113 高职男女生对职业能力培养效果评价差异的卡方检验

	χ^2	df	Asymp. Sig.（2 - sided）
1.1 专业知识	12.562	4	0.014
2.1 外语应用能力	49.581	4	0.000
2.2 计算机使用能力	15.027	4	0.005
2.5 创新能力	12.716	4	0.013
2.6 问题解决能力	12.716	4	0.013
3.1 工作态度	11.521	4	0.021
3.2 团队协作能力	10.619	4	0.031
3.3 社会责任心	20.669	4	0.000
3.5 心理承受能力	13.347	4	0.010
3.6 应变能力	17.906	4	0.001

注：本表只摘取了存在显著性差异的统计指标。

6. 中职毕业生与普通高中毕业生对职业能力的培养效果评价存在一定差异，普通高中毕业生对专业知识、专业技能、工作态度和心理承受能力的培养效果评价高于中职毕业生

从表 5－114 和表 5－115 可见，普通高中毕业的学生对职业能力的培养效果评价普遍高于中职毕业生。如在评价均值方面，普通高中毕业生对专业能力、方法能力、社会能力、综合职业能力培养效果的评价均值分别为 3.71、3.47、3.71、3.73，均高于中职毕业生；在高评价率方面，普通高中毕业生对专业知识、专业技能、问题解决能力、工作态度、团队协作能力、社会责任心、环境适应能力、心理承受能力、应变能力、沟通表达能力和综合职业能力 11 项职业能力的培养效果的高评价率在 55% 以上，而中职毕业生只对社会责任心的培养效果的高评价率达 55% 以上。由此表明，相对中职毕业生而言，高职教育对普通高中毕业生的职业能力，尤其是专业能力、社会能力和综合职业能力的培养效果

更好。

两独立样本 t 检验结果表明，普通高中毕业生和中职毕业生对专业知识、专业技能、工作态度、心理承受能力的培养效果评价存在显著性差异，前者的评价高于后者。

综上表明，从学生评价来看，相对于已受过中等职业教育的中职毕业生而言，高职教育对首次接受职业教育的普通高中毕业生的职业能力培养效果更好，尤其是在专业知识、专业技能、工作态度和心理承受能力的培养方面，对普通高中毕业生的培养效果明显好于对中职毕业生的培养效果。

表 5 – 114　普高与中职毕业生对职业能力培养效果的评价均值及标准差

一级指标	二级指标	中职毕业生		普高毕业生	
		均值	标准差	均值	标准差
1. 专业能力	1.1 专业知识	3.46	0.976	3.66	0.848
	1.2 专业技能	3.49	0.989	3.76	0.874
	1.0 整体评价	3.48	0.983	3.71	0.861
2. 方法能力	2.1 外语应用能力	3.13	0.992	3.16	0.967
	2.2 计算机使用能力	3.50	0.905	3.56	0.882
	2.3 信息收集处理能力	3.35	0.984	3.45	0.874
	2.4 学习能力	3.46	0.964	3.56	0.877
	2.5 创新能力	3.36	1.044	3.42	0.996
	2.6 问题解决能力	3.46	1.039	3.64	0.917
	2.7 组织管理能力	3.38	0.929	3.51	0.943
	2.0 整体评价	3.38	0.980	3.47	0.922
3. 社会能力	3.1 工作态度	3.53	0.98	3.75	0.911
	3.2 团队协作能力	3.59	0.948	3.76	0.899
	3.3 社会责任心	3.59	0.929	3.7	0.929
	3.4 环境适应能力	3.58	0.977	3.72	0.916
	3.5 心理承受能力	3.45	1.040	3.66	0.942
	3.6 应变能力	3.52	0.986	3.65	0.937
	3.7 沟通表达能力	3.56	0.996	3.71	0.912
	3.0 整体评价	3.55	0.979	3.71	0.921
4. 综合职业能力	4.0 综合职业能力	3.58	0.989	3.73	0.910

表 5 – 115　普高与中职毕业生对职业能力培养效果的高评价率分布　　（单位：%）

一级指标	二级指标	中职毕业生	普高毕业生
1. 专业能力	1.1 专业知识	51.79	58.07
	1.2 专业技能	54.39	63.40
2. 方法能力	2.1 外语应用能力	34.23	32.90
	2.2 计算机使用能力	48.25	53.03
	2.3 信息收集处理能力	39.29	46.79
	2.4 学习能力	50.44	51.33
	2.5 创新能力	41.59	46.07
	2.6 问题解决能力	44.64	56.89
	2.7 组织管理能力	38.94	49.52
3. 社会能力	3.1 工作态度	53.15	61.60
	3.2 团队协作能力	50.45	63.50
	3.3 社会责任心	55.86	61.00
	3.4 环境适应能力	50.45	62.38
	3.5 心理承受能力	45.61	57.31
	3.6 应变能力	45.54	57.01
	3.7 沟通表达能力	50.00	58.81
4. 综合职业能力	4.0 综合职业能力	50.44	59.57

表 5 – 116　普高与中职毕业生对职业能力培养效果评价差异的显著性 t 检验结果

	t	df	Sig. （2 – tailed）
1.1 专业知识	− 2.389	1 052	0.017
1.2 专业技能	− 2.780	135.063	0.006
3.1 工作态度	− 2.347	1 049	0.019
3.2 心理承受能力	− 2.272	1 056	0.023

注：本表只摘取了存在显著性差异的统计指标。

　　7. 高职生对职业能力的培养效果评价存在一定的城乡差异，农村学生对专业知识、专业技能、计算机使用能力、学习能力和团队协作能力的培养效果评价高于城市学生

　　从表 5 – 117 和表 5 – 118 可见，来自农村的学生对职业能力的培养效果评价普遍高于城市学生。如在评价均值方面，农村学生对专业能力、方法能力、社会能力、综合职业能力培养效果的评价均值分别为 3.73、3.48、3.71、3.73，均高于城市学生；在高评价率方面，农村学生对 5 项职业能力的高评价率达 60% 以上，而城市学生高评价率达 60% 以上的能力指标只有 1 项。t 检验结果表明，城乡学生对专业知识、专业技能、计算机使用能力、学习能力、团队协作能力的培养效果评价有显著性差异，城市学生的评价低于农村

学生。

　　综上表明，城乡学生对职业能力培养效果的评价有一定差异，农村学生对专业知识、专业技能、计算机使用能力、学习能力和团队协作能力的培养效果评价高于城市学生。

表 5-117　高职城乡学生对职业能力培养效果的评价均值及标准差

一级指标	二级指标	城市学生		农村学生	
		均值	标准差	均值	标准差
1. 专业能力	1.1 专业知识	3.53	0.900	3.68	0.853
	1.2 专业技能	3.61	0.954	3.77	0.864
	1.0 整体评价	3.57	0.927	3.73	0.859
2. 方法能力	2.1 外语应用能力	3.12	0.939	3.17	0.981
	2.2 计算机使用能力	3.46	0.937	3.59	0.868
	2.3 信息收集处理能力	3.41	0.884	3.45	0.890
	2.4 学习能力	3.45	0.886	3.58	0.887
	2.5 创新能力	3.35	0.966	3.43	1.018
	2.6 问题解决能力	3.52	0.888	3.65	0.951
	2.7 组织管理能力	3.40	0.888	3.52	0.968
	2.0 整体评价	3.39	0.913	3.48	0.938
3. 社会能力	3.1 工作态度	3.64	0.914	3.76	0.922
	3.2 团队协作能力	3.64	0.876	3.79	0.913
	3.3 社会责任心	3.65	0.890	3.70	0.943
	3.4 环境适应能力	3.68	0.865	3.71	0.942
	3.5 心理承受能力	3.64	0.956	3.64	0.959
	3.6 应变能力	3.62	0.934	3.63	0.953
	3.7 沟通表达能力	3.61	0.912	3.72	0.935
	3.0 整体评价	3.64	0.907	3.71	0.938
4. 综合职业能力	4.0 综合职业能力	3.68	0.867	3.73	0.938

表 5-118　高职城乡学生对职业能力培养效果的高评价率统计　　（单位：%）

一级指标	二级指标	城市学生	农村学生
1. 专业能力	1.1 专业知识	53.2	58.7
	1.2 专业技能	60.1	63.2
2. 方法能力	2.1 外语应用能力	30.9	33.9
	2.2 计算机使用能力	48.4	54.1
	2.3 信息收集处理能力	43.9	46.4

（续上表）

一级指标	二级指标	城市学生	农村学生
2. 方法能力	2.4 学习能力	45.7	53.3
	2.5 创新能力	41.2	47.1
	2.6 问题解决能力	52.1	56.8
	2.7 组织管理能力	42.3	50.5
3. 社会能力	3.1 工作态度	57.0	62.1
	3.2 团队协作能力	56.8	64.0
	3.3 社会责任心	57.4	61.4
	3.4 环境适应能力	59.1	61.9
	3.5 心理承受能力	55.7	56.1
	3.6 应变能力	55.7	55.6
	3.7 沟通表达能力	52.7	59.5
4 综合职业能力	4.0 综合职业能力	56.4	59.3

表 5 – 119　高职城乡学生对职业能力培养效果评价差异的显著性 t 检验结果

	t	df	$Sig.$ （2 – tailed）
1.1 专业知识	– 2.466	1 053	0.014
1.2 专业技能	– 2.515	455.085	0.012
2.2 计算机使用能力	– 2.193	1 054	0.029
2.4 学习能力	– 2.230	1 055	0.026
3.2 团队协作能力	– 2.262	1 047	0.024

注：本表只摘取了存在显著性差异的统计指标。

8. 学习基础不同的学生对职业能力培养效果的评价存在一定差异，基础差的学生的评价低于基础中等和好的学生

据调查，入学成绩差的学生对职业能力的培养效果评价普遍低于入学成绩中等或好的学生。从表 5 – 120 和表 5 – 121 可见，不论是从评价均值来看，还是从高评价率来看，入学成绩差的学生对 17 项职业能力培养效果的评价均普遍低于入学成绩中等的学生和入学成绩好的学生。如在专业能力培养效果评价方面，入学成绩差的学生整体评价均值仅为 3.32，明显低于入学成绩好的学生（3.76）和入学成绩中等的学生（3.71）；在方法能力培养效果评价方面，入学成绩差的学生整体评价均值仅为 3.20，明显低于入学成绩好的学生（3.50）和入学成绩中等的学生（3.48）；在社会能力培养效果评价方面，入学成绩差的学生整体评价均值为 3.49，也低于入学成绩好的学生（3.72）和入学成绩中等的学生（3.71）；在综合职业能力培养效果评价方面，入学成绩差的学生整体评价均值为 3.53，低于入学成绩好的学生（3.77）和入学成绩中等的学生（3.72）。方差分析结果表明，入

学成绩不同的三组学生对专业知识、专业技能、外语应用能力、计算机使用能力、信息收集处理能力、组织管理能力、社会责任心、环境适应能力、沟通表达能力9项职业能力的培养效果评价均有显著性差异。*Scheffe* 多重比较结果进一步发现，入学成绩差的学生对专业知识、专业技能、信息收集处理能力、组织管理能力、社会责任心和环境适应能力的培养效果评价低于入学成绩好和入学成绩中等的学生，对计算机使用能力和沟通表达能力的培养效果评价低于入学成绩中等的学生。

另据调查，学生的在校学习成绩与其对职业能力培养效果的评价呈正相关。从表5 – 124和表5 – 125可见，学习成绩好的学生对17项职业能力的培养效果评价均值和高评价率均普遍高于学习成绩中等的学生，而学习成绩中等的学生则普遍高于学习成绩差的学生。方差分析结果表明，学习成绩不同的三组学生除对团队协作能力、心理承受能力的培养效果评价无显著性差异之外，对其他15项职业能力的培养效果评价均有显著性差异。*Scheffe* 多重比较结果进一步发现，在这15项职业能力培养效果评价方面，学习成绩差的学生对其中13项职业能力的评价同时低于学习成绩中等和学习成绩好的学生；学习成绩中等的学生对专业知识、专业技能、信息收集处理能力、学习能力、创新能力、社会责任心6项职业能力的培养效果评价低于学习成绩好的学生。*Spearman* 等级相关计算结果进一步表明，学生的学习成绩与其对14项职业能力的培养效果评价结果之间均存在显著的正相关关系（外语应用能力、团队协作能力、心理承受能力除外）。

综上表明，学生的学习基础对职业能力培养效果的评价有较显著影响。其中，学习成绩的影响尤为明显，学生的学习成绩与其对职业能力的培养效果评价呈正相关，成绩越好，评价越高。另外，入学成绩也会影响学生的评价，入学成绩差的学生的评价普遍低于入学成绩好的学生和入学成绩中等的学生。

表5 – 120 入学成绩不同的三组学生对职业能力培养效果的评价均值及标准差

一级指标	二级指标	入学成绩差		入学成绩中		入学成绩好	
		均值	标准差	均值	标准差	均值	标准差
1. 专业能力	1.1 专业知识	3.29	1.045	3.66	0.782	3.72	0.98
	1.2 专业技能	3.35	1.009	3.76	0.834	3.79	0.958
	1.0 整体评价	3.32	1.027	3.71	0.808	3.76	0.969
2. 方法能力	2. 外语应用能力	2.79	1.041	3.18	0.922	3.24	1.024
	2.2 计算机使用能力	3.30	1.059	3.59	0.855	3.54	0.899
	2.3 信息收集处理能力	3.14	1.015	3.47	0.859	3.48	0.910
	2.4 学习能力	3.35	0.863	3.56	0.848	3.60	0.985
	2.5 创新能力	3.18	1.024	3.43	0.967	3.43	1.074
	2.6 问题解决能力	3.41	0.958	3.63	0.881	3.62	1.057
	2.7 组织管理能力	3.23	0.941	3.50	0.920	3.57	1.009
	2.0 整体评价	3.20	0.986	3.48	0.893	3.50	0.994

（续上表）

一级指标	二级能力指标	入学成绩差		入学成绩中		入学成绩好	
		均值	标准差	均值	标准差	均值	标准差
3. 社会能力	3.1 工作态度	3.68	1.041	3.73	0.877	3.73	0.995
	3.2 团队协作能力	3.57	0.984	3.75	0.869	3.81	0.973
	3.3 社会责任心	3.41	1.052	3.72	0.873	3.72	1.020
	3.4 环境适应能力	3.37	0.996	3.74	0.871	3.76	1.010
	3.5 心理承受能力	3.47	1.063	3.65	0.899	3.68	1.071
	3.6 应变能力	3.48	1.007	3.64	0.907	3.64	1.029
	3.7 沟通表达能力	3.46	0.968	3.72	0.873	3.70	1.051
	3.0 社会能力整体评价	3.49	1.016	3.71	0.881	3.72	1.021
4. 综合职业能力	4.0 综合职业能力	3.53	1.025	3.72	0.879	3.77	0.978

表 5 – 121　入学成绩不同的三组学生对职业能力培养效果的高评价率　（单位：%）

一级指标	二级指标	入学成绩差	入学成绩中	入学成绩好
1. 专业能力	1.1 专业知识	40.82	58.31	61.54
	1.2 专业技能	47.00	64.28	63.49
2. 方法能力	2.1 外语应用能力	21.05	32.81	38.55
	2.2 计算机使用能力	44.00	54.66	50.40
	2.3 信息收集处理能力	34.00	46.72	48.18
	2.4 学习能力	41.84	50.85	56.18
	2.5 创新能力	40.40	45.83	46.40
	2.6 问题解决能力	52.53	55.45	56.18
	2.7 组织管理能力	40.00	48.59	51.01
3. 社会能力	3.1 工作态度	62.50	59.83	62.50
	3.2 团队协作能力	56.12	62.07	63.97
	3.3 社会责任心	50.00	61.64	61.13
	3.4 环境适应能力	51.52	62.30	62.14
	3.5 心理承受能力	55.56	55.57	57.37
	3.6 应变能力	56.12	54.88	57.20
	3.7 沟通表达能力	49.00	58.27	59.60
4. 综合职业能力	4.0 综合职业能力	48.96	59.14	60.89

表 5－122　入学成绩不同的三组学生评价结果的方差分析

职业能力指标	F	Sig.
1.1 专业知识	9.498	0.000
1.2 专业技能	10.292	0.000
2.1 外语应用能力	8.216	0.000
2.2 计算机使用能力	4.865	0.008
2.3 信息收集处理能力	6.294	0.002
2.7 组织管理能力	4.662	0.010
3.3 社会责任心	4.959	0.007
3.4 环境适应能力	7.236	0.001
3.7 沟通与表达能力	3.349	0.035

注：本表只摘取了存在显著性差异的统计结果。

表 5－123　入学成绩不同的三组学生评价结果的 Scheffe 多重比较

Dependent Variable	(I) 入学成绩	(J) 入学成绩	Mean Difference (I−J)	Std. Error	Sig.
1.1 专业知识	差	中	−0.373 *	0.093	0.000
		好	−0.431 *	0.103	0.000
1.2 专业技能	差	中	−0.414 *	0.094	0.000
		好	−0.436 *	0.104	0.000
2.1 外语应用能力	差	中	−0.390 *	0.105	0.001
		好	−0.456 *	0.116	0.000
2.2 计算机使用能力	差	中	−0.295 *	0.095	0.008
2.3 信息收集处理能力	差	中	−0.326 *	0.095	0.003
		好	−0.342 *	0.105	0.005
2.7 组织管理能力	差	中	−0.271 *	0.101	0.027
		好	−0.337 *	0.112	0.011
3.3 社会责任心	差	中	−0.313 *	0.101	0.008
		好	−0.310 *	0.111	0.021
3.4 环境适应能力	差	中	−0.362 *	0.098	0.001
		好	−0.383 *	0.109	0.002
3.7 沟通表达能力	差	中	−0.256 *	0.099	0.036

注：本表只摘取了存在显著性差异的统计结果。

表 5－124　学习成绩不同的三组学生对职业能力培养效果的评价均值及标准差

一级指标	二级指标	学习成绩差		学习成绩中		学习成绩好	
		均值	标准差	均值	标准差	均值	标准差
1. 专业能力	1.1 专业知识	3.24	1.069	3.66	0.802	3.88	0.939
	1.2 专业技能	3.27	1.072	3.76	0.834	3.98	0.901
	1.0 整体评价	3.26	1.071	3.71	0.818	3.93	0.920
2. 方法能力	2.1 外语应用能力	2.93	1.11	3.18	0.934	3.19	1.008
	2.2 计算机使用能力	3.16	1.088	3.59	0.837	3.68	0.910
	2.3 信息收集处理能力	3.13	1.098	3.45	0.841	3.66	0.893
	2.4 学习能力	3.24	1.037	3.54	0.860	3.84	0.805
	2.5 创新能力	3.11	1.134	3.41	0.980	3.66	0.945
	2.6 问题解决能力	3.29	1.099	3.62	0.904	3.83	0.876
	2.7 组织管理能力	3.19	1.174	3.51	0.914	3.65	0.849
	2.0 整体评价	3.15	1.106	3.47	0.896	3.64	0.898
3. 社会能力	3.1 工作态度	3.43	1.178	3.74	0.884	3.90	0.824
	3.2 团队协作能力	3.57	1.090	3.75	0.869	3.83	0.915
	3.3 社会责任心	3.43	1.136	3.69	0.887	3.91	0.921
	3.4 环境适应能力	3.55	1.080	3.71	0.888	3.84	0.950
	3.5 心理承受能力	3.53	1.183	3.62	0.926	3.81	0.897
	3.6 应变能力	3.37	1.180	3.63	0.912	3.81	0.861
	3.7 沟通表达能力	3.44	1.080	3.71	0.900	3.76	0.921
	3.0 整体评价	3.47	1.132	3.69	0.895	3.84	0.898
4. 综合职业能力	4.0 综合职业能力	3.49	1.096	3.72	0.894	3.90	0.860

表 5－125　学习成绩不同的三组学生对职业能力培养效果的高评价率统计　（单位：%）

一级指标	二级指标	学习成绩差	学习成绩中	学习成绩好
1. 专业能力	1.1 专业知识	40.00	58.54	67.19
	1.2 专业技能	43.09	64.16	68.99

(续上表)

一级指标	二级指标	学习成绩差	学习成绩中	学习成绩好
2. 方法能力	2.1 外语应用能力	29.41	33.08	35.66
	2.2 计算机使用能力	38.02	53.16	62.02
	2.3 信息收集处理能力	36.07	45.44	58.27
	2.4 学习能力	38.52	50.68	65.12
	2.5 创新能力	36.89	44.55	59.06
	2.6 问题解决能力	46.34	54.71	66.67
	2.7 组织管理能力	39.34	47.83	59.06
3. 社会能力	3.1 工作态度	49.18	60.82	69.84
	3.2 团队协作能力	54.17	62.34	65.63
	3.3 社会责任心	49.17	59.68	74.02
	3.4 环境适应能力	57.02	60.58	68.25
	3.5 心理承受能力	52.85	54.32	68.50
	3.6 应变能力	49.18	54.65	66.93
	3.7 沟通表达能力	47.15	58.29	62.99
4. 综合职业能力	4.0 综合职业能力	47.06	58.79	68.00

表 5 – 126　学习成绩不同的三组学生评价结果的方差分析

职业能力指标	F	$Sig.$
1.1 专业知识	18.125	0.000
1.2 专业技能	23.114	0.000
2.1 外语应用能力	3.608	0.027
2.2 计算机使用能力	14.504	0.000
2.3 信息收集处理能力	11.553	0.000
2.4 学习能力	15.079	0.000
2.5 创新能力	9.721	0.000
2.6 问题解决能力	10.905	0.000
2.7 组织管理能力	8.360	0.000
3.1 工作态度	8.656	0.000
3.2 团队协作能力	2.907	0.055
3.3 社会责任心	8.090	0.000
3.4 环境适应能力	3.201	0.041
3.5 心理承受能力	2.975	0.051
3.6 应变能力	7.028	0.001
3.7 沟通表达能力	5.110	0.006
4.0 综合职业能力	6.136	0.002

表 5 – 127　学习成绩不同的三组学生评价结果的 *Scheffe* 多重比较

Dependent Variable	（I）学习成绩	（J）学习成绩	Mean Difference（I – J）	Std. Error	Sig.
1.1 专业知识	差	中	− 0.418 ∗	0.084	0.000
		好	− 0.633 ∗	0.108	0.000
	中	好	− 0.215 ∗	0.081	0.030
1.2 专业技能	差	中	− 0.490 ∗	0.084	0.000
		好	− 0.716 ∗	0.110	0.000
	中	好	− 0.226 ∗	0.083	0.024
2.1 外语应用能力	差	中	− 0.251 ∗	0.095	0.031
2.2 计算机使用能力	差	中	− 0.435 ∗	0.086	0.000
		好	− 0.525 ∗	0.111	0.000
2.3 信息收集处理能力	差	中	− 0.318 ∗	0.086	0.001
		好	− 0.530 ∗	0.112	0.000
	中	好	− 0.212 ∗	0.084	0.042
2.4 学习能力	差	中	− 0.303 ∗	0.085	0.002
		好	− 0.607 ∗	0.111	0.000
	中	好	− 0.305 ∗	0.083	0.001
2.5 创新能力	差	中	− 0.306 ∗	0.097	0.007
		好	− 0.555 ∗	0.126	0.000
	中	好	− 0.249 ∗	0.095	0.032
2.6 问题解决能力	差	中	− 0.328 ∗	0.090	0.001
		好	− 0.537 ∗	0.117	0.000
2.7 组织管理能力	差	中	− 0.321 ∗	0.091	0.002
		好	− 0.465 ∗	0.119	0.001
3.1 工作态度	差	中	− 0.304 ∗	0.089	0.003
		好	− 0.470 ∗	0.116	0.000
3.3 社会责任心	差	中	− 0.253 ∗	0.090	0.020
		好	− 0.472 ∗	0.117	0.000
	中	好	− 0.219 ∗	0.088	0.045
3.4 环境适应能力	差	好	− 0.296 ∗	0.117	0.042
3.6 应变能力	差	中	− 0.263 ∗	0.091	0.016
		好	− 0.442 ∗	0.119	0.001
3.7 沟通表达能力	差	中	− 0.271 ∗	0.090	0.010
		好	− 0.325 ∗	0.117	0.022
4.0 综合职业能力	差	中	− 0.234 ∗	0.090	0.035
		好	− 0.409 ∗	0.117	0.002

注：本表只摘取了存在显著性差异的统计指标。

9. 家庭经济水平不同的学生对职业能力培养效果的评价存在一定差异

从表5－128可见，家庭经济水平不同的三组学生对职业能力的培养效果评价存在一定差异。如在专业能力培养效果评价方面，家庭经济一般的学生评价均值为3.71，高于经济好的学生和经济差的学生；在方法能力培养效果评价方面，家庭经济好的学生评价均值（3.50）略高于经济一般和经济差的学生；在社会能力、综合职业能力培养效果评价方面，经济好的学生评价均值分别为3.80、3.98，均高于经济一般和经济差的学生。不过在17项具体职业能力培养效果评价方面，*Kruskal-Wallis H*检验结果表明，家庭经济不同的三组学生只对团队协作能力、应变能力的培养效果评价有显著性差异，对其他15项职业能力的培养效果评价无显著性差异。由此表明，从评价均值来看，家庭经济不同的学生对职业能力培养效果的整体评价并无显著性差异。

不过，*Pearson*卡方检验结果表明，家庭经济不同的三组学生除对计算机使用能力、学习能力、创新能力、环境适应能力4项能力的培养效果评价无显著性差异之外，对其他13项职业能力的培养效果评价均有显著性差异，即表明三组学生对14项职业能力的培养效果评价结果的概率分布存在显著性差异。如从表5－130可见，家庭经济好的学生对多项职业能力的高评价率明显高于经济差的学生，也略高于经济一般的学生。如家庭经济好的学生对专业技能、工作态度、社会责任心、心理承受能力、应变能力的高评价率均比经济差的学生高出近10个或10个以上百分点。

综上表明，虽然从评价均值来看，家庭经济不同的三组学生对职业能力的培养效果评价差异并不明显，但从评价结果的概率分布来看，三组学生对职业能力的培养效果评价具有明显差异。由此表明，家庭经济水平会影响学生对职业能力培养效果的评价。

表5－128　家庭经济不同的三组样本对职业能力培养效果的评价均值及标准差

一级指标	二级指标	家庭经济差		家庭经济中		家庭经济好	
		均值	标准差	均值	标准差	均值	标准差
1. 专业能力	1.1 专业知识	3.59	0.974	3.66	0.822	3.57	1.010
	1.2 专业技能	3.65	1.006	3.76	0.844	3.75	1.017
	1.0 整体评价	3.62	0.990	3.71	0.833	3.66	1.014
2. 方法能力	2.1 外语应用能力	3.05	1.065	3.18	0.934	3.30	0.992
	2.2 计算机使用能力	3.50	0.975	3.58	0.854	3.42	0.969
	2.3 信息收集处理能力	3.35	0.999	3.47	0.849	3.46	0.939
	2.4 学习能力	3.51	0.975	3.55	0.86	3.60	0.906
	2.5 创新能力	3.37	1.055	3.42	0.988	3.37	0.991
	2.6 问题解决能力	3.54	1.072	3.63	0.891	3.74	0.902
	2.7 组织管理能力	3.42	1.068	3.51	0.904	3.58	1.016
	2.0 整体评价	3.39	1.030	3.48	0.897	3.50	0.959

（续上表）

一级指标	二级指标	家庭经济差		家庭经济中		家庭经济好	
		均值	标准差	均值	标准差	均值	标准差
3. 社会能力	3.6 应变能力	3.50	1.059	3.65	0.912	3.91	0.838
	3.1 工作态度	3.61	1.041	3.75	0.875	3.83	0.985
	3.2 团队协作能力	3.59	0.990	3.80	0.862	3.73	1.050
	3.3 社会责任心	3.56	1.055	3.72	0.873	3.75	1.090
	3.4 环境适应能力	3.63	1.014	3.72	0.880	3.79	1.073
	3.5 心理承受能力	3.54	1.072	3.65	0.922	3.87	0.941
	3.7 沟通表达能力	3.58	1.026	3.72	0.889	3.75	1.017
	3.0 社会能力整体评价	3.57	1.037	3.72	0.888	3.80	0.999
4. 综合职业能力	4.0 综合职业能力	3.64	1.032	3.72	0.878	3.98	0.960

表 5 - 129　家庭经济不同的三组学生对职业能力培养效果评价差异的卡方检验

	χ^2	df	$Asymp.\ Sig.$ （2 - sided）
1.1 专业知识	21.309	8	0.006
1.2 专业技能	24.239	8	0.002
2.1 外语应用能力	15.509	8	0.050
2.3 信息收集处理能力	18.936	8	0.015
2.6 问题解决能力	19.311	8	0.013
2.7 组织管理能力	18.864	8	0.016
3.1 工作态度	19.246	8	0.014
3.2 团队协作能力	20.000	8	0.010
3.3 社会责任心	22.450	8	0.004
3.5 心理承受能力	17.788	8	0.023
3.6 应变能力	22.208	8	0.005
3.7 沟通表达能力	19.283	8	0.013
4.0 综合职业能力	27.090	8	0.001

注：本表只摘取了存在显著性差异的统计指标。

表 5 - 130　家庭经济水平不同的三组学生对职业能力培养效果高评价率统计　（单位:%）

一级指标	二级指标	经济差	经济中	经济好
1. 专业能力	1.1 专业知识	53.97	58.14	60.38
	1.2 专业技能	56.43	63.80	69.81

（续上表）

一级指标	二级指标	经济差	经济中	经济好
2. 方法能力	2.1 外语应用能力	31.20	33.51	33.96
	2.2 计算机使用能力	50.42	53.40	47.17
	2.3 信息收集处理能力	43.88	46.51	44.23
	2.4 学习能力	48.96	51.57	54.72
	2.5 创新能力	42.50	46.53	42.31
	2.6 问题解决能力	51.87	56.43	58.49
	2.7 组织管理能力	47.50	48.43	51.92
3. 社会能力	3.1 工作态度	56.25	61.40	67.31
	3.2 团队协作能力	54.43	64.43	61.54
	3.3 社会责任心	53.94	61.82	64.15
	3.4 环境适应能力	59.66	61.32	61.54
	3.5 心理承受能力	53.14	56.14	67.92
	3.6 应变能力	50.42	56.24	67.92
	3.7 沟通表达能力	53.11	59.24	56.60
4. 综合职业能力	4.0 综合职业能力	56.78	58.40	65.38

10. 入学原因不同的学生对职业能力培养效果的评价有一定影响

方差分析结果表明，在 17 项职业能力培养效果评价方面，入学原因不同的 7 组学生对其中 9 项职业能力的培养效果评价有显著性差异。由此表明，学生的入学原因对职业能力培养效果评价有一定影响。Scheffe 多重比较结果发现，因"好就业"而入读高职的学生对问题解决能力、社会责任心、心理承受能力、综合职业能力的培养效果评价均高于因"学习成绩不好"而选择入读高职的学生。另从表 5-133 可见，因"好就业"而选择入读高职的学生对各项职业能力的培养效果评价均值普遍高于因其他原因而入读高职的学生。这从侧面说明，高职教育在人才培养方面更符合学生的就业需要，因而对于那些以就业为主要需求的学生而言，高职教育的培养效果比较理想。

表 5-131　入学原因不同的 7 组学生评价结果的方差分析

职业能力指标	F	$Sig.$
1.2 专业技能	2.313	0.032
2.1 外语应用能力	2.268	0.035
2.4 学习能力	3.270	0.003
2.6 问题解决能力	3.286	0.003
3.3 社会责任心	2.391	0.027

（续上表）

职业能力指标	F	$Sig.$
3.5 心理承受能力	3.176	0.004
3.6 应变能力	2.228	0.038
3.7 沟通表达能力	2.679	0.014
4.0 综合职业能力	2.706	0.013

注：本表只摘取了存在显著性差异的统计结果。

表 5 - 132　入学原因不同的 7 组学生评价结果的 *Scheffe* 多重比较

Dependent Variable	（*I*）入学原因	（*J*）入学原因	Mean Difference（*I*－*J*）	Std. Error	Sig.
2.6 问题解决能力	好就业	学习成绩不好	0.397	0.105	0.027
		亲朋推荐	0.627	0.171	0.037
3.3 社会责任心	好就业	学习成绩不好	0.385	0.106	0.040
3.5 心理承受能力	好就业	学习成绩不好	0.394	0.108	0.038
4.0 综合职业能力	好就业	学习成绩不好	0.415	0.106	0.018

注：本表只摘取了存在显著性差异的统计结果。

表 5 - 133　入学原因不同的 7 组学生对职业能力培养效果的评价均值

一级指标	二级指标	学习成绩不好	家庭经济困难	自己喜欢	父母意愿	好就业	亲朋推荐	其他
1. 专业能力	1.1 专业知识	3.59	3.63	3.58	3.49	3.87	3.67	3.63
	1.2 专业技能	3.68	3.68	3.66	3.63	4.02	3.67	3.75
	1.0 整体评价	3.64	3.66	3.62	3.56	3.95	3.67	3.69
2. 方法能力	2.1 外语应用能力	3.03	3.26	3.13	3.05	3.26	3.05	3.27
	2.2 计算机使用能力	3.49	3.57	3.50	3.33	3.72	3.64	3.62
	2.3 信息收集处理能力	3.37	3.46	3.53	3.21	3.64	3.38	3.42
	2.4 学习能力	3.45	3.55	3.64	3.45	3.86	3.56	3.47
	2.5 创新能力	3.35	3.28	3.50	3.38	3.68	3.31	3.41
	2.6 问题解决能力	3.56	3.58	3.63	3.65	3.96	3.33	3.56
	2.7 组织管理能力	3.47	3.47	3.52	3.51	3.71	3.29	3.45
	2.0 整体评价	3.39	3.45	3.49	3.37	3.69	3.37	3.46

（续上表）

一级指标	二级指标	学习成绩不好	家庭经济困难	自己喜欢	父母意愿	好就业	亲朋推荐	其他
3. 社会能力	3.1 工作态度	3.71	3.71	3.72	3.72	3.88	3.75	3.68
	3.2 团队协作能力	3.71	3.76	3.84	3.74	3.96	3.63	3.63
	3.3 社会责任心	3.58	3.72	3.68	3.60	3.97	3.78	3.69
	3.4 环境适应能力	3.60	3.78	3.70	3.67	3.95	3.68	3.70
	3.5 心理承受能力	3.53	3.76	3.64	3.76	3.92	3.41	3.60
	3.6 应变能力	3.56	3.64	3.66	3.59	3.91	3.43	3.58
	3.7 沟通表达能力	3.59	3.64	3.78	3.86	3.94	3.57	3.63
	3.0 整体评价	3.61	3.72	3.72	3.71	3.93	3.61	3.64
4. 综合职业能力	4.0 综合职业能力	3.63	3.68	3.71	3.79	4.04	3.68	3.67

第六章

企业人才需求调查研究[①]

第一节　调查说明

"以就业为导向"是职业教育的基本方针。要促进学生顺利就业，必须了解企业的人才需求，包括岗位需求、人才类型需求及规格要求。另外，要明确中等职业教育、高等职业教育以及本科教育人才培养目标定位，构建职业教育人才培养目标体系，避免各层次职业教育人才培养目标的交叉重复，也需要深入调查用人单位——企业对不同学历层次的人才需求。基于此，笔者以广州市为例，于2013年2月至6月组织了问卷调查。

一、调查方法与样本构成

本次调查采用分层抽样调查法，共调查了159家企业。按所有制性质来分，包括国有企业34家、民营企业80家、三资企业21家、集体企业3家、联营企业3家、其他企业18家；（见表6-1）从规模来看，既有600人以上的大型企业，也有50人以下的小微企业，其中近6成企业员工人数在200人以下，近4成企业员工人数在200人以上（见表6-2）；从行业来看，涉及制造业、批发和零售业、交通运输业、仓储和邮政业、农林牧渔业、采矿业、建筑业、房地产业等18个行业。

表6-1　调查企业类型分布

企业类型	企业数（n）	有效百分比（%）
国有企业	34	21.38
集体企业	3	1.89
联营企业	3	1.89
三资企业	21	13.21
民营企业	80	50.31
其他企业	18	11.32
合计	159	100.00

[①] 本章部分内容参见：查吉德. 职业教育培养目标研究视角下的企业人才需求调查 [J]. 中国职业技术教育，2014（33）.

表 6 – 2   调查企业员工规模分布

员工人数	企业数（n）	有效百分比（%）	累积百分比（%）
50 人以下	44	27.67	27.67
51~100 人	29	18.24	45.91
101~200 人	21	13.21	59.12
201~400 人	13	8.18	67.30
401~600 人	12	7.55	74.84
601 人以上	40	25.16	100.00
合计	159	100.00	—

二、调查信度与效度

本次调查具有很好的信度和效度。信度方面，SPSS16.0 统计处理结果显示，企业人才需求调查问卷 Cronbach's α 系数高达 0.97，表明调查具有很高的内在一致性，十分可信。效度方面，根据设想，调查主要是了解企业的人才需求（岗位需求、类型需求、规格要求、学历要求）、不同学历毕业生的岗位分布以及企业对不同学历毕业生的职业能力评价。从调查结果来看，调查达到了预期目标，具有较好的构想效度。

第二节   企业人才需求基本情况分析

据调查，整体而言，当前广州市企业的销售、生产岗位迫切需要本、专科层次的营销人才、技能型人才和管理人才。同时，国有企业与民营企业在人才需求及技术技能人才来源上有一定差异。

一、企业人才类型需求分析

1. 企业迫切需要营销人才、技能型人才和管理人才

调查中，在问及"企业最需要哪种类型的人才"时，营销人才、技能型人才和管理人才的选择频率居前三位。其中，26.58% 的企业选择了营销人才，23.42% 选择了技能型人才、21.52% 选择了管理人才。可见，企业的人才需求与职业院校学生的成才需求有一定差异。根据调查，虽然有 29.05% 的高职生将管理人才作为首选成才目标，但将技能型人才和营销人才作为首选成才目标的高职生却分别只有 7.54% 和 4.62%。

2. 国有企业与民营企业人才需求类型有一定差异

据调查，国有企业最需要的三类人才是营销人才（32.35%）、工程型人才（29.41%）和研发人才（29.41%），而民营企业最需要的三类人才是管理人才（34.18%）、营销人才（31.65%）和技能型人才（22.78%）。可见，两类企业除迫切需要营销人才之外，国有企业还迫切需要工程型人才和研发人才，民营企业则迫切需要管理

人才和技能型人才。另外，相比国有企业，民营企业对技术型人才的需求更迫切。调查中，17.72%的民营企业表明最需要"技术型人才"，比国有企业高近6个百分点。

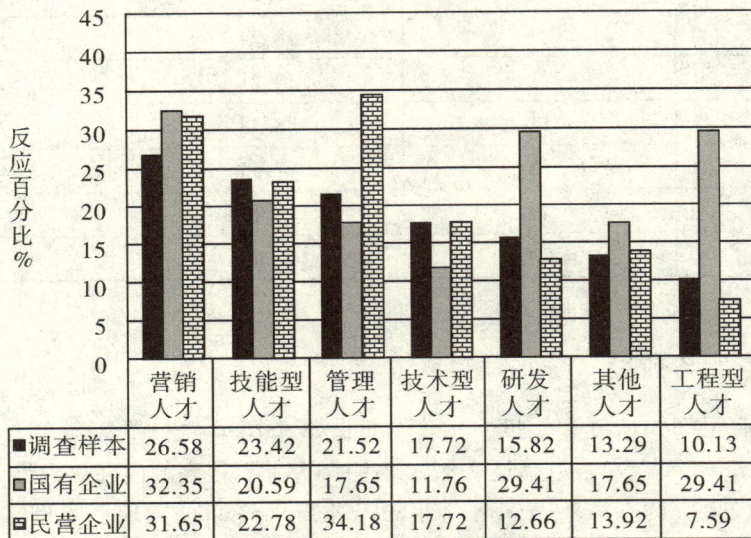

图6-1　企业人才类型需求分布

	营销人才	技能型人才	管理人才	技术型人才	研发人才	其他人才	工程型人才
■调查样本	26.58	23.42	21.52	17.72	15.82	13.29	10.13
▨国有企业	32.35	20.59	17.65	11.76	29.41	17.65	29.41
▫民营企业	31.65	22.78	34.18	17.72	12.66	13.92	7.59

二、企业岗位人才需求分析

1. 企业销售岗位、生产岗位人才需求最迫切

据调查，当问及当前企业哪类岗位最缺人时，30.13%的企业选择了销售岗位，27.56%的企业选择了生产岗位，17.95%的企业选择了研发岗位，13.46%的企业选择了中层管理岗位，12.82%的企业选择了基层管理岗位。（见图6-2）可见，当前企业销售岗位、生产岗位的人才需求最迫切，同时研发岗位、中层和基层管理岗位的人才需求也比较强烈。

2. 国有企业与民营企业岗位人才需求有一定差异

从图6-2可见，国有企业人才需求最迫切的三类岗位是研发岗位（40.63%）、销售岗位（25%）和生产岗位（18.75%）；民营企业人才需求最迫切的三类岗位是销售岗位（30%）、生产岗位（30%）和中层管理岗位（15%）。可见，不论是国有企业还是民营企业，生产岗位与销售岗位的人才需求均非常迫切，这一结果与人才类型需求调查结果是基本一致的。同时，民营企业对管理人才，尤其是中层管理人才具有较高需求度，而发展相对更成熟的国有企业则急需通过自主创新提升企业竞争力，因此对研发人才极其渴望。另外，单就管理岗位而言，国有企业高级管理岗位人才需求更迫切（12.5%），而民营企业中层管理岗位（15%）和基层管理岗位（13.75%）的人才需求更迫切。

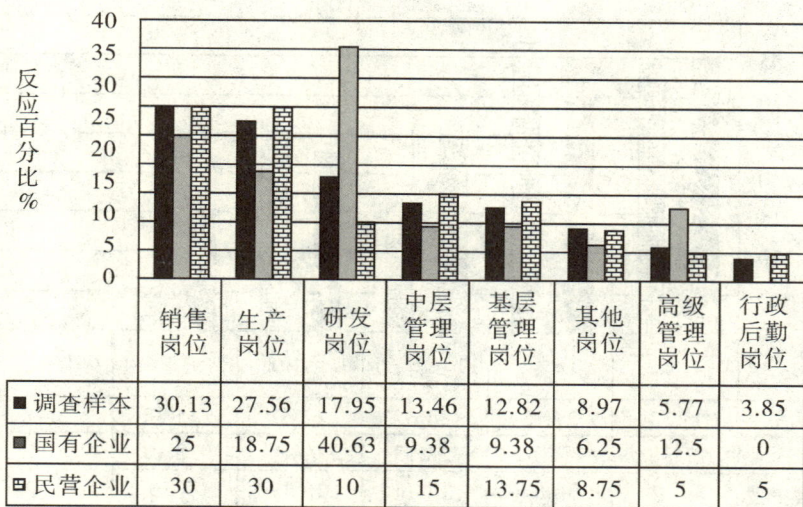

	销售岗位	生产岗位	研发岗位	中层管理岗位	基层管理岗位	其他岗位	高级管理岗位	行政后勤岗位
■ 调查样本	30.13	27.56	17.95	13.46	12.82	8.97	5.77	3.85
■ 国有企业	25	18.75	40.63	9.38	9.38	6.25	12.5	0
□ 民营企业	30	30	10	15	13.75	8.75	5	5

图 6 - 2　企业岗位人才需求分布

三、企业对不同学历人才的需求分析

1. 企业最需要本、专科层次的人才

调查中，问及企业最缺乏哪个学历层次的人才时，35.33%的企业选择本科生，29.33%选择大专生，24.67%的企业选择了硕士研究生，22.67%的企业选择了高中（中职）毕业生，15.33%的企业选择了博士研究生。可见，就学历层次而言，本、专科层次人才是企业最需要的，同时，企业对硕士研究生、高中或中职毕业生的需求度也比较高。（见图6－3）

2. 国有企业与民营企业对不同学历人才的需求有较大差异

国有企业对本科以上高学历人才的需求高于民营企业。从图6－3可见，按选择频率排序，国有企业最需要博士研究生（28.13%）和硕士研究生（28.13%），其次是本科层次的人才（21.88%）；而对民营企业而言，最需要的是专科层次的人才（36.84%），其次是本科层次的人才（34.21%），同时对高中（中职）学历的人才需求也比较明显（26.32%）。

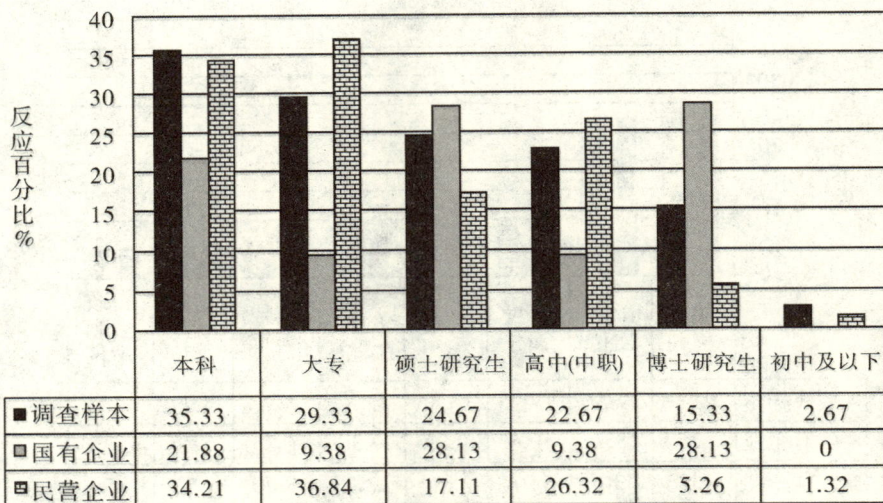

	本科	大专	硕士研究生	高中(中职)	博士研究生	初中及以下
■调查样本	35.33	29.33	24.67	22.67	15.33	2.67
□国有企业	21.88	9.38	28.13	9.38	28.13	0
▨民营企业	34.21	36.84	17.11	26.32	5.26	1.32

图6-3 企业对不同学历层次人才的需求分布

四、企业技术技能人才来源分析

1. 本科和高职高专毕业生是企业技术技能人才的主要来源

《国家教育事业发展第十二个五年规划》提出，要构建具有中国特色、世界水准的现代职业教育体系框架，系统培养初级、中级和高级技术技能人才。可见，培养技术技能人才是国家赋予职业教育的历史使命。那么，职业教育在此方面的现实担当如何？企业的技术技能人才主要有哪些来源呢？据调查，33.76%的企业的技术技能人才主要来自本科毕业生，29.94%的企业的技术技能人才主要来自高职高专毕业生；10.19%的企业的技术技能人才主要来自中职毕业生。（见图6-4）可见，职业院校（包括高职和中职）已成为我国技术技能人才的重要培养基地，但并不是企业技术技能人才的最主要的来源，本科毕业生是企业技术技能人才最主要的外部来源。

2. 国有企业与民营企业技术技能人才来源有一定差异

国有企业的技术技能人才主要来自本科毕业生，而民营企业的技术技能人才则以高职高专毕业生为主。从图6-4可见，在技术技能人才来源方面，国有企业选择频率最高的是本科毕业生（63.64%），其次是高职高专毕业生（18.18%）和企业自己培养（18.18%），选择中职毕业生的只有（3.03%）；民营企业选择频率最高的是高职高专毕业生（30.38%），其次是企业自己培养（27.85%），再次是本科毕业生（16.46%）和中职毕业生（16.46%），另有7.59%的民营企业选择了普通高中毕业生。

反应百分比%

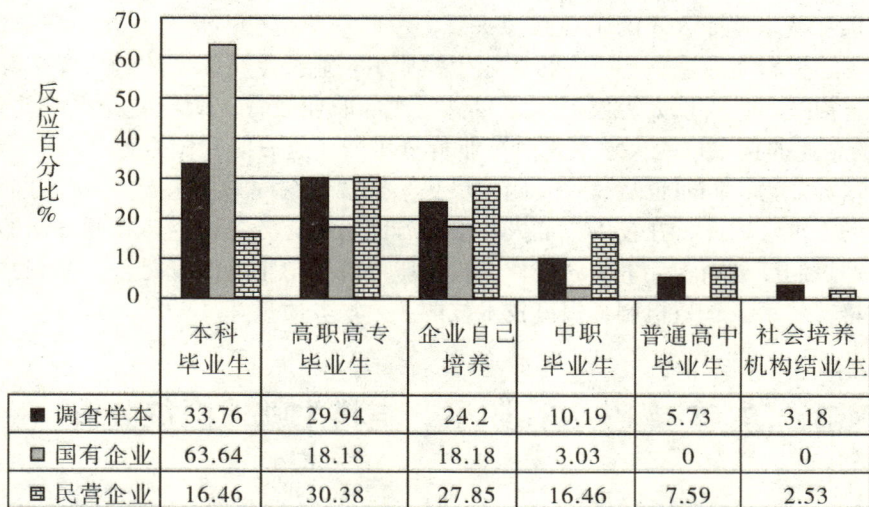

	本科毕业生	高职高专毕业生	企业自己培养	中职毕业生	普通高中毕业生	社会培养机构结业生
■ 调查样本	33.76	29.94	24.2	10.19	5.73	3.18
▦ 国有企业	63.64	18.18	18.18	3.03	0	0
▦ 民营企业	16.46	30.38	27.85	16.46	7.59	2.53

图 6-4 企业技术技能人才来源分布

五、思考与建议

综上表明，整体而言，从人才类型需求来看，当前企业迫切需要营销人才、技能型人才和管理人才；从岗位需求来看，销售岗位、生产岗位人才需求最迫切；从学历需求来看，企业最需要本、专科层次的人才；从技术技能人才的来源来看，本、专科毕业生是主要来源。不过，在人才需求及技术技能人才来源方面，国有企业与民营企业有一定差异。在人才类型需求方面，两类企业除都迫切需要营销人才之外，国有企业还迫切需要工程型人才和研发人才，民营企业则迫切需要管理人才和技能型人才；在岗位人才需求方面，两类企业生产岗位与销售岗位的人才需求均非常迫切，此外，民营企业管理岗位，尤其是中层、基层管理岗位人才需求度较高，而国有企业研发岗位、高级管理岗位的人才需求更迫切；在技术技能人才来源方面，国有企业的技术技能人才主要来自本科毕业生，而民营企业的技术技能人才则以高职高专毕业生为主。

该调查结果给职业教育的发展提供了重要启示：①职业院校应根据销售、生产等一线岗位对人才的迫切需求，着重为企业培养营销人才、技能型人才和技术型人才，同时加强为民营企业中层和基层管理岗位培养高素质的管理人才。②在人才培养目标定位时应考虑学校乃至专业对应行业企业的类型，因不同类型企业成熟度不同，人才需求也存在一定差异。一般而言，鉴于我国当前职业教育主要以高中阶段教育（中职）和专科层次教育（高职）为主，因此应着重面向民营企业，为这类企业培养人才，尤其是营销人才、管理人才、技能型人才和技术型人才。当然，那些面向国有垄断行业或企业的学校（专业）除外，如民航、铁路、石油等行业院校或相关专业主要应面向国有企业，培养适应国有企业需求的营销人才、技术型人才、技能型人才以及部分工程型人才和管理人才。③加快构建现代职业教育体系，适当发展本科层次职业教育和应用型研究生教育，以更好地满足企业（尤其是国有企业）对工程型人才、研发人才、高级管理人才的迫切需求。④从企业对人才的学历需求和技术技能人才的主要来源来看，中职毕业生已不是企业人才需求的重点，企业最需要本、专科毕业生，本、专科毕业生构成了企业技术技能人才的主要来源。鉴于此，职业教育应适当上移，大力发展本、专科层次的职业教育，适当减少中职教育规模。⑤ 24.2% 的企业的技术技能人才主要由企业自身培养，这表明我国企业已具备一定的技术技能人才培养能力，同时也从另一个侧面反映学校教育在技术技能人才培养方面不能完全满足企业的需求。因此，在技术技能人才培养方面，应充分考虑企业在此方面的经验和资源，力求通过制度创新，促进校企合作，构建职业院校与企业深度融合、互利共赢的技术技能人才培养体系及长效机制，提高技术技能人才培养质量。

第三节　中职生、高职生、本科生就业岗位分析

据调查，中职生、高职生、本科生在基层管理岗位、销售岗位就业的集中度都比较高。另外，中职生更多分布在生产岗位，高职生更多分布在中层管理岗位，本科毕业生更多分布在中层、高层管理岗位和研发岗位。此外，三类毕业生在国有企业和民营企业的就业岗位分布有一定差异。比如在国有企业，中职生的就业岗位更集中，主要在生产岗位就业，而在民营企业，中职生的就业岗位则比较分散，主要分布在生产岗位、基层管理岗位和销售岗位；在国有企业，高职生主要集中在基层管理岗位和生产岗位，而在民营企业，高职生则主要集中在基层、中层管理岗位和销售岗位；在国有企业，本科生主要集中在基层、中层管理岗位和销售岗位，而在民营企业，本科生则主要集中在中层管理岗位和高级管理岗位。

一、中职毕业生就业岗位分析

1. 中职毕业生的就业岗位主要集中在生产岗位、基层管理岗位和销售岗位

据调查，在问及企业录用的中职毕业生主要分布在哪些岗位时，调查企业的选择频率由高到低依次是：生产岗位（38.31%）、基层管理岗位（30.52%）、销售岗位（19.48%）、中层管理岗位（11.69%）、行政后勤岗位（11.69%）、研发岗位（9.74%）、其他岗位（7.14%）和高级管理岗位（0.65%）。可见，生产岗位、基层管理岗位、销售岗位是中职毕业生的主要就业岗位。

2. 中职毕业生在国有企业和民营企业的就业岗位有一定差异

虽然中职毕业生在国有企业和民营企业的就业岗位均集中在生产岗位、基层管理岗位和销售岗位，但在两类企业的就业岗位的集中程度有较大差异。从图6-5可见，在问及企业录用的中职毕业生主要分布在哪些岗位时，国有企业的选择频率依次是：生产岗位（54.55%）、基层管理岗位（15.15%）、销售岗位（15.15%）、行政后勤岗位（9.09%）、中层管理岗位（6.06%）、研发岗位（3.03%）、其他岗位（3.03%）；民营企业的选择频率依次是生产岗位（29.49%）、基层管理岗位（29.49%）、销售岗位（25.64%）、中层管理岗位（15.38%）、行政后勤岗位（15.38%）、其他岗位（7.69%）、研发岗位（2.56%）和高级管理岗位（1.28%）。可见，在国有企业，中职毕业生的就业岗位更集

中，主要是在生产岗位；而在民营企业，中职毕业生的就业岗位则比较分散，除生产岗位外，基层管理岗位、销售岗位也是中职毕业生的主要工作岗位，同时，也有不少中职毕业生在中层管理岗位和行政后勤岗位就业。

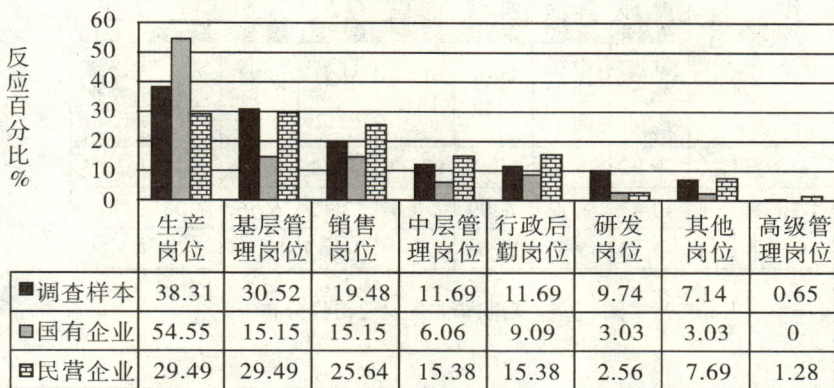

	生产岗位	基层管理岗位	销售岗位	中层管理岗位	行政后勤岗位	研发岗位	其他岗位	高级管理岗位
调查样本	38.31	30.52	19.48	11.69	11.69	9.74	7.14	0.65
国有企业	54.55	15.15	15.15	6.06	9.09	3.03	3.03	0
民营企业	29.49	29.49	25.64	15.38	15.38	2.56	7.69	1.28

图 6 - 5 中职毕业生就业岗位分布

二、高职毕业生就业岗位分析

1. 高职毕业生就业岗位主要集中在基层、中层管理岗位和销售岗位

在问及企业录用的高职毕业生主要分布在哪些岗位时，调查企业的选择频率由高到低依次是：基层管理岗位（39.22%）、中层管理岗位（25.49%）、销售岗位（20.92%）、生产岗位（13.73%）、行政后勤岗位（11.11%）、研发岗位（9.15%）、其他岗位（5.23%）、高级管理岗位（3.27%）。可见，基层、中层管理岗位和销售岗位是高职毕业生的主要就业岗位。

2. 高职毕业生在国有企业和民营企业的就业岗位存在一定差异

在问及企业录用的高职毕业生主要分布在哪些岗位时，国有企业的选择频率依次是：基层管理岗位（42.42%）、生产岗位（30.3%）、行政后勤岗位（12.12%）、销售岗位（9.09%）、中层管理岗位（9.09%）、研发岗位（6.06%）、其他岗位（3.03%）；民营企业的选择频率依次是：基层管理岗位（35.53%）、中层管理岗位（35.53%）、销售岗位（23.68%）、行政后勤岗位（10.53%）、研发岗位（10.53%）、生产岗位（7.89%）、其他岗位（5.26%）和高级管理岗位（5.26%）。可见，在国有企业，高职毕业生主要集中在基层管理岗位和生产岗位，而在民营企业，高职毕业生则主要集中在基层、中层管理岗位和销售岗位。因此，高职院校除了满足两类企业对基层、中层管理人才的需求之外，还应着重满足国有企业生产岗位和民营企业销售岗位的人才需求。

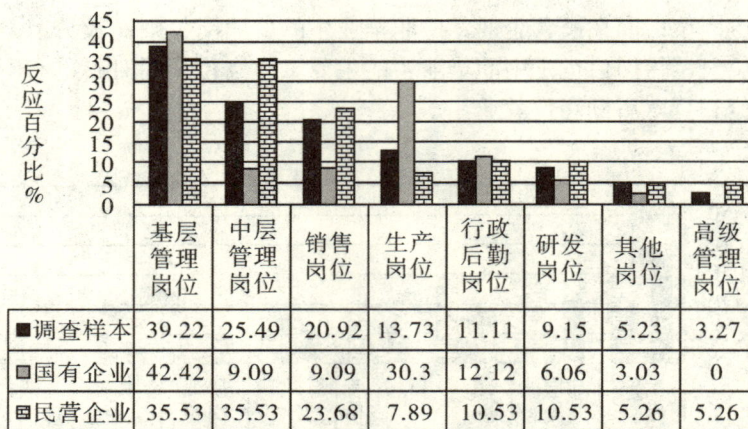

	基层管理岗位	中层管理岗位	销售岗位	生产岗位	行政后勤岗位	研发岗位	其他岗位	高级管理岗位
■调查样本	39.22	25.49	20.92	13.73	11.11	9.15	5.23	3.27
▫国有企业	42.42	9.09	9.09	30.3	12.12	6.06	3.03	0
▩民营企业	35.53	35.53	23.68	7.89	10.53	10.53	5.26	5.26

图 6-6　高职毕业生就业岗位分布

三、本科毕业生就业岗位分析

1. 本科毕业生就业岗位主要集中在中层、基层管理岗位和销售岗位

在问及企业录用的本科毕业生主要分布在哪些岗位时，调查企业的选择频率由高到低依次是：中层管理岗位（32.45%）、基层管理岗位（30.46%）、销售岗位（21.19%）、研发岗位（18.54%）、高级管理岗位（15.89%）、行政后勤岗位（13.25%）、其他岗位（7.95%）和生产岗位（6.62%）。可见，虽然本科毕业生与高职毕业生一样，主要也是集中在中层管理岗位、基层管理岗位和销售岗位就业，但相比高职毕业生，本科毕业生在企业研发岗位、高级管理岗位就业的比例更高，而在生产岗位就业的比例更低。

2. 本科毕业生在国有企业和民营企业的就业岗位存在一定差异

在问及企业录用的本科毕业生主要分布在哪些岗位时，国有企业的选择频率依次是：基层管理岗位（38.71%）、中层管理岗位（25.81%）、销售岗位（19.35%）、研发岗位（19.35%）、行政后勤岗位（9.68%）、生产岗位（6.45%）、高级管理岗位（3.23%）和其他岗位（3.23%）；民营企业的选择频率依次是：中层管理岗位（32%）、高级管理岗位（25.33%）、其他岗位（24%）、基层管理岗位（18.67%）、销售岗位（17.33%）、研发岗位（16%）、行政后勤岗位（8%）和生产岗位（8%）。可见，在国有企业，本科毕业生主要集中在基层、中层管理岗位、研发岗位和销售岗位，而在民营企业，本科毕业生则主要集中在中层管理岗位和高级管理岗位。由此表明，本科生在民营企业更易晋升到高级管理岗位，而在国有企业更多在基层管理岗位工作。

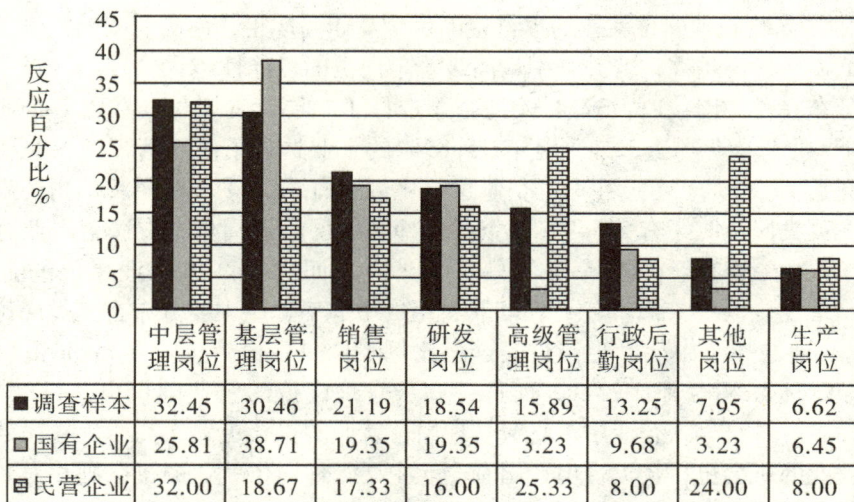

图6－7　本科毕业生就业岗位分布

四、中职生、高职生、本科生就业岗位比较

从调查结果来看，中职生、高职生和本科生在企业的就业岗位既存在一定共性，也有一定差异性。

1. 中职生、高职生、本科生就业岗位共性分析

（1）基层管理岗位是中职生、高职生和本科生共同的主要就业岗位之一。在问及中职生、高职生和本科生分别主要在哪类岗位就业时，均有超过30%的企业选择了"基层管理岗位"，选择频率在所有选项中分别排第一或第二位。可见，不论是对中职生、高职生，还是对本科生而言，基层管理岗位均是主要的就业岗位之一。（见图6－8）

（2）销售岗位也是三类毕业生共同的主要就业岗位之一。在问及中职生、高职生和本科生分别主要在哪类岗位就业时，均有20%左右的企业选择了"销售岗位"。可见，销售岗位也是中职生、高职生和本科生共同的主要就业岗位之一。（见图6－8）

2. 中职生、高职生、本科生就业岗位差异分析

（1）在生产岗位就业的中职生的比例远高于高职生，而高职生的比例又高于本科生。换句话说，学历越高，在生产岗位就业的可能性越小。在问及录用的中职毕业生主要分布在哪类岗位时，38.31%的企业选择了生产岗位，在国有企业这一比例更是高达54.55%，在民营企业也达29.49%；在问及录用的高职毕业生主要分布在哪类岗位时，有13.73%的企业选择了生产岗位，不过在国有企业这一比例高达30.3%，在民营企业只有7.89%；在问及录用的本科毕业生主要分布在哪类岗位时，只有6.62%的企业选择了生产岗位，这一比例不论是在国有企业（6.45%）还是在民营企业（8%）都比较低。可见，本科毕业生极少在生产岗位就业，高职毕业生极少在民营企业的生产岗位就业，但在国有企业生产岗位就业的比例较高，但对于中职生而言，不论是在国有企业还是在民营企业，生产岗位均是其最主要的就业岗位。

（2）在中、高级管理岗位就业的本科生的比例高于高职生，而高职生的比例又高于中职生。换句话说，学历越高，晋升到中、高级管理岗位的可能性越大。在问及录用的本科毕业生主要分布在哪类岗位时，32.45%的企业选择了中层管理岗位，在国有企业这一比例为25.81%，民营企业则达32%，还有15.89%的企业选择了高级管理岗位，在民营企业这一比例高达25.33%，不过在国有企业这一比例只有3.23%；在问及录用的高职毕业生主要分布在哪类岗位时，有25.49%的企业选择了中层管理岗位，在民营企业这一比例达35.53%，不过在国有企业这一比例只有9.09%，而选择高级管理岗位的企业只有3.27%，在民营企业也只有5.26%；在问及录用的中职毕业生主要分布在哪类岗位时，只有11.69%的企业选择了中层管理岗位，这一比例不论是在民营企业（15.38%）还是在国有企业（6.06%）相对都比较低，而选择高级管理岗位的企业则更少，只有0.65%。可见，相对而言，本科生在企业中、高级管理岗位就业的机会更大，高职生在民营企业中层管理岗位就业的机会也比较大，但在国有企业中层管理岗位就业的机会则相对较低，中职生则极少能在企业中层或高级管理岗位就业。换句话说，专科层次的高职院校在进行人才培养目标定位时，除了主要面向企业的基层管理岗位和销售岗位之外，还可以面向民营企业的中层管理岗位，而中职学校则不宜面向企业的中层管理岗位。

（3）相对于高职生、中职生，本科生在研发岗位就业的比例更高。在问及录用的本科、高职、中职毕业生主要分布在哪类岗位时，选择研发岗位的企业比例分别为18.54%、9.15%和9.74%。可见，本科生在研发岗位工作的比例远高于高职生和中职生。这种情况在国有企业更加明显。调查中，19.35%的国有企业录用的本科生主要分布在研发岗位，而选择高职生、中职生在研发岗位就业的国有企业比例分别只有6.06%、3.03%。（见图6-9）

表6-3　中职生、高职生、本科生就业岗位分布比较　　　（单位：%）

岗位	中职生			高职生			本科生		
	调查样本	国有企业	民营企业	调查样本	国有企业	民营企业	调查样本	国有企业	民营企业
生产岗位	38.31	54.55	29.49	13.73	30.30	7.89	6.62	6.45	8.00
销售岗位	19.48	15.15	25.64	20.92	9.09	23.68	21.19	19.35	17.33
基层管理岗位	30.52	15.15	29.49	39.22	42.42	35.53	30.46	38.71	18.67

（续上表）

岗位	中职生			高职生			本科生		
	调查样本	国有企业	民营企业	调查样本	国有企业	民营企业	调查样本	国有企业	民营企业
中层管理岗位	11.69	6.06	15.38	25.49	9.09	35.53	32.45	25.81	32.00
高级管理岗位	0.65	0.00	1.28	3.27	0.00	5.26	15.89	3.23	25.33
行政后勤岗位	11.69	9.09	15.38	11.11	12.12	10.53	13.25	9.68	8.00
研发岗位	9.74	3.03	2.56	9.15	6.06	10.53	18.54	19.35	16.00
其他	7.14	3.03	7.69	5.23	3.03	5.26	7.95	3.23	24.00

注：调查为多项选择，表格中的数据为反应百分比，即选择该选项的企业数与有效样本总数的比例。

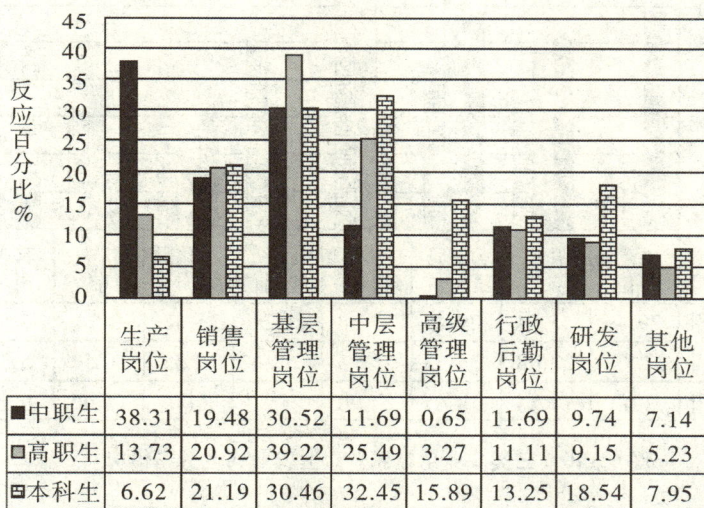

	生产岗位	销售岗位	基层管理岗位	中层管理岗位	高级管理岗位	行政后勤岗位	研发岗位	其他岗位
中职生	38.31	19.48	30.52	11.69	0.65	11.69	9.74	7.14
高职生	13.73	20.92	39.22	25.49	3.27	11.11	9.15	5.23
本科生	6.62	21.19	30.46	32.45	15.89	13.25	18.54	7.95

图6-8 三类毕业生在企业就业岗位整体分布情况

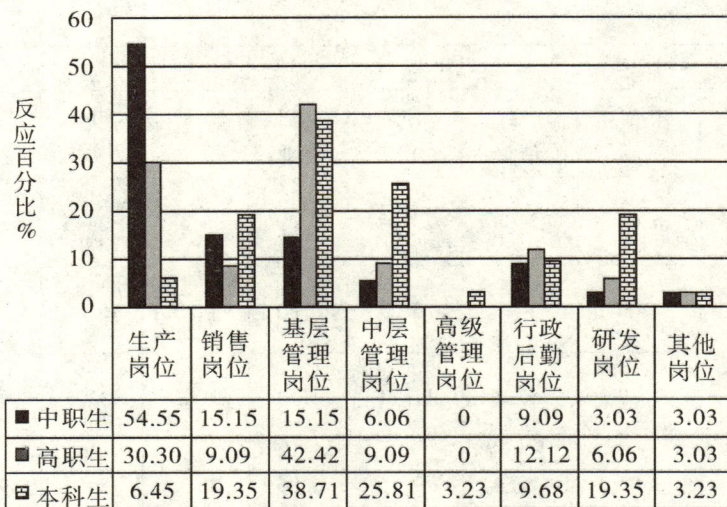

	生产岗位	销售岗位	基层管理岗位	中层管理岗位	高级管理岗位	行政后勤岗位	研发岗位	其他岗位
■ 中职生	54.55	15.15	15.15	6.06	0	9.09	3.03	3.03
高职生	30.30	9.09	42.42	9.09	0	12.12	6.06	3.03
本科生	6.45	19.35	38.71	25.81	3.23	9.68	19.35	3.23

图6-9 三类毕业生在国有企业就业岗位分布情况

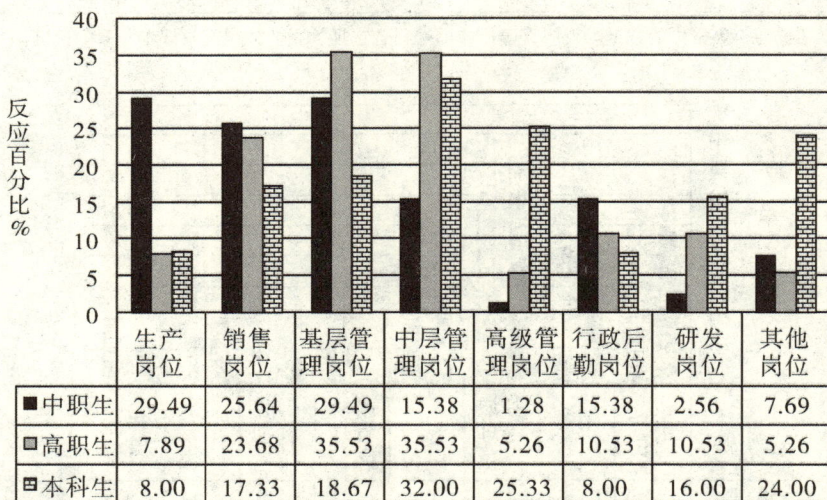

	生产岗位	销售岗位	基层管理岗位	中层管理岗位	高级管理岗位	行政后勤岗位	研发岗位	其他岗位
■ 中职生	29.49	25.64	29.49	15.38	1.28	15.38	2.56	7.69
高职生	7.89	23.68	35.53	35.53	5.26	10.53	10.53	5.26
本科生	8.00	17.33	18.67	32.00	25.33	8.00	16.00	24.00

图6-10 三类毕业生在民营企业就业岗位分布情况

第四节 企业对员工学历及职业能力的要求分析

企业对员工学历及职业能力的要求，是构建现代职业教育体系和职业院校开展人才培养工作的重要依据。为此，本研究对企业的学历要求及职业能力要求进行了专门调查。同时，为了解不同企业对员工学历及职业能力的要求差异，本研究还对国有企业与民营企业的要求进行了差异分析。

从调查结果来看，相比于学历，企业更看重员工的职业能力，尤其是社会能力。在专业能力方面，相比于专业知识更看重员工的专业技能；在方法能力方面，企业最看重员工的问题解决能力和学习能力；在社会能力方面，企业最看重员工的工作态度和团队协作能力。另外，国有企业与民营企业对员工的学历及职业能力要求有一定差异，国有企业不论是对员工的学历要求，还是对员工的职业能力要求均普遍高于民营企业，且相对于民营企业，国有企业更看重员工的创新能力。

一、企业对员工学历要求分析

1. 企业对员工学历的整体要求一般

从图6-11可见，企业对员工学历要求分布略呈正偏态分布，均值为3.16，表明企业对员工的学历整体要求"一般偏高"。具体而言，对员工学历要求方面，11.56%的企业要求"很高"，23.81%的企业要求"高"，累计35.37%的企业要求"高"或"很高"，另累计有23.13%的企业要求"低"或"很低"。

表6-4　企业对员工学历要求情况

要求程度	有效百分比（%）	累计百分比（%）
很高	11.56	11.56
高	23.81	35.37
一般	41.50	76.87
低	14.97	91.84
很低	8.16	100.00
合计	100.00	—

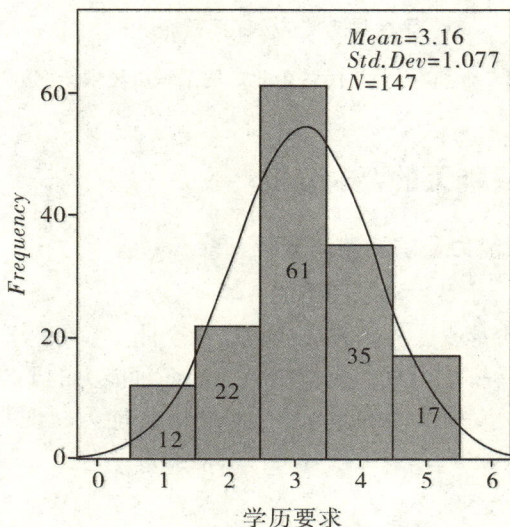

图6-11　企业对员工学历要求分布

2. 国有企业对员工的学历要求比民营企业高

两独立样本差异显著性 t 检验结果（$t=3.492$，$df=102$，$p=0.001<0.01$）表明，国有企业与民营企业对员工学历的要求存在显著性差异，前者的要求高于后者。从表 6-5 可见，国有企业对员工的学历要求均值为 3.67，明显高于民营企业（2.89）。另从图 6-12 可见，累计 51.51% 的国有企业对员工学历要求"高"或"很高"，而民营企业只有 25.35% 对员工学历要求"高"或"很高"，累计约 31% 的民营企业对员工学历要求"低"或"很低"。

表 6-5　企业对员工学历要求均值及标准差

样本	均值	标准差
调查样本	3.16	1.077
国有企业	3.67	1.021
民营企业	2.89	1.076

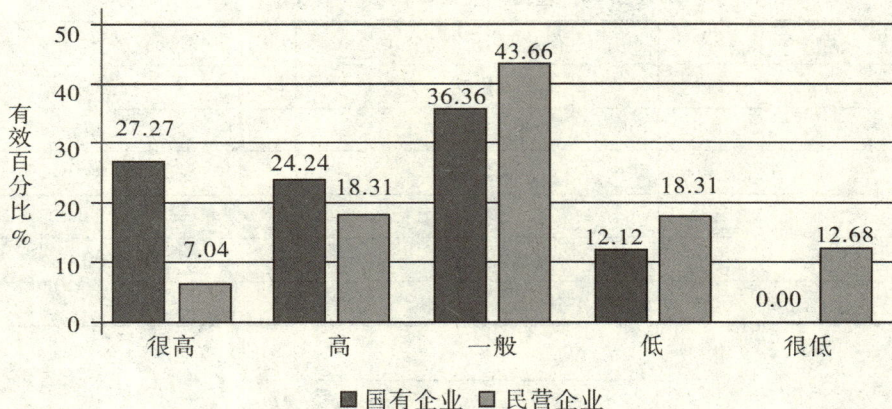

图 6-12　国有企业与民营企业对员工学历要求情况分布

二、企业对员工职业能力的要求分析

（一）企业对员工职业能力要求的整体分析

1. 整体而言，企业最看重员工的社会能力

据调查，企业对员工的专业能力、方法能力、社会能力、综合职业能力的要求均值分别为 3.96、3.66、4.27、4.11。可见，企业对员工的四种能力的要求均比较高。其中，对社会能力、综合职业能力、专业能力的要求明显高于方法能力，说明企业更看重员工的社会能力、综合职业能力和专业能力，尤其看重社会能力。

表6－6　企业对员工职业能力的要求均值及标准差

能力结构	指标维度	调查样本		国有企业		民营企业	
		均值	标准差	均值	标准差	均值	标准差
1. 专业能力	1.1 专业知识	3.87	1.062	3.85	1.12	3.70	1.18
	1.2 专业技能	4.10	1.085	4.38	0.66	3.84	1.33
	1.0 整体要求	3.96	1.074	4.12	0.89	3.77	1.255
2. 方法能力	2.1 外语应用能力	2.73	1.236	2.97	1.19	2.40	1.24
	2.2 计算机使用能力	3.40	1.145	3.48	1.33	3.25	1.13
	2.3 信息收集处理能力	3.40	1.135	3.55	1.18	3.29	1.19
	2.4 学习能力	4.09	0.854	4.09	0.91	4.04	0.94
	2.5 创新能力	3.91	0.992	4.24	0.87	3.80	1.11
	2.6 问题解决能力	4.23	0.863	4.45	0.71	4.14	1.00
	2.7 组织管理能力	3.89	0.912	4.06	0.79	3.83	1.10
	2.0 整体要求	3.66	1.020	3.84	1.11	3.54	1.23
3. 社会能力	3.1 工作态度	4.57	0.838	4.55	0.51	4.51	1.06
	3.2 团队协作能力	4.44	0.861	4.48	0.62	4.35	1.07
	3.3 社会责任心	4.12	0.916	4.30	0.68	4.00	1.10
	3.4 环境适应能力	4.17	0.787	4.18	0.79	4.10	0.93
	3.5 心理承受能力	4.23	0.812	4.18	0.73	4.14	0.94
	3.6 应变能力	4.23	0.896	4.30	0.77	4.16	1.05
	3.7 沟通表达能力	4.14	0.979	4.27	0.76	3.99	1.19
	3.0 整体要求	4.27	0.870	4.32	0.67	4.18	1.06
4. 综合职业能力	4.0 综合职业能力	4.11	0.775	4.29	0.66	3.96	0.82

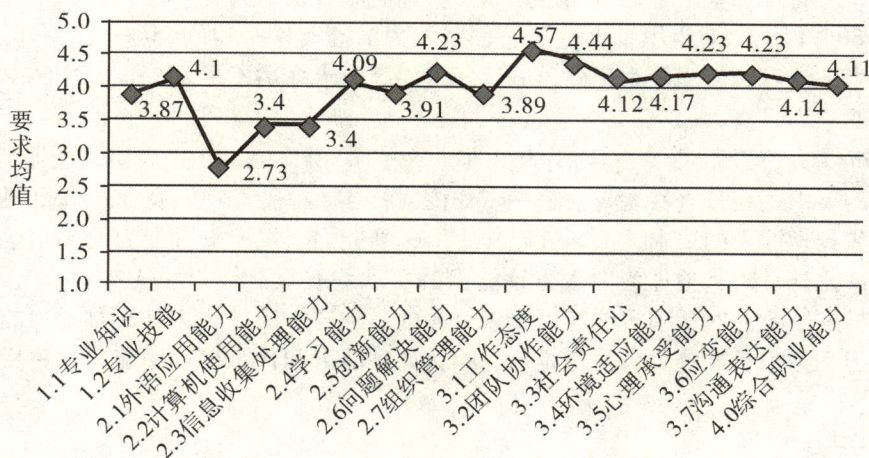

图6－13　企业对员工职业能力要求均值

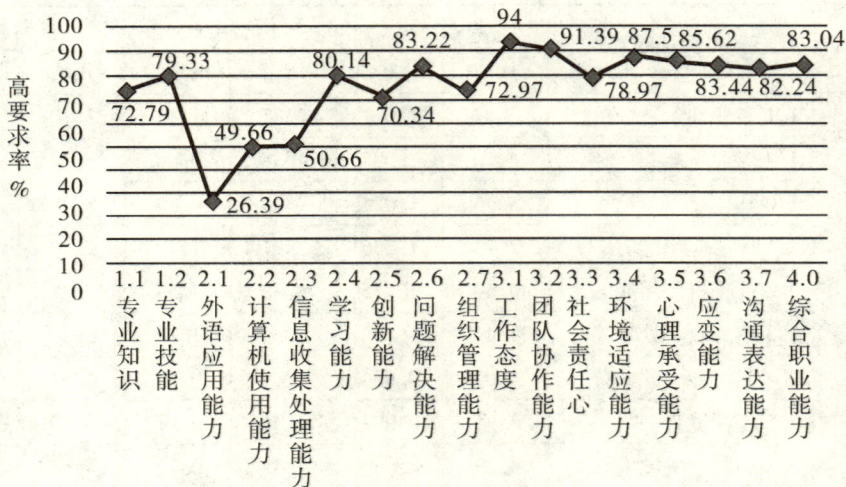

图 6 - 14　企业对员工职业能力高要求率

2. 专业能力方面，企业更看重员工的专业技能

配对样本 t 检验结果（$t = -5.04$，$df = 143$，$p = 0.000 < 0.01$）表明，企业对员工专业知识和专业技能的要求有显著性差异，对前者的要求低于后者。从图 6 - 13 和图 6 - 14 可见，不论是从要求均值来看，还是从高要求率[①]来看，企业对员工专业技能的要求均高于对专业知识的要求。

3. 方法能力方面，企业最看重员工的问题解决能力和学习能力

调查显示，7 项方法能力中，企业对员工问题解决能力的要求最高，均值达 4.23，且标准差只有 0.863，说明在此方面各企业的态度非常一致，其次是学习能力（$M = 4.09$），再次是创新能力（$M = 3.91$）和组织管理能力（$M = 3.89$），而企业对员工的信息收集处理能力、计算机使用能力以及外语应用能力的要求相对较低，均值分别只有 3.4、3.4 和 2.73。另外，从高要求率来看，情况也是如此。企业对员工的问题解决能力、学习能力的高要求率达 80% 以上，对组织管理能力、创新能力的高要求率也在 70% 以上，但对信息收集处理能力、计算机使用能力和外语应用能力的高要求率均不足 60%。其中，对外语应用能力的高要求率只有 26.39%。

Friedman 卡方检验结果（$\chi^2 = 261.86$，$df = 6$，$p = 0.000 < 0.01$）表明，企业对员工 7 项方法能力的要求存在显著性差异。进一步作配对样本 t 检验发现，企业对计算机使用能力和信息收集处理能力的要求无显著性差异，对创新能力与组织管理能力的要求也无显著性差异，除此之外，对其他任何两项方法能力的要求均有显著性差异。基于以上，结合 t 值正负关系推断，企业对 7 项方法能力要求最高的是问题解决能力，其次是学习能力，再次是创新能力和组织管理能力，接着是信息收集处理能力和计算机使用能力，最后是外语应用能力。

---

① 高要求率是指调查样本中选择"4"（要求高）和"5"（要求很高）的累计百分比。下文同。

表6-7　企业对员工方法能力的要求均值差异显著性 t 检验

能力指标	t	df	$Sig.$
2.1 外语应用能力·2.2 计算机使用能力	-6.672	143	0.000
2.1 外语应用能力·2.3 信息收集处理能力	-6.748	143	0.000
2.1 外语应用能力·2.4 学习能力	-11.726	142	0.000
2.1 外语应用能力·2.5 创新能力	-11.044	143	0.000
2.1 外语应用能力·2.6 问题解决能力	-13.411	143	0.000
2.1 外语应用能力·2.7 组织管理能力	-11.321	142	0.000
2.2 计算机使用能力·2.3 信息收集处理能力	-1.148	145	0.253
2.2 计算机使用能力·2.4 学习能力	-7.284	145	0.000
2.2 计算机使用能力·2.5 创新能力	-5.301	144	0.000
2.2 计算机使用能力·2.6 问题解决能力	-8.979	146	0.000
2.2 计算机使用能力·2.7 组织管理能力	-6.136	145	0.000
2.3 信息收集处理能力·2.4 学习能力	-7.212	144	0.000
2.3 信息收集处理能力·2.5 创新能力	-4.903	144	0.000
2.3 信息收集处理能力·2.6 问题解决能力	-8.583	146	0.000
2.3 信息收集处理能力·2.7 组织管理能力	-5.720	145	0.000
2.4 学习能力·2.5 创新能力	2.483	143	0.014
2.4 学习能力·2.6 问题解决能力	-2.673	145	0.008
2.4 学习能力·2.7 组织管理能力	2.098	144	0.038
2.5 创新能力·2.6 问题解决能力	-5.483	144	0.000
2.5 创新能力·2.7 组织管理能力	0.000	143	1.000
2.6 问题解决能力·2.7 组织管理能力	5.685	145	0.000

4. 社会能力方面，企业最看重员工的工作态度和团队协作能力

据调查，企业对7项社会能力的要求均值都在4以上，且除社会责任心以外，对其他6项社会能力的高要求率都在80%以上，由此说明企业非常重视员工的社会能力。其中，要求最高的是工作态度和团队协作能力，均值分别达4.57和4.44，高要求率分别达94%、91.39%，说明90%以上的企业对此两项能力要求"高"或"很高"。

Friedman 卡方检验结果（$\chi^2 = 105.02$，$df = 6$，$p = 0.000 < 0.01$）表明，企业对员工7项社会能力的要求存在显著性差异。进一步作配对样本 t 检验发现，企业对员工工作态度的要求高于其他6项社会能力，对团队协作能力的要求高于除工作态度以外的其他5项社会能力，对应变能力的要求高于社会责任心。综上推断，虽然企业对员工每项社会能力都比较看重，但最看重工作态度，其次是团队协作能力。

表6-8　企业对员工社会能力的要求均值差异显著性 t 检验结果

能力指标	t	df	Sig.
3.1 工作态度 · 3.2 团队协作能力	3.030	146	0.003
3.1 工作态度 · 3.3 社会责任心	7.564	145	0.000
3.1 工作态度 · 3.4 环境适应能力	7.515	142	0.000
3.1 工作态度 · 3.5 心理承受能力	6.968	144	0.000
3.1 工作态度 · 3.6 应变能力	6.595	148	0.000
3.1 工作态度 · 3.7 沟通表达能力	6.178	147	0.000
3.2 团队协作能力 · 3.3 社会责任心	5.970	144	0.000
3.2 团队协作能力 · 3.4 环境适应能力	6.281	143	0.000
3.2 团队协作能力 · 3.5 心理承受能力	4.399	145	0.000
3.2 团队协作能力 · 3.6 应变能力	3.831	148	0.000
3.2 团队协作能力 · 3.7 沟通表达能力	4.478	148	0.000
3.3 社会责任心 · 3.4 环境适应能力	−0.592	141	0.555
3.3 社会责任心 · 3.5 心理承受能力	−1.530	143	0.128
3.3 社会责任心 · 3.6 应变能力	−2.253	145	0.026
3.3 社会责任心 · 3.7 沟通表达能力	−1.352	144	0.179
3.4 环境适应能力 · 3.5 心理承受能力	−1.180	142	0.240
3.4 环境适应能力 · 3.6 应变能力	−1.636	143	0.104
3.4 环境适应能力 · 3.7 沟通表达能力	−0.905	142	0.367
3.5 心理承受能力 · 3.6 应变能力	−0.749	145	0.455
3.5 心理承受能力 · 3.7 沟通表达能力	0.220	144	0.826
3.6 应变能力 · 3.7 沟通表达能力	0.930	149	0.354

（二）国有企业与民营企业对员工的职业能力要求有一定差异

整体而言，国有企业和民营企业对员工职业能力的要求比较一致。从评价均值来看，两者均最看重员工的社会能力，其次是综合职业能力，再次是专业能力，最后是方法能力。（见表6-6）另外，从具体指标来看，情况基本类似。如在专业能力方面，相对于专业知识，国有企业与民营企业均更看重专业技能；在方法能力方面，国有企业与民营企业均最看重问题解决能力，不过，国有企业比民营企业更重视创新能力，而民营企业比国有企业更重视学习能力；[①] 在社会能力方面，国有企业和民营企业均最看重员工的工作态度和团队协作能力。

不过，从要求程度上看，国有企业对员工的职业能力要求普遍高于民营企业。从图

---

① 国有企业对员工创新能力的要求均值为4.24，且高要求率达93.9%，在7项方法能力中仅次于问题解决能力；民营企业对学习能力的要求均值为4.04，在7项方法能力中仅次于问题解决能力，且对学习能力的高要求率达78.6%，在7项方法能力中排第一位。

6-15可见，国有企业对员工17项职业能力的要求均值均高于民营企业，前者对其中的13项职业能力的要求均值在4以上（表明对这13项能力要求"高"或"很高"），后者对8项职业能力的要求均值在4以上。另从企业对员工职业能力高要求率来看，国有企业对员工的17项职业能力的高要求率也普遍高于民营企业，前者对其中的10项职业能力的高要求率在80%以上（表明80%以上的国有企业对员工这10项职业能力要求"高"或"很高"），后者对5项职业能力的高要求率在80%以上。另外，t检验结果进一步表明，国有企业与民营企业对员工的专业技能、外语应用能力和创新能力的要求有显著性差异，前者高于后者。

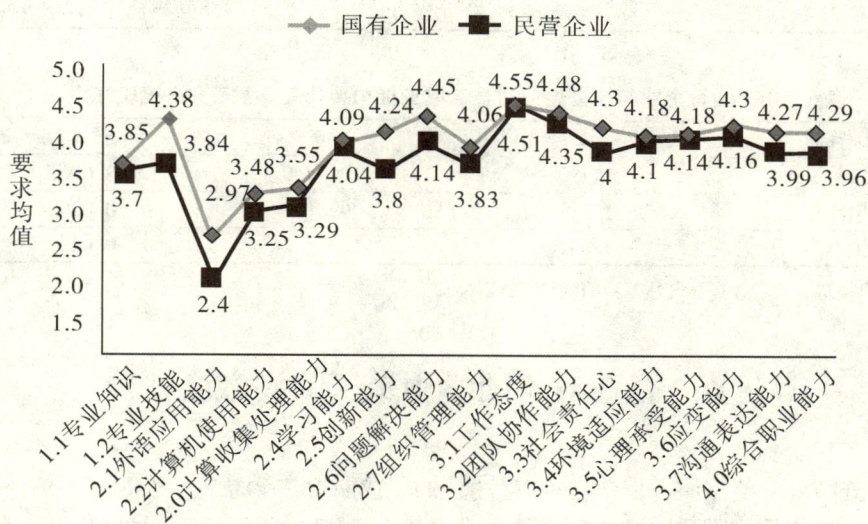

图6-15　国有企业与民营企业对员工职业能力要求均值

表6-9　国有企业与民营企业对员工职业能力高要求率　　　　（单位:%）

一级指标	二级指标	国有企业	民营企业
1. 专业能力	1.1 专业知识	69.70	69.01
	1.2 专业技能	96.88	68.00
2. 方法能力	2.1 外语应用能力	54.55	45.07
	2.2 计算机使用能力	63.64	47.37
	2.3 信息收集处理能力	63.64	47.37
	2.4 学习能力	75.76	78.57
	2.5 创新能力	78.79	69.57
	2.6 问题解决能力	93.94	76.71
	2.7 组织管理能力	78.79	69.44

（续上表）

一级指标	二级指标	国有企业	民营企业
3. 社会能力	3.1 工作态度	100.00	90.54
	3.2 团队协作能力	93.94	86.67
	3.3 社会责任心	93.94	71.43
	3.4 环境适应能力	90.91	82.61
	3.5 心理承受能力	81.82	82.86
	3.6 应变能力	81.82	81.33
	3.7 沟通表达能力	81.82	76.32
4. 综合职业能力	4.0 综合职业能力	89.29	75.00

表 6 – 10　国有企业与民营企业对员工职业能力要求差异显著性 t 检验结果

能力指标	t	df	$Sig.$ （2 – tailed）
1.2 专业技能	2.780	102.440	0.006
2.1 外语应用能力	2.213	99	0.029
2.5 创新能力	2.032	100	0.045

注：本表只摘取了两者存在显著性差异的统计指标。

第五节　企业对不同学历员工的满意度评价

　　根据调查结果，整体而言，企业对本科生[①]的职业能力"满意"，对高职生[②]的职业能力"一般满意"，对中职生[③]职业能力的满意度"一般"。相对而言，本科生的专业能力、方法能力、综合职业能力更具比较优势，更令企业满意，但社会能力的优势并不明显，在个别社会能力指标方面不及高职生；相对于中职生，高职生专业能力、方法能力、社会能力和综合职业能力均更具优势，企业评价更高；相比专业能力、方法能力和综合职业能力，中、高职生的社会能力相对更突出，企业的评价更高。另外，虽然国有企业与民营企业对本科生、高职生和中职生的职业能力的态度是基本一致的，即对本科生的满意度评价高于高职生，对高职生的评价高于中职生，但相比民营企业，国有企业对本科生的职业能力的评价更高，在国有企业看来，本科生相比高职生和中职生，其职业能力更具比较优势。

一、企业对本科生的职业能力满意度评价

（一）企业对本科生职业能力满意度评价的整体分析

1. 整体而言，企业对本科生的职业能力"满意"

　　从表 6 – 11 可见，企业对本科生的专业能力、方法能力、社会能力、综合职业能力的

---

① 本科生是指具有本科学历的员工。下同。
② 高职生是指具有高职高专学历的员工。下同。
③ 中职生是指具有中职学历（含中专、技校和职业高中）的员工。下同。

满意度评价均值分别为 3.96、3.91、3.73、3.94。可见，除对社会能力的满意度相对较低之外，企业对本科生的其他 3 种职业能力满意度均比较高。

具体指标方面，从图 6－16 和图 6－17 可见，不论是从满意度评价均值来看，还是从满意率来看，企业对本科生的专业知识、学习能力、计算机使用能力最满意，对其心理承受能力、环境适应能力的满意度最低。具体而言：

（1）以评价均值统计，企业对本科生的专业知识、学习能力、计算机使用能力、沟通表达能力、外语应用能力 5 项职业能力的满意度评价均值在 3.9 以上，说明企业对本科生这 5 项职业能力"满意"；对问题解决能力、信息收集处理能力、专业技能、组织管理能力、应变能力、创新能力、工作态度、团队协作能力 8 项职业能力的满意度评价均值在 3.7 至 3.9 之间，表明"较满意"；对社会责任心、心理承受能力、环境适应能力 3 项职业能力的满意度评价均值为 3.5 到 3.7 之间，表明"一般满意"。（见表6－14）

（2）若以满意率①统计，企业对本科生专业知识、学习能力的满意率为 80%；对计算机使用能力、综合职业能力、沟通表达能力、外语应用能力、问题解决能力 5 项职业能力的满意率为 70%～80%；对专业技能、信息收集处理能力、组织管理能力、应变能力、工作态度、创新能力、团队协作能力、社会责任心 8 项能力的满意率为 60%～70%；对环境适应能力、心理承受能力的满意率为 50%～60%。（见表6－15）

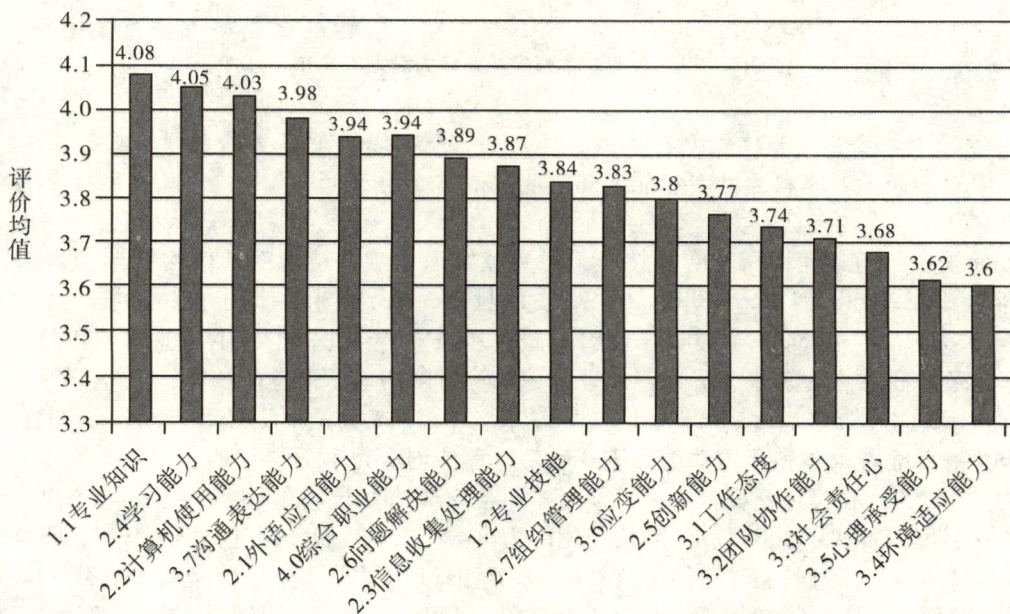

图 6－16　企业对本科生职业能力的满意度评价均值

---

① 满意率指企业在对员工职业能力满意度评价时选择"4"（满意）和"5"（很满意）的累计百分比。下同。

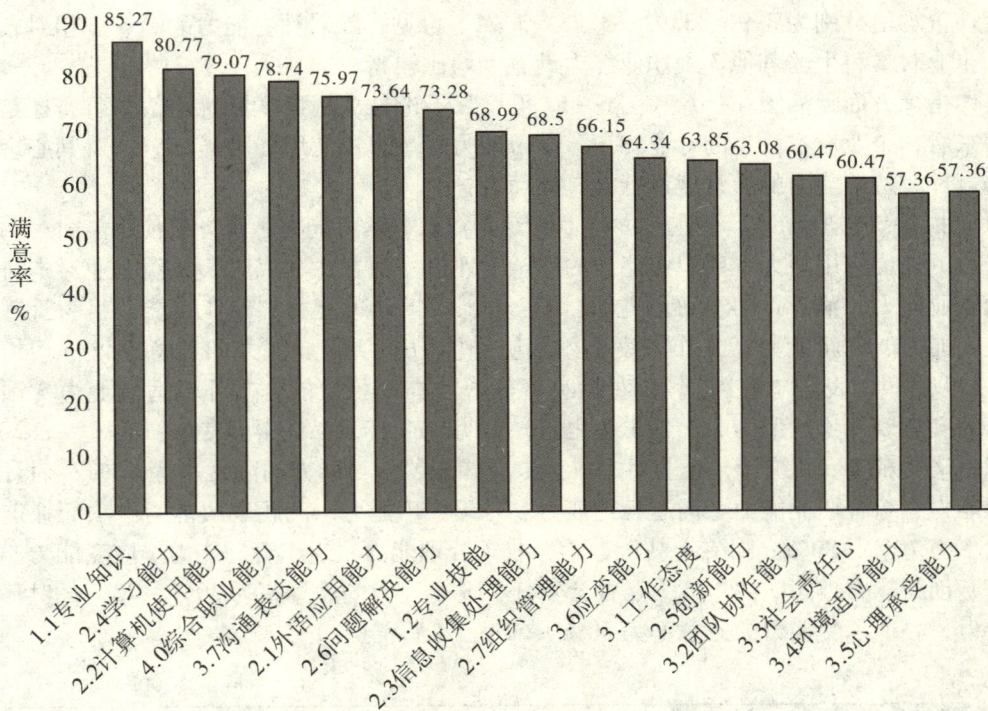

图6-17　企业对本科生职业能力满意率分布

2. 企业对本科生的专业能力整体"满意"，且对专业知识的满意度高于专业技能

据调查，企业对本科生的专业能力满意度评价均值为3.96，说明企业对本科生的专业能力"满意"。具体指标方面，不论是从评价均值来看，还是从满意率来看，企业对本科生的专业知识的满意度均高于专业技能，对专业知识和专业技能的评价均值分别为4.08和3.84，满意率分别为85.27%和68.99%。（见图6-16和图6-17）配对样本t检验结果（$t = 3.825$，$df = 128$，$p = 0.000 < 0.01$）进一步表明，企业对本科生专业知识和专业技能的满意度评价存在显著性差异，对专业知识的满意度明显高于专业技能。

3. 企业对本科生7项方法能力整体"满意"，其中最满意的是学习能力和计算机使用能力

据调查，企业对本科生方法能力满意度整体评价均值为3.91，说明企业对本科生的方法能力"满意"。在具体指标方面，企业对本科生7项方法能力的满意度评价均值由高到低依次是：学习能力（4.05）、计算机使用能力（4.03）、外语应用能力（3.94）、问题解决能力（3.89）、信息收集处理能力（3.87）、组织管理能力（3.83）、创新能力（3.77）。若按满意率排序，结果也是如此，企业对本科生的学习能力和计算机使用能力的满意率最高，而对创新能力的满意率最低。（见图6-16和图6-17）Friedman卡方检验结果（$\chi^2 = 33.73$，$df = 6$，$p = 0.000 < 0.01$）表明，企业对本科生7项方法能力的满意度评价的确存在显著性差异。配对样本t检验结果显示，企业对本科生学习能力、计算机使用能力的满意度显著高于信息收集处理能力、创新能力、问题解决能力、组织管理能力，对外语应用能力的满意度明显高于创新能力。由此推断，在7项方法能力方面，企业对本科生的学习能力、计算使用能力的满意度最高。

4. 企业对本科生 7 项社会能力整体"较满意",其中最满意的是沟通表达能力

据调查,企业对本科生社会能力的整体满意度评价均值为 3.73,说明企业对本科生的社会能力"较满意"。在具体指标方面,企业对本科生 7 项社会能力的满意度评价均值依次是:沟通表达能力(3.98)、应变能力(3.8)、工作态度(3.74)、团队协作能力(3.71)、社会责任心(3.68)、心理承受能力(3.62)、环境适应能力(3.60)。若按满意率来排序,结果也是如此,满意率最高的也是沟通表达能力(75.97%),满意率最低的是心理承受能力(57.36%)和环境适应能力(57.36%)。(见图 6 – 16 和图 6 – 17)*Friedman* 卡方检验结果($\chi^2 = 48.847$,$df = 6$,$p = 0.000 < 0.01$)表明,企业对本科生 7 项社会能力的满意度评价的确存在显著性差异。配对样本 *t* 检验结果显示,企业对本科生的沟通表达能力的满意度评价显著高于其他 6 项社会能力,对环境适应能力的满意度评价显著低于应变能力、沟通表达能力和工作态度,对心理承受能力的满意度评价明显低于应变能力和沟通表达能力。由此推断,在 7 项社会能力方面,企业对本科生的沟通表达能力最满意,对其环境适应能力、心理承受能力的满意度最低。

5. 企业对本科生的综合职业能力"满意"

调查显示,企业对本科生的综合职业能力的满意度评价均值为 3.94,且满意率达 78.74%。

表 6 – 11　企业对不同学历员工的职业能力满意度评价均值和标准差

一级指标	二级指标	本科生		高职生		中职生	
		均值	标准差	均值	标准差	均值	标准差
1. 专业能力	1.2 专业知识	4.08	0.81	3.55	0.74	3.13	0.86
	1.3 专业技能	3.84	0.82	3.63	0.84	3.37	0.91
	1.0 整体评价	3.96	0.82	3.59	0.79	3.25	0.89
2. 方法能力	2.1 外语应用能力	3.94	0.85	3.04	0.85	2.34	0.89
	2.2 计算机使用能力	4.03	0.74	3.72	0.80	3.34	0.87
	2.3 信息收集处理能力	3.87	0.86	3.42	0.91	3.08	0.91
	2.4 学习能力	4.05	0.85	3.70	0.86	3.31	0.92
	2.5 创新能力	3.77	0.92	3.51	0.91	3.08	0.95
	2.6 问题解决能力	3.89	0.83	3.63	0.88	3.29	0.95
	2.7 组织管理能力	3.83	0.89	3.41	0.82	3.03	0.94
	2.0 整体评价	3.91	0.85	3.49	0.86	3.07	0.92
3. 社会能力	3.1 工作态度	3.74	0.96	3.92	0.85	3.86	0.92
	3.2 团队协作能力	3.71	0.95	3.81	0.81	3.69	0.92
	3.3 社会责任心	3.68	0.89	3.60	0.87	3.47	0.89
	3.4 环境适应能力	3.60	0.91	3.72	0.83	3.76	0.92
	3.5 心理承受能力	3.62	0.89	3.66	0.77	3.65	0.81
	3.6 应变能力	3.80	0.81	3.56	0.77	3.32	0.88
	3.7 沟通表达能力	3.98	0.74	3.69	0.83	3.29	0.88
	3.0 整体评价	3.73	0.88	3.71	0.82	3.58	0.90
4. 综合职业能力	4.0 综合职业能力	3.94	0.73	3.63	0.71	3.29	0.80

表6-12 企业对不同学历员工职业能力的满意率　　　　　　　（单位：%）

一级指标	二级指标	本科生	高职生	中职生
1. 专业能力	1.1 专业知识	85.27	51.15	30.00
	1.2 专业技能	68.99	55.73	42.75
2. 方法能力	2.1 外语应用能力	73.64	25.19	10.16
	2.2 计算机使用能力	79.07	60.31	44.27
	2.3 信息收集处理能力	68.50	42.31	24.81
	2.4 学习能力	80.77	61.36	38.93
	2.5 创新能力	63.08	47.73	27.27
	2.6 问题解决能力	73.28	54.14	40.15
	2.7 组织管理能力	66.15	44.70	27.27
3. 社会能力	3.1 工作态度	63.85	70.45	67.42
	3.2 团队协作能力	60.47	64.89	55.73
	3.3 社会责任心	60.47	53.44	45.04
	3.4 环境适应能力	57.36	60.31	62.60
	3.5 心理承受能力	57.36	55.73	58.33
	3.6 应变能力	64.34	49.62	32.58
	3.7 沟通表达能力	75.97	57.25	31.30
4. 综合职业能力	4.0 综合职业能力	78.74	58.14	38.76

表6-13 企业对本科生职业能力满意度评价差异显著性 t 检验结果

二级指标	t	df	$Sig.$
1.1 专业知识·1.2 专业技能	3.825	128	0.000
2.1 外语应用能力·2.5 创新能力	2.377	128	0.019
2.2 计算机使用能力·2.3 信息收集处理能力	2.478	126	0.015
2.2 计算机使用能力·2.5 创新能力	3.645	128	0.000
2.2 计算机使用能力·2.6 问题解决能力	1.983	128	0.049
2.2 计算机使用能力·2.7 组织管理能力	2.421	128	0.017
2.4 学习能力·2.3 信息收集处理能力	3.591	126	0.000
2.4 学习能力·2.5 创新能力	4.740	129	0.000
2.4 学习能力·2.6 问题解决能力	2.823	129	0.000
2.4 学习能力·2.7 组织管理能力	3.653	129	0.000
3.7 沟通表达能力·3.1 工作态度	3.436	128	0.001
3.7 沟通表达能力·3.2 团队协作能力	3.810	128	0.000
3.7 沟通表达能力·3.3 社会责任心	4.498	128	0.000
3.7 沟通表达能力·3.4 环境适应能力	5.48	128	0.000
3.7 沟通表达能力·3.5 心理承受能力	6.259	128	0.000

（续上表）

二级指标	t	df	Sig.
3.7 沟通表达能力·3.6 应变能力	2.936	128	0.004
3.4 环境适应能力·3.1 工作态度	−2.024	128	0.045
3.4 环境适应能力·3.6 应变能力	−2.973	128	0.004
3.5 心理承受能力·3.6 应变能力	−2.889	128	0.005

注：本表只摘取了存在显著性差异的指标。

表6−14 企业对不同学历员工职业能力满意度评价均值分布

评价均值	均值满意度描述	本科生相应指标及指标数	高职生相应指标及指标数	中职生相应指标及指标数
3.9~4.1	满意	1.2 专业知识 2.4 学习能力 2.2 计算机使用能力 3.7 沟通表达能力 2.1 外语应用能力 4.0 综合职业能力 指标数：6	3.1 工作态度 指标数：1	 指标数：0
3.7~3.9	较满意	2.6 问题解决能力 2.3 信息收集处理能力 1.3 专业技能 2.7 组织管理能力 3.6 应变能力 2.5 创新能力 3.1 工作态度 3.2 团队协作能力 指标数：8	3.2 团队协作能力 2.2 计算机使用能力 3.4 环境适应能力 2.4 学习能力 指标数：4	3.1 工作态度 3.4 环境适应能力 指标数：2
3.5~3.7	一般满意	3.3 社会责任心 3.5 心理承受能力 3.4 环境适应能力 指标数：3	3.7 沟通表达能力 3.5 心理承受能力 2.6 问题解决能力 4.0 综合职业能力 1.2 专业技能 3.3 社会责任心 3.6 应变能力 1.2 专业知识 2.5 创新能力 指标数：9	3.2 团队协作能力 3.5 心理承受能力 指标数：2

（续上表）

评价均值	均值满意度描述	本科生相应指标及指标数	高职生相应指标及指标数	中职生相应指标及指标数
3~3.5	一般		2.3 信息收集处理能力 2.7 组织管理能力 2.1 外语应用能力 指标数：3	3.3 社会责任心 1.2 专业技能 2.2 计算机使用能力 3.6 应变能力 2.4 学习能力 3.7 沟通表达能力 4.0 综合职业能力 2.6 问题解决能力 1.2 专业知识 2.5 创新能力 2.3 信息收集处理能力 2.7 组织管理能力 指标数：12
		指标数：0		
3 以下	不满意	指标数：0	指标数：0	2.1 外语应用能力 指标数：1

注：表格中所列能力指标按均值从大到小排列。

表 6-15　企业对不同学历员工职业能力满意率分布

满意率	本科生相应指标及指标数	高职生相应指标及指标数	中职生相应指标及指标数
80% 以上	1.2 专业知识 2.4 学习能力 指标数：2	指标数：0	指标数：0
70%~80%	2.2 计算机使用能力 4.0 综合职业能力 3.7 沟通表达能力 2.1 外语应用能力 2.6 问题解决能力 指标数：5	3.1 工作态度 指标数：1	指标数：0
60%~70%	1.2 专业技能 2.2 信息收集处理能力 2.7 组织管理能力 3.6 应变能力 3.1 工作态度 2.5 创新能力 3.2 团队协作能力 3.3 社会责任心 指标数：8	3.2 团队协作能力 2.4 学习能力 2.2 计算机使用能力 3.4 环境适应能力 指标数：4	3.1 工作态度 3.4 环境适应能力 指标数：2

（续上表）

满意率	本科生相应指标及指标数	高职生相应指标及指标数	中职生相应指标及指标数
50%～60%	3.4 环境适应能力 3.5 心理承受能力 指标数：2	4.0 综合职业能力 3.7 沟通表达能力 1.2 专业技能 3.5 心理承受能力 2.6 问题解决能力 3.3 社会责任心 1.1 专业知识 指标数：7	3.5 心理承受能力 3.2 团队协作能力 指标数：2
50% 以下	指标数：0	3.6 应变能力 2.5 创新能力 2.7 组织管理能力 2.3 信息收集处理能力 2.1 外语应用能力 指标数：5	3.3 社会责任心 2.2 计算机使用能力 1.2 专业技能 2.1 外语应用能力 2.6 问题解决能力 2.4 学习能力 4.0 综合职业能力 3.6 应变能力 3.7 沟通表达能力 1.1 专业知识 2.5 创新能力 2.7 组织管理能力 2.3 信息收集处理能力 指标数：13

注：表格中所列能力指标按满意率从大到小排列。

（二）国有企业与民营企业对本科生职业能力满意度评价差异分析

整体而言，国有企业对本科生的职业能力满意度高于民营企业。据调查，国有企业对本科生专业能力、方法能力、社会能力和综合职业能力的满意度评价均值分别为 4.03、3.99、3.90、4.19，说明国有企业对本科生 4 种职业能力"满意"；民营企业对本科生专业能力、方法能力、社会能力和综合职业能力的满意度评价均值分别为 3.88、3.79、3.58、3.79，说明民营企业对本科生的专业能力、方法能力和综合职业能力"较满意"，对本科生的社会能力"一般满意"。（见表 6–16 和表 6–17）

具体指标方面，若以满意度评价均值统计，国有企业对本科生 17 项职业能力的满意度评价均值都在 3.7 以上，其中，对专业知识、学习能力、综合职业能力、计算机使用能力、沟通表达能力、问题解决能力、团队协作能力、创新能力、工作态度、社会责任心 10 项职业能力的满意度评价均值在 3.9 以上，说明国有企业对本科生这 10 项能力"满意"；对专业技能、信息收集处理能力、组织管理能力、应变能力、外语应用能力、环境适应能力和心理承受能力 7 项职业能力的满意度评价均值在 3.7～3.9 之间，说明"较满意"。民营企业对本科生计算机使用能力、专业知识、外语应用能力、沟通表达能力、学习能力 5 项职业能力的评价均值在 3.9 以上，即"满意"；对专业技能、信息收集处理能力、综合职业能力这 3 项职业能力的满意度评价均值在 3.7~3.9 之间，即"较满意"；对组织管理能力、问题解决能力、应变能力、创新能力、工作态度、社会责任心、心理承受能力 7 项职业能力的满意度评价均值在 3.5~3.7 之间，即"一般满意"；对团队协作能力、环境适应能力的满意度评价均值不足 3.5，说明满意度"一般"。（见表 6 – 18 和图 6 – 18）独立样本 t 检验结果表明，国有企业与民营企业对本科生的团队协作能力、社会责任心、环境适应能力和综合职业能力的满意度评价存在显著性差异，前者的评价明显高于后者。（见表 6 – 19）

若以满意率统计，国有企业对本科生 17 项职业能力的满意率都在 60% 以上，其中，对专业知识、创新能力、综合职业能力、沟通表达能力、计算机使用能力、组织管理能力 6 项能力的满意率在 87% 以上，对专业技能、团队协作能力、社会责任心 3 项能力的满意率为 70%~80%，对外语应用能力、工作态度、学习能力、问题解决能力、信息收集处理能力、环境适应能力、心理承受能力、应变能力 8 项职业能力的满意率为 60%~70%；民营企业对本科生 17 项职业能力的满意率都在 80% 以下，其中，对专业知识、创新能力、沟通表达能力、计算机使用能力、外语应用能力 5 项能力的满意率为 70%~80%，对综合职业能力、学习能力、专业技能、组织管理能力、信息收集处理能力 5 项职业能力的满意率为 60%~70%，对工作态度、应变能力、问题解决能力、心理承受能力、团队协作能力、社会责任心 6 项能力的满意率为 50%~60%，对环境适应能力的满意率最低，只有 46.6%。（见表 6 – 20 和图 6 – 19）

综上可见，不论是从满意度评价均值来看，还是从满意率来看，国有企业对本科生职业能力的满意度普遍高于民营企业，尤其是对本科生的团队协作能力、社会责任心、环境适应能力和综合职业能力的满意度显著高于民营企业。

表 6 – 16 国有企业对不同学历员工职业能力的满意度评价均值和标准差

能力结构	指标维度	本科生		高职生		中职生	
		均值	标准差	均值	标准差	均值	标准差
1. 专业能力	1.1 专业知识	4.19	0.48	3.50	0.57	2.93	0.64
	1.2 专业技能	3.87	0.62	3.43	0.57	3.20	0.81
	1.0 整体评价	4.03	0.55	3.47	0.57	3.07	0.73
2. 方法能力	2.1 外语应用能力	3.77	0.85	3.03	0.77	2.47	0.82
	2.2 计算机使用能力	4.13	0.72	3.73	0.79	3.20	0.81
	2.3 信息收集处理能力	3.87	0.85	3.37	0.93	2.93	0.88
	2.4 学习能力	4.23	0.67	3.57	0.90	3.10	0.77
	2.5 创新能力	3.94	0.81	3.60	0.93	3.10	0.77
	2.6 问题解决能力	4.10	0.60	3.60	0.72	3.17	0.71
	2.7 组织管理能力	3.87	0.76	3.37	0.81	2.80	0.89
	2.0 整体评价	3.99	0.75	3.47	0.84	2.97	0.81

（续上表）

能力结构	指标维度	本科生		高职生		中职生	
		均值	标准差	均值	标准差	均值	标准差
3. 社会能力	3.1 工作态度	3.94	0.77	4.00	0.79	3.77	0.77
	3.2 团队协作能力	3.97	0.71	4.00	0.74	3.77	0.77
	3.3 社会责任心	3.94	0.77	3.83	0.79	3.63	0.77
	3.4 环境适应能力	3.77	0.67	3.70	0.75	3.77	0.82
	3.5 心理承受能力	3.74	0.68	3.70	0.75	3.63	0.67
	3.6 应变能力	3.81	0.75	3.53	0.68	3.27	0.64
	3.7 沟通表达能力	4.13	0.64	3.73	0.74	3.20	0.71
	3.0 整体评价	3.90	0.71	3.78	0.75	3.58	0.74
4. 综合职业能力	4.0 综合职业能力	4.19	0.54	3.67	0.66	3.27	0.64

表6-17 民营企业对不同学历员工职业能力的满意度评价均值和标准差

能力结构	指标维度	本科生		高职生		中职生	
		均值	标准差	均值	标准差	均值	标准差
1. 专业能力	1.1 专业知识	3.97	0.97	3.46	0.84	3.24	1.04
	1.2 专业技能	3.79	0.93	3.54	1.00	3.37	1.07
	1.0 整体评价	3.88	0.95	3.50	0.92	3.31	1.06
2. 方法能力	2.1 外语应用能力	3.93	0.95	3.00	0.86	2.27	0.93
	2.2 计算机使用能力	4.00	0.77	3.63	0.81	3.35	0.96
	2.3 信息收集处理能力	3.79	0.98	3.35	0.99	3.05	1.02
	2.4 学习能力	3.90	0.98	3.63	0.95	3.22	1.05
	2.5 创新能力	3.56	1.01	3.33	0.98	2.84	1.03
	2.6 问题解决能力	3.68	0.93	3.51	0.97	3.19	1.11
	2.7 组织管理能力	3.69	0.95	3.34	0.84	3.06	1.03
	2.0 整体评价	3.79	0.94	3.40	0.91	3.00	1.02
3. 社会能力	3.1 工作态度	3.56	0.99	3.78	0.85	3.73	1.02
	3.2 团队协作能力	3.48	0.94	3.60	0.85	3.65	1.01
	3.3 社会责任心	3.55	0.86	3.32	0.86	3.27	1.00
	3.4 环境适应能力	3.38	0.88	3.52	0.86	3.71	0.98
	3.5 心理承受能力	3.53	0.88	3.49	0.78	3.54	0.91
	3.6 应变能力	3.64	0.83	3.51	0.80	3.33	0.97
	3.7 沟通表达能力	3.93	0.72	3.60	0.83	3.23	0.97
	3.0 整体评价	3.58	0.87	3.55	0.83	3.49	0.98
4. 综合职业能力	4.0 综合职业能力	3.79	0.76	3.52	0.79	3.20	0.94

国有企业 — 民营企业

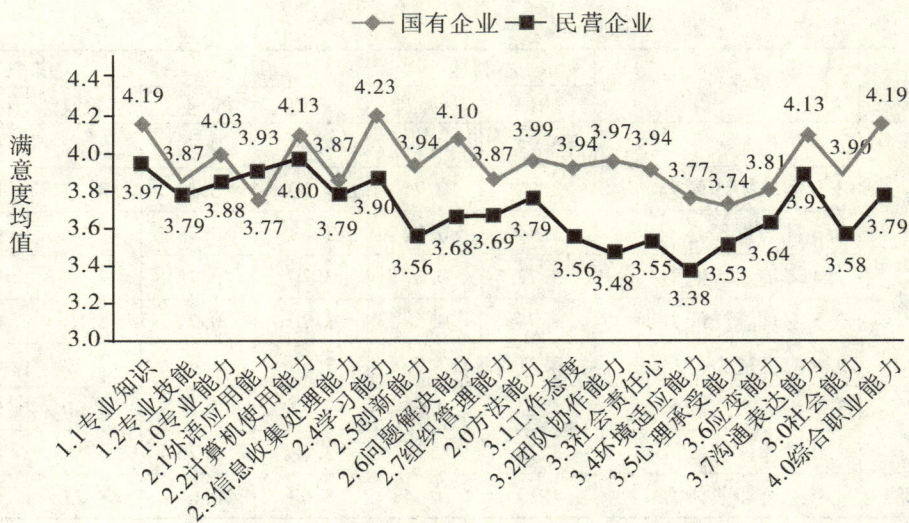

图6-18　国有企业与民营企业对本科生职业能力满意度均值

国有企业 — 民营企业

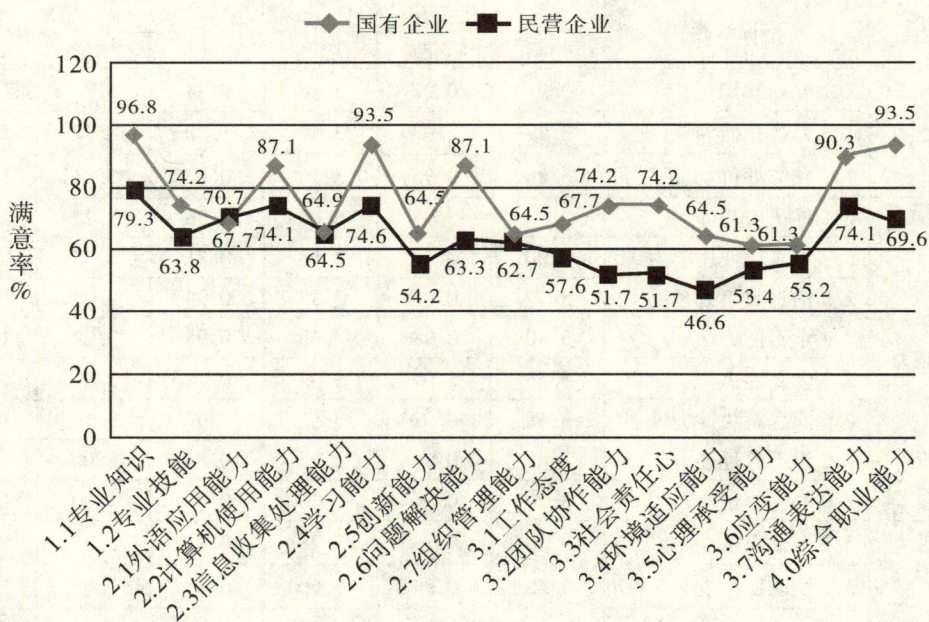

图6-19　国有企业与民营企业对本科生职业能力满意率

表 6 - 18　国有企业与民营企业对本科生职业能力满意度评价均值分布

评价均值	均值满意度描述	国有企业相应评价指标及指标数	民营企业相应评价指标及指标数
3.9 以上	满意	1.1 专业知识 2.4 学习能力 4.0 综合职业能力 2.2 计算机使用能力 3.7 沟通表达能力 2.6 问题解决能力 3.2 团队协作能力 2.5 创新能力 3.1 工作态度 3.3 社会责任心 指标数：10	2.2 计算机使用能力 1.2 专业知识 2.1 外语应用能力 3.7 沟通表达能力 2.4 学习能力 指标数：5
3.7 ~ 3.9	较满意	1.2 专业技能 2.3 信息收集处理能力 2.7 组织管理能力 3.6 应变能力 2.1 外语应用能力 3.4 环境适应能力 3.5 心理承受能力 指标数：7	1.2 专业技能 2.3 信息收集处理能力 4.0 综合职业能力 指标数：3
3.5 ~ 3.7	一般满意	指标数：0	2.7 组织管理能力 2.6 问题解决能力 3.6 应变能力 2.5 创新能力 3.1 工作态度 3.3 社会责任心 3.5 心理承受能力 指标数：7
3 ~ 3.5	一般	指标数：0	3.2 团队协作能力 3.4 环境适应能力 指标数：2

注：表格中所列能力指标按均值从大到小排列。

表 6 – 19　国有企业与民营企业对本科生职业能力满意度评价差异显著性 t 检验

能力指标	t	df	$Sig.$ $(2-tailed)$
3.2 团队协作能力	2.74	77.31	0.008
3.3 社会责任心	2.07	87	0.041
3.4 环境适应能力	2.19	87	0.031
4.0 综合职业能力	2.65	85	0.010

注：本表只摘取了存在显著性差异的统计指标。

表 6 – 20　国有企业与民营企业对本科生职业能力满意率分布

满意率	国有企业	民营企业
80% 以上	1.1 专业知识 2.5 创新能力 4.0 综合职业能力 3.7 沟通表达能力 2.2 计算机使用能力 2.7 组织管理能力 指标数：6	指标数：0
70%~80%	1.3 专业技能 3.2 团队协作能力 3.3 社会责任心 指标数：3	1.2 专业知识 2.5 创新能力 3.7 沟通表达能力 2.2 计算机使用能力 2.1 外语应用能力 指标数：5
60%~70%	2.1 外语应用能力 3.1 工作态度 2.4 学习能力 2.6 问题解决能力 2.3 信息收集处理能力 3.4 环境适应能力 3.5 心理承受能力 3.6 应变能力 指标数：8	4.0 综合职业能力 2.4 学习能力 1.3 专业技能 2.7 组织管理能力 2.3 信息收集处理能力 指标数：5
50%~60%	指标数：0	3.1 工作态度 3.6 应变能力 2.6 问题解决能力 3.5 心理承受能力 3.2 团队协作能力 3.3 社会责任心 指标数：6
50% 以下	指标数：0	3.4 环境适应能力 指标数：1

注：表格中所列能力指标按满意率从大到小排列。

二、企业对高职生的职业能力满意度评价

(一) 企业对高职生职业能力满意度评价的整体分析

1. 整体而言，企业对高职生的职业能力"一般满意"

从表6-11可见，企业对高职生的专业能力、方法能力、社会能力、综合职业能力的满意度评价均值分别为3.59、3.49、3.71、3.63。可见，企业除对高职生的社会能力"较满意"之外，对其他3种职业能力只是"一般满意"或"一般"。具体指标方面，以评价均值统计，企业除对高职生的工作态度"满意"之外，对其他16项职业能力普遍只是"较满意"或"一般满意"。其中，满意度最低的是信息收集处理能力、组织管理能力和外语应用能力。(见表6-14) 若以满意率统计，企业对高职生工作态度的满意率最高，达70.45%，对其他16项职业能力的满意率均不足70%。其中，对团队协作能力、学习能力、计算机使用能力、环境适应能力4项能力的满意率为60%～70%，对综合职业能力、沟通表达能力、专业技能、心理承受能力、问题解决能力、社会责任心、专业知识7项能力的满意率为50%～60%，对应变能力、创新能力、组织管理能力、信息收集处理能力、外语应用能力5项能力的满意率不足50%。(见表6-15)

另外，企业对高职生职业能力的满意度评价与学生的评价结果比较一致。据调查，高职生对高职院校在提升专业能力、方法能力、社会能力和综合职业能力的效果评价均值分别为3.68、3.46、3.7、3.72。(详见第五章第七节)

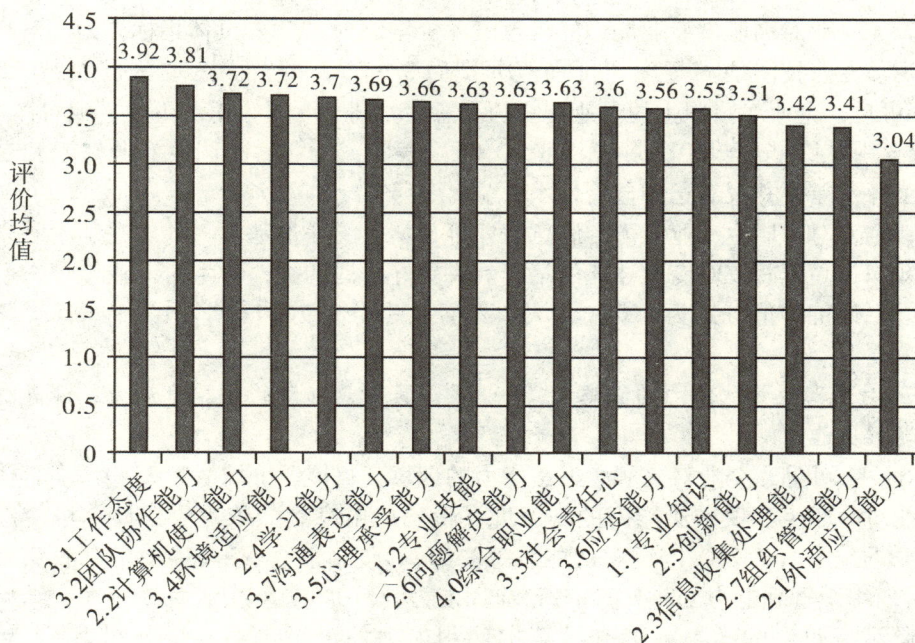

图6-20　企业对高职生职业能力满意度评价均值

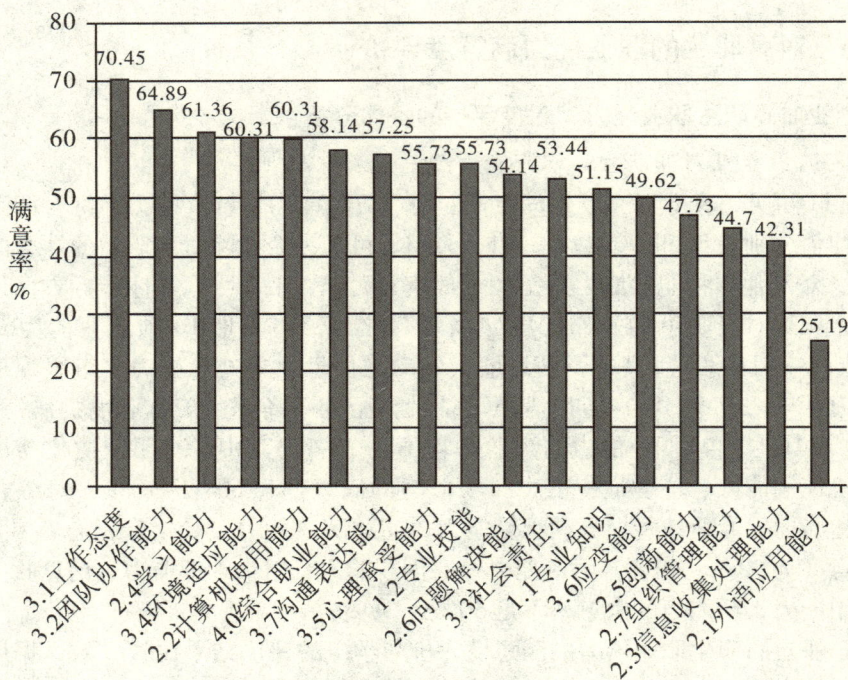

图 6-21　企业对高职生职业能力满意率

2. 企业对高职生的专业能力整体"一般满意"，且对专业技能的满意度略高于专业知识

据调查，企业对高职生专业能力的满意度评价均值为 3.59。具体指标方面，对高职生的专业知识、专业技能的满意度评价均值分别为 3.53、3.63，满意率分别为 51.15% 和 55.73%。可见，企业对高职生的专业技能的满意度略高于专业知识。不过，配对样本 t 检验结果（$t = -1.42$，$df = 130$，$p = 0.158 > 0.05$）表明，企业对高职生专业知识和专业技能的满意度评价差异并没有达到显著性水平。

另外，企业对高职生专业能力的满意度评价与学生的评价基本一致。在学生看来，相对于专业知识，高职院校对专业技能的培养效果更好。据调查，学生对专业知识、专业技能的培养效果评价均值分别为 3.64、3.73，高评价率分别为 57.4%、62.39%。（详见第五章第七节）

3. 企业对高职生方法能力的满意度"一般"，其中最满意的是学习能力、计算机使用能力和问题解决能力

从表 6-11 可见，企业对高职生方法能力的满意度整体评价均值为 3.49。在具体指标方面，企业对高职生 7 项方法能力的满意度评价均值由高到低依次是：计算机使用能力（3.72）、学习能力（3.7）、问题解决能力（3.63）、创新能力（3.51）、信息收集处理能力（3.42）、组织管理能力（3.41）、外语应用能力（3.04）；若按满意率排序，结果也是如此，企业对高职生的学习能力和计算机使用能力的满意率最高，分别为 61.36% 和 60.31%，而对外语应用能力的满意率最低，只有 25.19%。（见表 6-12）Friedman 卡方检验结果（$\chi^2 = 121.06$，$df = 6$，$p = 0.000 < 0.01$）表明，企业对高职生 7 项方法能力的满意度的确存在显著性差异。配对样本 t 检验结果进一步表明：①企业对高职生外语应用能

力的满意度显著低于其他 5 项方法能力；②企业对高职生计算机使用能力、学习能力、问题解决能力的满意度显著高于外语应用能力、信息收集处理能力、创新能力和组织管理能力。（见表 6 – 21）综上表明，在方法能力方面，企业对高职生最满意的是计算机使用能力、学习能力和问题解决能力，其次是创新能力、信息收集处理能力和组织管理能力，最后是外语应用能力。

另外，企业对高职生方法能力的满意度评价结果与学生的评价比较一致。在学生看来，高职教育对问题解决能力的培养效果最好，对学习能力、计算机使用能力和组织管理能力的培养效果次之，对外语应用能力的培养效果最差。（见第五章第七节）

表 6 – 21　企业对高职生职业能力满意度评价差异显著性 t 检验

能力指标	t	df	Sig.
1.1 专业知识·1.2 专业能力	– 1.42	130	0.158
2.1 外语应用能力·2.2 计算机使用能力	– 9.218	129	0.000
2.1 外语应用能力·2.3 信息收集处理能力	– 5.015	128	0.000
2.1 外语应用能力·2.4 学习能力	– 8.492	129	0.000
2.1 外语应用能力·2.5 创新能力	– 5.948	129	0.000
2.1 外语应用能力·2.6 问题解决能力	– 7.717	129	0.000
2.1 外语应用能力·2.7 组织管理能力	– 4.774	129	0.000
2.2 计算机使用能力·2.3 信息收集处理能力	4.158	129	0.000
2.2 计算机使用能力·2.5 创新能力	2.709	130	0.008
2.2 计算机使用能力·2.7 组织管理能力	3.672	130	0.000
2.3 信息收集处理能力·2.4 学习能力	– 4.443	129	0.000
2.3 信息收集处理能力·2.6 问题解决能力	– 3.098	129	0.002
2.4 学习能力·2.5 创新能力	2.890	131	0.005
2.4 学习能力·2.7 组织管理能力	4.845	131	0.000
2.5 创新能力·2.6 问题解决能力	– 2.010	131	0.047
2.6 问题解决能力·2.7 组织管理能力	4.202	131	0.000
3.1 工作态度·3.3 社会责任心	4.982	130	0.000
3.1 工作态度·3.4 环境适应能力	3.435	130	0.001
3.1 工作态度·3.5 心理承受能力	3.906	130	0.000
3.1 工作态度·3.6 应变能力	5.735	130	0.000
3.1 工作态度·3.7 沟通表达能力	2.972	130	0.004
3.2 团队协作能力·3.3 社会责任心	3.944	130	0.000
3.2 团队协作能力·3.5 心理承受能力	2.333	130	0.021
3.2 团队协作能力·3.6 应变能力	3.979	130	0.000
3.4 环境适应能力·3.3 社会责任心	2.584	130	0.011
3.4 环境适应能力·3.6 应变能力	2.791	130	0.006

注：本表只摘取了存在显著性差异的指标。

4. 企业对高职生的社会能力整体"较满意"，其中最满意的是工作态度

据调查，企业对高职生 7 项社会能力的整体满意度评价均值为 3.71。具体指标方面，企业满意度评价均值由大到小依次是：工作态度（3.92）、团队协作能力（3.81）、环境适应能力（3.72）、沟通表达能力（3.69）、心理承受能力（3.66）、社会责任心（3.6）、应变能力（3.56）；若按满意率来排序，结果也是如此，企业最满意的是高职生的工作态度（70.45%），其次是团队协作能力（64.89%），满意率最低的是应变能力（49.62%）和社会责任心（53.44%）。$Friedman$ 卡方检验结果（$\chi^2 = 67.42$，$df = 6$，$p = 0.000 < 0.01$）表明，企业对高职生 7 项社会能力的满意度的确存在显著性差异。配对样本 t 检验结果进一步表明，企业对高职生的工作态度的满意度高于社会责任心、环境适应能力、心理承受能力、应变能力和沟通表达能力，对团队协作能力的满意度高于社会责任心、心理承受能力和应变能力，对环境适应能力的满意度高于社会责任心和应变能力。（见表 6-21）综上推断：企业对高职生的工作态度最满意，其次是团队协作能力，再次是环境适应能力。

另外，企业对高职生社会能力的满意度评价与学生的评价比较一致。从学生评价来看，高职教育对团队协作能力、工作态度和环境适应能力的培养效果相对较好。（见第五章第七节）

5. 企业对高职生的综合职业能力"一般满意"

调查显示，企业对高职生的综合职业能力的满意度评价均值为 3.63，满意率为 58.14%。

（二）国有企业与民营企业对高职生职业能力的满意度评价差异分析

以满意度评价均值统计，国有企业对高职生专业能力、方法能力、社会能力和综合职业能力的满意度评价均值分别为 3.47、3.47、3.78、3.67，说明国有企业对高职生的专业能力和方法能力的满意度"一般"，对社会能力"较满意"，对综合职业能力"一般满意"；民营企业对高职生专业能力、方法能力、社会能力和综合职业能力的满意度评价均值分别为 3.5、3.4、3.55、3.52，说明民营企业对高职生的专业能力、社会能力和综合职业能力"一般满意"，但对方法能力的满意度"一般"。可见，不论是国有企业还是民营企业，对高职生的社会能力和综合职业能力的满意度均高于专业能力和方法能力，且国有企业对高职生的社会能力和综合职业能力的满意度高于民营企业。

具体指标方面，若以满意度评价均值统计，国有企业对高职生工作态度、团队协作能力"满意"，满意度评价均值在 3.9 以上；对社会责任心、计算机使用能力、沟通表达能力、环境适应能力、心理承受能力 5 项职业能力"较满意"，评价均值为 3.7~3.9；对综合职业能力、创新能力、问题解决能力、学习能力、应变能力、专业知识 6 项职业能力"一般满意"，评价均值为 3.5~3.7；对专业技能、信息收集处理能力、组织管理能力、外语应用能力 4 项职业能力的满意度"一般"，评价均值为 3~3.5。民营企业除对高职生的工作态度"较满意"之外（$M = 3.8$），对其他 16 项职业能力的满意度为"一般满意"或"一般"，其中对计算机使用能力等 9 项职业能力"一般满意"，对心理承受能力等 7 项能力满意度"一般"。（见表 6-22）另外，从图 6-22 可见，国有企业对高职生各项社会能力指标和综合职业能力的满意度评价均值普遍高于民营企业。独立样本 t 检验结果表

明，国有企业与民营企业对高职生的团队协作能力和社会责任心的满意度评价存在显著性差异，前者的评价高于后者。（见表6－23）

以满意率统计，从图6－23可见，国有企业对高职生的团队协作能力、社会责任心和综合职业能力的满意率明显高于民营企业，而民营企业对高职生的学习能力、专业技能的满意率明显高于国有企业。具体而言，国有企业对高职生8项职业能力的满意率在50％以上，对另外9项职业能力的满意率不足50％，其中，对团队协作能力、工作态度的满意率最高，达到70％，其次是社会责任心、综合职业能力、计算机使用能力，满意率为60％～70％，而对高职生外语应用能力的满意率最低，只有20％；民营企业也是对高职生8项职业能力的满意率在50％以上，而对其他9项能力的满意率在50％以下，其中，最满意的是高职生的工作态度，满意率达70.3％，最不满意的也是外语应用能力，满意率只有25.4％。（见表6－24和图6－23）

综上可见：①整体而言，国有企业与民营企业对高职生的工作态度、团队协作能力等社会能力以及综合职业能力的满意度均比较高，但对外语应用能力、信息收集处理能力等方法能力的满意度相对较低。②比较而言，从满意度评价均值来看，国有企业对高职生的社会能力的满意度普遍高于民营企业，尤其是对高职生的团队协作能力和社会责任心的满意度明显高于民营企业；从满意率来看，国有企业对高职生的团队协作能力、社会责任心和综合职业能力的满意度明显比民营企业高，而民营企业对高职生的学习能力、专业技能的满意度明显高于国有企业。

表6－22　国有企业与民营企业对高职生职业能力满意度评价均值分布

评价均值	均值满意度描述	国有企业相应评价指标及指标数	民营企业相应评价指标及指标数
3.9以上	满意	3.1 工作态度 3.2 团队协作能力 指标数：2	指标数：0
3.7～3.9	较满意	3.3 社会责任心 2.2 计算机使用能力 3.7 沟通表达能力 3.4 环境适应能力 3.5 心理承受能力 指标数：5	3.1 工作态度 指标数：1

（续上表）

评价均值	均值满意度描述	国有企业相应评价指标及指标数	民营企业相应评价指标及指标数
3.5~3.7	一般满意	4.0 综合职业能力 2.5 创新能力 2.6 问题解决能力 2.4 学习能力 3.6 应变能力 1.1 专业知识 指标数：6	2.2 计算机使用能力 2.4 学习能力 3.2 团队协作能力 3.7 沟通表达能力 1.3 专业技能 3.4 环境适应能力 4.0 综合职业能力 2.6 问题解决能力 3.6 应变能力 指标数：9
3~3.5	一般	1.2 专业技能 2.3 信息收集处理能力 2.7 组织管理能力 2.1 外语应用能力 指标数：4	3.5 心理承受能力 1.2 专业知识 2.3 信息收集处理能力 2.7 组织管理能力 2.5 创新能力 3.3 社会责任心 2.1 外语应用能力 指标数：7

注：表格中所列能力指标按均值从大到小排列。

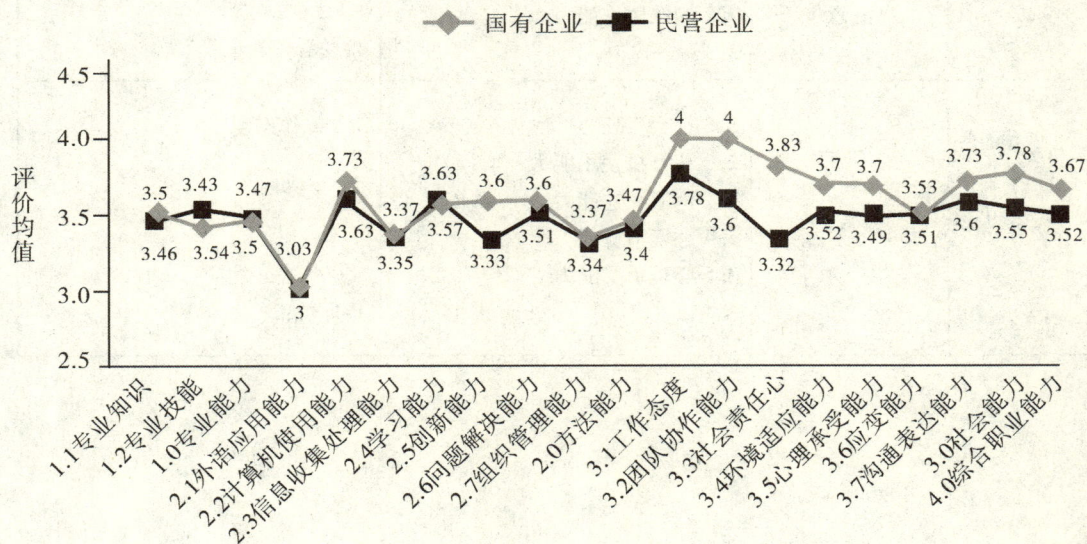

图 6-22　国有企业与民营企业对高职生职业能力满意度评价均值

表6-23　国有企业与民营企业对高职生职业能力满意度评价差异显著性 t 检验

能力指标	t	df	$Sig.$ （2 - tailed）
3.2 团队协作能力	2.18	91	0.032
3.3 社会责任心	2.78	91	0.007

注：本表只摘取了存在显著性差异的统计指标。

表6-24　国有企业与民营企业对高职生职业能力满意率

满意率	国有企业相应评价指标及指标数	民营企业相应评价指标及指标数
70%～80%	3.2 团队协作能力 3.1 工作态度 指标数：2	3.1 工作态度 指标数：1
60%～70%	3.3 社会责任心 4.0 综合职业能力 2.2 计算机使用能力 指标数：3	 指标数：0
50%～60%	3.7 沟通表达能力 3.4 环境适应能力 3.5 心理承受能力 指标数：3	2.4 学习能力 3.2 团队协作能力 3.7 沟通表达能力 2.2 计算机使用能力 3.4 环境适应能力 2.6 问题解决能力 1.2 专业技能 指标数：7
50%以下	1.1 专业知识 2.4 学习能力 2.6 问题解决能力 3.6 应变能力 2.5 创新能力 1.2 专业技能 2.7 组织管理能力 2.3 信息收集处理能力 2.1 外语应用能力 指标数：9	3.5 心理承受能力 3.6 应变能力 4.0 综合职业能力 1.1 专业知识 2.5 创新能力 2.7 组织管理能力 3.3 社会责任心 2.3 信息收集处理能力 2.1 外语应用能力 指标数：9

注：表格中所列能力指标按满意率从大到小排列。

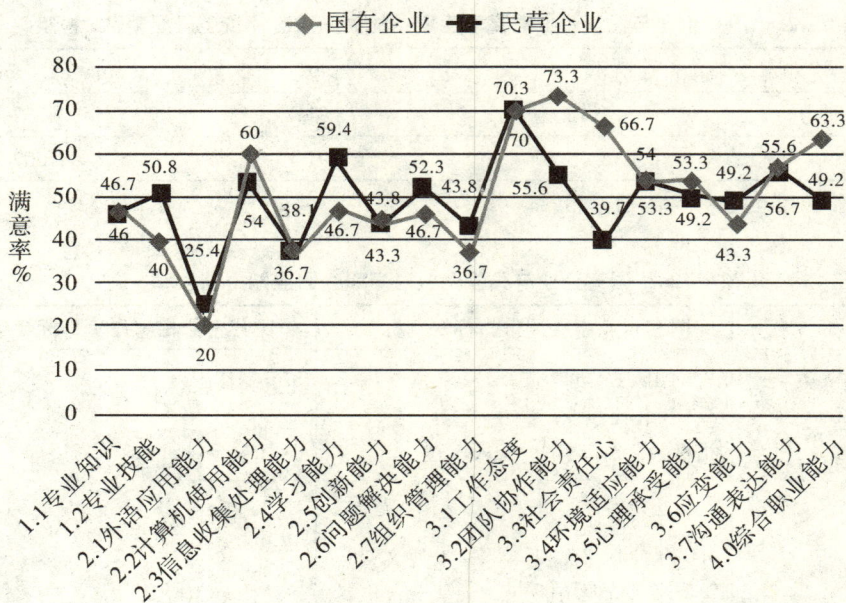

图6－23 国有企业与民营企业对高职生职业能力满意率

三、企业对中职生的职业能力满意度评价

（一）企业对中职生职业能力满意度评价的整体分析

1. 整体而言，企业对中职生的职业能力满意度"一般"

从表6－11可见，企业对中职生的专业能力、方法能力、社会能力、综合职业能力的满意度评价均值分别为3.25、3.07、3.58、3.29。可见，企业除对中职生的社会能力"一般满意"之外，对其他3种职业能力的满意度"一般"。具体指标方面，若以评价均值统计，企业除对中职生的工作态度和环境适应能力"较满意"，对团队协作能力和心理承受能力"一般满意"之外，对社会责任心等12项职业能力的满意度只有"一般"水平。另外，企业最不满意的是中职生的外语应用能力，满意度评价均值只有2.34。（见表6－14和图6－24）若以满意率统计，企业对中职生的工作态度和环境适应能力的满意率最高，超过60%，其次是心理承受能力和团队协作能力，满意率超过55%。除此4项能力之外，企业对中职生的其他13项职业能力的满意率均在50%以下，其中满意率最低是的外语应用能力，只有10.16%。（见表6－15和图6－25）

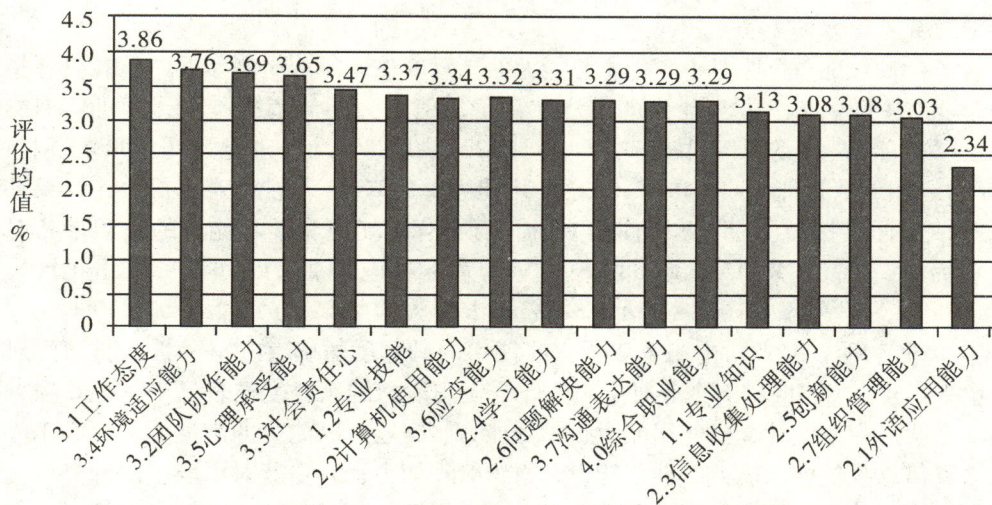

图6-24 企业对中职生职业能力满意度评价均值

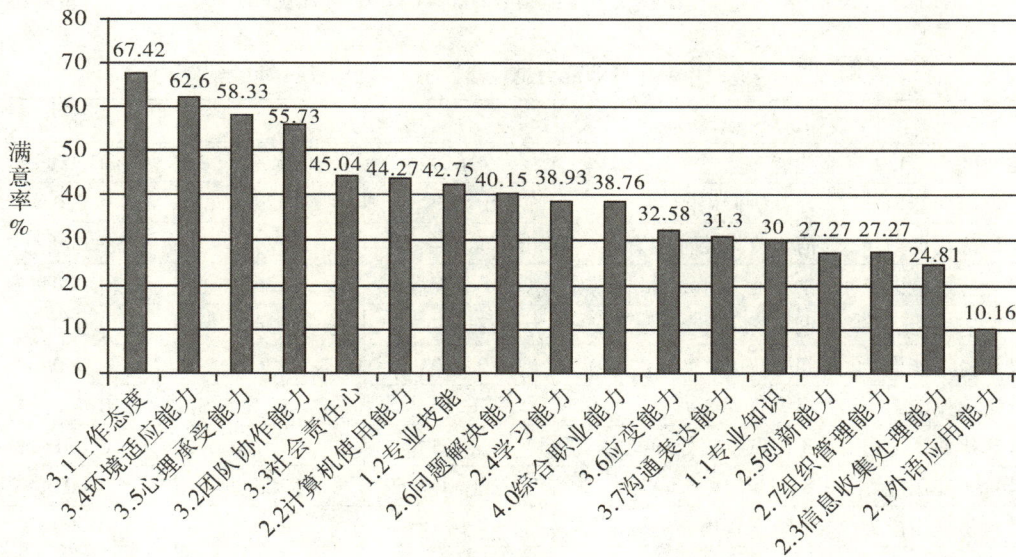

图6-25 企业对中职生职业能力满意率

2. 企业对中职生的专业能力满意度"一般"，且对专业技能的满意度高于专业知识

据调查，企业对中职生专业能力的满意度评价均值为3.25。具体指标方面，企业对中职生的专业知识、专业技能的满意度评价均值分别为3.13、3.37，满意率分别为30%和42.75%。可见，企业对中职生的专业技能的满意度高于专业知识。配对样本 t 检验结果（$t = -4.069$，$df = 129$，$p = 0.000 < 0.01$）表明，企业对中职生专业技能的满意度的确显著高于专业知识。

3. 企业对中职生方法能力的满意度"一般"，其中最满意的是计算机使用能力、学习

能力和问题解决能力

从表6-11可见，企业对中职生方法能力的满意度整体评价均值为3.07。在具体指标方面，企业对中职生7项方法能力的满意度评价均值由高到低依次是：计算机使用能力（3.34）、学习能力（3.31）、问题解决能力（3.29）、信息收集处理能力（3.08）、创新能力（3.08）、组织管理能力（3.03）、外语应用能力（2.34）。若按满意率排序，结果基本也是如此，企业对中职生的计算机使用能力、问题解决能力和学习能力的满意率相对较高，分别为44.27%、40.15%和38.93%，而对外语应用能力的满意率最低，只有10.16%。（见图6-24和图6-25）Friedman卡方检验结果（$\chi^2 = 162.27$，$df = 6$，$p = 0.000 < 0.01$）表明，企业对中职生7项方法能力的满意度的确存在显著性差异。配对样本t检验结果进一步表明：①企业对中职生外语应用能力的满意度显著低于其他6项方法能力；②企业对中职生计算机使用能力、学习能力、问题解决能力的满意度显著高于外语应用能力、信息收集处理能力、创新能力和组织管理能力；③企业对中职生的计算机使用能力、学习能力、问题解决能力的满意度无显著性差异。（见表6-25）综上推断，在方法能力方面，企业对中职生的计算机使用能力、学习能力和问题解决能力满意度最高，其次是创新能力、信息收集处理能力和组织管理能力，最后是外语应用能力。

表6-25　企业对中职生职业能力满意度评价差异显著性t检验结果

能力指标	t	df	Sig.
1.1 专业知识·1.2 专业技能	4.069	129	0.000
2.1 外语应用能力·2.2 计算机使用能力	-10.719	127	0.000
2.1 外语应用能力·2.3 信息收集处理能力	-7.834	124	0.000
2.1 外语应用能力·2.4 学习能力	-10.007	126	0.000
2.1 外语应用能力·2.5 创新能力	-7.654	126	0.000
2.1 外语应用能力·2.6 问题解决能力	-9.460	126	0.000
2.1 外语应用能力·2.7 组织管理能力	-7.354	127	0.000
2.2 计算机使用能力·2.3 信息收集处理能力	3.395	127	0.001
2.2 计算机使用能力·2.5 创新能力	3.304	129	0.001
2.2 计算机使用能力·2.7 组织管理能力	3.944	130	0.000
2.4 学习能力·2.3 信息收集处理能力	3.816	127	0.000
2.4 学习能力·2.5 创新能力	3.261	130	0.001
2.4 学习能力·2.7 组织管理能力	3.387	130	0.001
2.6 问题解决能力·2.3 信息收集处理能力	2.910	127	0.004
2.6 问题解决能力·2.5 创新能力	3.267	130	0.001
2.6 问题解决能力·2.7 组织管理能力	3.460	130	0.001
3.1 工作态度·3.2 团队协作能力	2.911	130	0.004
3.1 工作态度·3.3 社会责任心	5.209	130	0.000
3.1 工作态度·3.5 心理承受能力	3.217	130	0.002
3.1 工作态度· 3.6 应变能力	7.866	130	0.000

（续上表）

能力指标	t	df	$Sig.$
3.1 工作态度·3.7 沟通表达能力	7.762	130	0.000
3.2 团队协作能力·3.3 社会责任心	3.403	130	0.001
3.2 团队协作能力·3.6 应变能力	5.575	130	0.000
3.2 团队协作能力·3.7 沟通表达能力	5.708	130	0.000
3.3 社会责任心·3.4 环境适应能力	−4.733	130	0.000
3.3 社会责任心·3.5 心理承受能力	−3.015	130	0.003
3.3 社会责任心·3.6 应变能力	2.670	130	0.009
3.3 社会责任心·3.7 沟通表达能力	2.578	130	0.000
3.4 环境适应能力·3.5 心理承受能力	2.003	130	0.047
3.4 环境适应能力·3.6 应变能力	6.614	130	0.000
3.4 环境适应能力·3.7 沟通表达能力	6.096	130	0.000
3.5 心理承受能力·3.6 应变能力	5.508	131	0.000
3.5 心理承受能力·3.7 沟通表达能力	5.029	130	0.000

注：本表只摘取了存在显著性差异的指标。

4. 企业对中职生的社会能力"一般满意"，其中最满意的是工作态度

据调查，企业对中职生 7 项社会能力的整体满意度评价均值为 3.58。具体指标方面，按企业满意度评价均值由大到小排序依次是：工作态度（3.86）、环境适应能力（3.76）、团队协作能力（3.69）、心理承受能力（3.65）、社会责任心（3.47）、应变能力（3.32）、沟通表达能力（3.29）；若按满意率来排序，结果也是如此，企业满意率最高的是中职生的工作态度（67.42%），其次是环境适应能力（62.6%），满意率最低的是沟通表达能力（31.3%）。（见图 6-24 和图 6-25）Friedman 卡方检验结果（$\chi^2 = 117.612$，$df = 6$，$p = 0.000 < 0.01$）表明，企业对中职生 7 项社会能力的满意度的确存在显著性差异。配对样本 t 检验结果进一步表明：①企业对中职生的工作态度的满意度评价高于团队协作能力、社会责任心、心理承受能力、应变能力和沟通表达能力；②对团队协作能力、环境适应能力的满意度评价均显著高于社会责任心、应变能力和沟通表达能力，对环境适应能力的满意度评价还明显高于心理承受能力；③对心理承受能力的满意度评价显著高于社会责任心；④对应变能力和沟通表达能力的满意度评价均显著低于其他 5 项社会能力。（见表 6-25）综上推断，企业对中职生的工作态度最满意，其次是环境适应能力和团队协作能力，再次是心理承受能力，然后是社会责任心，满意度最低的是应变能力和沟通表达能力。

5. 企业对中职生的综合职业能力的满意度"一般"

调查显示，企业对中职生的综合职业能力的满意度评价均值为 3.29，满意率为 38.76%。

（二）国有企业与民营企业对中职生职业能力的满意度评价差异分析

以满意度评价均值统计，国有企业对中职生专业能力、方法能力、社会能力和综合职

业能力的满意度评价均值分别为 3.07、2.97、3.58、3.27，说明国有企业对中职生的专业能力和综合职业能力满意度"一般"，对方法能力"不满意"，对社会能力的满意度最高，达到"一般满意"水平；民营企业对中职生专业能力、方法能力、社会能力和综合职业能力的满意度评价均值分别为 3.31、3、3.49、3.2，说明民营企业对中职生的 4 项职业能力的满意度"一般"。可见，相对于专业能力、方法能力和综合职业能力，不论是国有企业还是民营企业对中职生的社会能力的满意度均是最高的。具体指标方面，从表 6 - 26 可见，国有企业对中职生的工作态度、团队协作能力、环境适应能力"较满意"，对社会责任心和心理承受能力"一般满意"，对综合职业能力、应变能力、计算机使用能力、沟通表达能力、专业技能、问题解决能力、创新能力、学习能力 8 项职业能力的满意度"一般"，对专业知识、信息收集处理能力、组织管理能力和外语应用能力"不满意"；民营企业对中职生的工作态度和环境适应能力"较满意"，对团队协作能力和心理承受能力"一般满意"，对专业技能等 11 项能力的满意度"一般"，对创新能力和外语应用能力"不满意"。从图 6 - 26 可见，不论是国有企业还是民营企业，对中职生的职业能力的满意度普遍只有"一般"水平，且两者对中职生的工作态度、环境适应能力和团队协作能力的满意度最高。另外，国有企业对中职生的外语应用能力、创新能力、社会责任心的满意度评价略高于民营企业，而民营企业对中职生的专业知识、专业技能、计算机使用能力、组织管理能力的满意度略高于国有企业。但两独立样本 t 检验结果表明，国有企业与民营企业对中职生 17 项职业能力的满意度评价均无显著性差异。

以满意率统计，从图 6 - 27 可见，民营企业对中职生各项职业能力的满意率普遍高于国有企业，尤其是对中职生的专业知识、专业技能、计算机使用能力、学习能力、问题解决能力、组织管理能力、应变能力、沟通表达能力的满意率明显高于国有企业（高出近 10 个百分点），国有企业对中职生的社会责任心的满意率明显高于民营企业。具体而言，国有企业对中职生的社会责任心、环境适应能力的满意率最高，达 60% 以上，对工作态度、团队协作能力和心理承受能力的满意率为 50% ~60%，对专业技能、计算机使用能力和综合职业能力的满意率为 30% ~40%，对信息收集处理能力、学习能力、创新能力、问题解决能力、组织管理能力、应变能力 6 项职业能力的满意率为 20% ~30%，对专业知识、外语应用能力和沟通表达能力的满意率不足 20%；民营企业对中职生的工作态度和环境适应能力的满意率最高，超过 60%，其次是团队协作能力和心理承受能力，满意率为 50% ~60%，对专业知识、专业技能、计算机使用能力的满意率为 40% ~50%，对学习能力、问题解决能力、组织管理能力、社会责任心、应变能力、沟通表达能力、综合职业能力 7 项职业能力的满意率为 30% ~40%，对信息收集处理能力和创新能力的满意率为 20% ~30%，对外语应用能力的满意率最低，不足 20%。可见，国有企业对中职生职业能力的满意率主要集中在 20% ~30%，民营企业对中职生职业能力的满意率集中在 30% ~40%；国有企业对中职生的社会责任心和环境适应能力的满意率最高，而民营企业对工作态度和环境适应能力的满意率最高，达到 60% 以上；前者对中职生的专业知识、外语应用能力和沟通表达能力的满意率最低，均不足 20%，后者对中职生的外语应用能力的满意率最低，只有 10.2%。

综上可见：①整体而言，不论是国有企业还是民营企业，对中职生的工作态度、团队协作能力、环境适应能力和心理承受能力等社会能力的满意度相对较高，但对外语应用能力、创新能力、信息收集处理能力等方法能力的满意度相对较低。②比较而言，从满意度评价均值来看，国有企业对中职生的专业能力和综合职业能力满意度"一般"，对方法能力"不满意"，对社会能力的满意度最高，达到"一般满意"水平，而民营企业对中职生的4种职业能力的满意度均为"一般"；从满意率来看，民营企业对中职生的专业知识、专业技能、计算机使用能力、学习能力、问题解决能力、组织管理能力、应变能力、沟通表达能力的满意率均明显高于国有企业，国有企业对中职生的社会责任心的满意率明显高于民营企业。

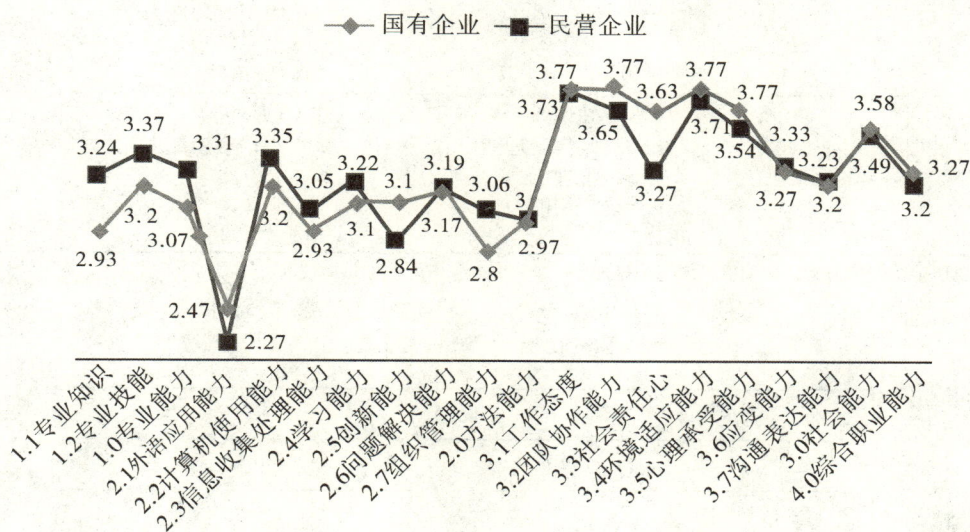

图6-26　国有企业与民营企业对中职生职业能力满意度评价均值

表6-26　国有企业与民营企业对中职生职业能力满意度评价均值分布

评价均值	均值满意度描述	国有企业相应评价指标及指标数	民营企业相应评价指标及指标数
3.7～3.9	较满意	3.1 工作态度 3.2 团队协作能力 3.4 环境适应能力 指标数：3	3.1 工作态度 3.4 环境适应能力 指标数：2
3.5～3.7	一般满意	3.3 社会责任心 3.5 心理承受能力 指标数：2	3.2 团队协作能力 3.5 心理承受能力 指标数：2

（续上表）

评价均值	均值满意度描述	国有企业相应评价指标及指标数	民营企业相应评价指标及指标数
3～3.5	一般	4.0 综合职业能力 3.6 应变能力 2.2 计算机使用能力 3.7 沟通表达能力 1.2 专业技能 2.6 问题解决能力 2.5 创新能力 2.4 学习能力 指标数：8	1.3 专业技能 2.2 计算机使用能力 3.6 应变能力 3.3 社会责任心 1.2 专业知识 3.7 沟通表达能力 2.4 学习能力 4.0 综合职业能力 2.6 问题解决能力 2.7 组织管理能力 2.3 信息收集处理能力 指标数：11
3 以下	不满意	1.1 专业知识 2.3 信息收集处理能力 2.7 组织管理能力 2.1 外语应用能力 指标数：4	2.5 创新能力 2.1 外语应用能力 指标数：2

注：表格中所列能力指标按均值从大到小排列。

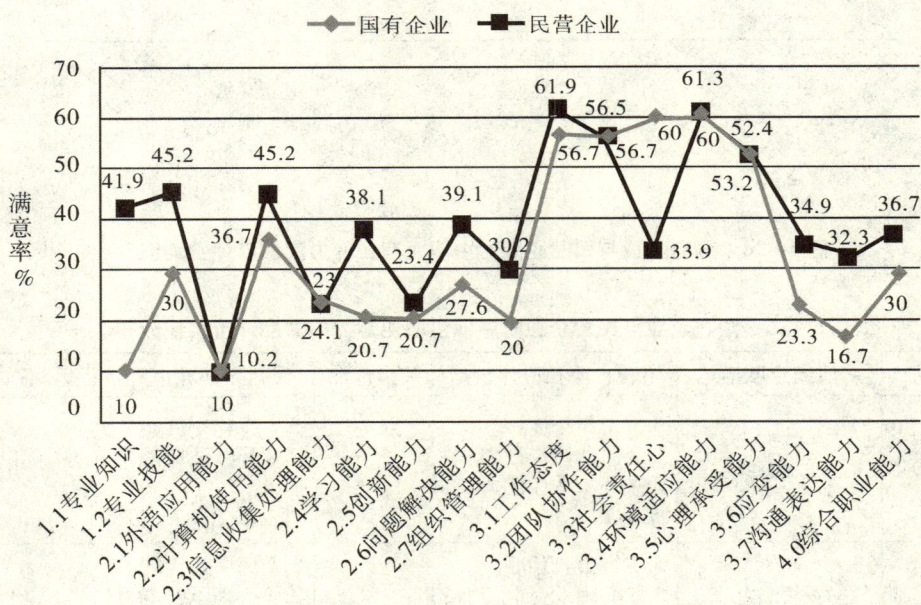

图 6-27　国有企业与民营企业对中职生职业能力的满意率

表 6 - 27　国有企业与民营企业对中职生职业能力满意率分布

满意率	国有企业	民营企业
60%~70%	3.3 社会责任心 3.4 环境适应能力 指标数：2	3.1 工作态度 3.4 环境适应能力 指标数：2
50%~60%	3.1 工作态度 3.2 团队协作能力 3.5 心理承受能力 指标数：3	3.2 团队协作能力 3.5 心理承受能力 指标数：2
40%~50%	指标数：0	1.1 专业知识 1.2 专业技能 2.2 计算机使用能力 指标数：3
30%~40%	1.2 专业技能 2.2 计算机使用能力 4.0 综合职业能力 指标数：3	2.4 学习能力 2.6 问题解决能力 2.7 组织管理能力 3.3 社会责任心 3.6 应变能力 2.7 沟通表达能力 4.0 综合职业能力 指标数：7
20%~30%	2.3 信息收集处理能力 2.4 学习能力 2.5 创新能力 2.6 问题解决能力 2.7 组织管理能力 3.6 应变能力 指标数：6	2.3 信息收集处理能力 2.5 创新能力 指标数：2
20% 以下	1.1 专业知识 2.1 外语应用能力 3.7 沟通表达能力 指标数：3	2.1 外语应用能力 指标数：1

四、企业对本科生、高职生和中职生职业能力满意度评价差异分析

1. 企业对本科生职业能力满意度评价高于高职生，对高职生的评价高于中职生

以满意度评价均值统计，从图6-28可见，在职业能力的4个一级指标上，企业对本科生的满意度评价均值都高于高职生，对高职生的评价则高于中职生。具体指标方面：①除工作态度、团队协作能力、环境适应能力和心理承受能力之外，企业对本科生的其他13项职业能力的满意度评价均值均高于高职生和中职生；②除环境适应能力之外，企业对高职生的其他16项职业能力的满意度评价均值均高于中职生；③企业对高职生的工作态度、团队协作能力、环境适应能力和心理承受能力的满意度评价高于本科生；④企业对中职生的工作态度、环境适应能力和心理承受能力的满意度高于本科生，对中职生的环境适应能力的满意度高于高职生。

从满意率来看，企业除对高职生的工作态度、团队协作能力和环境适应能力的满意率高于本科生之外，对本科生其他14项职业能力的满意率均高于高职生，除对中职生的工作态度、环境适应能力和心理承受能力的满意率略高于本科生之外，对本科生其他14项职业能力的满意率均高于中职生；除对中职生的环境适应能力和心理承受能力的满意率高于高职生之外，对高职生的其他15项职业能力的满意率均高于中职生。（见图6-29）

另外，虽然整体上，企业对本科生的职业能力的满意度评价高于高职生和中职生，但相对而言，本科生的"弱项"（社会能力）恰恰是高职生和中职生的"强项"。相对于专业能力、方法能力、综合职业能力，高职生、中职生的社会能力与本科生的差距并不明显，甚至在有些社会能力指标上好于本科生。如企业对高职生的工作态度、团队协作能力、环境适应能力和心理承受能力的满意度评价均值高于本科生，对中职生的工作态度、环境适应能力和心理承受能力的满意度也高于本科生。同样，相对于专业能力、方法能力和综合职业能力，中职生与高职生的社会能力的差距更小，甚至在企业看来，中职生在个别社会能力指标上好于高职生，如企业对中职生的环境适应能力和心理承受能力的满意率便高于高职生。

此外，与企业对员工的职业能力要求相比，本科生的社会能力与企业的期待有较大差距，而高职生、中职生，不论是专业能力、方法能力，还是社会能力和综合职业能力，与企业的期待和要求均有较大差距。据调查，企业对员工的专业能力、方法能力、社会能力和综合职业能力的要求均值分别为3.96、3.67、4.27和4.11。可见，企业除对员工的方法能力要求相对较低以外（只有"较高"级程度），对其他3种职业能力的要求都达到了"高"级程度。与之相比，本科生的专业能力、方法能力和综合职业能力都能令企业满意，但社会能力并不能令企业满意，说明本科院校对学生的社会能力的培养仍需加强；高职生、中职生4种职业能力都不能令企业满意，与企业的要求均有较大差距，说明职业院校虽然提倡职业能力本位，但对学生职业能力的培养效果并不理想，不能令企业满意。不过，值得肯定的是，相对于专业能力、方法能力和综合职业能力，企业对高职生、中职生的社会能力的满意度较高，这从一个侧面说明职业院校比较注重学生的社会能力的培养，这一点与企业的需求方向是一致的，只是能力水平尚未能达到企业的要求。

2. 企业对本科生专业能力满意度评价高于高职生，对高职生的评价高于中职生

据调查，企业对本科生的专业能力"满意"（$M=4.08$），对高职生的专业能力"一般

满意"（$M = 3.55$），对中职生的专业能力满意度"一般"（$M = 3.13$）。具体指标方面，t 检验结果表明，企业对本科生、高职生、中职生的专业知识、专业技能的满意度评价均存在显著性差异，对本科生的满意度高于高职生，对高职生的满意度高于中职生。（见表 6-28）在专业知识方面，企业对本科生、高职生、中职生的满意度评价均值依次是 4.08、3.55 和 3.13，满意率分别为 85.27%、51.15%、30%；在专业技能方面，企业对本科生、高职生、中职生的满意度评价均值依次为 3.84、3.63、3.37，满意率分别为 68.99%、55.73%、42.75%。可见，不论是专业知识还是专业技能，企业对本科生的满意度均高于高职生，对高职生的满意度均高于中职生。

另外，高职生、中职生的专业知识和专业技能与企业的要求均有较大差距，不能令企业满意，本科生的专业知识能令企业满意，但专业技能与企业的高要求仍有一定差距。

3. 企业对本科生方法能力满意度评价高于高职生，对高职生的评价高于中职生

据调查，企业对本科生、高职生、中职生方法能力的满意度评价均值依次是 3.91、3.49 和 3.07。可见，企业对本科生的方法能力"满意"，对高职生和中职生的方法能力满意度"一般"。具体指标方面，t 检验结果表明，企业对本科生、高职生、中职生 7 项方法能力的满意度评价均有显著性差异，对本科生的评价均高于高职生和中职生，对高职生的评价均高于中职生。

具体而言，企业对本科生 7 项方法能力"满意"或"较满意"，其中对学习能力、计算机使用能力和外语应用能力"满意"（$3.9 \leqslant M < 4.1$），对问题解决能力、信息收集处理能力、组织管理能力和创新能力"较满意"（$3.7 \leqslant M < 3.9$）；企业除对高职生的计算机使用能力、学习能力"较满意"之外，对其他 5 项方法能力的满意度为"一般满意"或"一般"；企业除对中职生的外语应用能力"不满意"之外，对其他 6 项方法能力的满意度均为"一般"。（见表 6-14）

满意率方面，企业对本科生的 7 项方法能力的满意率均在 60% 以上；对高职生，除学习能力、计算机使用能力的满意率达到 60% 以上外，对其他 5 项方法能力的满意率均不足 60%；对中职生，除计算机使用能力和问题解决能力的满意率达到 40% 以上外，对其他 5 项方法能力的满意率均不足 40%。（见表 6-15）

另外，与企业要求相比（$M = 3.67$），本科生的方法能力整体上能令企业满意，尤其是外语应用能力、计算机使用能力和信息收集处理能力与企业相对较低的要求相比，本科生的表现相对较突出，但问题解决能力与企业的高要求仍有一定差距；高职生的外语应用能力、计算机使用能力、信息收集处理能力与企业的要求并无明显差距，因为企业对这几项能力的要求并不高，但企业要求相对较高的学习能力、创新能力、问题解决能力和组织管理能力，高职生与企业的要求差距较大，不能令企业满意；中职生的情况也是如此，除企业要求相对较低的外语应用能力和计算机使用能力之外，其他几项方法能力与企业的要求均有较大差距。

4. 企业对本科生和高职生的社会能力满意度评价高于中职生

据调查，企业对本科生、高职生、中职生社会能力的满意度评价均值依次是 3.73、3.71、3.58，说明企业对本科生和高职生的社会能力"较满意"，对中职生的社会能力"一般满意"。具体指标方面，不论是从满意度评价均值来看，还是从满意率来看，企业对

本科生的沟通表达能力、应变能力和社会责任心的满意度要高于高职生和中职生，对高职生此3项能力的满意度高于中职生；企业对高职生和中职生的工作态度、环境适应能力的满意度要高于本科生；对高职生的团队协作能力的满意度高于本科生和中职生；对中职生的环境适应能力的满意度高于高职生。（见表6-28和表6-29）t检验结果表明：①企业对本科生、高职生、中职生的沟通表达能力、应变能力的满意度评价存在显著性差异，对本科生的满意度高于高职生，对高职生的满意度高于中职生；②对高职生工作态度的满意度高于本科生；③对高职生团队协作能力的满意度高于中职生；④对本科生和高职生社会责任心的满意度高于中职生。由此表明，相对而言，本科生的沟通表达能力、应变能力比高职生和中职生强；高职生的工作态度好于本科生，团队协作能力好于中职生；相对于中职生，本科生和高职生的社会责任心更强。

另外，本科生、高职生和中职生社会能力与企业的高要求相比（$M = 4.27$），均有较大差距。比较而言，在方法能力中，本科生的环境适应能力、心理承受能力、社会责任心与企业的要求差距相对更大；高职生的应变能力、社会责任心、心理承受能力与企业的要求差距相对更大；中职生的沟通表达能力、应变能力、社会责任心与企业的要求差距相对更大。

5. 企业对本科生综合职业能力的满意度评价高于高职生，对高职生的评价高于中职生

据调查，企业对本科生、高职生、中职生的满意度评价均值依次是3.94、3.63和3.29，对应的满意程度分别为"满意"、"一般满意"和"一般"。另外，满意率方面，企业对本科生、高职生、中职生的满意率分别为78.74%、58.14%、38.76%。t检验结果进一步表明，企业对三种学历层次员工综合职业能力的满意度评价存在显著性差异，即对本科生综合职业能力的满意度高于高职生，对高职生的满意度高于中职生。

另外，与企业的高要求相比（$M = 4.11$，83.04%的企业对综合职业能力要求"高"或"很高"），本科生的综合职业能力与企业的要求差距相对较小，能令企业满意，但高职生、中职生的综合职业能力与企业的要求差距较大，不能令企业满意。

表6-28　企业对不同学历员工职业能力满意度评价均值

一级指标	二级指标	中职生	高职生	本科生
1. 专业能力	1.1 专业知识	3.13	3.55	4.08
	1.2 专业技能	3.37	3.63	3.84
	1.0 整体评价	3.25	3.59	3.96
2. 方法能力	2.1 外语应用能力	2.34	3.04	3.94
	2.2 计算机使用能力	3.34	3.72	4.03
	2.3 信息收集处理能力	3.08	3.42	3.87
	2.4 学习能力	3.31	3.7	4.05
	2.5 创新能力	3.08	3.51	3.77
	2.6 解决问题的能力	3.29	3.63	3.89
	2.7 组织管理能力	3.03	3.41	3.83
	2.0 整体评价	3.07	3.49	3.91

（续上表）

一级指标	二级指标	中职生	高职生	本科生
3. 社会能力	3.1 工作态度	3.86	3.92	3.74
	3.2 团队协作能力	3.69	3.81	3.71
	3.3 社会责任心	3.47	3.6	3.68
	3.4 对环境的适应能力	3.76	3.72	3.6
	3.5 心理承受能力	3.65	3.66	3.62
	3.6 应变能力	3.32	3.56	3.8
	3.7 沟通表达能力	3.29	3.69	3.98
	3.0 整体评价	3.58	3.71	3.73
4. 综合职业能力	4.0 综合职业能力	3.29	3.63	3.94

表 6-29　企业对不同学历员工职业能力满意率　　　　　（单位：%）

一级指标	二级指标	本科生	高职生	中职生
1. 专业能力	1.1 专业知识	85.27	51.15	30
	1.2 专业技能	68.99	55.73	42.75
2. 方法能力	2.1 外语应用能力	73.64	25.19	10.16
	2.2 计算机使用能力	79.07	60.31	44.27
	2. 信息收集处理能力	68.5	42.31	24.81
	2.4 学习能力	80.77	61.36	38.93
	2.5 创新能力	63.08	47.73	27.27
	2.6 问题解决能力	73.28	54.14	40.15
	2.7 组织管理能力	66.15	44.7	27.27
3. 社会能力	3.1 工作态度	63.85	70.45	67.42
	3.2 团队协作能力	60.47	64.89	55.73
	3.3 社会责任心	60.47	53.44	45.04
	3.4 环境适应能力	57.36	60.31	62.6
	3.5 心理承受能力	57.36	55.73	58.33
	3.6 应变能力	64.34	49.62	32.58
	3.7 沟通表达能力	75.97	57.25	31.3
4. 综合职业能力	4.0 综合职业能力	78.74	58.14	38.76

表6-30　企业对本科生、高职生、中职生职业能力满意度评价差异显著性 t 检验

能力指标	样本	t	df	$Sig.$（$2-tails$）
1.1 专业知识	本科生·高职生	9.134	125	0.000
	本科生·中职生	11.447	120	0.000
	高职生·中职生	8.134	121	0.000
1.2 专业技能	本科生·高职生	3.122	125	0.002
	本科生·中职生	5.191	121	0.000
	高职生·中职生	4.473	122	0.000
2.1 外语应用能力	本科生·高职生	13.887	125	0.000
	本科生·中职生	18.054	119	0.000
	高职生·中职生	9.341	120	0.000
2.2 计算机使用能力	本科生·高职生	5.811	125	0.000
	本科生·中职生	9.400	121	0.000
	高职生·中职生	6.107	122	0.000
2.3 信息收集处理能力	本科生·高职生	7.036	123	0.000
	本科生·中职生	10.064	117	0.000
	高职生·中职生	6.967	118	0.000
2.4 学习能力	本科生·高职生	6.805	126	0.000
	本科生·中职生	8.747	121	0.000
	高职生·中职生	6.565	122	0.000
2.5 创新能力	本科生·高职生	3.657	126	0.000
	本科生·中职生	9.211	121	0.000
	高职生·中职生	6.573	122	0.000
2.6 问题解决能力	本科生·高职生	4.338	127	0.000
	本科生·中职生	6.957	122	0.000
	高职生·中职生	5.573	123	0.000
2.7 组织管理能力	本科生·高职生	7.126	126	0.000
	本科生·中职生	9.894	122	0.000
	高职生·中职生	6.580	123	0.000
3.1 工作态度	本科生·高职生	-2.845	126	0.005
3.2 团队协作能力	高职生·中职生	2.519	122	0.013
3.3 社会责任心	本科生·中职生	3.126	121	0.002
	高职生·中职生	4.292	122	0.000

（续上表）

能力指标	样本	t	df	$Sig.$（2 - tails）
3.6 应变能力	本科生·高职生	3.830	125	0.000
	本科生·中职生	6.222	121	0.000
	高职生·中职生	5.204	122	0.000
3.7 沟通表达能力	本科生·高职生	5.339	125	0.000
	本科生·中职生	8.950	121	0.000
	高职生·中职生	6.921	122	0.000
4.0 综合职业能力	本科生·高职生	5.322	123	0.000
	本科生·中职生	8.250	119	0.000
	高职生·中职生	6.197	120	0.000

五、国有企业与民营企业对不同学历员工职业能力满意度评价的差异分析

据调查，国有企业与民营企业对三种学历员工职业能力的态度基本一致，即两类企业对本科生的职业能力的满意度最高，其次是高职生，最后是中职生。不过，相比民营企业，国有企业对本科生的职业能力更满意。国有企业不仅对本科生的职业能力的满意度评价均值比民营企业高，而且对三类员工满意度评价差异更大，说明在国有企业看来，相比高职生和中职生，本科生在4种职业能力方面更具比较优势。

1. 国有企业与民营企业对不同学历员工专业能力满意度评价差异分析

首先，国有企业与民营企业对三种学历员工专业能力的态度基本一致，即两类企业对本科生的专业能力最满意，其次是高职生，最后是中职生。从具体指标来看，也是如此。两类企业对本科生的专业知识、专业技能的满意度评价均高于高职生，对高职生专业知识、专业技能的满意度评价均高于中职生。

其次，两类企业对三种学历员工专业能力的满意程度有一定差异。据调查，国有企业对本科生、高职生、中职生专业能力满意度的整体评价均值依次是4.03、3.35和2.97，民营企业的评价均值依次是3.88、3.50和3.31。可见，国有企业对本科生专业能力的满意度高于民营企业，而民营企业对高职生、中职生专业能力的满意度高于国有企业。

再次，相比民营企业，国有企业对本科生、高职生、中职生专业能力，尤其是专业知识的满意度评价差异更大。由此说明，在专业能力，尤其是专业知识方面，虽然两类企业均更认可本科生，其次是高职生，但在国有企业看来，本科生的优势更明显，高职生相比中职生也更具比较优势。

2. 国有企业与民营企业对不同学历员工方法能力的满意度评价差异分析

首先，国有企业与民营企业对三种学历员工方法能力的态度基本一致，即两类企业对本科生的方法能力最满意，其次是高职生，最后是中职生。从具体指标来看，也是如此。两类企业对本科生的7项方法能力的满意度评价均高于高职生，对高职生的7项方法能力的满意度评价均高于中职生。

其次，两类企业对三种学历员工方法能力的满意程度有一定差异。据调查，国有企业对本科生、高职生、中职生方法能力的评价均值依次是 3.99、3.35 和 2.82，民营企业的评价均值依次为 3.79、3.40、3.00。可见，国有企业对本科生方法能力的满意度高于民营企业，而民营企业对高职生、中职生方法能力的满意度略高于国有企业。

再次，两类企业对三种学历员工具体方法能力的满意度评价有一定差异。在 7 项方法能力中，国有企业对本科生满意度最高的是学习能力，评价均值达 4.23，满意度最低的是外语应用能力，评价均值为 3.77，民营企业对本科生满意度最高的是计算机使用能力，评价均值为 4.00，满意度最低的是创新能力，评价均值为 3.56；国有企业对高职生满意度最高的是计算机使用能力，评价均值为 3.73，满意度最低的是外语应用能力，评价均值为 3.03，民营企业对高职生满意度最高的是计算机使用能力和学习能力，评价均值均为 3.63，满意度最低的也是外语应能力，评价均值为 3.00；国有企业与民营企业对中职生满意度最高的均是计算机使用能力，评价均值分别为 3.2、3.35，满意度最低的均是外语应用能力，评价均值分别为 2.47、2.27。

最后，相比民营企业，国有企业对本科生、高职生、中职生方法能力的满意度评价差异更大。由此说明，虽然两类企业均对本科生的方法能力更满意，其次是高职生，但在国有企业看来，本科生的优势更明显，高职生相比中职生也更具比较优势。

表 6 - 31　国有企业与民营企业对不同学历员工职业能力满意度评价均值

一级指标	二级指标	国有企业			民营企业		
		本科生	高职生	中职生	本科生	高职生	中职生
1. 专业能力	1.1 专业知识	4.19	3.50	2.93	3.97	3.46	3.24
	1.2 专业技能	3.87	3.43	3.20	3.79	3.54	3.37
	1.0 整体评价	4.03	3.35	2.97	3.88	3.50	3.31
2. 方法能力	2.1 外语应用能力	3.77	3.03	2.47	3.93	3.00	2.27
	2.2 计算机使用能力	4.13	3.73	3.20	4.00	3.63	3.35
	2.3 信息收集处理能力	3.87	3.37	2.93	3.79	3.35	3.05
	2.4 学习能力	4.23	3.57	3.10	3.90	3.63	3.22
	2.5 创新能力	3.94	3.60	3.10	3.56	3.33	2.84
	2.6 问题解决能力	4.10	3.60	3.17	3.68	3.51	3.19
	2.7 组织管理能力	3.87	3.37	2.80	3.69	3.34	3.06
	2.0 整体评价	3.99	3.35	2.82	3.79	3.40	3.00

（续上表）

一级指标	二级指标	国有企业			民营企业		
		本科生	高职生	中职生	本科生	高职生	中职生
3. 社会能力	3.1 工作态度	3.94	4.00	3.77	3.56	3.78	3.73
	3.2 团队协作能力	3.97	4.00	3.77	3.48	3.60	3.65
	3.3 社会责任心	3.94	3.83	3.63	3.55	3.32	3.27
	3.4 环境适应能力	3.77	3.70	3.77	3.38	3.52	3.71
	3.5 心理承受能力	3.74	3.70	3.63	3.53	3.49	3.54
	3.6 应变能力	3.81	3.53	3.27	3.64	3.51	3.33
	3.7 沟通表达能力	4.13	3.73	3.20	3.93	3.60	3.23
	3.0 整体评价	3.99	3.66	3.46	3.58	3.56	3.49
4. 综合职业能力	4.0 综合职业能力	4.19	3.67	3.27	3.79	3.52	3.32

3. 国有企业与民营企业对不同学历员工社会能力的满意度评价差异分析

首先，国有企业与民营企业对三种学历员工社会能力的态度是一致的，即对本科生的评价高于高职生，对高职生的评价高于中职生，但满意程度存在一定差异。据调查，国有企业对本科生、高职生、中职生的社会能力的满意度整体评价均值分别为3.99、3.66、3.46，民营企业的评价均值分别为3.58、3.56和3.49。可见，国有企业对本科生社会能力的满意度整体评价明显高于高职生和中职生，而民营企业对三种学历员工的满意度整体评价差异并不明显。由此表明，在国有企业看来，相对于中、高职学生，本科生的社会能力优势更明显。

其次，具体指标方面，国有企业对本科生、高职生的满意度评价普遍高于民营企业。国有企业对本科生7项社会能力的评价均值都在4左右，其中，满意度最高的是沟通表达能力（$M=4.13$），满意度最低的是心理承受能力（$M=3.74$），而民营企业对本科生最满意的也是沟通表达能力（$M=3.93$），对其他6项社会能力的满意度评价均值都在3.5左右，其中，满意度最低的是环境适应能力（$M=3.38$）；国有企业对高职生7项社会能力的满意度也普遍高于民营企业，除了对高职生应变能力的评价相对较低之外（$M=3.53$），对其他6项能力的评价均值都在3.7以上，其中对高职生的工作态度、团队协作能力最满意（$M=4$），而民营企业除了对工作态度的满意度评价相对较高之外（$M=3.78$），对高职生其他6项社会能力的评价均值都在3.5左右，其中对高职生的社会责任心最不满意（$M=3.32$）。不过，两类企业对中职生7项社会能力的满意度评价并没有明显差异，两者对中职生的工作态度、团队协作能力和环境适应能力相对更满意，而都对中职生的应变能力、沟通表达能力最不满意（民营企业对中职生的社会责任心的满意度也比较低）。

4. 国有企业与民营企业对不同学历员工综合职业能力的满意度评价差异分析

据调查，在综合职业能力满意度评价方面，国有企业对本科生、高职生、中职生的评价均值依次是4.19、3.67、3.27，民营企业相应的评价结果是3.79、3.52、3.32。可见：①国有企业与民营企业对不同学历员工综合职业能力的态度基本一致，即两类企业对本科生的综合职业能力最满意，其次是高职生，最后是中职生；②国有企业对本科生的综合职业能力的满意度评价明显高于民营企业，t 检验结果表明，两者对本科生的综合职业能力满意度评价存在显著性差异；③国有企业对三种学历员工的综合职业能力的满意度评价差异更大，尤其是对本科生的满意度评价明显高于高职生和中职生，说明在国有企业看来，本科生的综合职业能力的优势更明显。

六、企业对本科生、高职生和中职生总体满意度评价

除职业能力满意度调查之外，本研究还对企业的总体满意度进行了调查。一方面，由于调查所设定的职业能力指标有一定局限性，它不可能涵盖员工知识、能力和素质等所有方面，因此进行企业总体满意度调查可以弥补这方面的不足，可以更全面地了解不同学历员工在企业的整体表现；另一方面，通过总体满意度调查，可以检验整个调查的信度，如果总体满意度调查结果与职业能力满意度调查结果相关度高，说明调查的信度高，反之，说明调查的信度低。结果显示，企业对本科生、高职生和中职生的总体满意度和职业能力满意度评价基本类似。

1. 企业对本科生和高职生的总体满意度高于中职生

调查结果显示，企业对本科生、高职生、中职生总体满意度评价均值依次为 3.77、3.69、3.54。满意率方面，企业对本科生、高职生、中职生总体满意率分别为 74.5%、65%、53.3%。可见，企业对本科生最满意，其次是高职生，再次为中职生。$Friedman$ 卡方检验结果（$\chi^2 = 18.554$，$df = 2$，$p = 00.000 < 0.01$）表明，企业对三种学历员工的总体满意度评价有显著性差异，t 检验结果进一步表明，企业对本科生与中职生的总体满意度评价存在显著性差异，对高职生与中职生的评价也存在显著性差异，对本科生和高职生的评价不存在显著性差异。由此说明，企业对本科生和高职生的总体满意度明显高于中职生。

表 6－32　企业对不同学历员工总体满意度评价均值及标准差

指标	本科生		高职生		中职生	
	均值	标准差	均值	标准差	均值	标准差
调查企业	3.77	0.59	3.69	0.59	3.54	0.67
国有企业	3.88	0.49	3.60	0.56	3.50	0.51
民营企业	3.71	0.67	3.67	0.65	3.56	0.74

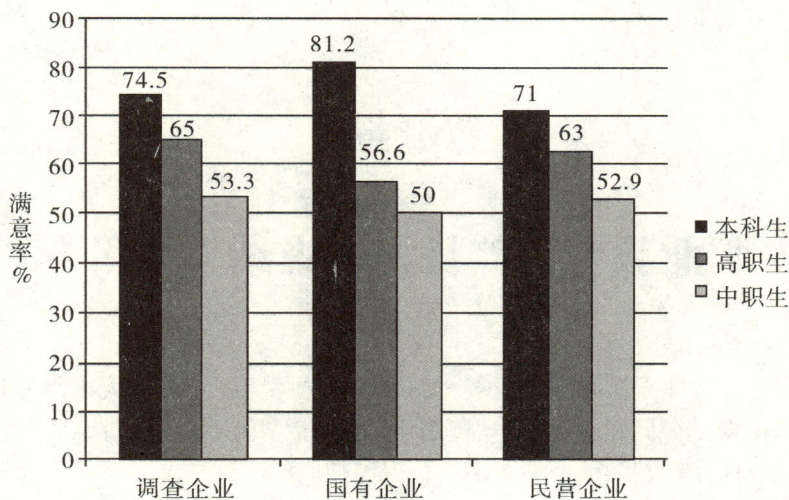

图 6 - 28　企业对不同学历员工总体满意率

表 6 - 33　企业对本科生、高职生、中职生总体满意度评价差异显著性 t 检验

	t	df	$Sig.$ （$2 - tails$）
本科生·高职生	1.580	136	0.116
本科生·中职生	2.851	133	0.005
高职生·中职生	2.181	136	0.031

2. 国有企业与民营企业对不同学历员工总体满意度评价差异分析

据调查，国有企业对本科生、高职生、中职生的总体满意度评价均值依次为 3.88、3.60、3.50，民营企业相应的评价均值分别为 3.71、3.67、3.56；国有企业对本科生、高职生、中职生的总体满意率分别为 81.2%、56.6% 和 50%，民营企业对本科生、高职生、中职生的总体满意率分别为 71%、63%、52.9%。可见：①不论是国有企业还是民营企业，对本科生的满意度均高于高职生和中职生；②国有企业对本科生的总体满意度评价高于民营企业，如国有企业对本科生的满意率比民营企业高近 10 个百分点，不过两者对高职生、中职生的满意度评价差异并不明显；③相比民营企业，国有企业对三种学历员工的总体满意度差异更大。Friedman 卡方检验结果（$\chi^2 = 16.167$，$df = 2$，$p = 0.000 < 0.01$）表明，国有企业对三种学历员工的总体满意度评价有显著性差异。t 检验结果进一步表明，国有企业对本科生与高职生的总体满意度评价有显著性差异（$t = 3.247$，$df = 29$，$p = 0.003 < 0.01$），对本科生与中职生的评价也有显著性差异（$t = 4.097$，$df = 29$，$p = 0.000 < 0.01$），但对高职生与中职生的评价无显著性差异（$t = 1.361$，$df = 29$，$p = 0.184 > 0.05$）。另外，Friedman 卡方检验结果（$\chi^2 = 4.292$，$df = 2$，$p = 0.117 > 0.01$）表明，民营企业对三种学历员工的总体满意度评价并无显著性差异。由此说明，国有企业对本科生的总体满意度明显高于高职生、中职生，换句话说，相比民营企业，在国有企业看来，本科生比高职生、中职生更令企业满意。

第七章

职业教育培养目标调查结果分析

中、高职学生成才需求调查和企业人才需求调查结果为职业教育人才培养目标定位和分类提供了重要依据。为更好地把握、理解第四、第五、第六章的调查结果，本章对前面三章内容进行综合阐述，归纳提炼调查结论，提出相应的对策建议。

第一节 中高职生成才需求调查结果综述

一、中高职生成才目标分析

1. 管理人才、技术型人才是中、高职生共同的成才目标

据调查，①管理人才、营销人才和技术型人才是中职生的主要成才目标，分别有20.22%、14.41%和13.02%的中职生将管理人才、营销人才和技术型人才作为首选成才目标。②管理人才、技术型人才和工程型人才是高职生的主要成才目标，分别有29.05%、27.24%和13.37%的高职生将管理人才、技术型人才和工程型人才作为首选成才目标。可见，管理人才、技术型人才是中、高职生均比较青睐的目标选择。此外，一成多中职生希望成为营销人才，一成多高职生希望成为工程型人才。

2. 中高职生成才目标受多种因素的影响

据调查，院校水平、院校类型、专业类别、入学年限、性别、生源地、学习基础、家庭经济水平、入学原因9个方面的因素对中、高职生的成才目标均有显著性影响。①学生的成才目标存在院校水平差异。对于中职而言，国家示范校或重点学校与省级示范校或重点学校的学生的成才目标有显著性差异；对于高职而言，国家示范校、国家骨干校、省级示范校和一般学校的学生的成才目标有显著性差异。②学生的成才目标存在院校类型差异。对于中职而言，中专生、技校生、职高生的成才目标存在显著性差异；对于高职而言，行业院校与地方院校的学生的成才目标有显著性差异。③学生的成才目标存在专业类别差异，专业类别不同的学生的成才目标有显著性差异。④学生的成才目标存在年级差异，一年级学生与二年级学生的成才目标有显著性差异。⑤学生的成才目标存在性别差异，男生与女生的成才目标有显著性差异。⑥学生的成才目标存在城乡差异，城市学生与农村学生的成才目标有显著性差异。⑦学生的成才目标存在学习基础差异，入学成绩、在校学习成绩不同的学生的成才目标有显著性差异。⑧学生的成才目标存在家庭经济水平差

异，家庭经济水平不同的学生的成才目标有显著性差异。⑨学生的成才目标存在入学原因差异，入学原因不同的学生的成才目标有显著性差异。

二、中高职生学历需求分析

1. 60%左右的中高职生对学历需求高

据调查，①中职生37.35%对学历需求"很高"，25.58%需求"高"，累计62.93%的中职生对学历需求"高"或"很高"。另外，24.69%的中职生将"为升学做准备"作为中职阶段的首选成才目标，选择频率在所列的8个成才目标选项中排第一位。②高职生34.91%对学历需求"很高"，22.01%需求"高"，累计56.93%的高职生对学历需求"高"或"很高"。可见，尽管职业教育强调以就业为导向，但多数学生依然渴望提升学历。

2. 中高职生的学历需求受多种因素的影响

据调查，院校水平、院校类型、专业类别、入学年限、性别、学习基础、家庭经济水平、生源地8个方面的因素对中、高职生的学历需求均有显著性影响。回归分析表明，学生在校学习成绩、生源地、性别、学校发展水平对中职生的学历需求影响较大；性别、入学年限、在校学习成绩、入学成绩对高职生的学历需求影响较大。具体而言：①学生对学历的需求存在院校水平差异。对于中职而言，省级示范校或重点学校的学生对学历的需求比国家示范校或重点学校要高；对于高职而言，省级示范校的学生对学历的需求高于国家骨干校。②学生对学历的需求存在院校类型差异。对于中职而言，职高生对学历的需求高于中专生和技校生；对于高职而言，行业院校的学生对学历的需求高于地方院校。③学生对学历的需求存在专业类别差异。对中职而言，财经商贸类和文化艺术类专业的学生对学历的需求相对更高；对高职而言，艺术设计传媒类专业的学生对学历的需求相对更高，而交通运输类、制造类专业的学生对学历的需求相对较低。④学生对学历的需求存在年级差异，不论是中职还是高职，一年级的学生对学历的需求都要高于二年级学生。⑤学生对学历的需求存在性别差异，不论是中职还是高职，女生对学历的需求都要高于男生。⑥学生对学历的需求存在生源差异。对中职而言，来自城市的学生对学历的需求高于农村学生；对高职而言，来自普通高中的学生对学历的需求高于来自中等职业学校的学生。⑦学生对学历的需求存在学习基础差异。对中职而言，学生的学习基础越好对学历的需求越高；对高职而言，学习基础中等或好的学生对学历的需求高于学习基础差的学生。⑧学生对学历的需求存在家庭经济水平差异。对中职而言，家庭经济中等的学生对学历的需求要高于经济差的学生；对高职而言，家庭经济好的学生对学历的需求高于经济中等和经济差的学生。

三、中高职生对职业能力的需求分析

1. 中高职生对提升职业能力的需求"高"

据调查，不论是中职生还是高职生对提升各项职业能力的需求均比较高。另外，从需求程度来看，相对于方法能力，中高职生更看重专业能力、社会能力和综合职业能力。具体而言：①在专业能力方面，相对于专业知识，中、高职生均更重专业技能；②在方法能力方面，中、高职生均最看重问题解决能力，其次是创新能力、组织管理能力和学习能力，而对外语应用能力、计算机使用能力以及信息收集处理能力的需求度相对较低；③在社会能力方面，中、高职生均最看重沟通表达能力和应变能力。

　　2. 中高职生对职业能力的需求存在群体差异

　　据调查，院校水平、专业类别、入学年限、性别、学习基础、入学原因6个方面的因素对中、高职生的职业能力需求均有显著性影响。除此之外，中职生对职业能力的需求还受生源、家庭经济水平的影响；高职生对职业能力的需求还受生源、院校类型的影响。具体而言：①学生对职业能力的需求存在院校水平差异。对于中职而言，省级示范校或重点学校的学生对专业知识、专业技能、外语应用能力、计算机使用能力、信息收集处理能力、心理承受能力6项职业能力的需求度高于国家示范校或重点学校，说明省级示范校或重点学校的学生对这些职业能力的期望值高于国家示范校或重点学校；对于高职而言，国家示范校的学生对外语应用能力、学习能力、团队协作能力、社会责任心、环境适应能力、心理承受能力、应变能力、沟通表达能力8项职业能力的需求高于一般院校，说明国家示范校的学生对这些职业能力的期望值高于一般院校。②学生对职业能力的需求存在专业类别差异。如对中职而言，在所调查的6类专业中，信息技术类专业的学生对多项职业能力的需求低于其他5类专业；对高职而言，在所调查的9类专业中，制造类专业的学生对多项职业能力的需求低于其他8类专业。③学生对职业能力的需求存在一定的年级差异。对于中职而言，一年级学生对专业知识、专业技能的需求均高于二年级学生，说明中职一年级学生比二年级学生更关注专业能力；对于高职而言，一年级学生对专业知识、专业技能、外语应用能力、计算机使用能力、问题解决能力、组织管理能力、心理承受能力、应变能力、沟通表达能力、综合职业能力10项职业能力的需求均显著高于二年级学生，说明入校时间较短的一年级学生对这些职业能力的期望值更高。④学生对职业能力的需求存在性别差异，女生对所列的17项职业能力的需求普遍高于男生。如对于中职而言，女生对其中16项职业能力的需求高于男生；对高职而言，女生对所有17项职业能力的需求均高于男生，这说明女生对职业能力提升的期望值高于男生。⑤学生对职业能力的需求存在学习基础差异。对中职而言，学习基础越好的学生对职业能力的需求越高；对高职而言，学习基础差的学生对职业能力的需求普遍低于学习基础中等或好的学生。⑥入学原因不同的学生对职业能力的需求有一定差异。对中职而言，入学原因不同的7组学生对专业知识、专业技能、外语应用能力、信息收集处理能力、学习能力、创新能力、问题解决能力、组织管理能力、沟通表达能力9项职业能力的需求有显著性差异；对高职而言，入学原因不同的7组学生对专业知识、专业技能、外语应用能力、工作态度、团队协作能力、社会责任心、心理承受能力、沟通表达能力8项职业能力的需求有显著性差异。⑦对中职而言，学生对职业能力的需求还存在一定的城乡差异。城市学生对专业知识、外语应用能力、计算机使用能力、信息收集处理能力、组织管理能力、心理承受能力、应变能力、沟通表达能力的需求度高于农村学生，说明来自城市的学生对这些职业能力的期望值高于农村学生。⑧对中职而言，家庭经济水平不同的学生对职业能力的需求也有一定差异。经济中等的学生对职业能力的需求普遍高于经济好的学生和经济差的学生，说明家庭经济中等的学生对提升职业能力的期望值更高。⑨对于高职而言，不同生源学生对职业能力的需求度也有一定差异。普通高中毕业生对所列出的 17 项职业能力的需求均高于中等职业学校毕业生，说明普通高中毕业生对提升职业能力的期望值普遍高于中等职业学校毕业生。⑩对于高职而言，不同类型学校的学生对职业能力的需求也有一定差异。行业院校的学生对专业知识、专业技能和组织管理能力的需求明显高于地方院校。

四、中高职生对人才培养工作的评价

1. 中高职生对人才培养工作的整体评价"一般"

据调查，①在对所学专业人才培养目标了解程度方面，中职生和高职生的了解程度均"一般"；②在对所学专业就业岗位了解程度方面，中职生的了解程度"一般"，高职生的了解程度"一般略偏上"；③在课程设置的合理性评价方面，中职生的评价为"一般略偏上"，高职生的评价为"一般"；④在课程内容的适应性评价方面，中高职生的评价均为"一般略偏上"；⑤在教学条件的满意度评价方面，中高职生对所学专业的教学条件的满意度为"一般略偏满意"。可见，从学生评价来看，职业院校的人才培养工作并不理想，专业人才培养目标定位及其宣传教育、就业指导、课程设置、课程内容改革、教学条件建设等方面仍需加强。

2. 中高职生对人才培养工作的评价存在群体差异

从学生评价来看：①职业院校人才培养工作存在院校水平差异。对于中职而言，国家示范校或重点学校的人才培养工作好于省级示范校或重点学校，国家示范校或重点学校的学生对专业人才培养目标了解程度、就业岗位了解程度、课程设置的合理性评价、课程内容的适应性评价均显著高于省级示范校或重点学校；对于高职而言，一般院校的人才培养工作要逊于国家示范校或骨干院校，一般院校的学生对专业人才培养目标的了解程度、就业岗位的了解程度、课程设置的合理性评价均显著低于国家骨干校，对课程内容的适应性评价则显著低于国家示范校。不过，不论是中职生还是高职生，对教学条件的满意度评价均不存在院校水平差异。②职业院校人才培养工作存在院校类型差异。对中职而言，职业高中的人才培养工作逊于中等专业学校和技工类院校，职高生对专业人才培养目标了解程度、就业岗位了解程度，对课程设置的合性评价均不及中专生，对就业岗位了解程度、课程内容的适应性评价、教学条件的满意度评价均不及技校生。另外，技校生对课程内容的适应性评价也好于中专生。对高职而言，行业院校的人才培养目标定位及其宣传教育、就业教育、课程内容改革好于地方院校。③职业院校人才培养工作存在专业类别差异。对于中职而言，所调查的 6 类专业中，交通运输类专业在人才培养目标定位与宣传、就业教育方面最好，而公共管理与服务类专业在这两方面相对较弱，农林牧渔类专业的课程设置最合理、教学条件最令学生满意；对高职而言，所调查的 9 类专业中，交通运输类专业的人才培养工作最突出，而电子信息类专业、文化教育类专业相对较差。④中职生对课程设置的合理性评价、课程内容的适应性评价存在性别差异，女生的评价高于男生。不过，高职生对各项人才培养工作的评价均无性别差异。⑤中高职生对课程内容的适应性评价和教学条件的满意度评价均存在年级差异，一年级学生的评价均高于二年级。另外，中职生对课程设置的合理性评价也存在年级差异，一年级学生的评价高于二年级。⑥中职生对培养目标了解程度、就业岗位了解程度，对课程设置的合理性评价和课程内容的适应性评价存在城乡差异，农村学生的评价高于城市学生。高职生对教学条件的评价存在城乡差异，城市学生的评价高于农村学生。⑦中职生对人才培养工作的评价存在家庭经济水平差异。家庭经济差的学生对专业人才培养目标了解程度、就业岗位了解程度、课程设置的合理性评价、课程内容的适应性评价、教学条件的满意度评价均低于家庭经济中等或好的学生。对于高职生而言，家庭经济差的学生对就业岗位的了解程度、课程设置的合理性评价、教学条件的满意度评价低于家庭经济中等或好的学生。⑧学生对人才培养工作的评价还存在学习基础差异。不论是中职生还是高职生，入学成绩、在校学习成绩越好的学生对各项人才培养工作的评价越高。

五、中高职生对职业能力培养效果的评价

1. 中高职生对职业能力培养效果的整体评价"较高"

据调查，中、高职生对专业能力、方法能力、社会能力和综合职业能力的培养效果整体评价均达到中等偏上水平。其中，两者对专业能力、社会能力和综合职业能力的培养效果评价相对更高，而对方法能力的培养效果评价最低。该评价结果与学生的成才需求是一致的。从需求来看，学生更希望提升自身的专业能力、社会能力和综合职业能力。因此，从满足学生成才需求的角度而言，职业院校的人才培养效果较好，在职业能力培养方面比较切合学生的成才需求。具体而言：①专业能力方面，职业院校对学生专业技能的培养效果好于专业知识的培养，不论是中职生还是高职生对专业技能的培养效果评价均高于对专业知识的培养效果评价。该结果表明，职业院校对学生专业能力的培养符合学生成才需求，因为相对专业知识，学生更希望提升专业技能。②方法能力方面，中职学校对学生计算机使用能力的培养效果最好，其次是学习能力、问题解决能力和组织管理能力，再次是信息收集处理能力、创新能力，最后是外语应用能力；高职院校对学生问题解决能力的培养效果最好，其次是学习能力、计算机使用能力、组织管理能力，再次是创新能力和信息收集处理能力，最后是外语应用能力。可见，职业院校对学生方法能力培养与学生的需求有一定差异，尤其是学生需求度比较高的创新能力的培养需要加强。③社会能力方面，中职学校对学生的工作态度、团队协作能力、社会责任心的培养效果最好，其次是环境适应能力和沟通表达能力，最后是心理承受能力和应变能力；高职院校对学生团队协作能力的培养效果最好，其次是工作态度、环境适应能力、社会责任心、沟通表达能力，最后是心理承受能力和应变能力。可见，从排序来看，中高职生最看重的沟通表达能力和应变能力的培养效果与学生需求仍有一定差距，职业院校应加强对学生这方面能力的培养。

2. 中高职生对职业能力培养效果的评价存在群体差异

从学生评价来看：①职业院校对学生职业能力的培养效果存在院校水平差异。对于中职而言，国家示范校或重点学校对学生创新能力、工作态度、社会责任心、环境适应能力、沟通表达能力、综合职业能力的培养效果好于省级示范校或重点学校；对于高职而言，国家骨干校对学生职业能力的培养效果最好，这类学校对学生专业技能、学习能力、创新能力、问题解决能力、组织管理能力、工作态度、团队协作能力、社会责任心、环境适应能力、心理承受能力、应变能力、沟通表达能力12项职业能力的培养效果好于一般院校，对组织管理能力、社会责任心、心理承受能力、沟通表达能力4项能力的培养效果

好于省级示范校，对学生创新能力、问题解决能力、组织管理能力、应变能力4项能力的培养效果好于国家示范校。②中职学校对学生职业能力的培养效果存在院校类型差异，中专学校和技工类学校对学生职业能力的培养效果普遍好于职业高中。其中，中专学校对学生学习能力、创新能力、工作态度、社会责任心、环境适应能力、心理承受能力、沟通表达能力、综合职业能力8项能力的培养效果好于职业高中，技工类学校对学生学习能力、创新能力、问题解决能力、组织管理能力、工作态度、社会责任心、环境适应能力7项职业能力的培养效果好于职业高中。对高职而言，行业院校与地方院校在学生职业能力培养效果方面的差异并不显著，不过，行业院校对学生专业技能、创新能力的培养效果明显好于地方院校。③职业院校对学生职业能力的培养效果存在专业类别差异。对于中职而言，调查的6类专业中，交通运输类专业对学生职业能力的培养效果最好，其次是农林牧渔类专业，再次是公共管理与服务类专业，而财经商贸类专业、信息技术类专业对学生职业能力的培养效果相对较差；对高职而言，调查的9类专业中，生化与药品类专业、土建类专业的人才培养效果相对更好。④学生对职业能力的培养效果评价存在一定的性别差异。如对中职而言，男生对信息收集处理能力、创新能力的培养效果评价高于女生，女生对外语应用能力、社会责任心、沟通表达能力的培养效果评价高于男生；对高职而言，女生对专业知识、外语应用能力、计算机使用能力、社会责任心的培养效果评价高于男生，男生对创新能力、问题解决能力、工作态度、团队协作能力、心理承受能力和应变能力的培养效果评价高于女生。⑤职业院校学生对职业能力培养效果的评价存在年级差异，不论是中职生还是高职生，一年级学生对职业能力培养效果的评价普遍高于二年级学生。⑥职业院校学生对职业能力的培养效果评价存在一定的城乡差异。对中职而言，城市学生对外语应用能力、信息收集处理能力的培养效果评价高于农村学生，农村学生对工作态度、社会责任心的培养效果评价高于城市学生；对高职而言，农村学生对专业知识、专业技能、计算机使用能力、学习能力、团队协作能力的培养效果评价高于城市学生。⑦学生对职业能力的培养效果评价存在家庭经济水平差异。总的来说，不论是中职生还是高职生，家庭经济条件越好，其对职业能力的培养效果评价越高。⑧学生对职业能力的培养效果评价存在学习基础差异。对中职而言，学习基础越好的学生对职业能力的培养效果评价越高；对高职而言，学习基础差的学生对职业能力的培养效果评价普遍低于学习基础中等或好的学生。⑨对于高职而言，学生对职业能力的培养效果评价还存在一定的生源差异。来自普通高中的学生对专业能力（专业知识和专业技能）的培养效果评价普遍高于来自中职的学生。⑩学生的入学原因也会影响其对职业能力培养效果的评价。如对中职而言，因"自己喜欢"而主动选择入读中职的学生对职业能力培养效果的评价普遍高于因"学习成绩不好"、"家庭经济困难"而被动入读中职的学生；对高职而言，因"好就业"而选择入读高职的学生对各项职业能力的培养效果评价普遍高于因其他原因入读高职的学生。

综上表明，客观上，职业教育发展水平不同、类型不同的院校的人才培养工作及培养效果存在一定差异、不同类别专业的人才培养工作及培养效果也存在一定差异；主观上，受学生的成才需求、成才期望值、主观努力程度、学习积极性、学习基础等因素及其交互作用的影响，性别不同、年级不同、生源地不同、学习基础不同、家庭经济水平不同、入学原因不同的学生对人才培养工作及培养效果的评价会有一定差异。

第二节　企业人才需求调查结果综述

一、企业人才需求分析

1. 企业销售岗位、生产岗位和中、基层管理岗位迫切需要本、专科层次的营销人才、技能型人才和管理人才

据调查，在人才类型需求方面，企业最需要营销人才、技能型人才和管理人才；在岗位需求方面，销售岗位、生产岗位和中基层管理岗位人才需求最迫切；在学历需求方面，企业最需要本、专科层次的人才。

可见，从企业需求的人才类型来看，与学生的成才目标有一定差异。虽然企业急需的管理人才已成为多数中高职生共同的成才目标，企业急需的营销人才也已成为中职生的主要成才目标，但企业急需的技能型人才并不是中高职生的主要成才选择，分别只有 7.54% 和 4.62% 的中、高职生将技能型人才作为自己的首选成才目标。进一步调查发现，珠三角中高职学生就业时，普遍不愿意去生产岗位，更愿意去行政管理岗位（如文员、行政助理）。即使生产岗位的工资待遇高于行政管理岗位，他们依然会选择后者。因为在他们看来，行政管理工作相对更轻松，工作环境更好、更体面。但对于企业而言，生产岗位急需受过职业教育与培训的技术工人，即技能型人才。据调查，在问及当前企业哪类岗位最缺人时，按选择频率统计，生产岗位在所有岗位中排第二，仅次于销售岗位。

2. 国有企业与民营企业的人才需求存在一定差异

从人才需求类型来看，当前国有企业最需要的三类人才是营销人才、工程型人才和研发人才，而民营企业最需要的是管理人才、营销人才和技能型人才；从岗位需求来看，当前国有企业人才需求最迫切的是研发岗位、销售岗位和生产岗位；民营企业人才需求最迫切的是销售岗位、生产岗位和中层管理岗位；从学历需求来看，当前国有企业最需要博士研究生、硕士研究生和本科生；民营企业最需要专科毕业生、本科生和高中（中职）毕业生。

可见，从人才需求类型来看，两类企业均迫切需要营销人才，同时，相对而言，国有企业更需要研发人才和工程型人才，而民营企业更需要管理人才和技能型人才；从岗位需求来看，两类企业的销售和生产岗位对人才需求均非常迫切，同时，相对而言，国有企业研发岗位的人才需求度更高，而民营企业管理岗位的人才需求度更高；从学历需求来看，国有企业对员工的学历层次要求要高于民营企业。

二、企业技术技能人才的来源分析

1. 本、专科毕业生是企业技术技能人才的主要来源

据调查，33.76% 的企业的技术技能人才主要来自本科毕业生，29.94% 的企业的技术技能人才主要来自高职高专毕业生。另外，24.2% 的企业的技术技能人才靠企业自身培养，10.19% 的企业的技术技能人才的主要来源是中职毕业生。

2. 国有企业与民营企业的技术技能人才来源有一定差异

据调查，国有企业的技术技能人才最主要的来源是本科毕业生（63.6%），其次是高职高专毕业生和企业自己培养（各占 18.18%）；民营企业的技术技能人才最主要的来源是高职高专毕业生（30.38%），其次是企业自己培养（27.85%），再次是本科毕业生和中职毕业生（各占 16.46%）。

三、中职生、高职生和本科生就业岗位分析

1. 基层管理岗位、销售岗位是三类毕业生共同的主要就业岗位

据调查，中职毕业生的就业岗位主要集中在生产岗位、基层管理岗位和销售岗位；高职毕业生主要集中在基层管理岗位、中层管理岗位和销售岗位；本科毕业生主要集中在中层管理岗位、基层管理岗位和销售岗位。可见，基层管理岗位、销售岗位是本科生、高职生和中职生共同的主要就业岗位。不过，中职生在生产岗位就业的比例高于高职生，而高职生又高于本科生；在中、高级管理岗位就业的本科生的比例高于高职生，而高职生又高于中职生；相对于高职生、中职生，本科生在研发岗位就业的比例更高。可见，虽然基层管理岗位、销售岗位是三类毕业生共同的就业岗位（说明这两类岗位具有很强的就业吸纳能力），但学历层次越高，越可能在层次相对更高的中、高层管理岗位和研发岗位就业。

2. 三类毕业生在国有企业与民营企业的就业岗位有差异

中职毕业生在国有企业主要集中在生产岗位，在民营企业则主要在生产岗位、基层管理岗位和销售岗位；高职毕业生在国有企业主要集中在基层管理岗位和生产岗位，在民营企业则集中在基层管理岗位、中层管理岗位和销售岗位；本科毕业生在国有企业主要集中在基层管理岗位和中层管理岗位，在民营企业则集中在中层管理岗位和高级管理岗位。可见，相对于国有企业，三类毕业生，尤其是本科生和高职生在民营企业就业的岗位层次相对更高。高职生、本科生在民营企业中、高层管理岗位就业的概率更大。

四、企业对员工职业能力的要求分析

1. 企业最看重员工的社会能力

据调查，企业最看重员工的社会能力，其次是综合职业能力，再次是专业能力，而对员工的方法能力的要求相对较低。具体而言：①在专业能力方面，相对于专业知识，企业更看重员工的专业技能；②在方法能力方面，企业最看重员工的问题解决能力，其次是学习能力，再次是创新能力和组织管理能力，而对员工的信息收集处理能力、计算机使用能力、外语应用能力的要求较低；③在社会能力方面，企业对员工的工作态度、团队协作能力、社会责任心、环境适应能力、心理承受能力、应变能力和沟通表达能力 7 项社会能力均很看重，其中最看重员工的工作态度和团队协作能力。

可见，企业对员工的职业能力要求与学生的职业能力需求基本一致。相比方法能力，两者均更看重社会能力、综合职业能力和专业能力。在专业能力方面，相比专业知识，两者均更看重专业技能；方法能力方面，两者均最看重问题解决能力。不过，在社会能力方面，两者存在一定差异，企业最看重工作态度和团队协作能力，而学生更看重沟通表达能力和应变能力。

2. 国有企业与民营企业对员工的职业能力要求基本一致

国有企业与民营企业都最看重员工的社会能力，其次是综合职业能力，再次是专业能力，最后是方法能力。专业能力方面，相比专业知识，两者均更看重员工的专业技能；方法能力方面，两者均最看重员工的问题解决能力；在社会能力方面，两者均最看重员工的工作态度和团队协作能力。不过，在对员工职业能力要求程度上，国有企业要普遍高于民营企业。另外，国有企业比民营企业更看重员工的创新能力，而民营企业比国有企业更看重员工的学习能力。

五、企业对不同学历员工职业能力的满意度评价

1. 企业对本科生的职业能力"满意"

据调查，企业对本科生专业能力、方法能力、社会能力和综合职业能力均"较满意"或"满意"。其中，满意度最高的是专业能力，其次是综合职业能力，再次是方法能力，最后是社会能力。在17项职业能力具体指标方面，企业对本科生最满意的三项能力依次是专业知识、学习能力和计算机使用能力，而满意度最低的三项能力依次是环境适应能力、心理承受能力和社会责任心。可见，从企业评价来看，本科生的职业能力与企业的要求仍有一定差距，如企业最看重员工的社会能力，但在4种能力中，企业对本科生满意度最低的恰恰是社会能力。另外，在社会能力中，企业最看重员工的工作态度和团队协作能力，但现实是企业对本科生这两项职业能力的满意度并不高，按满意度评价均值排序，企业对本科生的工作态度、团队协作能力的满意度分别位列倒数第五和倒数第四位。

2. 企业对高职生的职业能力"一般满意"

整体而言，企业对高职生的职业能力"一般满意"，且整体满意度低于本科生。具体而言，企业对高职生社会能力的满意度最高，其次是综合职业能力，再次是专业能力，最后是方法能力。在17项职业能力具体指标方面，企业对高职生最满意的是工作态度，其次是团队协作能力，满意度最低的是外语应用能力。可见，虽然高职生的职业能力水平与企业要求仍有一定差距，但从能力结构来看，高职生的职业能力结构与企业要求较一致，企业最看重的社会能力，尤其是工作态度和团队协作能力恰恰是高职生表现相对较好的地方。

3. 企业对中职生的职业能力满意度"一般"

整体而言，企业对中职生的职业能力整体满意度"一般"，且低于高职生和本科生。具体而言，企业对中职生的社会能力的满意度最高，其次是综合职业能力和专业能力，最后是方法能力。在17项职业能力具体指标方面，企业对中职生的工作态度和环境适应能力的满意度最高，满意度水平为"较满意"，其次是团队协作能力和心理承受能力，满意度水平为"一般满意"，对社会责任心等12项职业能力的满意度只有"一般"水平。另外，企业对中职生的外语应用能力"不满意"。可见，与高职生的情况类似，虽然中职生的职业能力水平与企业的要求有较大差距，但从能力结构来看，中职生的职业能力结构与企业需求较一致，企业最看重的社会能力，尤其是工作态度、团队协作能力恰恰是中职生表现相对较好的地方。不过，中职生主要是在企业的生产岗位就业，生产岗位比较强调专业技能，但企业对中职生专业技能的满意度并不高。

4. 企业对员工职业能力满意度与员工学历呈正相关

据调查，企业对本科生的专业能力、方法能力、社会能力、综合职业能力的整体满意度高于高职生，对高职生的满意度高于中职生。在 17 项职业能力具体指标方面，从评价均值来看，除工作态度、团队协作能力、环境适应能力、心理承受能力之外，企业对本科生其他 13 项职业能力的满意度均高于高职生和中职生，除环境适应能力之外，企业对高职生其他 16 项职业能力的满意度均高于中职生。

另外，从企业对不同学历员工的总体满意度评价来看，情况也是如此，企业对本科生的总体满意度高于高职生，对高职生的总体满意度高于中职生，尤其是对中职生的满意度明显低于高职生和本科生。

5. 国有企业与民营企业对三种学历员工职业能力的满意度评价基本一致

国有企业与民营企业对本科生专业能力、方法能力、社会能力、综合职业能力的整体满意度最高，其次是高职生，最后是中职生。不过，相比民营企业，国有企业对本科生各项职业能力的满意度更高，且对三种学历员工满意度评价差异更大，说明在国有企业看来，相比高职生和中职生，本科生的各项职业能力优势更明显。

另外，从总体满意度来看，国有企业与民营企业的态度也是基本一致的，即对本科生的评价最高，其次是高职生，最后是中职生。不过，相比民营企业，国有企业认为本科生比高职生、中职生更具比较优势，国有企业对本科生的总体满意度评价明显高于高职生和中职生。

第三节　职业教育人才培养目标调查结论

一、职业教育人才培养目标定位的原则

1. 职业教育人才培养目标应满足多样性要求

从调查结果来看，不论是学生的成才目标，还是企业的人才需求，均具有多样性特点。如对于中职生而言，普遍希望成为管理人才、营销人才和技术型人才；对于高职生而言，普遍希望成为管理人才、技术型人才和工程型人才；对于企业而言，当前迫切需要营销人才、技能型人才和管理人才。因此，从满足利益相关者需求的角度，职业教育的人才培养目标应满足多样性要求，即满足学生多种成才目标需求和企业多种人才需求。当然，在根据利益相关者的需求确立人才培养目标时，应考虑应该与可能两个维度，即根据学校的类型、办学层次、功能及条件，满足那些应该且能够满足的需求，并以此为据培养那些应该且能够培养的人才。

2. 职业教育人才培养目标应满足适应性要求

职业教育既要适应企业的人才需求，也要适应学生的成才需求。当前，职业院校普遍强调前者却忽视了后者。强调前者，有助于保证"出口"，确保毕业生能顺利就业；但忽视后者则不利于保证"入口"，会影响招生及职业教育吸引力，也不利于调动学生的学习积极性，进而影响人才培养效果，影响学生的就业质量（如就业岗位与专业的对口率低）。

当然，企业的人才需求与学生的成才需求并不完全一致。如从本研究的调查结果来看，企业生产岗位急需的技能型人才并没有成为中、高职生的主要成才选择。对此，需要职业院校深入分析其中的原因，处理好学生成才目标与企业人才需求之间的矛盾。一方面积极引导学生树立正确的成才观，使学生能结合劳动力市场需求调整自己的成才目标，另一方面可以加强非学历培训工作，通过"短、平、快"的职业培训满足企业技能型人才需求。

3. 职业教育人才培养目标定位应考虑多种因素

从调查结果来看，学生的成才目标受多种因素的影响，因此，在进行人才培养目标定位时必须综合考虑多种因素。具体而言，职业院校在设定人才培养目标时，必须考虑两大因素：一是院校因素，包括学校的发展水平、学校的特点、专业结构、学制长短等；二是学生因素，包括学生的性别构成、生源地、学习基础、家庭经济水平、入学原因等。在因素分析的基础上，进行人才培养目标分层、分类，构建具有院校特色的人才培养目标体系，包括学校整体的培养目标、专业培养目标、课程教学目标乃至职业培训目标。

4. 职业教育人才培养目标定位应具有针对性

根据调查结果，国有企业与民营企业对人才的类型、岗位、学历要求均有一定差异。相对于民营企业而言，国有企业的要求更高。所以，职业教育在人才培养目标定位方面，必须考虑毕业生的就业去向，具有针对性。如果主要是针对国有企业，则应重点针对研发岗位、销售岗位和生产岗位，重点培养营销人才、工程型人才和研发人才；如果主要是针对民营企业，则应重点针对销售岗位、生产岗位和中层管理岗位，重点培养管理人才、营销人才和技能型人才。

二、职业教育人才培养目标定位的方向

1. 人才类型定位：致力于培养中、基层管理人才、技术型人才、技能型人才和销售人才

从企业人才需求而言，当前企业最需要营销人才、技能型人才和中、基层管理人才；从学生成才需求来看，中、高职生最希望成为管理人才、技术型人才、营销人才和工程型人才。鉴于我国职业教育以高中阶段教育（中职）和专科层次教育（高职）为主，结合企业人才需求和学生成才需求情况，职业院校应着重为企业培养中、基层管理人才、技术型人才、技能型人才和销售人才。其中，中职主要致力于为企业，尤其是民营企业培养基层管理人才、营销人才、技能型人才和技术型人才；高职主要为企业，尤其是民营企业培养中、基层管理人才、技术型人才和营销人才。[①]

2. 人才层次定位：适当上移

据调查，有相当一部分高职生希望成为工程型人才，也有相当一部分企业尤其是国有企业迫切需要工程型人才。因此，为满足这部分学生成为工程型人才的需要以及企业，尤其是国有企业对工程型人才的迫切需求，高职院校部分工程性比较明显的专业的人才培养目标定位应适当上移，即不仅仅是为企业培养技术技能人才，而且要致力于培养工程型人才。实际上，根据笔者的一项针对广州市番禺区制造业的调查，该区制造业 33.33% 的工

---

① 当然，那些面向国有垄断行业的学校或专业，如民航、石油、铁路等例外。

程型人才来自高职高专毕业生，仅次于本科毕业生（52.29%）。① 另外，从教育规律来看，适当提高人才培养目标定位有助于发挥目标的激励作用，更好地激发学生的学习积极性，因为人才培养目标定位在一定程度上会影响学生的成就动机水平，而学生的成就动机水平又会影响学生的学习积极性和主观努力程度。然而，当下不少职业院校往往不顾专业特点和学生的学习基础和成才需求，一味强调为生产、建设、服务一线培养技能型人才，加之受职业准入制度不健全等因素的影响，学校培养出来的所谓"技能型人才"经常会与那些未受过职业教育与培训的简单劳动力为伍，在就业岗位等方面与之无明显区别，在职业发展上也无明显优势。由此，严重影响了学生的学习积极性，也影响了职业教育的吸引力。

3. 人才岗位定位：面向民营企业的销售、生产和中、基层管理岗位

当前企业的生产岗位、销售岗位和中、基层管理岗位的人才需求最迫切。另外，从已毕业的学生在企业的就业岗位分布来看，中职生主要在企业的生产岗位、基层管理岗位和销售岗位就业，高职生主要在基层管理岗位、中层管理岗位和销售岗位就业。因此，从当前企业岗位人才需求和毕业生已往就业岗位两个维度来看，职业院校应重点为企业的销售岗位、生产岗位和中、基层管理岗位培养人才。此外，鉴于国有企业当前主要是需要本科以上毕业生，因此，依然只有专科及以下层次的职业教育应着重为民营企业培养人才，即主要为民营企业的销售岗位、生产岗位和中、基层管理岗位培养人才。其中，中职主要满足民营企业生产岗位、基层管理岗位、销售岗位的人才需求；高职主要满足民营企业基层管理岗位、中层管理岗位和销售岗位的人才需求。②

4. 人才规格定位：突出职业能力

职业院校毕业生的职业能力水平不仅影响职业教育在教育体系中的竞争力，也影响职业教育的吸引力，不仅影响学生就业，而且影响招生。因此，职业教育应特别强调对学生职业能力的培养。然而，从调查结果来看，职业院校在学生职业能力培养方面的效果并不乐观。从学生评价来看，职业院校对学生职业能力的培养效果与学生需求仍有一定差距；从企业评价来看，职业院校对学生职业能力的培养效果不仅与企业要求有差距，与本科院校也有一定差距，企业对中、高职生的职业能力的满意度评价并不理想。因此，职业院校在人才培养规格定位方面应特别突出职业能力，包括专业能力、方法能力、社会能力和综合职业能力，尤其是社会能力、综合职业能力和专业能力。因为不论是从学生需求来看，还是从企业要求来看，都非常看重社会能力、综合职业能力和专业能力。具体而言，在专业能力方面，相比专业知识，应更突出专业技能；在方法能力方面，相比外语应用能力、计算机使用能力、信息收集处理能力，应更重视问题解决能力、学习能力、创新能力和组织管理能力；在社会能力方面，应重视培养学生的工作态度、团队协作能力、社会责任心、环境适应能力、心理承受能力、应变能力和沟通表达能力，尤其是工作态度、团队协作能力、沟通表达能力和应变能力。

---

① 查吉德，曾宝莲. 广州市番禺区制造业工程技术人才现状的调查［J］. 广州番禺职业技术学院学报，2010（4）：52～58.

② 当然，那些面向国有垄断行业的学校或专业，如民航、石油、铁路等例外。

三、思考与建议

1. 分层分类开展人才培养工作

从调查结果来看，发展水平不同的院校、不同类型的院校、不同类别专业、不同性别、不同年级、不同生源地、学习基础不同、家庭经济水平不同、入学原因不同的学生对人才培养工作及培养效果的评价均有一定差异，导致评价差异的原因既有客观原因，即发展水平不同的院校之间、类型不同的院校之间、类别不同的专业之间，其人才培养工作及其效果确实有差异；也有主观方面的原因，即受不同组群学生的成才需求（包括成才目标、职业能力需求、学历需求）、主观努力程度、成才基础等因素及其交互作用的影响，不同组群学生对人才培养工作及培养效果的认知和评价存在一定差异。因此：

（1）职业院校应切实加强人才培养工作，包括确定科学合理的人才培养目标及规格，明确毕业生就业的岗位（群），基于人才培养目标构建科学的课程体系，提高课程内容与社会经济发展需求的适应度，改善教学条件等，与此同时应加强专业教育，让学生充分了解本校、本专业的人才培养目标及其规格要求，明确本专业的就业岗位（群），明确本专业课程体系的结构及其设置依据等。

（2）应对不同性别、不同年级、不同生源地、学习基础不同、家庭经济水平不同、入学原因不同的学生的需求进行深入分析，在教学资源允许的情况下，分层分类开展人才培养工作。因为随着职业教育的消费者属性越来越明显，职业教育的生源日趋多样化，满足多样化学生的消费需求程度是衡量未来职业教育质量的重要方面。因此，为了更好地满足学生多样化需求，职业院校应对学生群体进行分层分类，并有针对性地开展人才培养工作，以更好地满足不同组群学生的消费需求。其实，在消费者领域，定制消费已经成为一种趋势，同样，随着职业教育生源数量的下降，职业教育逐步趋向"买方市场"，"教育定制"将成为可能，即使无法全面进行教育定制，但满足不同学生群体的不同成才需求将是职业教育必须遵循的基本理念。然而，遗憾的是，受办学资源及传统教育观念和教育模式的制约，职业院校在人才培养工作中极少考虑学生的群体差异，极少针对学生群体差异分层分类开展人才培养工作，由此影响了人才培养效果，不利于满足学生的多样化需求。

2. 职业教育人才培养目标定位应突破线性思维模式

长期以来，不论是国家确立的人才培养目标，还是职业院校确立的人才培养目标，似乎遵循的都是单一的线性思维模式，即将职业教育人才培养目标限定为单一的某类人才（如技能型人才），目的是将职业教育与其他类型的教育相区别。如近年来，职业院校普遍将人才培养目标定位为高素质技能型人才，以此将高职教育与普通本科的学术型、工程型人才目标定位相区别，也有职业院校主张将人才培养目标定位为技术型人才，以此与中职的技能型人才目标定位相区别。的确，人才培养目标是区分一种教育与另一种教育的重要依据，但绝不意味着职业教育人才培养目标是一元的。根据本研究的调查结果，不论是从学校培养的人才类型来看，还是从毕业生的就业岗位来看，中职、高职和本科都有一定的交集。从人才类型来看，中职与高职均可培养技能型人才、技术型人才、营销人才、管理人才，高职与本科均可培养管理人才、技术型人才、营销人才和工程型人才。从就业岗位来看，中职生、高职生、本科生均可能在企业生产、销售、管理岗位就业。

事实上，职业教育致力于培养单一类型人才既不科学，也不符合学生及企业的需求：①不同院校所处的地域不同、经济发展水平不同、办学条件不同、办学基础不同，理应根据自身实际确立具有院校特点的人才培养目标；②不同专业的办学基础不同、办学条件不同、面向的行业发展水平及人才需求不同，理应根据自身实际确立具有专业特点的人才培养目标；③学生的成才需求不同、企业的人才需求不同，从满足利益相关者多样化需求的角度而言，职业院校理应确立多样化人才培养目标；④在市场经济条件下，就业市场是开放的，任何一个就业岗位，理论上，中职生、高职生、本科生均可公平参与竞争，中、高职生可以竞争原本面向本科生、研究生的传统就业岗位，本科生也可因为就业压力选择原本面向中职生、高职生的就业岗位；⑤在我国，各地、各行业、各类企业的发展阶段不同，发展水平参差不齐，因而即使是对同一类型的人才，不同企业的要求或理解存在较大差异。比如同是基层管理人才，国有企业与民营企业的要求可能不同，服务业与制造业的要求也会不同，即使是同属于制造类的民营企业，发展水平不同的企业对基层管理人才的要求也会不同。

因此，职业教育人才培养目标定位应突破单一的线性思维，中职、高职、本科的人才培养目标不应过于强调类型、岗位的差异，而应强调服务对象的差异、人才规格的差异以及人才培养的优势和特色。如中职、高职、本科均可面向企业的生产岗位培养技能型人才，但三类学校培养的技能型人才面向的用人单位是不同的，规格也是不同的，各有各的优势和特色。企业则可根据自身需求从众多"供应商"中选择适合本企业要求的技能型人才。打个比方，某企业对员工学历有要求，如调查中广州市的国有企业普遍要求新聘员工具有本科学历，那它会从本科毕业生中选择其所需要的技能型人才；如果某企业非常看重员工的工作态度，而在众多"供应商"中，某中职学校毕业生的工作态度最好，那该企业可从该校选聘技能型人才；如果某企业提供的某岗位需要很强的团队协作能力才能胜任，而某高职院校毕业生恰恰在此方面有优势，那该企业可从该高职院校选聘技能型人才。同理，同一层次的不同院校也是如此，不应拘泥于人才培养类型，应突出人才培养的特色和质量。

3. 加快构建现代职业教育体系

首先，发展本科层次的职业教育以及应用型硕士乃至博士专业学位教育，构建中职、高职、本科和专业学位教育相互衔接的职业教育体系。一方面满足企业，尤其是国有企业对工程型人才、应用型研发人才、高级管理人才的迫切需求；另一方面，满足中职生、高职生提升学历的迫切需求。

其次，调整职业教育结构，适当减少中职教育规模。据调查，中职毕业生已不是企业人才需求的重点，企业最需要本、专科毕业生，而且本、专科毕业生也已成为企业技术技能人才的主要来源。另外，六成多中职生渴望提升学历，说明中职生普遍不满足于只获得中等职业教育的学历。因此，建议职业教育层次适当上移，大力发展本、专科层次的职业教育，适当减少中职教育规模，以更好地满足企业的人才需求和学生的学历需求。

再次，加快构建校企协同培养技术技能人才的长效机制。据调查，24.2%的企业的技术技能人才主要由企业自身培养，这表明我国企业已具备一定的技术技能人才培养能力，同时也从另一个侧面反映学校教育在技术技能人才培养方面不能完全满足企业的需要。因此，在技术技能人才培养方面，应充分考虑企业在此方面的经验和资源，力求通过制度创新，促进校企合作，构建职业院校与企业深度融合、互利共赢的技术技能人才培养体系及长效机制，提高技术技能人才培养质量。

4. 营造良好的学风与校风

据调查，一年级学生对学历的需求、职业能力的需求度普遍高于二年级学生。如中职和高职一年级新生对学历的需求均高于二年级学生；中职一年级新生对专业能力的需求高于二年级学生，高职一年级新生对调查的 17 项职业能力中的 10 项需求度高于二年级学生。这不仅说明一年级新生的学习动力、自我成才的期望值更高，更渴望提升学历、提升职业能力，而且表明中高职学生的学习动力随着入学时间的延长而呈衰减趋势。笔者对高职生的长期观察也验证了此结论。在高职院校，一年级新生，尤其是通过普通高考录取的新生，因刚经历过高考，他们在高中阶段因升学压力普遍学习比较刻苦，甚至有不少学生在高中阶段的学习成绩并不差，只是高考没考好才入读高职。因此，一方面，这些学生受高中阶段学习惯性的影响，来到高职后仍然保持了高中阶段刻苦学习的习惯；另一方面，这些学生在高中阶段普遍希望能上一所好大学，"不小心"入读高职会不甘心，因此希望努力学习，通过专升本等途径继续深造，以实现"大学梦"。中职新生的情况也基本差不多。但随着学习时间的推移，一是部分学生因没有了升学压力，对学习开始放松；二是部分学生发现通过专升本等途径升学的通道非常有限，因此，一些学生开始放弃升学，随着升学压力的再次释放，学生的学习动力也随之减弱；三是因为我国就业准入制度不健全，受过职业教育的学生在就业市场上并无明显优势，学生在校学习成绩对其就业并无明显影响，随着入学时间的推移，学生对此类"负面"信息了解得越来越多，学习似乎也就失去了"目标"，既难以升学，也难以通过学习获得一份好的工作，学习动力自然开始减弱；四是当前职业院校受功利主义的影响颇深，校园文化建设薄弱，缺乏基本的人文精神，学生缺乏文化和人文精神的滋养，而没有文化滋养的职校生往往渴望通过"短、平、快"的捷径获得成功，一旦升学、谋份好工作的目标受阻或自感无希望，学习动力也就随之减弱；最后也是最重要的是职业院校并没有意识到此问题，没有采取必要的措施保护一年级新生可贵的学习积极性，任由学生的学习积极性受挫、学习动力衰减，久而久之，这种情况演变成一种风气，甚至成为一种校园文化。因此，笔者一方面建议职业院校一定要注意保护一年级新生的学习积极性，不是任由"老生"影响"新生"，而是由"新生"影响"老生"，让新人产生新气象，并最终营造良好的学风；另一方面，加强学校文化建设，尤其是精神文化建设，以积极健康的校园文化感染人、激励人、滋养人，并最终形成良好的校风。

第八章

职业教育人才培养目标分类

职业教育人才培养目标分类主要包括两个方面的内容：一是职业教育人才培养目标体系分类，即各级各类职业教育人才培养目标定位，包括各层次学历职业教育人才培养目标定位以及各类非学历职业教育及培训的人才培养目标定位。根据本书的研究任务，本章主要探讨学历职业教育的人才培养目标定位，包括中等职业教育、专科层次职业教育、本科层次职业教育的人才培养目标定位以及中高职人才培养目标衔接。① 二是人才培养规格分类，即职业教育培养的人才应该包括哪些知识、能力和素质，以及对知识、能力和素质如何分类。

第一节　职业教育人才培养目标体系分类

中职、专科层次职业教育（简称高职）、本科层次职业教育（简称应用本科）的人才培养目标如何定位，中职与高职、高职与应用本科的人才培养目标如何衔接一直是困扰职业教育发展的一个非常重要的理论问题，在一定程度上影响了我国现代职业教育体系的构建。因为现代职业教育体系必须基于现代人才培养目标体系，即人才培养目标体系是构建现代职业教育体系的逻辑起点。本节基于前面几章的分析研究，拟对各层次职业教育的人才培养目标进行探讨。

一、各层次职业教育都应致力于培养多样性应用型人才

正如前文所述，职业教育人才培养目标必须满足政府、学生及用人单位等多元利益主体的利益需求，而不同利益主体的利益需求具有多样性特点，因此，职业教育人才培养目标必须满足多样性要求。另外，从人才分类来看，人才一般分为学术型人才和应用型人才，显然职业教育培养的应是应用型人才，这是由职业教育的特点决定的，也是符合职业教育"政策目标"要求的，同时也切合学生的成才需求和企业的人才需求：①从职业教育特点而言，以职业为实践逻辑的职业教育显然不同于以学术为实践逻辑的普通教育，职业教育旨在开发人的职业能力并致力于培养应用型人才，而普通教育旨在开发人的认知能力

---

① 当前，中职、高职是我国职业教育的主体，同时，国家正在引导通过多种途径探索本科层次的职业教育。基于此，本课题重点研究中、高职人才培养目标定位及其衔接，并尝试探讨本科层次职业教育的人才培养目标。

并致力于培养学术型人才。②近30年来，我国对职业教育人才培养目标的定位经历了从"技术员"、"管理人员"、"技工"、"实用人才"、"应用型人才"到"技能型人才"再到"技术技能人才"的演变过程。虽然不同时期的人才培养目标表述各异，但这些目标定位都有一个共同特点——应用性，即虽然不同时期职业教育的人才培养目标定位不同，但都致力于培养应用型人才，因此，将职业教育人才培养目标定位为应用型人才是符合"政策目标"要求的。当然，根据"政策目标"要求，当前职业教育主要应致力于培养技术型人才和技能型人才，即技术技能人才。③根据调查结果，当前企业最需要营销人才、技能型人才和中、基层管理人才，中高职生最希望成为管理人才、技术型人才、营销人才和工程型人才。可见，从企业人才需求和学生成才需求来看，指向的都是应用型人才，而因需求的多样性，职业教育只培养任何一种单一的应用型人才（如技能型人才）都不能有效满足企业的用人需求和学生的成才需求。因此，从满足企业和学生需求的角度而言，职业院校应致力于培养多样性应用型人才。④当前我国正处于经济转型期，且农业经济、工业经济和知识经济的特点同时并存，因此，迫切需要多层次、多样性应用型人才。

二、中职学校应致力于培养中初级应用型人才

据调查，除了升学之外，中职生最希望成为管理人才、营销人才和技术型人才；在就业岗位方面，目前中职生主要在企业，尤其是民营企业的生产岗位、基层管理岗位和销售岗位就业，在国有企业则主要是在生产岗位就业；从企业需求来看，当前企业销售岗位、生产岗位和中、基层管理岗位迫切需要本、专科层次的营销人才、技能型人才和管理人才，其中民营企业的销售岗位、生产岗位和中、基层管理岗位仍需要中等学历的管理人才、营销人才和技能型人才。综合学生的成才需求与企业的人才需求调查结果，笔者认为中职学校应着重面向民营企业的生产、销售和基层管理岗位，同时面向部分国有企业的生产岗位，旨在培养中初级的应用型人才，主要包括基层管理人才、营销人才、技术型人才和技能型人才。此外，为了满足学生的升学要求，中职学校还应将帮助学生升学作为重要的人才培养目标之一。

三、高职院校应致力于培养中高级应用型人才

据调查，高职生最希望成为管理人才、技术型人才和工程型人才；就业岗位方面，高职生主要在基层管理岗位、中层管理岗位和销售岗位就业，而且是集中在民营企业的这三类岗位，在国有企业则主要是在基层管理岗位和生产岗位就业；从企业需求来看，企业销售岗位、生产岗位和中、基层管理岗位迫切需要本、专科层次的营销人才、技能型人才和管理人才，其中民营企业的销售、生产和中、基层管理岗位迫切需要专科层次的管理人才、营销人才和技能型人才。综上，笔者认为专科层次的高职院校应着重面向民营企业的销售、生产和中、基层管理岗位，同时适当面向部分国有企业的生产岗位、销售和基层管理岗位，致力于为这些岗位培养中高级应用型人才，主要包括营销人才、管理人才、技术型人才、技能型人才和工程型人才。此外，与中职一样，帮助学生"升学"也是高职院校不可忽视的培养目标之一。

四、应用本科应致力于培养高级应用型人才

虽然目前我国并没有公认的本科层次的职业教育，但随着现代职业教育体系建设的推进，本科层次的职业教育已然呼之欲出。另外，虽然从现有职业教育体系的角度来看，还没有本科层次的职业教育，但事实上已有相当一部分本科院校，尤其是地方本科、独立学院、新升格的民办本科院校正在承担着本科层次职业教育的使命和功能。此外，从调查结果来看，本科生与高职生在就业岗位上存在很大的交集，这说明，本科层次的职业人才已经开始活跃在劳动力市场。因此，探讨本科层次的职业教育人才培养目标问题具有重要的现实意义。从调查结果来看，当前本科生在企业的就业岗位主要集中在中层管理岗位、基层管理岗位和销售岗位，另有一部分在高级管理岗位和研发岗位。其中，在民营企业主要在中级和高级管理岗位，在国有企业主要在基层和中层管理岗位。从企业的人才需求来看，企业销售岗位、生产岗位和中、基层管理岗位迫切需要本、专科层次的营销人才、技能型人才和管理人才。其中，国有企业的研发岗位、销售岗位和生产岗位迫切需要本科及以上学历的营销人才、工程型人才和研发人才。因此，本科层次的职业教育应主要面向企业的中层管理岗位、基层管理岗位和销售岗位。其中，着重面向民营企业的中、高级管理岗位，国有企业的基层管理岗位、销售岗位和生产岗位，致力于培养高级应用型人才，具体包括管理人才、工程型人才、营销人才、技术型人才和技能型人才等。

当然，以上对职业教育人才培养目标的定位只是一种概况性或方向性的定位，各级各类学校、各专业还应结合学校和专业特点，将此方向性目标具体化。正如前文所述，职业教育人才培养目标定位受多种因素的影响，从外部而言，受到国家的政策环境、当地经济发展水平、行业企业人才需求等因素影响；从内部而言，则受到学校的发展水平、学校的特点、专业结构、学制、学生的性别构成、生源地、学习基础、家庭经济水平、入学原因等因素的影响。因此，职业院校应综合考虑多因素的影响，确立具体的应用型人才类型和层次，并确立人才培养的规格及就业岗位。各具体专业也是如此，需要综合考虑多因素的影响，并结合学校的人才培养目标要求，将专业人才培养目标具体化。

第二节　职业教育人才培养规格分类

一、人才培养规格的划分维度

从教育目标分类学的研究来看，关于教育目标分类一般包括两个维度，即横向维度——领域与纵向维度——水平或过程。如美国著名教育家布卢姆（Bloom B.S）从认知过程出发，将认知目标分为识记、领会、应用、分析、综合、评价6个水平；美国南加州大学课程与教学论专家安德森（Anderson，L. W.）对布卢姆的教育目标分类进行了修订，从领域和过程两个维度出发，对认知目标进行分类，其中，从知识维（领域）将知识分为事实性知识、概念性知识、程序性知识和元认知知识，从认知过程维将认知分为记忆、理解、应用、分析、评价和创造6个过程（见表8-1）；美国佛罗里达国际大学的豪恩斯坦

（A. Dean Hauenstein）着眼于教学系统，将教育目标分为四个领域，即认知领域目标、情感领域目标、心理动作领域目标和行为领域目标，每个目标领域又分为 5 个类目（水平），每个类目又分为若干个细目（见表 8－2）；美国锡拉丘斯大学教学设计理论专家罗米索斯基（Alexander Joseph Romiszowski）将技能分为 4 个领域，即认知技能（指思维技能）、动作技能（指心理动作技能）、反应技能（指按照价值观、情绪情感对事物、情境或人作出反应，大体相当于"态度"）和交互技能（指为达到某些目标人与人之间的相互影响），其中每一种技能又分为再生性技能（具有重复性质，在不同情境中的运用很少有大的变化的技能）和产生性技能（需要作出具体的计划、运用某种策略作决定、执行任务时表现相当的灵活性的技能）；OECD 将关键能力分为母语交流能力、外语交流能力、数学能力和科学技术能力、数字化能力、学会学习的能力、人际交往和履行公民职责的能力、创业能力、文化表达能力 8 大领域；① 近年来德国学者提出综合职业能力观，并将能力分为三个领域，即专业能力、方法能力和社会能力。可见，关于教育目标分类，既有一维观，即只从领域维对教育目标进行分类；也有二维观，即从领域与水平两个维度对教育目标进行分类。

从职业院校的院校目标和专业目标来看，多数学校一般采用一维观，即将人才培养规格分为几个领域，对各领域所应达到的水平并没有涉及。如某学校将人才培养规格分为一技之长和综合素质两个领域；又如某高职院校将人才培养规格分为基本素质和职业能力两个领域，其中基本素质包括政治素质、心理素质等若干个类目，将职业能力分为通用能力、岗位能力、拓展能力 3 个类目，每个类目又根据专业特点划分为若干个细目。

表 8－1　安德森认知目标分类

知识维	认知过程维					
	记忆	理解	应用	分析	评价	创造
事实性知识						
概念性知识						
程序性知识						
元认知知识						

表 8－2　豪恩斯坦的教育目标分类

领域	类目				
认知	形成概念	领会	应用	评价	综合
情感	接受	反应	形成价值	信奉	展露个性
心理动作	知觉	模仿	生成	外化	精熟
行为	习得	同化	适应	表现	抱负

① 盛群力等.21世纪教育目标新分类［M］.杭州：浙江教育出版社，2008.5～59，217，251～260.

二、职业教育人才培养规格分类

在职业教育人才培养规格分类方面，笔者建议采取领域与水平两个维度进行分类。因为若只作领域分类，不仅不利于区分不同层次职业教育、不同专业的差异，而且不利于检验人才培养目标的实现程度。

职业教育是能力本位的教育，旨在培养学生的职业能力。因此，职业教育人才培养规格的领域划分应坚持能力本位。当然，正如前文所述，对能力的理解各国有一定差异，笔者倾向于采用德国的综合职业能力观，并将能力划分为四大领域，即专业能力、方法能力、社会能力和综合职业能力，每个领域划分为若干个类目，每个类目又可根据学校、专业特点划分为若干个细目，由此构成了由4个领域（即四个一级指标）17个类目（即17个二级指标）和若干个细目组成的能力指标体系。

水平方面，分为A、B、C、D、E、F六个等级，大体相当于入门级、初级、中级、中高级之间、高级、专家级。当然，各项职业能力应达到哪种程度，则应综合考虑学校的层次及培养能力、人才培养类型、用人单位需求、就业岗位要求、学生需求及成才基础、专业特点等多种因素。同时，各层级的具体水平要求也有一定弹性，如专业技能各层级的水平与该行业的成熟度有关，有些行业的"C"级可能相当于其他行业的"B"级或"D"级，而且两个层级之间的区分有时并非十分明显。因此，确立各级职业教育人才培养规格的水平要求非常复杂。如要严格建立各级、各类职业教育人才培养规格的水平目标，则需要开发国家职业资格证书框架体系。在此，笔者根据企业人才需求和学生成才需求调查结果，结合职业教育的层次，提出中职、高职、应用本科各项二级职业能力水平指标的参考性框架。（见表8-3、表8-4、表8-5）该参考性框架有以下几点思考：①因中职学校着重面向民营企业的生产、销售和基层管理岗位，因此，中职人才培养规格综合考虑了民营企业和中职生对各项职业能力的要求及岗位特点。②因高职院校着重面向民营企业的销售、生产和中、基层管理岗位，因此，高职人才培养规格综合考虑了民营企业和高职生对各项职业能力的要求及岗位特点。① ③因本科层次的职业教育主要面向企业的中层管理岗位、基层管理岗位和销售岗位，其中，着重面向民营企业的中、高级管理岗位，国有企业的基层管理岗位、销售岗位和生产岗位，因此，应用本科的人才培养规格主要综合考虑了民营企业和国有企业对各项职业能力的要求及岗位特点。④根据调查结果，设置了若干个核心指标和重要指标，其中，两个"＊"的指标的为核心指标，一个"＊"的指标为重要指标。核心指标与重要指标的确定以企业人才需求调查结果与学生成才需求调查结果为主要依据，即企业与学生要求度均非常高的指标为核心指标，企业与学生要求度高的指标为重要指标。（应用本科人才培养规格的核心与重要指标只考虑了企业的要求）⑤根据企业与学生对4个一级指标的需求度，对4个一级指标赋予权重，该权重可为人才培养工作提供参考。

---

① 那些主要面向国有垄断行业的学校或专业除外。

表 8 - 3　中职人才培养规格

一级指标	二级指标	指标内涵及细目	水平					
			A	B	C	D	E	F
1. 专业能力（25%）	1.1 专业知识	理解、领会本专业应知应会的基本专业理论知识，包括事实性知识、概念性知识、程序性知识		√				
	1.2 专业技能＊＊	能熟练掌握并运用本专业对应就业岗位要求的核心专业技能			√			
2. 方法能力（15%）	2.1 外语应用能力	能运用英语进行简单的会话（指非外语类专业）	√					
	2.2 计算机使用能力	能熟练运用 Office 等常用的计算机办公软件（指非计算机专业）	√					
	2.3 信息收集处理能力	能利用互联网、简单的统计调查方法收集信息，能利用 Excel 制作统计表、统计图	√					
	2.4 学习能力	掌握基本的学习策略和学习方法，能自主习得中等水平的新知识、新技能			√			
	2.5 创新能力	具有一定的创新意识，能结合工作实际改进工作方法、改良工艺等			√			
	2.6 问题解决能力＊	能利用所学专业知识、技能和经验自主地，有方法、有步骤地，合理有效地处理并解决工作中面临的简单的专业与非专业问题				√		
	2.7 组织管理能力＊	能履行一名基层管理者的基本职责，能合理利用各种资源，与团队成员协作落实完成组织目标			√			
3. 社会能力（35%）	3.1 工作态度＊＊	对工作认真负责、忠于职守、吃苦耐劳，有契约精神					√	
	3.2 团队协作能力＊＊	具有团队合作精神，善于与人相处、合作、沟通交流，能与团队成员及其他部门协作完成组织任务，实现组织目标					√	

（续上表）

一级指标	二级指标	指标内涵及细目	水平					
			A	B	C	D	E	F
3. 社会能力（35%）	3.3 社会责任心	能自觉遵守国家法律法规、承担公民应尽的责任，履行应尽义务，对国家、社会、组织负责				√		
	3.4 环境适应能力	能接受、适应不熟悉的工作学习环境				√		
	3.5 心理承受能力	具有一定的心理抗压能力、耐挫力，能以积极乐观的心态面对工作、生活中的困难和挫折，并能进行自我调节				√		
	3.6 应变能力	能在变化中产生应对不确定性问题的创意和策略，审时度势，随机应变				√		
	3.7 沟通表达能力 *	掌握基本的书面与口头表达技巧，能正确表达自己的思想和情感，能选择正确的方式与他人沟通交流				√		
4. 综合职业能力（25%）	4.0 综合职业能力 *	能综合运用各种知识与能力解决各种确定和不确定的一般工作问题			√			

注：＊＊为核心指标，＊为重要指标。

表 8-4　高职人才培养规格

一级指标	二级指标	指标内涵及细目	水平					
			A	B	C	D	E	F
1. 专业能力（25%）	1.1 专业知识	能综合运用本专业重要的专业理论知识，包括事实性知识、概念性知识、程序性知识			√			
	1.2 专业技能 *	能熟练掌握并运用本专业对应就业岗位要求的核心专业技能				√		
2. 方法能力（15%）	2.1 外语应用能力	具有简单的听、说、读、写能力（指非外语类专业）		√				
	2.2 计算机使用能力	能熟练运用 Office 等计算机办公软件（指非计算机专业）			√			

（续上表）

一级指标	二级指标	指标内涵及细目	水平					
			A	B	C	D	E	F
2. 方法能力（15%）	2.3 信息收集处理能力	掌握基本的统计调查方法和数据处理技术，能撰写描述性统计分析报告和调查报告			√			
	2.4 学习能力	掌握基本的学习策略和学习方法，能自主习得专科水平的新知识和中高级专业技能				√		
	2.5 创新能力	具有一定的创新意识和创新思维，能结合工作实际改进工作方法、改良工艺、针对工作中的问题提出合理化建议等			√			
	2.6 问题解决能力＊＊	能利用所学专业知识、技能和经验自主地，有方法、有步骤地，合理有效地处理并解决工作中面临的较复杂的专业与非专业问题				√		
	2.7 组织管理能力＊	能履行一名中、基层管理者的基本职责，能合理利用各种资源，与团队成员协作落实完成组织目标。				√		
3. 社会能力（35%）	3.1 工作态度＊＊	对工作认真负责、忠于职守、吃苦耐劳，有契约精神				√		
	3.2 团队协作能力＊＊	具有团队合作精神，善于与人相处、合作、沟通交流，能与团队成员及其他部门协作完成组织任务，实现组织目标				√		
	3.3 社会责任心	能自觉遵守国家法律法规、承担公民应尽的责任，履行应尽义务，对国家、社会、组织负责				√		
	3.4 环境适应能力	能迅速适应不熟悉的工作学习环境				√		
	3.5 心理承受能力	具有一定的心理抗压能力和耐挫力，能以积极乐观的心态面对工作、生活中的困难和挫折，并能进行自我调节				√		

（续上表）

一级指标	二级指标	指标内涵及细目	水平					
			A	B	C	D	E	F
3. 社会能力（35%）	3.6 应变能力	能在变化中产生应对不确定性问题的创意和策略，审时度势，随机应变				√		
	3.7 沟通表达能力*	掌握基本的书面与口头表达技巧，能正确表达自己的思想和情感，能选择正确的方式与他人沟通交流				√		
4. 综合职业能力（25%）	4.0 综合职业能力*	能综合运用各种知识与能力解决各种确定的和不确定的较复杂的工作问题				√		

注：**为核心指标，*为重要指标。

表8-5　应用本科人才培养规格

一级指标	二级指标	指标内涵及细目	水平					
			A	B	C	D	E	F
1. 专业能力（25%）	1.1 专业知识	能综合运用本专业重要的专业理论知识，包括事实性知识、概念性知识、程序性知识				√		
	1.2 专业技能*	能熟练掌握并运用本专业对应就业岗位要求的核心专业技能					√	
2. 方法能力（15%）	2.1 外语应用能力	具有简单的听、说、读、写能力（指非外语类专业）			√			
	2.2 计算机使用能力	能熟练运用Office等计算机办公软件（指非计算机专业）			√			
	2.3 信息收集处理能力	熟练掌握常用的统计调查方法和统计数据处理技术，能独立开展问卷调查，撰写统计分析报告和调查报告			√			
	2.4 学习能力	掌握基本的学习策略和学习方法，能自主习得本科水平的新知识和中高级专业技能				√		
	2.5 创新能力	具有较强的创新意识和创新思维，能结合工作实际改进工作方法、改良工艺，撰写有创意的工作方案等					√	

（续上表）

一级指标	二级指标	指标内涵及细目	水平					
			A	B	C	D	E	F
2. 方法能力（15%）	2.6 问题解决能力**	能利用所学专业知识、技能和经验自主地，有方法、有步骤地，合理有效地处理并解决工作中面临的较复杂的专业与非专业问题						√
	2.7 组织管理能力	能履行一名中、基层管理者的基本职责，能合理利用各种资源，与团队成员协作落实完成组织目标				√		
3. 社会能力（35%）	3.1 工作态度**	对工作认真负责、忠于职守、吃苦耐劳，有契约精神						√
	3.2 团队协作能力**	具有团队合作精神，善于与人相处、合作、沟通交流，与团队成员及其他部门协作完成组织任务，实现组织目标						√
	3.3 社会责任心	能自觉遵守国家法律法规、承担公民应尽的责任，履行应尽义务，对国家、社会、组织负责					√	
	3.4 环境适应能力*	能迅速适应不熟悉的工作学习环境					√	
	3.5 心理承受能力*	具有一定的心理抗压能力和耐挫力，能以积极乐观的心态面对工作、生活中的困难和挫折，并能进行自我调节					√	
	3.6 应变能力	能在变化中产生应对不确定性问题的创意和策略，审时度势，随机应变					√	
	3.7 沟通表达能力	具有较好的文字表达能力和口头表达能力，能正确表达自己的思想和情感，能选择正确的方式与他人沟通交流					√	
4. 综合职业能力（25%）	4.0 综合职业能力*	能综合运用各种知识、能力、资源解决各种确定的和不确定的较复杂的工作问题					√	

注：**为核心指标，*为重要指标。

第三节　职业教育培养目标衔接模式①

《国家中长期教育改革和发展规划纲要（2010—2020 年）》提出，"形成适应发展方式转变和经济结构调整要求、体现终身教育理念、中等和高等职业教育协调发展的现代职业教育体系"。可见，中高职衔接是构建现代职业教育体系的重要内容。另据《教育部关于推进中等和高等职业教育协调发展的指导意见》（教职成〔2011〕9 号），中高职衔接主要包括培养目标、专业、课程与教材、教育教学过程、信息技术应用、招生考试制度、评价模式、教师队伍、产教合作、集团化办学等十个方面的内容。此十项衔接内容涉及职业教育的目标、要素、手段、过程和评价等方面。其中，培养目标衔接是基础，对教育要素、手段、过程和评价等其他方面的衔接具有决定性影响。

当前，我国本科层次职业教育仍处于有待发展阶段，中高职衔接主要是指中职与专科层次的职业教育之间的衔接。除此之外，在现代职业教育体系中，还有中等职业教育与本科层次职业教育的衔接问题，专科层次职业教育与本科层次职业教育之间的衔接问题。本节以中等职业教育与专科层次职业教育（高职）的衔接为例，探讨不同层次职业教育人才培养目标的衔接模式问题。

一、中高职培养目标衔接模式及其内涵

职业教育是为了职业的教育，旨在为职业或职业资格作准备。职业教育指向的是职业领域，以及为胜任该职业领域的职业任务应具备的相应的职业能力或职业资格。基于此，中高职培养目标衔接主要包括纵向水平提升、横向领域拓展以及纵向水平提升与横向领域拓展相结合等三种模式。②

纵向水平提升模式（简称纵向提升模式），是指中职与高职教育指向同一职业领域，相比中职教育，高职教育旨在提升学生同一职业领域的职业能力，使其获得同一职业领域更高层次的职业资格并胜任同一职业领域更高层次的职业岗位的工作。如图 8－1 所示，该衔接模式的关键是同一领域不同水平职业能力间的衔接，表现为同一领域不同层次职业资格间的衔接。

横向领域拓展模式（简称横向拓展模式），是指中职与高职教育指向不同职业领域，相比中职教育，高职教育旨在拓展学生的职业领域，使其获得不同职业领域的职业资格，胜任不同职业领域的工作。如图 8－2 所示，该衔接模式的关键是不同领域职业能力间的衔接，表现为不同领域职业资格间的衔接。当然，作为更高层次的职业教育，高职在拓展学生职业领域的同时，会在一定程度上提升学生的职业能力，但职业能力的纵向提升不是这种衔接模式的着力点。因此，学生在高职教育阶段获得的职业资格不一定高于中职阶段获得的职业资格。

---

① 本节参见：查吉德. 中高职培养目标衔接模式及其选择 [J]. 当代教育科学（高教版），2013（4）：31～35.

② 赵志群. 国外中高职课程衔接给我们的启示 [J]. 职教论坛，2002（22）：62～64.

　　纵向水平提升与横向领域拓展相结合模式（简称纵横延伸模式），是指相比中职教育，学生在高职教育阶段不仅可以提升职业能力、获得更高层次的职业资格，而且可以获得其他职业领域的职业资格，胜任更多领域、更高层次的职业岗位的工作。如图8－3所示，该衔接模式的关键是职业能力横向与纵向交互衔接，表现为不同层次、不同类型职业资格间的衔接。

　　可见，在中高职培养目标衔接方面，要么纵向提升同一职业领域的职业能力，要么横向拓展职业领域，要么既纵向提升职业能力，又横向拓展职业领域。

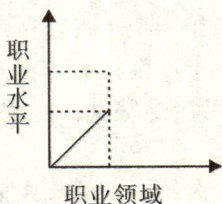

图8-1　纵向提升模式　　　图8-2　横向拓展模式　　　图8-3　纵横延伸模式

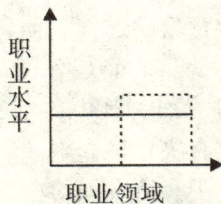

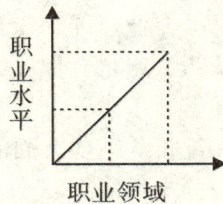

二、中高职培养目标衔接模式的选择

　　纵向提升模式是当前中高职培养目标衔接的主流模式。这一选择的基本假设是：高职教育属于更高层次的职业教育，其毕业生的职业能力应高于中职毕业生，并能获得更高层次的职业资格，胜任更高层次的职业岗位的工作，从而彰显高职教育的"高层次"。然而，中高职培养目标衔接模式的选择，除考虑教育层次之外，还应综合考虑职业能力观、招生录取方式、专业与生源特点、学生成才需求以及职业院校自身的特点和培养能力等多种因素。

（一）职业能力观与中高职培养目标衔接模式选择

　　职业能力是中高职培养目标衔接的关键要素。不论是职业能力的纵向提升，还是职业领域的横向拓展（实际上是职业能力的横向拓展），抑或是职业能力与职业领域纵横延伸（实际上是职业能力的纵向提升与横向拓展），指向的都是职业能力，即三种培养目标衔接模式最后的落脚点都是职业能力的衔接。因此，职业能力是影响中高职培养目标衔接的关键要素，对职业能力的不同认识，会影响中高职培养目标衔接模式的选择。

　　1. 基于技能本位的职业能力观，宜选择横向拓展模式

　　在一些英语国家，职业能力被理解为"由知识、技能以及根据标准有效地从事某项工作或职业的能力，可视为完成一项工作任务可以观察到的、可度量的活动或行为，常被称作专项能力"[①]。实际上，将"职业能力"视同"岗位技能"，这种职业能力观在 CBE（Competence-based Education）职业教育模式中体现得尤为明显。20世纪80至90年代，CBE 模式在我国比较盛行，相应地技能本位的职业能力观受到广泛认同，即使是现在，这种能力观对我国职业教育实践依然有很深的影响。若遵循技能本位的职业能力观，不宜采

---

① 赵志群. 对职业能力的再认识 [J]. 职教论坛, 2008 (9)：1.

取纵向提升模式，宜通过不同的课程模块组合横向拓展学生的职业领域。因为岗位技能具有极强的岗位针对性，若学生在中职阶段已受过很好的岗位技能训练，在高职教育阶段将很难提升。即使高职能在一定程度上提升学生的岗位技能，也可能不是最好的途径，也许职业培训或工作实践（如学生直接就业）对岗位技能提升的效果更好。

2. 基于知识本位的职业能力观，宜选择纵向提升模式

在法国，受以狄德罗为代表的"百科全书派"的思想影响，主张知识本位的职业能力观，认为了解了关于职业或关于工作任务的相关学科知识，就等于获得了职业能力。因此，法国学校职业教育仍然保持着学科课程的特点，试图通过学科知识的学习让学生获得相关的职业能力，毕业后可以获得就业导向的学历文凭和学衔。① 在我国，知识本位的职业能力观并不被认可，但对职业教育实践的影响却很深。如经过多年的改革，职业院校长期遵循的学科课程体系依然没有根本改变，一些所谓的"项目课程"、"学习领域课程"只是课程名称发生了变化，而课程内容的编排、教师的教学组织遵循的依然是学科逻辑，强调知识的系统化。若基于知识本位的职业能力观，在中高职培养目标衔接方面宜选择纵向提升模式，即高职教育应在中职教育的基础上，纵向提升学生的学科知识，让学生掌握比中职阶段更深的学问，获得更高层次的学历文凭。

3. 基于综合职业能力观，宜选择纵横延伸模式

在德国，职业能力是"人们从事一门或若干相近职业所必备的本领，是个体在职业工作、社会和私人情境中科学的思维、对个人和社会负责任行事的热情和能力，是科学的工作和学习方法的基础"②。实际上，德国的职业能力是一种综合职业能力，涉及知识、技能、态度、思维等多个方面。近年来，随着德国职业教育理论在我国的传播，其推崇的综合职业能力观也被广泛认可和接受。若将职业能力理解为综合职业能力，那么在中高职培养目标衔接方面宜选择纵横延伸模式。因为综合职业能力的内涵十分丰富，不仅包括职业业务范围内的能力——专业能力，还包括功能外的跨职业的"人性能力"——社会能力和方法能力，③ 不论是纵向提升，还是横向拓展均有很大空间。

（二）招生方式与中高职培养目标衔接模式选择

为推动中高职衔接，各地纷纷开展招生考试制度改革，高职面向中职的招生方式呈多样化趋势。如广东省实行了"三二分段"、"自主招生"、"3＋证书"和"五年一贯制"等招生方式改革。招生方式不同会引起生源的差异，进而影响中高职培养目标衔接模式的选择。

1. 对"三二分段"生，宜采取纵向提升模式

"三二分段"是指试点高职院校面向中职学校在试点专业开展对口自主招生，学生在中职学习三年，通过转段考试进入高职学习两年，毕业后获得相应专业的专科毕业证书。④ 在中高职培养目标衔接方面，对于"三二分段"生宜采用纵向提升模式。一是"三二分

① 匡瑛. 究竟什么是职业能力——基于比较分析的视角［J］. 江苏高教，2010（1）：131～133，136.
② 赵志群. 对职业能力的再认识［J］. 职教论坛，2008（9）：1.
③ 赵志群. 职业教育与培训学习新概念［M］. 北京：科学出版社，2003. 20～22.
④ 广东省教育厅. 关于开展2011年职业院校对口自主招生三二分段试点工作的通知（粤教职函〔2011〕76号）［Z］. 2011.

段"生，中职与高职两个阶段所学专业一致，便于在垂直水平上提升同一领域的职业能力；二是"三二分段"生，学业基础、专业技能相对较弱，[1] 需要在高职有限的学习时间里专注于某一职业领域的职业能力的提升，不宜拓展职业领域，分散学习精力；三是"三二分段"生，在高职的学习时间只有两年，除去半年的顶岗实习和军训等时间，真正用于专业学习的时间只有一年多，在如此短的时间里拓展职业领域并不可取。

2. 对"自主招生"的学生，视专业、学制、生源情况选择目标衔接模式

"自主招生"是广东省开展的又一种形式的高职对口中职自主招生改革，试点高职院校自主招收中职学校对口专业应届毕业生和中职相关专业毕业、有两年以上实践经验的社会人员，到高等职业院校相应专业就读，接受高等职业教育，毕业后取得相应专业专科毕业证书。[2] 通过"自主招生"录取的学生有四个特点：一是中职与高职两个阶段所学专业大类一致；二是具有中等专业技能水平；[3] 三是学制方面，既有两年制，也有三年制；四是生源方面，既有应届毕业生，也有往届毕业生。对于这批学生，在中高职培养目标衔接模式选择方面，需要综合考虑专业、学制、生源等多方面的信息。例如，若中职与高职两个阶段所学专业完全一致，且学制为两年的应届中职毕业生，宜采取纵向提升模式，即在有限的高职教育时间里，提升学生同一领域的职业能力，使其能获得同一领域更高层次的职业资格。如果中职与高职两个阶段所学专业只是属于同一大类，但并不完全一致，且高职学制为三年的往届中职毕业生，则宜选择横向拓展模式。一是这部分学生两个阶段所学专业不一致，缺乏提升同一领域职业能力的专业基础；二是这部分学生已有两年或以上实践经验，职业能力的基础较好，纵向提升的空间有限。因此，可以引导这些学生将已有相关专业知识、在工作中积累的实践经验和能力迁移到新专业的学习上，拓展职业领域，获得新领域的职业资格，成为复合型技术技能人才。

3. 对"3＋证书"类学生，视专业、学制、班级编排情况选择目标衔接模式

"3＋证书"是广东省面向中职毕业生推行的一种升学考试模式，学生除参加由全省统一组织的语文、数学、英语三门公共课程的考试并达到当年全省录取分数线以外，还需获得广东省考试中心组织的相应专业技能考试的证书，或教育部考试中心组织的全国计算机等级考试、全国公共英语等级考试等证书。[4] "3＋证书"其实是针对中职毕业生的一种"高考"形式，主要以应届中职毕业生为主，这类学生一般有四个特点：一是一般从中职二年级开始参加考前辅导班，相比"三二分段"和"自主招生"的学生，语文、数学、英语三门普通文化课的基础较好；二是因准备升学，专业技能训练相对欠缺，职业能力相对较弱；三是在报考高职院校时，可以重新选择专业，两个阶段所学专业可能不一致；四

---

① 据广州部分中职学校负责人反映，正常的教学计划是学生第五个学期在校内参加综合实训，第六个学期到企业顶岗实习。但因担心"三二分段"生的流失问题，学校会让这批学生第五个学期外出实习，第六个学期回校上一些中高职衔接课程，因此，"三二分段"生实际上并没有参加第五个学期的校内综合实训，专业技能相对较弱。另外，"三二分段"生往往不是学校学业最优秀的学生，学业优秀的中职学生毕业后多数会选择就业或通过成人高考等途径提升学历，倒是学习成绩一般、参加高考难以考入对口高职院校的学生会选择此通道上高职。

② 广东省教育厅. 关于做好2013年高等职业院校自主招生试点工作的通知（粤教考函〔2013〕4号）[Z]. 2013.

③ 根据政策要求，参加自主招生考试的中职生必须取得与招生专业相关的省级以上人事劳动部门主考（或授权）的中级以上（含中级）技能等级证书，或取得广东省教育考试院主考的专业技能课程B级以上（含B级）证书。

④ 广东省教育考试院办公室. 关于做好广东省2012年普通高校招生工作的通知（粤招〔2012〕11号）[Z]. 2012.

是受教育资源、招生计划完成情况等因素的影响，高职有时难以照顾学生的专业基础，可能会混合编班（同一个班的学生，中职阶段所学专业不一定相同，有的甚至是普通高中毕业生）。对于这类学生，选择中高职培养目标衔接模式比较复杂，可视学生专业基础、学制、班级编排等情况统筹考虑。例如，如果学生两个阶段所学专业一致，且单独编班，可以采取纵向提升模式；如果学生两个阶段所学专业不一致，且混合编班，则可利用学生普通文化基础较好的优势，尝试纵横延伸模式。

4. 对"五年一贯制"的学生，宜采取纵向提升模式

"五年一贯制"是指广东省试点高职院校的教育类、竞技体育、表演艺术等特殊专业招收初中应届毕业生，进行中职、高职五年一贯制培养，学生须参加由广东省教育考试院统一组织的语文、数学、英语三科考试以及招生院校组织的术科考试，并达到录取分数线。① 相比前面三种招生方式，"五年一贯制"在中高职培养目标衔接方面更加便利，适宜采取纵向提升模式：一是两个阶段教育的实施主体相同，能够统筹设计专业人才培养方案；二是学生两个阶段所学专业相同，具备纵向提升同一领域职业能力的专业基础。学校可以从学生的职业生涯出发，根据专业对应职业领域的人才需求，对两个阶段的培养目标进行科学定位，并将培养目标细化为培养规格，分阶段实施并达到相应的目标要求，逐步提升学生的职业能力。

三、结论与建议

（一）基于多因素分析，合理选择中高职培养目标衔接模式

综上，职业能力观、学校的招生方式对中高职培养目标衔接模式的选择有重要影响。除此之外，学生的自我成才需求、专业及其对应职业岗位（群）的人才需求、学校的人才培养能力等因素也会影响目标衔接模式的选择。如有些学生对中职所学专业及其对应的职业领域不感兴趣，希望通过高职教育弥补专业选择的遗憾，对这类学生，宜选择横向拓展模式；有些学生则希望进一步提升自己的职业能力，获得更高层次的职业资格，对这类学生，宜选择纵向提升模式；也有些学生希望通过高职教育实现自己的"大学梦"，他们对高职院校有更高的期待，不仅希望获得职业能力的提升，还希望接受大学的高深学问，感受大学的文化，对于这部分学生，则宜选择纵横延伸模式。另外，各专业对应职业岗位（群）对人才的需求不同，相应地对人才培养目标提出了不同要求，进而影响目标衔接模式的选择。此外，面对学生的多样化需求，在现有教育条件下，必须处理好培养能力与学生成才需求之间的矛盾，并选择合理的目标衔接模式。总之，在中高职培养目标衔接模式的选择方面，必须综合考虑多方面的因素，并作出合理的选择。

（二）在中职开设高职预科班，为中高职有效衔接提供"接口"

在中高职衔接的背景下，"升学"与"就业"的矛盾在中职学校越来越突出。为迎合学生参加"三二分段"、"自主招生"、"3＋证书"等各种升学考试要求，中职学校会举办各种形式的升学辅导班，不仅影响以就业为导向的人才培养工作，冲击学校正常的教学秩

---

① 广东省招生委员会，广东省教育厅. 关于做好 2013 年高职院校五年一贯制高职班单独招生考试试点工作的通知（粤招〔2013〕3 号）〔Z〕. 2013.

序，如为了升学，学生常常不能接受完整的中职专业人才培养计划，而且损害了未能升学的学生利益，那些在升学考试中被淘汰的学生既不能升学，又没能受到完整的中等职业教育，这显然有悖教育公平。另外，作为教育分流的产物，中职生的学术与认知能力普遍较弱，进一步接受高等教育——高职教育的能力不如普通高中毕业生。因此，高职院校更愿意招收普通高中毕业生，而不愿意招收中职毕业生，对中高职衔接的积极性不高。

"五年一贯制"能部分解决以上问题，不仅不会因升学而冲击中职学校正常的教学秩序，而且因只有一个实施主体而有助于中高职衔接。但若全面采用"五年一贯制"，并不利于职业教育的发展：①"五年一贯制"若由高职院校来实施，会挤占中职的生存空间，不利于中职的发展；若由中职学校来实施，不仅挤占了高职教育的生存空间，而且对中职学校而言是一种变相"升格"，长远来看，不利于现代职业教育体系的构建。②"五年一贯制"虽然在一个主体内实现了中职与高职的衔接，但从职业教育整体来看，作为两个主体——中等职业学校与高等职业学校之间依然未能衔接。③"五年一贯制"意味着学生初中毕业后（15 岁左右）就要选择自己未来的职业方向，但这个阶段的学生职业心理尚未成熟，仍处于探索期，难以对自己未来的职业作出正确的选择，过早进行职业定向，不利于其未来的职业发展。① 因此，"五年一贯制"并非中高职衔接的理想选择。

在中职学校设立学制为一年的高职预科班是实现中高职衔接的可行策略。中职毕业生若想进一步升学读高职，可以参加高职预科班学习，通过统一考试升入高职。如此一来，能保证每个学生都能受到完整的中等职业教育，学校正常的以就业为导向的人才培养工作也不会受到升学的影响，同时，又能满足学生的升学需要。另外，高职预科班可以强化学生的普通文化基础，为其进一步接受高职教育奠定学习基础，缓解高职教育目标与现实之间的矛盾。因为作为高等教育，高职教育培养的人才应达到高等教育的基本质量标准，体现"高等性"，但受生源质量的影响，高职院校很难达到预期的人才培养目标要求，因此，通过设置高职预科班，可以在一定程度上弥补中职生学习基础差、学习能力不足的问题，同时，也为中高职有效衔接提供"接口"，使中职与高职能以高职预科班为"接口"实现成功对接。

（三）开发中高职衔接课程，实施中等后职业教育

美国 2006 年帕金斯法案（*Carl D. Perkins Career and Technical Education Act of* 2006）提出实施学习计划（Program of Study），即在中等教育向中等后教育过渡期，提供包含学术知识和相关的职业技能相结合的连贯且严格的课程，以利于中等教育的学生成功进入高等教育，中等教育的学生可以取得企业承认的高等教育学分、中等后水平的证书，甚至副学士乃至学士学位。② 可见，该学习计划旨在促进中等教育与中等后教育（包括中等后职业教育和高等教育）的衔接，以及中等教育向职业生涯的转变。

在中高职衔接方面，除了在中职开设高职预科班以外，我们可以借鉴美国帕金斯学习计划的经验，即在中职学校开设一组中高职衔接课程和部分高职课程，中职生修习这些课程并通过考核可以获得结业证书或相应的职业资格证书以及相应的学分。这些学生若进入

---

① 朱新生. 中等职业学校专业设置制约因素分析 [J]. 教育发展研究，2000（11）：69~72.
② Carl D. Perkins. Career and Technical Education Act of 2006 [Z]. 2006.

高职院校进一步接受高等职业教育，已修习的这些课程的学分受到高职院校承认，在高职阶段可以免修；若学生直接毕业参加工作，获得的结业证书或职业资格证书可以作为其已接受过中等后教育以及具有超出中等水平的职业能力的证明，从而获得产业认可。

另外，在中职开设的中高职衔接课程可以承担部分中等后职业教育功能。根据《国际教育标准分类法》，学生在完成 3 级教育，即中等教育之后，可接受 4 级教育，即中学后教育，也可接受 5 级教育，即高等教育。一般认为我国的高职教育属于 5B 级，这类教育与理论型的 5A 级教育不同，强调职业导向，目的是让学生获得某个职业或行业，或某类职业或行业的实际技能和知识。然而，由于我国并没有中学后职业教育，即 4B 级教育。4B 级教育的缺失不仅不利于中高职的衔接，也不利于未能升学的中等教育阶段的学生的职业发展，不利于人力资源开发。开发中高职衔接课程，那些学有余力的学生可以在中职阶段接受更高层次的职业教育，不仅为升学奠定基础，也提升了职业能力。同时，这类中高职衔接课程可以面向普通高中学生，普通高中学生在中学阶段或毕业后可以通过远程或现场两种学习方式修习这些课程，不仅为升学（升高职）奠定基础，而且可以掌握就业所需要的基本知识和技能，有助于就业（对未能升学的学生而言，中高职衔接课程在这方面的作用更明显）。

（四）构建国家职业资格证书体系，为中高职培养目标衔接提供"支点"

中高职培养目标衔接的落脚点是职业能力的衔接，职业能力的衔接实际上是职业资格的衔接。职业资格是对从业者职业能力的基本要求，需进行制度化确认，并以职业资格证书的形式予以规定和明确。中高职培养目标衔接不论是采取纵向提升模式，还是横向拓展模式，抑或纵横延伸模式，都可以通过职业资格证书间的衔接予以体现。如纵向提升模式，表现为同一职业领域两个层次职业资格证书间的衔接，实质是两个层次职业资格证书背后的职业能力水平的衔接；横向拓展模式，表现为不同领域职业资格证书间的衔接，实质是两种职业资格证书背后的职业能力的横向衔接；纵横延伸模式，表现为领域与层次均不相同的两种职业资格证书间的衔接，实质是两种职业资格证书背后的职业能力的纵横交互衔接。当然，中高职衔接以职业资格证书为依托的前提是职业资格证书不仅有信度，具有权威性，而且有效度，能切实反映职业岗位（群）的能力要求。要保证职业资格证书的信度和效度，则必须开发国家职业资格证书体系，改变当下职业资格证书"鱼龙混杂"的局面，并以国家职业资格证书为"支点"，实现中高职培养目标的有效衔接。

参考文献

1. ［法］埃米尔·涂尔干. 社会分工［M］. 渠东译. 北京：生活·读书·新知三联书店，2008.

2. ［法］罗吉·格列戈尔. 职业教育：就业与训练［M］. 王作荣译. 台北：正中书局，1980.

3. ［美］彼得·德鲁克. 21 世纪的管理挑战［M］. 刘毓玲译. 北京：生活·读书·新知三联书店，2003.

4. ［美］伯尼·特里林，查尔斯·菲德尔. 21 世纪技能：为我们所生存的时代而学习［M］. 洪友译. 天津：天津社会科学出版社，2011.

5. ［英］怀特海. 教育的目的［M］. 徐汝舟译. 北京：生活·读书·新知三联书店，2002.

6. ［日］宫地诚哉，仓内史郎. 职业教育［M］. 河北大学日本研究所教育研究室译. 天津：天津人民出版社，1981.

7. ［瑞士］裴斯泰洛齐. 林哈德和葛笃德［M］. 北京编译社译. 北京：人民教育出版社，2005.

8. ［菲律宾］卢德斯·R. 奎苏姆宾，［澳大利亚］卓依·德·利奥. 学会做事：在全球化中共同学习与工作的价值观：职业技术教育培训中一体化的价值观教育的整合途径［M］. 余祖光译. 北京：人民教育出版社，2006.

9. 瞿葆奎. 教育学文集·教育目的［C］. 北京：人民教育出版社，1993.

10. 国家教委职业技术教育中心研究所. 职业技术教育原理［M］. 北京：经济科学出版社，1998.

11. 扈中平. 教育目的论（修订版）［M］. 武汉：湖北教育出版社，2004.

12. 李蔺田，王萍. 中国职业技术教育史［M］. 北京：高等教育出版社，1994.

13. 梁忠义，李守福. 世界教育大系·职业教育［M］. 长春：吉林教育出版社，2000.

14. 刘英杰. 中国教育大事典（1949—1990）［Z］. 杭州：浙江教育出版社，1993.

15. 姜大源. 当代德国职业教育主流教学思想研究［M］. 北京：清华大学出版社，2008.

16. 盛群力等. 21 世纪教育目标新分类［M］. 杭州：浙江教育出版社，2008.

17. 陆有铨. 现代西方教育哲学［M］. 郑州：河南教育出版社，1993.

18. 吕鑫祥. 高等职业教育技术教育研究［M］. 上海：上海教育出版社，1998.

19. 欧阳河等．职业教育基本问题研究［M］．北京：教育科学出版社，2006．

20. 潘文安．职业教育 ABC［M］．上海：世界书局，1929．

21. 石伟平．比较职业技术教育［M］上海：华东师范大学出版社，2001．

22. 田正平，李笑贤．黄炎培教育论著选［C］．北京：人民教育出版社，1993．

23. 王明伦．高等职业教育发展论［M］．北京：教育科学出版社，2004．

24. 夏正江．教育理论哲学基础的反思：关于"人"的问题［M］．上海：上海教育出版社，2002．

25. 张家祥，钱景舫．职业技术教育学［M］．上海：华东师范大学出版社，2001．

26. 赵志群．职业教育与培训学习新概念［M］．北京：科学出版社，2003．

27. 郑惠卿．凯兴斯泰纳教育论著选［C］．北京：人民教育出版社，2003．

28. 米靖．二十世纪中国职业教育学名著选编［C］．北京：教育科学出版社，2012．

29. 查吉德．职业教育教师资格制度研究：制度有效性的视角［M］．广州：暨南大学出版社，2011．

30. ［英］大卫·约翰逊．知识经济和新职业主义：高等教育大众化对国际和国家的挑战［J］．UNESCO – UNEVOC 公报（中文版），2006（5）．

31. 杨光富，张宏菊．赠地学院对美国高等教育的影响［J］．河北师范大学学报（教育科学版），2008（10）．

32.《职业技术教育》特别采访组．道可道——关于职业技术教育理论建设的话题［J］．职业技术教育，1999（11）．

33. 毕宝庆．现代管理科学热点——浅析精益生产方式［J］．运筹与管理，1996，5（4）．

34. 查吉德，曾宝莲．广州市番禺区制造业工程技术人才现状的调查［J］．广州番禺职业技术学院学报，2010（4）．

35. 查吉德，苏海燕．广州市番禺区制造业缺工状况的调查研究［J］．中国职业技术教育，2010（24）．

36. 查吉德．改革开放 30 年来职业教育培养目标的政策分析［J］．中国职业技术教育，2013（3）．

37. 查吉德．高职姓"高"还是姓"职"辨析［J］．广东技术师范学院学报（职业教育版），2009（2）．

38. 查吉德．关于高职人才培养目标的思考［J］．河北师范大学学报（教育科学版），2010（3）．

39. 查吉德．中高职培养目标衔接模式及其选择［J］．当代教育科学（高教版），2013（4）．

40. 查吉德．论职业教育的逻辑［J］．职业技术教育，2010（1）．

41. 查吉德．职业教育目的的矛盾关系——中外职业教育目的观述评［J］．职业技术教育，2013（16）．

42. 查吉德．高职人才培养目标定位的新思考［J］．中国职业技术教育，2011（18）．

43. 查吉德．中职生成才目标及其影响因素调查分析［J］．职业技术教育，2014（19）．

44. 查吉德．高职生成才需求及其影响因素分析——以珠三角高职院校为例［J］．职教论坛，2014（25）．

45. 查吉德．职业教育培养目标研究视角下的企业人才需求调查［J］．中国职业技术教育，2014（33）．

46. 陈拥贤．对职业教育概念的探讨［J］．职教论坛，2004（31）．

47. 郭耀邦．中等职业教育培养目标的时代调整［J］．教育与职业，2001（2）．

48. 和震．论现代职业教育的内涵与特征［J］．中国高教研究，2008（10）．

49. 黄妙莉，李同道．对中等职业教育培养目标的新认识［J］．职业技术教育，2000（36）．

50. 黄卫平，朱文晖．温特制：美国新经济与全球产业重组的微观基础［J］．美国研究，2004，18（2）．

51. 匡瑛，石伟平．高职人才培养目标的转换——从"技术应用性人才"到"高技能人才"［J］．职业技术教育（教科版），2006（22）．

52. 匡瑛．究竟什么是职业能力——基于比较分析的视角［J］．江苏高教，2010（1）．

53. 雷正光．现代职教培养目标定位研究［J］．职教论坛，2003（9）．

54. 黎荷芳，查吉德．关于职业教育教学改革的思考［J］．职教论坛，2012（10）．

55. 黎荷芳，查吉德．职业教育培养目标三要素［J］．中国职业技术教育，2013（9）．

56. 刘春生，马振华．高技能人才界说［J］．职教通讯，2006（3）．

57. 刘三林，刘桂林．邹韬奋论职业教育的目的［J］．教育与职业，1996（2）．

58. 刘育锋．论职业教育本质属性［J］．职教论坛，2004（10）．

59. 刘重明．"职业教育"与"职业技术教育"［J］．教育与职业，1990（6）．

60. 闵维方．教育在转变经济增长方式中的作用［J］．北京大学教育评论，2013（2）．

61. 潘斌．论教育回归生活世界［J］．高等教育研究，2006（5）．

62. 彭干梓，夏金星．"职业教育"概念与功能的历史观［J］．河南职业技术师范学院学报（职业教育版），2004（5）．

63. 申家龙．社会学视野下的职业教育——内涵与特征［J］．职业技术教育（教科版），2003（16）．

64. 施良方．泰勒的《课程与教学的基本原理：兼述美国课程理论的兴起与发展》［J］．华东师范大学学报（教育科学版），1992（4）．

65. 石伟平，徐国庆．试论当前中国发展技术本科的意义与策略［J］．教育发展研究，2003（12）．

66. 孙琳．对中等职业教育培养目标的再认识［J］．职教论坛，2006（16）．

67. 涂向辉．本科层次高等职业教育培养目标及其内涵探析［J］．中国职业技术教育，2012（27）．

68. 王玲．现代职业教育体系下应用本科人才培养目标定位分析［J］．中国职业技术教育，2013（6）．

69. 王通讯等．人才学基本名词注释［J］．中国人才，1988（6）．

70. 王质明．从"技术"的角度观察高职教育培养目标［J］．职教论坛，2006（24）．

71. 谢兰荣．试论"教育"概念的界定及其方法论问题［J］．教育理论与实践，1994（5）．

72. 徐涵．论职业教育的本质属性［J］．职业技术教育，2007（1）．

73. 徐敏娟．职业教育培养目标之"技能"与"技术"辨析［J］．职业技术教育，2011（19）．

74. 徐春霞．陶行知生活教育思想探微［J］．教育探索，2004（10）．

75. 严雪怡．发展技术教育：20世纪的重大创举［J］．职业技术教育（教科版），2005（13）．

76. 杨金土．多样性是职业技术教育的本质属性［J］．职业技术教育，2001（22）．

77. 杨金土．给本刊负责人的来信［J］．职教通讯，2007（6）．

78. 杨金土．我国本科教育层次的职业教育类型问题［J］．教育发展研究，2003（1）．

79. 杨金土等．对发展高等职业教育几个重要问题的基本认识［J］．教育研究，1995（6）．

80. 杨金土等．对技术、技术型人才和技术教育的再认识［J］．职业技术教育（教科版），2002（22）．

81. 张振元．人力资源新视野下职业教育培养目标新探［J］．江苏技术师范学院学报，2008（7）．

82. 赵志群．对职业能力的再认识［J］．职教论坛，2008（9）．

83. 赵志群．国外中高职课程衔接给我们的启示［J］．职教论坛，2002（22）．

84. 周明星．现代职业教育本质属性探析［J］．教育与职业，2003（1）．

85. 周勇．对职业教育概念的回顾与思考［J］．职教论坛，2003（9）．

86. 朱丽．技术理性与实践智慧：教师发展的两种取向［J］．天津市教科院学报，2007（6）．

87. 朱新生．中等职业学校专业设置制约因素分析［J］．教育发展研究，2000（11）．

88. 董仁忠．"大职教观"视野中的职业教育制度变革研究［D］．华东师范大学博士学位论文，2008.

89. 沈宗奇．台湾地区网络银行利益区隔与消费者行为之研究［D］．国立东华大学企业研究所硕士学位论文，2001.

90. 李华．当代中国高职人才培养目标的研究［D］．湖南师范大学硕士学位论文，2004.

91. 周念云．高等职业教育人才培养目标体系研究［D］．广西师范大学硕士学位论文，2006.

92. 顾明远．教育大辞典［Z］．上海：上海教育出版社，1990.

93. 李剑平．高职遭生源萎缩困境，教育部将试点职教"立交桥"．［EB/OL］．http：//edu. iqilu. com/news/20110131/407730. html. 2011 - 01 - 31.

94. 石娟．美国赠地学院运动的历史意义及其启示．［EB/OL］. http://www. docin. com/p - 4675616. html.

95. 张婷．教育部首场新闻发布会传出职业教育改革发展好声音［N］．中国教育报，

2013 - 2 - 20.

96. 教育部. 国家教育事业发展第十二个五年规划 ［Z］. 2012.

97. 广东省教育考试院办公室. 关于做好广东省 2012 年普通高校招生工作的通知（粤招〔2012〕11 号）［Z］. 2012.

98. 广东省教育厅. 关于开展 2011 年职业院校对口自主招生三二分段试点工作的通知（粤教职函〔2011〕76 号）［Z］. 2011.

99. 广东省教育厅. 关于做好 2013 年高等职业院校自主招生试点工作的通知（粤教考函〔2013〕4 号）［Z］. 2013.

100. 广东省招生委员会，广东省教育厅. 关于做好 2013 年高职院校五年一贯制高职班单独招生考试试点工作的通知（粤招〔2013〕3 号）［Z］. 2013.

101. 百度百科. http：//baike. baidu. com/subview/58824/5033091. htm？ fr = aladdin.

102. *Carl D. Perkins Career and Technical Education Improvement Act of* 2006 ［Z］. 2006.

103. Dirk Krueger，Krishna B. Kumar. Skill-specific rather than General Education：A Reason for US – Europe Growth Differences? ［J］. *Journal of Economic Growth*，2004，9（2）.

104. Linda Clarke and Christopher Winch. *Vocational Education*：*International Approaches*，*Developments and Systems* ［C］. London and New York：Routledge Talor & Francis Group，2007.

后 记

2002年，怀着对职业教育未来的美好憧憬，我进入职业教育领域。12年来，我穿梭于职业教育理论与实践之间，既感到了职业教育理论的苍白，也看到了职业教育实践的茫然。作为一名职业教育理论工作者，我尝试对职业教育实践问题作理性分析，试图解析"职业教育为什么"的问题；作为一名职业教育实践者，我从职业教育现实出发，试图剖析"职业教育是什么"的问题。本书是我对职业教育人才培养目标的理论思考与现实调查的结果。

2005年，在高职院校工作三年之后，我开始思考：到底什么是高职教育？高职教育与普通本科教育、中职教育如何区别？思考的结果是：要回答什么是高职教育，首先必须弄明白高职教育的人才培养目标定位，因为人才培养目标规定了一种教育的类型属性和层次属性。因此，在高职教育定位研究的基础上，我将视角转向了高职人才培养目标，并主持承担了一项广东省教育科学规划2007年度立项课题"大众化高等教育背景下，高职人才培养目标定位研究"。2008年，带着对高职人才培养目标定位这一未解之题，我进入北京师范大学脱产攻读博士学位，在读博期间，我将高职人才培养目标研究泛化至职业教育目的研究，坚信只有先弄明白了职业教育的目的，才能对高职教育、中职教育的人才培养目标进行准确定位，并将博士论文的选题定为"职业教育目的论"。然而，经过一年多的思考与研究，终因"功力"不够而暂时放弃。2010年，《国家中长期教育改革和发展规划纲要（2010—2020年）》颁布实施，提出构建现代职业教育体系。这再次引起了我对职业教育人才培养目标问题的兴趣，因为我认为构建现代职业教育体系的逻辑起点是确立职业教育人才培养目标体系。因此，2011年博士毕业后，我再次思考当初的那个选题，并结合现代职业教育体系这一新命题思考职业教育人才培养目标体系及分类问题。结合当初的思考，我认为职业教育人才培养目标是一个经济命题，它受特定区域经济社会发展水平的影响，因此，我从区域入手，试图从理论与实证两个角度去研究职业教育人才培养目标问题，并成功申报了广东省教育科学规划2011年度课题"广东省职业教育人才培养目标体系研究"、广州市属高校羊城学者青年学术骨干培养项目"基于广州市的职业教育人才培养目标分类研究"和广州市高等学校教育教学改革重点课题"中高职人才培养目标衔接研究——基于广州市的研究"。本书即是这三个课题的最终研究成果。

本书能顺利出版，得到了多方面的支持和帮助。感谢广州市教育局、广州番禺职业技术学院给予的经费资助；感谢我的博士生导师——北京师范大学俞启定教授为本书作序；感谢广州番禺职业技术学院领导及相关部门工作人员的支持和帮助；感谢广州市国资委董丽萍处长、广州市对外贸易经济合作局朱红兵处长、广州市台办陈少华处长、广州市委统战部张正学处长、广州市安监局黄俊华处长，广州铁路职业技术学院冯甫处长、中山火炬职业技术学院朱俊老师、中山职业技术学院林仰暖老师、广州市经贸高级职业中学邓献副校长、广州市番禺区新造职业技术学校许凤萍、李红老师，广州番禺职业技术学院丁红朝、罗福周、谌丹、唐明明、杨景富老师以及钱江物流有限公司（广州）总经理徐功信先生，他们为课题调研提供了大力支持和帮助；感谢深圳职业技术学院李志德博士、广东农工商职业技术学院黄文伟博士、广东外语艺术职业学院李海博士、广东理工职业学院吴结研究员、广州铁路职业技术学院王向岭老师、河南信阳职业技术学院吴信辉老师在资料收集方面的帮助；感谢广州番禺职业技术学院刘建丽老师，张心宇、何倩青同学在数据输入方面的辛苦工作；感谢暨南大学出版社黄圣英女士、黄文科先生在本书编辑出版方面专业细致的工作。最后，感谢我的家人，家人永远是我最大的支持者，也是我工作和学习的动力源泉。

虽然怀着一种理想的浪漫主义情怀，试图将职业教育人才培养目标问题研究透彻，但随着研究的不断深入，我发现该问题之复杂是我始料未及的，加之自身学识水平有限，本书肯定有很多不足之处，甚至难免有谬误，希望广大读者宽容并批评指正。

查吉德
2014 年 11 月于穗